율촌 법이론연구총서

서울대학교 법이론연구센터
율촌 법이론연구총서 · 002

법복 입은 정의

로널드 드워킨 지음 | 이민열 옮김

도서출판 길

지은이 로널드 드워킨(Ronald Dworkin, 1931~2013)은 미국 북동부 로드아일랜드 주의 프로비던스(Providence)에서 태어났다. 하버드 대학에서 철학을 전공한 후 옥스퍼드 대학 법학과와 하버드 대학의 로스쿨을 졸업했다. 뉴욕 소재 유명 로펌인 설리번&크롬웰(Sullivan & Cromwell)에서 근무하다가 예일 대학 로스쿨에서 강의하면서 학계로 진출했다. 1969년 스승이었던 하트(H. L. A. Hart) 교수의 후임으로 옥스퍼드 대학에서 교편을 잡았으며, 이후 런던 대학(UCL)과 뉴욕 대학(NYU)에서도 가르쳤다.
주요 저서로 대표작인 『법과 권리』(염수균 옮김, 한길사, 2010)를 비롯, 『법의 제국』(장영민 옮김, 아카넷, 2004), 『자유주의적 평등』(염수균 옮김, 한길사, 2005), 『생명의 지배영역』(박경신 외 옮김, 이화여자대학교 생명의료법연구소, 2008 / 로도스, 2014), 『민주주의는 가능한가』(홍한별 옮김, 문학과지성사, 2012), 『신이 사라진 세상: 인간과 종교의 한계와 가능성에 관한 철학적 질문들』(김성훈 옮김, 블루엘리펀트, 2014), 『정의론: 법과 사회 정의의 토대를 찾아서』(박경신 옮김, 민음사, 2015) 등이 있다.

옮긴이 이민열(李珉烈)은 변호사이며 시민교육센터 대표이다. 서울대 법학과를 졸업하고, 같은 대학교 대학원에서 법학 박사학위를 받았다. 「기본권 제한 심사에서 공익의 식별」, 「교육의 정치적 중립과 표현의 자유: 헌재 2014. 8. 28. 2011헌바32 등 결정을 중심으로」, 「경영권은 기본권이 될 수 있는가」, 「가치와 규범의 구별과 기본권 문제의 해결」, 「기본권 보호의무의 구조와 보호권」 등의 논문을 발표했다.
저서로 『탈학교의 상상력』(삼인, 2000), 『학교를 넘어서』(민들레, 2003), 『철학이 있는 콜버그의 호프집: 통념을 깨는 윤리학』(미토, 2006), 『너의 의무를 묻는다: 살아가면서 읽는 사회 교과서』(뜨인돌, 2010), 『이것이 공부다: 허당선생의 공부 뒤집기』(민들레, 2012), 『정의란 무엇인가는 틀렸다』(미지북스, 2012), 『삶은 왜 의미 있는가: 속물 사회를 살아가는 자유인의 나침반』(미지북스, 2016), 『기본권 제한 심사의 법익 형량』(경인문화사, 2016), 『법학방법론』(공저, 세창출판사, 2017), 『중간착취자의 나라: 비정규 노동으로 본 민주공화국의 두 미래』(미지북스, 2017), 『철인왕은 없다: 심의민주주의로 가는 길』(미지북스, 2018) 등이 있으며, 역서로는 『성장을 멈춰라』(이반 일리치, 미토, 2004), 『계급론』(에릭 올린 라이트, 한울, 2005), 『포스트민주주의: 민주주의 시대의 종말』(콜린 크라우치, 미지북스, 2008), 『이반 일리히의 유언』(이반 일리히 외, 공역, 이파르, 2010), 『사치 열병: 과잉 시대의 돈과 행복』(로버트 H. 프랭크, 미지북스, 2011), 『태어나지 않는 것이 낫다』(데이비드 베너타, 서광사, 2019) 등이 있다.

서울대학교 법이론연구센터
율촌 법이론연구총서 · 002

법복 입은 정의

2019년 3월 5일 제1판 제1쇄 인쇄
2019년 3월 15일 제1판 제1쇄 발행

지은이 | 로널드 드워킨
옮긴이 | 이민열
펴낸이 | 박우정

기획 | 이승우
편집 | 권나명
전산 | 한향림

펴낸곳 | 도서출판 길
주소 | 06032 서울 강남구 도산대로 25길 16 우리빌딩 201호
전화 | 02) 595-3153   팩스 | 02) 595-3165
등록 | 1997년 6월 17일 제113호

이 연구총서는 법무법인(유) 율촌의 지원 아래 서울대학교 법학연구소 법이론연구센터가 주관·기획하고 도서출판 길에서 펴냈습니다.

법과 도덕

올리버 웬델 홈즈(Oliver Wendell Holmes)가 연방대법원 대법관일 때, 법원으로 가는 길에 젊은 러니드 핸드(Learned Hand)를 자신의 차에 태워준 적이 있었다. 핸드는 자신의 목적지에서 내려 출발하는 차를 보면서 유쾌하게 소리쳤다. "정의를 행하세요, 대법관님!"(Do justice, Justice!) 홈즈는 택시를 멈추고 운전사에게 차를 돌리게 한 다음에 놀란 핸드에게로 다시 돌아왔다. "그건 내 일이 아닐세!"라고 홈즈는 창밖으로 몸을 내밀어 말했다. 그러고 나서 차는 다시 돌아서, 아마도 정의를 행하는 곳은 아닌 홈즈의 일터로 출발했다.

판사의 도덕적 확신은 무엇이 법인가에 대한 그의 판단과 어떻게 관련되어야 하는가? 변호사들, 사회학자들, 법철학자들, 정치가들, 그리고 판사들 모두가 그 질문에 답을 갖고 있다. 그 답은 '아무것도' 법이 아니라는 것에서부터 '모든 것'이 법이라는 것에까지 전 범위에 걸쳐 있다. 나는 나 자신의 답을 갖고 있고, 이를 지난 30년이 넘는 동안 책과 논문에서 옹호해왔다. 이 책에 함께 묶은 에세이들에서 나는 나의 이론 그리고 상이한 방식과 수준에서 나와 의견을 달리하는 몇몇 학자들의 이론들을 논할 것이다. 서론에서 나는 나 자신의 견해를 간략하게 요약하고, 내가 틀리고 비판가들이 맞을 수도 있는 상이한 수준과 방식의 도식을 제시하고자 한다.

불행히도 영어 단어 '법'(law)이나 다른 언어의 유사한 단어들은 서로 다른 너무나 많은 방식으로 사용되어, 그 단어들을 활용하여 전개해 나간 너무나 많은 서로 구별되는 개념들이 있다. 그리고 이 개념들 사이의 연관 관계는 너무도 문제가 많고 논란이 많아, 법과 정의의 연관 관계에 대한 상이한 이론들은, 서로 매우 다른 질문들에 대한 답변들이 되고 만다. 이 의미론적 불운이 법 이론의 혼동 가운데 많은 부분을 야기하였다. 이 책의 에세이들은 내가 법리적인(doctrinal) 의미에서 법이라고 부르는 바에 주로 관련된 것이다. 이 책에서 나는 어떤 장소나 정치체제에서 특정한 효과를 갖는 '법'이라는 개념을 탐구한다. 예를 들어, 우리는 로드아일랜드(Rhode Island) 주의 법 아래에서는 12세 이하의 누군가가 서명한 계약서는 무효라거나, 더 논란의 여지가 있는 것으로 미국 헌법은 대통령이 테러 용의자를 고문하도록 명령하는 것을 허용한다고 말할 때, 그 법리적인 개념을 쓴다. 우리 모두는 법이 명하고 금하고 허용하고 창설하는 바에 대해 이런 종류의 주장을 하며, 그러한 주장들을 옹호하는 것과 관련되는 종류의 논변에 대한 많은 가정들을 공유한다. 또한 그러한 주장들이 참일 때 따라 나오는 결과에 대한 많은 가정들도 공유한다.

우리는 공유된 이해의 일부로서 로드아일랜드 입법부가 무엇을 제정했으며, 로드아일랜드의 판사들이 과거에 판결문에 무엇을 썼다거나 하는 사실이, '어린아이가 서명한 계약이 로드아일랜드 주의 법에서 무효이다' 등의 명제가 참인가를 판정하는 데 유관한다는 것을 이해한다. 또한 우리는 로드아일랜드 주의 판사가 12세의 피고에게 계약 위반으로 인한 손해배상을 지급하라고 명령할 것인지 여부가 그 명제가 참인지 여부에 크게 의존한다는 것을 이해한다. 법 명제(Propositions of law)는 그러한 가정과 신념들의 복합적인 네트워크에서 중요한 역할을 하며, 그것의 의미를 그러한 역할에서 끌어온다. 도덕적 심사 ─ 예를 들어 어린아이가 계약을 체결하지 못하도록 하는 정책이 지혜롭고 정의로운 정책이 될 것인지, 고문이 도덕적으로 항상 그른지에 대하여 묻는 것 ─가 판사를 비롯한 사람들이 그러한 명제가 참인지를 판단함에 있어 사용되어야 하는지는 중대한 실천적인 중요성을 가지고 있는 쟁점임이 분명하다. 우리는 그 쟁점을 다소 더 형식적으로 틀지을 수 있다. 도덕적 기준이 법 명제의 진리 조건에 속하는지, 그리고 그렇다면 언제 그런가를 판단하는 것은 중요하다. 그 진리 조건은 그러한 명제를 참이게 하기 위해 성립하여야 하는 조건이다. 이것은 참된 법 명제에 의해서 명해지거나 허용되는 대로만 판결해야 할 책임을 지고 있다고 생각되는 판사들에 의해 중요한 정치적 결정들이 내려지는, 우리 자신의 공동체와 같은 정치 공동체에서 특히 중요하다. 그러한 공동체에서는 어느 명제가 참인지를 판단하기 위해 판사들이 도덕을 살펴야 하는지, 그리고 언제 살펴야 하는지는 특히 중요한 문제이다.

그러나 우리는 법에 대한 이 법리적인 개념을 이와 밀접히 연결되어 있기는 하지만 이와는 다른 개념들과 혼동하지 않기 위해 특별히 주의를 기울여야 한다.[1] 또한 법에 대한 **사회학적** 개념이 있다. 이 개념은 특

---

1 내가 그은 구분이 상이한 법 개념이 존재한다는 점을 밝혀주지 못하며 단지 단일한 법 개념이 상이한 방식으로 사용된다는 점만을 밝혀준다는 반론이 제기될 수도 있겠다. 설사 그렇다 하더라도, 내가 강조한 법철학적 질문 사이의 중요한 차이점들은 남게 될 것이다. 특히 법 명제의 진리 조건에 대한 질문을, 그것과 흔히 혼동되어 왔던 사회학적이고 분류학적인 질문과 구별하는 것은 여전히 중요한 일로 남게 될 것이다. 그러나 또한 단일한 법 개념이 서로 다른 방식으로 사용된다는 점만 밝혀주는 것도 아니다. 즉, 개념들은 서로 다르다. 비록 내가 말했듯이 긴밀하게 서로 관련되어 있다고 하더라도 말이다. 그것들이 상이한 이유는 그것들이 상이한 예들의 집합이기 때문이다. 법리적 개념은 타당한 규범적 주장 또는 명제들의 집합이다. 그리고 사회학적 개념은 제도나 행위 패턴의 집합이다. 우리는 내가 제7장과 제8장에서 논의하는, 몇몇 법철학자들이 인격화(personification)를 부주의하게 사용함으로써 생겨난 함정에 빠지지 않도록 주의를 기울여야 한다. "법은 법률가들이 잘 먹고살 거리를 제공한다"라는 말과 "법은 한 명의 증인만이 있는 유언증서를 무효라고 한다"라는 말이 있다고 가정해보자. 우리는 이 두 명제가 동일한 존재자에 대

정한 유형의 제도적 사회구조를 명명하기 위해 '법'이라고 할 때 사용된다. 예를 들어, 우리는 사회학적 개념을 사용해 원시 부족사회에서 법이 언제 처음으로 등장했는지, 그리고 상업이 법 없이도 가능한지를 물을 수 있다. 상이한 사회 이론가들은 이 사회학적 의미에서 법을 식별하는 다소 상이한 심사 기준을 사용한다. 예를 들어 막스 베버(Max Weber)는 전문화된 강제집행 제도가 존재하지 않는 곳에서는 법도 존재하지 않는다고 말했다.[2] 그리고 론 풀러(Lon Fuller)는 절차적 정의의 일정한 최소 요건이 충족되지 않으면 법이 존재하지 않는다고 말했다.[3]

어떤 종류의 사회구조가 법체계로 간주되는지에 대한 정확한 정의를 내리는 것이 다양한 목적을 위해 유용하거나 심지어 필수적일 수도 있다. 미래 전망적 사회과학을 촉진하거나, 연구 프로젝트를 조직하거나, 아마도 다양한 사회적 패턴 사이의 상관관계를 보임으로써 어떤 방식으로 역사를 조명하거나, 일정한 관행이나 제약의 도덕적 중요성을 강조하기 위해 필수적일 수도 있는 것이다. 그러나 우리는, 그 구분이 포착하려고 하는, 그 자체로 어떤 본질적 속성을 갖는 것으로 법 구조를 특징짓는 사회구조의 종류에 어떤 자연적 구분이 있다는 오류를 범해서는 안 된다. 내가 제6장에서 설명할 바와 같이, 사회제도의 상이한 형태에 대한 개념들, 이를테면 관료제, 업적제, 결혼, 그리고 법과 같은 개념들은 그

하여 두 개의 보고를 제시하는 것이라고 생각하도록 유혹을 받는다. 그래서 그 진술들이 오직 하나의 '법'이라는 개념만 사용하고 있다고 생각하게끔 유혹을 느낄지도 모른다. 즉, 두 예 모두 실제로 제공하는 존재자의 개념을 사용하고 있다고 말이다. 그러나 그것은 심각한 실수가 될 것이다. 이것들은 단지 인격화에 불과하며, 우리가 그 인격화를 부수고 나면 어떠한 단일한 존재자도 남지 않는다. 두 번째 명제는 법 명제를 진술하는 은유적인 방식에 불과하다. 즉, 그것은 어떤 존재자가 실제로 말한 것 또는 요구한 것에 대한 보고가 아니다. 제8장, 주 23도 보라.

2　Max Rheinstein (ed.), *Max Weber on Law in Economy and Society*, Cambridge, Mass.: Harvard University Press, 1954, p. 13을 보라.

3　Lon L. Fuller, *The Morality of Law*, New Haven: Yale University Press, 1965.

본질적 속성이 물리적 또는 생물학적 구조나 이와 비견할 만한 다른 구조에 의해 주어지는 그런 개념들이 아니다. 우리들은 ─ 전문가나 비전문가나 똑같이 ─ 정말로 법에 대한 대략적인 사회학적 개념을 공유한다. 우리는 거의 모두가, 만일 우주생물학자가 멀리 떨어진 행성에서 인간이 아닌 지성체의 어떤 집단이 일종의 법체계를 갖고 있다고 보고한다면, 일정한 가정들을 하게 될 것이다. 그러나 그들이 아무런 특유한 집행 제도를 갖고 있지 않음을 발견할 때나, 그들에게는 사후 소급입법이 드문 예외가 아니라 통상적 규범이라거나, 그들의 공직자들은 결코 도덕적으로 정당성 있는 권위를 주장하지 않는다는 점을 발견할 때, 그들이 **진정으로** 법체계를 갖고 있는지 여부를 논하는 것은 어리석은 일이라고 생각할 것이다. 우리는 대략적으로 작동하는 관념들이 제공하는 것 이상으로 '법체계'에 대한 더 정확한 정의를 요구하는 것이 불필요하다고 보통 생각할 것이다. 내가 말했듯이, 인류학자들과 사회학자들 또는 도덕 이론가들은 더 정련된 정의가 연구나 분류적 효율성을 달성하는 데 유용하다고 생각할 수도 있겠지만, 우리의 대략적인 이해에는 그들이 더 정련된 정의를 통상의 용법에서 크게 벗어남 없이 규정할 수 있도록 허용하는 충분한 여지가 있다. 예를 들어, 우리는 개념적인 오류나 의미론적 오류를 범하지 않고서도 우리가 그렇게 진술할 때에 말하고자 하는 사회학적 논점이나 도덕적 논점을 분명히 밝히는 한, 나치가 법을 가졌다고도 혹은 가지지 않았다고도 말할 수 있다.[4]

나는 사회학적 개념이 경계를 갖고 있다는 것을 부인하려는 것은 아니다. 사탕 막대 끝에 붙인 '멈춤' 표지판이나 '고 피시'(Go Fish) 카드 게임이 법 구조의 예라고 말한 사람은 통상적인 종류의 실수를 범하고 있는 것이 아닐 것이다. 그는 어떤 다른 개념을 사용하고 있거나 우리의 개념

---

4 Ronald Dworkin, *Law's Empire*, Cambridge, Mass.: Harvard University Press, 1986, pp. 102~08을 보라.

을 전적으로 오해하고 있는 것이다. 법에 대한 법리적 개념은 이러한 방식으로 사회학적 개념들의 경계 사이에서 등장한다. 즉, 어떠한 경우도 그 체계가 인정하는 권리와 의무가 무엇인지를 묻는 것이 이치에 닿지 않는 한 사회학적 개념에서 법체계라고 할 수 없다. 이 점은 법리적 개념과 사회학적 개념 사이의 하나의 중요한 연관 관계이다. 그러나 그 연관 관계는 상호적이지는 않다. 권리와 의무를 채용하는 모든 규범 체계가 법의 사례는 아니다. '고 피시' 게임은 그런 방식으로 구조화되어 있다. 그 게임이 경기자에게 카드 뭉치에서 카드 한 장을 뽑는 것을 요구하느냐고 묻는 것은 확실히 이치에 닿는다. 우리는 여러 가지 이유에서 나치가 법체계를 가졌다는 것을 부인할 수 있을지 모른다. 그럼에도 불구하고 우리는 나치의 법이라는 것이 있다면 나치의 법이 인정하는 권리와 의무가 무엇인가라는 질문에 답할 수 있다. 그러므로 법리적 개념의 활용 가능성은 사회학적 개념을 불충분하게밖에 결정하지 못한다*.

그렇다면 법에 대한 사회학적 개념은 법에 대한 법리적 개념과는 매우 상이한 철학적 지위를 갖고 있는 것이다. 사회학적 개념의 불확정한 경계가 해결되었느냐, 그리고 얼마나 해결되었느냐에는 보통 거의 아무것도 달려 있지 않다. 물론 내가 말했듯이 우리가 법리적 개념을 얼마나 정확히 이해하느냐에는 많은 것이 달려 있다. 우리는 법리적 개념을 몇몇 법철학자가 주로 사용한 이와는 다른 한 개념과도 구분해야만 한다. 이것은 법에 대한 **분류학적** 개념이다. 분류학적 개념은 사회학적 의미에서 법을 보유한 정치 공동체라면 도덕적이거나 관습적이거나 어떤 다른 종류의 규준과는 대비되는 법적 규준인 고유한 규칙과 다른 종류의 규준들의 집합도 또한 가지고 있다고 가정한다.[5] 법철학자들은 일정한 도덕

---

* 법리적 개념에서 법이 아니라고 판정되어도 사회학적 개념으로는 어떤 분류나 설명에 유용하다면 법이라고 할 수 있다.

5 Joseph Raz, *The Concept of a Legal System*, 2nd ed., Oxford: Oxford University Press, 1980, p. 34를 보라.

원리들이 또한 법의 원리들인지를 물을 때 이 분류학적 개념을 사용한다. 다른 것과는 별개인 규준, 원칙적으로 개별화해서 셀 수 있는 규준들의 집합으로서의 법이라는 관념은 나에게는 스콜라적인 허구로 보인다.[6] 어떤 경우든 우리는 우리의 주된 질문, 즉 도덕이 법 명제의 진리 조건으로서 등장하는지 그리고 언제 등장하는지라는 질문을 다루기 위해 그 관념을 필요로 하지 않는다. 산수의 원리들은 일부 법 명제의 진리 조건들 가운데 명백히 등장한다. 코언이 코스그로브에게 이자를 포함하여 정확히 11,422달러를 지불할 책임이 있다는 명제가 그 예이다. 그러나 수학적 규칙이 또한 법 원리들이라고 말하는 것은 적어도 기이한 일일 것이다. 분류학적 질문은 통상 사람의 관심을 딴 데 돌려 헛갈리게 하는 것이다. 중요한 질문은 어느 법 명제가 참인지를 판단하는 데 도덕이 유관한가 유관하다면 어떻게 유관한가이지, 우리가 정말로 유관하다고 여기는 도덕원리들에 무엇이라고 이름 붙이느냐가 아니다.

마지막으로, 우리는 법에 대한 **여망적**(aspirational) 개념이라고 부를 수 있는 바를 공유한다. 우리는 그 개념을 합법성의 이상이나 법의 지배로 언급한다. 우리에게 이 여망적 개념은 논쟁이 되는 개념이다. 우리는 법의 지배가 바람직하다는 데는 의견이 일치하지만, 적어도 정확히 무엇이 그 이상의 최선의 상태인지에 관하여는 의견이 불일치한다. 몇몇 철학자들은 법의 지배가 순수 형식적 이상이라고 주장한다. 즉, 합법성은 공직자들로 하여금 확립된 규준이 허용하는 대로만 행위할 것을 요구하고 실제로 그렇게 행위한다면 온전히 충족된다는 것이다. 다른 철학자들은 그 이상의 더 내용적인 관념에 찬성하여 논한다. 그들은 합법성은 오직,

---

6 내가 그 오류에 기여했을지도 모르겠다. 나는 오래전의 에세이에서 '법'이 그저 일정한 규칙이 아니라 일정한 원리들을 담고 있다고 주장하였다. Ronald Dworkin, *Taking Rights Seriously*, Cambridge, Mass.: Harvard University Press, 1978, Chapter 2. 나는 그러나 그런 오류로 잘못 이끌지도 모를 주장을 재빨리 바로잡았다. 같은 책, Chapter 3, p. 76을 보라. 이 책의 제8장도 보라.

공직자들이 받아들이는 규준들이 개별 시민들의 일정한 기본적 권리를 존중할 때에만 성립한다고 생각한다. 이들 두 견해 사이의 논쟁은 수정 헌법 제5조와 제14조의 '적정 절차' 조항이 절차적 제약뿐만 아니라 내용적 제약도 부과하는가 하는 문제에 관한 미국 헌법 법률가들 사이의 길고 긴 논쟁의 이론적 기판(基板)이다. 법리적 개념처럼, 그러나 사회학적 개념이나 분류학적 개념과는 달리, 여망적 개념에 대한 정확한 관념이라고 여겨지는 것에는 많은 것이 걸려 있다. 그러나 우리는 무엇이 최선의 관념인지를 판단하는 데 정치적 도덕이 유관한가를 물을 필요는 없다. 왜냐하면 여망적 개념의 질문이 바로 정치적 도덕의 질문이기 때문이다.

가능한 상호 교차에 대한 간략한 목록

우리의 주요 질문은 법에 대한 법리적 개념의 본성에 관한 것이다. 우리는 도덕적 고려 사항이 법 명제의 진리 조건에서 등장하는가, 그리고 만일 등장한다면 어떻게 등장하는가를 묻는다. 우리는 먼저, 그것들이 등장할 수 있는 얼마나 많은 상이한 방식들이 있는지를 주목해야만 한다. 물론 우리는 부정의한 어떠한 법도 유효하지 않다는 지나치게 단순화된 이념은 거부해야만 한다. 미국의 과세율은 오늘날 명백히 부정의하지만, 이 세율을 기술하는 명제는 그럼에도 불구하고 참이다. 그러나 법의 내용은 덜 극적인 방식으로 정의에 의존한다고 충분히 생각될 수 있다. 첫째로, 몇몇 국가들—미국은 그중 하나다—은, 법률이 그 국가에서 어떻게 유효하게 제정될 수 있는가에 대해 도덕적 한계를 설정하는 것으로 적절히 해석될 수 있는 헌법을 보유한다. 어떤 헌법은 예를 들어, '법의 평등한 보호'를 어떠한 집단에게라도 부인하는, 의회에 의해 제정된 어떠한 잠정적 법률도 위헌이며 무효라고 할 수 있다. 그 경우에, 남성은 의무 병역을 져야 하고 여성은 의무 병역을 지지 않는 것은, 그렇게 다르게 취급하는 구분이 불공정한가에 의존하는 것으로 생각될 수 있다.

법이 무엇인가는, 법이 무엇이 되어야 하는가에 다른 방식으로도 의존한다고 생각될 수 있다. 성숙한 국가의 법의 많은 부분들은 법률, 시행령, 그리고 다른 형식의 성문 제정법으로 규정되며, 이 제정법들의 문언은 추상적이고, 모호하고, 애매하다. 예를 들어 문언은, 낙태가 오직 "모(母)의 건강을 보호하기 위해 필수적일 때"에만 허용된다고 규정할 수 있다. 그 경우, 그 법이 여성의 신체적 건강이 아니라 정서적 안정성을 보호하기 위한 낙태를 허용하는가의 문제는, 그 법이 그러한 문제에서 정신적 건강과 신체적 건강을 구분하여야 하는가에 달려 있을 수 있다. 법 규정들의 문언은 충분히 명확한 것처럼 보이지만 문자 그대로 해석되었을 때에는 놀라운 결과를 가져올 수 있다. 딱 맞는 옛 사례가 있다. 볼로냐의 한 법률은 "거리에 피가 흐르게 하는 것"을 범죄로 규정하였다. 이 법률은 당시에는 흔한 관행이었던 야외 치과 치료를 불법화하는 의도하지 않은 결과를 가졌는가? 그것은 그러한 결과가 얼마나 부정의하였을까에 달려 있는 것으로 생각될 수 있다.

영미 법체계에서는 (그리고 실제로는, 세계의 나머지 다른 법체계의 많은 부분에서도) 법 명제의 참과 거짓은 법률뿐만 아니라 과거 사법부의 판결에도 의존한다. 적합한 상위심 법원의 과거 판결들에 대한 올바른 해석이 다른 이의 부주의한 행동으로 피해를 입은 사람은 손해배상 청구 소송을 제기할 수 있다는 결론을 가져온다면, 그 원리는 법의 일부이다. 그러나 일군의 판례의 정확한 해석이 무엇인지가 때때로 불분명하다. 일련의 판례들은, 부주의하게 행위한 사람은 그의 행위로 야기된 모든 손해에 대하여 법적으로 책임을 진다는 원리와 일관될지 모르지만, 그가 합리적으로 예견할 수 있었던 손해에 대해서만 책임을 진다는 더 제한된 원리들과도 또한 일관될 수 있을지도 모른다. 그러한 판례들에 대한 정확한 해석은, 법이 그런 방식으로 손해를 제한하여야 하는지에 달려 있을 수 있는 것이다.

우리는 법이 무엇인가를 판단함에 있어 도덕이 등장할 수 있는 이러한 상이한 방식들에 주의를 기울여야 한다. 나는 단지 법의 진리 조건이 도덕적 주장의 진리치에 이런 방식들로 의존하고 있을지도 모른다고 조심스럽게 말했다. 왜냐하면 우리가 이 책을 읽어가면서 볼 수 있듯이, 이 잠정적인 상호 관련성의 각 부분은 논쟁의 대상이 되기 때문이다. 미국 헌법 분야 판사들과 학자들의 영향력 있는 한 집단은, 예를 들어, 미국 헌법의 추상적 조항들이, 법률의 유효성을 도덕적 쟁점에 의존하도록 만드는 것으로 가장 잘 이해된다는 것, 또는 불명확한 법률이 어떻게 해석되어야 하는가에 도덕이 어떤 관련이 있다는 것을 부인한다. 나는 이 목록을 단지, 법이 일부 법률가들에 의해 도덕에 의존한다고 생각되는 여러 가지 방식에 민감해야 한다는 점을 일깨우기 위하여 제시하는 것이다.

소렌슨 사건

우리는 또한 도덕의 역할에 대한 질문이 제기될 수 있는, 법에 대한 일반 이론에서의 상이한 지점들에도 민감해야 한다. 나는 가상의 사건을 묘사함으로써 그리고 그 사건에서 어떤 법 명제가 참인지에 관한 포괄적 설명을 제시할 수 있는 일반 이론의 상이한 단계들을 보여줌으로써, 이 상이한 지점들을 드러내겠다. 내가 구성하려고 시도하는 일반 이론에 따라서 그 사건이 어떻게 판결되어야 하는지에 대한 내 자신의 견해를, 이 책에서 논하는 다른 이론가들의 견해와 비교하겠다. 나는 그 가상의 사건을 이 책의 제6장에서 다소 길게 묘사할 것이다. 그 사건은 소렌슨 여사가 수년 동안 그 약종명(generic name)이 인벤텀(inventum)인 약을 복용해왔지만, 그 약이 여러 제약업체에 의해 상이한 약품명 아래 제조되었기 때문에 발생한다. 인벤텀은 심각한 부작용이 있었는데, 제약업체들은 이를 발견하지 못한 데 대한 과실이 있었다. 그리고 소렌슨 여사는 심장에 심대한 손상을 입었다. 그러나 그녀는 자신이 복용한 약을 어느 제약업체가 제조했는지를 입증할 수는 없다. 인벤텀을 제조한 많은 회사들 가운데 하나 또는 그 이상에 의해 제조된 약들을 그녀가 복용했다는 점에는 의문의 여지가 없으며, 또한 나머지 제약업체에 의해 제조된 약들은 복용하지 않았다는 점에도 의문의 여지가 없다. 그녀는 단지 어느 약이 어느 제약업체의 것이었는지를 기억할 수 없으며 현재 밝혀낼 수 없는 것이다.

소렌슨 여사의 변호사는 그녀가 그 약을 복용했던 기간에 인벤텀을 제조한 제약업체들 모두를 대상으로 소를 제기하면서 다음과 같이 주장했다. 그녀가 복용했던 약들 가운데 얼마나 많은 수가 또는 어느 하나라도 각 제약업체에 의해 제조되었는지가 확정될 수 없으므로, 법은 각 회사에 관련된 몇 해 동안 인벤텀 판매 시장에서 차지하는 몫에 비례하여 소렌슨 여사의 손해에 대하여 배상 책임을 지우는 것으로 이해되어야 한다고. 제약회사들의 변호사들은, 이와는 반대로, 법은 이 제약업체들 중 누구도, 그녀가 그 회사가 자신의 손상에 대하여 책임이 있다는 점을 입증할 수 없는 한, 그 어떤 손해에 대해서도 책임을 지지 않는다고 답변한다. 그러므로 그녀는 손해배상에 대한 권리를 전혀 갖지 않는다는 것이다. 양측 모두 무엇이 법인지에 관한 주장을 하고 있는 것이지, 무엇이 법이어야 하는지에 관한 주장을 하고 있는 것이 아니다. 양쪽 중 어느 측도 그 사건을 심리하는 판사가 법을 무시하고, 정의가 요구하는 바에 근거하여 자신들이 승소하도록 판결해달라고 제안하지 않는다. 우리가 어느 쪽 주장이 (만일 어느 쪽이라도 옳은 쪽이 있다면) 옳은지에 관하여 하나의 견해를 가지려면, 우리 자신이 소렌슨 사건에서 법이 실제로 무엇인지를 판단해야 한다.

이것은 어떤 종류의 질문인가? 우리는 그것이 법적 질문이라고, 법서를 살펴봐서 답해야 하는 질문이라고 말할 수는 있겠다. 그러나 책에서 발견되는 것으로부터 어떤 결론이 도출될지 우리는 어떻게 알게 되는가? 자신이 야기하지 않은 상해에 대하여는 어느 누구도 책임을 지지 않는다고 판사가 진술한 과거의 많은 판례들을 발견하고, 직접적인 인과관계가 아니라 시장점유율에 기초하여 손해배상을 판사가 인정한 판례는 하나도 발견하지 못하였다고 가정해보자. 제약업체의 변호사들은, 이러한 역사적 사실로부터, 법에 관한 자신들의 견해가 옳다는 결론이 도출된다고 논할 것이다. 법은 피해를 야기하였다고 입증되지 않는 한 어느 누구에게도 책임을 지우지 않는다고. 그러나 소렌슨 여사의 변호사들은 이에 동의하지 않을 것이다. 그들은 그녀의 상황은 과거 사건들의 원고들의 여느 상황과도 다르기 때문에, 손해배상책임과 인과관계에 관하여 과거에 판사들이 인용한 일반적 원리들이 법에 대한 완전히 정확한 진술을 모두 다 담고 있는 것이라고 가정할 수 없다고 주장할 것이다. 그들은 법은, 한 당사자가 다른 당사자에게 피해에 대한 손해배상을 청구하는 대부분의 사건에서는 인과관계를 입증하는 것을 요하지만, 모든 손해배상 사건에서 그러한 것은 아니며, 특히 소렌슨 여사와 같은 사건에서는 그러한 것을 요하지 않는 더 일반적인 원리로 가장 잘 진술될 수 있다고 논할 것이다. 그들은, 판사들이 아직 더 심층적인 원리를 공언하지도 또는 식별하지도 않은 것은 사실이지만, 그러한 사실이 그 원리가 존재하지 않는다는 점을 보여주는 것은 전혀 아니라고 말할 것이다.

무엇이 법인가를 판단하는 이 두 가지 매우 상이한 방법 중에 무엇이 옳은지를 우리는 어떻게 결정할 것인가? 법률가들은 직업 경력을 거치면서 자신들이 당연하게 여기는, 법에 대해 논증하는 방식들에 자연스레 빠져든다. 그러나 우리가 더 성찰적으로 되어 대부분의 법률가들보다 더 많은 시간을 들이거나 더 강한 지향성을 가지고 더 심층적이고 일반적인 답을 제공하기를 원한다고 가정해보자. 그러면 우리는 내가 법에 대한 일반 이론이라고 부르는 것을 발전시켜야만 한다. 즉, 우리의 질문에 답하는 데 도움을 줄 법의 법리적 개념에 대한 일반적 설명을 말이다.

의미론적 단계

그러나 이 일반 이론이 어떤 모습일지 그리고 우리가 그것을 구축하는 일을 어떻게 진행해야 하는지는 즉각적으로 명백한 것은 아니다. 그 질문은, 그 이론을 주장하는 사람들이 가져야 하는 법리적 개념의 기능으로 우리가 무엇을 상정하느냐에 따라 달라진다. 개념들은 서로 매우 다른 종류의 용도로 쓰일 수 있으며, 법에 관한 그 어떤 개념에 대한 우리의 이론도 그 개념이 하게 되리라고 우리가 상정하는 역할에 민감해야 한다. 핵심 질문은 이것이다. 즉, 사람들이 법리적 개념의 적용에 대해 의견이 일치하거나 불일치할 수 있도록 법리적 개념을 공유하고 있다고 말하는 것이 이치에 닿기 위해서, 사람들은 어떤 가정과 실천들을 공유해야 하는가? 아래의 구분들이 그 질문에 답하는 데 유용할 것이다.

기준 개념

사람들은, 대략적이건 정확하건 연관된 용어나 문구의 올바른 적용에 대한 기준을 제시하는 어떤 정의에 동의할 때에만 어떤 개념들을 공유한다. 예를 들어 사람들은 총각임(bachelorhood)의 개념을, 총각이란 결혼하지 않은 남성이라는 점을 알 때에만, 공유하는 것이다. 그리고 등변삼각형(정삼각형 — 옮긴이)이라는 개념을, 오직 그러한 삼각형은 같은 길이의 변을 가진다는 점을 알 때에만 공유하는 것이다. 등변성은 정확한 개념이다. 총각임은, 비록 얼마간의 부정확성은 있지만, 합당한 정도로는 정확하다. 열여덟 살의 한 번도 결혼하지 않은 남성은 총각인가? 다른 기준 개념들은 훨씬 덜 정확하다. 결혼 개념은 적당히 부정확한 기준 개념이다. 우리는 상이한 사회에서 발견되는 상이한 형태의 법적 질서와 사회적 관계를 결혼이라고 부른다. 법에 대한 사회학적 개념과 분류학적 개념들 또한 적당히 부정확한 개념들이다. 이런 종류의 개념에 대한 이론을 발전시키는 것은, 어떤 특정한 목적으로 더 정확한 정의를 제시함을 의미한다. 그러나 더 정확한 정의이기만 하면, 다른 정의들보다 그 개념의 본질을 더 잘 포착한다고 주장하는 것은 오류다. 예를 들어, 많은 사람들이 그렇게 주장하는 것처럼, 결혼의 본질은 남성과 여성 사이의 결합이며 그래서 '동성 결혼'은 모순어법이라는 주장이 그런 오류를 범한다.

자연 종 개념

사람들은 그 사례가 자연적인 물리적 또는 생물학적 구조를 가진 몇몇 개념들을 공유한다. 예를 들어 금속이나 동물 같은 것이다. 비록 그들이 사례들의 본질적 속성이나 그러한 사례들을 식별하는 데 사용하는 기준에 관하여 의견이 일치하지 않더라도 말이다. 몇몇 전문가들은 호랑이의 DNA에 관하여 아주 많은 것을 안다. 많은 다른 사람들은 호랑이들이 DNA를 갖고 있고 그 DNA 구조가 그 호랑이들이 무엇이 되도록 해준다는 점을 안다. 더 많은 수의 다른 사람들은 DNA에 관하여 한 번도 들어본 적은 없지만, 모든 호랑이들이 과학자들이 원칙적으로 식별할 수 있는 동일한 생물학적 구조를, 그것이 무엇이든지 간에 갖고 있다고 생각한다. 그리고 훨씬 더 많은 수의 대부분의 사람들이 생물학적 구조에 관하여 아무런 이해도 갖고 있지 않지만, 호랑이가 특수한 동물 종이라는 것을 안다. 크고, 위험하고, 줄무늬가 있는, 동물원이나 정글에서 발견되는 짐승이라고. 그들 모두는 그럼에도 불구하고 호랑이임(tigerhood)에 관한 동일한 개념을 갖고 있다. 호랑이가 악령의 구현이라고 믿는 원시 사회의 구성원과, 호랑이의 유전적 역사를 탐색하는 진화동물학자는 방 안에 몇 마리의 호랑이가 있는가에 관하여 의견이 일치할 수 있다. 그리고 호랑이가 어떻게 하여 생겨나게 되었는가에 관한 그들의 의견 불일치는 겉으로만 그럴싸한 거짓된 것이 아니다. 자연 종 개념들은 기준적이기만 한 개념이 그러지 않는 분석의 한 유형을 허용한다. 과학자들은 그 분자적 조직이나 생물학적 조직의 형태로 자연 종 개념의 진정한 본질을 발견했다고 주장할 수 있다. 반면에 이러한 주장은 기준적 개념에 대해서는 전혀 이치에 닿지 않는다. 그러나 물론, 어떤 자연 종에 대한 철학 이론이 그 과학적 경로를 채택해야만 한다는 결론이 따라 나오는 것은 아니다. 블레이크의 시를 설명하고자 하는 사람들은 호랑이의 DNA는 무시하고 전적으로 그 동물의 더 피상적인 속성들에만 초점을 맞출 것이다.

해석적 개념

개념들 중 일부는 앞의 것 모두와 다르게 기능한다. 그 개념들은, 우리로 하여금 우리가 구성해온 몇몇 실천들이 요구하는 바를 성찰하고 다투어보도록 북돋우는 해석적 개념으로 기능한다. 복싱계의 사람들은 한 라운드를 이긴다는 개념을 공유한다. 설사 그들이 누가 특정 라운드를 이겼느냐에 관하여 그리고 그 질문을 결정하는 데 사용되어야 할 구체적인 기준에 관하여는 자주 의견이 불일치하더라도 말이다. 그들 각자는 이들 질문에 대한 답이, 규칙, 관행, 기대, 그 밖에 복싱의 다른 현상들, 그리고 이 모든 것들이 구체적인 사안에 대한 판단을 내릴 때 어떻게 가장 고려될지에 대한 최선의 해석에 달려 있다는 점을 이해한다. 내가 이 책의 제6장에서 설명할 바와 같이, 정치적 도덕과 개인적 도덕의 중심 개념들 ─ 정의, 자유, 평등, 민주주의, 옳음, 그름, 잔인함, 그리고 무감함 ─ 도 우리에게 해석적 개념으로 기능한다.[7] 사람들은 부정의를 식

---

7 아마도 해석적 개념들 가운데 일부 또는 전체는 그것들의 개념적 삶이 기준적인 것에서 비롯되었을지도 모르겠다. 예를 들어 아마도 사람들 모두가 관행에 의해 비난되는 행위들만을 가리키는 용어로 '부정의한'(unjust)을 이해했을 때 정의의 개념이 생겨나기 시작했던 것인지도 모른다. 그러나 설사 이 개념들의 시작이 그러했다

별하는 기준이 무엇인지 그리고 어떤 제도가 부정의한지라는 두 질문에 관하여 첨예하게 의견이 불일치함에도 불구하고 정의의 개념을 공유한다.

수렴하는 언어적 실천은 기준 개념과 자연 종 개념 모두의 올바른 적용을 결정한다. 비록 이 두 개념들에서 다른 방식으로 결정하기는 하지만 말이다. 기준 개념을 공유하는 사람들은 물론 의견이 불일치할 수 있고, 그 적용을 위한 기준이 어떤 구체적인 경우에서 성립하는지에 관하여 오류를 범할 수 있다. 예를 들어 어떤 사람이 한 번이라도 결혼한 적이 있는가, 그래서 그가 총각이냐 홀아비냐를 판단하는 것과 같은 경우에 말이다. 자연 종 개념을 공유하는 사람들은 더 근본적으로 오류를 범할 수 있다. 일부 또는 모든 사람들은, 사람들이 수세기 동안 소리가 파동이라는 사실을 몰랐던 것처럼, 그 개념에 관한 본질적 속성을 잘못 생각할 수 있다.[8] 그들은 사례들에 관하여도 오류를 범할 수 있다. 광택을 유지하는 광석이 금인지 황철광(가짜 금)인지, 아니면 고래가 물고기인지에 관하여 말이다. 그러나 그러한 오류를 식별하는 일은, 특정한 자연 종에 대한 개념을 묶어주는, 저변에 있는 수렴해가는 실천들을 전제한다. 만일 보통 사람들이 화학자의 금과 황철광을, 설사 보석감정가가 둘을 서로 다른 물질로 구분하고 후자를 던져버릴 줄 안다 할지라도, 모두

고 해도, 이 개념들은 아주 오래전에 기준적으로 기능하기를 멈췄다. 그러나 그 반대의 과정이 일어나는 일은 흔하다. 부정확한 기준적 개념은, 그 기준 개념의 올바른 해석에 따라 중요한 것이 달라지는 규칙이나 지시 또는 원리에 들어가 있을 때, 해석적인 개념이 된다. 만일 의회가 총각들에게만 해주는 특별 세금공제를 채택할 만큼 멍청하다면, 판사는 어느 날 결혼하지 않은 18세 남성이 세금공제를 받을 자격이 있는지를 결정해야만 할 것이다. 그 판사는 '총각'의 더 정확한 정의를 사변함으로써가 아니라 그 세금공제의 목적이라고 여긴 바에 어떤 판결이 더 잘 기여할 것인가를 해결하려고 함으로써 판단할 것이다.

8 Thomas Nagel, "The Psychophysical Nexus", *Concealment and Exposure: and Other Essays*, Oxford: Oxford University Press, 2002, p. 194.

금으로 친다면, 우리는 아마도 보통 사람들이 오류를 범했다고 말하지 않고, 화학자들이 가치 있는 종류의 금 유형을 규정하는 기술적 용어를 발전시켰다고 말할 것이다. 우리 행성 위에, 모든 면에서 물과 움직임이 똑같고 마시기에 적합한 액체와 물이 있고 사람들이 과학자들은 상이한 분자적 구성을 갖고 있다고 알고 있는 두 물질 모두를 구별없이 '물'로 지칭한다면, 우리는 언어적 실천을 더 주의 깊게 조사하여 대중적 용법에서 '물'이 물을 지칭해야 하는데 다른 물질에도 그 말을 잘못 적용하였는지 아니면 '물'이 물과 다른 물질을 함께 지칭하기 때문에 아무런 오류가 없는지 살펴보아야만 한다.

해석적 개념 역시 사람들이 하나의 실천을 공유할 것을 요한다. 실천들은 그 개념을 해석적으로 실제로 다룬다는 점에서는 수렴해야만 한다. 그러나 그것은 그 개념의 적용에 있어서 수렴이 있다는 것을 의미하지는 않는다. 사람들은 그 개념들의 사례에 관하여 극적으로 의견이 불일치할 때조차 그러한 개념을 공유한다. 그러므로 하나의 해석적 개념에 대한 유용한 이론 —정의에 관한 이론이나 한 라운드를 이기는 것에 관한 이론— 은 사람들이 사례를 식별하는 데 사용하는 기준을 단순히 보고할 수도 없고, 사람들이 주되게 동의하는 것들의 심층적 구조를 단순히 발굴할 수도 없다. 해석적 개념에 대한 유용한 이론은 그 자체가, 그 개념이 등장하는 실천에 대한, 논쟁의 여지가 있을 가능성이 매우 많은, 하나의 해석이어야 한다.

내 견해로는, 법에 대한 법리적 개념은 적어도 복잡한 정치 공동체에서는 해석적 개념으로 기능한다. 우리는, 그것을 어떻게 가장 잘 지속시킬지 결정하기 위하여 실천들을 해석하도록 요하는 복잡한 정치적 실천들 속에서 행위자로서 그 개념을 공유한다. 그리고 우리는 법에 대한 법리적 개념을 우리의 결론을 진술하기 위하여 사용한다. 우리는 실천에 가치와 목적을 할당함으로써 개념을 정교하게 표명하며, 우리가 할당하는 목적들과 가치들에 비추어 실천 내에서 사람들이 개진하는 특정한 주장의 진리 조건에 관한 견해들을 형성한다.[9] 이것이 내가 나의 책 『법의 제국』(*Law's Empire*)에서 그리고 이 책에서, 특히 제6장과 제8장에서 옹호한 견해이다. 극소수의 사람들만이 자신의 실천을 이러한 방식으로 파악하리라는 것은 결정적 반론이라고는 보기 어렵다. 우리는 철학적 설명에 열중하고 있는 것이지, 사람들을 대신하여 의미론적 내성(內省)을 수행하고 있는 것이 아니다. 나의 가설은, 우리가 실제로 발견하는 법에 관한 의견 일치와 불일치의 종류들을 설명한다. 그리고 다른 가설들—법리적 개념이 기준 개념이라거나 자연 종 개념이라는 가설들—은 그런 설명을 하지 못한다. 그러나 다른 법철학자들은 법이라는 개념을 정말로 기준 개념이나 자연 종 개념으로 다루었다. 그러므로 우리는, 그러한 어떠한 이론에서도 그 부분으로서 그 선택이 내려지거나 (훨씬 더 흔하게는) 그저 가정되었을 뿐인 최초의 의미론적 단계를 포함시켜야 한다.

법철학적 단계

법 이론의 다음 단계, 즉 우리가 법철학적 단계라고 부를 단계에서 이론가는 법리적 개념이란 어떤 종류의 개념인가라는 질문에 대해 의미론적 단계에서 주어진 자신의 답변에 비추어 적합한 종류의 법 이론을 구성해야만 한다. 나는 법리적 개념을 해석적 개념이라고 생각하기 때문에 법철학적 단계에서 그 개념이 하나의 일반적인 방식으로 등장하는 실천을 해석할 것이다. 나는 실천을 가장 잘 정당화하며 그래서 고유한 법 명

---

9 물론 나는, 법률가들이 이 판단들을 자기의식적으로 한다는 말을 하는 것이 아니다. 교육, 훈련, 그리고 경험은 법률가들에게 이러한 문제들에 대한 직관적 답을 구성하는 것으로 가장 잘 설명될 수 있는 감각을 제공한다.

제의 진리 조건을 틀짓는 다음 단계에서 실천을 지속할 때에 우리를 인도해야만 하는 가치들의 혼합에 관한 설명을 제시하겠다. 나는 제6장에서, 그 개념에 대한 최선의 관념을 제공하는 가치가 무엇인지, 즉 정치적 이상으로서 법의 지배를 가장 잘 설명하는 다른 가치가 무엇인지를 결정하기 위하여, 법에 대한 여망적 개념을 탐구하여 이러한 가치들을 찾아야만 한다고 주장한다. 이러한 단계에서 법리적 개념과 여망적 개념에 대한 성찰은 함께 이루어진다. 그러므로 이 단계에서 그 기획은 필연적으로 도덕이 등장하는 기획이 된다. 왜냐하면 법에 대한 여망적 가치와 같은 명시적으로 정치적인 가치들을 어떻게 가장 잘 이해할 것인가에 대한 이론은 필연적으로 정치적 도덕에서의 한 활동이 될 수밖에 없기 때문이다.

나는 여망적 개념에 관한 어떠한 적정한 설명도, 즉 합법성과 법의 지배의 가치에 대한 그 어떤 설명도, 정치적 통합성이라는 이상에 두드러진 자리를 주어야 한다고, 즉 국가는 가능한 한 모든 시민들에게 이익이 되는 정치적 원리들의 정합적인 집합을 통하여 통치하여야 한다는 이상에 두드러진 자리를 주어야만 한다고 생각한다. 그 평등의 차원을 인정하고 그것을 갈구하는 것은, 내가 생각하기에, 국가 강제력에 정당성을 부여하는 일에 있어 본질적이다. 그러나 의미론적 단계에서는 법의 법리적 개념이 해석적 개념이라는 점에 동의하며 또한 합법성의 여망적 개념에서 법 실천의 일반적 가치를 찾아야만 한다는 점에서 나와 의견이 일치하는 다른 이론가들은, 그럼에도 불구하고, 그 여망적 개념에서 포착되는 가치들에 대하여 나오는 매우 상이한 설명을 옹호할 수도 있다. 그들은, 예를 들어, 법질서의 정치적 가치와 사회적 가치는 그 질서가 개인의 이익과 집단적 효율성을 달성하도록 시민들의 계획을 촉진하고 시민들의 활동을 조정하는 능력에 놓여 있다고 생각할 수도 있다.

법리적 단계

일단 우리가 법의 가치를 법철학적 단계에서 활용하게 되면, 우리는 세 번째 단계인 법리적 단계로 이동하게 된다. 이 단계에서 우리는 법철학적 단계에서 파악된 가치들에 비추어 법 명제의 진리 조건에 관한 설명을 구성하게 된다. 만일 제약회사 변호사들이 소렌슨 여사의 사건에서 내가 방금 묘사한 견해를 취한다면, 즉 법 실무의 일반적 가치는 개인적 효율성과 집단적 효율성을 촉진하는 데 놓여 있다는 견해를 취한다면, 그들은 이 가치가 특정한 법 명제의 진리 조건을 위임받은 법 공직자로 하여금 과거에 선언한 것에만 배타적으로 의존하게 만드는 법리적 이론을 통해서 가장 잘 충족된다고 논할 수도 있는 것이다. 왜냐하면 그러한 실무는 법 규칙의 내용을 논쟁의 여지가 없도록 만드는 데 도움을 주고, 그래서 효율적인 조정을 증진할 것이기 때문이다. 이런 방식으로 그 변호사들은 자신들의 법리적 주장, 즉 소렌슨 여사의 주장의 참을 판단하는 데 도덕은 유관하지 않다는 법리적 주장을, 설사 그들이 법철학적 단계에서는 도덕의 유관성을 인정했다 하더라도 지지할 수 있게 되는 것이다. 법철학적 단계에서의 나 자신의 의견이 효율성이 아니라 통합성을 강조하기 때문에 나는 법리적 단계에서 이와는 매우 상이한 이론을 찬성하여 논한다.

나의 견해에서는, 통합성에 기반을 둔 법 실무의 해석을 집행하는 최선의 방법은, 법리적 단계에서, 그 어떤 쟁점에 관해서도 법이란 무엇인가의 질문 그 자체를 해석적 질문으로 만드는 진리 조건을 채택하는 것이다. 나는 다음과 같이 제안한다. 법 명제는, 만일 그것이 당대의 법 실무에서 참인 것으로 일반적으로 다루어지는 다른 법 명제에 대한 최선의 해석을 제공하는 개인적 도덕과 정치적 도덕의 원리로부터 나온다면, 참이다. 법이 소렌슨 여사에게 모든 제약업체에 대하여 각 제약업체의 시장점유율에 비례한 손해배상청구권을 부여하는가라는 질문은, 이러한 견해에서는, 전체로서의 과실법에 관한 최선의 정당화가 그녀의 사안에서 그러한 결과를 요할 것이냐라고 물음으로써 해결되어야 한다. 그 공식은 그녀의 사건을 한쪽으로 자동적으로 판단해주지는 않는다. 과실법에 대한 최선의 정당화가, 행위자가 야기하지 않은 어떠한 피해에 대해서도 손해배상책임을 지우는 것은 불공정하다는 그러한 효과를 갖는 도덕원리를 포함하는 것일 수도 있다. 만일 그렇다면, 그 법은 아마도 제약업체의 손을 들어주게 될 것이다. 그러나 최선의 정당화는 그 일반적 원리를 거부하면서, 위험을 수반하는 사업으로부터 이득을 얻은 사람은 그 위험에 대해서 그 몫만큼 책임을 져야 한다는 이념을 포함하는 상이한 일련의 원리들에 찬성할 수도 있다. 그 경우 그 법은 아마도 소렌슨 여사의 손을 들어줄 것이다. 나는 그 결론들 각각에 대하여 나의 견해를 말하지는 않겠다. 우리가 살펴볼 바와 같이 법의 실질적 집합체에 대한 해석은 그 논변이 이때까지 드러내는 바보다는 더 복합적이어야 하기 때문이다. 나는 나의 견해가 법리적 단계에서 요구할 추론의 종류를 시사하고자 할 뿐이며, 또한 그 견해가 제기하는 질문이 명시적으로 도덕적 질문이라는 점을 강조하고 싶을 뿐이다. 만일 내가 옳다면, 도덕은 법의 식별에 법 이론의 법철학적 단계에서뿐만 아니라 법리적 단계에서도 연루되어 있다.

과실법과 같은 법리의 어떤 집합체에 대한 한 해석은, 만일 그 해석이 법리들의 그 집합체에 대한 더 나은 도덕적 정당화를 제공한다면 다른 해석보다 낫다. 즉, 그것은 분석의 법리적 단계에서 제안되거나 가정된 법에 대한 이상을 더 잘 충족하는 법 실무를 보여주는 것이다. 우리는 그러므로 제안된 정당화의 성공을 평가할 수 있는 두 차원을 구별할 수 있게 된다. 첫째, 정당화는 적어도 그것이 정당화하고자 하는 바에 대체로 부합해야 한다. 어떤 특정된 성스러운 문서에 계시된 대로의 신의 의지를 집행하는 가치에 복무한다고 말하는 것은 당대의 법 실무에 대한 만족할 만한 정당화가 되지 않을 것이다. 설사 그것이 법 실무가 채택해야 하는 정당성 있고 중요한 목표라고 해도, 우리는 그것이 우리 법 실무의 목표라고는 주장할 수 없다. 왜냐하면 그 주장은 변호사와 판사들이 실제로 하고 있는 바에 조금도 부합하지 못할 것이기 때문이다. 둘째, 어떤 실천에 대한 정당화는 그 실천에 대략적으로 부합하는 것 이상을 해야 한다. 그것은 또한 그 실천이 복무하는 어떤 충분히 중요한 가치들을 기술해야만 한다. 이러한 실천들이 많은 변호사들에게 먹고살기 좋은 바탕을 제공한다고 말하는 것은 법 실무와 법제도를 정당화해주지 못할 것이다. 그러한 결과는 비록 확실히 현실이기는 하지만, 그러한 엄청난 결과를 갖는 정치적 실천을 정당화하기에 중요하지 않거나 충분히 가치 있는 것이 아니다.

해석의 이 두 차원 사이의 구별은 해석자가 실제로 어떻게 생각하는가를 포착하려고 의도된 것이 아니다. 법률가라면 누구나 교육, 훈련, 그리고 경험을 통해 어떤 해석이 발명이 아니라 해석으로 여겨질 만큼 충분히 잘 부합하는가에 대한 그 자신만의 감각을 발전시키며, 그 감각을 의식적으로 자각함이 없이 활용할 것이다. 나는 그 구분을 현상에 대한 보고로서가 아니라, 해석의 논리 그리고 해석이 도전받는 상이한 방식을 이해하는 것을 돕는 분석적 장치로서 의도한 것이다. 어떤 경우든 그것을, 몇몇 논평가들이 그랬듯이, 부합 테스트가 단지 기계적인 일관성 테스트라고 가정함으로써 그 구분을 오해하지 않는 것이 중요하다. 이와는 반대로, 부합과 가치의 두 차원은 정치적 도덕에 관한 동일한 전반적인 판단의 상이한 측면을 표현한다. 그리고 우리가 이 두 테스트를 어떻게 적용하며 그것들을 법리적 단계에서의 해석적 성공에 대한 최종적 평가에서 어떻게 함께 묶는가는 법철학적 단계에서 앞서 이루어진 우리의 판단을 반영할 것이다.[10] 우리가 법에 대한 전반적인 정치적 정당화가

---

10 Justine Burley (ed.), *Dworkin and His Critics*, Malden, Mass.: Blackwell, 2004, pp. 381~82. 또한 *Law's Empire*, pp. 410~11의 통합성의 두 차원에 관한 나의 논

통합성의 어떤 요구를 포함하는 것으로 여긴다면, 그리고 만일 그것이 법 명제의 해석적 테스트를 선택하는 우리의 이유가 된다면, 우리는 부합의 차원을 정교화해서 통합성이란 무엇이며 통합성의 가치는 어디에 있는가에 대한 우리의 더 세련된 감각을 반영하도록 해야 한다. 예를 들어, 우리는 소렌슨 사건에서 과실법을 정당화하고자 우리가 제안하는 원리가 그녀가 처한 사태에 관해 법원이 과거에 내렸던 실제 판단에만 그저 부합하는 것이 아니라, 그러한 사건들을 판결한 판사들이 자신의 판결을 뒷받침하기 위해 썼던 의견에도 부합해야 한다고 주장할 것인가? 우리는 정치적 공동체가 동일한 원리의 체제를 모든 이 각자에게 확장하는 것이 왜 중요한가에 대하여 더 명료하게 밝힘으로써 그 질문 및 그와 병행하여 제기되는 질문에 답해야 한다. 나 자신의 견해에서는, 이러한 요구에 대한 적절한 설명은, 그 공동체가 시민들의 삶에 개입하는 그 권한을 실제로 어떻게 행사하는가에 의해 정해지지, 과거에 그러한 개입에 대하여 상이한 공직자들이 제시하였던 이유들에 의해 정해지지는 않는다.

전반적인 법 해석은 또 다른 중요한 방식으로 복합적이다. 법 해석은, 특정한 법 실무가 인정하고 집행하는 법적 권리, 의무 등등에 관한 내용적인 주장을 정당화할 원리를 추구하지만, 그것은 또한 이러한 내용적 주장이 배태되어 있는 헌법적·절차적 실천들의 거대한 집합 역시도 정당화할 수 있어야만 한다. 그러므로 법 실무에 대한 어떠한 전반적인 정당화도, 특정한 기관에 입법권을 부여하는 정치적 도덕의 원리에 두드러진 지위를 주어야 하며, 또한 온갖 공식적·비공식적 방식으로 그러한 권한을 제한하는 다른 원리들에도 두드러진 자리를 주어야 한다. 소렌슨 여사가 속한 국가의 의회가, 그 피해를 야기하였다는 것이 입증된 사람이나 단체를 상대로가 아니라면 어느 누구도 위험한 약품에 의해 야기

의를 보라.

된 피해에 대하여 손해배상을 받을 수 없다고 명시적으로 규정하는 법률을 채택하였다고 해보자. 그 국가의 법에 대한 권한 있는 그 어떤 해석도 소렌슨 여사가 손해배상에 대한 아무런 권리도 갖지 않는다는 법리적 판단으로 끝맺게 될 것이다. 그렇게 되면 도덕이 그 판단에서 아무런 역할도 하지 못한다고 생각하는 것은 잘못이다. 그것은 입법부의 헌법적 역할에 대한 해석에서 중요한 역할을 수행한다. 우리가 그 기관이 법을 제정할 권한이 있는 기관으로 설립되었다고 생각하는 이유들은 정치적 도덕의 이유들이다. 그리고 법률가들이 그 도덕적 이유들의 정확한 성격에 관하여 의견이 나뉜다면, 그들은 적어도 의회가 실제로 제정한 법이 무엇인가에 관하여 적어도 일부 경우들에서는 불가피하게 의견이 불일치할 것이다.

도덕의 그 역할은 미국과 같은 나라들에서 특히 분명하다. (그리고 다른 성숙한 민주주의 사회에서도 점점 더 그래지고 있다.) 이러한 나라들에서는 입법 권한이 헌법에 의해 창설되었는데, 이 헌법은 또한 그 입법 권한을 제한하고 있기도 하다. 소렌슨 여사의 사건을 관할하는 나라의 헌법이 내가 앞서 언급하였던, 법의 '평등한 보호'에 관한 조항을 담고 있다고 가정해보자. 그럴 경우 그 법률이 위험한 약품의 사용자에게 불리하게만 적용되는 것이 불공정한 차별을 구성하는가는 중요한 헌법적 질문이 된다. 물론 그것은 도덕적 질문이다. 입법부의 제정법이 그 어떤 헌법의 도덕적 규준도 위반하지 않는 것이 명백해 보이는 경우에도 — 예를 들어 도로교통법은 어느 누구에게도 적정 절차를 부인하지 않는다 — 그 판단에서 도덕은, 셜록 홈즈의 짖지 않는 개처럼 소극적인 역할은 한다. 도로교통법이 도덕적으로 반대할 만한 것이 없다는 점은 명백할지 모른다. 그러나 그것 역시 도덕적 판단이다.

그 질문이 입법 권한에 관한 것이 아니라 제정법의 해석에 관한 것이라 할지라도, 그 입법을 정당화하는 데 채용된 정치적 원리들은, 그 원리들이 해석적 전략을 정당화하기 때문에 계속 효력을 발휘하는 것으로 남아 있다. 의회가 내가 앞서 기술한 법률, 즉 여성의 건강이 위협을 받을 때에는 낙태를 허용하는 법률을 채택하였다고 가정해보자. 그 법률이 정신적 건강을 보호하기 위한 낙태를 허용하는지를 우리는 어떻게 결정해야 하는가? 우리는, 내가 말했듯이, 정신적 건강과 신체적 건강 사이에 구분선을 긋는 것이 도덕적으로 자의적인지를 물을 수 있다. 또는 우리는 그 법을 입안한 사람들이 그 구분을 의도했는지를 물을 수 있다. 우리는 예를 들어, 입법자들이 오직 신체적인 건강만을 보호하고 있다고 명백히 생각했음을 알게 될지도 모른다. 그것은 우리가 선택한, 그 법률을 해석하는 두 가지 방식 — 또는 다른 활용 가능한 많은 방식 — 중에서 하나를 고르는 데 결정적일 것이다. 그러나 우리는 우리의 선택을 입법의 복합적 실천에 대한 최선의 정당화로서 옹호해야만 한다. 그리고 그것은 우리에게 민주주의적 도덕 — 대의 다수결 정부의 목적과 가치에 관한 특정한 설명 — 이나 다른 정치적 도덕에 관한 특정한 관념 안에서 그 해석을 옹호할 것을 요한다.

그러므로 소렌슨 여사의 사건을 판단하는 해석가는, 그녀가 속한 주의 법에 관한 논쟁의 여지가 없는 법의 내용 — 즉, 과실을 범한 특정한 제약업체에 의해 야기된 것으로 입증될 수 있는 피해를 입은 사람은 그 제약업체에게 손해배상을 청구할 권리가 있다 — 을 정당화할 뿐만 아니라 그 주와 그 국가 내의 권한과 권위의 확립된 질서를 정당화하기도 하는 원리들을 찾아야만 한다. 그리고 후자의 원리들은 소렌슨 여사가 보유하는 구체적인 법적 권리가 무엇인가를 판단하는 데 있어 전자의 원리들의 힘을 제약할 수도 있다. 일전에 나는 제약회사의 변호사들은, 법철학적 단계에서는 통합성을 중요한 법적 가치로서 거부하고 합법성에 관한 더 효율성 기반적인 관념을 찬성하며, 법리적 단계에서는 정치적 도덕을 배제하는 법 명제의 검증 기준을 채택할 수도 있다고 말한 적 있다. 그러나 그들은, 법철학적 단계에서 통합성을 받아들이고, 법리적 단계에서 해석적 분석에 관한 나의 견해와 같은 무언가를 채택함으로써 그들의 의뢰인을 변호할 수도 있을지 모른다. 그들은 그 헌법적 차원과 절차적 차원을 포함하는 관련 법 실무의 전체 범위에 대한 최선의 해석은 법이 과거 관행이 북돋았던 확립된 기대를 존중해야 한다는 원리에 상당한 비중을 부여한다고 논할 수도 있다. 이러한 확립된 기대에는 제약회사 및 제약회사의 보험업체들이 그들의 여러 예산 규정에서 반영한, 제조업자들은 오직 자신이 손해를 야기한 경우에만 피해에 대하여 책임을 진다는, 확립된 기대가 포함된다고 하면서 말이다. 소렌슨 여사의 변호사들은, 그 원리에 그토록 많은 비중을 부여하는 데 반대할 것이다. 그들은 상업적 기대는, 실질적 정의를 위축시키는 것이 아니라 개선하는 것을 예정해야 한다고 상정하는 것이 당대의 실무에 대한 더 나은 정당화를 제공한다고 주장할 것이다. 이 두 변호사 집단 사이의 논쟁이 이런 방식으로 법리적 단계에서 전개된다면, 우리는 한쪽이 다른 쪽보다 법의 원천 가운데서 정치적 도덕에 더 많이 호소한다고는 말할 수 없게 된다. 우리는 오히려, 그들의 도덕적 주장이 다르기 때문에 그들의 법적 판단 역시 달라졌다고 말해야만 한다.

판결 단계

대부분의 사람들은 특정한 종류의 정치적 결정들 —특히 국가의 독점적 강제력을 활용하는 판사들에 의해 내려지는 결정들—은 참인 법명제에 의해 명해지거나 허용된 방식으로만 내려져야 한다고 생각한다. 대부분의 사람들에게 이것은 거의 절대적인 제약이다. 그러나 그것은 절대로 절대적이지는 않다. 대부분의 사람들은, 매우 드문 경우이겠지만, 판사들이 법이 매우 부정의할 때나 아마도 그것이 매우 현명하지 못할 때에는 법을 무시할 도덕적 의무가 있으며, 판사들이 부정의나 거대한 비효율성을 방지하기 위하여 그들의 정치적 권한을 사용해야 한다는 점을 받아들인다. 우리는 그러므로 법적 분석의 네 번째 단계를 인정해야만 한다. 그것은 판결 단계다. 그 단계에서는, 일반적으로 법을 집행할 것이 기대되는 정치 공직자들이 구체적인 그 사건에서 실제로 법을 집행해야 하는가라는 질문이 제기된다. 물론 그것은 정치적인 질문이며, 따라서 도덕적인 질문이다. 그것은 법을 식별할 때 도덕이 어떻게 등장하느냐에 관한 질문이 아니라, 도덕이 판사로 하여금 법과 독립적으로 또는 심지어 법에 반하여 행동하도록 명하는 때가 있는지, 그렇다면 그러한 경우란 어떤 경우인지에 관한 질문이다.

대부분의 사람들은 판결 단계의 질문이 거의 항상 법리적 질문에 의해 해결되어야 한다고 생각한다. 즉, 제법 성숙한 민주주의 사회에 속한 판사는, 오직 드물게만 참인 법 명제를 식별하고 적용하는 것 이상을 할 것이 요구된다고 말이다. 그러나 이 외관상 매우 합당한 견해는 실제로는, 의식적이건 그렇지 않건, 내가 법 이론의 더 앞선 단계로 기술한 것에 속하는 가정에 의존하고 있다. 의미론적 단계를 논하면서 나는, 법에 관한 법리적 개념이 해석적 개념이라고 주장하였다. 법리적 개념은 법 명제들이 권한의 행사에 함의를 갖는다고 가정하는 실무에 배태된 것으로 우리에게 기능한다. 그것은 다른 종류의 개념이 아니라 해석적 개념이다. 왜냐하면 그것의 올바른 적용에 대한 우리의 이해는 그러한 권한이 어떻게 행사되어야 하는가에 관한 우리의 판단에 민감하기 때문이다. 우리가 만일 의미론적 단계에서 그 개념에 대한 그 설명을 받아들인다면, 판결 단계에서 그러한 설명에 모순되는 주장을 하는 것은 이치에 닿지 않는다. 우리는 이띤 예외적인 경우에는 판사들이 법에 반하여 행동하거나 법을 무시하여 행동해야 한다는 점을 인정할 수 있지만, 평소에는 그들이 그러한 행위를 하지 않으리라고, 즉 판사들이 참인 법 명제들이 명하거나 허용하는 것에 따라 행동하리라고 가정해야만 한다. 우리에게, 법리에 관한 이론은 판결에 관한 이론의 없어서는 안 되는 일부이자 거의 전부를 차지하는 것이다. 이렇게 되는 이유는 법에 복종할 도덕적 의무를 우리가 믿기 때문만은 아니고, 법에 대한 법리적 개념이 어떻게 기능하는가에 관한 우리의 이해에 비추어볼 때 우리는 법리에 관한 이론을 구성하기 위해서라도 이를 가정해야만 하기 때문이다.

그러나 만일 우리가 의미론적 단계에서 상이한 판단을 취했다면, 우리는 판결 단계에 이르러 이와는 다른 이야기를 할 수도 있다. 이를테면 우리가, 앞선 단계에서, 법에 대한 법리적 개념은, 내가 기술한 해석적 개념보다는, 총각임의 개념과 더 유사하다거나, 물의 개념과 더 유사하다고 판단했다고 해보자. 그렇게 되면 우리는 어떤 사안에 관하여 법이 무엇인가를 판단함에 있어 법률가들이 모두 사용하는 테스트를 단순히 식별함으로써 그 개념을 해명하기로 결정한 것이 될 것이다. 만일 우리가 법리적 개념이 총각임과 같다거나 물의 개념과 같아서 법률가들이 주되게 동의하는 것의 진정한 본질이나 본성의 날것이 법이라고 생각한다고 해보자. 그렇게 되면 우리는 법의 상태가 판사 앞에 놓인 사건의 결정에서 어떻게 나타나야 하는가에 관한 그 어떤 명제도, 일반적인 수준의 명제로조차도 가정하지 않으면서, "…하는 것이 법이다"라는 분석을 한 것이 될 터이다. 그때 우리는 판결 단계의 질문은 조금도 건드리지 않은 채 놓아두는 것이 된다. 우리는 그때에도 정치적 도덕의 문제로서 판사들은 법을 통상적으로 집행해야 한다고 말할 수는 있다. 그러나 우리는 또한, 동등한 일관성을 가지고서, 판사들은 그들이 독립적인 근거에서 그 법을 정의롭거나 현명하거나 효율적이라고 여기지 않는다면 그 법을 결코 집행하지 말아야 한다고도 말할 수 있게 된다. 그 경우 판결 단계는 전적으로 독립적인, 자족적인 분석의 단계가 될 것이다. 우리는 판결 단계의 이론은 법 이론의 일부가 전혀 아니라고까지 말할 수 있게 되는 것이다. 실제로, 법에 대한 법리적 개념의 철학적 성격에 관하여 그러한 입장을 취하는 법철학자들은, 나에 대한 몇몇 비판가들이 그렇게 말하는 것처럼, 나의 통합성 기반 법리 이론은 단지 판결 단계의 이론일 뿐이지, 법 이론은 아니라고 말할 수 있을 것이다. 그 주장은 그들이 처음에 취한 판단,

즉 법 이론의 의미론적 단계에서 취한 판단에 의해 가능해진 것이다.

법 이론이 판결 단계에서 제공하는 바는, 기본적인 의미론적 단계에서 취한 판단에 의존할 뿐만 아니라, 이후 단계에서 취한 판단에도 의존한다. 예를 들어 소렌슨 여사의 변호사들이 의미론적 단계에서 법에 대한 법리적 개념이 해석적 개념이라는 점을 받아들인다고 해보자. 이후의 법철학적 단계에서는 법은 효율성과 조정이라는 가치에 복무하는 것으로 이해되어야 한다고 주장하면서, 그리하여 법에 관한 어떠한 명제의 참을 결정하는 데 있어서도 사법부 공직자들의 과거의 명시적인 선언만이 유관하고 그 이외의 것은 아무것도 유관하지 않다는 법리적 이론을 주장한다고 해보자. 그들은 그럴 경우, 비록 과거의 공적 선언 중에 그들의 의뢰인에게 시장점유율에 비례한 배상을 인정한 것이 없는 건 사실이지만, 과거의 어떠한 공적 선언도 그러한 권리를 부인한 바가 없는 것도 참이라고 이야기할 것이다. 그들은 이러한 사건(또는 이야기되지 않은 다른 사건들)에서, 법에는 몇몇 법 이론가들이 '틈새'(gap)라고 부르는 것이 존재한다고 결론 내릴 수도 있다. 어떠한 법 명제도 결론을 한쪽으로 명하지 않으므로, 설사 판사들이 그들이 법을 따라야만 한다는 점을 받아들이더라도, 따를 법이 존재하지 않는 경우에는, 따를 법이 없는 경우에 사건을 어떻게 결정해야 하는지를 알려주는 독립적인 판결 단계의 이론을 발전시켜야만 한다. 그리고 소렌슨 여사의 변호사들에 의하면, 판사들은 제약회사들로 하여금 그녀에게 시장점유율에 따른 손해배상을 하게 강제함으로써 정의를 실현해야만 한다고 주장할 것이다. (아마 어떠한 빕률가노 법정에서 그런 방식으로 논변을 하지는 않을 것이다 ─ 그가 그런 논변을 펼치면 징계를 받을지도 모른다. 그러나 판사들은, 변호사들이 그 법은 자기 의뢰인에게 손을 들어준다고 말했을 때 변호사들이 진정으로 의미하는 바는 바로 그것이라고 이해할 수는 있을 것이다.)

이 새로운 구조 내에서 도덕은 법 이론의 두 지점에서 역할을 수행한다. 가치가 법 실무에 귀속되는 법철학적 단계가 그 하나다. 다른 하나는 판사들이 정의를 실현할 것을 촉구받고 그 정의란 바로 시장점유율에 따른 손해배상을 명하는 것이라는 이야기를 듣는 판결 단계다. 그러나 도덕의 이 두 혼입은 분명히 구별되는 것이다. 나의 견해에서는, 이와는 반대로, 우리가 법 실무에 귀속시켜야만 하는 통합성이라는 가치는 법리적 단계를 거쳐 판결 단계에까지 계속 흘러들어간다. 왜냐하면, 내가 주장했듯이, 통합성은 판사로 하여금 이 사건을 포함하여 어떤 사건들에서는, 법이 무엇인가 그리고 판사로서의 그들의 책임을 어떻게 존중할 것인가라는 두 가지 문제 모두를 결정하기 위하여 도덕을 살펴볼 것을 명하기 때문이다. 다시금 그 차이는, 도덕을 포함하는 이론들과 도덕을 배제하는 이론들 사이의 차이가 아니라, 완결된 법 이론이 종결짓는 최종적인 정치적 판단에 상이한 결과들을 가져오는 분석의 상이한 단계에서 도덕을 도입하는 이론들 사이의 차이다.

법실용주의

어떠한 완결된 이론이라도 의미론적·법철학적·법리적 판결 단계로 나누어 살펴보는, 법 이론에 대한 이러한 해부는 물론 인위적인 것이다. 법철학자들은 자신의 이론을 이러한 스타일로 표명하지는 않는다. 그러나 인위적인 해부도는 여러 유형의 법 이론들을 식별하고 구분하는 유용한 도식을 제공한다. 이 책에서 나는, 법사상의 역사에서 래디컬하면서도 현대의 법 실무에서 매우 중요한 이론을 다루는 일에서 출발하고자 한다. 이 이론은 상이한 형태를 취해왔으며, 상이한 이름이 붙여지곤 했다. 나는 그것을 '법실용주의'(legal pragmatism)라고 부른다.

실용주의는, 판결 단계의 이론으로서 가장 쉽게 그리고 일반적으로 기술된다. 그것은 판사들이 자신들 앞에 놓인 사건을, 미래 전망적인, 결과주의적인 스타일로 항상 판결해야 한다고 주장한다. 판사들은, 과거의 실무 자체는 전혀 고려치 않고 공동체의 미래를 위해 최선이라면 그것이 무엇이건 그렇게 결정해야 한다는 것이다. 실용주의에 대한 더 정교한 어떠한 판본도, 어떤 결정의 결과가 어느 경우에 최선인지를 판단하는 방법을 명시해야만 한다. 최선을 판단하는 방법은 행위공리주의적(act-utilitarian) 관념일 수도 있다. 이 관념은 각각의 정치적 결정들은 그 각각이 복리에 관한 어떤 특정한 관념, 예를 들어 행복이나 욕구 만족과 같은 것에 따라 특정된 인구집단의 평균 기대 복리를 극대화하는 것을 목표로 해야 한다고 주장한다. 또는 그것은, 이를테면 경제적 효율성이나 부의 극대화 같은 지표로 최선의 결과를 정의하는, 복리와 무관한 관념일 수 있다.

어느 경우건, 실용주의자 판사는 그럼에도 불구하고, 의회가 제정하였거나 판사들이 과거에 결정한 것이 무엇인가를 주시하도록 요하는 도구적 제약을 받아들여야만 한다. 이러한 제약은 최선의 결과란 무엇인가에 관하여 그가 고른 관념에 외생적인 것으로부터가 아니라, 그 관념으로부터 도출되는 것이다. 실용주의에 따르면, 판사들은 의회에 전체적으로 복종해야 하며 과거 사법부의 결정들에 충실해야 하는데, 이는 의회의 권한과 사법제도가 미래의 행위를 조정하는 권한이 효율성 및 여러 목표들을 보장하는 데 큰 이득을 주며, 그 권한은 만일 판사가 과거의 선언을 새로운 판결들에서 두드러지게 무시한다면 훼손될 것이기 때문이다. 그러나 판사들이 할 수 있는 것에 대한, 덜 도구적인 다른 제약들은 있을 수 없다. 그래서 효율성이나 다른 공동체의 목표가 과거의 선언들을 무시하거나 고쳐 쓰는 것에 의해 더 잘 충족된다면, 그것이 바로 실용주의자 판사가 해야 하는 일이다.

우리의 해부도는, 한 사람의 법 이론가가 법실용주의 입장에 이르는 상이한 방식들을 시사해준다. 그는 예를 들어, 내가 기술한 법 이론의 네 단계를 거치면서, 내가 의미론적 단계와 법철학적 단계에서 제기한 질문들에 내가 제시한 답변과 대체로 동일한 답변을 실제로 받아들일 수도 있다. 그는 의미론적 단계에서는 법에 대한 법리적 개념은 해석적 개념이라고 하고, 법철학적 단계에서는 법의 가치에 관한 최선의 설명은 통합성이라는 이상을 포함한다고 한다. 그리고 나서 그는, 법리적 단계에서는, 당대의 실무에 대한 최선의 해석이란 무엇인가에 관하여는 나와 의견을 달리할 수 있는 것이다. 즉, 그들은 최선의 해석은 오직 미래 전망적인, 결과주의적인 것에 법의 진정한 가치를 두는 것을 정당화하기 때문에, 소렌슨 여사가 시장점유율에 따른 배상에 대한 법적 권리를 갖고 있다는 명제는 오직 판사가 그녀에게 그러한 배상권을 부여하는 것이 공동체 전반에 전체적으로 실보다 득이 많을 때에만, 오직 그때에만 참이 된다고 할 것이다. '법과 경제학'(law and economics)이라고 불리는 중요한 지성적 운동은, 미국 로스쿨에 최초의 뿌리를 두고 있다가 다른 나라들로 번져갔는데, 다양한 분파들을 만들어냈다. 이 분파들 중 하나는 명백히 법철학적이면서 해석적이다. 그 운동의 이쪽 날개에 타고 있는 사람들은 보통법 법정은 모종의 방식으로 정의된 경제적 효율성을 극대화한 결정들을 특징적으로 내려왔다고 주장한다. (나는 몇몇 논문과 책에서 그 운동의 상이한 측면들을 논의하고 비판한 바 있다.)[11] 만일 그렇다면, 그 경우 통합성은 소렌슨 여사의 사건과 같은 난해한 사건에서, 미래 전망적인 목표를 극대화하는 방식이라면 무엇이건 그쪽으로 결정을 내리는 법을 발전시킴으로써만 가장 잘 보호될 것이다.

그러나 다른 실용주의자들은 매우 다른 방식으로 논한다. 분석의 최초 단계인 의미론적 단계에서 훨씬 더 래디컬한 입장에서 출발하는 것이다. 나는, 이 도입부에서 나 자신의 견해를 요약하면서, 법 명제는 진리 조건을 갖고 있으며, 즉 소렌슨 여사가 제약회사의 시장점유율에 따라 손해배상을 받을 법적 권리를 갖고 있다는 명제가 참인지, 참이라면 왜 참인

---

11 Ronald Dworkin, *A Matter of Principle*, Cambridge, Mass.: Harvard University Press, 1985, Chapter 12, 13을 보라. *Law's Empire*, Chapter 8도 보라.

지 묻는 것을 이치에 닿게 해주는 조건을 갖고 있으며, 법에 대한 법리적 개념에 관한 철학적 탐구는 이 진리 조건들을 식별하는 것을 겨냥해야 한다고 말한 바 있다. 이러한 가정들은 수십 년 동안 스스로를 법에 관한 '현실주의자'라고 불렸던 학계의 법률가들에 의해 도전을 받았다. 그들은 법 명제는 참도 거짓도 아니며 오직 판사들이나 다른 공직자들의 주관적인 선호의 표현에 불과하기 때문에, 법 명제의 진리 조건을 찾는 기획은 의미 없는 시간 낭비라고 주장한다. 그들은 법에 대한 법리적 개념은 기준적 개념도 자연 종 개념도 해석적 개념도 아닌, 단지 사이비 개념일 뿐이라고 한다. 이러한 회의적 주장의 더 정교화된 판본은, 스스로를 실용주의자라고 부른 다른 저자들에 의해 더 짜임새 있고 철학적인 방식으로 옹호된 바 있다. 제1장에서 나는 그러한 저자들 두 명의 주장과 논변을 탐구한다. 철학자 리처드 로티(Richard Roty)와 문학자 스탠리 피시(Stanley Fish)가 그들이다. 둘 다 법률가는 아니지만, 나의 법적 견해에 관하여 비판적인 글을 썼다. 나는, 이 장에서, 그들이 옹호하는 실용주의 판본은 철학적으로 혼동에 빠진 것이며 자신들의 논변을 자기논박하지 않으면 이해될 수 없는 은유들을 사용하지 않고서는 진술될 수 없는 것이라고 논한다.

법학계에서 가장 영향력 있는 실용주의 판본은 이것들 모두와도 다르다. 그것은 제1장에서 논의된 견해들보다는 덜 철학적이며 더 실제적이다. 그러나 그 중심 논제는 그럼에도 불구하고 정치철학에서 중요하며 논쟁이 되고 있는 입장이다. 그 논제는 정치적 권한을 가진 이는 누구나 그 권한을 자신의 제도적 위치와 권한 정도에 비추어 가능한 어떤 방식으로건 사태를 더 낫게 만들도록 그 권한을 사용하여야 한다고 주장한다. 이러한 견해에서는, 법 명제의 참에 대하여 보여주는 판사의 그 어떠한 관심도, 그들이 그것만 보고 추구해야 하는 목표, 즉 정치 공동체의 개선이라는 목표를 흐트리는 쓸데없는 관심이다. 이러한 형태의 실용주의는 전적으로, 법 이론의 판결 단계에서만 전개되는 것이다. 그것은 이

전 단계를 전혀 필요로 하지 않는다. 따라서 그 실용주의는 법에 관한 법리적 개념의 본성, 현대의 법 실무가 어떻게 가장 잘 정당화될 수 있는가, 다시 말해 법 명제의 진리 조건에 관하여 아무런 견해도 취하지 않는다. 전통적인 법철학의 모든 장비는 미래를 전망하는, 도구적인 수단-목적 계산의 새로운 바람에 휩쓸려 사라진다.

이 견해를 취하는 가장 영향력 있는 법실용주의자는 리처드 포스너(Richard Posner)다. 그는 저명한 연방 판사이면서 또한 엄청나게 다작하는 법학자이자 저술가이다. 제2장과 제3장에서는 그의 견해를 논의한다. (제3장에 덧붙인 부록에서 나는 그의 실용주의 이론들을, '부시 대 고어'[Bush v. Gore] 사건에서, 조지 W. 부시를 대통령으로 만들고 세계사의 운명을 바꾸어놓았던 연방대법원의 언어도단의 판결을 정당화하는 데 활용하였던 포스너의 시도를 논의한다.) 나는 포스너에 관한 나의 논의 전체에 걸쳐, 그의 실용주의 형태는 아무것에도 다다르지 않는다고, 즉 그것은 공허한 것이라고 논한다. 왜냐하면 비록 그가 판사들은 최선의 결과를 산출하도록 사건을 판결해야 한다고 주장하기는 하지만, 그 최선의 결과가 무엇인지를 판사들이 어떻게 판단해야 하는지를 명시하지 않기 때문이다. 그것은 중요한 비판이다. 왜냐하면 결과주의의 구체적인 관념을 명시하는 것은, 실용주의의 어떠한 판본도 즉각 덜 매력적인 것으로 만들 것이기 때문이다. 스스로를 실용주의자라고 자랑스럽게 공언하는 많은 미국 법학자들은 수사(修辭) 대신에 어떤 실제적인 이론을 수용해야 하는 처지에 놓인다면 당황하게 될 것이다. 공리주의는, 그 잘 알려진 모든 결점에도 불구하고, 법실용주의자들이 채택할 가능성이 가장 높은 도덕 이론으로 보인다. 그러나 포스너는 자신이 그 자리에 그것 대신 채택한 도덕 이론은 무엇인지 알려주지 않으면서 공리주의를 거부한다. 그의 실용주의가 공허한 것으로 남는다는 논변에 대한 그의 유일한 답변은, 미국 판사들은 그들의 사회의 적합한 목표에 관하여 충분히 의견이 일치하고 있어서 이러한 목표에 대한 학술적 정의나 토론은 필요치 않다는 것뿐이다. 그 판사들이 계속해서 그들이 모두 최선이라고 동의하는 바에 따라 해 나가도록 그저 내버려두면 충분하다는 것이다. 부시 대통령의 연방 법원 판사 임명에 대한 최근의 정치적 투쟁과 의회 내의 논쟁을 따라온 사람이라면 어느 누구도 그 주장을 믿지 못할 것이다. 실제에서는 현실의 그리고 잠재적인 판사들은 법에서 문제되는 정치적 쟁점의 전 범위에 걸쳐 심대하게 의견이 불일치한다. 경제적 효율성, 안전, 환경보호의 상대적 중요성에서, 정의와 성 평등의 상대적 중요성에 이르기까지 그러하다.

제2장에서 나는 캐스 선스틴(Cass Sunstein)을 포스너와 함께 '반(反)이론' 학파의 구성원으로 묶었다. 나는 지금은 그 주장을 과장이라고 여긴다. 왜냐하면 비록 그 두 학자 모두 법에 관한 나의 설명에서 정치철학과 도덕철학의 역할에 대하여 비판적이기는 하지만, 선스틴의 견해와 나의 견해 사이의 차이점은, 그가 말한 대로,[12] 포스너와 나의 차이보다 훨씬 덜 심대하기 때문이다. 그럼에도 불구하고 선스틴의 견해와 내 견해 사이의 차이점은 유의미하다. 그는 내가 법 명제들은 그것이 법 실무 전반을 최선으로 해석하는 것으로 뒷받침될 때에 참이라고 가정함으로써 판사들에게 너무 많은 것을 요구한다고 생각하며, 그 이유 때문에 나쁜 판결을 산출할 가능성이 높다고 생각한다. 나는 제2장에서 설명한 대로, 어떤 구체적인 주제에 관하여 법은 무엇인가라는 해석적 질문은, 원칙적으로 결말이 열린 질문이라고 생각한다. 판사들은, 내가 '국지적 우선성'(local priority)의 원칙[13]이라고 부른 것의 인도를 받아, 그들이 닥면한 문제의 이웃에 있는 법리들에 속하는 그들 자신의 관할에 관한 법적 자료들만을 참조함으로써 통상 숙련된 답에 도달할 수 있다. 그러나 그 판사

---

12 Cass R. Sunstein, "From Theory to Practice", 29 *Arizona State Law Journal* 389 (1997).

13 *Law's Empire*, pp. 250~54.

| 서론 | 법과 도덕 • 39

들의 논변은, 그런 방식으로 제한되기는 하여도, 나의 견해에 의하면 오직 그러한 논변들이 법적 자료 전체를 수용하면서 법에 대한 더 기초적인 법철학적 관념에 근거를 두고 있는 훨씬 더 일반적 해석에 의해 지탱될 수 있을 때에만 건전한 것이다. 변호사나 판사가 법의 상태에 관한 결론을 공언하기 전에 이 더 일반적인 영역으로 얼마나 탐구해 들어갈 것이냐는 본질적으로 실제적인 질문이다. 그것은 무엇보다도, 그의 견해에 대하여 실제로 다른 법률가와 법 공직자들이 제기한 도전에 달려 있다. 이러한 도전들이 당면한 사건들의 이웃에 속하는 범위 내의 자료들로부터는 답해질 수 없어서, 어떤 '이론적 상승'(theoretical ascent)이라고 내가 부르는 것이 필요해질 수도 있다. 선스틴은 판사들은 이러한 이론적 상승에 심지어 원칙적으로도 저항해야 한다고 생각한다. 판사들은 더 전통적인 방식으로 사건을 판단해야 한다는 것이다. 즉, 동료들과의 '불완전하게 이론화된 동의'를 찾아서 자신의 판단을 부분적으로만 정교하게 정당화하는 것을 추구해야 한다는 것이다. 나는 이 주장을 제2장에서 비판한다. 선스틴은 최근에 판결에 대한 경험적 연구를 공저로 출간하였는데, 그 연구의 결과는, 그의 관대한 표현에 따르면, 자신의 견해보다는 나의 견해를 지지하는 경향이 있다고 한다.[14]

도덕다원주의

나의 논제는 법철학적 단계에서 비판될 수 있고, 그리하여 더 이후의 단계에서도 매우 상이한 방식으로 비판될 수 있다. 법 실무에 대한 나의 해석적 설명은, 법 실무를 정당화하는 가치들이 설사 다양하고 복합적이

---

14 Cass R. Sunstein, Daniel Kahneman, David Schkade, & Ilana Ritov, "Predictably Incoherent Judgments", 54 *Stanford Law Review* 1153 (2002), pp. 1200~01.

라 할지라도, 통합적인 전체를 형성하며 그러한 방식으로 법리적 단계와 판결 단계에서 통합성을 요구하고 인도할 수 있다는 것을 전제한다. 그러나 자유나 평등과 같이 정치적으로 중요한 가치들은 서로 심층적으로 충돌하기 때문에 그것들 사이의 타협이 필연적이라고 말하는, 오늘날 많은 법률가들의 견해와 공명하고 있는, 매우 강력한 철학적 전통이 있다. 그러한 타협 자체는 더 근본적인 가치에 의해 인도될 수 없다. 왜냐하면 그 충돌은 가장 근본적인 가치들 사이에 일어나는 것이기 때문이다. 가치들 사이에 인도되지 않은 주관인 선택이 종국에는 필수적이라고 한다. 그리고 그 주장은 전반적인 법 실무에 대한 하나의 해석이 또는 심지어 어떤 국지적 법 분야의 하나의 해석이 전반적으로 최선인 것으로 옹호될 수 있다는 나의 가정에 도전한다. 정치적 가치들 사이의 근본적 충돌을 가장 강력하게 옹호한 사람은 이사야 벌린(Isaiah Berlin)이었다. 도덕적 가치들에서의 심층적 충돌이라는 벌린의 이론은, 통합성이라는 이상에 매우 기본적인 수준에서 도전한다. 나는 그의 주장과 논변을 제4장에서 설명하고 비판한다.

정치적인 법리적 실증주의

나는 법실증주의의 법철학적 원칙을 특징지으려는 예전의 시도 때문에 불필요한 논쟁을 불러일으킨 바 있다. 그 이름이 어떻게 사용되느냐, 또는 정말로, 어떤 저자가 실증주의자라고 불리느냐에는 중요한 것은 아무것도 달려 있지 않다.[15] 그러나 그 각각이 모두 하나의 실증주의적 입장이라고 불릴 수 있는, 상이한 법철학적 입장들을 구분하는 것은 설명에 도움이 될 것이다. 이 입장들은 서로 다른데, 그것들이 법에 관한 상

---

15 *Taking Rights Seriously*, Chapter 2.

이한 개념들에 대한 이론이기 때문이다. 법리적 실증주의는 법 명제의 진리 조건에 도덕적 사실이, 적어도 근본적으로는, 등장할 수 없다고 주장한다. 하트(H. L. A. Hart)는 『법의 개념』(*The Concept of Law*)에서 법리적 실증주의를 옹호하였다. 그는 말했다. "내 이론에 따르면 (…) 법의 존재와 내용은 법의 사회적 원천(예를 들어 입법, 사법부의 판결, 사회적 관습)을 준거로 하여, 이렇게 식별된 법 자체가 도덕적 기준을 법의 식별을 위하여 통합시킨 경우를 제외하고는 도덕을 준거로 삼지 않고서, 식별될 수 있다."[16]

사회학적 실증주의는 도덕 테스트가 사회조직이나 정치조직의 다른 형태로부터 법을 구분하는 적절한 테스트에 속하지 않는다고 주장한다. 분류학적 실증주의는 도덕적 원리들과 법적 원리들이 서로 구별되는 고유한 것이고, 따라서 법은 그 어떤 도덕적 원리도 포함하지 않는다고 주장한다. 나는 사회학적 실증주의나 분류학적 실증주의가 하나의 중요한 철학적 입장인지 의문시할 이유들을 이미 제시한 바 있다. 내가 생각하듯이, 법에 대한 사회학적 개념과 분류학적 개념이 부정확한 기준적 개념이라면, 이러한 개념들에 예리한 경계를 주장하는 어떠한 이론도, 방법론적 중요성과 구별되는 고유한 철학적 중요성을 가질 수는 없다. 실증주의에 대한 나의 저술은 법리적 실증주의를 겨냥했으며, 이 책에서 아무런 단서가 붙지 않는 실증주의에 대한 언급은 바로 그 입장을 지칭하는 것으로 이해되어야 할 것이다.

법리적 실증주의는 명백히 철학적 중요성을 가진다. 그것은 실제적 중요성 또한 가지는가? 그 질문에 대한 답은 우리가 법 분석의 법리적 수준과 판결 수준 사이에 가정하는 연관 관계에 달려 있다. 법실용주의와 내가 옹호하는 법적 원칙에 관한 통합성 기반 견해 양자 모두는 실제적

---

16 H. L. A. Hart, *The Concept of Law*, 2nd ed., Oxford: Oxford University Press, 1994,
p. 269.

함의를 가진다. 두 견해는 판사들이 그들 앞에 놓인 사건들을 어떻게 판결하는가가 중요하다는 배경 가정을 토대로 하여 전개된다. 그 견해들은 그러므로 실제로 법 분석에서, 즉, 공법과 사법이 부화시키는 사법부의 의견에서나 강의실에서나 세미나 회의실 등의 표면에서 흔히 작동하는, 법에 대한 중요한 이론들 가운데 하나라고 할 것이다. 법실증주의의 몇몇 판본들, 내가 정치적 실증주의라고 묶어서 지칭할 법실증주의는 동일한 방식으로 중요하다. 그들 역시 판사들이 사건을 어떻게 판결해야 하는가의 질문에 대하여 말한다. 그들은 판사들이 해야 하는 것은, 어떤 법 명제가 참이냐에 따라 널리 결정된다고 생각한다. 그리고 그들은 내가 그러듯이, 법 명제의 진리 조건에 관한 자신의 견해를 정당화하기 위하여 정치적 도덕에 호소한다. 내가 제7장에서 이야기하듯이, 올리버 웬델 홈즈와 러니드 핸드 등 저명한 미국 법률가들은 판사들은 대중에 의해 선출된 의회의 결정에 복종해야 하고 판사들 자신의 아마도 상이한(그리고 그 법률가들이 생각하기에 전형적으로 더 보수적인) 도덕적 확신에 근거하여 그러한 결정들을 비판하거나 보충하려고 해서는 안 된다고 생각했기 때문에, 법실증주의를 옹호하였다. 이 정치적 실증주의자들은 법 실무에 대한 최선의 정당화는 자신들이 민주주의 원리라고 여긴 것을 포함한다고 가정하였다. 즉, 인민이 직접 해임할 수 없는 판사들이 아니라 인민 전체가 스스로를 통치하는 법을 결정해야 한다는 원리 말이다.

몇몇 현대의 학계 법률가들은 유사한, 명시적으로 실제적이고 정치적인 방식으로 법실증주의를 옹호한다. 예를 들어, 리엄 머피(Liam Murphy)는 만일 판사들이 법이란 무엇인가에 대한 그들의 판단에 도달함에 있어 도덕에 호소하는 경우에, 일반 공중은 법이란 무엇이건 정당하다고 생각하게끔 유도될 것이라고 한다.[17] 머피의 주장은 반직관적이

---

17 Liam Murphy, "The Political Question of the Concept of Law", in Jules Coleman (ed.), *Hart's Postscript*, Oxford: Oxford University Press, 2001, p. 371을 보라. Tom

| 서론 | 법과 도덕 · 43

고 설득력이 없는 것으로 보이지만, 그럼에도 불구하고 그의 주장은 정치적 실증주의의 성격을 잘 드러내는 것이기는 하다. 하트의 법리적 실증주의 판본은, 법 실무에서는 영향력이 없었지만 법철학계에서는 영향력이 있어왔는데, 이제는 정치적 실증주의가 아니라, 내가 아래에서 기술한 한 이론 유형인, 분석적 실증주의의 한 사례로 일반적으로 이해되고 있다. 그러나 그의 초기 저작에는 적어도 정치적 실증주의의 힌트는 존재한다. 그는 예를 들어서, 법 논변과 도덕 논변을 분리하는 것이 법에 대한 도덕적 비판을 확고하게 촉진하리라고 논한 적이 한 번 있다.[18]

그러나 정치적 실증주의의 가장 가공할 만한 현대의 판본, 정말로 매우 중대한 실제적 중요성을 갖고 있는 판본은, 미국 헌법이 어떻게 독해되어야 하는가에 관한 이론이다. 내가 앞서 말했듯이, 많은 나라들의 헌법은 의회와 행정부 공직자들의 권한을, 명시적으로 도덕적이거나—어떠한 처벌도 "잔인하거나 이상한" 것이 아니어야 한다—도덕적 해석에 열려 있는—정부는 법의 '적정' 절차를 부인해서는 안 된다—추상적인 언어로 제한한다. 나는 공직자의 권한에 대한 이러한 법적 제약들은 도덕적 제약들로 독해되어야 하며, 이러한 규준들에 의거하여 입법 행위와 행정 행위를 심사하는 변호사들과 판사들은 따라서 그들 자신이 도덕적 쟁점을 탐구하여야 한다고 주장해왔다.[19] 남성만 병역 의무를 지는 것이 헌법 수정조항 제14조의 '평등한 보호'에 의해 금지되는지 여부를 결정하기 위하여, 판사는, 그 구분이 정치적 도덕에서 정당화되는

Campbell, *The Legal Theory of Ethical Positivism*, Aldershot: Dartmouth Publishing, 1996; Abner S. Greene, "Symposium: Theories of Taking the Constituion Seriously outside the Courts: Can We Be Legal Positivists without Being Constitutional Posivisists?", 73 *Fordham* L. Rev. 1401 (2005)을 보라.

18 H. L. A. Hart, "Positivism and the Separation of Law and Morals", 71 *Harvard Law Review* (1958), reprinted in *Essays in Jurisprudence and Philosophy*, Oxford: Clarendon Press, 1983, p. 49를 보라.

19 Ronald Dworkin, *Freedom's Law*, Cambridge, Mass.: Harvard University Press, 1996.

지를 판단해야만 한다. 설사 그것만이 그들이 그 사건에 관하여 판단해야 하는 유일한 문제는 아니라고 하더라도 말이다. 이 견해는 스스로를 '원본주의자'(originalist)라고 부르는 변호사들과 판사들에 의해 확고하게 거부되고 있다. 그들은 미국 헌법의 추상적이고 외관상으로는 도덕적인 조항조차 오래전에 그 조항들을 쓰고 제정한 이들 아니면 오래전에 죽은 그들의 유권자들이 그 조항이 금지하기를 예상했던 그러한 입법과 다른 행위들만을 금지하는 것으로 해석되어야 한다고 생각한다. 그들은 지나간 역사 속 사람들의 신념이나 소망이나 기대에 관한 역사적 사실들만이 헌법 명제의 진리 조건을 제공한다고 주장한다. 평등 보호 조항은 오직, 남성에게만 병역 의무가 부과되었던 남북전쟁 이후 수정조항 제14조를 제정한 정치가들이, 그 조항이 그러한 병역 부과를 금지하리라 예상하였던 경우에만, 남성에게만 부과되는 병역 의무를 금지한다는 식이다. 도덕은 헌법 명제의 진리 조건과는 아무 관계가 없다는 것이다.

이 견해의 주된 지지자들은 법철학자들이 아니다. 그리고 그들이 말하는 것으로부터 그들 논변의 전체 구조를 분별하기란 종종 어렵다. 그들은 법의 정의나 본성 그 자체로부터 자신들의 견해가 따라 나온다는 식으로 흔히 자신들의 견해를 제시한다. 이는 그들이 의미론적 단계에서 법이 해석적 개념이라는 나의 견해를 거부하였음을 시사해줄 수 있는 것이다. 그러나 그들은 자주 정치적 원리에 호소함으로써 자신들의 주장을 뒷받침하기도 한다. 그 정치적 원리란, 국가가, 설사 그 제정 행위가 오래전에 일어났다 하더라도 이민과 그들의 대표에 의해 일단 제정된 원리들에 의해서 통치되는 것이, 오늘날 사법부의 공직을 점하고 있는 소수의 법률가들이 선호하는 원리들에 의해 통치되는 것보다, 민주주의와 더 일관된다는 것이다. 즉, 그들은 현대의 판사들은 헌법의 명령을 해석하기 위하여 도덕적 추론을 사용해서는 안 된다고 주장하는데, 이는 정의상 법이 도덕과 아무 관계가 없기 때문이 아니라, 오히려 그 반대로 정치적 도덕에 관한 최선의 논변이 이전 세대의 도덕적 견해를, 판사들에 의해서 대체되는 것이 아니라 인민 전체에 의해 헌법 수정으로 대체되기 전까지는, 현대의 판사들이 따르도록 제약하는 것을 요하기 때문이라는 것이다. 그러므로 그들은 법이 해석적 개념이라는 점에서는 나에게 동의한다. 그렇지 않다면 정치적 도덕에 호소하는 일이 왜 필요하겠는가? 그리고 자신들이 인용하는 정치적 원리가 미국의 법 실무의 정당화에 필요 불가결하다고 여긴다. (그 원리들에 대한 호소가 얼마나 진실된 것인지에 관하여는 때때로 의심할 여지가 있다. 내가 제5장에서, 앤터닌 스캘리어[Antonin Scalia]의 법철학을 논하면서 논증하듯이, 원본주의를 받아들인 몇몇 연방대법원 대법관들은 그들 자신의 사법적 판단에서는 그 원리를 일관되게 준수하지 않는다. 논란의 여지가 많은 사건에서의 그들의 투표는, 우리의 법 실무에 대한 그 어떤 전반적 해석의 성공에도 의존하지 않는 매우 보수적인 정치적 의제에 의해서 더 잘 설명될 수도 있다.)

나는 헌법 해석에 대한 이 '원본주의' 이론에 반대하여 수년 동안 논증을 펼쳐왔다. 제5장에서 나는 보수적인 변호사들과 판사들이 그 입장을 대변하여 개진한 논변을 오염시킨 철학적 혼동을 논한다. 나는 매우 다른 두 이념을 구분한다. 하나는 의미론적 원본주의다. 그것은 헌법 문언에 그 문언을 제정한 이들이 그것으로써 의도했던 의미가 주어져야 한다고 주장한다. 의미론적 원본주의는 나에게는 논박의 여지가 없는 것으로 보인다. 그것은 의미라는 관념에 대한 일반적인 철학적인 이해를 법 텍스트에 적용한 것이다. 만일 18세기에는 '잔인한'이라는 단어가 오늘날 '비싼'이라는 단어가 의미하는 바를 의미했다면, 수정헌법 제8조를 잔인한 처벌을 비난하고 있는 것으로 읽는 것은 그 조항을 오해하는 것이 될 것이다. (내가 보기에, 탁월한 헌법 법률가이자 옹호자인 로렌스 트라이브[Laurence Tribe] 교수는, 헌법 해석에 관한 나의 저술에 대한 논평에서 의미론적 원본주의의 그런 중요성을 놓치고 있다. 그리고 나는 제5장에 지면을 할애해서, 내가 생각하기에 그의 비판이 왜 오류를 범하고 있는지 설명하였다.) 의미론적 원본주의는 거부할 수 없는 것이다. 그러나 예상원본주의 내지는 기대원본주의(expectation originalism)는 거부되어야만 한다. 왜냐하면 내가 그렇다고 믿듯이, 헌법 입안자들이 추상적인 도덕적 규준을 규정하려 했다면, 그래서 우리가 입법이 공정성 자체가 아니라 공정성에 관한 그들의 견해를 기준으로 심사되어야 한다고 선언한 것으로 여긴다면, [예상원본주의 내지 기대원본주의는] 그들이 말하려던 것에 충실치 못한 것이 되기 때문이다. 내가 제5장에서 논하는 스캘리어 대법관의 법률 해석과 헌법 해석에 대한 논변이, 특히 이 혼동을 겪고 있다고 나는 생각한다.

분석적 법리적 실증주의

분석적 법리적 실증주의는, 도덕으로부터 법의 독립성은, 어떠한 정치적 해석이나 도덕적 해석에도 또는 법 실무에 대한 정당화나 법 이론의 판결 단계에서의 어떠한 정치적 원칙에도 의존하지 않으며, 법의 개념, 관념, 본성 그 자체에 대한 올바른 분석으로부터 곧장 도출된다고 주장한다. 일단 우리가 법의 법리적 개념을 적절히 이해하고 나면, 우리는 법 명제의 진리 조건에 도덕적 사실들이 등장할 수 없다는 것이 모종의 필연적 진리임을 알게 될 것이라고, 분석적 실증주의자들은 주장한다. 이것이 하트의 가장 잘 알려진 책, 그가 '법의 개념'이라고 이름 붙인 책이 옹호한다고 일반적으로 여겨지고 있는 입장이다, 비록 그 책에는 분석적 실증주의 노선이 아니라 정치적 실증주의 노선의 가닥들도 있기는 하지만 말이다.[20] 나는 그것이, 내가 제7장에 논한 저술을 쓴 법철학자들을 포함해서, 법철학계에서 하트를 따르는 많은 사람들의 입장이라고 가정하였다. 비록 제7장이 출간되고 난 후에 쓰인 여러 논문들을 논의하는

---

20 Hart, *The Concept of Law*, Chapter 5를 보라.

제8장에서 나는, 하트의 지지자들 중 일부가 지금은 오직 분류학적 실증주의를 옹호하는 것으로 이해되어야 할 이유들을 제시하기는 하였지만 말이다.

분석적 법리적 실증주의자들은, 법 이론의 가장 근본적인 의미론적 단계에서 나와 의견을 달리한다. 왜냐하면 그들은, 내 의견과는 반대로, 법에 대한 법리적 개념은, 그 개념의 해명을 위해 정치적 도덕의 쟁점들에 대하여 입장을 취할 것을 요하는 해석적 개념이 아니라, 그 해명이 전적으로 기술적이거나 개념적인 기획이어서 실질적인 도덕이 아무런 자리를 차지하지 않는 어떤 다른 종류의 개념이라고 주장하기 때문이다. 내가 분석적 실증주의를 이해하는 데 어려움을 겪는 주된 이유는 그 주장을 이해하는 일이 어렵기 때문이다. 『법의 제국』에서 나는 하트가 실제로는, 법에 대한 법리적 개념이 기준적 개념이라고 가정했으며, 그 개념을 분석하는 일은 법률가들이, 무의적으로라도, 그 개념을 적용함에 있어 실제로 사용하는 기준을 표면 위로 드러내는 것이라고 가정했다고 말했다. 개념적 분석의 방법론은, 하트가 자신의 책을 준비했던 옥스퍼드의 철학 세계에서는 익숙한 것이었다.

나는 하트가, 하트 자신이 책에서 인용한 동료인 오스틴(J. L. Austin)이 제시한 격률의 정신에 따라, 우리가 우리의 법 실무를 기술하고 수행하는 언어에 내재한 구분들에 대하여 숙고함으로써 법의 본성에 관하여 배울 수 있음을 주장했다고 보았다. 자신이 통상적 의미에서의 정의를 제안하고 있는 것으로 하트가 생각했다는 말은 아니었다. 나는 다음과 같이 썼다. "내가 염두에 두고 있는 철학자들은 (…) 법 명제에 대한 이해 —그것들이 법 명제를 사용하는 사람들에게 무엇을 의미하는지— "를 기술하며 "이 설명은 '법'에 대한 정의(定義)의 형태를 취하거나 법 명제의 '진리 조건' —법률가들이 그 명제를 받아들이거나 거부하게 되는 여건— 에 대한 설명의 형태를 취한다."[21] 나는 법에 대한 법리적 개념이 이런 종류의 개념, 즉 그것이 '우리'가 법리적 개념과 그 연결 개념

48

들의 사용을 적합한 것으로 여기게 되는 상이한 여건들에 주의를 기울임으로써 해명될 수 있는 종류의 개념이라는 그 가정을 비판했다. 나는 법리적 개념이 기준적 개념이 아니라 해석적 개념이라는 것을 그런 식으로 이해하지 못한 것이 내가 '의미론적 독침'(semantic sting)이라고 부른 오류를 구성한다고 말하였다. 의미론적 독침에 관하여 나는 제8장에서 더 자세히 논한다.

그의 사후에야 발간된 새 문헌에서, 하트는 자신의 이전의 방법론에 대한 나의 기술을 부정하였다. 그는 내가 그를 오해하였다고 말했다. 나는, 다른 법철학자들이 그러듯이,[22] 나의 원래의 진단이 정확했다고 계속해서 생각하며, 내 진단은, 내가 생각하기에, 최근에 하트에 관한 탁월한 전기를 쓴 니콜라 레이시(Nicola Lacey)의 전기에서도 새롭게 지지되었다.[23] 그러나 우리는 하트가 나중에 부인한 것을 적어도, 그가 당시에 자신의 작업을 어떻게 생각하게 되었는가에 관한 진술로는 받아들여야 한다. 그래서 나는 제6장에서 그의 방법론에 대한 대안적인 설명을 논의한다. 그러나 그러한 대안적인 설명은 만족스럽지 못하다. 나는 법 명제의 진리 조건에 관한 하트의 이론, 그가 제공하려고 했던 그 이론이, 정치적으로 그리고 도덕적으로 중립적일 수 있다고 어떻게 하트가 생각할 수 있었는지에 관하여 다른 어떠한 설명도 찾을 수 없다. 분석적 법리적 실증주의의 운명은 전적으로 실질적이면서 도덕적으로 중립적인 철학적 분석을 따르는 법에 대한 법리적 개념에 관한 설명을 제시할 수 있느

---

21 *Law's Empire*, p. 418, n. 29.

22 예를 들어 Stephen Perry, "Hart's Methodological Positivism", in Coleman (ed.), *Hart's Postscript*, p. 311을 보라.

23 Nicola Lacey, *A Life of H. L. A. Hart*, Oxford: Oxford University Press, 2004. 레이시는 하트가 언어철학에 매혹되었다는 점을 144~46쪽에서 서술한다. 그녀는 1956년 하버드 로스쿨에 방문학자로 머무르면서 한 성찰, 그의 당시 편지와 공책에서 드러난 그의 성찰에 대한 설명에서, 스스로가 '언어학'이라고 부른 것을 하고 있다고 얼마나 철저하게 여겼는지를 보여준다. 같은 책, Chapter 8을 보라.

나에 달려 있다. 우리가 만일 법 실무에서 법리적 개념의 역할을, 그 개념을 해석적 개념으로 여기지 않고서는 이해할 수 없다면, 정치적 도덕과는 전적으로 무관한 그 개념에 대한 분석은 어느 것도 도움이 되지 않는다.

제7장에서는 더 현대적인 관점에서 분석적 실증주의를 검토한다. 법 개념 자체에 대한 설명이라고 주장하며 그래서 현재와 과거의 모든 망라된 법체계에 적용되는 것으로 주장하는 하트의 분석적 실용주의 판본이, 법의 현상학 및 공식적으로 쓰인 기록의 상당 부분을 잘못 드러냈다고 주장했던 나의 논문에 의해 촉발된 논쟁이 1970년대에 시작되었다.[24] 하트는 모든 그러한 법체계들은 근본적인, 때때로는 복합적인, 사회적인 '승인의 규칙'(rule of recognition)을 담고 있다고 한다. 이 승인의 규칙은 실질적으로 모든 법적 행위자에 의해 받아들여지며, 참인 법 명제에 대한 결정적인 계통 테스트(pedigree test)로서 작동한다. 나는 이 주장이 법 추론 내에서 도덕원리의 중요한 역할을 소홀히 했다고 논한다. 그러한 원리들은 왜 법이 그들이 주장하는 대로인지에 관한 판사들의 설명에서 등장한다. 그러나 그 도덕원리들이 그 자체로는 널리 받아들여지는 으뜸의 계통 테스트에 의해 식별되는 것은 아니다. 이와는 반대로, 법 논변에 등장하는 원리들의 정체성, 성격, 그리고 비중은 논란의 여지가 있으며, 어떤 변호사나 판사의 의견도 개인적인 도덕과 정치적 도덕에 대한 그 자신의 확신에 의존한다고 나는 말하였다.

하트 자신은 생전에 나의 논변에 대하여 어떠한 실질적인 답변도 출간하지 않았다. 그러나 다른 분석적 실증주의자들은 답변을 하였다. 그들 중 한 명인 줄스 콜먼(Jules Coleman)은 나의 논문이 촉매로 작용했다고, 즉 나의 반론에 맞서도록 분석적 실증주의를 세련화하고 발전시켰다고 한다. 제7장에서 나는 그들의 시도를 기술하고 콜먼의 이론과, 하트의

---

24 *Taking Rights Seriously*, Chapter 2를 보라.

가장 저명한 사도인 조셉 라즈(Joseph Raz)의 이 최근 이론을 살펴봄으로써 그들의 성공을 평가한다. 콜먼은 나의 논변에 대하여, 오늘날 '포용적'(inclusive) 실증주의라고 불리는 원칙에서, 도덕은 승인의 규칙이라는 테스트를 정말로 충족하는 법의 규칙이 도덕을 언급(reference)에 의하여 포함시킬 때에만, 그리고 단지 그런 이유에서만 법 추론에서 유관하다고 주장한다. 즉, 예를 들어 헌법이 '불공정한' 법률은 무효라고 명시적으로 규정하고 있을 때에만 그러하다는 것이다. 나는 그의 논변이 몇 가지 점에서 잘못을 범하고 있으며, 그의 주장은 자신의 분석적 실증주의 판본의 승리가 아니라 실증주의 전체의 항복으로 끝난다고 논한다.

라즈는 나의 논변에 매우 다른 방식으로 답한다. 법이 권위로서 작용할 수 있어야 한다는 것이 법의 개념에 본질적이라고 주장하며, 그리고 나서는 도덕 추론이 그 규준의 내용을 식별하는 데 요구된다면 어떤 규준도 권위로서 작용할 수 없다는 권위에 관한 특별한 설명을 발전시킨다. 나는 라즈의 특수한 권위 이론이 자의적이고, 오로지 그 결과를 산출하기 위해 고안된 것이며, 권위에 관한 어떠한 규범적 관념에 의거하더라도 설사 그 규준이 요구하는 바를 결정하기 위하여 도덕적 확신에 근거를 두고 있는 해석이 필요하다 할지라도 그 규준은 권위를 가질 수 있다고 논한다. 제8장에서 나는 분석적 실증주의와 나 자신의 이론 사이의 논쟁을 상이한 방식으로 다시 살펴본다. 나는 콜먼, 라즈, 마이클 스티븐 그린(Michael Stephen Green), 그리고 스콧 샤피로(Scott Shapiro)의 최근 논문들을 논한다. 나는 이러한 논의가, 현대의 분석적 실증주의가, 내가 이 도입부의 앞부분에서 논의한 법에 대한 법리적·사회학적·분류학적 개념 사이의 중대한 구분을 무시하는 것에 얼마나 의존하고 있는지를 보여주었다고 생각한다.

법철학

'법철학'이라고 불리는 강좌는 수세기 동안 세계 곳곳의 로스쿨과 법학계의 주요 프로그램이었다. 그러나 이 강좌들의 내용과 법 교육에서 그것의 중요성은, 법철학을 자신의 주제로 주장한 학자들 사이에 벌어진 논쟁들의 성격과 외관상의 실제적 중요성에 따라 생긴 변동에 반응하여 빈번하게 변했다. 내가 로스쿨 학생이었을 때, 법철학 강좌는 법의 본성에 관한 개념적 쟁점을 다룬 전통적인 문헌 목록으로 가득 차 있었다. 이것은 다른 로스쿨 수업에서 탐구되는 내용적이고 절차적인 법의 쟁점들과는, 그 주제에서나 그 탐구를 위한 숙련에서나 매우 상이한 것으로 여겨졌다. 우리는 법실증주의나 자연법이 법의 본질적 본성에 대한 더 나은 이해를 제공하는지를 물음으로써 법 추론에서 도덕의 역할에 관한 질문을 토론하였다.

그러한 장면은 두 가지 중요한 방식으로 변하였다. 첫째, '법철학'이라고 불리는 수업들은 더 이상 개념적 쟁점에만 바쳐지지도 않고, 심지어 그 쟁점을 다루는 것이 주된 내용도 아니다. 그 수업들은 예를 들어 법에서 경제학의 역할, 법사회학, 페미니즘, 그리고 그 내용을 드러내는 이름인 '비판 인종 이론'으로 불리는 것에 관한 엄청나게 다양한 더 정치적인 쟁점들을 다룬다. 둘째, 법철학은 다른 학계 수업 과정과 주제의 심장부로 옮아갔다. 법철학과 실질적인 법 사이의 구분을 철저하게 흐리면서 말이다. 많은 더 학술적인 법률가들은, 학부생으로서 또는 대학원 졸업생으로서도 철학적인 훈련을 받았으며, 가장 철학적으로 민감하고 법 이론에서 가치 있는 몇몇 작업들은, 법철학자가 아니라 헌법 법률가나 계약법, 불법행위법, 환경법, 또는 사법과 공법의 다른 분야의 전문가로 분류되는 법률가들로부터 나왔다. 내가 제7장에서 시사한 대로 일부 법철학자들 ─ 대개는 분석적 실증주의자들 ─ 이 자신들의 법에 대한 개념적 탐색을 법의 내용 및 정치철학 양자와 모두 독립적인 것으로 계속 다루는 것은 사실이다. 그러나 그들은 끼리끼리 이야기하며 학계와 전문직 내에서 주변화되었다. 법 이론에서 가장 중요한 작업의 많은 부분은, 실제로 법률가들에 의해서가 아니라 로스쿨 내에서 활동하고 또한 그들 자신의 학계 부문에서 활동하는 정치철학자들과 경제학자들에 의해 수행되고 있다. 어떤 이론가도 정치철학자 존 롤즈(John Rawls)보다 현대 법철학에 더 큰 기여를 한 바 없다. 나는 그의 기여를 이 책의 마지막 장에서 논의한다.

마지막 제안

이때까지 나의 논의는 '도덕'이나 '법'이 원칙적으로, 아마 비록 여러 방식으로 서로 의존적이기는 하지만, 서로 구별되는 사상의 부문들에 대한 이름이라는 전통적인 이해에 도전하지는 않았다. 나는 이제 이 전통적인 이해, 우리로 하여금 두 상이한 지성적 영역 사이의 관계를 목록화하라고 부추기는 이 이해가 불만족스러운 것이라고 주장하고자 한다. 우리는 이와는 상이한 지적 지형도를 가지고 훨씬 더 나은 작업을 할 수 있을지 모른다. 우리는 법을 도덕과 독립된 것이 아니라 도덕의 한 부분으로 다룰 수도 있는 것이다. 우리는 정치 이론을 그런 방식으로 이해한다. 더 일반적으로 이해되는 도덕의 한 부분으로서, 다만 구별되는 제도 구조에 적용될 수 있는, 그 자신의 고유한 내용을 갖고 있는 구분되는 부분으로 말이다. 우리는 법 이론을 세노석 구조에 대한 추가적인 세분화에 의해서 구분되는, 정치적 도덕의 특수한 부분으로 다룰 수 있을지도 모른다.

나의 제안은 아무런 독립적인 내용적인 힘을 갖고 있지는 않다. 나는, 법과 도덕이 유의미하게 구분되는 주요한 지성적 영역으로 간주된다고 가정하는 고전적 어휘 속에서 법과 도덕 사이의 연관 관계에 관하여 내가 말하고 싶은 모든 것을 말할 수 있다. 그러나 내가 추천하는 변화는, 더 투명한 방식으로 우리의 주제를 조직해줄 것이다. 그것은 우리로 하여금 법철학적 질문들을, 권위를 가진 집단적 결정과 전문화된 관행이 우리의 삶에서 최종 권위를 가져야 하는 때는 언제이며, 어디까지 그러한가, 그리고 어떤 이유에서 그러한가와 같은 법철학적 질문들을 살펴보도록 북돋을 것이다. 우리는 더 이상, 법이 무엇인지를 결정하는 데 정의가 어떤 역할을 한다는 점을 의문시하지 않게 될 것이다. 그렇게 되면 우리는, 그 역할이 정확히 무엇인지라는 더 복합적이고 중요한 쟁점에 집중할 수 있게 될 것이다.

차례

제1부

실용주의와 법

10년 이상 미국의 법 이론은 그 고유한 성격이나 가능성에 대한 메타 이론적인 논쟁에 지나치게 사로잡혀 있었다. 이렇게 사로잡혔던 일은 부분적으로 (비록 오직 부분적인 것에 불과하기는 하지만) 훌륭한 정치적 목적에 의해 고취되었다. 그러나 정작 이 정치적 목적으로부터는 아무것도 나오지 않았다. 사회정의를 염두에 두고 허무주의와 해체를 논했던 사람들은 사회정의의 문제를 더 직접적으로 다룸으로써 그것에 기여할 수 있었을 것이다. 우리는 이제 법이란 모두 힘이나 망상이나 제약인가, 텍스트는 오직 다른 텍스트만을 해석하는가, 옳거나 최선이거나 진리거나 가장 건전한 답이 존재하는가 아니면 오직 힘 있고 인기 있는 답만이 존재하는가에 관한 거대한 논쟁들을, 중요한 정력과 자원의 낭비로 제쳐놓아야만 한다. 그렇게 하면, 어느 사건에서 판결이 어떻게 내려질 것이며 어떻게 내려져야 하는지의 문제, 그리고 어느 답이 어느 사건에서 진정으로 옳거나 최선이거나 참인 답인지의 문제를 다룰 수 있게 된다.

신(新)실용주의

스스로를 실용주의자라고 부르는 몇몇 법률가는, 단지 자신들이 실제적인 사람들이라는 말을 하고 있는 것이다. 즉, 추상적 이론보다는 특정한 정치적·법적 결정의 실제 결과에 더 관심을 갖고 있다는 것이다. 그러나 '실용주의'는 추상적인 철학 이론의 한 조류의 이름이기도 하다. 자신이 철학적 실용주의자라고 말하는 로티 교수는, 그 전통에 윌리엄 제임스(William Jaems), 찰스 샌더스 퍼스(Charles Sanders Peirce), 존 듀이(John Dewey)뿐만 아니라 루트비히 비트겐슈타인(Ludwig Wittgenstein), 콰인(W. V. O. Quine), 그리고 도널드 데이비슨(Donald Davidson)도 포함시킨다. 비록 마지막 셋은 실용주의 전통에 대한 로티의 판본을 지지했다기보다 논박했던 것이지만 말이다.

로티는 우리가 법적 탐구도, 도덕적 탐구도, 심지어 과학적 탐구도, 무엇이 진정으로 그러한지, 그 법은 진정으로 무엇인지, 텍스트가 진정으로 의미하는 바가 무엇인지, 어느 제도가 진정으로 정의로운지, 또는 우주가 진정으로 어떻게 생긴 것인지를 발견하려는 시도라는 생각을 포기해야 한다고 말한다. 우리는 하나의 어휘 개념들, 명제들의 한 집합이 다른 것들보다 독립적으로 존재하는 '실재'에 더 충실할 수 있다는 생각을 버려야 한다. 그 대신에 우리는 우리가 가진 어휘들이 그저 우리가 가진 것들일 뿐이라는 점을, 즉 우리에게 들어맞아 보이거나 우리에게 유용해 보일 뿐이라는 점을 받아들여야 한다. 우리는 또한 이념들이나 명제들의 어휘가 더 이상 유용해 보이지 않는다면 —더 이상 우리에게 들어맞아 보이지 않는다면 —우리가 다른 어휘를 가지고 '어떻게 지내는지'를 보기 위해 그것을 바꿀 수 있고 바꿔야 한다는 점을 받아들여야 한다. 탐구는, 이렇게 이해되었을 때 실험적인 것이 된다. 우리는 새 이념들을 실험한다. 그것들이 어떤 효과를 내는지, 어느 이념이나 어휘들이 유용하고 흥미로운 것으로 드러나는지를 보기 위하여.

이것은 흥미롭게 들린다. 그러나 그것은 많은 철학자들이 지적했듯이 철학적으로 엉망진창이다. 나는 힐러리 퍼트넘(Hilary Putnam)의 엄청나게 파괴적인 비판을 요약하면서 버나드 윌리엄스(Bernard Williams)가 그 논지를 간결하게 재진술한 것을 인용하겠다. "[로티의 견해는] 단지 자신의 견해 자체를 찢어놓을 뿐이다. 만일, 로티가 즐겨 표현하듯이, 세계에 대한 (우리에게) 정확한 기술이, 단지 우리가 그렇게 말하는 것이 편리하다고 생각하는가의 문제라면, 그리고 만일 로티가 인정하듯이, 우리가 과학이 이미 존재하는 그대로의 세계를 발견한다고 말하는 것이 더 편리하다고 생각한다면, 로티가 말하듯이 과학은 사실 이미 존재하는 그대로의 세계를 발견하는 것이 아니고 단지 (다소) 그것을 발명하는 것일 뿐이라고 말할 수 있는 관점이 로티에게서는 나오지 못한다."[1]

이 논지는 법과 도덕에도 등등하게 적용된다. 자신의 직무를 수행하는 보통의 법률가들은 어떤 사법적 의견이 진정으로 그 법을 올바르게 제대로 포착하고 다른 의견들은 그렇지 못하다고 생각한다. 보통의 시민들은 걸프전이 진정으로 정의롭거나 부정의하다고 생각한다. 그들은 걸프전이 정의로웠거나 부정의했다고 말하는 것이 즐겁거나 흥미롭거나 도움이 되거나 유용하다는 의미에서 그렇게 말하는 것이 아니라, 정말로 정의롭거나 부정의했다고 말하는 것이다. 왜냐하면 침공하는 군대를 격퇴하는 것은 정말로 정의로운 일이고, 무고한 민간인을 살해하는 것은 정말로 항상 부정의하기 때문이다. 이 구분, 즉 '무엇이 진정으로 법인가 또는 정의가 진정으로 요하는 바가 무엇인가'와 '무엇을 말하거나 생각하는 것이 어느 면에서 유용할 것인가'의 구분이 우리에게 중요하다고 말하는 것마저 사안의 중대성을 과소평가하는 일이 된다. 그 구분은 우리에게 결정적이다. 그 구분 없이 우리는 잘 지내기는커녕, 아예 '지낼 수조차' 없다. 만일 실용주의자들이 우리에게 그 구분을 포기하라고 요

---

1 *London Review of Books*, January 1991.

구하는 것으로 생각했다면, 우리는 그들의 조언을 실용적으로 자멸적이라는 이유로 거부할 것이다. 그 조언을 수용하는 것은 우리의 '어휘'를 더 유용하게 만드는 것이 아니라 덜 유용하게 만든다.

그러므로 실용주의는 그것이 등장하는 곳 어디서나 스스로를 파괴한다. 실용주의는 실용주의가 우리에게 수용하지 말라고 하는 조언을 제시한다. 그러므로 로티가 자신의 실용주의 조류가 요구하는 대로의 변화가 적어도 법에서는 이미 이루어졌다고, 실용주의와 그 동맹자들이 법 영역을 모두 휩쓸었고, 그들이 싸워온 긴 전투는 대체로 승리로 끝났으며, 적어도 법 이론에서는 이제 우리 모두가 실용주의자라 이야기할 때 몇몇 독자들은 놀랐음이 틀림없다.[2] 어떻게 그럴 수 있는가. 왜냐하면 우리는 법률가들의 법에 관한 진술이 무엇이 법인지에 관한 진술인 것처럼 이야기하지, 무엇이 법이라고 말하는 것이 유용할까에 관한 진술인 것처럼 이야기하지 않기 때문이다. 또한 우리는 여전히 법률가들의 진술이 법을 바르게 또는 틀리게 파악했느냐에 관하여 생각하기 때문이다. 이 설명은 내가 예전에 제시한 진단에 실려 있지만, 여기서 다시 요약하기로 한다.[3]

로티와 그의 추종자들은 모두, 비록 명료하게 밝히지는 않지만, 사람들이 아마 생각하고 말하는 두 차원을 구별한다. 첫 번째 차원은 내적 차원이다. 그 차원에서는 법이나 과학, 문학 활동, 도덕적 참여 같은 어떤

---

2 Richard Rorty, "The Banality of Pragmatism and the Poetry of Justice", in Michael Brint & William Weaver (eds.), *Pragmatism in Law and Society*, Boulder, Colo.: Westview Press, 1991.

3 브라이언 배리(Brian Barry)와 조셉 라즈를 비롯한 몇몇 비판자들은 내가 '하나의 정답'(one-right answer) 주장의 성격과 중요성에 관하여 생각을 바꾸었다고 주장한다. 그게 좋은 일이건 나쁜 일이건 간에, 나는 생각을 바꾸지 않았다. *Taking Rights Seriously*, Chapter 4, 13을 보라. 또한 나의 다소 오래전 논문 "Is There Really No Right Answer in Hard Cases?"도 보라. 이 논문은 *A Matter of Principle*, Chapter 5에 다시 실렸다. 또한 같은 책, Chapter 7도 보라. 그리고 *Law's Empire*, Chapter 7 도 보라.

실제적인 과업이 수행된다. 사람들이 자신들에게 유용한 어휘를 사용하는 차원은 바로 이 차원이다. 이 차원에서 사람들은, 그렇게 말하는 것이 유용하기 때문에, 과학이 세계가 실제로 어떠한지를 기술하며 법은 단지 무엇을 법이라고 생각하는 것이 유용한지에 그치지 않는다고 올바르게 말할 수 있다. 두 번째 차원은 외적 차원이다. 이 차원에서 철학자와 다른 이론가들은 이 과업들에 참여하는 것이 아니라 이 과업에 관하여 이야기한다. 로티 등에 따르면, 이 차원에서 몇몇 나쁜 과학철학자들은 과학이 세계가 진정으로 어떠한지를 발견한다고 주장하고, 나쁜 법철학자들은 법률가와 판사들이 난해한 사건에서조차 법이 진정으로 무엇인지를 발견하려고 시도한다고 한다. 이것은 로티가 점령하고자 하는 차원이다. 그는, 자신이 이 외적 차원을 지금 점하고 있기에, 이 외적 주장들은 형이상학적인 것이거나 토대적인 것이거나 또 다른 나쁜 것이라고 말하고자 한다. 이 잘못된 외적 기술들을 논박하는 일은, 내적 차원에서의 사고나 발언, 즉 실제 과학이나 실제 법 실천의 차원을 변경하지는 않을 것이라고 그는 생각한다. 그런 논박은 단지, 나쁜 외적 이론으로부터 실천에 누수(漏水)된 혼동과 불명확성을 피하게 해줄 뿐이라는 것이다. 그러므로 로티는, 실용주의가 승리함으로써 개념적 지반이 명료해졌을 뿐이며, 그 결과 실제의 실천은 그런 종류의 혼동으로부터 해방된 채 계속 진행될 수 있다고 말한다.

그러나 이러한 옹호에 놓인 난점은, 로티가 점하기를 바라는 외적 차원이 존재하지 않는다는 것이다. "과학은 세계를 있는 그대로 기술하려고 한다"는 진술이 내적인 과학 세계에서 그 진술이 의미하는 바와 다른 무언가를 의미할 수 있는 외적 철학의 차원은 존재하지 않는다. 그리고 "그 법은, 적절하게 이해되었을 때, 적극적 평등 실현 조치를 허용한다"가 법정에서 그 진술이 의미하는 바와 다른 무언가를 의미할 수 있는 그러한 외적 법 이론의 차원도 존재하지 않는다. 언어는 그 언어가 등장하는 사회적 사건, 기대, 형태에서만 그 의미를 취한다. 이 점은 의미에 대한 열쇠는 그 사용이라는 거칠지만 익숙한 슬로건에 요약되어 있다. 또한 우리 언어의 통상적인, 작동하는 부분에 관하여만 참인 것이 아니라, 일상적인 언어든 철학적 언어든 우리의 모든 언어에 관해서 참이다. 방금 말한 것을 예를 들어 살펴보자. 의미는 사용에 연결되어 있다. 물론 분명, 통상적인 말들은 특정한 직역의 특수한 실천에서 전문적인 의미를 획득할 수 있다. 법률가들은 '약인(約因)'을 매우 특별한 방식으로 사용한다. 그러나 우리는 그 말하기의 과업 전체로부터 벗어나 말들이 통상적인 실천이건 전문적인 실천이건 어떠한 실천이 그 말들에 부여한 의미와도 전적으로 독립적인 의미들을 가질 수 있는 상이하고 초월적인 차원으로 갈 수는 없다.[4]

　그러므로 로티가 단순히 신비스러운 철학적 또는 외적 차원에 그저 호소하는 것만으로는 충분한 변론이 되지 못한다. 그는 나쁜 철학적 진술을 어떤 사용의 맥락에 위치시킬 필요가 있다. 그는 그러한 진술들이 어떤 특별한 전문적인 의미 같은 것을 가지고 있음을 보여야 한다. 그래서 법철학자가 법 명제는 법이 진정으로 무엇인가에 따라 참이 되거나 거짓이 된다고 말할 때, 그 말의 의미는 단지, 더 일반적인 방식으로, 법원의 의견은 그 법을 잘못 파악한 것이라고 보통의 법률가가 말할 때의 의미가 아니라는 점을 보여야만 한다. 그러나 로티도 다른 실용주의자도 이러한 시도를 하지 않았다. 그들이 설사 시도했더라도 그 시도가 성공하리라 보기는 어렵다. 그들은 철학적 진술을 일정한 방식으로 다른 말로 바꾸어 표현해서 자신들이 말하고자 하는 특별한 의미를 끌어내야만 할 것이다. 그리고 그렇게 하면서 그들은 다른 말들과 생각들에 의존해야 할 것이다. 그런데 이 다른 말과 생각들은 이미 완벽하게 통상적이고

4　그것이 형이상학에서 '실재론자'(realist)와 '비실재론자'(anti-realist)들을 나누는 쟁점을 진술하기가, 그리고 더 일반적으로는, 그 어떤 회의주의의 대단히 심층적인 형태조차 정식화하기가 그토록 어려운 이유다.

명료한 사용을 갖고 있어야 할 것이다. 그리고 그들은 우리에게 그 말들이 통상적인 용법의 의미와 다른 것을 어떻게 의미하는가를 이야기해야만 할 것이다.

예를 들어 실용주의자들이, 나쁜 철학자들의 이론은 실재의 외적 세계의 내용이 인간의 목적과 독립적이거나 문화나 역사 등등과 독립적이라는 주장을 한다는 이유로 특별한 의미를 가진다고 말한다고 가정해보자. 난점은 이 새로운 문구들 ─ 목적으로부터의 실재의 독립성에 관한 새로운 문구들 ─ 역시 통상적인 의미를 갖고 있다는 것이다. 그리고 만일 우리가 철학자들의 주장에 통상적인 의미를 부여하면, 그들의 말 역시 통상적인 것으로 드러나게 된다. 그러므로 예를 들어, 우리가 에베레스트 산의 높이를 기술하는 데 사용하는 미터법과 애초에 우리가 그것의 높이에 관심을 갖는다는 사실이 정말로 우리의 목적과 문화에 의존함에도 불구하고, 이 모든 말들을 그 통상적인 방식으로 사용하여, 에베레스트 산의 높이가 인간의 목적이나 역사나 문화에 상대적이지 않다는 것은 완전히 참이다. 그러므로 실용주의자는 "목적에 독립적인"과 같은 그러한 문구들의 특수한 의미를 공급해야만 할 것이다. 다시금 그 나쁜 철학자가 실재는 목적에 독립적이라고 말할 때 보통 사람들이 그렇게 말할 때와 다른 것을 말한다고 이해될 수 있는 이유를 설명하기 위해서 말이다. 그리고 그 경우 실용주의자가 이야기하는 것은 무엇이든 ─ 그가 제시하는 새로운 대체 표현이나 번역이 무엇이든 간에 ─ 동일한 난점에 부딪힐 것이고, 계속 그렇게 될 것이다. 실용주의자가, 예를 들어, 산의 높이는 우리의 목적에 독립적이라는 것이 참이지만, 그것은 우리가 어떻게 계속 지내는지에 비추어볼 때에만 참이며, 나쁜 철학자들은 이를 부인하거나 이해하지 못한다고 실용주의자가 말한다고 하더라도 무언가 도움이 되는가? 아니다. 왜냐하면 다시 한 번 우리가 어떻게 계속 지내는지를 고려할 때 ─ 즉, 우리가 실제로 발전시켜온 실천들로부터 그 의미와 힘을 끌어내는 진술로서 ─ 이 주장은 거짓이기 때문이다. 우리가 어떻게 계속 지내는지를 고려해볼 때, 산의 높이는 우리가 어떻게 계속 지내는지에 의해서가 아니라 지구와 돌의 물질에 의해서 결정된다.

실용주의자가 충분히 회의적이지 않다고 내가 주장하고 있다거나, 어떤 역설적인 방식으로 자신의 회의적 성공을 삼켜버렸다고 내가 주장한다고 잘못 생각하지 않기를 바란다. 나의 논지를 반복해보겠다. 철학적 주장은, 상이한 종류의 회의적 주장도 포함해서, 다른 모든 종류의 명제들과 다를 바 없다. 그 주장들은 그것들이 수용되기 전에 이해되어야만 하며, 이해되려면 오로지 그것들이 사용하는 개념들이 사용되는 배경에 비추어 이해될 수밖에 없다. 그렇게 이해되었을 때 우리가 논해온 실용주의자들의 주장은 의기양양한 참이 아니라, 직설적으로 그리고 재미없는 방식으로 거짓이다. 우리가 어떻게 계속 지내는지를 고려할 때, 과학자들이 발견할 아무런 실재가 없다는 것이나 법은 오직 권력의 문제일 뿐이라는 것, 또는 해석과 발명 사이에 아무런 차이도 없다는 것은 참이 아니라 거짓이다. 이러한 공언들은 대단히 흥미롭고, 급진적이며, 해방적인 것처럼 들린다. 그러나 그 공언들이, 우리가 가지고 있는 언어에 의해서, 그 공언들이 말하고 있는 듯이 보이는 것의 실제 의미를 물을 때 그러한 인상은 멈추게 된다.

나는 이 글의 앞에서, 로티의 신실용주의, 그리고 신실용주의자들의 선조와 그 동맹자들은 내가 제기한 질문에 답하려는 진정한 노력을 기울이지 않았음을 지적하였다. 그들이 거부하는 철학적·이론적 주장과 그들이 받아들이는 아주 유사한 일상적 주장 사이의 차이는 무엇인가? 어떻게 그 둘이 차이 날 수 있는가? 어떻게 그들은 자신들이 기술하지 않은 입장을 논박했다고 스스로 믿을 수 있는가? 은유를 비롯한 자기기만의 장치를 결코 과소평가하지 말라.

실용주의자들은 자신들이 승인하지 않는 태도를 나타내는 인용부호(그 용어에 동의하지 않는 인용 ─옮긴이)와 고딕체 강조를 색종이 조각처럼 뿌려 사용한다. 신실용주의자들은 나쁜 철학자들은 사물들이 진정으로 존재한다고 생각하는 데 그치는 것이 아니라 '진정으로' 또는 진정으로 존재한다고 생각한다고 말한다. 마치 그 인용부호나 강조의 고딕체가 말해진 것의 의미를 바꾸기라도 하는 듯이 말이다. 은유는 그러나 무거운 중장비. 그들은 나쁜 철학자들이 실재나 의미나 법이 '거기에 있다'고 생각한다고 말한다. 또는 세계나 텍스트나 사실이 '뻗어 나가서' 그 자신의 해석을 '지시한다'고, 또는 법이 '세상 어디에나 편재하는 것' 이라고 생각한다고 말한다. 이러한 은유들은, 마치, 나쁜 철학자들이 새로운, 상이한, 형이상학적으로 특수한 종류의 실재, 일상을 넘어선 실재, 새로운, 초자연적인, 철학적인 차원의 담론을 주장하는 것처럼 시사한다. 그러나 그런 식으로 말하는 이들은 사실 오직 실용주의자들뿐이다. 그들은 자신들의 적을 발명해냈다. 또는 발명하려고 시도하였다. 왜냐하면 실용주의자가 자신의 뜨거워진 은유를 설명하려면, 일상의 삶의 일상적인 용어에 의존해야만 하고, 그렇게 되면 결국 실용주의자는 나쁜 철학자들을 보통의 법률가나 과학자나 확신을 갖고 있는 사람과 구분하지 못할 것이기 때문이다. 만일 법이 '거기에 있다'고 말하는 것이, 법이 무엇인가와 법이 무엇이었으면 좋겠다고 생각하는가에는 차이가 있다는 점을 의미한다면, 대부분의 법률가들은 법이 거기에 있다고 생각하는 것이고, 실용주의자들은 그런 의미에서 법이 거기에 있지 않다고 의미 있게 말할 수 있는 아무런 다른 관점도 갖지 못하게 된다.

정답 잡동사니

난해한 사건에서 정답에 관한 나의 테제는, 내가 말한 바 있듯이, 매우 약하고 상식적인 법적 주장이다. 그것은 법 실무 내에서 개진된 주장이지, 어떤 아마도 제거된, 외적인, 철학적인 차원에서 개진된 주장이 아니다. 나는 법률가들이 이렇게 말할 때의 통상적인 의미에서, 어떤 난해한 사건에 관하여, 그 법이 적절하게 해석되었을 때 원고에게(또는 피고에게) 손을 들어준다고 말하는 것이 건전하거나 옳거나 정확하다고 말할 수 있는가를 물었다. 그리고 이에 대하여 나는 '그렇다'라고 답한다. 즉, 그러한 종류의 진술이 어떤 난해한 사건들에서 건전하거나 옳거나 정확하다는 것이다.[5] (사실 내가 보기에, 그러한 어떤 진술들은 난해한 사건들에서 전형적으로 또는 일반적으로 건전하다. 그러나 이 논의에서는 내 주장의 **종류**에 관한 더 애매한 진술은 무시할 수 있겠다.)

법적 주장을 뒷받침하는 가장 자연스러운 방법은 따라서 어떤 구체적인 난해한 사건에서 그 정답이 무엇인지를 보여주려고 하는 것이다. 물론, 나는 오직 통상적인 법 논증을 펼침으로써만 그럴 수 있다. 나는 사실 매우 난해한 사건들에 대하여 그러한 논증을 많이 개진했었다. 나는, 예를 들어 미국 헌법에 대한 타당한 이해는 미 연방대법원이 크루전(Cruzan) 사건에서 미주리 주 대법원의 판결을 파기할 것을 요구한다고 논했다.[6] 연방대법원의 네 대법관이 그 결론에 동의했다. 다섯 명은 동의하지 않았다. 그 다섯 명은 최선의 활용 가능한 논증은 그 반대의 답을 가리킨다고 생각했다. 즉, 연방대법원이 미주리 주 대법원의 판결을 적법한 것으로 유지해야 한다고 생각했던 것이다. 나는 그들 모두가 크루전 사건에서, 통상적인 법적 판단의 문제로서 정답이 있다고 생각했던 (또는 적어도 그렇게 말했던) 열 명의 매우 성향이 다른 법률가들을 언

---

5   최선의 논변에 의해 찬성되는 쪽이 어느 쪽인가에 관하여 모든 법률가들이 동의한다는 점을 내가 주장하고 있지 않다는 것에 주목하라. (나는 그런 주장을 할 수 없다. 왜냐하면 난해한 사건이란 법률가들이 실제로 그것에 관해 의견이 불일치하는 사건이기 때문이다.) 또한 나는 무엇이 정답인지를 지시하는 어떤 알고리즘적인 판단 과정이 활용 가능하다고 주장하지도 않는다. 나는 다른 곳에서, 법률가들이 난해한 사건에 대하여 어떻게 생각해야 하는가를 기술한 바 있다. 그리고 거기서 나는 그 과정이 얼마나 개별적인 판단으로 빽빽이 들어차 있는가를 강조한다.

6   Ronald Dworkin, "The Right to Death: The Great Abortion Case", *New York Review of Books*, January 31, 1991, pp. 14~17.

급했다. 그리고 물론, 수천 명의 다른 법률가들 역시 정답이 있다고 생각했다. 이제 당신의 차례다. 당신은 난해한 사건들 중 어느 것에서라도, 전반적으로 보아 가장 건전한 통상적인 법 논증을 하나라도 발견하였는가? 발견하였다면, 당신 역시 내가 나의 주장의 과녁으로 삼고 있는 정답 없음 논제(no-right-answer thesis)를 거부한 것이다.

법 이론가들은 그러나, 하나의 정답 논제가 크루전 사건에서 한쪽이 더 나은 논변을 갖고 있다는 통상적인 견해에서 포착되는 것 이상의 무언가를 의미함이 틀림없다고 주장하고자 하는 저항할 수 없는 충동을 가지는 것처럼 보인다. 그들은 내가 특별히 의식하지 않고 말하는 법률가가 말하는 어떤 통상적인 의미에서 정답이 있다고 하는 것에 그치지 않고, 진정으로(really) 정답이 있다고, 또는 진정으로 실재(really real) 정답이 있다고, 또는 정답이 거기 있다(out there)고 하는 등등의 언어적 인플레의 계단을 올라가는 무언가를 말하고 있다고 생각한다. 그들의 오류는 로티의 오류와 똑같다. 그들이 이러한 잉여의 말이나 은유를 거기에 집어넣음으로써 그들이 공격하기를 바라는 입장의 의미에 무언가를 더하거나 그 의미를 변경할 수 있다고 생각하는 오류 말이다. 이렇게 부풀려지고 장식된 주장이 부풀려지지 않고 장식되지 않은 의미, 즉 통상의 법 생활에서 갖고 있는 것과 다른 의미를 가질 수 있는 관점은 아무것도 존재하지 않는다. 따라서 그들 대부분도 거부한다면 기이할 것이라고 생각하는 부분을 제외하고는, 내가 말한 것에는 그들이 부인할 만한 것이 전혀 없다.

그러므로 만일 회의적인 정답 없음 논제가 조금이라도 실제적인 중요성을 가지려면 그것은 그 자체로, 형이상학적인 주장이 아니라 법적 주장으로 다루어져야 한다. 그 회의적 주장은, 통상의 법률가들의 의견과는 반대로, 난해한 사건에서 정답이 있다고 생각하는 것은 오류라고 주장하는 것이다. 그렇게 이해되었을 때, 그 주장은 법적 논변으로서 성공하거나 실패하는 것이다. 철학과 도덕은 확실히, 그리고 많은 면에서, 법적 논변에 적합하다. 예를 들어 법실증주의자들은 정답 논제는 논리나 의미론의 문제로서 법에서는 그릇된 것이 틀림없다고 하였다. (나는 초기 논문에서 그들의 논변에 답한 바 있다.)[7] 비판법학 운동의 구성원들은, 법리에 만연한 내적 모순이라고 여겨지는 것이 존재한다면 정답 논제를 기각한다고 지적했다. (그러나 나는 이 제안이 경쟁과 모순을 혼동하고 있음을 보이려고 한 바 있다.)[8] 존 매키(John Mackie)를 비롯한 도덕회의론자들은 내적 도덕적 회의주의의 한 종류를 옹호하였다. 그러한 회의주의가 만일 건전하다면 정답의 가능성을 패퇴시킬 것이다.[9] 법적인 관련성을 가진 다른 논변들이 내적 회의주의의 견해에 찬성하여 활용될 수 있고 활용될 것이라는 점은 의문의 여지가 없다. 그러나 이것들은 법적 논변이다. 그 논변들이 성공하려면 수정될 필요가 있다. 그리고 그 논변들이 성공하려면 해명할 수 없는 은유의 협잡 없이 개진될 수 있어야 한다. 그 논변들은 실용주의자들의 반론과 같지 않다. 실용주의자들의 반론은, 외적 회의주의자가 먹이를 찾아 절망적으로 헤매는 독수리같이 노니는 어떤 신비스러운 철학적 차원으로 나를 납치해가서 내 말을 재기술하지 않고서는 개진될 수 없기 때문이다.

피시와 실무의 미묘함

피시 교수는 (그가 표현한 바에 따르면) 오랫동안 나의 연구를 주시하고 있었다. 그는 나의 연구에 대하여 매우 비판적인 논문을 세 편 이상 썼다.[10] 이 논문들은, 악덕들 가운데서도, "미끄러짐"(slipperiness)과 "엄청

---

7   *A Matter of Principle*, Chapter 5를 보라.

8   *Law's Empire*, Chapter 7.

9   Marshall Cohen (ed.), *Ronald Dworkin and Contemporary Jurisprudence*, London: Duckworth, 1984, pp. 271~75 & Chapter 7을 보라.

난 혼동"(spectacular confusion)을 범하고 있다고 나를 고발한다. 그는 이 논문들 중 하나에 대하여 나의 답변을 함께 실어 출간하는 것을 거부하였다. 그리고 그는 포스너 판사의 책에 대한 열광적인 서평에서 허물없는 대화에서의 포스너의 나에 대한 "다소 무례한 비판"을 쓸데없이 보고하면서 끝맺는다.[11] 나는 그토록 정력에 넘치는 적을 또다시 자극하고 싶은 소망은 전혀 없다. 그러나 해석에 관한 그의 많은 논문들, 나에 대한 비판을 실은 논문을 포함해서 많은 논문들은, 독자들에게 주의 깊게 살펴라고 촉구하지 않는다면 내가 겁쟁이가 되어버릴 정도로, 내가 논의해왔던 실용주의의 특성들을 두드러지게 보여주고 있다.

나는 실용주의자들이 통상의 진술을 터무니없는 은유적 변환을 거쳐 바꿈으로써 자신들의 적들을 만들어낸다고 말했다. 그리고 나서 실용주의자들은, 이 상정된 적들이 일상적인 방식으로 말하지 않고 논의의 어

---

10 이 글들은 이제 Stanley Fish, *Doing What Comes Naturally*, Durham, N.C.: Duke University Press, 1990에 실려 있다. "Working the Chain Gang: Interpretation in Law and Literature", Chapter 1; "Wrong Again", Chapter 2; "Still Wrong After All These Years", Chapter 16을 보라. 또한 pp. 384~92도 보라.

11 포스너 판사의 책은 두드러지게 다작하는 저자의 미덕과 결함을 특징적으로 보여주고 있다. 그 책은 명료하고, 박식하고, 간명하면서도 효과적이고, 갈팡질팡하고, 재치 있고, 끊임없이 피상적이다. 그는 그 책의 주된 이론적 목적으로, 자신이 정답 논제로 기술한 것을 공격하려고 한다. 그는 내가 예전에 서술하고 명료화했던 논제를 염두에 두고 있다. 그는, 난해한 사건에는 아무런 '객관적인' 답도 없다고 주장하면서, 전문가들이 그러한 사건에서 의견이 일치하지 않았다고 이야기한다. 그 특성 ─ 의견의 불일치 ─ 이야말로 정확히도 그러한 사건들을 난해한 것으로 만드는 것이기 때문에, 그는 꽤나 완전한 승리를 거둔다. 왜냐하면 전문가들의 의견이 불일치하는 사건에서 의견이 일치하지 않는다는 것은 부인할 수 없기 때문이다. 그러나 물론, 그것은 '정답' 논변이 아니다. 내가 예전에 말했듯이, 정답 논변은 법철학적 규모와 철학적 차원에 관한 법적 질문이다. 나는 예전에 다른 저자들이 다루었던 그 질문의 몇몇 측면들을 서술하였다. 포스너는 결벽증이라고 할 만큼 그 질문들을 피하면서, 의견 불일치에 관한 사소한 주장에 집착한다. 그의 책에는 흥미롭고 재미있는 것이 많고, 예를 들어 법률 해석과 헌법 해석 같은 광범위하게 다양한 쟁점들을 다루기는 한다.

떤 특별한 외적인 차원을 점하려고 한다고 고집스레 주장함으로써 그 변환을 옹호한다. 그런데 그 논의의 차원은 실용주의자들이 실제로는 기술할 수 없는 것이고 단지 그런 차원이 있다고 어쨌거나 고집하는 것이다. 피시의 **작품들**(oeuvre)은 그 진단을 확인해준다. 그러나 피시는 새로운 중요한 비틀기를 추가한다. 그는 말한다. 해석에는 두 번째의, 외적인 차원이 존재할 수밖에 없다. 왜냐하면 지성적 실천 내에서는 그것에 관하여 말해질 수 있는 흥미로운 것이란 아무것도 없기 때문이라는 것이다. 선험적인 주장은 항상 반(反)이론가로 자처한 이에게는 부적절하다. 그런데 이 주장은 특히나 심각한 오류를 저지르는 것이다. 왜냐하면 지성적 실천의 비판적으로 논증적이고 성찰적인 성격을 보지 못하는 이는 누구나, 지성적 실천에 관하여 거의 아무것도 이해하지 못할 것이기 때문이다.

그 두려움은 실용주의의 가장 중요한 적이라고 생각하는 토대주의(foundationalism)가 진정으로 무엇이라고 생각하는지에 관한 피시의 설명에서 실현된다. "내가 이해하기에, 토대주의는 단순한 신념이나 검토되지 않은 실천 이상의 더 확고하고 안정적인 무언가로 탐구와 의사소통을 근거지으려는 모든 시도를 의미한다."[12] 거기서 언급된 대조를 주목하라. 검토되지 않은 그대로의 실천—자연스럽게 따라오는 바를 하는 것—을 한편에 두고, "더 확고하고 안정적인 무언가"를 다른 한편에 둔다. 그 대조는 로티의 유사한 공언이 그러는 것과 같은 방식으로 자기를 파괴한다. 왜냐하면, 일부 탐구나 일부 의사소통이 단순한 신념 이상의 무언가 실질적인 것에 정말로 근거하고 있다고 생각하는 것 자체가 검토되지 않은 단순한 실천의 일부—없어서는 안 되는 일부—이기 때문이다. 피시는 "더 실질적인 무언가"에 관하여 믿는 사람이 아마도 취해야 한다고 생각하는 나쁜 이념들의 익숙한 목록을 즉각 만들어냄으로

---

12 Fish, *Doing What Comes Naturally*, p. 342.

써 이 논지를 모호하게 만든다. 통상적인 협의가 모두 거기 있다. "맥락과 문화가 바뀌어도 일의적으로 달라지지 않는 (…) 근거", "날것 그대로의 사실의 세계", "영원한 가치의 집합", "자유롭고 독립적인 자아", "그 자체만으로 타당한 결과를 산출할"(강조는 원저자) 탐구의 방법. 그러나 그 헛소리들 중 어느 것도 우리의 통상적인 실천의 일부가 아니라는 사실은, 단순한 신념과 더 실질적인 것 사이의 구분이 우리의 통상적인 실천의 일부가 아니라는 것을 의미하지 않는다. 그렇기보다 그것은 피시가 그 구분이 '우리가 어떻게 지내는가'의 문제로서 실제로 나오는 것이라는 점을 파악하지 못하거나 아니면 잊으려고 한다는 것을 의미한다.

나의 연구에 대한 그의 첫 논문은, 이제는 익숙해진 은유 전략을 남용하였다. 그는 독자들에게, 나의 견해에서 의미는 "거기 있"거나 "자기 실행적"이거나 "이미 자리를 잡고 있"거나 문언에 "그저 주어져 있"으며, 문학작품은 형식과 장르에 대한 "자신의 소속을 알리고", 소설은 자신의 해석을 인도하는 "해석되지 않은 핵심"을 가진다고 이야기한다. 그는 그러나 용의주도하게, 나 자신이 이러한 은유가 시사될 수 있다고 여겨질 수 있는 모든 것들을 주의를 기울여 거부해왔다는 특이한 사실을 보고하며 글을 맺는다. 실제로 나는 그가 말한 모든 것을 예상했다고 생각될 정도다. 그러나 그는 나의 부인(否認)이, 그의 무시무시한 은유들이 적절하지 않다는 점을 보여주기는커녕, 오직 내가 빠진 혼동을 드러낸다고 말했다. 텍스트를 해석하는 것과 새로운 텍스트를 만들어내는 것 사이에는 차이가 있다고 말하는 사람은, 자신이 하고 있거나 가정하고 있거나 생각하고 있는 것을 나중에 무어라고 말하건 간에, "거기에 있거나" "해석되지 않은 핵심"이 있다는 의미의 그림을 가정하고 있음에 틀림없다고 그는 말했다.

그의 두 번째 논문에, 두 차원 장치는 명시적으로 등장한다. 나의 미끄러짐과 엄청난 혼동은, 논의의 두 차원 사이를 오가면서도 독자들에게 그렇게 하고 있다는 것을 경고하지 않은 데에서 생긴다고 그는 말했다.

첫 번째 차원은 보통의 학자나 판사가 단순히 신념을 가지고 결정을 내리는 차원인, 해석이나 판단과 같은 실천의 차원이다. 두 번째 차원은 외적인, 더 "일반적이고 추상적인" 차원으로, 그 차원에서 우리는 "결정적이고 분명하게 조명하는 방식으로 사법(司法) 행위의 특성을 서술하려고" 하거나 그것에 대하여 "규정적이거나 규범적인" 주장을 하려고 할 수 있다. 그는 이 구분을, 선례를 따르고 무시하는 것 사이에는 차이가 있다는 나의 주장에 적용하였다. 그런데 이 차이는 그가 이전에 간단히 거부했던 것이다.

그리하여 실천의 차원에서는 법의 역사를 지속하는 것과 새로운 방향으로 나아가는 것 사이의 구별이 있기는 하지만, 그것은 정당화 논변의 방법들 사이의 구분이지, 그 논변이 무엇이건 상관없이 그 차이가 명료한 행위들 사이의 구분은 아니다. 그 차이는, 간단하게 말하면 해석적인 것이다. 그리고 그것이 해석적인 것이기 때문에, 그것은 어떠한 문제의 해결에도 활용될 수 없다. 왜냐하면 그것 자체가 계속해서 해결되어야 할 문제를 이루기 때문이다. 드워킨은 그러므로 완전히 눈이 멀어 있다. 그는 자신의 원래의 구분 (…) 형태를 고수할 수 있다. [피시는, 이 원래의 구분을 나의 저항에도 불구하고 텍스트가 되받아치는 것을 의미한다고 이해한다는 점을 기억하라.] 그러한 원래 구분 형태에서 드워킨은 (참조되거나 활용될 수 있는 방식으로) 의미 있게 사법적 활동과 다른 모든 것들 사이에 구분선을 긋는 데 실패한다. 또는 그는 실천들 (…) 내에서의 구분으로 그것을 거론할 수도 있다. 그 경우 그 구분은 아무런 규정적 또는 규범적 힘을 갖고 있지 않다. 왜냐하면 그것은 자기 기술이나 문제제기의 다툼이 있는 방법들 간의 구별이기 때문이다.[13]

---

13 Fish, "Still Wrong", in *Doing What Comes Naturally*, pp. 111~12.

우리는 이 놀라운 구절을 자세히 살펴보아야 한다. 이 구절의 서두에서 공언된, 해석과 발명 간의 구별이 "논변이 무엇이건 상관없이 (…) 명료"하지 않다는 이유에 의한 그 구별에 대한 거부는, 언제나 그렇듯 헛갈리게 하는 말, "거기 있다" 수준의 말을 또 한 것이다. 어느 누구도 그 구분이 논변이 무엇이건 관계없이 독립적으로 명료하다고 생각하지 않았다. 도대체 그 말이 무엇을 의미하건 말이다. 이와 관련된 주장 — 선례를 따르는 것과 무시하는 것 사이의 구분 자체가 해석적 주장을 포함하며, 어떤 판단이 선례를 무시했다고 문제제기하는 것이 "다툼의 여지가 있는" 문제제기이며, 그 구분은 아무것도 해결해주지 못하고 그것 자체가 항상 해결되어야 할 쟁점이 된다는 주장 — 은 내가 생각하기에, 특정한 형태의 논변이 해석인지 발명인지에 관하여 법률가들이 흔히 의견을 달리하며, 이러한 사안에 관한 법률가와 법철학자의 의견 모두가 항상 변한다는 것만을 의미할 수 있을 뿐이다. 그 사실을 부인한 사람도 또한 전혀 없다.[14] 그러나 여기까지는 그 논변의 어떤 것도 피시가 다루고자 하는 질문에 적절하지 않다. 해석적 실천 안에서, 즉 그 실천 내에서 그 구분이 가지고 있다고 피시가 지금 동의하는 그 의미만을 부여하려고 하는 해석적 실천 안에서, 해석과 발명 간의 구분이 이해에 도움이 되

---

14 피시가 여기서, 내가 다른 곳에서 논증 가능성 논제(demonstrability thesis)라고 부른 것에 호소하고 있는 것처럼 보일지도 모르겠다. 논증 가능성 논제는, 어떠한 것도 그것이 논증에 의해 설득력을 얻지 못하면, 즉 합리적인 사람이려면 누구도 저항할 수 없거나 저항하려고 하지 않는 것이 아니라면, 어떤 견해에 대한 좋은 논변으로 여겨질 수 없다는 것이다. 그리하여 어떠한 것도, 실천 내에서는, 모두가 그것이 창조의 사례라고 동의하지 않는 한, 특정한 구체적 논변이 창조의 사례임을 보이는 것으로 여겨질 수 없다는 것이다. 만일 그것이 피시의 논점이라면 그것은, 회의주의의 어떤 외적 수준으로부터 실천에는 낯선 좋은 논변의 규준을 그 실천으로 투사하려는 그저 또 다른 사례일 뿐이다. 그러나 피시는, 이런 종류의 외적 회의주의가 무의미하다는 점에 대해서는 나와 의견을 같이한다고 말한 바 있다. 같은 글, pp. 370~71을 보라.

며 비판적인 방식으로 활용될 수 있는가라는 질문에 적절하지 않은 것이다. 일상의 구분을 활용하여, 일부 판사들은 선례를 해석하고 있는 것이 아니라 그 자신의 새로운 길을 가고 있는 것이라고 말하는 것은 의미가 있을 수 있는가? 그것은 판사에 대한 비판으로 간주될 것인가?

물론 그럴 수 있다. 만일 일상의 구분이 그러한 기술적이고 비판적인 방식으로 사용될 수 없다면, 그것이 또 어떻게 사용될 수 있다는 말인가? 물론 "(만일 그것이 사실이라면) 판사들이 선례를 무시하기보다 선례를 해석할 책임을 받아들인다고 말할 때 우리는, 해명을 하는 방식으로" 사법의 실천을 특징짓는다. 그리고 물론, 그들이 그 책임을 실제로 받아들이건 그러지 않건, 그들이 그 책임을 받아들여야 한다고 말하는 것은 중요한 규범적 주장이다. 그러한 주장들이, 물론 실제로 그러하듯이, 그 자체로 해석적 주장이라는 점의 힘과 타당성을 어떻게 약화시킬 수 있는가? 또는 그러한 주장들은 본질적으로 논쟁적이어서, 구속력을 갖는 합의의 의미에서 '해결'될 법하지 않다는 것인가? 해석이 해석적 실천의 일부인 실천이 될 수 없는가?[15] 피시의 두 차원 주장은 철학적 주문(呪文)에 대한 비트겐슈타인의 진단의 사례집으로 보인다. 이론가들은 어떤 숨겨진 선험적인 신념 때문에 상식에서 벗어나 스스로를 혼란에 빠뜨린다. 해석적 실천이 자기의식적이거나 반성적일 수 없다는 피시의 핵심 가정, 내가 한 차원에서 다른 차원으로 혼란스럽게 이동했다고 하는 무수한 비난 각각에 전제된 가정은 무방비의, 반직관적이고, 산만하며, 결함이 있는 가정이다.

그 가정의 힘은 지속적인 싸구려의 그것이다. 그것은 해석적 실천을 비(非)반성적이고 자동적인 것으로 만든다.[16] 그것은 그것이 그릇되게

---

15 *Law's Empire*, Chapter 2를 보라.

16 피시는 최근에 해석의 인식론적 구조에 관하여 더 역동적인 설명을 제시하였다. 그가 제시한 설명은 정말로, 내가 크납(Knapp)에 대한 답변에서 제시한, 해석자가 어떻게 제약을 받는가에 관한 설명과 잘 어울리는 설명으로 보인다. 피시는 예를

분리하는 두 활동 모두를 심각하게 오해하게 만든다. 그 가정은 해석 이론을 발명된 적의 외적인 메타 레벨로 던져버리고, 실제의 해석적 실천을 평면적이고 수동적인 것으로 남겨놓으며, 해석적 실천에 사실상 본질적인 반성적이고 내성적이며 논증적인 성격을 박탈한다. 두 결과 모두 나의 연구에 대해 쓴 피시의 세 번째 논문에서 뚜렷하게 눈에 띈다. 그는, 첫째로, 우리 사이의 논쟁은, 내가 무엇이라고 말하든, 해석적 실천에 전적으로 독립적인 외적인 논리적 평면에서 발생하는 것으로 이해되어야만 한다고 거듭 지적한다. 그는 내가 모든 실천의 바깥에 있는 아르키메데스의 점에 서려고 하였다고 한다. 나의 "통합성으로서의 법"은 그저 "단순한 실천보다 고차적인 것을 드러내는 차원에 존재하는 반성의 모델이 되고자 하는 철학의 일반적 주장의 대역"이라는 것이다. 그가 이러한 기술을 뒷받침하는 새로운 논변으로 표명한 것은, 『법의 제국』이 법률가들에게 그들이 필요로 하지 않는 조언을 주려고 했다는 것이다. 왜냐하면 법률가들은 그 조언에 어긋나게 행동하는 것이 어쨌거나 가능하지 않기 때문이라고 한다. 피시의 그 논변은 그 자신의 기준에서 실패한다.[17] 그러나 설사 그 논변이 그 자신의 기준에서 작동하였더라도, 피시

들어 이렇게 말했다. "비록 그 정신이 그것이 심지어 주목할 수 있는 것까지도 한 계짓는 가정에 의해 숙지되어 있다 하더라도, 이러한 가정들 중에는 누군가의 가정이 일정한 여건 하에서 그리고 일정한 절차에 따라서 도전받고 수정될 수 있다는 가정이 있는 것이다." 이 말은 해석이, 실천의 수준에서, 내적으로 비판적일 수 있다는 점을 인정하는 것으로 보인다, 그리고 이러한 인정은 피시기 방금 인용한 구절에서 부인했던 바이다. 그러나 그는 자신이 생각을 바꿨다고 주장하지 않는다. 이는 아마도 그가 이 역동적 설명을 해석적 실천의 반성적 성격에 관한 설명으로서가 아니라, 해석적 스타일이 어떻게 변하게 되는가에 관한 설명으로 더 소극적으로 제시하였기 때문일 수도 있다. Fish, *Doing What Comes Naturally*, p. 146.

17 피시는 내가 예전에 기술한 의미에서 판사가 실용주의자가 되는 것은 불가능할 것이라고 이야기한다. 그 이유로 판사는 자신들의 법적 훈련에 영향을 받을 수밖에 없기 때문이라는 것이다. 그것은 불합리한 추론이다. 판사들이 선례를 무시할 때도 여전히 판사로서 행동한다고 인정된다는 사실은, 그들이 선례를 무시하고 있

의 목적을 위해 작동하지는 않았을 것이다. 재판에 관한 나의 주장이 모두 쓸데없고 불필요하였다 하더라도, 그것들이 어떠한 의미에서건 아르키메데스적이라거나 외적이라는 결론이 따라 나오지는 않는다. 진부한 말은 정말 지나치게 내적이고 속되다. 피시는 (내가 앞서 모든 실증주의자들이 그래야 한다고 말했듯이), 자신이 불쾌하다고 생각하는 진술들이 다른 이상하고 참여적이지 않은 담론의 차원에서 활용되었다는 자신의 주장을 정당화하기 위해서는, 그런 진술들에 일상의 해석 실천 내에서 그 진술들이 갖는 충분히 상이한 의미를 할당할 수 있음을 보여주었어야만 했다. 나는 그가 그것을 시도했는지조차 모르겠다.

피시의 두 번째 가정, 즉 해석적 실천의 수동적이고 비(非)반성적인 성격에 관한 가정은, 내가 판사들이 실천 '내'에서 생각한다고 보고하는 데 만족하지 않고, 그들이 실천'과 함께' 생각해야 한다고 주장한다는 점에 대한 그의 불평의 핵심을 이룬다.

> 실천 내에서 생각하는 것은 상황에 깊이 묻어들어간 행위자로서 자신의 입장 내부로부터 '자연스럽게' ―추가적인 반성 없이 ―가능하고 적합한 행위 쟁점을 스스로 지각하고 감지함을 의미한다. (…) 실천과 함께 생각하는 것 ―그것의 작동에 관하여 어떤 추정된 모델을 자기의식적으로 활용함으로써 ―은 자신의 책무가 무엇인가, 어떤 절차가 '진정으로' 정당성이 있는가, 어떤 증거가 실제로 증거인가 등을 항상 평가하는 것이다.

지 않다는 것을 의미하지는 않는다. 그는 어떤 법률을 읽을 때에도 해석이 필수적이기 때문에, 내가 관행주의(conventionalism)라고 부른 판결 스타일은 불가능하다고 말한다. 그러나 나는 관행주의를, 아무런 해석이 필요치 않다는 주장이 아니라 법이란 논쟁의 여지가 없는 해석의 문제라는 주장으로 정의하였다. 그는 과거와의 그 어떤 연속성의 책임도 부인하는 판사라 할지라도, 어떤 의미에서는 원리적인 판결을 할 것이기 때문에, 어떤 종류의 통합성은 불가피하다고 말한다. 그러나 그것은 물론, 통합성으로서의 법에 본질적이라고 내가 기술한, 요구하는 것이 많은 종류의 통합성은 아니라고 한다.

그것은 이론가가 되는 것이다.[18]

그러나 모든 법률가들이 알듯이, 법의 경우에는, 실천 내에서 사고하는 것과 실천과 함께 사고하는 것 사이에는 아무런 차이도 없다. 이 둘은 같은 것이다. 훌륭한 판사는 '자연스럽게' 그리고 '추가적인 반성 없이', 자기의식적이고 자기비판적으로 되며, 자신의 '책무'가 진정으로 무엇인지, 어떤 '증거가 실제 증거인지' 등을 묻는 일이 자신의 직업의 한 부분이라고 볼 것이다. 그는 자연스럽게, 피시의 용어로 말하자면, 참여자로서 자신의 역할을 점할 뿐만 아니라, 그 역할을 점함으로써 이론가가 되어야 한다고 볼 것이다. 이것은 변호사와 판사들이, 말을 할 때마다 언제나 그 표면으로부터 자신들의 과업에 관한 이론을 구성하리라는 것을 의미하는 것이 아니다(라고 나는 말해두어야 할 것이다). 그렇기보다 그것은, '중심이 되는' 이론에 대한 게리(Gery)의 견해를 논하면서 내가 말한 것을 의미한다. 즉, 법률가들은 비(非)반성적으로 견지하고 있는 자신들의 견해에서조차 그 논증적 성격을 인지하며, 이러한 견해들이 원칙적으로, 그것이 제기되었을 경우 그들이 합당하게 최선을 다해 대응할 책임이 있는 이론적 도전에 취약하다는 것도 이해한다. 여기서 그리고 다른 곳에서, 피시는 사람들이 꽤나 자연스럽게 빠져들게 되는 실천의 내적 구조의 복잡성을 과소평가하고 있다. 그는, 어떤 직업에서는, 이론 자체가 이차적인 천성임을 이해하지 못한다. 우리가 하는 어떤 것들은, 포크볼(야구에서 투수의 변화구 중 하나―옮긴이)을 던지는 것보다 훨씬 더 논증적이다. 데니 마르티네스(Denny Martinez)는 의견서를 낸 적이 없다. 더군다나 야구에서조차, 피시가 생각하는 것보다 이론은 실천과 더 많은 관계를 맺는다. 50년 전에 4할 타율을 달성했던 마지막 선수는 현대의 가장 위대한 타자였으며, 그는 타석에 올라설 때마다 이론을 구성했다.[19]

---

18 Fish, *Doing What Comes Naturally*, pp. 386~87을 보라.

19 Brint & Weaver (eds.), *Pragmatism in Law and Society*, Section V, Chapter 3에 실린 내 논문에 대한 피시 교수의 답변의 일부는 환영할 만한 것이다. 그는 이론이 몇몇 실천들의 대단히 큰 부분을 이루고 있다는 점을 인정할 뿐만 아니라, 법과 같은 해석적 실천 내에서 이론이 어떻게 작용하는가에 관한 최선의 설명의 핵심 구성 부분도 인정한다. 그는 그러한 해석적 실천에서는 "능숙한 실천가는 자신들이 참여하고 있는 실천이 무엇을 위한 것인지에 대한 강한 이해 내에서 작업한다"고 말한다. 그는 이 사실이 그러한 실천의 논증적이고 역동적인 성격을 설명해준다고 덧붙였을 법하다. 법률가들은, 적절하게 이해된 법이 어떤 상황에서 무엇을 진정으로 명하는지에 관하여 종종 혼란을 느끼며 의견이 불일치한다. 왜냐하면 비록 그들은 법이 무언가를 위한 것이라는 감각은 공유하고 있지만, 즉 법의 역사를 형성하는 다양한 규칙과 실천들이 목적을 갖고 있다는 감각은 공유하지만, 일반적으로건 아니면 법의 특정한 부문, 법리, 규칙에 관한 것이건 간에, 그 목적이 무엇인지에 대해서는, 경쟁하는 그리고 논쟁의 여지가 있는 설명을 견지한다. 그런 방식으로 법률가들은, 경쟁하는 정당화들을 정식화하고 재정식화하고 심사하고 조사하면서, 제도의 과거를 해석하고 재해석한다. 이 과정이 모든 사건에서 자기의식적이거나 명시적인 것은 아니다. '쉬운' 사건들은 과거에 대한 그 어떤 설득력 있는 해석도 현재 동일한 판결을 명하여, 새 판결이 비성찰적이거나 거의 자동적으로 이루어질 수 있는 사건들이다. 그러나 적어도 모든 상소심 판사들은, 정당화나 외삽이 더 자기의식적이고 명시적으로 이루어지며, 말하자면 동일한 실천이 단지 다르게 구조화되고 동기화되어 전개될 뿐인, 교실의 논증에서 취하는 온전히 성찰적이고 명시적인 형태에 가깝게, 어려운 사건에 직면한다. (『법의 제국』에서 나는 이 문단에서 요약된 판결에 관한 그 견해를 옹호하려고 하였다.)

만일 피시가 설명을 이런 방식으로 이어 나갔다면, 그는 법 이론이 어떻게 '접혀' 법 실무가 되는지, 또한 학계의 법률가들과 법철학자들이 그 과업을 어떻게 도울 수 있을지에 관한 이해할 수 있고 정확한 설명을 제시했을 것이다. 그러나 그는 아직은, 해석적 실천에서 이론에 그토록 두드러진 자리를 부여할 준비가 되어 있지 않았다. 그래서 피시는 이전의 반(反)이론적 입장에 더 친화적인 매우 상이한 방식으로 논의를 이어간다. 그는 비록 법률가들이 법이 어떤 목적에 봉사한다는 점을 이해하기는 하지만, 법률가들의 이해가 "어떤 흥미롭게 의미 있는 방식으로 이론적인 것은 아니다"라고 한다. 왜냐하면 그러한 법률가들의 이해는 "추가적인 성찰을 더하지 않고서 구체적인 상황에서 무엇이 적합하고, 유용하며, 효과적인지 아니면 그렇지 않은지에 대한 감각을 낳기" 때문이라는 것이다. 다른 말로 하면, 그는 여전히 변호사들과 판사들을 자연적인, 비성찰적인 운동선수와 같은 존재로 그리기를 원한다. 법적 문제에 사고 없이 반응하는 본능적인 장인으로서, 그들이 그렇게 하도록 훈련받은 대로만 판단하는 사람 말이다. 왜냐하면 그런 방식으로 훈련받은 사람은 누구든 자기의 전문 직역의 고래로부터 내려온 관행에 복종하지 않을 수 없기 때문이라고 한다. 그리고 이렇게 복종하지 않을 수 없는 것은, 그것과 다르게 하는 것이 그들에게는 생각할 수 없는 일이기 때문이라는 것이다. 그리하여 만일 질문을 받으면 이러한 규칙들에 대한 정당화를 제시하기는 하지만, 그러한 정당화 제시는 그들이 로스쿨에서 암기하였던 공허한 문구들을 반복하는 것에 불과하고, 이러한 나태한 정당화는 법률가들의 실제 실무와는 아무런 상관이 없는 것이어서, 배관공의 서가에 꽂힌 수력학 교과서 같은 인상을 남기려는 의도 말고는 아무 소용 없는 것이 되어버린다고 한다.

이것은 실제 법 실무에 대한 극도로 빈곤한 묘사다. 피시의 설명은 어려운 문제나 진보나 논쟁이나 혁명에는 아무런 여지도 남겨두지 않는다. 그것은 법률가들이 법이 무엇인가에 관하여 염려하거나 의견이 불일치하거나 마음을 바꾸는 일이 어떻게 일어나는가를 설명해주지 못한다. 내가 말했듯이, 해석적 실천에 관한 피시의 설명은 그 실천을 평면적이고 수동적인 것으로 내버려둔다. 그는 예를 들어 판사들에게는 그저 판결의 확립된 절차에 도전하는 능력이 없다고 주장한다. 판사들이 법원의 위계와 선례의 관행적인 원리들을 재고하는 것은 '생각할 수 없는' 일이라는 것이다. 그러한 재고는 마치 무작위로 셰익스피어의 작품을 인용함으로써 사건을 판단하는 만큼이나 생각할 수 없는 일이라고 한다. 그러나 법의 역사는 절차적인 정통 법리를 의문시한 판사들의 사례로 가득 차 있다. 몇몇 도전들은 실패로 끝났다. 연방대법원이 그 마음을 곧 바꾸리라고 판사들이 생각할 경우에는 과거의 연방대법원 판결들을 따르지 않을 권리를 주장했던 저 연방법원 판사들은, 예를 들어, 아직까지는 다른 어느 누구도 설득하지 못했으며, 그리하여 기각되어왔다. 다른 사건들에서 그러한 도전은 극적이며 성공적이었다. 예를 들어 몇십 년 전, 영국의 최고심 법원인 상원은 확립된 실무에 반하여 자신의 과거 판결에 더 이상 구속되지 않겠다고 갑자기 공언하였다. 그리고 비록 새 실무가 몇몇 영국 법률가들에 의해 충격적인 것으로 생각되기는 했지만, 그들 중 거의 누구도 새로운 실무를 의문시하지는 않는다. 이것들은 오직 몇 개의 무작위적인 사례일 뿐이다. 법의 역사와 법 절차에서는 수백 개의 다른 사례가 제시될 수 있다. 거의 모든 그러한 사건들에서 정통 법리와 관행에 대한 도전은 그 저변에 깔린 동일한 구조의 논변으로 싸여 있었다. 즉, 재판, 선례, 위계 등등의 목적은—직어도 그러한 변화를 제안한 사람들이 보기에는—의문의 여지가 없다고 보였던 것으로부터 다소간 급진적인 어떤 이탈을 함으로써 더 잘 추구될 수 있다고 하는 논변으로 말이다.

피시는 실질적인 법 원리에 대하여도 유사한 주장을 펼친다. 그는, 법률가들은 청약이나 승낙, 착오, 불능, 좌절, 계약위반 등등의 법리와 같이, 계약법 사건을 고려할 때 자신이 사용하는 '도구들'의 정당화에 대한 질문을 받으면 어쩔 줄 몰라 말을 못할 것이라고 한다. 그는, 목수들이 못을 사용하는 데 이론에 의존하지 않는 만큼이나, 이러한 도구들을 사용하면서 이론이나 정당화에 의존하지 않는다는 것이다. 그러나 계약법이 슬레이드(Slade) 사건 이후에 수세기 동안 어떻게 발전해왔는지에 관한 어떠한 표준적인 역사도, 피시의 유비가 얼마나 나쁜 것이며, 그 발전 과정에서 이론적 논변과 의견 불일치의 역할을 얼마나 철저하게 잘못 진술하고 있는지를 보여준다. 피시가 언급하는 법리들 각각이 시대가 흐르면서 그 내용에서 변화를 겪어왔으며, 그러한 법리들은 보통법의 세계에서 관할권에 따라 여전히 상이한 내용을 담고 있다. 변화와 상이함은, 무엇보다도, 계약의 자유, 상업의 효율성, 상업 거래에 공정성을 부여하는 일, 적정 이하의 협상력을 가진 사람들을 보호하는 것의 상대적 중요성에 대한 상이한 강조를 반영한다. 이것들은 법률가들이 계약법의 목적과 정당화에 관하여 개진하거나 거부했던 수많은 이론적 주장 중 네 개만 언급하기 위해서도 필요한 것들이다. 더군다나 현대의 계약 사례집을 아무거나 펼쳐보아도 그 논쟁이 얼마나 생생하게 남아 있는지를 볼 수 있다. 피시가 이차적 본능의 도구라고 부른 법리들은 격렬한 논쟁의 여지가 있는 것이다. 예를 들어 무엇이 청약이나 승낙 또는 착오로 간주되어야 하는가와 관련해서만 논쟁의 여지가 있는 것이 아니라, 또한 이러한 관념들이, 여러 추세들 중에서도, 준계약이나 부합계약, 그리고 지위에 의한 계약의 제한적 대체에 대한 법리의 발전이 명백하게 보여주는 것처럼, 합의에 의한 거래의 집행에 얼마나 중심적이어야 하는가 역시 논쟁의 여지가 있다. 다시금, 이러한 논쟁들의 핵심에는 피시가 단순히 장식적인 것으로만 다루기를 원하는 그러한 종류의 이론적 논변 — 정당화를 주장하며 상이한 정당화에 도전하는 그러한 종류의 이론적 논변 — 이 자리하고 있다. 내가 이 논문에서 앞서 이야기하였듯이, 법회의론자들은 법 논변의 통상적인 가정에 도전한다. 즉, 법적 질문이 정답을 갖고 있다는 가정에 도전한다. 그러나 이 같은 회의주의자들은, 누구 못지않게, 법 논변이 그럼에도 불구하고, 피시가 부인하는 바로 그러한 방식으로 이론적이라고 주장한다. 왜냐하면 법회의론자들은 그러한 이론을, 사법의 각자의 판본을 자기의식적으로 각자의 편에서 개진하고자 하는 시도로 기술하기 때문이다.

나는 그러므로 비록 피시의 견해가 지금은, 예전에 그래 보였던 것보다는 덜 래디컬하고 덜 충격적이기는 하지만, 피시는 여전히 법이나 문학비평과 같은 해석적 실천에서 이론적 논변이 하는 역할을 심각하게 오해하고 있다고 생각한다. 그러나 상이한 결론을 시사할 수도 있는, 그의 답변의 말미 가까운 곳에서 쓴 한 구절은 지적해야만 하겠다. 그는, 만일 변호사나 판사들이 자기 역할을 완전하게 수행하기 위해서라도 이론적 성찰을 해야만 한다는 내 말이 옳다면, "그것을 이론이라고 부를 이유는 거의 없는 것 같다"고 말한다. 왜냐하면 그것은 법률가가 자신의 일에 숙련되어 있다는 성질에 불과하기 때문이라는 것이다. 그러나 만일 이와는 달리 "이론이 더 격상된 의미에서 사용된다면 (…) 우리는 다시금 메타논평적인 고도 추상의 영역에 돌아와 있게 된다." 이 주장 중 첫 번째 것은 모든 독자들을 놀라게 했음에 틀림없다. 철학자나 천문학자, 후생경제학자가 매우 복잡한 이론적 논변에 참여할 수 있다는 것은 그들이 자신의 직업에 '숙련되어' 있다는 것의 일부임이 분명하다. 그리고 우리는 그 사실을 보고서, 그들이 실제로 하고 있는 작업을 이론이라고 부를 이유가 '거의 없는' 것이 아니라 그렇게 부를 압도적인 이유를 가지게 된다. 그렇지 않다면 피시의 말은 단지 그의 입장에서는 어떠한 사고의 형태를 기술하는 데에도 '이론'이라는 단어를 쓰지 않기로 했다는 점만을 의미하는 것일까? 그 사고가 얼마나 자기의식적이건 간에, 직무의 숙련과 함께 가는 것이라면 말이다. 그리고 단지 그 단어를 결코 절대 존재하지 않는 '메타논평적인 고도 추상'의 세계의 실천에서 자유롭게 부유하는 정신적 과정을 기술하는 용도로만 남겨두기로 결심했다는 것일까. 만일 그렇다면, 궁극적으로는 의견을 달리하는 부분이, 나는 결코 절대 존재하지 않는 그 세계를 믿지 않으므로 통상적인 방식으로 '이론'이라는 단어를 쓴다는 점만 남을 뿐, 아무것도 남지 않게 될 것이다.

제2장

이론을 상찬하며

이 글에서는 법적 추론과 법 실무에서의 이론의 역할을 다루겠다. 예를 드는 것이 무엇보다 낫기 때문에 몇 가지 예를 가지고 시작하겠다. 한 여성이 일반명(generic, 약종명) 약을 복용했는데, 그 약은 이후 신체 손상의 부작용이 매우 큰 것으로 판명되었다. 서로 다른 많은 제조업체들이 그 약을 제조하였고, 그녀는 자기가 1년 이상 구입해 복용했던 그 약을 실제로 누가 만들었는지 알 방도가 없다. 그래서 어느 제조업체의 약이 손상의 원인이 되었는지 알 수 없다. 그녀는 제약업체 중 어느 한 곳이나 그들 모두에게 소를 제기할 수 있는가? 또는 그 원인으로 누군가를 특정할 수 없는 그 손상에 대하여 불법행위 책임을 아무도 지지 않는다고 주장할 수 있을 것인가? 양측을 각각 지지하는 법률가들이 있었다. 캘리포니아 주 대법원을 비롯한 일각에서는, 제약업체들이 부진정연대책임으로 손해배상책임을 진다고 하였다.[1] 다른 일각에서는 제조업체들 중 그 누구에게도 책임이 없다고 하였다. 그리고 그 여성의 피해는, 슬프지만, 법에서는 배상이 불가능한 피해라고 주장하였다. (다른 예를 들자면) 사람들이 정치적 시위의 방식으로 미국 국기를 태울 때, 정부가 수정헌법

---

1 Sindell v. Abbott Labs., 607 P.2d 924, 935~38 (1980).

제1조와 일관되면서도 그 행위를 범죄화할 수 있는가라는 문제가 제기되었다고 가정해보자. 다시금, 당신도 알듯이, 법률가들도 그렇고 다른 이들도 상이한 견해를 취할 것이다. 연방대법원은 그 질문에 '아니요'라고 답한다. 그러나 많은 법률가들은 연방대법원이 헌법을 잘못 판단한 것이라고 보고 있다. 법이 무엇인가에 관하여 심층적인 논쟁이 있는 수천의 다른 사례들이 있다. 연방대법원은 훨씬 더 벅찬 질문, 헌법이 적어도 원리상으로는 조력 자살에 관한 어떤 권리를 인정하는가라는 질문이 제기되었던 제9고등법원에서 상소된 사건의 심리를 진행하려는 중이다.[2] 판사들과 변호사들 그리고 보통 사람들은 첨예하게 다른 방식으로 그 문제에 답한다.

이제 나는 주된 쟁점을 진술하겠다. 제약업체들은 법적으로 부진정연대책임을 진다는 진술은 어떤 종류의 진술인가? 또는 수정헌법 제1조가 국기 소각을 보호한다는 것은? 수정헌법 제14조가 조력 자살에 대한 권리를 보장한다는 것은? 이것들은 단순한 역사적인 질문이 아니다. 즉, 과거에 발생한 사건을 그냥 기술적으로 보고하는 것이 아니다. 그것은 그저 예측인 것도 아니다. 헌법이 조력 자살을 보호한다고 말하는 사람들은 (내가 그러듯이) 연방대법원은 이와 다르게 판결할 것이라고 예측한다. 그러므로 어떤 사안에 관하여 법이 어떠어떠하다는 주장을 도대체 참이나 거짓으로 만드는 것은 무엇인가?

여기서 나는 같은 질문을 달리 표현하는 방법이 있다고 생각한다. 법에 관한 어떤 주장이 참인지를 추론하거나 논증하는 적합한 방식은 무엇인가? 이제 그 질문에 대한 두 가지 매우 일반적인 답변을 구별해보자. 나는 첫 번째 답을 '이론 배태적'(theory-embedded, 또는 그냥 '배태적') 접근이라고 부를 것이다. 법적 추론은, 구별되는 특정한 법 문제를, 내가

---

2 그 이래로 연방대법원은 이러한 사건들을 판결해왔다. Washington v. Glucksberg, 117 S. Ct. 2258 (1997)을 보라.

묘사했던 것과 같은 법적 추론의 전개나 정치적 도덕의 원리들의 광대한 네트워크 안에서 다루는 것을 의미한다. 실제에서, 예를 들어 불법행위의 본질이나, 민주주의 사회의 표현의 자유의 성격이나, 양심의 자유와 개인의 윤리적 결정에 관하여 복잡한 원리들의 중심이 되는 광대한 이론적 체계를 통해 철저히 생각해보았거나 생각해볼 준비가 되어 있지 않으면 법에 관한 질문에 정확하게 답할 수 없다.

두 번째 답—나는 이것을 이론적 접근과 대비하여 실용적 접근이라고 부르겠다—은 다음과 같이 표현될 수 있을 것이다. 내가 방금 말한 거대하고, 일반적이고, 중심이 되는 이론들은 부적절한 것이다. 법원의 판결은 정치적 사건이며, 판사와 변호사들 그리고 법에 관하여 생각하는 모든 사람들은 여느 정치적 사건에 그러는 것과 마찬가지로 즉각적인 실용적 문제에 주의를 기울여야 한다. 유일한 질문은 다음과 같은 것이어야 한다. 우리는 어떻게 사태를 더 낫게 만들 수 있는가? 그 실용적 질문에 도움이 되게 답하기 위해서는 상이한 결정들의 결과에 대하여 많은 것을 알 필요가 있다—그리고 아마도 이 결과들을 측정하기 위해 얼마간의 경제학도 알 필요가 있다. 그러나 정치철학에 관해서는 많은 것들을 알 필요는 없다.

내가 이 두 접근을 기술하는 과정에서, 당신은 어느 것이 당신의 견해인지를 즉각 알아챘으리라고 감히 추측한다. 실용적 접근은 현실의 문제를 실제적으로 다루고, 매우 분별 있으며, 매우 미국적인 것처럼 보인다. 다른 한편으로 이론 배태적 접근은, 추상적이고, 형이상학적이며, 실제로 처리되어야 할 일이 있을 때에는 전적으로 부적절한 것 같다. 이쯤 되면 눈치챘겠지만, 나는 정확히 그 반대라고 논증할 것이다. 나는 이론 배태적 접근(나는 그 접근에 적대적인 이들이 묘사하듯이 묘사하였지만, 조건을 더 붙여 곧 재기술할 것이다)이 매력적일 뿐만 아니라 불가피하다고 주장할 것이다. 실용적 대안은, 한 가지 결정적인 결함을 갖고 있다. 그것은 전적으로 비실용적이다.

법적 추론에 관한 이론 배태적 견해를 내가 어떻게 이해하는지를 다소 더 자세히 기술하는 것으로 논의를 시작해보겠다. 나는, 헤라클레스와 다른 타이탄들(신과 인간 사이에 태어난 아들딸들 — 옮긴이)에 관하여 이야기하겠다. 그러고 나서 그렇게 이해된 이론 배태적 견해에 관한 최근의 두 공박을 살펴보겠다. 첫 번째 공박은 리처드 포스너 판사가 제시한 것이다.[3] 당신도 아는, 아침 식사 전에 책 한 권을 쓰고, 정오까지 사건 몇 건을 판결하고, 오후 내내 시카고 로스쿨에서 가르치며, 저녁 이후에는 뇌 수술을 집도하는 그 게으름뱅이 말이다. 두 번째 공박은, 비슷하게 다작을 하는, 포스너의 동료이자 마찬가지로 시카고 로스쿨에서 가르치고 있는 캐스 선스틴이 제기한 것이다.[4] 둘은 공히, 반(反)이론적인 시카고 학파, 즉 헛소리하지 않는(no-nonsense) 법철학 학파를 형성한다. 둘 다 법적 추론에 관한 배태적 관념을 비판하며 실용적 관념을 옹호한다. 그리고 배태적 관념에 관한 나의 설명을, 자기들이 교정하고 싶어하는 오류의 패러다임으로 본다. 그러므로 나는 그들의 연구를, 그들이 비난하는 이른바 이론이 중심적 역할을 하는 비루하게 추상적인 견해와 그들이 크게 선전하는 실용적 견해 사이의 선택에 진정으로 직면하는 것은 아니라는 나의 논변을 테스트하는 데 사용할 것이다.

배태적 견해

나는 앞에서 하나의 질문을 던졌다. 제약업체가 자신들 중 일부는 야기하지 않은 해악에 대하여 부진정연대책임을 진다(또는 지지 않는다)는

---

3 Richard A. Posner, *Overcoming Law*, Cambridge, Mass.: Harvard University Press, 1995.

4 Cass R. Sunstein, *Legal Reasoning and Political Conflict*, New York: Oxford University Press, 1996.

주장은 어떤 종류의 주장인가? 내가 보기에는, 그것을 해석적 주장으로 여기는 것이 최선이다. 그 주장은, 우리의 법 실무에 배태되어 있는 원리들을 주장한다. 당신이 그 법 원리들을 당면한 사건에 적용할 때, 그 원리들은 원고가 하나의 집단으로서의 제약업체에 대하여 승소 판결을 받을 자격이 있게끔(또는 없게끔) 한다. '실무에 배태된 원리들'이라는 문구는, 물론, 은유다. 그리고 비록 은유가 호소력은 있지만, 법철학에서는 사유를 촉발하기보다 대체하는 일이 지나치게 자주 있었다. 그래서 은유는 등장하는 즉시 제거하는 것이 최선이다. 그 은유를 통해 나는, 그 법적 주장을 뒷받침하는 원리들이 그 사건이 발생하는 더 일반적인 법리 분야에 대한 최선의 정당화 또한 제공한다는 것을 보임으로써 우리가 그 주장을 정당화한다는 것을 의미하려는 것이다. 물론 법률가들은 법의 어떠한 상당한 부분의 일반적 모습에 대한 최선의 정당화를 어느 원리들의 집합이 제공하느냐에 관하여 의견이 나뉠 것이다. 어떤 이는, 예를 들어, 의도하지 않은 위해에 관한 법에 대한 최선의 정당화를 제공하는 것으로 다음과 같은 원리를 제시할 것이다. 사람들은 자신이 의도하지 않았다 하더라도 자신의 과실로 인하여 야기된 위해에 대해서 책임을 지지, 자신이 야기하지 않은 위해에 대해서는 책임을 지지 않는다. 만일 우리가 이 원리를 최선의 정당화를 제공하는 것으로 받아들이면, 제약업체는 승소하고 원고는 패소한다. 왜냐하면 그녀는 그들 중 누가 자신에게 어떤 위해를 야기하였다는 것을 입증할 수 없기 때문이다. 그러나 다른 법률가들은 이 분야의 불법행위법이 매우 상이한 원리에 의해 더 잘 정당화된다고 논할 것이다. 즉, 불운한 사고가, 어떤 가치 있는 상업적 활동의 거의 불가피한 결과로 발생하였을 때, 예를 들어 제약 연구, 발전, 그리고 마케팅과 같은 상업 활동의 거의 불가피한 결과로 발생했을 때, 그로 인해 생긴 손실은 운이 나쁜 특정 피해자에게 부담되어야 하는 것이 아니라, 그 활동으로부터 이득을 얻은 집단에 속하는 이들에게 분담되어야 한다는 원리 말이다. 그 원리는 아마도 정반대의 결과를 찬성하는 논의로 이어질 것이다. 물론 다른 관련 원리들이 정식화될 수 있을 것이고, 그것들 중 일부는 더 설득력이 있고 훨씬 더 복잡할 수 있다. 그러나 이 두 원리가 우리의 예로는 충분하다.

우리는 또한, 국기 소각이라는 다른 사례에서도, 관련 있는 두 라이벌 원리들을 구성할 수 있다. 첫 번째 원리는 우리의 실무가 표현의 자유에 부여하는 특별한 보호는 그 자유가 우리 민주주의의 작동에서 갖는 도구적 중요성에 의해 정당화된다고 주장한다. 두 번째 주장은 자유로운 표현에 관한 법 실무는 그와는 다소 다른 원리, 즉 어느 누구도 그 확신이나 견해나 선호가 그저 불쾌하다는 이유로 표현의 자유를 박탈당해서는 안 된다는 것이 평등한 시민권의 일부라는 원리 — 그리하여 [표현의 자유가] 민주주의에 대하여 도구적이라기보다는 민주주의를 구성하는 것이라는 원리 — 를 주장한다. 이 중 첫 번째 원리는, 국기를 태울 권리에 반대하는 판결을 더 잘 뒷받침할 것이고, 두 번째 원리는 그와는 반대의 판결을 더 잘 뒷받침할 것이다.

법에 관한 주장 — 그것이 약 복용의 피해자가 승소·패소해야 한다는 주장이건 아니면 국기 소각이 합헌적으로 금지될 수 있다·없다는 주장이건 — 은 한 원리 또는 그와는 다른 원리가 법 실무의 어떤 일부에 대하여 더 나은 정당화를 제공한다는 주장과 같은 것이다. 더 낫다니 어떤 측면에서 말인가? 해석적으로 더 나은, 즉, 그것이 법 실무에 더 잘 부합하며 그것을 최선으로 표현하기 때문에 더 낫다는 것이다.[5] 그 경우에, 어떠한 법적 논변도 우리가 정당화 상승(justificatory ascent)이라고 부를 수 있는 것에 취약하다. 우리가 직접적으로는 논지에 가장 잘 맞는 듯이 보이는 구체적인 사건들로부터 조금 시야를 넓혀 그 법의 이웃 영역

---

5 나는 여기서 무엇이 정당화로 여겨지는가, 그리고 부합과 도덕이라는 해석적 차원들이 어떻게 그러한 정당화를 산출하면서 상호작용을 하는가를 다시 논의하지는 않겠다. *Law's Empire*, pp. 44~86을 보라.

을 살펴보면, 또는 시야를 좀 멀리까지 넓혀 사고법(accident law)을 일반적으로 살펴보게 되면, 또는 더 일반적으로 헌법을 살펴보게 되면, 또는 사법부의 권한이나 책임에 관한 우리의 가정을 더 일반적으로 살펴보게 되면, 우리가 지지하려고 했던 그 원리가 우리의 법 실무를 최선으로 이해하게 해준다는 우리의 주장에 대한 심각한 위협을 발견하게 될지도 모른다. 왜냐하면 우리는 그 원리가, 법의 다른 부분 그리고 더 큰 부분의 일부를 정당화하려면 의존해야만 하는 어떤 다른 원리와 어긋나거나, 심하게 들어맞지 않는다는 것을 발견할 수 있기 때문이다. 예를 들어 우리는, 사람들이나 기관들의 행위가 그들이 배상금을 분담하도록 요구받은 피해 중 어떤 것을 야기했는지 입증되지도 않았는데 그 사람이나 기관이 배상책임을 질 수 있다는 것을 받아들일 준비가 되어 있을지는 모른다. 그러나 어떤 이는 그 원리가 다른 곳에서 거부되었을 가능성을 우리에게 환기시킬지도 모른다. 즉, 그 원리가 예를 들어서 피고의 행위가 원고의 초래된 피해와 인과적으로 지나치게 멀리 떨어졌다는 이유로 배상 책임을 거부한 사안에서 암묵적으로 거부되었다는 가능성 말이다. 또는 우리는 그 가능성을 우리 스스로 논의를 전개하다가 깨닫게 될지도 모른다. 물론 우리는 후자의 판결들이 어쨌거나, 제약업체들에게 책임을 지우는 원리와 조화될 수 있음을 보임으로써 그 위협을 피할 수 있을지도 모른다. 그러나 우리는 그 위협을 그냥 무시할 수는 없다. 왜냐하면 우리가 개진하고 있는 해석적 논변—법적 주장을 떠받치려면 개진해야만 하는 논변—의 성격은, 그러한 어떠한 위협도 유관한 것으로 만들기 때문이다. 우리는 우리가 의두한 정당화가 사실상 우리의 법 실무를 비원리적인 것으로 만든다는 주장을 그냥 무시할 수 없다. 왜냐하면 그것은, 일부 시민들에 대한 강제를 정당화할 때는 특정 원리에 호소하면서 다른 시민들에게 배상을 거부할 때는 동일한 원리를 부정하기 때문이다. 만일 그러한 반론이 정당화된다면, 우리가 제안한 판결은 반대할 만한 것이 될 것이다. 단순히 이론적 우아함의 문제로서가 아니라 평등한 시민권에 헌신하는 공동체가 스스로를 어떻게 통치해야 하느냐의 문제로서 말이다.

헤라클레스와 미네르바

물론 정당화 상승이 드러내게 될 항상적인 위협에 주의를 불러일켰다고 해서, 그 위협이 항상 또는 상당히 자주 현실화될 것이라고 말하려는 것은 아니다. 대개 그러한 위협은, 적어도 진지하고 시간을 잡아먹는 방식으로는, 현실화되지 않을 것이다. 그리고 우리는 이른바 국지적 우선성(local priority)을 토대로 원활하게 진행해 나갈 수 있다. 즉, 사실상 우리의 해석적 주장에서, 당면한 사안을 직접 다루는 법률이나 판례를 살펴보기만 해도 되는 것이다.[6] 그러나 정당화 상승은, 항상 제출될 수 있는 카드로 남아 있다고 할 수 있다. 우리는 그것을 선험적으로 배제할 수 없다. 왜냐하면 우리는 평범하고 논박 불가능한 것이라고까지 보였던 어떤 법적 주장이 더 고차적인 수준에서 새롭고 잠재적으로 혁명적인 공격에 의해 갑자기 도전받을 것인가 여부를 결코 미리 알 수 없기 때문이다. 나는 그 원리상 취약성을 나의 영웅적인 판사 헤라클레스의 그림에서 포착하려고 하였다. 헤라클레스는 자신에게 주어진 재능으로, 내가 방금 기술한 것과 정반대의 방향에서 진행할 수 있을지 모른다. 그는, 안에서 밖으로, 즉 다른 법률가들이 그러듯이 더 구체적인 문제에서 더 넓고 더 추상적인 문제로 나아가는 것이 아니라, 밖에서 안으로 반대 방향으로 접근한다. 그가 첫 사건에 착수하기 전에, 그는 거대한, 언제나 '중심이 되는' 이론을 구성할 수 있다. 그는 형이상학, 인식론, 윤리학, 그리고 정치적 도덕을 비롯한 도덕의 모든 두드러지는 쟁점들을 판단할 수

---

6 같은 책, pp. 250~54.

있다. 그는 우주에는 무엇이 존재하며, 그것들이 있다고 생각하는 것이 왜 정당화되는지도 판단할 수 있다. 정의와 공정성이 무엇을 요구하는지, 최선으로 이해된 표현의 자유가 무엇을 의미하는지, 표현의 자유가 특별히 보호될 가치가 있는 자유인지 그리고 그렇다면 왜 그런지, 다른 사람들의 손해에 그 활동이 연결되어 있는 사람들로 하여금 그 손해를 보상하도록 요구하는 것이 왜 옳은지도 판단할 수 있다. 그는 그것들 모두와 다른 모든 것들도 놀랍도록 건축적인 체계로 짜 넣을 수 있다. 새로운 사건이 제기되었을 때 그는 준비가 매우 잘 되어 있을 것이다. 밖으로부터, 즉 아마도 자신의 놀라운 지적 창조성을 발휘한 우주적인 규모의 결과물들의 가장 큰 부분에서 시작하여, 그는 당면한 구체적 문제 해결을 향해 꾸준히 작업해 나갈 수 있다. 즉, 일반적으로 법에 대한 활용 가능한 최선의 정당화를 먼저 찾은 다음, 법의 한 종으로서 미국 법과 헌법 실무, 불법행위법을 위한 정당화를 차례대로 찾은 뒤, 마지막으로 지나치게 많은 약을 복용한 그 불쌍한 여성과 국기를 태운 그 성난 남성의 사안에 대한 최선의 정당화를 찾을 수 있을 것이다.

평범한 사람들, 법률가들, 판사들은 그런 일은 할 능력이 그다지 없다. 우리는 안에서 밖으로 추론해 나간다. 우리는 직업이나 책임 또는 우연에 의해 우리에게 들이밀어진, 다른 것과 구별되는 문제들에서 시작한다. 그리고 우리의 탐구 범위는 우리가 활용할 수 있는 시간에 의해서뿐만 아니라 우연히 마주하거나 상상할 수 있게 된 논변에 의해서도 심각하게 제약된다. 안에서 밖으로 추론해 나가는 판사는 시간을 많이 잡아먹는 인내를 요하는 탐구나 논변에 착수할 시간도 별로 없고 그럴 필요도 드물게만 느낀다. 그러나 때때로는 그런 필요를 느낄 것이다. 벤저민 카르도조(Benjamin Cardozo)는 그러한 힘든 탐구나 논변이 '맥퍼슨 대 주식회사 뷰익자동차'(MacPherson v. Buick Motor Co.)[7] 사건에서 필요하다

---

7 111 N.E. 1050 (N.Y. 1916).

고 느꼈다. 그리고 그는 우리 법의 성격을 바꿨다. 우리 모두는, 판사들이 당면한 사건에 관하여 생각하기 시작했을 때는 정당화 상승을 예견하지 못했지만 결국 그것을 거쳐야 한다고 판단했던 다른 판결들을 생각해낼 수 있다. 그러한 상승은 드물지 모른다. 그러나 절대적으로 중대한 논점은, 그러한 정당화 상승이 요구될지 그렇지 않을지를 미리 판단하는 선험적이거나 일괄적인 테스트는 없다는 것이다. 변호사나 판사는 그 쟁점을 생각하여 진행하다 보니 자신이 처음에 생각했거나 희망했던 것보다 더 이론적인 논변을 펼쳐야 한다는 느낌을 받거나 그렇게 진행되어 나가게 되었음을 알게 된다.

이 두 그림에는 아무런 비일관성도 없다. 즉, 밖에서부터 안으로 진행하며 생각하는 헤라클레스와 안에서 밖으로 진행하며 추론하는 유한한 운명의 법률가의 그림 사이에는 비일관성이 없다. 나는 이 두 묘사의 양립 가능성을 강조한다. 왜냐하면 배태적 접근을 비판하는 많은 이들이, 실재하는 판사는 헤라클레스가 아니라는 점을 비판의 논지로 삼았기 때문이다. 그들은 판사들이 단지 초인적 존재가 아니라는 점만 지적한 것은 아니다. 헤라클레스에 대한 나의 묘사가 논점을 벗어났다는 것이다. 유비는 항상 위험하다. 은유가 항상 위험하듯이 말이다. 그래서 나는 유비를 길게 늘이지 않고 매우 짧게 쥐고 있을 생각이다. 그러나 과학에 대한 유비는 지성적 영역에 관한 밖에서 안으로의 관점이 어떻게, 안에서 밖으로 사유하는 사람들에게조차 유용할 수 있는지를 보여주는 데 도움이 될 수 있다. 우리는, 우리가 간명하게 과학이라고 부르는 지식의 집합이 균질한 그물망과 매우 유사하다고 생각하거나 적어도 그렇기를 희망한다. 그러나 거기에는 여전히 솔기가 있으며, 과학자들과 철학자들은 그러한 솔기를 걱정한다. 그러나 우리는 물리학이 적어도 화학, 천문학, 미생물학, 야금술, 그리고 공학과는 일관되어야만 한다는 야망이 무슨 문제가 있다고 생각하지는 않는다. 우리는, 정말로, 우리가 이미 부분적으로 실현했다고 믿는 것 이상을 희망한다. 즉, 이 전통적으로 구별되는

지식들의 집합이 다른 지식들의 집합과 일관되리라 희망할 뿐만 아니라, 그것들이 위계적으로 질서를 잡아 물리학이 아마도 가장 추상적인 자리를 차지하고 다른 지식의 집합들이 물리학의 사유로부터 도출되어 사유의 더 구체적인 부문으로 자리잡으리라 희망한다. 우리는 이러한 이론적이고 구조적인 야망을, 헤라클레스의 스타일로, 여신 미네르바를 상상함으로써 설명할 수 있다. 미네르바는, 하나의 다리를 건설하는 일에 착수하기 전에 시간과 공간에 대한 일대기와 소립자 이론의 근본적 힘에 관하여 수세기에 걸쳐 통달할 필요를 느끼는 존재다. 그러고 나서 누군가 그녀에게, 특정한 금속이 일정한 무게를 견뎌낼 수 있느냐고 물었을 때, 그녀는 자신의 놀랍고도 완결된 이론으로부터 답을 연역해낼 수 있을 것이다. 그것이 우리의 과학의 집합에 관하여 우리가 어떻게 생각하는지를 포착해주기 때문에, 우리는 그 그림을 이해한다.

그러나 물론 어떠한 과학자도 미네르바의 모범을 따라서 사유하는 일을 시작조차 할 수 없다. 새로운 종류의 다리를 건설하는 공학자는 안에서 밖으로 작업해 나간다. 무슨 문제가 있는지를, 실제로 그녀는 그 문제를 발견하기 전까지는 알 수 없다. 그리고 그녀는 적어도, 그때까지는, 그녀가 필연적으로 발견하게 될 그 문제들이 그녀로 하여금 금속공학 (metallurgy)의 일부 원리들을 재고해보게끔 요구한다는 것, 또는 만일 재고할 것을 요구한다면 금속공학을 벗어난 자신의 짧은 탐구는 자신 또는 다른 사람으로 하여금 입자 이론을 재고해보게끔 할 것이라는 것을, 미리 알 수 없다. 자신의 삶의 가능성을 포착한 미네르바의 이야기는, 이와는 매우 다른 공학자의 이야기를 설명하는 기본적 가정들을 이해하는 한 방식이다. 이 이야기는, 어느 누구도 그 계단을 올라야겠다고 느끼기도 전에, 이론적 상승의 다리가 왜 항상 거기에 있는지, 왜 항상 거기에 예정되어 있는지를 설명해준다. 그것이 내가 법에 있어서, 헤라클레스의 스토리에서 포착하고자 하는 바이다. 나의 주장은, 반복하자면, 법적 추론은 정당화의 광대한 영역을 전제로 한다는 것이다. 이 영역에는 정치적 도덕의 매우 추상적인 원리가 포함된다. 우리는 그 구조를, 우리가 알고 있는 대부분의 것들을 당연하게 여기듯이, 당연하게 여긴다. 그러나 그 구조의 일부분을 재검토할 수밖에 없을 때가 때때로 있다. 비록 미리, 언제 어떻게 재검토해야 할지는 결코 확신할 수 없더라도 말이다.

내가 설명하려고 했던 이론 배태적 견해는 법적 추론에 관한 하나의 해명이다. 즉, 법이 무엇인가에 관한 주장을 어떻게 적절하게 논하는가에 관한 것이다. 그것은 통상적인 사건이나 심지어 헌법 사건에서도 자동으로 판사의 책임에 관한 논변이 되지는 않는다. 비록 자동으로 그렇게 되지 않는다는 점이 명백해 보일지라도, 그것이 판사들에게, 그들이 흔히 표현하듯이, 이론으로의 '탈선'에 참여할 허가장을 준다는 근거에서 그렇게 많은 이들이 배태적 이론에 저항했기 때문에 여기서 말해두는 것이다. 그러나 내가 강조해왔던 사실, 즉 어떤 종류의 법을 정확히 파악하는 일도 해석적 활동이며 정당화 상승에 취약하다는 사실은, 특정한 종류의 공직에 특정 종류의 사건에 대하여 행사하게 되는 책임이 주어져야 한다는 결론을 자동적으로 도출하게 하지는 않는다. 만일 공동체가 판사에게 "헌법은 최고의 법이고, 당신의 일은 헌법이 의도하는 바가 무엇인지를 말하는 것이다"라고 말한다면, 내가 자주 논했던 바와 마찬가지로, 그 지시는 상당히 많이 '옆길로 벗어난' 정치적 도덕에서의 탐구를 요구하는 것으로 드러날 것이다. 그러나 우리는 판사들에게 그런 방식으로 지시하지 않는다. 판사들이 헌법에 대한 최종적이고 권위 있는 해석을 할 책임을 맡지 않아야 한다는 것은 완전히 이해 가능한 주장이다. 만일 지나치게 큰 사법 권력을 두려워한다면, 그렇게 주장해야 한다. 판사들이 큰 권력을 갖는 것을 싫어한다면, 그들의 사법 권한을 변경함으로써 이론적으로는 교정이 가능하다. 이러한 큰 권력에 대한 혐오를, 법 추론에 대한 잘못된 이론으로 위장하는 것은 심각한 혼동이다. 주의해야 할 다른 측면을 언급하겠다. 나는 변호사나 판사 또는 다른 어느 누구도, 정당화 상승이 이르게 되는 광대한 이론적 쟁점들에 관하여 의견이 일치될 것이라고 추호도 말할 생각이 없다. 물론 그들은 의견이 불일치할 것이다. 그것이 반대 의견과 훌륭한 교실에서의 논쟁이 존재하는 이유이다. 나는 단지, 법은 이론에 묻어 들어가 있으며, 성찰적인 법률가들은 설사 법이 묻어 들어가 있는 이론이 무엇인지에 관하여 의견이 일치하지 않더라도 그 점을 이해할 것이라는 점만을 지적했을 뿐이다.

시카고 학파

나는 마지막으로, 앞에서 약속했듯이, 비판가들을 살펴보겠다. 그러나 우선, 그토록 많은 사람들로 하여금 이론에 대하여 불평하도록 하는 우리 시대의 정신에 관하여 한마디 해야겠다. 우리 세기의 사람들은 청년기에 이데올로기의 세례를 받았지만, 이데올로기는 20세기에 그리 잘 봉사하지 않았다. 20세기 말 우리의 지식인들은 아마도 그 이전 어느 시대보다 이론을 불신하게 되었다. 우리는, 우리가 어디로 몸을 돌리든 포스트모더니스트들, 전(前)구조주의자들(prestructuralists), 해체주의자들, 그리고 비판법학 학파들, 비판인종학자들, 그리고 다른 수천의 반(反)이론 부대원들의 경고와 부인을 마주하게 된다. 어떤 사람들은 이론은 겉치레라고 말하고, 다른 이들은 이론이 억압이라고 말하며, 또 많은 사람들은 둘 다라고 말한다.

그러나 나는, 로스쿨 내에서조차 반이론 진영 무리의 더 학식 있고 환상적인 구성원들이 아니라, 상대적으로 주류인 비판가들에 집중하고자 한다. 그것이 내가 시카고 학파, 특히 포스너 판사와 선스틴 교수를 사례로 택한 이유다. 그들 그리고 비슷한 견해를 취하여 법 논변에서 도덕 이론이나 추상적 이론의 사용에 반대하는 다른 사람들은, 내가 생각하기에 다음과 같은 세 표제 하에 유용하게 묶일 수 있을 것이다. 형이상학적 논변, 실용적 논변, 그리고 전문직 논변.

형이상학

첫째, 형이상학적인 논변. 나는 이론 배태적 접근이 때때로 변호사와 판사로 하여금 스스로 정치적 도덕의 복잡한 쟁점을 질문하도록 요구한다고, 예를 들어 어떠한 피해도 야기하지 않은 사람으로 하여금 손실에 대하여 책임을 지게 하는 것이 공정해지는 때가 있을 것인지를 해결할 것을, 또는 왜 표현의 자유가 평등한 시민들로 이루어진 민주주의에서 특별한 보호를 받아야 하는지에 관한 상이한 정책상의 이유나 원리상의 이유를 파악할 것을 요구한다고 말했다. 그러나 우리들 사이에는, 생기 있고 놀랍도록 영향력 있는 견해가 현재 존재한다. 그것은 내가 우리 시대의 지성적 정신이라고 부른 것의 핵심에 있다. 그 견해는 그런 질문에 대하여 아무런 객관적인 정답이 없다고 한다. 그리고 변호사나 판사나 어느 누구라도 발견할 우주에 '있는' 정치적 도덕에 관한 아무런 객관적인 진리도 없다고 한다. 이 견해에 의하면, 이러한 사안들, 그리고 더 근본적인 쟁점들, 이를테면 인종 청소가 사악한 것인지 또는 인종 차별이 부정의한지 또는 표현의 자유가 애초에 근본적 권리인지를 포함하는 더 근본적인 쟁점들에 관한 우리의 확신은 단순히 (비트겐슈타인, 이제 그만 용서해줘야 할 그가 유명하게 만든 문구를 사용하자면) '언어 게임'의 창조물에 불과하다. 우리는, 우리의 사회에서, 우리 자신의 목적을 위해서 그리고 우리 자신의 필요에서 특별한 말하기 방식을 채택하고는, 거기에 의거해 인종 청소가 끔찍한 일이며, 인종 차별은 심각하게 잘못되었고, 표현의 자유는 특별하다는 것이 참이 되게끔 하였다는 것이다. 그 게임 전반에 걸쳐, 우리는 우리가 호소하는 '도덕적 실재'를 구성해왔다. 표현의 자유는 우리의 언어 게임 안에서 기본권이다. 그것은 객관적으로나 초월적으로 기본권인 것은 아니다. 우주의 구조에 '있는' 그러한 권리는 아무것도 없다. 포스너 판사의 이상의 극치인 올리버 웬델 홈즈의 표현을 차용하여 쓰자면, 만일 상이한 사회가 충분히 큰 중요성을 갖는 사안에 관하여 충분한 정도로 서로 다르다면, 어느 한 사회는 다른 사회를 파괴해야 할 수도 있다. 그러나 어느 누구도 그 사회 자신의 의견이, 우주의 관점에서는, 자신이 혐오하는 견해보다 조금이라도 더 타당하다고 생각해서는 안 된다.

포스너 판사는 이 놀라운 논제에 아첨해왔다. 그의 책 『법 극복하기』 (Overcoming Law)에서 그는 언어 게임에 관하여 이야기하며, 언어는 우리의 도덕적 우주를 보고하는 것을 목적으로 하기보다는 언어가 우리의 도덕적 우주를 창조한다는 견해에 우호적인 방식으로 이야기한다.[8]

어쨌거나, 그것은 오늘날의 학술적 논의 전반에 걸쳐 대단히 인기 있는 견해다. 철학을 제외하고선 말이다. 만일 그 인기 있는 견해가 또한 설득력이 있다면, 법 추론에 관한 이론 배태적 접근은 심대하게 오도된 것이며, 두 가지 이유에서 포기되어야 한다. 첫째로, 법적 추론은, 배태적 접근에 의하면 하나의 해석적 주장이, 적어도 통상적으로는, 그 경쟁 주장보다 우월함을 전제한다. 그 지지자들의 견해에서만 우월한 것이 아니라 실제로 우월할 것을 전제한다. 그런데 객관적인 도덕적 진리가 없다면, 그러한 어떠한 주장도 진정으로 어려운 사안 어디에서도, 실제로 우월할 수 없다. 둘째, 내가 그 접근을 지지하며 제시한 논거 자체가 도덕적 논거다. 나는 법률가들이 다른 여건에서는 공동체가 부인하는 원리들의 체제에 일부 시민들을 복속시키는 것이 불공정하기 때문에, 자신들의 판단에 대한 이론적 정당화를 제시할 준비가 되어 있어야 한다고 말했다. 그리고 도덕적 논거 자체는 객관적 지위를 주장한다고 말했다. 이론적 접근을 유지하기 위해서는, 그것의 목표가 객관적 진리가 아니라 우리 공동제의 언어 게임에 따른 진리에 의해 정당화된다고 말하는 것만으로는 충분하지 않을 것이다. 언어 게임을 믿는 사람들의 외관상의 가정과는 반대로, 언어 게임이라는 것이 현대 민주주의에서 애초에 존재한다면, 언어 게임은 우리를 분열시키는 것이 아니라 통합한다. 우리는, 가

---

8 Posner, *Overcoming Law*, pp. 8~10.

장 추상적인 도덕적 확신의 차원에서는 아니더라도 대부분의 차원에서는 의견이 불일치한다. 그리고 보상의 정의나 표현의 자유, 인종 정의에 관한 복잡한 질문에 대한 단일한 대답이, 우리가 이야기하고 사유하는 방식을 형성할 수 있다고 가정하는 것은 터무니없을 것이다. 그러므로 만일 도덕적 문제에 관하여는 아무런 객관적인 진리가 없다는 논변이 건전하다면, 그 결과는 그것이 그럼에도 불구하고 우리 공동체에는 참이라는 것이 아니라, 우리 각자에게 서로 구별되는 고유한 진리가 있다는 것이어야 한다. 그리고 우리는 그 기초에서는 판결에 대한 이론적 접근을 유지할 수 없게 된다.

현재의 그 인기에도 불구하고 그러나, 이 회의적인 형이상학적 논제는 정합성이 없다. 내가 그 형이상학적 비판자에게 "인종 청소는 그르다"거나 "인종 차별은 부정의하다"고 말한다고 해보자. 그는 대답한다. "그렇다, 그것은 참이다. 나는 당신에게 동의한다. 그러나 이 명제들이 객관적으로 참이라거나 그들의 참이 실재에 근거를 두고 있다고 생각하는 오류를 범하지는 말라. 당신은 오직 당신의 견해를 표현했을 뿐이고, 그 견해에 나를 비롯한 우리의 언어 또는 해석적 공동체에 속하는 다른 사람들이 우연히 동의하게 된 것뿐이다." 형이상학적 논제의 저명한 지지자인 리처드 로티는 그 구분선을 다음과 같은 방식으로 긋는다. 그는 물론, 우리 모두가 알듯이, 산은 존재한다고 논한다. 산은 인간이 존재하기 전에도 존재했고, 인간이 멸종하고 나서도 오랫동안 계속 존재할 것이다. 그러나 그러고 나서 그는 덧붙였다. 만일 그에게 상이한 질문을 던진다면 —산이 정말로 있는 것으로서 실재(Reality As It Really Is)의 일부인지를 고딕체로 강조된 문구로 묻는다면— 로티는 아니요, 그건 터무니없는 일입니다라고 답할 것이라고 덧붙인다. 산의 존재는 정말로 있는 것으로의 실재의 일부가 아니라는 것이다. 산의 존재는 단지 우리가 플레이하는 언어 게임으로부터 흘러나오는 것이다. 그러나 이 구분은 우리가 다음 두 명제의 의미를 구분할 수 있을 것을 요구한다. 첫 번째 명제는, 만일 인간이 전혀 존재하지 않았다 하더라도 산이 존재했을 것이다라는 명제다. 그것은 로티가 참이라고 말하는 진술이다. 두 번째 명제는, 산이 정말로 있는 것으로서의 실재의 일부라는 것이다. 그것은 로티가 거짓이라고 말하는 진술이다. 그러나 나는 평생 동안 두 번째 명제를, 첫 번째 명제와 유의미하게 다른 무언가를 의미하는 것으로 이해할 수 있는지를 도저히 알지 못했다. 그걸 아무리 고딕체로 집어넣는다고 하더라도 말이다.

만일 이 두 명제가 구별될 수 없다는 것이 맞다면, 로티의 논제는 붕괴한다. 그러나 독자들 중 몇몇은 만일 우리가 객관성에 대한 회의주의를 정의에만 한정하고 산은 제외시킨다면 더 성공적인 논제를 구성할 수 있다고 생각할 것이다. 그러나 우리는 그럴 수 없다. 그것은 같은 이유에서다. 인종 청소가 사악하다, 또는 인종 차별이 부정의하다, 음핵 절제가 끔찍하다, 표현의 자유가 극히 중요하다라고 이야기한다고 해보자. 그러고 나서 우리는 이 판단들 각각은 단지 우리의 견해일 뿐이라고 한다. 즉, 이 중 어느 것도 객관적으로 참이 아니라고 한다. 그렇게 말하려면 우리는 다음 두 명제 사이에 의미의 차이가 있다고 가정해야만 한다. 인종 차별은 부정의하다. 인종 차별은 객관적으로 부정의하다. 그러나 우리는 그러한 구분점을 찾을 수 없다. 나는 여기서 구분점을 찾을 수 없다는 논변을 개진하지는 않겠다. 왜냐하면 나는 「객관성과 진리: 믿는 것이 좋을 것이다」라는 그 문제에 바쳐진 논문에서 외적 회의주의에 관한 일반적 쟁점을 다루었고, 거기서 이 논변을 상당히 길게 개진하였기 때문이다.[9]

---

9 "Objectivity and Truth: You'd Better Believe It", 25 Phil. & Pub. Aff. 87, 89~94 (1996).

실용주의

그러나 내가 말했듯이, 포스너의 저술에서 형이상학적 논변의 반향이 있기는 하지만, 포스너는 자신의 권고를 그 어떤 철학적 논제에도 의존하게 하고 싶지 않다고 말하였다. 포스너는 판결에 관한 자신의 견해를 독립적으로 서 있는 것으로 여긴다. 그는 자신의 견해가, 그 어떤 일반 이론으로가 아니라 태도로 더 잘 표현된다고 말한다. 그리고 그러한 태도에 대한 가장 형식적인 설명을, 핵심을 가장 잘 표현하는 문구에서 제시한다. "내가 실용주의적 관점을 특징짓는 데 사용하였던 형용사들 — 실제적, 도구적, 미래 전망적, 적극주의적, 경험적, 회의적, 반(反)도그마적, 실험적 — 은 이를테면 로널드 드워킨의 작업을 살펴볼 때 마음에 떠오르는 것들은 아니다."[10] 그러니 포스너의 태도는 아마도 법적 추론에 대한 배태적 접근에 의해 대표되는 태도와 대조되는 것으로 의미되었을 것이다. 비록 미덕에 대하여 그가 아무렇게나 참견 식으로 열거한 목록을 이해하는 것은 어렵지만 말이다. 그는 우리에게 이상한 발상들은 그만두고 판결의 결과에 주의를 기울이라고, 또한 우리의 지성적 활동과 법적 활동을 현명한 방식으로 수행하라고 촉구한다. 그것은 소중한 충고다. 독단주의(dogmatism)는 극심한 잘못이며, 우리가 굴복한다면, 그런 잘못을 저지른 것에 대하여 심각하게 답해야 하는 잘못이다. 그러나 독단주의는 법철학이 서 있는 기초가 아니다. 그리고 비록 포스너는 판결에 대한 나의 해명을 승인하지 않는다는 점을 분명하게 밝히지만, 자신의 해명이 왜 다른지, 어떻게 다른지를 정확하게 밝힌 적은 없었다.

그래도, 그에 따르면 내가 결여하고 있는 미덕 목록에서 두 항목은 특별히 실질적인 것으로 보인다. 그는 첫째, 실용적 접근이 미래 전망적이라고 한다. 그러나 그가 염두에 두고 있는 두 가지 매우 상이한 대조를 구분하는 것이 중요하다. 그는 법적 추론은 의무론적이기보다 결과주의

---

10 Posner, *Overcoming Law*, p. 11.

적이어야 한다고 생각했을 수도 있다. 또는 다른 방식으로 결과주의적이 아니라 후생주의적이어야 한다고 생각했을 수도 있다. 나는 이 가능성을 차례로 설명하고 살펴보겠다. 도덕 이론에서는, 더 나쁜 사태를 산출할 일을 하는 것이 도대체 의무일 수 있는지가 하나의 핵심 질문이다. 예를 들어, 설사 우리가 거짓말을 함으로써 어느 면으로 보나, 즉 더 많은 거 짓말이 나올 것이기 때문에 더 나빠지는 것까지 포함해서, 더 나쁜 결과를 방지할 수 있을 때조차 진실을 항상 말해야 하는가? 결과주의자들은, 더 나쁜 결과를 낳는 방식으로 행동할 것이 도덕적으로 요구되는 경우는 결코 없다고 주장한다. 그리고 의무론자들은 우리에게 때때로는 그렇게 요구된다고 이야기한다. (그 논변은 이 묘사가 포착하는 것보다는 더 복잡하다. 그러나 이 정도 묘사로도 나의 논지를 설명하기에는 충분하다.) 만일 포스너가 이 대조를 염두에 두고 있다면, 그는 내가 옹호하는 배태적 접근을 오해한 것이다. 나의 배태적 접근은 명백히, 의무론적인 것이 아니라 결과주의적인 것이기 때문이다. 그것은 그 전반적인 목적에 관하여 결과주의적이다. 그 접근은 내가 『법의 제국』에서 기술했던 의미에서 평등주의적인 법과 공동체의 구조를 목표로 한다.[11] 그리고 그것은 그 세부적인 면에서도 결과주의적이다. 각각의 법적 논변은, 우리의 실무에 배태된 원리에 따라, 대안보다 더 우월한 사태를 확보하는 것을 목적으로 한다. 그러므로 만일 미래를 전망하는 것이 결과주의적인 것을 의미한다면, 배태적 접근이 충분히 미래를 전망하는 것이 아니라는 주장은 반론이 되지 못한다.

사태의 좋음을 비교할 때, 그러한 사태에서 사람들의 복지만 살펴보아야 하는가, 즉 그들이 다른 상태보다 그 상태에서 더 나아지는가 또는 얼마나 나아지는가만 살펴보아야 하는가는, 앞의 쟁점만큼이나 도덕 이론에서 중심적인 쟁점이다. 후생주의자는 어떤 후생의 함수를—어떤 집

---

11 *Law's Empire*, pp. 176~224.

단이 나아졌는지, 그리고 얼마나 나아졌는지를 측정할 수 있는 모종의 방식을 ─ 선택해야 하는데, 그중 가장 인기 있는 함수가 공리주의이다. 공리주의적 후생주의자는, 법이나 사법 결정은, 오직 사람들이, 총량적 또는 평균적으로, 결과적으로 더 나아졌을 때에만 사태를 개선한다고 주장한다. 공리주의를 거부하는 사람들은 적어도 때때로, 사람들이 평균이나 총량에서 더 나아지지 않더라도, 한 사태는 다른 사태보다 더 나은 것이라고 한다. 아마도 권리가 더 존중되었기 때문이거나, 그 상황이 다른 상황보다 어떤 측면에서 더 공정하고 정의롭기 때문이라는 것이다. 지나치게 기이한 말을 하는 것이 되지 않고서도 '미래 전망적'이라는 말을 그 논변의 공리주의적인 측면을 기술하는 것으로 사용할 수 있다. 그래서 포스너가 법적 추론과 법적 논변은, 공리주의적 관점에서 더 나은 결정을 찾는 일에 바쳐져야 한다고 권고하고 있다고 말할 수 있는 것이다.

판결에 대한 배태적 해명이, 필연적으로 그 세부 내용에서 반(反)공리주의적인 것은 아니다. 배태적 접근을 받아들이는 어떤 이는, (포스너가 사실상 자주 주장했듯이) 법 실무에 대한 최선의 해석은 공리의 원칙이 법 실무의 핵심에 있음을 보여준다고 주장할지도 모른다. 그러나 그렇다고 해서 배태적 이론이 공리주의를 판결의 지침으로 지지하고 있다고도 할 수 없다. 적어도 내 견해로는, 우리 헌법을 비롯해서 많은 법은 공리주의적 근거에서 정당화될 수 없고, 그와는 반대로, 그 정신에서나 효과에서 공리주의적이지 않은 평등이나 공정의 원리를 전제해야만 한다. 그리고 배태적 이론의 전반적인 목표는 평등주의적인 것으로, 명백히 공리주의적인 것은 아니다. 그러므로 포스너가 '미래 전망적'이라는 말로 공리주의적인 것을 뜻했다면, 그가 배태적 해명이 충분히 미래를 전망하는 것이 아니라고 고발하는 일은 정당화된다. 그러나 그 경우 그는 우리에게 공리주의를 지지하는 논변을 제시해야 한다. 또는 적어도, 공리주의에 대하여 제기된 많은 진지한 반론들에 답해야 한다.[12] 진보가 사람들을 평균적으로 더 행복하게 만드는 것으로 구성된다거나, 심지어 포스너가 때때로 제안했듯이 더 부유하게 해주는 것으로 구성된다는 것이 자명하다고는 말하기 힘들다.

그러므로 실용주의가 오직 공리주의적 계산을 지지하는 것으로 이해된다면, 배태적 접근에 비해 실용적 접근을 지지하는 논거를 그다지 제시할 수 없게 된다. 우리는 그러므로 포스너의 목록에서 다른 강렬한 형용사를 살펴보아야 한다. 그는 실용적 접근이 실험적이라고 말한다. 배태적 접근이 분명히 실험적이라고 할 수 있는 측면이 있다. 실제로, 그 주된 경쟁자에 비해서는 더 실험적이면 실험적이었지 덜 실험적이라고 할 수 없는 측면이 있다. 배태적 접근은 원리에 관하여 상상력을 발휘하여 판결할 것을 권고한다. 그래서 판사는, 법의 한 분야에 대한 최선의 해석을 제공하는 것으로서, 예를 들어 카르도조가 맥퍼슨(MacPherson) 판결에서 그랬듯이, 과거에는 인식되지 않았던 원리를 제안할 수 있다.[13] 그러므로 만일 포스너가 배태적 접근이 충분히 실험적이지 않다고 비난한다면, 그는 실험적이라는 것의 다른 의미를 염두에 두고 있음이 틀림없다. 그는 이론에서 실험적인 것이 아니라, 이론을 대체하는 실험적인 것을 염두에 두고 있음에 틀림없다. 만일 그렇다면 우리는 그의 충고를 다음과 같이 바꾸어 정식화할 수 있을 것이다. 변호사와 판사들은, 자신들이 직면한 문제들을 푸는 상이한 해결책들이, 어떤 큰 이론에 의해 권고되거나 지지되는가는 상관하지 말고, 그것이 작동하는지 알아보기 위해 실험해보아야 한다. 그들은 자신들 앞에 놓인 실천적인 문제들에 집중해야 하며, 활용 가능한 해결책 중 어느 것이 사태를 실제로 더 낫게 만드는지를 물어야 한다.

그 충고가 언제 유용하게 될지를 살펴보자. 당신의 차가 겨울 밤, 도움을 구할 수 없는 곳에서 고립되어 고장이 났다고 가정해보자. 엔진이 나

---

12 *A Matter of Principle* (1986), pp. 235~89, 포스너와 공리주의를 논하는 부분.
13 앞의 각주 7을 보라.

갔고 시동이 걸리지 않는다. "내연 동력기관의 물리학에 대해서는 성찰하지 말고, 여러 가지 것들을 시도해보고 효과가 있는지 살펴보라"라고 말하는 것은 매우 좋은 충고일 것이다. 예를 들어, 당신이 모자를 거꾸로 쓰고, 눈을 감고, 키를 돌렸을 때, 차가 출발할 것이라고 생각해서 그렇게 했는데 실제로 출발한다면, 그것에 대해 왈가왈부 논하지 말고 그냥 운전해서 떠나라. 이런 상황에서는 포스너의 조언이 유용한 것으로 보인다. 그러나 당신이 이제 우주의 나이에 관해 묻는 우주학자라고 해보자. 당신이 포스너로부터 무엇이 정말로 진리인지에 관하여는 걱정하지 말고 그저 효과가 있는 것에 대해서만 걱정하라는 이야기를 들었다면 영문을 모를 것이다. 진리야말로 당신이 염려하고 있는 바로 그것일 때 진리에 관하여 염려하지 말라는 말을 듣는 것은 당황스러운 일이다. 그 조언은 그러나, '효과가 있다'라고 하는 것이 이 맥락에 무슨 의미인지 당신이 알고 있기 때문에, 위험하지는 않을 것이다. 우주학의 논제는, 그것이 우리가 믿는 나머지 것들과 잘 들어맞고, 보증되는 것으로 드러난 증거와 발견에 관한 예측을 제공한다면 효과가 있는 것이다. 나의 견해로는, 과학 명제의 참이 단지 신뢰할 수 있는 예측을 제공하는 것으로 구성된다는 것은 철학적 혼동이지만, 이것은 실제에서는 아무런 해를 끼치지 않는다. 왜냐하면 두 발상은, 손을 맞잡고 행진한다고 할 수 있기 때문이다. 신뢰할 수 있는 예측을 찾는 과학자는, 적어도 통상적으로는, 참인 것을 발견하기에 좋은 과학자이다.

그러나 이제 매우 상이한 상황을 가정해보자. 당신은 판사고, 제약회사들이 환자가 입은 손해에 대해, 그들 중 대부분은 그 손해를 야기하지 않았음에도 불구하고 부진정연대책임을 지는지를 결정해야 하며, 무엇이 진정으로 참인지에 관해서는 걱정하지 말고 단지 무엇이 효과가 있는지만 보라는 이야기를 들었다고 가정해보자. 이 충고는 전적으로 쓸모없다. 왜냐하면 당신은, 무엇이 '효과가 있다'고 판단하기 전에, 다양한 쟁점에 관하여 무엇이 참인지를 판단해야 하기 때문이다. 예를 들어 무엇이 공정한지를 판단해야 하기 때문이다. 왜냐하면 이제 —— 멈춘 차나 이해하기 어려운 빅뱅의 경우와는 달리 —— 당신은 무엇이 '효과가 있는'을 의미하는지에 관하여 아무런 독립적인 기준을 갖고 있지 않기 때문이다. 예를 들어 어떤 판결을 내리면 다른 판결에 비해 제약업체가 더 많은 연구를 하게 되고, 약값을 낮은 수준으로 유지하게 될 것으로 보인다고 가정해보자. 그렇다 하더라도 전자의 판결이 후자의 판결보다 더 '효과가 있다'는 점을 입증하지는 않는다. 왜냐하면 이러한 바람직한 결과를 달성하지만 그 대가로 결함 있는 약 때문에 피해를 입은 누군가에게 보상권을 박탈하는 판결이 바람직한지 자체는 여전히 결정되어야 할 일로 남아 있기 때문이다.

변호사와 판사에게 '효과가 있는' 결정을 추구하라고 조언하는 일의 공허함은, 사회적으로 더 의견이 분분한 쟁점을 살펴보게 되면 더 분명하게 드러난다. 많은 철학자들뿐 아니라 판사들과 변호사들은, 이 골치 아픈 쟁점을 풀려고 애쓰면서, 예를 들어 태아가 임신의 세 분기 중 첫 두 분기 동안 그 자체의 이해 관심을 가지는지와 같은 심층적으로 이론적인 질문에 답하는 것이 중요하다고 생각해왔다. 그러한 어려운 쟁점을 고민하기를 멈추고 어떤 해결책이 효과가 있는지만 묻도록 하는 것이 어떻게 도움이 될 수 있겠는가? 헌신적인 낙태 반대 집단에게 우리는 실험적이어야 하며, 낙태를 최대한 허용하는 정책을 펴서 그 쟁점이 만들어낸 사회적 긴장이 해소되는지를 봐야 한다고 말한다고 가정해보자. 낙태 반대 집단은, 오싹함을 느끼면서 사회적 긴장이 해소된다는 전망이 그 낙태 허용 정책이 효과가 있다는 점을 보여주지 않을 것이라고 답할 것이다. 그들은 그와는 반대로, 그것이 공동체를 완전히 무감하게 만들어버렸기 때문에 더 끔찍한 재앙을 가져온다는 점을 보여주는 것이라고 답할 것이다. 특히 법과 도덕에서는 '무엇이 효과가 있는지'를 봄으로써 곤란한 질문을 피하라는 권고는 그냥 도움이 안 되기만 하는 것이 아니다. 그것은 이해할 수 없는 말이다.

전문직주의

나는 법적 추론에 대한 배태적 접근에 대한 세 번째 공격 장치를 전문직 반론(professional objection)이라고 부르겠다. "우리는 여기서 그저 법률가일 뿐이다. 우리는 철학자가 아니다. 법은 그 자체의 규율 방식, 그 자체의 특수한 기술을 갖고 있다. 로스쿨에 가면, 당신은 철학자가 아니라 법률가처럼 사고하는 방식을 배우게 된다. 법률가들은 도덕 이론이나 정치 이론의 광대한 이론적 쟁점들을 다루려고 하지 않는다. 그들은 구체적인 쟁점들을 세부적으로, 하나씩, 더 제한되고 더 한정된 방식으로 결정한다. 논변의 장치는 철학적 논의의 거대한 것이 아니라, 세밀한 문언적 분석과 유비라는 더 소박하고 신뢰할 수 있는 방법이다."

이 관점의 가장 두드러지고 영향력 있는 판본은, 실증주의 전통에 있는 위대한 법철학자들의 것이다. 벤담, 오스틴(J. L. Austin), 그리고 누구보다도 정교함과 우아함의 새로운 수준을 그 전통에 가져왔던 하트(H. L. A. Hart)다.[14] 내가 하트를 해석한 바에 따르면, 하트는 법적 추론의 핵심은 정치 공동체에서 발전된 특수한 법적 규칙을 적용하는 것을 목적으로 구성된다고 하였다. 그러므로 도덕 이론과 철학 이론 등의 일반이론적인 고려 사항은, 오직 그 특수한 법 규칙이 이론적 규준들을 명시적으로 포함함으로써 그것들을 유관한 것으로 만드는 만큼만 유관하게 된다. 만일 그렇다면 법적 추론은 오직 관습적인 법 실무가 그렇게 결정했다는 그러한 우연에 의존한 정도만큼만 더 일반적인 이론적 가정에 배태된 것으로 적절하게 이해될 수 있다. 그리고 적어도 하트의 견해에서, 관습은 대부분의 현대 법체계에서 그렇게 많은 것을 결정하지 않았다. 그의 사후 2년 뒤인 1994년에 그의 유명한 책 『법의 개념』의 새로운 판이 새로운 후기를 달고 나왔다. 이 후기는 그가 몇 년 동안 작업을 하다 말다 하며 매달렸지만 끝내지는 못했던 것이었다. 그 후기는 몇몇 측면

---

14 Hart, *The Concept of Law*.

에서 — 비록 새로운 질문들을 다른 측면에서 제기하기도 하지만 — 법에 관한 배태적 해명에 대한 하트의 반대의 본질을 명료하게 보여준다. 나는 그 후기에 대한 실질적인 반론을 가까운 미래에 출간하고 싶지만, 여기서 그 벅찬 과제에 착수할 수는 없겠다.

그 대신에 나는 덜 철학적이고 표면적으로 더 실용적인, 통합성에 대한 전문가적 도전의 판본에 집중하겠다. 몇십 년 전에, 시카고 로스쿨의 학장과 미국 법무부 장관을 역임한 에드워드 레비(Edward Levi)는 얇지만 영향력 있는 책『법적 추론 입문』[15]을 출간하였다. 거기서 그는 법적 논증에 대한 고도로 전문직업적인 설명을 제시하였다. 그는, 법률가처럼 생각하는 것은 구별되는 법적 쟁점에 거대한 이론적 구조를 적용하는 일로 구성되는 것이 아니라, 하나의 구체적인 법적 결정의 집합에서 다른 구체적인 법적 결정의 집합으로 유비에 의해 추론하는 일로 구성된다고 하였다. 시카고 로스쿨의 또 다른 교수인 캐스 선스틴은, 이제 이 견해를 취해서 더 정교화해 그것을 법에 대한 '비완결적으로 이론화된'(incompletely theorized) 접근이라고 부른다. 그리고 그는 그러한 접근과 법적 추론에 대한 배태적 접근 사이의 차이를 특별히 강조하였다. 선스틴은 최근에야 반(反)이론 진영으로 넘어갔지만, 신념을 바꾼 이가 특징적으로 보이는 것만큼 그 목적의 추구에서 열정적이다.[16]

---

15 Edward H. Levi, *An Introduction to Legal Reasoning*, Chicago: University of Chicago Press, 1949 (15 U. Chi. L. Rev. 501, 1948에 처음 발표).

16 1993년에 선스틴은 수정헌법 제1조를 위한 거대한, 헤라클레스적인 기획을 제안했다. "나는 제안한다, 수정헌법 제1조는 표현의 자유라는 일반적 원리를 규정하는 것으로 여겨져야 하며 그 원리의 경계는 그 조항을 쓰고 비준한 사람들의 구체적인 이해에 한정되지 않아야 한다고." 그 문장에 붙인 각주에서 선스틴은 내가 옹호한 종류의 해석적 과업을 염두에 두고 있다고 말했다. Cass R. Sunstein, *Democracy and the Problem of Free Speech*, New York: Free Press, 1993, pp. xv, 253. 그러나 내 책『자유의 법』(*Freedom's Law*)에 대한 1996년의 서평에서, 그는 수정헌법 제1조를 위한 표현의 자유의 일반 원리를 산출하려는 나의 포부를 공격하면

그는 '비완결적' 이론을 지지하는 다양한 주장을 펼친다. 우리는 이러한 주장들을 구분해야 한다. 그래서 시민들과 공직자들의 상이한 책임을 구분할 수 있어야 한다.[17] 우리는, 첫째, 판단의 책임을 진다. 우리는 각자, 어떤 정치적 입장과 결정을 지지하고 취해야 할지를 스스로 결정해야 한다. 그리고 우리 중 일부는 또한, 조정이라는 두 번째 책임도 지고 있다. 우리는 우리가 지지하는 정책을 촉진하거나 결정을 내림에 있어 다른 이들과 협동할 것인지 그리고 어떻게 협동할 것인지를 결정해야 한다. 그 조정 책임의 형태는 물론 역할에 달려 있다. 입법자들에게 그것은 입법 연합을 형성하는 문제이다. 보통의 시민에게는 정당에 가입하거나 이런저런 이익집단에 가입하는 문제이다. 그리고 다수의 판사들로 구성된 합의부 법정의 판사에게는, 자신이 지지하는 결정을 얻어내기 위한 다수를 형성하려고 하는 문제이다. 우리들 중 일부 — 공직자들 — 는 세 번째 책임을 떠맡고 있다. 바로 설명의 책임이다. 공직자들은 자신들이 내린 결정에 대한 공식적인 설명을 제공해야 한다. 그러한 설명의 형식은, 다시금, 역할에 민감하다. 그리고 그것이, 입법 보고서나 복수의 판사들이 서명한 법원의 의견처럼 공동 문건의 형식을 취할 때, 그것은 판단의 근거가 서로 상이할 수 있는 사람들을 대변하게 된다.

선스틴은 이 세 책임 각각에 관하여 '비완결성 공리'를 제안한다. 이 공리 중 둘 — 조정 책임과 해명에 관한 공리 — 은 놀랍지 않다. 그리고 극단적인 여건의 경우를 제외하고는 예외적이지 않다. 그는 롤즈의 중첩

서, 그가 최근에야 지지했던 해석적 방법을 전적으로 거부하였다. 그는 다음과 같이 썼다. "연방대법원은 수정헌법 제1조의 '목적'에 대하여 아무런 판단도 내리지 않았다. (⋯) 표현의 자유의 법이라는 복합적인 체제는 단일한 중심이 되는 이론으로 통합되지 않는다." *New Republic*, May 13, 1996, p. 35. 젊은 시절의 지혜는 수명이 너무 짧다. 나는 선스틴의 서평이 내 책에 대해 놀라울 정도로 많은 잘못된 기술을 담고 있다는 점을 덧붙여야겠다.

17 Sunstein, *Legal Reasoning*, pp. 38~41 (비완결적 이론을 옹호하는 세 가지 주장을 구분한 곳).

적 합의라는 장치를 써서, 우리의 근거가 그들의 근거와 다르다 할지라도 우리가 지지하는 정책과 결정을 지지하는 사람들과 기꺼이 함께 작업해야 한다고 주장한다. 우리가 그 조언에 저항해야 하는 상황이 있다는 점에 그는 동의할 것이다. 나는 홀로코스트가 결코 일어난 적이 없다고 선언하는 것을 범죄화하는 법에 반대하기 위하여 네오 나치와 캠페인을 함께 벌이라는 초청을 거절해왔다. 그러나 사법부의 판결을 포함한 정치의 통상적인 여건에서, 그 조언은 현명하다. 선스틴의 두 번째 공리인 설명에 관한 공리는, 타협은 공식적인 결정에 대한 공동 설명을 준비하는 데에도 지혜로운 일일 수 있다고 시사한다. 그리고 그것 또한, 많은 상황에서는 훌륭한 조언으로 보인다. 물론 특정한 결정을 찬성하는 '중첩적 합의'를 구성하는 여러 명의 판사들로 구성된 합의부 법정의 판사들 각자가, 이를테면 제약업체의 사건에서, 자신의 이론적 근거를 기술하는 별개의견을 쓰는 것은 가능하다. 그러나 때때로는 다양한 이유에서, 다수가 하나의, 더 피상적이지만 각 판사가 가담할 수 있는 단일한 의견에 합의를 보는 것이 더 나을 것이다. 그리고 선스틴은, 그 선택지가 꼭 기각되어야 하는 것은 아니라는 점을 지적한다는 점에서는 확실히 옳다.

이 두 공리들 중 어느 것도, 즉 비완결적으로 이론화된 정치적 조정과 비완결적으로 이론화된 공동 설명에 관한 공리 중 어느 것도, 법적 추론에 관한 이론 배태적 견해와 모순되지 않는다. 그러나 선스틴은 세 번째 공리인 개인적 판단에 대한 우리의 최초의 책임에 관한 공리를 제시한다. 중첩적 합의라는 롤즈주의적 모델은, 합의의 각 당사자가, 당사자별로 다른 '포괄적' 윤리 체계라고 부르는 것으로부터 끌어낸 이론적 근거에서 개별적 판단을 내린다고 가정한다. 그러나 선스틴은 변호사와 판사들이 심지어 개별적 판단의 책임 행사에서조차, 정치적 도덕 이론의 더 추상적인 범위로 모험을 감행하는 것을 삼가야 한다고 주장한다. 정치적 연합과 사법적 연합이 이론적 불일치에 직면해서도 늘 구체적인 합의를 작출해낼 수 있어야 한다는 것만이 아니라, 구체적 합의를 산출하는 개별적 판단 자체가 피상적이어야 한다고도 주장하는 것이다. 그는 '보통의' 법적 추론에 관한 이 견해를 나의 견해와 대비해서 제시하였다.

> 드워킨의 견해에서는, 헤라클레스는 통상적인 "판단"의 "숨겨진 구조를 우리에게 보여준다." 그리고 "그리하여 연구와 비판에 이것들을 열어둔다." 물론 헤라클레스는 법의 각 분야에서 "포괄적 이론"을 목표로 한다. 반면에 보통의 판사는, 탐구의 모든 노선을 고려할 수 없고, "부분적인" 어떤 이론을 목표로 해야만 한다. 헤라클레스의 "부합의 판단과 정치적 도덕 판단은, 동일한 자료에서 내려지고 그들의 것과 동일한 성격을 갖고 있다." 이러한 논지들이 내가 여기서 부인하는 것들이다.[18]

사실, 우리가 살펴볼 바와 같이, 이러한 논지를 그가 실제로는 부인하지 않는다는 것이 드러난다.[19] 그러나 그의 최초 진술이 무엇을 의미할지를 이해하는 것은, 왜 그가 그것을 결국 포기해야 하는지를 이해하기 위해서 중요하다. 『법의 제국』에서, 그리고 이 글의 앞부분에서, 나는 헤라클레스와 보통의 판사 사이의 차이를, 그들의 반성의 방향과 야망에서의 차이가 아니라, 그들이 반성하는 자료와 그 반성의 성격의 차이로 설명했다. '보통의' 법률가와 판사들이 구체적인 법 쟁점을 안에서 밖으로 추론하기는 하지만, 즉 마치 새로운 구조의 실현 가능성에 대하여 추론하는 공학자처럼 추론하기는 하지만, 어떤 문제가 끌어낼 정당화 상승에는 아무런 사전적 한계를 설정할 수 없다. 탐구되어야 할 이론의 수준을 지시하는 것은 탐구 그 자체의 성격 — 그 탐구가 전개됨에 따라 낳는 문

---

18 같은 책, p. 50 (인용부호는 생략).

19 선스틴의 설명이, 내가 옹호했던 것과는 얼마나 상이한 설명으로 끝나는지에 대한 더 자세한 탐구는 Alexander Kaufman, "Incompletely Theorized Agreement: A Plausible Ideal for Legal Reasoning", 85 *Geo. L. J.* 395 (1996).

제들—이며, 이것은 사전에 미리 알려지거나 상정될 수 없다. 변호사와 판사는 통합성이 가능한 한 잘 달성될 수 있다고 책임 있게 추정할 수 있는 지점 이상으로 탐구를 진행할 필요는 없으며, 이를 책임 있게 추정할 수 있는 지점인가를 결정함에 있어서는, 판단의 필요와 다른 책임의 요구 등 자신의 실천적인 여건을 고려해야 한다.[20]

만일 선스틴이 법적 추론에 대한 이 설명을 진정으로 '부인'하려 했다면, 그는 변호사나 판사는 통합성에 관한 문제들이 분명하게 드러났을 때에도 이를 직면하기를 거부해야 한다거나, 그런 문제에 마음을 닫아버려서 아예 그런 문제가 있는지조차 모르게 해야 한다고 말하는 것임에 틀림없다. 판사가 우리의 사례가 된 문제들 중 하나를 판결하게 되었다고 가정해보자. 논지에 딱 들어맞는 아무런 선례가 없거나 그 논지에 가장 직접적인 선례가 다른 곳에서 인정된 원리들과 일관되지 않는 것으로 그에게 보이기 때문에, 단순히 선례에 호소할 수는 없다. 통합성은 그 판사에게 탐구를 계속하라고 요구한다. 그래서 필요하다면 그리고 필요한 만큼 이론적 범위를 확대하라고 요구한다. 선스틴이 이와 반대되는 어떤 조언을 줄 수 있을 것인가? 판사는 우리의 전통에 배태된 규준에 의하면 아무런 인과관계가 없는데 손해배상책임을 부과하는 것이 공정한지를 묻지 않고 제약업체가 공동으로 책임을 져야 하는지를 판단하려고 해야 하는가? 판사는 우리 헌법 구조의 의미 내에서 태아가 사람인지, 적정 절차가 근본적 자유를 보호하는 데 적절하게 쓰일 수 있는지, 또는 낙태를 통하여 재생산을 통제할 자유가 근본적 자유인지를 묻지 않고 여성이 낙태에 대한 헌법적 권리가 있는지를 판단해야 하는가? 만일 그렇다면 왜 그는 이 명백하게 적절히 관련된 쟁점들을 살펴보는 것을 거부해야 하는가? 만일 그렇지 않다면, 그는 어떤 '이론적' 쟁점을 살펴보기를 거부해야 하는가, 그리고 왜 이것들은 더 이론적인가 또는 상

---

20 *Law's Empire*, p. 265.

이하게 이론적인가? 어떤 상이한, 그리고 덜 '완결적으로' 이론적인 기초 위에서 그는 판단해야 하는가?

이 중 마지막 질문에 대한 선스틴의 답은 도움이 되지 못한다. 그는 레비의 해결책을 제시한다. 그는 판사들에게 난해한 사건을 가장 추상적인 수준의 이론에 의지하지 말고 더 법률가다운 방식으로, 즉 유비에 의해 살펴보라고 한다. 그러나 그것은 거짓된 대조다. 칸트의 문구를 활용하자면, 이론 없는 유비는 맹목적이기 때문이다. 유비는 결론을 진술하는 방식이지, 결론에 도달하는 방식은 아니다. 그리고 이론이 실질적인 일을 해야만 한다. 제약업체 모두에 책임을 지우는 것은, 실제로 손해를 야기한 사람에게 책임을 지우는 것과 더 유사한가, 아니면 전혀 사고와 관련 없는 사람들을 찾아내어 사고의 비용을 지불시키는 것과 더 유사한가? 자기 소유의 국기를 태우는 것은 하이드 파크의 연설자 코너에서 연설을 하는 것과 더 유사한가 아니면 공격적인 모욕으로 사람들을 괴롭히는 것과 더 유사한가? 낙태는 태아 살해와 더 유사한가 아니면 맹장수술과 더 유사한가? 우리는 이론으로의 깊은 여정을 떠나지 않고서는 그러한 질문들에 답하는 것을 시작조차 할 수 없다. 인과관계와 책임의 관계, 그리고 왜 표현의 자유가 특별한 중요성을 갖는지, 또는 인간 생명의 내재적 가치가 어떻게 가장 잘 이해되고 표현되는지에 관하여 기본적인 질문을 던지지 않고서는 말이다. 선스틴은 이 점을 이해한다. 그는 유비의 방법이 일반적인 원리들에 기대는 일을 필요로 한다는 점에 동의한다. 그러나 이 양보가 자신의 견해와 배태적 해명 사이의 구분을 없애지는 않는다고 주장한다. 그가 그 이유로, 유비는 오직 '중간 수준'의 원리에 대한 호소만을 요구하지, 통합성이 법률가들에게 때때로 근거로 들기를 바라는 높은 수준의 원리에 호소하는 것을 요구하지는 않는다는 점을 든다. 그러나 이것은 특히 문제가 많은 구분이다. '중간 수준'이 정보 가치가 없는 분류일 뿐만 아니라(표현이 왜 특히 중요한지를 설명하는 정치 이론은 '중간 수준'의 이론인가 아니면 더 높은 또는 더 낮은 수준의 이론인

116

가?), 법적 반성이 넘지 말아야 할 추상 수준의 경계를 규정한다는 의미에서 법적 반성에 대한 사전적인 제약이라는 발상 자체가, 논리적으로나 현상적으로 너무나 터무니없기 때문이다. 법률가들은 (다른 사람들과 마찬가지로) 탐구 과정에서 추구할 필요가 있는 반성의 범위를, 책임 있게 기댈 지점에 도달하기 전에 탐구가 어디로 이끄는지를 파악함으로써, 발견한다. 그들은 자신들의 반성이 아무리 결론을 내지도 못하고 만족스럽지 못하더라도 무조건 멈추어야 하는 지점을 사전에 규정하는 방법론을 채택하지 않으며, 채택할 수도 없다.

그러므로 유비에 대한 선스틴의 호소는, 결국, 그의 방법을 그가 반대하고자 하는 이론 배태적 해명과 차별화해주지 못한다. 이러한 사태는, 그가 왜 판사들은 이론을 피해야 한다고 생각했을까라는 질문을 더욱더 중요하게 만든다. 그러나 그 질문에 대한 그의 답 역시 혼란스럽다. 왜냐하면 그 답들이 실제로는, 통합성이 포기되어야 할 이유 또는 목표로서 완화되어야 할 이유를 진술하고 있는 것이 아니라, 통합성의 요구 자체를 진술하고 있기 때문이다. 그는 예를 들어, 법 실무에서 선례의 중요성에 주의를 환기하면서, 법에 새로운 이론적 구조를 부과하려고 혈안인 판사들이 선례를 지나치게 빠르게 기각할까 봐 두려워한다. 그러나 이것은 헤라클레스 역시 주목한 우려다. 그리고 그 우려 때문에 그는, 우리의 실무에 드러나는 통합성에 대한 바로 그 존중에서 내가 '국지적 우선성'(local priority)[21]이라고 부른 원리를 채택하게 된다. 선스틴은 이 원리를 언급하지 않는다. 그렇지만 이 원리는 판사가 법에서의 수정은 '국지적'이어야 한다는 '추정'을 채택해야 한다는 그 자신의 제안과 같은 것으로 보인다.[22] 그는 또한 거대 이론들에 대한 사법부의 개입, 예를 들어

---

21 같은 책, pp. 250~54.

22 Cass R. Sunstein, "Incompletely Theorized Agreements", 108 Harv. L. Rev. 1733, 1760-62 (1995); Sunstein, *Legal Reasoning*, pp. 44~46을 보라.

표현의 자유를 '개인적 자율성'으로 해명하는 것 등에 관한 사법부의 개입은, 법을 경직시키고 바꾸기 더 어렵도록 만든다고 시사한다. 그러나 그 역시도 지적했듯이, 이론적 명시는 오류를 파악하기 더 쉽게 만들며, 과거에 선언된 이론들 자체가 오류로 드러났을 때 큰 규모의 변화를 또한 촉진한다. 이러한 일이 로크너(Lochner) 시대의 선례에 대하여 일어났던 일이기도 하다. 통합성은 여러 방식으로 유용한 변화의 길을 열어둔다. 예를 들어 선례의 사실을 이전에 선언된 이론적 기초와 분리함으로써, 그리고 선례를 중심으로 잡아끄는 중력의 장치를 통해서.

이론적 '비완결성'에 대한 선스틴의 가장 흥미로운 방어는, 그러나 더 명시적으로 정치적이다. "정책과 원리의 이유 모두에서", "옳음와 선에 대한 거대 이론들의 발전은 민주적 과제이지 사법적 과제는 아니다. 이러한 논급은, 비완결적으로 이론화된 동의가 그 일부가 되어야 하는 정당성에 관한 설명의 한 요소를 시사함에 틀림없다."[23] 그러나 판사들이, 입법 및 다른 정치적 사건에 잠재되어 있는 그러한 이론들을 파악하는 일이 자신들의 책임의 일부라는 것을 받아들이지 않으면, 어떻게 "민주주의"가 "옳음과 선에 관한 거대 이론들"을 낳을 수 있는지 불가사의하다. 입법부가 추상적인 원리의 일반적 선언을 명시적으로 입법할 전망은 거의 없다. 예를 들어, 훌륭한 자연 경관은 내재적 가치를 갖고 있다거나, 사업으로 이익을 얻은 사람들이 창출한 위험은 그 이익을 얻은 사람들의 집합에 의해 감수되어야 한다거나 하는 원리를 선언할 전망은 없다. 우리가 함께 수용한 그 원리들을 파악하는 것은 더 구체적인 입법의 해석을 통해서만 가능하다. 선스틴은 아마도 헌법재판만을 염두에 두고 있을지 모른다. 거기서, 내가 헌법에 대한 도덕적 독해라고 부른 것에 의해 인도되는 판사들은, 공중이 거부하는 판사들 자신의 '거대' 이론들을 부과하려고 시도한다고 보는 것이다. 그러나 그렇게 이해한다고 하더라

---

23 Sunstein, *Legal Reasoning*, p. 53.

도, 그의 논변은 재판과 관할권을 잘못 혼용하는 것이다.[24] 아마도 판사들은 헌법적 제약을 해석할 책임을 지지 않아야 할지도 모른다. 아마도 그러한 권력은 인민에게 어떤 방식으로 더 많이 남겨져야 할지도 모른다. 그러나 이로부터는, 수정헌법 제1조로부터 무엇이 따라 나오는지를 판단할 책임이 있는 사람들이, 왜 민주주의에서 표현을 특별한 방식으로 보호해야 하느냐와 같은 질문들을 하는 것을 삼가야 한다는 결론이 따라 나오지는 않는다.

내가 말했듯이, 선스틴은 결국 자신이 배태적 설명에 대안이 되는 방법을 제시하고 있는 것은 아니라는 점에 동의한다. 자신이 내 입장을 거부한다고 선언하고 나서 곧바로 그는, 그러한 거부 선언에 조건을 달 것이라고 이야기한다. 그런데 그 조건은 우리 둘 사이의 의견 불일치를 거의 남겨두지 않는 것으로 드러난다. 그는 조건을 도입하는 곳에서 다음과 같이 말한다. "요약해서 말하자면, 일부 사건들은 이론의 방식을 상당한 정도로 도입하지 않고서는 전혀 판결될 수 없다. 더군다나 일부 사건들은 이론을 도입하지 않고서는 잘 판결될 수 없다. 만일 좋은 이론이 활용 가능하고 판사들이 그 이론이 좋다고 설득될 수 있다면, 그 이론의 사법적 채택에는 어떠한 금기도 있을 수 없다. 비완결적으로 이론화된 합의를 찬성하는 주장은 [그는 여기서 비완결적으로 이론화된 개별적 판단을 이야기하고 있음에 틀림없다] 결정적인 것이라기보다 잠정적인 것이다."[25] 이어지는 페이지에서, 그는 나의 설명과 상당히 유사한 방식으로 통합성을 추구하는 판사들의 이점을 기술한다.[26] 예를 들어 가장 논쟁의 여지가 없는 규칙과 관행조차 이론적 심사에서 고립시켜버리지 않는 것이 얼마나 중요한지 설명한다.[27] 그리고 나서 자신이 "일반 이론이 항상 법

---

24 선스틴이 이 두 가지를 구분하지 않는다는 증거로는 『자유의 법』에 대한 그의 서평을 전반적으로 보라.

25 Sunstein, *Legal Reasoning*, p. 54.

26 선스틴의 책 54~61쪽을 『법의 제국』 176~90쪽과 비교하라.

에서 정당성이 없다"고 논의하는 것이 아님을 주장한다. "더 이치에 닿는 것은 더 온건한 논지다. (…) 판사들은 높은 수준의 이론화에 반대하는 금기를 채택하기보다 추정을 채택해야 한다."[28] 그러나 배태적 설명도 동일한 조언을 준다. 배태적 설명은 판사들에게 그렇게 할 특별한 이유가 있을 때에만 더 추상적인 이론으로 상승하도록 권고한다.

어떤 지점에서 선스틴은 배태적 설명이 제시하지 않는 조언을 공표한다. 그는 "판사들은 그것이 옳다는 것을 매우 확신하는 경우에만, 법의 한 분야에 있어서 더 완결적인 이론을 채택해야 한다."[29] (나는 반대로, 자신들의 도덕적 이론이 옳다고 '매우 확신'하는 판사들로부터 우리가 가장 보호받기를 원한다고 생각했을 것이다.) 그러나 그가 이것을 진정으로 의도했을 리는 없다. 왜냐하면 그가 지적했듯이, 이론을 도입하지 않고서는 어떤 사건들은 전혀 판결될 수 없고 또 어떤 사건들은 잘 판결될 수 없기 때문이다. 이것은 판사들이 확신을 주는 이론을, 또는 확실함에는 미치지 못하더라도 적어도 경쟁하는 이론보다는 더 큰 확신을 주는 이론을 택하는 이론적 판단을 자주 내려야 함을 의미한다. 그렇다면 판사들이 자신이 얼마간의 이론적 반성 없이는 '전혀' 판결할 수 없거나 '잘' 판결할 수 없는 사건과 직면하고 있다고 생각하는 것이 옳은 때는 언제인가? 이론적 반성 없이는, 모든 것을 고려했을 때 자신의 책임과 가장 잘 부합하는 답이 무엇인지에 관한 확신이 판사에게 결여되어 있다는 규준을 만족시키는 때라고 말하는 것으로 충분치 않은가? 그렇다면 판사가 그 확신이 도달하는 지점까지 자신의 이론적 반성을 진행해 나가는 것이 사리에 맞는 일이 아니겠는가? 만약 그것이 분별 있는 일이라면, 재판의 통합성을 요구하는 배태적 견해와 선스틴의 '온건하게 비완결적인 이론

27 Sunstein, *Legal Reasoning*, pp. 55~56.
28 같은 책, pp. 56~57.
29 같은 책, p. 57.

화' 견해 사이에는 아무런 차이 ─ 전혀 아무런 차이 ─ 가 없는 것이다.

요약: 이론을 방어하며

나는 내가 서두에서 미뤄두었던 질문을 다루면서 글을 맺겠다. 우리는 법을 비롯한 지성적 풍경 전반에 걸쳐 이론에 대한 반란에 직면해 있다. 포스너와 선스틴은 단지 두 가지 사례에 불과하다. 예를 들어 미국 학계의 일류 소송 전문 변호사인 로렌스 트라이브 교수는, 자신이 헌법재판에 대한 아무런 일반 이론을 가지고 있지 않으며, 그러한 이론을 발전시키려는 의도도 없다고 선언하였다.[30] 무엇이 이러한 추세를 설명하는가? 앞에서 나는 철학계 바깥에서 이제 인기가 있는 철학적 상대주의의 한 형태를 기술했다. 그 상대주의는 진리 일반, 특히 정치적 도덕에 관한 진리는 우리의 실천에 의해 창조되며, 특정한 문화나 언어와 독립적으로 이러한 사안에 대하여는 어떠한 진리도 없다고 한다. 그 심각한 혼란에 빠진 철학적 입장의 인기는, 내가 기술한 증후의 설명이라기보다 설명되어야 할 또 다른 증후일 뿐이다.

아마도 답의 일부는, 이데올로기와 기술 관료가 불러온 재앙의 세기말에는, 겸손해지는 것이 큰 호소력을 갖고 있다는 데 있을 것이다. 지성적 겸손함은 다양한 악덕의 반대쪽에 있는 것으로 보인다. 우월성을 상정하는 인종차별주의와 성차별주의, 오만한 것처럼 보이는 형이상학자들과 체계 건축가들의 야망, 무엇보다도 비민주적인 것으로 보이는 고위 관료 지식인들의 엘리트주의의 악덕의 반대쪽에 있는 것처럼 말이다. 그러나

---

30 Laurence H. Tribe, "Comment", in Antonin Scalia, *A Matter of Interpretation: Federal Courts and the Law* (Princeton, N.J.: Princeton University Press, 1997), pp. 65, 72~73.

이제 우리는 반(反)이론적 입장을 겸손함으로 오해하는 함정을 살펴보았다. 포스너의 외관상 무해한 실험주의는, 철학자가 고안한 것 중 가장 야심 차고 기술관료주의적인 절대주의 중 하나, 즉 공리주의적 결과주의로 결말이 났다. 그리고 선스틴의 사법 자제의 조언은, 그것이 조금이라도 실현 가능하다면, 민주주의가 아니라 민주주의에 필수적인 과정의 마비를 낳을 것이다. 겸손은 태도이지 소명이 아니다. 우리는 우리의 역할과 인민으로서의 책임에 관한 어려운 이론적 쟁점에 관하여 등을 돌릴 때 겸손해지는 것이 아니라, 정력과 용기를 가지고서 우리 자신의 오류 가능성을 생생히 주의하면서 그런 쟁점들에 직면할 때 겸손해지는 것이다. 우리의 반성적 판단은 수백의 차원에서 제약된 판단이라고 비판을 받을지 모르나, 이러한 비판을 수용하는 것은 그러한 반성적 판단 자체가 진정으로 그리고 철저하게 반성적이었을 때에만 겸손한 행위가 된다.

모든 판사들이 철학 훈련을 받은 것은 아니라는 비판가들의 말은 맞다. 그러나 만일 나의 논변이 건전하다면 우리는 그들에게, 때때로, 철학적인 쟁점들과 대결하라고 요구하는 것 말고는 아무런 선택지가 없다. 그러한 대결을 하지 않는 대안은 도덕 이론을 피하는 것이 아니라, 도덕 이론을 사용하면서도 그 사용을 법률가다운 유비 추론의 신비스러운 기술과 같이 매우 익숙한 법 플로지스톤 아래에 어둡게 숨겨두는 것이다. 일전에 나는 생애 처음으로 타조(현실도피자라는 뜻도 있다—옮긴이)를 먹었다. 그 짐승들은, 확실하지는 않지만 사막에도 있고 아마 식탁 위에도 있을 것이다. 그러나 판사석은 그들이 있을 자리가 아니다.

이론에 대한 나의 상찬은 이때까지, 소극적이었다고 생각할지 모르겠다. 나는 비판가들에게 답은 했지만, 법의 통합성을 지지하는 적극적인 것을 많이 언급하지는 않았다. 그래서 나의 마지막 말은 독자들에게 왜 통합성이 중요한가를 상기시켜주는 것이 되었으면 좋겠다. 모든 현대 민주주의는 국가 내에서 분열을 포함하고 있고, 우리들의 민주주의는 특히 분열되어 있다. 우리는 문화적으로, 인종문화적으로, 정치적으로, 그리고 도덕적으로 분열되어 있다. 그럼에도 불구하고 우리는 동등한 존재로서 함께 살아가고자 열망하며, 또한 우리를 통치하는 원리들이 우리를 동등한 존재로 대우하기를 스스로 열망한다는 것은 그 여망에 중대한 것이다. 우리는 제약업체에는 어떤 하나의 배상 책임 이론을 적용하면서도, 자동차 운전자들에게는 다른 이론을 적용하지 않으려고 최대한 노력해야 한다. 우리는 포르노를 다룰 때는 표현의 자유에 대한 한 이론을 받아들이면서도, 국기 소각을 다룰 때는 다른 이론을 받아들이려 하지 않도록 노력해야 한다. 우리는 필요할 때에는, 재판의 숙고를 비롯한 우리의 집단적인 숙고에서, 통합성의 방향으로 우리의 진보를 테스트하기 위하여 충분히 높은 정도로 상승하는 과업에 착수하지 않는다면 그 필수 불가결한 여망을 추구할 수 없다. 경제적 성취나 사회적 평화의 단순한 도구에 지나지 않는 것으로서가 아니라 우리에게 공동체에 대하여 권리를 주장하는 자격을 부여하는 평등한 공적 관심의 상징이자 거울로서 법의 지배를 주장하려면, 우리는 그 최고의 의무를 져야만 한다.

제3장

다윈의 새 불독

간절한 질문들

리처드 포스너의 장황한 한탄은 '도덕 이론'이라고 부른 것에 관해 최근 몇 달 사이[1]에 이루어진 그의 세 번째 공격이다.[2] 그의 이전 에세이 하나는 내 강의[3]에 대한 답변이었으며, 나는 그 논문에 다시 답했다.[4] 그러므로 이 논평은 이미 오래 지속되어온 토론을 계속하는 것이다. 포스너의 강연은 흥미롭고, 성급하고, 피카레스크적이며 박력 있는 것이 특징이다. 그 강연들에는 서로 관련 있거나 관련 없는 매우 다양한 이탈, 참조, 그리고 모욕들이 한데 묶여 있다. 그러나 그가 자신의 주된 주장을 위해 제시하는 논변들은 너무나 놀랍도록 성공적이지 못해서 포스너에

---

1 Richard A. Posner, "Against Constitutional Theory", 73 N. Y. U. L Rev. (1998); Richard A. Posner, "Conceptions of Legal Theory: A Reply to Ronald Dworkin", 29 Ariz. St. L. J. 377 (1997); Richard A. Posner, "The Problematics of Moral and Legal Theory", 111 Harv. L. Rev. 1637, 1640 (1998)를 보라.

2 Posner, "Conceptions of Legal Theory", p. 379.

3 Ronald Dworkin, "In Praise of Theory", 29 Ariz. St. L. J. 353 (1997).

4 Ronald Dworkin, "Reply", 29 Ariz. St. L. J. 431 (1997).

대한 긴절한 질문 하나를 제기하도록 만든다. 그가 스스로 반대자로 설정한 학계에 대한 ─ 그가 "마음속 깊은 곳에서 느끼는 혐오"[5]라고 부르는 ─ 그의 격렬한 적대감을 실제로 설명하는 것은 무엇인가? 나는 이 질문에 대한 하나의 답을 제시하려고 한다. 그가 확신에 차서 그렇지 않음을 주장함에도 불구하고, 자신이 온전히 인정하지 않거나 아마 인식하지도 못하는 실질적인, 비도구주의적인 도덕 이론의 손아귀에 있을지도 모른다는 것이다. 이 이론은, 그가 공식적으로 수용하는 '도덕상대주의'와 매우 다르지만, 그의 다양한 입장과 열정을 더 잘 설명한다.

그러나 나는 먼저 그의 논변의 질에 대한 나의 가혹한 평가를 옹호해야겠다. 그리고 나는 그 일의 위험성을 알고 있다. 포스너의 나쁜 논변은 함정일 수 있다. 왜냐하면 그의 핵심 주장 중 하나가 판사들은 철학적 추론에 능하지 않다는 것이어서, 그는 적어도 자신의 핵심 주장 중 하나가 적어도 한 명의 판사 ─ 특히 지성적이고 저명한 판사 ─에게는 참이라는 점을 비판가들이 보이는 것을 돕고자 하는 유혹을 느꼈을지도 모른다. 만일 그것이 그의 전략이라면 그의 덫에는 최소한 한 마리 이상의 멧도요가 걸린 셈이 될 것이다.

이 답변에서는 포스너의 다양한 주장을 상당히 자세히 살펴본다. 내가 명백히 나쁜 논변이라고 묘사한 것에 대하여 고통스러운 답변을 읽힘으로써 독자들을 괴롭힐 두 가지 이유가 있다. 첫째, 포스너의 논변은 현재 미국의 지성적 삶에서 강력해진 대중주의 반(反)이론 운동에 복무하는 것이다. 그가 논변을 펼치면서 보이는 과학에 대한 재앙적인 견해는 이 추세의 또 다른 사례일 뿐이다.[6] 그 운동은 우리의 시간을 낭비하게 만

---

5 Posner, "The Problematics", p. 1640.

6 포스너는 "합의는 진리 주장이 수용되거나 수용되어야만 하는 유일한 기초이다. 왜냐하면 진리가 합의를 강제하기보다 합의가 '진리'를 만들기 때문"이라고 주장한다. 같은 글, p. 1657. 과학에 대한 이 '포스트모던주의자'의 견해는 가설적으로 제시되어 있지만(비록 때때로 모순되기는 하지만), 견해의 다양성이 객관적 진리의

든다. 왜냐하면 그 운동의 많은 부분은, 포스너의 논변이 보여주듯이, 그 운동이 정당화할 수 있기는커녕 기술하지조차 못하는 목적을 추구하는 행동을 공허하게 촉구하는 것으로 구성되기 때문이다. 더 나쁜 점은, 반이론가들은 자신들이 곰곰이 살펴 이해하려 하지 않는 관념을 조롱하는데, 그러한 멈춤과 이해의 노력은 사회정의에 대한 그 어떤 책임 있는 탐구라도 가져야 할 중대한 속성이다. 어떤 도덕원리가 아무리 우리의 문화, 언어, 그리고 실천에 철저히 묻어 들어가 있다 해도 그것은 거짓일 수 있다. 또는 도덕원리들이 아무리 철저히 거부되더라도 그것은 참일 수 있다. 나는 우리 지성사에서 반이론의 에피소드가 언제 끝나게 될지 알지 못한다. 그것은 이미 한참 뒤늦은 쇠락을 시작했을지도 모른다. 그러나 우리는 그 신조에서 두드러진 진술이 도전받지 않은 채로 남겨두어서는 안 된다.

도덕의 독립성

포스너의 논변을 깊이 검토하는 두 번째 이유는 전술적인 것이다. 그의 강연은 중요한 철학적 논지를 드러낸다. 왜냐하면 그는 보통 사람과 판사 모두 도덕 이론 없이 지낼 수 있다는 것을 보여주려고 함에도 불구하고, 그 자신의 논변은 또다시 그러한 이론에 의존하기 때문이다. 그는 그 모순을 보지 못한다. 왜냐하면 그는 한편으로 도덕철학과 다른 한편으로 도덕사회학, 인류학, 심리학의 숭대한 차이를 인식하지 못하기 때

결여를 입증한다는 포스너의 반복된 주장은 그 견해를 전제한다. 내가 포스너의 포스트모더니즘적 '추파 던지기'(flirtation)라고 부른 것에 대한 더 자세한 논의는 "Reply", pp. 439~40을 보라. 최근 그들의 얄팍함을 두드러지게 노출한 맥락에서의 그러한 견해에 대한 비판으로는 Paul Bohgossian, "What the Sokal Hoax Ought to Teach Us", *Times Literary Supplement*, Dec. 13, 1996, p. 14를 보라.

문이다.

우리는 일반적인 도덕 판단이나 어떠한 구체적인 도덕 명제—예를 들어 음핵절제술은 어디에서나 그르다—에 관하여도 매우 다양한 질문을 제기할 수 있다. 이 질문들은 서로 다른 지적 영역에 속한다. 하나는 도덕사회학의 영역이다. 전 세계의 사람들은 중요한 도덕적 확신에 관하여 의견이 일치하는가? 그렇지 않다면 의견의 다양성은 얼마나 큰가? 예를 들어 얼마나 많은 사람들이 음핵절제술이 그르다고 생각하며, 얼마나 많은 사람들이 그것이 허용될 수 있다거나 심지어 의무라고 생각하는가? 두 번째 영역은 도덕인류학에 속한다. 인류가 도덕적 옳음과 그름에 관한 판단을 하는 성향을 어떻게 발전시켰는가는 무엇이 가장 잘 설명하는가? 인류는 특별한 도덕 장(場)이나 도덕 입자를 인지하는 능력을 갖고 있는가 아니면 세계에 '그대로 존재하는' 도덕적 요소들과 접촉하는 감각기관을 장착하였는가? 만일 그렇지 않다면, 사람들이 지금 보유한 견해를 갖고 있는 이유를 가장 잘 설명하는 것은 무엇인가? 왜 어떤 문화에서는 대부분의 사람들이 음핵절제술이 그르다고 생각하고, 왜 어떤 문화에서는 대부분의 사람들이 그렇지 않다고 생각하는가? 세 번째 영역은 도덕심리학에 속한다. 사람들이 일단 도덕적 의견을 형성하고 났을 때, 그 의견을 바꾸게 하거나 새로운 도덕적 의견을 발전시키게끔 이끄는 것은 무엇인가? 예를 들어 논변이나 다른 유인책들은 사람들이 음핵절제술의 옳고 그름에 관해 갖고 있는 의견을 얼마나 많이 움직이는가? 네 번째 영역은 도덕 그 자체이다. 음핵절제술은 도덕적으로 그른가? 그것은 모든 곳에서 그른가, 아니면 어디에서도 그르지 않은가? 아니면 일정한 전통이나 특별한 필요 및 여건을 갖고 있지 않은 문화에서만 그런가? 이들 다양한 영역과 쟁점 사이에는 중요한 연결 관계들이 있다. 그러나 네 번째 영역은 다른 세 영역 각각과도 개념적으로 구분되는 것이라는 점을 인식하는 것이 결정적으로 중요하다. 예를 들어 누군가가 음핵절제술이 여러 문화에서 널리 받아들여져왔고, 일부 문화에서는 음핵절제술이 받아들여지고 그가 속한 문화를 비롯한 다른 문화에서는 거부되어왔다는 점이, 두 사회의 상이한 경제적 및 그 밖의 필요들을 반영할 뿐이며, 어떤 논변도 그 관행에 관한 그 누구의 견해도 바꾸지 못할 것이지만, 그 관행을 모든 곳에서 도덕적으로 끔찍한 일이라고 일관성 있게 생각하는 것은 확실히 가능하다.

한 지점에서 포스너는 이 영역들 중 첫 세 영역과 마지막 영역 사이의 차이를 인정하는 것처럼 보인다. 그는 첫 세 영역을 포함하는 도덕에 '관한' 질문을, 네 번째 영역을 구성하는 도덕 '의' 질문과 구별하며, 그의 강연은 오직 도덕에 관한 질문만을 다룬다고 선언한다.[7] 만일 그 말이 참이라면 그의 강연은 훨씬 덜 반대할 만한 것이 된다. 그러나 그것은 참이 아니다. 왜냐하면 포스너의 주된 주장은, 여기서 살펴볼 것처럼, 도덕에 '관한' 주장이라기보다 도덕 '의' 주장이기 때문이다. 만일 그의 주장들이 정말로 오직 도덕에 '관한' 것이라면 그것들은 포스너의 과녁이 되는 학계 인물들의 견해와 전혀 모순되지 않을 것이다. 그가 그것에 반대하는 한, 그들의 작업은 전적으로 도덕 '의' 주장에서만 차이를 보일 것이니 말이다.

포스너가 영역들을 적정하게 구분하지 못하였다는 점은 그의 강연 전반에서 분명하게 드러난다. 그는 도덕적 다양성에 대하여 그 자체로는 별 문제 없는 보고와 이타주의를 비롯한 도덕적 태도에 관한 이제는 익숙해진 진화론적 설명들을 여러 쪽에 걸쳐 거듭 제시하고 있다. (그가 타격하고자 하는 목록에 있는 '학계의 도덕주의자들'은 정말로 사회들, 하위문화들 그리고 개인들이 상이한 도덕적 견해를 갖고 있다는 걸 몰라서 그 사실을 알려줘야 하는 사람들일까? 또는 그런 생각을 할 줄 아는 흑멧돼지는, 다른 흑멧돼지를 아름답다고 생각할 것인가?)[8] 그러나 그는 그 어떤 사회학이나 인류

---

7 Posner, "Problematics", p. 1647을 보라.
8 같은 글, p. 1655.

학이나 SF소설이라도, 그 자체가 도덕의 실질적인 주장인 '강한 논제' (strong thesis)나 도덕상대주의 등 그의 다양한 실질적인 도덕적 입장과 어떻게 관련되는지 보여줄 필요를 모르고 있다. 그는 자신이 제시하는 사회학적 사실과 인류학적 추측이 그것 자체로 어떤 상대주의적이거나 반(反)객관주의적인 도덕적 입장을 수반한다고 가정한다. (그리고 안타깝게도 많은 법률가와 법학자들도 그런 식으로 생각하는 것 같다.) 그러나 그는 자신이 비판하는 저자들이 이런 수반을 받아들이지 않으며, 따라서 그러한 수반이 옳다는 점을 설명하고 옹호하려고 해야 한다는 점을 알아야만 한다. 그가 자신의 가정을 옹호할 아무런 책임도 느끼지 않는 것은 특히 이상하다. 왜냐하면 그는 자신이 나의 견해에 '특별한 주의'를 기울였다고 하지만,[9] 나는 최근에 왜 그러한 가정이 오류이며 포스너가 이끌린다고 말하는 도덕적 입장을 비롯하여 어떤 실질적인 도덕적 입장을 뒷받침할 수 있는 유일한 종류의 논변 자체가 하나의 도덕적 논변인 이유에 관하여 설명하는 긴 논문을 발표했기 때문이다.[10] 나는 현재 로스쿨과 대학의 다른 학과에서 특히 인기 있다고 생각되는 도덕 이론에 관한 혼동, 대중주의적인 반이론 운동에 연료가 되는 그 혼동과 싸우려고 그 논문을 썼다. 포스너는 그 논문을 읽었고 (자주 부정확하게)[11] 몇몇 곳

---

9 같은 글, p. 1640.

10 Ronald Dworkin, "Objectivity and Truth: You'd Better Believe It", 25 Phil. & Pub. Aff. 87 (1996).

11 가장 두드러지고 중요한 오류는 그가 다음과 같이 이야기한 부분이다. "[드워킨은] 도덕상대주의, 도덕주관주의, 도덕회의주의를 한데 묶어서 다루며, 그것들을 그가 '외적 [도덕]회의주의'라고 부르는 것에 대한 상이한 이름으로 사용한다." Posner, "Problematics", p. 1642, n. 6 (원문을 일부 수정). 내 논문의 핵심 논점은 정확히도 그와 반대되는 것이었다. 이 각각의 입장은 내가 '내적' 회의주의라고 부른 것의 한 형태로서만 오직 이해될 수 있다. 또한 포스너가 말하는 것처럼, 내적 회의주의가 오직 부분적이라고 이야기하면, 외적 회의주의와 내적 회의주의 사이의 구분의 목적을 포착하지도 못한다. 그게 아니라 그 상이함은, 비록 내적 회의주의가 보편적이기는 하여도, 그 자체로 (아마도 反사실적인) 실질적인 규범적 판

에서 그 논문을 인용한다. 그러나 비록 내가 오류를 저지른 것이라고 부른 논변을 그는 반복하면서도, 내가 말한 것에 답하려는 어떠한 노력도 하지 않으며 내가 말한 것을 인정하지조차 않는다. 나는 여기서 그 논문의 논변을 요약하지는 않을 것이다. 비록 이어지는 내용은 그 논변들을 가정하고 있기는 하지만 말이다. 포스너가 내 논변을 거부하는 데 나름의 근거가 있다고 생각한다는 점에는 의문의 여지가 없고, 나는 그가 이 근거들이 무엇인지를 좀 자세히 설명하는 데 이 답변을 활용하여 이후의 답변을 하기를 바란다.[12]

단에 뿌리를 박고 있다는 점이다. 여기가 아마도 포스너가 그의 에세이 전체에 걸쳐 '형이상학', '도덕적 실재론', 그리고 '정답'에 관하여 얘기한 것의 많은 부분을 내가 이해할 수 없다는 점을 참고로 덧붙이기에 적합한 자리인 것 같다. 그는 명백히도 그러한 용어들을 매우 특이한 방식으로 사용하고 있다.

12 나는 포스너 자신의 견해를 묻고 있다. 나는 그가 내 연구의 이런저런 측면들에 비판적인, 인용할 논문을 찾을 수 있다고 가정하겠다. 그는 단순한 인용에 의한 논변을 좋아한다. 예를 들어 그는 도덕철학과 정치철학에 대한 롤즈의 기여를 치워버리기 위해, 마사 누스바움(Martha Nussbaum)의 답변에 논의된 저 저명한 철학자에 대한 특별히 약한 비판을 인용한다. Martha Nussbaum, "Still Worthy of Praise", 111 Harv. L. Rev. (1998), p. 1776, p. 1778 and n. 11을 보라. 그러한 인용은 의도의 반대로 작용할 수 있다. 왜냐하면 그 저자는 그가 인용하는 견해들을 통상 지지하는 것으로 여겨지며, 따라서 그것들을 검토해야만 하기 때문이다. 예를 들어 주석 98에서 포스너는, 명백히도 찬동을 표하면서 던컨 케네디(Duncan Kennedy)의 견해를 인용한다. 그의 견해는 내가 "법적인 '정답'"으로 "시민 불복종, 징집영장을 불태운 자에 대한 불기소, [그리고] 효율성에 대한 의존이 아니라 분배적 결과를 명시적으로 고려할 것"을 포함하는 여러 입장을 권고했다는 것이다. Posner, "Problematics", p. 1986, n. 98, 인용은 Duncan Kenned, *A Critique of Adjudication* (Cambridge, Mass.: Harvard University Press, 1997), pp. 127~28 (내부 인용부호는 생략). 나는 이런 말이 설사 모두 진실이라고 해도 어떻게 이런 말이 포스너의 논변을 도울 수 있는지 이해하지 못하겠다. 게다가 이 말들은 모두 거짓이다. 나는 징집영장 소각 등 시민 불복종에 관한 나의 견해가 법에 관한 판단이 아니라는 점을 주의를 기울여 말했다. 예를 들어 *Taking Rights Seriously*, p. 206을 보라. 그리고 나는 분배적 정의에 관한 견해가 법적 지위를 가진다는 점을 주의를 기울여 부인해왔다. 예를 들어 *Freedom's Law*, p. 36을 보라.

'도덕 이론'이란 무엇인가

포스너가 공언한 과녁은 도덕이 아니다. 그는 도덕과는 아무런 다툼도 없다고 한다. 그가 과녁으로 삼는 것은 그가 '도덕 이론'이라고 부르는 무언가다.[13] 그는 설사 도덕이 비도덕적 논변 자체만으로는 뒤집어질 수 없다 할지라도 '도덕 이론'은 뒤집어질 수 있다고 생각하는 것 같다. 그러나 만일 그의 생각이 그렇다면, 그의 전략은 실패다. 왜냐하면 그의 구분은 그 자체로 혼동에 빠진 것이기 때문이다. 그는 보통 사람들이 하는 도덕 판단이나 추론과, 고립된 학계의 카스트들만을 유혹하는 도덕 이론은 종류가 다른 것이라고 생각한다. 그러나 그 차이라는 것은, 설사 있다고 하더라도, 단지 파악하기 힘든, 정도의 문제로서 옹호될 수 있다.

사람들은 대개 자신의 도덕적 확신이 불확실하거나 취약하다고 느낄 때 그에 대한 반응으로 도덕 추론을 한다. 많은 사람들은 도덕적 쟁점과 정치적 쟁점에 관해 출발점이 되는 최초의 견해를 갖는다. 초기 태아가 그 자체의 도덕적 권리를 갖는지, 생명 유지 장치를 제거해달라는 환자의 요구를 의사가 존중하는 것과 치명적인 약품을 주입해달라는 요구를 의사가 존중하는 것 사이에 도덕적인 차이가 있는지, 정치 공동체가 낙태나 안락사와 같은 문제에 관하여 집단적인 결정을 내려서 법으로 모든 시민들이 그 결정을 따르도록 강제해야 하는지 아니면 개인들이 자신의 확신에 스스로 도달하고 그것에 근거하여 행동하도록 허용해야 하는지 등등에 관해서 말이다. 거의 어느 누구도, '메타윤리학'을 하는 몇몇 철학자들을 제외하고는, 이 견해들의 철학적 지위에 대하여 걱정하지 않는다. 그들의 확신이 마음 독립적인* 사실인지 아니면 도덕적으로

---

13 Posner, "Problematics", p. 1639.

* 마음 독립적인 사실은 마음 의존적인 사실과 달리, 신념 보유자의 신념 내용과 관계없는 진리 조건을 갖는 참인 명제이다.

중립적인 세계에 감정을 투사한 것에 불과한 것인지에 관하여 혼란스러워하는 이들은 거의 없다. 그러나 그들의 확신이 건전한 것인지 염려하는 사람들은 정말로 많다. 그들은 이러한 사안들의 진리에 도달하는 것 그리고 그 진리의 감각에 따라 행동하는 것이 매우 중요하다고 생각한다. 그들은, 간단히 말해서, 도덕적으로 책임 있게 사는 사람들이며, 도덕 추론에 관한 그들의 관심은 그 책임감의 자연스러운 결과다. 그들은 자신의 확신에 관하여 반성하기를 원하며 이러한 확신들이 다른 사안에서 자신이 지지하는 더 일반적인 원리들이나 이상들과 모순되는 것이 아니라는 점을 납득하고 싶어한다. 그들은 스스로에게, 예를 들어 낙태에 관한 자신의 견해가 감각을 느낄 수 있는 능력과 이익 또는 권리 사이의 연결 관계에 관한 어떤 더 일반적인 입장을 전제하고 있는 것인지, 그리고 이 더 일반적인 입장이 드러났을 때 그것을 정직하게 지지하거나 그것의 다른 함의에도 동의할 수 있을지를 물어볼 수 있다. 또는 그들은, 국가가 안락사에 관한 하나의 견해를 모든 이들에게 강제하는 것이, 국가가 낙태에 관한 하나의 견해를 모든 이에게 강제하는 것이 옳은가에 관한 자신의 견해와 일관되는지를 자문할 수 있다. 물론 나는 사람들이 자신의 확신의 진리는 문제시하지 않고 일관성에만 신경 쓴다고 말하는 것은 아니다. 그들이 자신의 확신들의 통합성을 염려하는 것은, 옳은 것을 행하고 싶어하기 때문이다.

다른 많은 사람들은 그런 종류의 반성을 할 인내심이 없다는 것도 사실이다. 그들은 자기가 생각하는 바를 안다고 여기며, 그것들이 일관되지 않거나 원리를 결여하고 있다는 의문이나 주장 때문에 골치 아파지기를 원하지 않는다. 그들은 전쟁에 참가하여 행진하거나 전쟁에 찬성하여 투표할 때 아무런 '이론'도 원하지 않으며, 그러한 이론을 원하는 이들을 조롱한다. 포스너는 그러한 사람들과 같은 편에 선다. 그러나 그는 더 반성적인 사람들의 동기와 가정을 오해하여서는 안 되었다. 그는 더 반성적인 사람들의 유일한 동기가 자신들이 옳다는 점을 세계의 다른 모든 이들에게 납득시키기 위해서라고 가정한다. 그러면서 그는 의견 불일치가 존재한다는 사실이 도덕 이론이 실패했다는 증거라고 다시금 말한다.[14] 그러나 이것은 지나치게 조야하다. 물론 학술적인 철학이나 언론 지상에서만이 아니라 일상적인 삶에서도, 사람들은 자기 자신뿐 아니라 다른 사람들을 설득하기를 바란다. 그러나 그 목표가 결코 도덕적 반성의 목적의 전부는 아니며, 도덕적 반성에 중심적이지 않은 경우도 흔하다. 반성적인 사람들은 스스로를 만족시키기를 바란다. 그들은 다른 사람들 또한 만족시키기를 바란다. 이 다른 사람들의 이익은 그들이 무엇을 하느냐에, 그들이 검토된 확신과 통합성을 갖고서 행동하고 있다는 사실에 영향을 받는다. 그래서 그들은 자신의 확신을 반성과 성실함, 그리고 정합성을 보여주는 방식으로 설명하려고 한다. 그들이 다른 이들을 자신과 같은 확신을 갖도록 바꾸려는 아무런 희망도 갖고 있지 않다고 하더라도 말이다.

반성적인 사람들은 어떤 것을 믿거나 결정 내리기 전에, 공리주의나 칸트적 형이상학의 어떤 변종과 같은 도덕철학이나 정치철학 전체를 구성하고자 고집하는 것도 아니다. 그러기보다 그들은, 내가 다른 곳에서 표현했던 대로, 안에서 바깥으로 추론한다.[15] 그들은 특정한 구체적인 문제를 갖고 시작하며, 자신의 입장이 자의적이거나 자신의 다른 견해나 확신과 일관되지 못하다는 반론에 맞서 자신의 입장을 방어할 수 있을지를 당연하게도 염려한다. 지성적, 도덕적, 직업적 책임에 대한 그들의 감각은, 그러므로 자신들이 구성해야 하는, 또는 자신들로 하여금 이러한 의문들을 기대게 하는 '이론'이 얼마나 일반적이어야 하는가를 지시하게 된다. 그들의 책임이 특히 클 때 — 정치 공직자처럼 — 그들은, 문

---

14 같은 글, pp. 1656~57.

15 Ronald Dworkin, *Life's Dominion*, New York: Knopf, 1993, pp. 28~29; "In Praise of Theory", p. 358.

제되는 쟁점에 관하여 고민하는 데 아주 많은 시간을 바친, 도덕철학자와 법철학자 등 다른 사람들의 더 포괄적이고 발전된 설명에 비추어 자신의 확신을 테스트하는 것이 적합하다고 생각할 만하다. 사람들은 이러한 확정적인 답을 찾기를 기대하면서 이러한 원천에 기대는 것이 아니다. 그들은 그러한 원천들 자체가 서로 의견이 일치하지 않으리라는 것을 안다. 그런 기대 때문이 아니라, 자신의 확신을 엄밀하게 테스트하기 위하여, 그리고 만일 자신의 확신이 수정을 요한다는 점을 알게 될 경우에는 신선한 발상을 위하여, 또한 흔히 자신의 견해를 더 정교하고 더 잘 지지되는 확신들로 재작업해 나가기 위하여, 자신들이 따를 수 있는 이론적 인도를 위하여 확정적인 답을 찾아보는 것이다.

나는 이러한 반성 과정을 '정당화 상승'(justificatory ascent)의 하나로 묘사한 바 있다.[16] 그 누구도, '추론'과 '이론' 사이에 선험적인 구분선을 그음으로써, 정당화 상승이 얼마나 멀리까지 계속되어야 하는지를 미리 규정할 수는 없다. 정당화 상승은 그것을 촉발한 난제나 충돌이 해결될 때까지 계속되어야 한다. 그리고 그 지점은 미리 알 수 없다.[17] 그러므로 원칙적으로, 어디서 도덕 판단이 끝나고 어디서 도덕 이론이 시작되는지를 말하는 것은 불가능하다. 일상적인 도덕 반성 뒤에 흔들리거나 자의적으로 보이는 판단을, 더 넓은 원리들, 비전들, 또는 이상들과 그것이 갖는 연결 고리를 추적함으로써 뒷받침하는 것은, 도덕 추론에 덧대어진 무언가 다른 것이 아니라 도덕 추론의 일부다. 그것은 야구 경기에서 9회 말 동점이 되었을 때 연장전을 하는 것이 야구 경기의 일부인 것과 마찬가지다. 더군다나 원리들과 이상들은 일반성의 다음과 같은 거의 모든 수준에서 산출되어왔다. 쾌락을 증대시키는 것은 무엇이든 선이라고 주장하며 모든 것에 중심이 되는 공리주의 논제, 선명하게 제한

---

16 "In Praise of Theory", p. 356.
17 같은 글, pp. 356~57.

된 존 롤즈의 정의관,[18] 내가 옹호하려고 해왔던 정치적 민주주의 이론,[19] 표현의 자유의 목적과 가치에 대한 토머스 스캔런(Thomas Scanlon)의 설명,[20] 형법의 처벌과 과실법의 도덕적 토대에 관한 허버트 하트(Herbert Hart)의 주장,[21] 케이시(Casey) 낙태 사건에서 세 명의 대법관이 낸 보충 의견의 핵심에 놓인 개인적 자율성에 관한 설시,[22] 최근의 몇몇 사법부의 의견과 법학 학술지 논문에서 보이는 시장점유율에 따른 책임의 공정성에 관한 언급,[23] 교회와 국가의 분리에 대한 신문 사설란의 주장, 다른 나라 사람들의 인권을 보호할 국가의 책임에 대한 저녁 식사 테이블에서의 논평, 한 세대가 다른 세대에게 지는 환경적 의무에 대한 교사의 수업, "만일 그가 너에게 그렇게 했다면 너는 어떻게 느끼겠니?"라고 물음으로써 어린아이의 견해를 바꾸려는 부모의 노력. 도덕 '이론'의 이러한 견본들은 그 일반성이나 추상성의 수준에서만 다를 뿐이며, 어떤 도덕 논변을 구체적인 것이냐 이론적인 것이냐로 단순하게 범주화하는 것은 절망적일 정도로 자의적이다. 포스너의 타격 목록에 있는 '도덕주의자들' 중 일부는 상대적으로 높은 추상 수준에서 쓰고, 다른 일부는 상대적으로 낮은 추상 수준에서 쓴다. 포스너가 그들을 구별하지 않고 한데 묶는 것은, 자신의 입장의 자의성을 심화할 뿐이다. 그는 도덕 추론을 활

18 John Rawls, *Political Liberalism*, New York: Columbia University Press, 1993.

19 *Freedom's Law*를 보라.

20 T. Scanlon, "A Theory of Freedom of Expression", in Ronald Dworkin, ed., *The Philosophy of Law*, New York: Oxford University Press, 1977, p. 153을 보라.

21 H. L. A. Hart, *Punishment and Responsibility*, Oxford: Clarendon Press, 1968.

22 Planned Parenthood v. Casey, 505 U. S. 833, 869 (1992)에서 오코너(O'Connor), 케네디(Kennedy), 수터(Souter)의 공동 의견. 그 사건의 다른 의견인 스티븐스(Stevens) 대법관의 의견은, 세 판사의 의견에 등장하는 근거들 중 하나와 유사한, 그 사건의 결정을 뒷받침하는 하나의 근거를 제안한 철학 문헌을 명시적으로 언급하였다. 같은 책, p. 913, n. 2, 스티븐스 대법관의 일부 보충의견과 일부 반대의견을 보라.

23 "Reply", pp. 435~56에 인용된 문헌을 보라.

성화하는 동기의 복잡성도 놓치고, 도덕적 현상으로서 반성과 확신 사이의 상호작용의 복잡성도 놓쳤다.

'강한' 논제

　포스너의 '강한' 논제는 어떠한 도덕 이론도 도덕 판단의 '단단한 기반'을 제공해줄 수 없다고 주장한다.[24] 물론 이 논제는 그 자체로, 이론적이고 보편적인 종류의 도덕 판단이다. 왜냐하면 어떤 종류의 도덕적 주장이 다른 도덕적 주장에 '단단한 기반'을 제공해줄 수 있느냐 없느냐는 그 자체로 도덕적 질문이기 때문이다. 예를 들어, 인종 차별을 비난하는 원리가 적극적 평등 실현 조치를 비난하는 건전한 기반을 제공해주느냐는 도덕적 질문이다. 그 질문은 그 원리가 건전한가, 그것이 어떻게 최선으로 해석되는가, 그리고 그렇게 해석되었을 때 그 원리가 적극적 평등 실현 조치를 비난하는 결과를 갖게 되느냐에 달려 있다.

　이 도덕적 질문들은 포스너의 강연의 많은 부분을 차지하고 있는 경험적 쟁점과 신중하게 구별되어야 한다. 왜냐하면 경험적 쟁점은 어떠한 도덕 판단에 대한 이론적 옹호가, 특히 대학에서 가르치고 있는 사람에 의해 구성된 이론적 옹호가, 다른 사람이 그와 반대되는 확신을 갖고 있는 것을 설득하여 바꿀 수 있느냐 없느냐라는 심리학적인 질문과 주로 관련이 있기 때문이다. 이것은 명백히 다른 문제다. 누군가는 특정한 도덕원리들이 절대적으로 참이고 — 예를 들어 인기 없는 종교적 전통의 핵심에 있는 도덕원리들이 참이고 — 도덕적 권리와 의무에 관한 매우 다양한 구체적인 주장들에 '단단한 기반'을 정말로 제공해준다고 주장하면서도, 다른 사람이 그 원리들의 진리성을 이해하고 그 원리들을 더

24　Posner, "Problematics", p. 1639.

구체적인 판단들의 근거로 받아들이는 일이 별로 일어날 법하지 않다고 주장하는 것은 전적으로 일관성이 있다.

그러므로 포스너는 자신의 강한 논제를 오직 자신의 실질적인 도덕 이론으로써만 옹호할 수 있다. 그러한 이론 중 하나가 도덕적 허무주의이다. 도덕적 허무주의는 어떠한 것도 도덕적으로 옳거나 그르지 않다고 주장한다. 허무주의는 어떤 이론적 논변도 어떤 행위가 옳거나 그르다고 생각할 좋은 이유를 제공해줄 수 없다는 주장을 분명히 정당화해줄 것이다. 그러나 포스너는 자신이 허무주의자라는 것을 부인한다.[25] 그 대신에 그는 스스로를, 타당한 도덕적 주장이 있으며 그것은 "어떤 도덕적 주장이 타당하다고 표명하는 기준"을 만족시키는 주장이라고 생각하는 도덕 '상대주의자'로 묘사한다.[26] 그러한 기준들은 "국지적이다. 즉, 그 주장이 개진되는 특정한 문화의 도덕적 코드에 상대적이다."[27] 사실, 뒤에서 살펴볼 테지만,[28] 포스너는 이 상대주의의 정합적인 판본을 진술하는 데 성공하지 못한다. 그러나 그 점은 지금 문제가 되지 않는다. 왜냐하면 실질적인 도덕 이론으로 이해되고 단순히 (여기서는 관련이 없는) 도덕사회학의 일부가 아닌 것으로 이해된, 최소한으로라도 그럴듯한 형태의 그 어떤 상대주의도, 그의 강한 논제를 정당화할 수 없기 때문이다. 만일 상대주의가 참이라면, '특정한 문화의 도덕적 코드'에 관한 일반적인 정보와 결합되면 그것은 그 문화 내의 도덕적 주장에 '단단한 기반'을 제공해주게 될 것이다. 실제로 포스너가 겨냥한 학계 철학자들과 법률가

---

25 그러나 실제로 허무주의가 이 책 154쪽 이하에서 기술된 그의 여러 모순적인 도덕적 견해에서 자연스럽게 따라 나오는 실질적인 입장일지도 모른다. 나는 내가 이후에 탐색하는 대안적 해석을 고려한다고 해서 그 가능성을 배제하려는 것은 아니다.

26 Posner, "Problematics", p. 1642.

27 같은 곳.

28 이 책 154쪽 이하를 보라.

들은, 많은 상대주의자들이 적어도 철학자가 주장할 수 있는 것의 일부를 위한 기초를 제공하는 것으로 받아들일 논변을 개진한다. 예를 들어 존 롤즈는 자주, 자신의 논변을 근대 민주주의의 공적 문화에 잠재해 있는 원리들과 이상들의 함의를 보여주는 것으로 특징지었다.[29] 헌법에 대한 나의 논변도 특정한 정치 문화에 대하여 해석적인 것이다.[30] 명백히 롤즈도 나도, 그리고 포스너의 목록에 있는 어느 누구도, 그 학파의 그 어떤 그럴듯한 관념에서 볼 때조차 도덕적 상대주의자가 아니다. 그러나 상대주의자는 우리의 논변 중 적어도 일부가 고유한 도덕적 판단의 '단단한 기반'을 제공한다는 점을 부인하지는 않을 것이다.[31]

포스너는 그렇다면 자신의 강한 논제를 방어할 어떠한 것도 제시하고 있지 않은 것이다. 그의 강연 대부분은 이와는 다른 ― 그러나 놀랍도록 설득력이 없는 ― 주장들로 채워져 있다. 즉, 어떠한 일반적 도덕 이론이나 도덕 논변도, 누군가를 설득하여 최초에 거부하는 도덕 판단을 받아들이게끔 할 수는 없다는 것이다. 나는 도덕 논변이 누군가의 상상력을 사로잡지 않으면 어느 누구도 설득할 수 없다는 데는 동의한다. 그러나 상상력은 많은 형태를 취할 수 있으며, 많은 사람들의 상상력은 윤리적 통합성과 도덕적 통합성을 좇는 열망을 내포한다. 그들은 자신의 삶이 자신의 확신을 보여주기를 원하며, 자신의 확신이 참이기를 원한다. 그

---

29 Rawls, *Political Liberalism*, pp. 3~11.

30 *Freedom's Law*, pp. 1~38.

31 포스너는 오직 자신이 염두에 두고 있는 종류의 도덕적 코드가 매우 구체적인 사안들에 대한 명백한 도덕적 판단들의 세부적인 목록이며 그 해석에서 분쟁의 여지가 있을 수도 있는 더 일반적인 원리는 전혀 담고 있지 않다고 주장할 때에만, 이 점을 부인할 수 있다. 그러나 그렇게 주장하고 나면, 그가 비판하기를 원하지 않으며 상대주의자가 인정할 수 있다고 이야기한 '규범적 추론'을 위한 공간은 전혀 남지 않게 된다. 그것은 또한 어떠한 실제의 공동체도 도덕적 코드를 갖고 있지 않다는 것을 의미하게 될 터인데, 이것은 그의 상대주의를 놀라울 정도로 실제와 무관한 것으로 만들어버린다.

것만으로도, 반성의 상이한 수준들, 상이한 종류의 학술적 도덕 이론들이, 그들에게 영향을 줄 수 있다는 점을 설명하기에 충분하다. 어떤 사람들은 통합성 이상을 원한다. 그들은 정당화할 뿐만 아니라 고취할 수도 있는, 어떻게 살아야 하는지 ─ 그리고 어떻게 함께 살아야 하는지 ─ 에 대한 비전을 원한다. 그리고 그 욕구는 왜 최선의 도덕철학들이 수세기를 거쳐 살아남았으며 심지어 1천 년을 살아남기도 하는지를 설명해 준다.

이념이 결국 산과 군대를 움직인다는 것은 엄청나게 많은 역사가들의 의견일 뿐만 아니라 민중의 지혜의 일부이기도 하다. 포스너는 유행을 타고 있는 진화생물학의 '뻔한' 이야기 중 몇몇에 대한 조잡한 판본을 인용한다. 그러나 도덕감이 우리 종에서 생존 가치를 갖고 있다고 해서, 그 도덕감이 통합성과 정합성을 향한 여망을 포함하지 않는다고 보기는 매우 어렵다. 오히려 그 반대를 쉽게 시사할지 모른다. 포스너는 (그 성품, 배경, 역사, 기질, 문체, 그리고 논증적 전략이 심지어 단일 대학 내에서도 수많은 방식으로 서로 다른) 서구 대학의 모든 학계 법률가와 철학자들의 훈련이 어떻게 그리고 왜 어떻게든 단일한 집단으로서의 그들을 도덕적 설득이 통하지 않는 사람들로 만드는지에 대한 그 자신의 성찰을 제시한다. 그리고 그는 몇몇 교육받은 사람들이 도덕적 범죄를 범했다는 사실을 지적한다.

이것은 설명이 되지 못한다. 만일 도덕 논변이나 이론이 행위와 신념에 미치는 영향에 대한 적정한 일반적 설명이 가능하다면, 그것은 지나치게 복잡하고 많은 구별을 포함하는 것이 될 것이다. 그것은 즉각적 영향과 지연된 영향을 구별할 것이다. 그것은 지연된 영향이 대중문화의 다양한 제도들을 통해 중개되는 여러 방식을 목록화할 것이다. 그 설명은, 논증자의 기술과 평판뿐만 아니라 논변의 질도 고려에 넣을 것이다. 그리고 그 설명은 그러한 영향을 결정하는 다른 수천의 문화적 변수와 심리적 변수에 주목할 것이다. "도덕 논변이 사람들의 마음을 바꾸는 경우가 있는가"라는 질문은 간단히 말해서 매우 빈약하게 설정된 것이며, 그것을 괜찮은 것으로 만들기 위해서는 많은 작업이 가해져야 한다. 게다가 우리는 그 현재의 조잡한 형태의 질문에 대한 다음 두 답 모두를 확신을 갖고서 거부할 수 있다. '항상'과 '결코'라는 답 말이다. 우주의 조화를 믿는 멍청한 낙관주의자만이 좋은 도덕 논변이 최초의 자기 이익이나 그 논변과 반대되는 방향의 경향을 항상 패퇴시킨다고 생각할 것이다. 오직 독단적인 냉소주의자만이 도덕 논변이, 그 논변이 얼마나 좋건 그리고 그 영향이 얼마나 온건하건, 전혀 아무런 차이를 가져오지 못한다고 고집할 수 있을 것이다. 포스너는 결코 차이를 가져오지 못한다는 답변에 끌리는 것으로 보이지만, 그는 우리에게 왜 그 답이 나오는가를 보여주기 위해서, 약간의 선험적인 심리적 합리주의와 몇몇 일화를 제외하고는 아무것도 제시하지 않는다.

'약한' 논제

포스너의 약한 논제는 다음과 같이 주장한다. 도덕 이론이 일상의 삶이나 정치에서 갖는 힘이 무엇이든 간에, 판사는 그것을 무시해야 한다. 왜냐하면 판사들은 자신의 특수한 목적에 쓸 수 있는 더 나은 도구들을 갖고 있기 때문이다.[32] 다시금, 그는 도덕의 독립성을 무시하고 있다. 판

---

32 그는 영국 판사들은 도덕을 무시한다고 이야기한다. 그러나 영국 법 실무에 관한 그의 언급은 제대로 된 정보의 바탕 없이 이루어진 것이며, 그 자신이 최근에 썼던 것과도 모순된다. 포스너는 이렇게 말한다. "영국의 법은 자율적인 규율이다. 참신한 쟁점은, 법률, 법령, 그리고 판례로 구성되는 권위 있는 문언의 해석에 의해 대개 해결된다. 이러한 권위 있는 문언 중 어떠한 것도 논쟁적인 도덕 이론을 포함하지 않는다. 때때로 영국 판사들은 정책 선택을 해야만 할 때가 있지만, 그러한 경우는 워낙 드물어서 그때는 정말로 자신이 '법 바깥으로 발을 내딛는다'고 느낀다." Posner, "Problematics", p. 1693, 인용은 Hart, *The Concept of Law*, p. 272 (원

사들이 난해한 사건들을 판결할 때 도덕적 판단을 하지 않을 것이 요구된다면, 물론 그들은 도덕 이론을 참조할 필요가 없을 것이다. 그러나 그들이 정말로 도덕적 쟁점에 직면한다면, 판사에게 그 쟁점들을 역사나 경제학 또는 도덕과 무관한 다른 기술들을 활용하여 풀라는 조언은 범주 오류를 범하는 것이 된다. 산수 문제로 씨름하고 있는 이에게 캔 따개로 한번 시도해보라고 조언하는 것처럼 말이다.

포스너는 판사들이 도덕적 쟁점에 직면하지 않는다고 설득하려 한다. 최근의 논문에서 그는 내가 판사들이 공정성에 관한 질문에 관심이 있다고 가정했다는 이유로 나를 무지하다고 비난했다.[33] 나는 내가 논의하던 법 영역의 사법부 의견과 그러한 의견들을 논의하는 판례 평석 문헌들에서 공정성에 대한 몇몇 논의를 인용하여 답했다.[34] (나는 판결에서 공

문을 일부 수정). 자신의 책에서 포스너는 미국 법 실무에 관한 것뿐만 아니라 영국 법 실무에 관한 하트의 진술의 기술적 정확성을 거부한다. Richard A. Posner, *Law and Legal Theory in England and America*, Oxford: Clarendon Press, 1996, p. 16. 포스너는 "법 바깥으로 발을 내딛는다"는 언급에 대한 비판으로, "실증주의적 관념에 대한 추가적인 반대는 판사들과 변호사들이 법 적용자로서의 판사와 법 제정자로서의 판사 사이의 구분에 대해 알고 있지 않다는 점"을 제시한다. 그리고 포스너는 하트가 "이 영역의 사건들이 빈번히 비결정적이고, 그러한 사건들을 판단함에 있어 판사들이, 오로지 분석, 성찰 또는 '법적 추론'이라고 불리는 어떤 특별한 탐구 양식에 참여하기보다, 가치 선택을 한다는 점을 지적한 면에서는 옳았다"고 덧붙인다. 같은 책, p. 18. 영국의 법 실무에 관한 포스너의 새로운 기술은 결코 맞았던 적이 없으며, 그것은 이제 비난을 받을 만한 잘못된 묘사라고 할 수 있다. (행정법에서 정치 이론을 영국 사법부가 활용하는 것에 관한 설명으로는 Jeffrey Jowell, "Restraining the State: Politics, Principle and Judicial Review", 50 *Current Legal Problems* 189 (edited by M. D. A. Freeman and A. D. E. Lewis, 1997). 예를 들어 포스너가 "Problematics", pp. 1700~02에서 논의하는 연방대법원의 조력 자살 판결을 Airedale NHS Trust v. Bland, p1993 [2 W. L. R. 316, 351 (C. A.)] 라는 유사한 사건에서 현대 도덕철학자들의 저술에 명시적으로 의존한 영국 항소법원의 판결과 비교하는 것이 그에게는 교훈적일 것이다.

33 Posner, "Conceptions of Legal Theory", p. 388.
34 "Reply", pp. 435~36.

정성은 효율성보다 18% 더 자주 발전되어온 법리이며, 공정성이 효율성보다 사건을 결정지은 경우가 24% 더 잦다는 결론을 내린 제조물 배상 책임에 관한 1991년의 연구도 또한 인용했을 것이다.)[35] 강연 초반부에서 포스너는 자신의 주장을 되풀이한다. 도덕 이론은 "사건들의 실제 쟁점들과는 들어맞지 않는다"고 그는 말한다.[36] 그러나 강연의 훨씬 뒷부분에 가서는 자신의 공격을 바꾼다. 그는 "판사들이 도덕 이론의 영역에 빠져 있는 것처럼 보일 수도 있다"는 것을 인정한다.[37] 그러나 판례를 주의 깊게 연구하게 되면 내가 (그리고 아마도 내가 인용한 모든 학자들이) 판사들이 도덕적 방식으로 도덕적 용어를 사용한다고 생각하도록 속았다는 점을 보여줄 것이라고 고집한다.

그러나 판사들이 도덕적 용어를 어떤 다른 방식으로 쓸 수 있었다는 말인가? 그는 말하지 않는다. 그리고 그는 판사들이 비도덕적인 방식으로 도덕 용어를 사용한다는 자신의 주장을, 그 주장을 하고 난 직후, 왜 판사들이 도덕에 그토록 자주 호소하는지를 설명하면서 훼손한다. 판사들은 "평범한 사람들이 (…) 더 잘 이해할 수 있는 언어로 말하"기 위해, 그리고 "법과 도덕은 서로 상당히 겹치"기 때문에 "인상적으로 보이려고" 그렇게 한다고 그는 말한다.[38] 물론 이러한 모든 설명은 판사들이 당신과 내가 사용하는 것과 같은 의미로 도덕 용어를 사용한다는 것을 가정한다. 즉, 도덕적 개념들을 지시하는 용도로 사용함을 가정한다. 이 명백히 결정적인 양보를 하고 난 직후, 포스너는 공격으로 태세를 전환한다. 그는 "드워킨과 그의 동료들"이 법을, 우리가 도덕법칙이 요구하는 비라고 여기는 것과 모든 면에서 온전히 일치시키려고 하고 있으며, 우리

---

35 James A. Henderson, Jr., "Judicial Reliance on Public Policy: An Empirical Analysis of Products Liability Decisions", 59 *Geo. Wash. L. Rev.* 1570 (1991), p. 1595 n. 131.

36 Posner, "Problematics", p. 1639.

37 같은 글, p. 1697.

38 같은 글, p. 1695.

를, 이슬람 종교법을 어기는 사람들을 참수하는 아프가니스탄의 근본주의자들과 대단한 비교라도 하는 듯이 비교한다.[39] 그러나 물론 어느 누구도, 도덕적 확신이 때때로 ─ 심지어 자주 ─ 법이 무엇인지를 판단하는 데 유관하다고 생각하기 위해서, 모든 도덕적 의무를, 또한 오직 도덕적 의무만을 법이 시행해야 한다는 터무니없는 주장을 받아들일 필요가 없다.

포스너는 그다음으로, 내가 논의했던 특정한 대법원 판결들이 아무런 도덕적 쟁점을 제기하지 않음을 보여주려고 한다. 그러나 그 자신이 든 사례가 오히려 그 반대를 보여준다. 그는 예를 들어 조력 자살 사건에서 연방대법원 대법관들은 "철학자들의 의견서"(philosophers' brief)가 논한 "철학적 쟁점을 피했다"고 한다.[40] 그 의견서의 주된 도덕적 주장은 첫째로, 의사결정 능력이 있는 죽어가는 개인은, 원칙적으로 어떻게 죽을지를 스스로 결정할 권리가 있으며, 둘째로, 설사 그 권리가 일정 정도는 다른 환자들로 하여금 자신의 의사에 반하여 죽음을 선택하도록 압력을 받을 위험을 증가시킨다는 점을 인정한다 하더라도, 그 증가된 위험은 그 권리를 완전히 부인하는 것을 정당화해주지는 않는다는 것이다. 대법관들 중 어느 누구도 이 주장 모두를 '회피'하지 않았다. 대법관들 중 셋이 우리의 첫 주장에 반대하여 판단하였고 다섯 명의 대법관이 두 번째 주장에 반대하여 판단했다.[41]

포스너는 대법원이 '로 대 웨이드'(Roe v. Wade) 판결에서도 "도덕적

---

39 같은 곳.

40 같은 글, p. 1700, discussing Brief for Ronald Dworkin, Thomas Nagel, Robert Nozick, John Rawls, Thomas Scanlon, and Judith Jarvis Thompson as Amici Curiae in Support of Respondents, Vacco v. Quill, 117 S. Ct. 2293 (1997) (No. 95-1858), Washington v. Glucksberg, 117 S. Ct. 2258 (1997) (No. 96-110), reprinted in "Assisted Suicide: The Philosophers' Brief," *N. Y. Rev. Books*, Mar. 27, 1997, 41.

41 이것에 대한 더 온전한 설명으로는 "Assisted Suicide: What the Court Really Said", *N. Y. Rev. Books*, Sept. 25, 1997, p. 40을 보라.

질문을 피했다"고 한다. 그리고 이 맥락에서 그의 "목적은 법원이 '도덕적 비용'을 형량할 능력이 없다는 점을 보여주는 것이 전부"라고 덧붙인다.[42] (그 논급은, 낙태의 권리를 인정하는 것을 지연시키는 것이 가져오는 '도덕적 비용'과 관련된 나의 논변에 대해서 분명한, 그러나 오도된 불평을 따른 것이다.)[43] 그러나 법원은 주(州)가 개인적 도덕의 문제에서 개인의 자율성을 존중해야 하느냐라는 도덕적 쟁점을 '피하지' 않았으며 피할 수도 없었다. (그 쟁점은 이후의 낙태 사건인 케이시 판결의 여러 대법관의 의견에서 훨씬 더 분명하게 드러났다.)[44] (법원은 어쨌거나, 모(母)는 자기가 낳은 유아를 살해할지 여부를 스스로 결정할 권리가 있다고 주장하지는 않을 것이다.) 낙태 사건들에서 법원이, 태아가 이해 관심과 자신의 고유한 헌법적 권리를 갖는 인간인가라는 도덕적 쟁점을 판단하였다는 것에는 아무런 의문의 여지가 없다.

사실상 몇몇 지점에서 포스너는, 중대한 헌법적 쟁점을 판단하는 판사들이 종종 도덕원리에 관한 논쟁의 여지가 있는 판단을 내렸다는 점

---

42 Posner, "Problematics", p. 1703.

43 연방대법원이 낙태에 대한 헌법적 권리를 인정하는 것을 미루는 것이 더 현명한 일이었을 것이라는 주장에 답하면서, 나는 만일 법원이 그러한 권리 인정을 미루었지만 결국에는 낙태를 할 권리를 찬성하여 판결했다면, 그것은 많은 젊은 여성들의 삶을 파괴한 인정된 '도덕적 비용'을 발생시켰으리라는 점을 지적했다. "Reply", p. 437. 포스너는 연방대법원이 낙태의 권리를 인정한 것은 또한 그 판결을 늦추었다면 낙태되지 않았을 태아들의 죽음이라는 노녁석 비용을 가져왔으리라고 답한다. Posner, "Problematics", p. 1703. 그러나 연방대법원의 궁극적인 판단은, 자신들이 보기에 초기 낙태는 권리의 어떤 침해도 포함하지 않으며 따라서 나중이 아니라 더 일찍 판결하는 것은 권리를 침해하는 종류의 도덕적 비용을 전혀 포함하지 않는다는 것이다. 포스너는 그 논점을 놓친다. 이는 그가 '로 대 웨이드' 사건에서 연방대법원의 판결이 필연적으로 도덕적 쟁점을 판단한 것이라는 점을 인식하지 못하기 때문이다. 즉, 연방대법원은 도덕적 비용을 '형량'한 것이 아니다. 그러기보다는 적어도 그 판결에 필요한 한에서 도덕적 비용을 규정한 것이다.

44 각주 22를 보라.

에 실제로 동의한다. 실제로, 그는 판사들이 도덕 이론에 의존해야 한다고 선언하며, 심지어 그들이 어떤 도덕 이론에 의존해야 하는지를 말해준다. 예를 들어, 그는 자신이 조력 자살 사건을 판결하였다면 어떻게 판결하였을지를 설명하면서 도덕 논변을 제시한다. 대법원은 조력 자살을 금지하는 주의 법률을 합헌으로 인정했어야 한다는 것이다. 왜냐하면 그 쟁점과 관련하여 국가의 권력균형을 감안할 때, 민주주의의 가치는 안락사라는 쟁점을 통상의 정치에서 결정하도록 허용함으로써 가장 잘 충족되기 때문이라고 하였다. 물론 포스너는 도덕 이론에 대한 자신의 호소를 숨겨야만 하고, 숨이 막히는 방식으로 그렇게 한다. 그는 정치적 도덕에 관한 확신, 민주주의의 적절한 작동에 관한 자신의 확신을 비롯한 정치적 도덕에 관한 확신이 전혀 도덕적 판단이 아니라고 선언한다. 그것들은 단지 "정치적 절차와 사법적 절차에 관한" 판단일 뿐이라고 그는 말한다.[45] ('도덕적' 주장과 '정치적' 주장의 차이에 관한 비슷한 진술들이 그의 논문 여기저기에 뿌려져 있다.)[46] 그러나 이 확신들은 기술적인 의미에

---

45 Posner, "Problematics", p. 1701.
46 이러한 진술들 대부분은 두드러지게 방어적인 어조를 띤다. 예를 들어 어느 기이한 각주에서 그는 놀라운 구분을 예정하면서, 판사는 도덕 이론을 필요로 한다는 나의 논변이, 만일 판사들이 정치 이론을 필요로 한다는 점만을 의미했다면, 실패할 것이라고 주장한다. 같은 글, p. 1639, n. 1을 보라. 이 주장은 이해할 수 없는 것이다. 판사들이 필요로 하는 종류의 도덕 이론에 관한 내 사례의 대부분, 특히 헌법에 관한 나의 연구 대부분에서 제시된 사례는, 포스너의 외관상의 주장에서는 개인적이라기보다 정치적인 원리들이다. 다른 곳에서 포스너는 자신이 윤리적 논변에 의존하고 있다는 반론을 예견하면서도, 그에 대한 답변으로는 오직 이해하기 힘든 보증만을 제시한다. "그 용어가 사회적 문제에 관한 모든 규범적 추론을 지칭하는 용도로 도움이 되지 않게 사용되는 것이 아니라면", "윤리학과 실천이성은 도덕 이론과 서로 교환될 수 없"다고 그는 말한다. 같은 글, p. 1697. 물론 현재 논의하고 있는 종류의 도덕 이론이 "사회적 문제에 관한" 전략적이거나 도구적인 "추론"은 아니다. 그러나 도덕 이론이 왜 이런 의미가 아니라 도덕적 추론이라는 정언적인 의미의 규범적인 추론을 포함하지 않는다는 말인가? 정치에 관한 도덕적 쟁점을 배척해버리는 도덕 이론에 관한 정의가 어떻게 말이 되는가? 다른 경

서도 결코 '정치적'이지 않다. 그것들은 정치제도와 사법제도가 어떻게 작동해야 하는가에 관한 규범적인 주장이다. 그것들은 포스너가 때때로 시사하듯이 전략적인 의미에서 규범적이지도 않다. 그 확신들은 상정된 목표를 어떻게 가장 잘 달성할지에 관한 판단이 아니라, 어떤 목표가 추구되어야 하는지에 대한 고도로 논쟁의 여지가 있는 주장들이다. 그것들은 정부의 권력이 어떻게 배분되고 행사되어야 하는가, 그리고 만일 그러한 권력이 제한된다면, 그 권력이 개인의 도덕적 권리를 존중하여 언제 제한되어야 하는가에 관한 도덕적 판단들이다.[47]

인종 분리 문제에 관한 포스너의 논의는, 그 자신이 도덕 이론에 호소

우에 포스너는 민주주의에 관한 적절한 이해에 관한 자신의 논변을 언급하면서, 안락사는 정치적 과정으로 남겨져야 한다고 말한다. "도덕이 정책의 동의어가 아니라면, 이것은 도덕적 논지가 아니다." 같은 글, p. 1701. '정책'이라는 용어가 도구적이거나 전략적인 고려 사항을 지시하는 데 사용된다면, '도덕'은 정말로 '정책'과 동의어가 아니다. 그러나 민주주의에 관한 포스너의 논변은 전략적이지도 도구적이지도 않다. 포스너의 논변은, 민주주의가 어떻게 가장 잘 이해되며 어떻게 시행되어야 하는가에 관한 논쟁의 여지가 많은 입장을 진술한다. 그리고 바로 그것이 정치적 도덕에 관한 논변이다. 그게 아니라면 그 논변이 다른 무엇이 될 수 있겠는가? 그럼에도 다른 곳에서 포스너는 적극적 평등 실현 조치의 합헌성을 심사하는 판사는 비록 일부 그러한 사건에서 "정치적"으로 판단해야 할 테지만 도덕적 판단에는 의존할 필요가 없다고 말한다. 같은 글, pp. 1706~07. 내가 생각하기로 그것은 판사들이 정당 소속 관계에 의해 판단해야 한다는 의미가 아니라, 정치적 도덕에서 경쟁하는 당파들의 주장의 건전함에 대한 최선의 판단에 따라 판단하여야 한다는 의미이다. 그래서 그러한 진술은 자기모순을 이루게 된다.

47 아마도 포스너는 스스로가 상세하게 서술하지 않는, 개인적 도덕과 정치적 도덕 사이의 구분을 의도하고 있는지도 모르겠다. 그 구분이 명료하다고 말하기는 힘들다. (시장점유율에 따른 배상 책임을 지우는 판사의 공정성은 개인적 도덕의 문제인가 정치적 도덕의 문제인가?) 어느 경우건, 포스너의 포고문은 만일 그것이 사법부의 추론에서 개인적 도덕만 금지한 것이라면, 애초에 도입할 이유가 없는 것이 되어버린다. 포스너 자신의 민주주의 이론을 비롯하여, 정치적 도덕 이론들은, 그가 그런 결함을 가진 도덕적 판단은 그 무엇도 법원에서 사용하기에 적합하지 않다고 여기는, 그러한 결함들 ─ 명확히도 논쟁의 여지가 크고 증거로 입증할 수 없는 것이라는 결함들 ─ 을 공유하고 있기 때문이다.

한다는 점을 위장할 필요가 있기 때문에 훨씬 더 심각하게 망쳐졌다. 그는 우선, 법원이 활용한 논변이 (그리고 그들이 활용했어야 한다고 그가 말하는 다른 논변들이) 실제로는 '비도덕적' 논변이라고 선언한다.[48] 예를 들어 그는 '브라운'(Brown) 판결을 내린 대법원이 "인종 분리는" 흑인의 "자존감을 훼손하였다"는 심리학자들에 의한 '비도덕적' 발견에 관한 판단에 의존했다고 말한다.[49] 그러나 그 '비도덕적' 논변은 흑인들이 백인들과 정치적으로 동등한 존재이며 동등한 배려를 받을 자격이 있다는 논변을 전제한다. 그리고 같은 논의에서 그는 이 전제가 1954년에 고도로 논쟁의 여지가 많은 도덕적 주장이었다고 선언한다.[50] 그다음 그는 다른 전술을 쓴다. 그는 대법원이 인용한 도덕원리들 중 몇몇은 결국 진정으로 논쟁의 여지가 많은 것이 아니었고, 단지 '브라운' 사건의 동의된 '배경'의 일부였다고 말한다. 마치 사건의 사실들처럼 말이다.[51] 그러나 그는 "정부는 인종에 기초하여 혜택과 부담을 배분할 때는 (…) 타당한 이유가 있어야 한다"[52]는 원리를 그 예로 제시한다. 그러나 그가 방금 동의한 대로, 흑인들이 백인들보다 정치적으로 열등한가 그리고 그들의 열등성이 인종에 기초해서 그들을 분리하는 '하나의 타당한 이유'인가는 확실히 논쟁의 여지가 있었다. 마지막으로 그는 판사들이 헌법 사건에서

---

48 Posner, "Problematics", pp. 1702~03을 보라.

49 같은 글, p. 1704.

50 같은 글, p. 1705를 보라.

51 포스너는 또한 내가 과거에 다른 사건 Riggs v. Palmer, 22 N. E. 188 (N. Y. 1889) 를 사용한 것을 비판한다. Posner, "Problematics", p. 1707을 보라. 그는 그 사건에는 아무런 도덕적 쟁점도 없었다고 한다. 왜냐하면 모든 사람들이 살인을 저지른 상속자가 했던 일은 그릇된 것이라는 점에 동의했기 때문이라고 한다. 그러나 나는 이 사건을, 그것에 관련된 도덕적 판단이 논란의 여지가 많았기 때문에 어려운 사건이었던 것이 아니라, 그 독립적인 도덕원리가 법률 해석에서 어느 정도나 큰 역할을 해야 하는지가 논란의 여지가 많았기 때문에 어려운 사건이라고 보아, 예로 사용했던 것이다. *Law's Empire*, pp. 15~20.

52 Posner, "Problematics", p. 1704.

논쟁의 여지가 있는 도덕 판단을 내리는 것을 거부해야 한다는 자신의 주장을 전적으로 포기하는 것처럼 보인다. 그는 차라리 판사들에게 자신이 도덕 판단을 내리고 있다는 점을 표출하지 말라고 조언하고 있는 것이다. 그는 대법원이 '브라운' 판결에서 '솔직하지 않았'지만 그 지침은 정치적 도덕의 어떠한 논의를 시도하는 것보다는 현명했다고 한다.[53] 그는 만일 연방대법원이 "평등 보호 조항이 어떤 의미에서는" 학교와 다른 공공장소에서 인종 분리를 "방지할 것을 의도하였거나 방지하도록 사용되어야 한다는 점을 누구나 안다"라고 간단히 선언했다면 대법원의 의견이 더 효과적이고 더 정직했으리라고 덧붙인다.[54] 그러나 물론 그것은 거짓말이 되었을 것이다. 대법관들은 다수의 매우 저명한 법학자들이 평등 보호 조항이 인종 분리를 "어떤 의미에서는 방지할 것을 의도했거나 방지하도록 사용되어야 한다"는 사실을 "알지" 못한다는 점을 알고 있었기 때문이다. 그리고 그런 거짓말이 어찌하여 '정직'에 기여하게 되는지는 불분명하다.

그리고 공적 인종 분리가 평등한 시민권에 어긋난다고 공언한 법원이, 그 명제를 옹호하는 일은 거부하는 것이 왜 더 나았을 것이라고 생각하는지는 더욱더 불분명하다. 어쨌거나 법원은 인간의 기본적 평등에 관한 칸트적 이해가 벤담적 이해보다 더 우월하다는 주제나, 그와 견줄 만한 어떤 철학적 주제에 관해서도 논문을 출간하는 것이 필요하다고는 생각하지 않았을 것이다. 법원에게는 평등 보호 조항이 구현하고 있다고 이해되어야 하는 어떤 종류의 평등을 식별하는 어떤 원리, 대법관들이 그 다른 함의도 기꺼이 받아들이고자 하는 어떤 원리를 제시하는 것만으로, 지적·정치적 책임의 요구를 만족시키는 데 충분하였을 것이다. 우리는 그러한 하나의 원리를, 비록 그것이 '브라운' 사건 법정에 구속력 있는

---

53 같은 글, pp. 1705~06을 보라.
54 같은 글(중간 인용부호 생략).

것으로 제시되지는 않았을지 모르지만, 쉽게 구성할 수 있다. 평등 보호 조항은 어떤 시민들이 다른 시민들보다 열등하다거나 그들의 운명이 다른 시민들의 운명보다 평등한 배려를 받을 자격이 덜하다거나 하는 근거에서만 정당화될 수 있는 법적 제약이나 법제도를 금지하며, 인종 분리는 이와는 다른 어떠한 전제에서도 적정하게 정당화될 수 없다. (나는 연방대법원이 '브라운' 판결과 '로머'Romer 판결로 가는 와중에, 단속적으로 그 원리를 향해 실제로 움직이고 있었다고 생각한다.)[55] 물론 그것은 자기 강화를 하는 원리는 아니다. 학교 인종 분리에 적용되는 면을 포함해서 그 원리의 면면을 정당화하는 데 어떤 논변이 활용되어야 한다. 그러나 그 것은 도덕적 판단이, 헌법재판에서 드러나는 것처럼, 본질적으로 결말이 열려 있고 논쟁의 여지가 있다는 것을 말하는 것이다. 포스너는 사법부의 판단이 알고리즘이나 과학에 기초하는 쪽을 선호한다. 그래서 사법 판단이 항상 그의 특수한 용어로 합의에 의해 '해소되기'(resolved)를 바란다. 그러나 좋건 나쁘건, 판사들은 도덕적 쟁점에 직면하며, 도덕 이론을 조소한다고 해서 그러한 쟁점들이 수학적인 쟁점이나 과학적인 쟁점으로 바뀌지 않는다.

신(新)실용주의

만일 내가 옳다면, 포스너는 도덕 이론이 도덕 판단에 아무런 근거를 제시하지 않는다는 그의 '강한' 논제나 판사들은 도덕 이론을 피할 수 있고 피해야 한다는 '약한' 주장을 지지하는 아무런 논변도 제공하지 않

---

55 *Romer v. Evans*, 517 U. S. 620 (1996). 이 논변의 정교한 판본으로는 Ronald Dworkin, "Sex, Death, and the Courts", *New York Review of Books*, August 8, 1996, p. 44.

았다. 그와는 반대로, 사실을 가리려는 몇몇 영웅적이지만 모순된 노력에도 불구하고 계속해서 그 자신이 도덕 이론에 호소하고 있다. 우리는 그러므로 나의 원래 질문으로 돌아가야 한다. 만일 그의 논변이 그토록 나쁜 것이라면, '학술적 도덕주의'에 대한 그의 격렬한 적대감을 설명하는 것은 무엇인가? 나이가 들어 이론에 둔해져서 이론도 싫어하게 되었다는 그의 유쾌한 주장은 제쳐놓자.[56] (나는 그 설명의 전제는 전혀 좋아하지 않는다.) 아마도 그 답은 오직 기질에 놓여 있을 것이다. 윌리엄 제임스(William James)는 자신이 철학적 '아마추어'라고 부른 사람을 묘사한 바 있다. 이 사람은 '무른 마음'과 '딱딱한 마음'을 동시에 가지기를 바라며, 그래서 모순적인 태도를 결합하려고 한다.[57] 아마도 우리는 포스너에게서도 동일한 취향을 알아채는 것으로 만족해야 할지도 모른다. 비록 그는 딱딱한 마음과 무른 마음의 감성을 함께 섞고 싶은 것이 아니라, 딱딱한 정신과 더 딱딱한 정신을 섞고 싶어하는 것이지만 말이다.*

그러나 나는 이와는 다른 설명의 힌트를 준 바 있다. 이 힌트를 이제 탐사해보겠다. 내가 주장했듯이 포스너의 주장은, 그 자신의 거대하고 실질적인 도덕 이론에 의존함으로써만 지탱될 수 있다. 아마도 포스너는 실제로 그러한 하나의 이론에 의해 움직이고 있는 것일지 모른다. 만일

---

56 Posner, "Problematics", p. 1646을 보라.

57 Williams James, *Pragmatism*, ed. Bruce Kuklick, Indianapolis: Hackett, 1981 [1970], pp. 7~21.

* 윌리엄 제임스는 철학자의 기질이 철학 이론에 영향을 크게 미친다고 보았다. 그에 따르면 딱딱한 기질의 사람들은 추상적 원리보다는 구체적 사실을 바라보고, 무른 기질의 사람들은 구체적 사실을 넘어서는 추상적 원리를 추구하는 경향이 있다. 딱딱한 기질의 사람들이 끌리는 철학 사유가 경심파인데 여기에는 경험론, 비종교철학, 다원론, 실재론 등이 어울린다. 무른 기질의 사람들이 끌리는 철학 사유는 연심파이며 합리론, 종교철학, 일원론, 관념론 등이 어울린다. 포스너가 이론을 암묵적으로 전제하면서 이론을 싫어한다는 점에서 드워킨은 포스너를 두 마음을 섞는 태도를 보인다고 비유하고 있다.

그렇다고 해도, 그가 이들 강연에서 명시적으로 수용하고 있는 것은 그 이론이 아니다. 그는 스스로를 '도덕상대주의자'라고 말한다. "도덕적 주장을 타당하다고 선언하는 기준은 지역적인 것, 즉 그 주장이 개진되는 특정한 문화의 도덕 코드에 상대적"이라고 믿고 있는 사람이라는 것이다.[58] 그러나 그러한 자기 묘사를 위장막 이상의 것으로 진지하게 받아들이기는 힘들다. 그 이유에는 몇 가지가 있다.

첫째, 도덕상대주의에 관한 그의 설명은 곧바로 모순을 낳는다. 만일 중국의 도덕 코드가 이미 두 명의 아이를 가진 모(母)가 또 수정을 하면 언제나 낙태하도록 요구하고 아일랜드의 코드는 어떠한 경우에도 낙태를 금지한다면, 포스너의 정의에 따르면 중국인은 중국이나 아일랜드에 있는 어느 누구든 일정한 여건에서는 낙태할 의무를 진다고 말할 때에 '타당한' 도덕적 주장을 산출하고 있으며, 아일랜드인 역시 두 나라 국민 모두 정확히 그 반대의 의무를 진다고 선언할 때 '타당한' 도덕적 주장을 산출하는 것이다. 아마도 그는 '그 주장이 개진되는 곳'이 아니라 '그 행위가 일어나는 곳'에서를 염두에 두었을지 모른다. 그 독법에 따르면 중국인 발화자와 아일랜드인 발화자는 서로 모순될 필요가 없다. 각자는 모든 여성들은 그들 자신의 공동체의 코드에 복종해야 할 의무가 있다고 말할 수 있게 된다. 그렇다면 이렇게 정의된 상대주의를 받아들이는 아일랜드인 발화자는, 중국 여성이 낙태를 할 때 아무런 잘못을 저지르지 않는다는 점에 동의해야 한다. 그러나 포스너는 그러한 결과를 가져오는 상대주의의 '천박한' 판본을 거부한다고 말한다.[59] 더군다나 그 혼동은 다음 쪽에 가서 더 심해진다. 거기서 그는 그가 도덕적 '주

---

58 Posner, "Problematics", p. 1642.

59 같은 곳을 보라. 포스너는 버나드 윌리엄스(Bernard Williams)의 다음 책의 논의에 의해 오도되었다. Bernard Williams, *Morality: An Introduction to Ethics*, New York: Harper and Row, 1972, pp. 20~21. 윌리엄스는 포스너가 자신의 것으로 주장하는 것과는 중요한 점에서 다른 상대주의의 '기능주의적' 판본을 논의하고 있다.

관주의'라고 부르는 것에 공감한다고 선언한다. 자기 공동체의 도덕 코드를 거부하는 누군가는, 어쨌거나 '도덕적으로 그른 것'은 아니다. 왜냐하면 '초(超)문화적 도덕적 진리'란 결코 없기 때문이다.[60] 그러나 포스너가 방금 그 견해를 정의한 상대주의자는, 우리가 '타당한' 도덕 판단을 내릴 수 있는 '초문화적' 도덕적 진리를 필요로 한다는 점을 부인한다. 포스너는 스스로가 모순을 범했다는 사실을 감지했을 수도 있다. 왜냐하면 그는 자신이 진정으로 말하고자 하는 것이 타당한 도덕규범은 사람들의 공동체에 상대적인 것이 아니라 한 명의 개인에 상대적인 것이라는 점을 덧붙이기 때문이다.[61] 그러나 바로 한 페이지 앞에서 그는 자신이 "더 정확히는 도덕주관주의로 기술되는 '무엇이라도 상관없다'는 의미에서의 도덕상대주의자"라는 점을 부인한다.[62] 그것은 그러나 나중에 그가 상대주의자라고 분명하게 표명할 때의 정확히 그 의미로 보인다. 그는 어쨌거나, 유아를 살해하는 것이 옳다고 '신실하게' 믿는 누군가를 비도덕적이라고 부르지 않겠다고 말한다.[63] (그 의견은 또한 그가 최근에 다른 곳에서 공언한 다른 입장과도 정면으로 모순되는 것으로 보인다. 거기서 그는 "다음과 같은 것은 나의 견해가 아니"라고 말한다. "누군가 어린이들을 고문하는 것이 괜찮다고 말한다면 내가 그에 답할 수 있는 것이, 나는 동의하지 않지만 모든 사람은 각자의 견해를 가질 자격이 있다고 말하는 것이 전부"라는 견해는 나의 견해가 아니라고.[64]) 그 어둠은 그 강연의 후반부에서 전반적으로 깔린다. 거기서 '상대주의자'는 선언한다.

도덕원리는 '옳지' 않고서도 현재 흔들릴 수 없는 것이 될 수 있다. 한

---

60 Posner, "Problematics", p. 1643.
61 같은 곳을 보라.
62 같은 글, p. 1642.
63 같은 글, p. 1644를 보라.
64 Posner, "Conceptions of Legal Theory", p. 382.

사회의 어느 누구도 이를테면 인종 간 결혼을 금하는 터부에 의문을 제기하지 않았다는 사실은 그 터부를 도덕적으로 옳은 것으로 만들지 않을 것이다. 그 사실이 그 터부를 도덕적으로 옳은 것으로 만들 것이라고 생각하는 것은 천박한 상대주의를 받아들이는 것이다. 천박한 상대주의는 도덕원리에 대한 사회의 수용이 그 원리를 도덕적으로 옳게 만든다는 이념이다.[65]

포스너가 불과 한 페이지 앞에서 "도덕적 주장을 타당하다고 선언하게 하는 기준은 (…) 그 주장이 개진되는 특정한 문화의 도덕적 코드에 상대적"[66]이라고 공언한 것을 기억하라. 그 견해는 이제 그가 '천박하다'고 선언하는 바로 그 견해가 아닌가?

이 모든 것을 볼 때, 포스너가 자신이 공식적으로 지지하는 그 무엇과도 상이한 '도덕적 입장'에 의해 실제로 움직이고 있다고 생각해도 되겠다. 그는 이 상이한 입장을 다음과 같이 선언했을 때 잠깐 내비친다. "상대주의는 도덕에 대한 **적응주의적** 관념을 제시한다. 그 관념에 의하면 도덕은─도덕과 무관한 방식으로, 즉 망치가 못을 박는 기능에 잘 적용하였는가 그렇지 않은가를 판단하는 것과 같은 방식으로─한 사회의 생존이나 어떤 다른 목표에 대한 기여에 의해 판단된다."[67] 우리는 이 진술을 단번에 기각하고 싶은 유혹을 느낄지 모른다. 도덕에 대한 '적응주의적' 견해가 어떻게 도덕과 무관할 수 있는가? 우리는 도덕이 사회가 '생존'하도록 도와주느냐를 물음으로써 도덕을 평가할 수는 없다. 왜냐하면 어떤 사회가 채택하는 도덕은 거의 항상, 그 사회가 생존하느냐를 결정하는 것이 아니라, 그 사회가 생존하는 형식을 결정할 것이기 때문이

---

65 Posner, "Problematics", pp. 1704~05.

66 같은 글, p. 1642.

67 같은 글, p. 1641.

다. '다른 목표'들을 언급하는 것도 도움이 안 된다. 만일 어떤 특정한 사회 내에서 그 사회의 '목표'가 논쟁의 여지가 없다면 — 예를 들어 그 사회가 어떤 명시된 부의 측정 방식에 따라 전체 부를 극대화하는 것을 목표로 해야 한다는 점이 합의되었다면 — 망치의 비유는 적절할지 모른다. 그러나 우리 자신의 공동체에서 사회의 목표는 물론 논쟁의 여지가 없는 것이 아니다. 반대로 우리의 가장 의견 분분한 논변은, 우리가 추구해야 하는 목표가 무엇인가에 관한 것이다. 예를 들어 우리는 심각한 불평등을 대가로 부유해지는 것을 목표로 해야 하는가? 그러므로 '도덕과 무관한'이라는 것은 어둠 속에서 휘파람을 부는 것처럼 보인다. 만일 포스너가 자신이 적합하다고 생각하는 목적이 무엇인지를 진술함으로써 자신의 '적응주의적 관념'을 완성한다면, 그는 고전적인 형태로 표준적인 도덕 이론을 제시했을 뿐이고, 만일 그가 그런 진술을 제시하지 않는다면, 그는 아무것도 말하지 않은 것이 된다. (더 훌륭했던) 젊은 시절에, 포스너는 우리가 집단적으로 추구해야 할 목표에 대하여 특정한 제안을 옹호했다. 그리고 자신의 제안을 도덕 이론으로 이름 붙이기를 두려워하지 않았다. 우리의 목표는 우리 공동체를, 평균적으로 더 부유하게 만드는 것이 되어야 한다고 그는 말했다.[68] 이제 그는 겉보기에는 자신이 오류를 범했다는 것에 동의하는 것 같으나,[69] 적절한 사회적 목표에 대한 대안적 설명을 제시하지 않고 있다.

여기까지 살펴보면, 이것은 실용주의의 표준적인 딜레마로 보인다. 실용주의자들은 어떠한 도덕원리도 실용적인 규준에 의거해서 평가되어야 한다고 주장한다. 그 원리를 채택하는 것은 사태를 더 낫게 만드는가? 그러나 만일 그들이 어떤 특정한 사회적 목표라도 상정하게 되면 —

---

68 Richard A. Posner, "Utilitarianism, Economics, and Legal Theory", 8 *J. Legal Stud*. 103, 119-27 (1979), p. 69.
69 Posner, "Problematics", p. 1670과 n. 62를 보라.

사태가 언제 더 나아지는지에 관한 어떠한 관념이라도 제시하게 되면 — 그들은 자신의 주장을 훼손하게 된다. 왜냐하면 그 사회적 목표가 그 자체로는, 순환 논변을 펼치지 않고서는 독자적으로 정당화될 수 없기 때문이다. 그러므로 그들은 무엇이 사태를 더 낫게 만드는지 말하기를 보통 거부한다. 포스너가 가담해 있는 반이론 진영의 리처드 로티를 비롯한 다른 지도자들은, 모든 정치적 경험과는 반대로, 언제 상황이 개선되고 있는지가, 또는 그들이 유용하다고 믿는 용어로 말하자면 특정한 전략이 '작동'하는지[70]가 모두에게 분명하다고 가정하는 것처럼 보인다. 그러나 도덕적 의견 불일치는 '작동'하는 것으로 간주되는 것이 무엇인지에 관한 의견 불일치를 필연적으로 포함한다. 예를 들어 '친(親)생명'(Prolife)과 '친(親)선택'(Prochoice) 활동가들은 어떤 형태의 낙태 규제가 '작동'하는가에 관하여 매우 상이한 설명을 제시할 것이다. 그러므로 도덕실용주의는 많은 비판가들에게 공허한 이론으로 보였다. 도덕실용주의는 자신이 묘사하기를 거부하는 미래를 추구하는, 미래 전망적인 노력을 장려한다.

다윈주의 도덕생물학의 유행은, 실용주의가 충분히 자유방임적이라면, 실용주의에 새로운 희망을 제시하는 것처럼 보일지 모른다. 진화를 통해 인간은 생존뿐 아니라 번성을 도와주는 태도와 성향을 발전시키게 되었다는 점을 우리가 납득한다고 가정해보자. 그럴 때 우리는 적합한 규범과 태도를 파악하는 우리 자신의 능력을 신뢰하는 것이 아니라, 자연선택이나 그와 유사한 무언가를 통해서 그러한 파악을 할 수 있는 자연의 능력을 신뢰하게 될지 모른다. 우리는 우리 자신과 우리 공동체를 위해 무엇이 최선인지를 안다고 말할 필요가 없어진다. 우리는 단지 상이한 공동체에서 자연스러운 경향, 태도, 동감, 그리고 성향을 만들어온 과정을 신뢰하기만 하면 된다. 우리로서는 그 주제의 이론에서 기대되

---

70 1장을 보라.

는, 우리가 어떤 목표를 집단적으로 추구할 것이라거나 무엇이 개선으로 여겨지는지를 진술할 준비가 되어 있을 필요는 없으며, 자세히 진술할 준비가 되어 있을 필요는 확실히 없다는 것이다. 그 대신 우리는, 우리의 반성적 가정이 거짓된 사실 정보에 기반하고 있다고 설득되지 않는다면, 자연적 경향은 현명한 것으로 가정됨이 틀림없다고, 그리고 그 경향들이 우리를 인도하는 목표는 적합한 것으로 가정됨이 틀림없다고 말할 수 있게 된다는 것이다.

우리는 대략 이렇게 그려진 태도를 '다원주의적 실용주의'라고 부를 수 있을 것이다. 다원주의적 실용주의가, 그 근저에서는 실질적이고 비도구주의적인 도덕적 태도라는 점을 이해하는 것이 중요하다. 왜냐하면 그것은 일정한 종류의 인간 삶과 인간 사회의 일정한 사태가 다른 것들보다 더 우월하다고 전제하기 때문이다. 그것은 오직, 그것이 그러한 상태를 파악하고 그 상태에 도달하기 위한 특정한 수단 —사실적 탐구 또는 비개입적인 수용주의* —을 제안한다는 의미에서만 도구적이다. 그 도구주의는, 자연이 발견할 본질적으로 더 우월한 인간 삶과 사회의 사태가 있다는 그 추가적인 가정이 없다면, 즉 이러한 사태들이 사실적 오류들만 수정하고 나면 자연이 산출할 사태라는 이유만으로 '우월'하다는 추가적인 가정이 없다면, 전혀 이치에 닿지 않는 것이 될 것이다. 즉, 그것은 아무런 소득 없는 동어반복이 될 것이다.

그 다원주의적 실용주의가 포스너의 직관적이지만 숨겨져 있는 확신이라는 가정은 내가 기술했던 모든 수수께끼들을 해소해준다. 그것은 그가 자연스럽고 진정한 도덕적 확신에 관한 검토되지 않은 표현이라면 어떤 것도 비도덕적인 것으로 비난하기를 꺼린다는 점을 설명한다. 그것은 그가 이타주의와 도덕이 어떻게 발생하는지에 관한 생물학자들의 이야기에 열광한다는 점을 설명한다. 그것은 그가 왜 그토록 변덕스러운

---

* 상황을 바꾸려 하지 않고 그대로 받아들이는 자세.

도덕상대주의자인지 설명한다. 그는 우리에게 실행되고 있는 도덕 코드를 존중하라고 지시하는 상대주의의 정신에 강하게 끌린다. 그러나 그는 우리 자신의 것과 상이한 도덕 코드를 그릇된 것이라 부르고자 하는 우리의 자연적 충동을 도덕상대주의가 비난하는 것에는 끌리지 않는다. 그는 또한 도덕적 반역자를 비도덕적이라고 비난하기를 꺼린다. 그들의 반역 역시 자연적이며, 그가 주장하듯이, 다원주의적 가치가 있을 수 있다.("사실" "우리는 일부 비도덕주의자, 또는 적어도 무도덕주의자amoralist를 필요로 한다"고 그는 말한다.[71] 물론 비도덕주의자나 무도덕주의자들에게 희생된 사람은 그들을 필요로 하지 않는다. 문제의 그 '우리'는, 아직도 계속 진화하고 있으며 진화라는 목적을 위해 변이를 필요로 하는 인간 종이다.) 그 가설은 왜 그가 '엘리트' 판사들이 자신들을 본능적으로 불쾌하게 하는 것 — 그들이 '견딜 수' 없는 것 —을 위헌무효로 하는 데 자신들의 헌법적 권력을 사용하기를 원하면서도, 메스꺼움에 관한 그 어떠한 이론으로 견딜 수 없는 것의 울타리를 치기를 바라지는 않는 이유를 설명해준다.[72] 그것은 왜 그가 '흔들릴 수 없는' 도덕 코드는 무엇이 도덕적으로 옳은지를 해결해줄 수 없을 것이라고 선언할 때 자신의 상대주의를 갑자기 버

---

71 Posner, "Problematics", p. 1642.
72 같은 글, p. 1708을 보라. 같은 맥락으로 자신의 견해를 노출시키는 언급에서, 포스너는 교사가 교육 이론을 연구하지 않고서도 일을 더 잘할 수 있는 것과 마찬가지로, 판사는 도덕 이론을 연구함 없이 일을 잘할 수 있다고 주장한다. 그리고 그는 나의 주장을 이와는 반대로 "공허한" 것이라고 부른다. 같은 글, pp. 1697~98. 이 두 직업 사이에는 유관한 두 가지 차이점이 있다. 첫째, 교사들은 글을 써서 왜 그것이 옳은가를 설명하려고 시도함으로써 자신들의 행동을 정당화해야 한다는 요청을 별로 받지 않는다. 가끔 그런 요청을 받는 때도 있는데, 그런 경우에 교사들은 일종의 교육 이론에 실제로 연루된다. 둘째로, 가르치는 일에서 성공으로 여겨지는 바—예를 들어 학생들의 시험 성적의 상승—는 때때로 합당하게 명료하고 논란의 여지가 없어 우리는 교사의 시행착오적 노력을 도구적으로 테스트할 수 있다. 이 유비가 드러내듯이, 포스너가 판사들의 작업에 관하여 같은 견해를 취하고 있다는 것이 그의 법철학의 실패를 보여주는 징후이다.

렸는지를 설명해준다. 반대의 견해는 그가 유일하게 참된 진보라고 생각하는 종류의 '적응주의' 과정을 막을 것이기 때문이다. 그것은 왜 그가 도덕에 관한 어떠한 회의주의나 냉소주의에도 저항하는지를 설명해준다. 그는 도덕이 그 자연스러운 진화적인 힘을 오직 그것이 도덕처럼 느껴지는 한에서만 가진다고 이해한다. 그러므로 그는 마치 특정한 시(市)의 기온에 관한 지역적인 사실의 문제가 있듯이 도덕적 주장에 관한 지역적인 '사실의 문제'가 있다고 선언한다. 그리고 자신이 '일종의' 도덕 실재론자라고 선언한다.[73] 그러나 그는 동시에, 사람들이 만들어내는 도덕에 관한 정당화 중 도구주의적 정당화를 제외한 모든 것을 경계하며, 그래서 몇 페이지 뒤에 그는 자신이 여기서 수용하는 바로 그 실재론으로 "미끄러져 들어가고 있지" 않다고 주장한다.[74] 다원주의적 실용주의는, 더군다나, 올리버 웬델 홈즈에 대한 그의 깊은 흠모를 설명하는 데 도움을 준다. 홈즈의 논문 「법의 길」(The Path of Law)은 홈즈 대법관을 분류하려고 열심인 법철학자들을 혼란에 빠뜨렸지만, 그 제목이 시사하듯이, 역사를 관통하는 법의 길을 깎아내는 자연의 거침없는 용암류(流)에 찬사를 보내는 것으로 가장 잘 이해될 수 있기도 하다.[75]

무엇보다도, 그 다원주의적 가설은, 우리가 교육을 받지 않은 '일상적인' 도덕 추론과, 다른 한편으로 '학술적' 도덕주의 사이에 그었던, 우리가 앞에서 많은 문제가 있음을 알게 된, 그 구분을 설명해준다. 포스너는 자신에게 자연스러워 보이는 것을 보호하기를 몹시 원한다. 그리고 '비반성적인'은 그에게 '자연스러운'을 뜻한다. 그는 똑같은 열정으로, 자연의 냄새가 나지 않고 인위적인 등불의 냄새가 나는 것은 무엇이든 몹시 피하고 싶어한다. 그는 학문적 이론이 부자연스럽고, 개입주의적이고,

---

73 같은 글, p. 1643(내부 인용은 생략).

74 같은 글, p. 1704.

75 Oliver Wendell Holmes, "The Pathe of the Law," 10 *Harv. L. Rev.* 457, 459-60 (1897).

진정으로 삶을 살지 않은 사람들에 의해 쓰인 것이며 (그것의 무해함을 아무리 강변한다고 해도) 결국에는 위험한 것이라고 생각한다.[76] 그는 도덕 이론이 죽었다고 외쳤다. 그러나 철학의 장례를 치르고 싶어했던 모든 이들과 마찬가지로 그의 말은 그 자신의 이론의 승리만을 의미할 뿐이다. 왜냐하면 그의 논변은 그가 의도했던 바의 반대를 보여주기 때문이다. 그의 논변은 도덕 이론이 제거될 수 없으며, 도덕적 관점은 회의주의나 상대주의에도 필요 불가결하다는 점을 보여준다. 포스너 자신이 불분명한, 숨은, 매력적이지 못한, 그러나 끈질긴 도덕적 신념에 지배되고 있는 것이다.

부록: 실용주의와 '부시 대 고어'

'부시 대 고어'(Bush v. Gore) 사건의 연방대법원 판결에 대한 가장 인기 있는 옹호는, 법원이 다음 대통령이 누가 될 것인지에 관한 법적·정치적 투쟁과 지속되는 불확실성의 추가적인, 아마도 오래 끌게 될 기간을 이 나라가 거치지 않도록 해주었다는 것이다. 이 견해에 의하면, 다섯

---

76 포스너나 다른 누군가가 명시적으로 다원주의적 실용주의를 수용하지 않는다면, 나는 규범적 이론으로서의 그것에 관하여는 별로 많은 것을 말하지는 않겠다. (그 이론은 그 주의 깊은 진술이 충분히 논박되는 이론들의 범주에 속할지도 모른다.) 그것의 많은 부분이 유사 과학처럼 보인다는 점, 즉 실제로 발생한 것은 무엇이든지 설명할 수 있는 그러한 유사 과학으로 보인다는 점은, 도덕의 발달에 관한 새로운 진화적 모델의 약점이다. 우리는 예를 들어, 포스너가 비난하는 바로 그 관행에 대한 진화적 설명을 쉽게 구성할 수 있다. 철학적인 정당화를 포함하는 정당화 상승의 여러 층을 통한 도덕적 성찰은, 다른 여느 것이나 마찬가지로 인간 본성의 일부이다. 그러한 반성을 위한 능력과 취향은, 진화 이론이 주되게 관심을 기울이는 인류 조상들의 환경에서 그리 많이 발달하지는 않았다. 그러나 여기서, 이론과학의 경우와 마찬가지로, 우리의 이후 역사는 인류 역사의 매우 초기에도 존재하고 유용하였던 능력 위에 구축되었을 수도 있다.

명의 대법관들은 자신들의 판결을 법적 근거에서는 정당화할 수 없는 것을 알았으나, 국가를 이러한 어려움에서 구출하기 위해 법률가로서 자신들의 평판에 손상을 입는 희생을 치르면서 영웅적으로 판결했다는 것이다. 그들은 이 나라의 나머지 구성원들을 위해, 때때로 표현되듯이 '총에 맞았다'고 하는 것이다. 내가 편집한, 그 대통령 선거와 법원 판결에 관한 논평을 담은 책에서, 리처드 포스너는, 특징적인 기민함와 활기를 띠면서, 이 견해를 찬성하는 논변을 다른 어느 누구보다도 더 명료하게 개진하였다.[77]

포스너는 적어도 때때로는 판사들이 자신들의 일에 '실용적' 접근을 취하여, 설사 과거의 법리가 승인하지 않더라도 전체적으로 최선의 결과를 가지리라고 믿는 판결을 내려야 한다고 말한다. 그런 실용적 접근이 보수주의자들이 판결했던 방식으로 '부시 대 고어' 사건을 판결할 것을 권고하리라고 그는 믿는다. 그는 그들의 판결을 에이브러햄 링컨이 남북전쟁 도중에 인신보호 영장제도를 정지시키면서 헌법을 무시한 것과 비교한다. 그리고 더 불온하게는 연방대법원이 제2차 세계대전 동안 일본계 미국인들을 수용소에 억류하는 것을 허용한 판결에 비교한다.[78] 그러나 그는 사법적 실용주의가 전면전과 같은 예외적 비상 상황에만 적용되어야 한다고 생각하지 않는다. 이와는 반대로, 그는 실용주의를 판결의 일반적인 스타일로서, 헌법적 비상 상황에서뿐 아니라 보통의 사건들에서도 판사들에게 맞는 것으로 옹호한다. 그러므로 우리는 실용주의가 무엇이며 무엇을 의미하는지에 대한 그의 공식적인 진술을 살펴보아야 하겠다. 나는 그러한 진술들 중 하나를 그의 초기 저서에서 따왔다.

---

77 Richard Posner, "Bush v. Gore as Pragmatic Adjudication", in *A Badly Flawed Election: Debating* Bush v. Gore, *the Supreme Court, and American Democracy*, ed. Ronald Dworkin, New York: New Press, 2002.

78 Richard Posner, *Breaking the Deadlock: The 2000 Election, the Constitution, and the Courts*, Princeton, N.J.: Princeton University Press, 2001, p. 171.

사법 절차와 조금이라도 관련 있는 형용사로서 '실용주의적'(pragmatic)
은 아직 몸서리침을 야기한다. 그것은 사법부가 제 맘대로 하는 것 그리
고 주관성에 문을 열어젖히고 주관성을 조롱하는 길을 여는 것으로 보인
다. 그것은 법을 이해타산과 등치시키는 것으로 보이며, 그래서 마키아벨
리적인 것처럼 보인다. 그러나 실용주의적 재판이 필요로 하는 모든 것은,
법률이나 헌법 문언 그리고 이전의 사법부의 의견들과 같은 사법 판단의
정전이 되는 자료들만을 활용하는 하나의 정답이 되는 판결에 대한 논리
적이거나 형식적인 과정에 의하여 판사들을 인도하도록 의도된 알고리즘
에 의해 인도되는 재판이 아니라, 사안의 선택지가 되는 해결책들의 비교
에 의해 인도되는 재판이다. 실용주의자는 그러한 어떠한 알고리즘이 있
다는 것도, 있어야 한다는 것도 믿지 않는다. 그는 재판, 특히 헌법재판을
사회의 질서를 세우는 실용적인 도구로 보며, 사회를 위해 더 나은 결과를
갖는 판결이 선호되어야 한다고 믿는다.[79]

'부시 대 고어' 판결을 논의하면서, 포스너는 이 설명을 더 복잡한 철
학적 맥락 안에 놓는다. 그는 결과주의적이고 "냉철하며" 방금 인용한
단락에서 기술된 법적 추론에 대한 비용-편익적인 접근법인 "일상의"
실용주의와 좀 더 철학적인 두 가지 실용주의 형태를 구분한다. 이 둘은
전통적인 실용주의, 그리고 [전통에] 반항적인 실용주의이다.[80] 이 일상
의, 결과주의적인 의미에서 실용주의자인 판사는 선례와 기술적인 법적
논변을 경시하지 않는다. 그와는 반대로, 그 실용주의자 판사는, 전통적

79 같은 책, pp. 185~86.
80 나는 철학적 실용주의의 역사와 내용에 대한 포스너의 분석에 동의하지 않는다.
    그러나 그 분석이 '부시 대 고어' 사건에 관한 그의 논변과는 관련이 없기 때문에,
    나는 나의 상이한 의견을 여기서 옹호하지는 않겠다. 비철학적인 사법실용주의에
    관한 포스너의 설명은, 그러나 『법의 제국』에서 내가 했던 기술과 일치하는 것으
    로 보인다.

인 법적 논변과 법리를 사법부가 체계적으로 존중하는 것으로부터 나오는 좋은 결과와 판사들이 특정한 사안에서 전통적인 법리를 무시함으로써 나오는 나쁜 결과 모두를 잘 알고 있다. 좋은 결과에는 사람들이 확신을 가지고서 자신의 일을 계획하도록 북돋우는 일이 포함된다. 나쁜 결과에는 그러한 기대를 무시하고 그러한 기대를 체계적으로 존중하는 일반적인 혜택을 약화시키는 것이 포함된다. 그러나 실용주의자 판사는 정통적인 법적 추론을 맹종하는 존중의 위험 역시 잘 알고 있다. 그는 일정한 여건에서는 설사 그 판결이 확립된 법리를 정면으로 무시할 때조차, 어떤 특별히 중요한 편익을 산출하거나 특정한 심대한 위험을 피하게 해주는 판결을 내림으로써, 장기적으로 볼 때에도 더 나은 결과를 성취할 수 있다는 것을 안다. 그래서 실용주의자 판사는 법리를 존중하는 장기적 편익과, 때때로 그것을 무시해서 얻는 장기적인 편익을 형량해야만 한다. "이러한 형량을 하는 아무런 알고리즘도 없다. (…) 판사는 모든 것을 고려했을 때 합당한 판결을 내리려고 해야만 한다. 여기서 '모든 것'은 표준적인 법 자료도 포함하지만, 당면한 사안에서 그 판결의 효과로 식별될 수 있는 결과도 포함한다."[81]*

---

81 Posner, *Bush v. Gore as Pramatic Adjudication*, p. 201.

* 2000년 11월 7일 미국 대통령 선거는 텍사스 주지사였던 조지 W. 부시와 클린턴 정부의 부통령이었던 앨 고어의 대결로 펼쳐졌다. 미국의 대통령 선거는 50개 주의 인구수에 비례하여 선거인단을 나눈 뒤, 그 주에서 한 표라도 더 득표한 후보가 그 주의 선거인단을 다 가지게 된다. 그리고 이렇게 계산된 선거인단 전체 중 과반수를 확보한 후보가 대통령으로 임명된다. 당시 최대 격전지는 플로리다 주였다. 플로리다 주를 제외하고 보자면 그때까지 고어는 255명의 선거인단을, 부시는 245명의 선거인단을 확보했다. 결국 25명의 선거인단이 걸려 있는 플로리다 주에서 승리하는 후보가 대통령으로 당선되는 것이었다. 2000년 11월 8일, 플로리다 주 선거관리위원회는 부시가 플로리다에서 48.8퍼센트의 득표율로 1,784표의 승리를 거두었다고 보고했다. 격차가 득표수의 0.5퍼센트 미만이었으므로 법에 따라 자동으로 기계 재검표를 실시했다. 이틀 뒤인 10일, 한 카운티를 제외한 모든 지역에서 기계 재검표가 완료되었는데, 그 결과에 따르면 부시는 불과 327표만 더

앞선 것이었다. 플로리다의 선거법은 후보자가 카운티에 수동 재검표를 요청할 수 있게 하고 있었고, 고어는 플로리다 4개 카운티(Volusia, Palm Beach, Broward, Miami-Dade)에서 수동 재검표를 요청했다. 4개 카운티는 요청을 승인하고 수동 재검표를 시작했다. 그런데 플로리다 법은 또한 모든 카운티가 선거 후 7일 이내에 플로리다 주 국무장관에게 최종 투표 결과를 보고하도록 요구했다. 그러나 모든 카운티가 이 마감일을 다 지킬 수는 없는 상황이었다. 법정 마감일인 11월 14일, 플로리다 고등법원은 7일 기한이 필수적이라고 판결했지만, 카운티는 나중에 보고 결과를 수정할 수 있다고 판결했다. 다만, 동 법원은 플로리다 주 국무장관이 모든 관련 사정을 고려하여 늦게 수정된 보고서를 효력을 갖는 투표 결과 보고에 포함시킬지 말지를 결정할 재량권을 가졌다고 판결했다. 주 국무장관 해리스는 기한을 맞추지 못한 카운티들의 진술서가 제출 마감일의 연장을 정당화하지 못한다고 결정하고는, 2000년 11월 18일 부시가 승자임을 인정하였다. 그러나 그 뒤 플로리다 주 대법원은 주 전역에서 수동 재검표를 명했다.

이 재검표는 12월 12일까지 이루어져야 했다. 3 U.S.C. §5는 대통령 선거에서 '선거인단 선임에 관한 논란 결정'을 규제하고 있는데, 그 핵심은 선거인단 회의 6일 전에 선임에 대한 결정이 완료되어야 한다는 것이었다. 선거인단이 부시나 고어에게 표를 던지는 선거인단 회의가 12월 18일이므로, 최종 시한은 12월 12일이었다.

그런데 그렇게 재검표가 진행되던 도중인 12월 9일, 미국 대법원은 플로리다의 재검표를 중지하라는 결정을 내렸다. 그 이유는 플로리다 주의 재검표에 따른 표 계산은 오직 '합법적 표'에 의해서만 이루어져야 하는데, 재검표의 기준이 주 전역에 통일되어 있지 않기 때문에 '합법성'에 의문이 간다는 것이었다. 그리고 이렇게 의문이 가는 합법성은 회복될 수 없는 손해를 가져올 수 있기에, 재검표는 중지되어야 한다는 것이었다.

그 뒤 12월 12일에 내려진 본안판결이 '부시 대 고어' 판결이다. 이 판결은 첫째, 통일된 재검표 기준 없이 이루어지는 재검표로 표를 계산하는 것은 수정조항 제14조의 평등 보호 조항 위반이라고 확인하였다. 둘째, 이제 와서 재검표 기준을 통일하여 재검표를 해봤자, 최종 시한인 12월 12일까지 재검표를 완료하는 것은 불가능하므로, 재검표 재개를 명할 수 없다는 것이었다.

이 판결에 대해서는 첫째로, 투표용지에 기표한 유권자의 의도를 기준으로 표를 산정한다는 주 전역에 통일된 기준이 있었던 데다가, 카운티별로 투표용지 모양이나 투표방식 자체가 다르기 때문에 세부적으로 정확히 동일한 통일된 기준을 요구하는 것은 사실상 미국 전역의 투표를 다 무효로 보는 것과 마찬가지라는 비판이 있다. 둘째로, 연방대법원이 12월 9일에 재검표를 중지시키지 않았으면 통일된 기준으로 12월 12일까지 재검표가 완료될 수도 있었다는 것이다. 즉, 연방대법원 자신이 법원 명령으로 재검표가 기한 내에 이루어질 수 없게 만들고는, 기한

'부시 대 고어' 사건에서 연방대법원은 바로 그러한 형량을 해야 되었다고 포스너는 말한다. 부시의 상소를 기각하고 그리하여 플로리다의 재검표가 계속되도록 하는 것을 권고하는 선례와 법리를 따르는 것, 또는 재검표를 중지하기 위하여 설득력이 없는 법적 논변을 지지하여 부시가 즉시 당선되도록 하는 것 중 어느 것이 장기적으로 '사회를 위해 더 나은 결과'를 산출할 것인가? 다섯 명의 보수적 대법관들이 두 번째 선택지에 찬성표를 던진다면, 그들이 지독하게 당파적인 판결을 내렸다고 생각되리라는 점은 예측 가능하였다고 그는 말한다. 그리고 정직성과 불편부당성이라는 대법원의 중요한 평판은 손상될 터였다. 그러한 점은 첫 번째 선택을 지지한다. 그러나 첫 번째 선택을 따랐을 때 나오는 '최악의 시나리오'라고 부른 것의 가능성은 두 번째 선택을 더 강력하게 뒷받침한다. 다음과 같은 것이, 2000년 12월에 연방대법원 대법관들이 판결을 내리기 위하여 생각해보았음 직한 최악의 시나리오라고 포스너는 말한다. 재검표는 고어가 플로리다에서 승자라는 점을 보여줄지 모른다. 그렇게 되면 플로리다 법원은 그 주의 선거인단의 표가 고어에게 갔음을 확인할 것을 명해야만 했을 것이다. 그런데 연방대법원의 판결이 12월 12일까지 내려져야만 했기에, 그 재검표는 바로 같은 날이 되는 '세이프 하버'(safe harbor, 어떤 행위가 특정한 법이나 규칙을 위반하지 않은 것으로 간주되는 기준을 규정한 조항. 여기서는 '최종 시한' 정도로 이해해도 무리가 없을 것이다 ─ 옮긴이) 시한까지 완료되지 않았을 것이다. 이로 인해 플로리다 주는 선거인단의 표를 확인하라는 의회의 요구로부터 면제될 수 있었을 것이다. 실제로 책임 있는 재검표는, 선거인단이 투표하도록 요구받는 날인, 12월 18일까지도 완료되지 않을 수 있었다. 그러는 사이에, 공화당이 지배하는 플로리다 주의회는, 부시를 지지하는 플로리다 주 자

내에 이루어질 수 없으니 재검표를 재개시키지 않는다는 결론에 도달하였다는 것이다.

신의 선거인명부를 골랐을 수 있다. 연방의회는 그러면 두 명부 사이에서 골라야 했을 것인데, 이러한 과제에 직면하여 의회는 분열될 수 있었다. 공화당이 지배하는 하원은 '부시 명부'(Bush slate)를 고르지만, 같은 정도로 분열되어 있으면 고어 부통령이 의장을 맡고 캐스팅보트를 던질 수 있는 상원은 '고어 명부'를 지지할 수 있었다. 만일 의회의 의견이 일치할 수 없다면, 부시의 동생인 플로리다 주지사가 인증하는 명부로 정해졌을 것이다. 그러나 만일 플로리다 주 대법원이 주지사에게 '고어 명부'를 인증할 것을 명하고, 주지사가 이 명령을 거부하여 법원이 그에게 법원모독죄로 선고했다면? 누가 주지사의 공식적인 평결이 무엇이었는가를 판단할 것인가? 결국 플로리다의 표들이 전혀 산정되지 않았다고 가정해보자. 고어는 그럴 경우 선거인단이 던진 표의 과반수를 얻었을 것이지만, 선임된 선거인단 전체의 과반수를 얻지는 않았을 것이다. 그럴 경우 그의 대통령 취임은 그가 오직 전자의 과반수만을 필요로 한 것이 맞는지에 관한 해결되지 않은 쟁점에 달려 있게 될 것이다. 연방대법원은, 그 질문이 정치적 질문이라는 이유로 그것을 다루는 것을 거부했을 수 있다. 그럴 경우 교착 상태는 무한정 지연되게 될 것이다. 대통령 권한대행이 필요해질 것이고, 일정한 가정 하에, 그 권한대행은 당시 재무부 장관이었던 (그리고 지금은 하버드 대학 총장인) 로렌스 서머스(Lawrence Summers)가 되었을 것이다. 서머스는 실효적인 권한대행이 될 수 있었을가?

포스너는 이 최악의 시나리오의 그럴듯함을 위해 때때로 온건한, 부정적인 형식의 주장을 한다. 그는 그러한 시나리오가 "결코 기상천외한 일도, 매우 개연성이 없는 일도 아니"라고 말하면서, 나중에는 그것이 "불가피한 것은 아니"지만 "공상적인 것으로 생각될 수는 없다"고 하였다.[82] 그러나 대부분의 곳에서는, 그 시나리오가, 불가피한 것은 아니라

---

82 같은 글, pp. 192, 201.

하더라도, 적어도 개연성은 있어서 실용주의자 판사들이 재검표가 계속되도록 허용하는 판단을 내린다면 그 판단의 결과로 가정해보아야만 하는 것인 것처럼 논한다. (그는 2000년 대선에 관한 자신의 책 제목을 '교착 상태를 풀기'[Breaking the Deadlock]라고 달았지 '공상적이지 않은 교착 상태를 풀기'[Breaking a Not Phantasmal Deadlock]라고 달지 않았다.) 사실 확률의 할당은 그 어떤 진정한 결과주의적 분석에도 필수 불가결한 것이다. 실용주의자가 각 선택지의 가능한 최악의 결과, 또는 최선의 결과, 심지어 가장 그럴듯한 결과만을 서로 비교함으로써 두 선택지를 비교한다는 것은 비합리적인 일이 될 것이다. 그는 각 판결의 다양한 가능한 결과들을, 그것들의 중요성을 고려에 넣고, 그 확률에 따라 각각의 중요성을 깎아가면서, 비교해야만 한다. 포스너의 실용적인 논변은, 우리가 이러한 정신 하에서 재정식화할 때, 그 자체의 조건으로 보아도 놀랍도록 덜 인상적인 것이 된다.

포스너는 플로리다 대법원에 의해 명령된 수작업 재검표가 12월 12일이라는 '세이프 하버' 기한까지 완료되는 것이 가능하지 않았다고 가정함으로써 의견을 펼쳐간다. 그리고 12월 18일까지도 완료되는 것이 극히 그럴 법하지 않다고 가정한다. 그러나 이 가정은, 실용적 결과주의자가 가정할 수 없는 무언가를 전제하는 것이다. 그 가정이란, 장기적인 결과의 깔끔한 형량 이외의 무언가가 연방대법원으로 하여금 12월 9일에 플로리다의 재검표를 유지하도록 요구하였고, 또한 12월 12일 판결을 통해서, 진행되고 있는 수작업 재검표는 통일된 재검표 규준을 규정하지 않았기 때문에 결함 있는 것이라고 선언하도록 요구했다는 가정이다. 일관된 실용주의자는, 12월 9일에 재검표 지속을 명할 것인가를 고려함에 있어서, 법원이 광범위한 법리를 끌어올 수 있는 판결인 전혀 개입하지 않는 판결이, 그날에는 재검표를 계속하도록 명하고 며칠 뒤에는 재검표가 통일된 규준의 규율을 받지 않기 때문에 위헌적인 것이라고 판결하는 것보다, 장기적으로 더 나은 결과를 가져오지 않는지 물었어야 했을 것이다. 그 실용주의자 판사는, 첫 번째 선택이 산출하고 두 번째 선택은 피하게 될 무질서가 얼마나 큰가를 스스로 물음에 있어, 재검표가 어떤 연관되지 않은 이유로 12월 13일에 중지될 것이고, 통일된 규준을 논의하고 채택하는 데 시간이 얼마나 걸리건 그 규준이 채택된 이후에야 재검표가 다시 시작하였을 것이며, 그 새로운 규준의 적용에 관한 논변을 재판할 시간을 주었을 것이라고 가정했을 수는 없다.[83] 그러므로 결과주의자의 적절한 질문은, 만일 플로리다 대법원의 재검표가 법원이 원래 명령했던 형태로 진행되는 것이 허용되었다면, 즉 연방대법원의 어떠한 종류의 간섭도 받지 않고 진행되었다면, 12월 12일 플로리다에서 승자를 기한 내에 확인하였을 것인가 또는 어쨌거나 12월 18일에는 확인하였을 것인가라는 질문이다. 그리고 그러한 질문에 그렇다고 답하는 것을 의문시할 아무런 이유도 없다. 그렇다면 '최악의 시나리오'의 나머지 부분은 무관하다. 이 오류는 포스너의 논변에만 있는 것이 아니라, 위기를 피하게 해줌으로써 연방대법원이 우리에게 좋은 일을 해줬다고 하는 더 비형식적이고 널리 받아들여지는 논변에도 있는 것이다. 이 모든 논변들은, 연방대법원이 리스크를 피하기 전에 리스크를 악화시켰다는 사실을 무시한다. 만일 연방대법원이 나머지 우리를 위해 총에 맞았다고 비유한다면, 바로 그 법원이 총을 쏘기도 한 것이다.

더군다나, 우리가 이 중대한 반론을 제쳐놓고, 아직 채택되지 않은 새

---

83 실용주의적 장점에 근거해서 판결하려고 하는 가상의 실용주의자 판사가, 포스너가 오류를 범하는 것이라고 여기는 평등 보호 근거에서가 아니라, 그가 다소간 더 존중할 만하다고 여기는 제2조의 근거에서 판결하려고 했는가는 그 논점에 아무런 차이를 가져오지 않는다. 실용주의자 판사는 여전히 12월 9일에는 그 어떤 추가적인 개입도 거부할 경우의 결과를 플로리다 법원이 제2조를 위반했다고 얼마 후에 선언할 때 발생할 결과와 비교했어야 했기 때문이다. 그리고 그 실용주의자 판사는 재검표자가 12월 9일에는 도구를 내려놓고는, 어떤 설명할 수 있는 이유로 12월 13일에는 다시 그 도구를 집어들게 될 것이라고 추정할 아무런 이유가 없었을 것이다.

로운 규준 하에서 재검표가 12월 13일에 다시 시작되어야 했다고 가정한다고 해도, 법원이 나라를 위기에서 구했다는 논변은 포스너나 그 인기 있는 견해가 가정하는 것보다 여전히 훨씬 더 약하다. 실용주의자는, 그 가정 하에서도, 재검표가 언제든 끝났을 때, 부시가 승자임을 보여줄 50 대 50의 확률이 있으며, 부시가 승자일 경우에 논란은 끝이 난다는 것을 가정했어야 한다. 그리고 재검표 결과가 고어가 승자임을 보여주었다 하더라도, 포스너가 기술한 교착 상태를 촉발하는 단계들 중 어느 것도 피할 수 없는 것은 아니었다. 플로리다 의회는 부시 명부를 선임하지 않을 수도 있었다. 플로리다 공화당 의원들 중 일부에게조차 그렇게 할 때 감수해야 할 진정한 정치적 위험이 있었다. 플로리다 의회가 부시 명부를 선임했다 할지라도, 연방의회는 경쟁하는 고어 명부와 부시 명부 사이에서 하나를 고르는 데 교착 상태에 빠지지 않을 수 있었다. 일부 공화당 의원들은, 플로리다 시민들에 의해 선택된 선거인을 정치 공직자들이 선택한 선거인에 대하여 우선시하는 논거를, 극복하기에는 지나치게 강한 것이라고 생각했을 수 있다. 부시가 주지사인 텍사스 주 출신의 몇몇 민주당 상원의원들은 부시를 찍기로 한 플로리다 선거인명부에 찬성투표를 하라는 정치적 압력에 굴복했을 수도 있다. 한쪽 후보가 물러섰을 수도 있다. 부시가 물러서야 한다는 도덕적 논거는 매우 강했을 것이다. 그는 전국 유권자 투표에서 졌으며, 플로리다 투표자의 훨씬 많은 수가 그가 아니라 고어에게 표를 던지려고 했음을 알고 있었다. 만일, 그에 더하여, 재검표가 플로리다의 더 많은 투표자가 실제로 고어에 투표했음을 드러냈다면, 공공 여론은 부시가 중재 하의 합의(brokered deal)나 의회 파워 게임을 통해 대통령이 되는 것에 너무도 결정적으로 반대하는 쪽으로 움직여서, 그는 굴복하는 것이 최선이라고 생각했을 수도 있다. (많은 유럽인들은 나비형 투표지 사건으로 말미암아 그가 어떠한 평가에 의해서도 승자의 자격을 도덕적으로 얻을 수 없음이 분명하게 드러난 후에도 부시가 물러서지 않았다는 점에 놀랐다.) 또는 작은 위기가 지속되어감에 따라,

자기 증식을 하는 방식으로 공공 여론이 점점 고어에 반대하는 식으로 커져서, 고어는 즉시 굴복함으로써 자신의 정치적 미래가 더 나아진다고 판단했을 수도 있다. 또는 포스너가 상상하는 것보다는, 의회에서 더 빨리 어떤 거래가 출현했을 수도 있다. 또는 플로리다의 표가 산정되지 않을 것임이 명백해졌다면, 연방대법원은 투표된 유권자 표의 과반수나 투표된 모든 표가 대통령에 취임하기 위해 필요한 것인지를 판단하는 데에 동의했을 수도 있다. 연방대법원은, 의회에서 정치적인 해결이 이루어지지 않고 있는 경우에, 연방대법원이 결정할 책임이 있다는 것이 해석의 직접적인 결과라고 설득력 있게 논했을 수 있다. 아니면, 만일 모든 최악의 시나리오가 실제로 현실화되었다 하더라도, 서머스는 대통령 권한대행으로 잘 통치했을 수도 있다. 물론 이러한 사태들 중 일부는 다른 사태보다 발생할 확률이 분명히 더 낮았으며, 또 일부는 발생 확률이 정말로 매우 낮았다. 그러나 만일 우리가 재검표가 고어를 승자로 보여주었을 확률이 대략 50퍼센트에 불과하다는 전제를 갖고 시작하고, 포스너의 다른 사변의 복합적인 확률을 고려하게 되면, 그의 최악의 시나리오는 극도로 개연성이 없다는 것을 알게 된다. 그것은 단지 정치는 결코 모르는 일이라는 것을 말하는, 필요 이상으로 더 복잡한 방법이 되는 것이다.

포스너의 최악의 시나리오조차 국가적인 비극이 되지는 않았을 것이다. 그것은 남북전쟁에서 남부의 승리나 제2차 세계대전에서의 일본의 승리와 맞먹는 (포스너의 비유를 상기하자면) 나쁜 것이 되지는 않았을 것이다. 그렇다면 이때까지의 포스너의 실용주의적 옹호는 실패인 것 같다. 그러나 우리는 가장 심각한 문제들에 아직 이르지 않았다. 내가 말했듯이 12월 9일에는, 실용적인 고려 사항들이 분명히도 연방대법원의 개입에 반대하여 무게의 추를 움직였다. 그러나 그 판단이, 모든 실용적 고려 사항 중 가장 중요한 것 하나를 무시한다는 점을 이제 인정해야겠다. 만일 실용주의자 연방대법관이 12월 9일에 플로리다의 재검표를 중지시키는 모든 결과를 재검표를 지속시키는 대안적 결과와 비교했다면, 재검표의 지속은 고어가 대신에 대통령이 될 확률을 상당히 —50퍼센트라고 해두자 —높이는 것을 의미했던 반면에 재검표의 중지가 적어도 4년간 부시의 대통령 자리를 확보해주리라는 점을 무시하는 것은 그에게는 비합리적이었을 것이다. 이 두 정치가 중 누가 마침내 대통령이 될 것인가의 문제는, 두 결정에 대한 진정으로 실용적인 비교에서 다른 요소들을 모두 휩쓸어버렸을 것이다.

대법관들은 부시나 고어가 2001년 초에 대통령이 된다면 나라가 나아질지에 관하여 각자의 견해를 의문의 여지 없이 갖고 있었다. 대통령에게는 좋고 나쁜 일을 할 수 있는 엄청난 권한이 있었다. 이는 부시의 재임 기간에 극적으로 드러나기도 했다. 그리고 대법관들은 다른 정치가가 아니라 그 어떤 정치가가 4년 동안 대통령이 되어 국가에 미치는 결과에서의 차이가 대단히 크다는 것을 알고 있었다. 그들은 '부시 대 고어' 사건에서 포스너가 기술한 비용과 편익 어느 것도 그 정도의 중요성을 가지지 못하리라는 것을 알았다. 부시의 취임을 환영한 사람은 연방대법원의 판결을 결과주의적인 측면에서 승리로 생각했을 것이다. 그것은 골치 아프지 않고 선거 후 분쟁을 지속시킬 위험을 감수하지 않으면서 바랐던 결과를 달성한 판결이었을 것이다. 그러나 부시가 미국에 위험하다고 생각한 이들은 그 판결이 실용주의적 재앙이라고 생각했을 것이다. 그런 사람들은, 선거 후 지속되는 분쟁이 부시의 대통령 취임을 종국적으로 피하기 위한 상당한 가능성을 얻기 위해 치러야 할 하나의 작은 대가에 불과하다고 생각했을 것이다. 그리고 이것이 결정적인 논지다. 실용주의자 대법관은 이 결과주의적 판단 중 어느 것이 옳은지를 스스로 판단했어야만 했다. 그리고 이것은 부시와 고어 중 누가 나라를 위해 더 좋은가를 판단하는 것을 의미한다. 물론 이것이 바로 다섯 명의 보수적 대법관들이 실제로 한 일이라고, 가장 혹독한 비판가들이 생각하는 바이다. 대법관들은 부시가 더 나은 대통령이라고 생각했으며 그런 생각에 따라 행동했다. 실제로 거의 모든 사람들은 만일 다른 사건은 똑같지만 후보의 입장만 바뀐, 즉 고어가 승자로 확인되었고 부시가 플로리다 법원을 설득하여 재검표를 명하게 했으며, 고어가 연방대법원이 이 재검표를 중지해달라고 청구한 사건이 대법원에 왔다면, 다섯 명의 대법관은 전혀 개입하지 않는 데 표를 던졌을 것이라고 생각한다. (포스너조차 그럴지 모른다고 생각한다. 비록 그는 다섯 명의 대법관에게 정치와 자기 이익이 미친 영향은 오직 그들로 하여금, 그들이 간과했을지 모르는 논변들에 '더 민감하도록' 만들었을 뿐이라고 시사하기는 하지만 말이다.)[84] 그러나 거의 대부분의 사람들 —내가 생각하기에 포스너를 포함해서—이 이러한 사실들은 유감스러운 것이라고 생각한다. 그것은 다섯 명의 대법관에게 엄청나게 치명적인 비판으로 생각된다. 만일 이것이 사실이라면, 그들이 재검표를 멈춘다면 어느 후보가 이길 것인가에 중대한 차이를 가져온 것이다. 그러나 만일 대법관들이 이 사안에서 '실용주의적' 결론에 이를 책임을 진다는 점에서 포스너가 옳다면, 대법관들로 하여금 그러한 사실들이 그런 중대한 차이를 만들지 않도록 하는 것이 무책임한 일이 되었을 것이다.

포스너는 이 난점을 인정한다. '부시 대 고어' 판결에 관한 논의에서 놀랍게도, 그는 그것이 "아마도 실용주의적 재판에 대한 궁극적인 도전"을 제기한다고 시인한다. 겉으로 보기에 이것은, 실용주의가, 판사들로 하여금 국가를 위한 최선의 후보를 선출하도록 선거 사안을 때때로 판결하도록 권고한다면, 재판 이론으로서 받아들일 수 없는 이론이 된다는 시인인 것이다.[85] 그러나 그는 비록 훌륭한 실용주의자는 결과를 평가할

---

84 Posner, *Breaking the Deadlock*, p. 180.

85 몇몇 대법관들이 생각한 바라고 포스너가 상상하는 대로, 고어의 대통령 취임이 '국가적 재난'이 될 것이라고 가정해보자.(Posner, "Bush v. Gore as Pragmatic Adjudication", p. 207) 또한 포스너가 가정하듯이, 그러한 견해가 연방대법원의 판결에 영향을 미치게 내버려두는 '체계적인 결과'가 매우 나쁘다고 가정해보자. 만일 그러한 체계적 결과가 고어 대통령 취임의 재난을, 결과주의적 척도에서 장기

때 다른 모든 것들은 고려하겠지만, 예를 들어 어떤 '불한당' 국가가 길어진 대통령 취임 분쟁을 이용해 우리에게 피해를 줄 위험은 고려하겠지만, 어느 후보의 전반적인 정책이 4년 동안 우리에게 더 나을 것인가는 고려에 넣지 않을 것이라고 선언한다. 그는 그 결과를 '운이 좋은' 것이라고 묘사한다. 그러나 그 결과에 대한 그의 옹호는 납득이 가지 않는다.[86] 그는 '규칙-결과주의'(rule-consequentialism)라고 철학자들에게 알려진 전략에 의존한다. 이 전략은 사람들이 모든 사안에서 그 규칙을 따르면 장기적으로 최선의 결과를 산출하도록 신중하게 구성된 어떤 규칙을 따름으로써 장기적으로 최선의 결과를 흔히 산출한다고 가정한다. 당면한 그 사안에서 시간이 흐름에 따라 그 규칙을 따르는 것이 최선의 결과를 산출하건 산출하지 않건 상관없이 말이다. 그는 판사들이 바로 그 이유에서, 당파적인 정치적 판단을 하지 않아야 한다는 엄격한 규칙을 따라야 한다고 주장한다.

사법부의 판결이 대통령 선거의 결과를 결정하게 되는 그토록 희귀한 사건에서 누가 더 나은 대통령이 될 것인가를 고려에 넣는 대신, 이 규칙을 따르는 것이 장기적으로라도, 정말로 최선의 결과를 내리라고 생각하는 이유는 불분명하다. 물론 대법관들이 당파적인 판결을 내렸다고 사람들이 일반적으로 생각한다면 그것은 연방대법원의 평판과, 그리하여 그 실효성을 손상시킬 것이다. 그러나 사람들은 '부시 대 고어' 판결에 관하여 어쨌거나 그렇게 생각한다. 평판과 실효성의 손상은, 포스너 그 자신이 강조하였듯이, 보수적 대법관들이 부시에 찬성하여 판단을 내릴 것

적으로 능가한다면, 실용주의자 판사는 자신의 정치적 의견을 따르려는 유혹을 받지 않을 것이다. 그러나 만일 그와는 반대로 재난이 장기적으로도 체계적 결과를 능가한다면, 모든 것을 고려했을 때 최선인 그 무엇을 실용주의자 판사가 행하기를 주저해야 하는 이유가 무엇인가? 이 지점에서 포스너가 명백히 소심함을 보인다는 점은, 그가 기껏해야 반쪽짜리 실용주의자라는 점을 시사한다.

86 같은 곳.

이라는 점이 일단 분명해진 뒤에는 적어도 연방대법원의 선거 개입의 중요하고 불가피한 대가였다. 포스너는, 어쨌든, 실용주의자 판사가 실용주의를 공개적으로 받아들인다고 이야기해야 한다고 생각하지 않는다. 포스너는 '부시 대 고어' 사건에서 다수의견은 실용주의적 근거에서 판결을 내리면서도, 그 사실을 숨기기 위해 가능한 한 그것을 덮을 수 있는 최선의 법리의 흐름을 구성했어야 한다고 시사한다. 그러나 판결의 실제의 실용주의적 근거가 공중에게 어쨌거나 숨겨질 것이라면, 어째서 판결의 단 하나의 가장 중요한 결과를 포함해서는 안 된다는 말인가? 포스너는 그것이 미국 정부의 권력의 균형을 교란할 것이라고 말한다. 만일 이 말이 의미하는 바가 그런 이유에서 나쁜 장기적인 결과로 이어질 것이라는 점이라면 그는 왜 그러한지를 설명해야만 한다. 왜 매우 드물게 일어나는 사소한 교란을 가능한 한 숨기는 것을, 재난이 될 대통령 취임으로부터 국가를 구할 때에는 그런 일을 허용하는 것이 장기적으로 더 낫지 않다는 말인가? 포스너의 논변은 실용주의자 판사의 판결이 당파적 근거의 거부를 찬성하는 실제의 실용주의적 근거에 의해서보다는 어떤 대가를 치러서라도 당파적인 정치적 근거에 자신의 판단을 조금이라도 기초짓는 것을 거부하려는 필요에 의해 움직이는 것으로 보인다.

물론, 그러한 당파적인 판단에 결코 의존하지 않는 규칙을 판사가 따라야 한다는 점에서는 그가 옳다. 그러나 그는 '부시 대 고어' 사건의 보수적 대법관들의 판단이 자신들이 보기에, 자신들이 만일 그 규칙을 따랐으면 최선의 전반적인 결과를 증진하는 것으로 옹호될 수 있으리라고 상상한 점에서는 틀렸다. 규칙-결과주의는 사안별로 결과를 판단하는 논변을 제공하지 않고, 그 대신에 고정된 규칙에 따라서 판단하는 것을 찬성하는 논변을 제공한다. 그러나 포스너는 여기서 무언가 매우 다른 것을 제안하고 있다. 판사들이 사안별로 결과를 평가함으로써 판단하면서도 동시에, 가장 중요한 결과는 제쳐두고 고려하지 않도록 하는 규칙을 채택하는 혼합된 과정을 제안하고 있는 것이다. 이것은 기이한 것이다. 판사들이 당파적이어서는 안 되기 때문에, 국가에 전반적으로 그 결과가 더 나은지에 관한 계산이 아니라 원리와 법리에 따라 엄격하게 대통령 선거 사안을 판결해야 한다고 말하는 것은 매우 이치에 닿는다.[87] 또한, 비록 매력적이지 않은 것이기는 하지만, 판사들이 최선의 결과를 산출하는 것을 목표로 해야 하기 때문에, 대통령 선거와 같은 사안들에서, 당파적인 정치적 판단을 해야 한다는 것, 그리하여 결과에 대한 전반적인 평가가 그러한 고려 없이는 불가능한 그러한 판단을 해야 한다는 것 역시 이치에 닿기는 한다. 반면에 그러한 사건을 판결의 비용과 편익을 평가함으로써 실용주의적으로 판단해야 하는데 그 분쟁의 가능한 승자가 누구인지는 전혀 고려하지 않으면서 판단해야 한다는 것은 전혀 이치에 닿지 않는다. 왜냐하면 그 사실은 이러한 비용과 편익을 평가함에 있어 절대적으로 결정적인 중요성을 갖기 때문이다. 부시가 대통령이 되는 것이 얼마나 좋을지 나쁠지 — 포스너가 말한 최악의 사태를 피하기 위해 가장 확실한 방법의 가장 확실한 결과인 부시 재임의 결과 — 를 고려하지 않고서 포스너가 말하는 최악의 사태의 진정한 위험비용을 어떻게 이치에 닿게 판단할 수 있다는 말인가? 포스너의 결론이 정해진 권고는, 실용주의적 결정이 아니라 실용주의의 패러디다. 이것은 가격, 활용 가능성, 처방의 쉬움만을 비교할 뿐 그 약이 환자를 치료할지 죽일지는 고려하지 않고 비교해서 환자에게 선택지가 되는 약을 의사더러 선택하라고 주문하는 것과 같다.

그러므로 연방대법원의 행위에 대한 포스너의 좋은 결과에 의거한 옹호는 주의 깊게 검토해보면 붕괴된다. 그러나 포스너가 대법원 판결에 대한 자신의 논문에서 더 일반적인 사법실용주의에 대한 옹호를 제시하

---

87 우리는 심지어 그 명제에, 만일 그것이 유관하고 참이라면, 판사들이 그러한 사건들을 오직 원리에 의거해서만 판단할 경우에 장기적으로 사실상 최선의 결과를 가질 것이라는 점을 덧붙일 수도 있겠다.

였으므로, 우리는 그의 더 일반적인 논변도 살펴보아야 할 것이다. '실용주의'는 오늘날 법률가들 사이에서 업계의 유행어가 되었다. 그것은 모든 곳에서 등장하며 가장 이상한 맥락에서도 등장한다.[88] 다른 사람들 모두와 마찬가지로, 판사들의 판결의 상이한 가능한 결과의 상대적 가치에 관하여 의견이 불일치하기 때문에, 그들에게 결과들을 형량하여 결정하라고 말하는 것 — 포스너가 많은 사람들이 그렇게 생각한다고 동의했듯이 — 은 오직 법 없는 상태로의 초대일 뿐이다.

사법적 실용주의와 더 정통적인 재판 이론 사이의 차이는, 공동체의 거의 모든 이들이 나쁘다고 생각할 판결을 전통적인 법적 분석이 권고하는 것이 분명해지는 극적인 사건에서 파악하기 쉽다. 남북전쟁 기간 동안 인신보호 영장제도(habeas corpus)를 중지함으로써 헌법을 무시한 링컨의 결정에 관한 포스너의 예시는 그런 종류의 사안이다. 물론 이러한 조치가 국가 안보를 위해 필요한 것이었다는 링컨의 가정이 결과주의적인 분석으로서 건전하였는지에 관하여는 의문의 여지가 있다. 그러나 그가 기여하고자 하는 목표 — 국가 안보라는 목표 — 는 링컨이 그들을 위하여 행동했던 이들의 공동체 내에서 논쟁의 여지가 있는 것이 아니었다. 그러나 많은 — 아마도 대부분의 — 난해한 사건들에서는, 판사들이 결과에 관해서만 생각해야 한다고 단순히 말하는 것은 도움이 되지 않을 것이다. 왜냐하면 논쟁의 핵심은 그 결과들이 어떻게 평가되어야 하는가에 놓여 있기 때문이다. 내가 이 논점을 지적하기 위하여 활용한 낙태 사건은 극적인 사례를 제공해준다. 사회를 위해 초기 낙태를 금지하는 것이 최선의 결과를 산출하는가 아니면 그것을 허용하는 것이 최선의 결과를 산출하는가? 낙태의 도덕성에 관하여 의견이 불일치하는 시민들, 변호사들, 판사들은 바로 그 이유에서, 어느 결과가 최선인지에 관하여 의견이 불일치할 것이다. 한쪽은 낙태는 살인이며, 살인을 허용

---

88 이 책의 7장을 보라.

하면 반드시 그 사회는 퇴락할 것이라고 생각한다. 그러므로 그들은 낙태를 허용하는 결과가 재앙적이라고 믿는다. 다른 쪽에서는 낙태를 금지하는 것이 수천 명의 여성들을 그 어떤 타당한 이유도 없이 비참한 삶으로 몰아넣는다고 생각하며, 따라서 낙태를 금지하는 결정은 무서운 것이라고 생각한다.

만일 판사가 낙태를 금지하는 법률의 위헌성을 판결하는 일에, 낙태를 허용하거나 금지하는 일의 결과가 전반적으로 더 나은가를 물음으로써 착수한다면, 그는 극적으로 반대되는 신념들 중 하나를 선택해야만 하며, 자신의 해석에 비추어 자신의 확신에 기대어 그 스스로 결과들의 등급을 매기는 것 이외에는 어떠한 선택지도 없다. 그리하여 만일 그가 낙태가 살인이라거나 대단히 비도덕적인 것이라고 생각한다면 그는 그것을 금지하는 법의 합헌성을 유지할 것이다. 그는 스스로에게, 자신의 최선의 판단에 의하면, 그리고 다른 어떠한 권위도 요구하지 않으면서, 낙태를 금지하는 것의 결과가 사회를 위해서, 낙태를 허용하는 것보다 더 좋은 것으로 여겼다고 말할 것이다. 이것은 진정으로 실용주의적 판단일 것이다. 비록 거의 모든 법률가와 시민들은 (그리고 아마도 포스너조차) 그러한 판단이 그릇된 것이며 무책임한 것이라고 생각할 터이지만 말이다. 그러므로 포스너 식의 실용주의는, '부시 대 고어' 사건을 판결한 대법관들에게 유사한, 그리고 유사하게 무책임한, 명령을 발하는 셈이 된다는 것은 놀라운 일이 아니다. 모든 것을 고려했을 때 부시의 대통령 취임이 고어의 대통령 취임보다 충분히 더 낫다고 판단하기 위해 사건을 받아들여 부시를 찬성하는 얄팍한 법리적 근거에서 결정하며, [그런 결정이] 대법원이 입은 손상을 압도하는지를 판단하라는 명령 말이다.

나는 판사들은 그렇게 개인적인 방식으로 결과들을 형량하여 선택할 필요도, 결과들을 완전히 무시하여 선택할 필요도 없다─나는 이 점이 말할 필요도 없다고 생각하는데─는 점을 덧붙여야겠다. 어느 누구도 판사들이 "법률이나 헌법 문언, 그리고 사법부의 선례 의견과 같은 사법 판단의 정범(正範)적 자료들만을 활용하여 하나의 정답 판결에 이르는 논리적이거나 다른 형식적인 과정에 의해 인도되는 알고리즘에 의거해서" 사안을 판결할 수 있거나 판결해야 한다고 생각하지 않는다. 재판에 관한 그러한 설명은 허수아비이며 항상 허수아비였다. 물론 판사들은 자신들의 판결의 결과들을 고려에 넣는다. 그들은 법 전체에서 배태된 원리에 의해 방향이 지어진 대로의 결과만을 고려에 넣을 수 있다. 그 원리들은 어떤 결과들이 유관한지를 판정한다. 그리고 이 결과들이 어떻게 형량되어야 하는지를 판단한다. 판사들 자신의 정치적이거나 개인적인 선호에 의해서 유관해지거나 형량되는 것이 아니라 말이다.

.

제4장

도덕적 다원주의

나는 이사야 벌린의 이념의 영향력이 커지고 있으며 앞으로도 계속 그럴 것이라고 생각한다. 그러한 영향력의 확대와 지속은 주로 정치철학에서, 그의 가치다원주의라는 이념에서 일어나고 있다고 감지된다. 나는 그의 글에서 몇 문장을 인용할 것이다. 이 문장들은 서로 연결되어 있지는 않지만, 그의 논제의 상당한 독창성과 흥미로움을 시사하는 데 적합하다. 그는 다음과 같이 시작한다.

분명한 것은 가치들이 충돌할 수 있다는 것이다. 가치들은 단일한 개인의 가슴속에서도 쉽게 충돌할 수 있다. 그리고 그중 일부가 참임에 틀림없고 다른 것들은 거짓임에 틀림없다는 결론이 따라 나오지 않는다. 자유와 평등은 인간이 수세기 동안 추구해온 주된 목표에 속한다. 그러나 늑대를 위한 완전한 자유는 양에게 죽음을 의미한다. 이러한 가치의 충돌은 그 가치가 무엇이며 우리가 어떤 존재인가의 본질을 말해주는 것이다.

우리가 이러한 모순들이, 모든 좋은 것들이 원리적으로 조화되는 어떤 완전한 세계에서 해결될 수 있다는 이야기를 들으면, 우리는 이렇게 말하는 사람들에게, 우리에게는 충돌하는 가치들의 이름들을 우리의 가치가 아닌 것에다 붙이고 있다고 답해야만 한다. 그것들이 변형된다면, 그것은 이 세상에 사는 우리에게 알려져 있지 않은 관념들로 변형되는 것이다. 완전한 전체라는 관념, 모든 좋은 것들이 그 안에 공존하는 궁극적 해결책이라는 것은 나에게는 단지 달성될 수 없는 것으로 보일 뿐만 아니라 — 이것은 진부한 이야기다 — 개념적으로도 비정합적인 것으로 보인다. 훌륭한 선(善)들 중 일부는 함께 갈 수 없다. 이것은 개념적 진리다. 우리는 선택할 운명에 처해 있으며, 모든 선택은 회복 불가능한 손실을 수반할 수 있다.

자신의 유명한 에세이의 말미에서, 벌린은 이 논제를 다시금, 다만 더 위협하는 방식으로 꺼내든다. 그는 방금 인용한 곳에서 자신이 거짓이라고 선언한 견해의 호소력, 완전한 전체라는 이상의 호소력은 인정한다. 그는 그 호소력이 살아남을 것이며 중요한 것이라고 인정한다. 그러나 그는 우리가 이 충동에 굴복하지 말아야 한다고 말했다. 왜냐하면 "그 이상이 우리의 실천을 결정하도록 허용하는 것은 더 심층적이고 더 위험한 도덕적·정치적 미성숙의 증후이기 때문"이라는 것이다.

이것은 강한 말들이며, 그 말들은 내가 말하려고 하는 바를 비판하는 것이다. 그럼에도 불구하고 나는 벌린이 그와 같이 심대한 방식으로 비난하였던 전체론적 이상(holistic ideal)*을 옹호하려고 한다. 그러나 그렇게 옹호하기 전에, 나는 이 이상이 거짓일 뿐만 아니라 위험하기도 하다는 그의 주장에 대하여 논평을 하고 싶다. 고슴도치에게는 정말로 위험이 존재한다. 그러나 우리는 여우에게 존재하는 위험도 잊지 말아야 한다. 압제자들은 모든 도덕적 가치와 정치적 가치가 너무도 초월적으로 중요한 조화로운 전망 안에서 함께 가기 때문에 그 전망에 봉사한다는 이유로 살인이 정당화된다는 이념에 호소함으로써 거대한 범죄를 정당화하였다. 이와 꼭 마찬가지로, 다른 도덕적 범죄들은 그와 정반대의 이

---

* 가치들이 서로 지지하며 조화로운 전체 체계를 이룬다는 이상.

넘, 즉 중요한 정치적 가치들은 필연적으로 충돌해서 그것들 중 어떤 것을 선택하여도 유일하게 옳은 선택으로 옹호될 수 없으며, 우리가 관심을 기울이는 일부 가치들의 희생은 따라서 불가피하다는 이념에 호소함으로써 정당화되어왔다.

이 이례적으로 번영하고 있는 국가에서 수백만의 사람들이 적정한 생활수준이나 삶의 전망 없이 살아가고 있다. 그들에게는 아무런 의료보험도 없으며, 집도, 일자리도 없다. 우리가 이런 사태에 대처하여 무언가를 해야 한다는 비판에 대하여, 평등과 자유는 충돌하기 때문에 우리는 별로 할 수 있는 일이 없다는 이야기를 얼마나 자주 들었던가? 어떠한 진지한 방식으로든 가난에 대처하는 데 필요한 수준으로 세금을 올리면 우리는 자유를 침해하게 된다는 이야기를 얼마나 들었던가? 또는 우리가 눈을 들어 해외를 바라볼 때, 세계의 민주주의의 많은 부분이 농담이 되어 있음을 이해할 때, 그리고 아마도 그러한 곳에는 무언가 가치 있는 것이 있기 때문에 우리가 이에 관하여 할 수 있는 일이 별로 없을 것이라고 말할 때, 또는 탈레반이 여성들에게 의료보험을 거부하고 우리가 공포에 움츠러들 때, 그리고 그것에 대하여 경제제재 조치가 무언가를 할 수 있을 것인가를 물을 때, 상이한 문화들은 상이한 가치들을 갖고 있고, 우리의 가치들만이 옳으며 그 다른 가치들은 잘못된 것이라고 주장하는 것이 제국주의의 한 형태일 뿐이라는 말을 얼마나 자주 들었던가? 우리는 사회를 조직하는 우리 고유의 방법이 있으며, 탈레반이나 다른 근본주의 사회들은 그들의 방식이 있고, 결국 가장 중요하다고 할 수 있는 것은, 하나의 사회는 모든 가치들을 통합할 수는 없고 사회들은 이 가치들 중 자기들만의 선택을 한 것이며 우리는 우리의 선택을 한 것이라는 말을 얼마나 자주 들었던가?

고슴도치는 압제자일 필요가 없다. 토머스 네이글(Thomas Nagel)이 지적했듯이, 가치일원주의가 압제의 기치로 봉사할 수 있다고 해서 항상 봉사함에 틀림없다고 생각하는 것은 큰 오류다. 물론, 가치다원주의가 이기주의나 무관심 중 하나로 틀림없이 이르게 되는 것도 아니다. 그러나 양측 모두에는 위험이 존재하며, 벌린이 생각했듯이 고슴도치의 위험이 여우의 위험보다 더 큰지 여부는 때와 장소에 크게 의존하는 것으로 보인다. 그가 자신의 유명한 강연을 글로 썼던 1950년대 중반에는, 스탈린주의가 위세를 떨치고 있었으며 파시즘의 시체가 여전히 악취를 풍기고 있었다. 그때에는 문명이 고슴도치를 더 두려워해야 하는 것처럼 보일 만했다. 그러나 현대 미국에서, 그리고 다른 번영하는 서구 민주주의에서, 그러한 판단은 그렇게 명백해 보이지 않는다. 여우가 더 위협적인 짐승일 수 있다. 아마도 이러한 위험 사이에서 왔다 갔다 하는 진자가 있는지도 모른다.

그러나 위험은 우리의 주된 이야기가 아니다. 우리는 벌린이 어느 정도나 옳았는지를, 즉 가치다원주의의 좋은 효과에 관해서 고찰하고자 하는 것이 아니라 벌린의 교설의 진리성을 알고 싶은 것이다. 나는 그의 교설이 창조적이고 강력한 견해라고 말했다. 그리고 나는 왜 그런지를 이제 설명하겠다. 이것을 설명하는 이유는 우리가 벌린의 주장을 정확하게 파악하여야 하기 때문이기도 하거니와, 또한 그의 견해의 난점이 그의 견해를 더 익숙한 견해와 분리할 때에만 드러나기 때문이다. 벌린은, 그토록 많은 저자들이 지금 그렇게 쓰는 것과는 달리, 상이한 사회는 상이한 가치를 중심으로 조직되며 서로를 이해하는 데 어려움을 겪는다는 인류학적인 평범한 진리에 단순히 근거하여 주장하지 않았다. 또한 그는 그 진부한 소리를, 다른 많은 이들이 그러듯이 '객관적' 가치에 관해 이야기하는 것은 아무런 이치에 닿지 않는다는 더 나아간 회의적 주장과 그저 결합하지도 않았다. 이른바 포스트모더니즘 시대에, 학자들이 모든 가치들 — 자유주의적인 가치, 근본주의 가치, 아시아적 가치 — 이 단지 주관적 반응이나 사회적 창조물에 불과하며 그래서 이 가치들을 참이나 거짓으로 생각하는 것은 심각한 철학적 오류를 저지르는 것이라고 주장하는 일이 대단히 흔하다.

벌린의 견해는 더 복잡하고 흥미로운 것이다. 벌린은 가치가 정말로 객관적이라고 생각했으면서도, 또한 참된 가치들 사이에 해결할 수 없는 충돌이 있다고도 생각했다. 즉, 그는 단지 사람들이 무엇이 진리라고 생각하느냐가 상충한다고 주장하지 않고, 이러한 문제들에 대한 진리들이 서로 상충한다고 주장하였다. 그것이 내가 인용한 부분에서 그가 단일한 마음속의 상충에 관하여 이야기한 바다. 그리고 우리는 그것을 먼저 일인칭 관점에 대입해봄으로써 그의 견해를 가장 정확하게 포착할 수 있다. 이상적인 삶이 가져야 하는 모든 것을 그 안에 갖고 있는 하나의 삶을 상상해보자. 또는 모든 중요한 정치적 가치를 존중하고 시행하는 정치적 헌법을 상상해보자. 우리는 그러한 기획에서 모두 실패할 운명에 처해 있다고 벌린은 말한다.

그러한 운명은 개념적인 것이지 우연한 것이 아니라고 벌린은 말한다. 그리고 나는 그렇게 덧붙인 구분이 의미하는 바를 설명해야만 한다. 비록 내가 그가 생각했던 바를 그대로 보여줄 수 있을지 확신할 수는 없지만 말이다. 명백히도, 여러 우연한 이유들로, 또는 부정의나 사악함으로 인해, 우리가 모든 이에 대한 우리의 모든 의무를 이행할 수 없는 여건들이 있다. 우리는 자연재해가 일어났을 때 아무도 죽지 않도록 모두를 구할 수 없을 것이다. 처칠은, 전쟁이라는 긴급사태에서, 임박한 공습을 경고하지 않고 코번트리(영국 워윅셔이어 지방의 도시 ─ 옮긴이)의 시민들을 희생해서, 연합군이 독일의 비밀 암호를 해독했다는 사실을 들키지 않도록 해야 한다고 생각했다. 만일 어떤 나라가 부정의한 경제계급 체계 때문에 고통을 겪고 있다면, 사립학교를 폐지함으로써 자유를 제한하는 일이 적어도 한 세대 동안은, 평등을 복구하기 위하여 필요할지 모른다. 이것들이, 우연적이고 역사적인 서로 다른 이유로, 우리가 해야 하는 것 모두를 할 수는 없는 경우들이다.

벌린은 우리의 가치가 그런 것보다 더 심층적인 방식으로 상충한다고 주장한다. 이것이 그가 조화라는 이상이 획득 불가능할 뿐만 아니라 '비정합적'이라고 말하는 이유다. 한 가치를 보장하거나 보호하는 일은 필연적으로 다른 가치를 포기하거나 훼손하는 일을 포함할 수밖에 없다는 것이다. 그의 사례가 이 구분을 명료하게 하는 데 도움이 된다. 당신은 자발성으로 가득 찬 삶 — 순간의 욕구와 충동을 따르는 삶 — 이 빛나는 삶이라고 느낄지 모른다. 그러나 당신은 신중함이라는 매우 다른 가치의 요구 또한 느낄지도 모른다. 당신은 신중한 계획에 헌신하는 삶, 특히 다른 사람의 필요와 이익을 위해 그렇게 하는 삶은 찬란한 삶이라고 생각할 수도 있다. 그러나 당신이 이 두 삶의 호소력을 느낀다면, 그중 하나를 택하여 하나는 버릴 수밖에 없다. 자발성이 지배적이 되도록 삶을 조직하면서도 여전히 신중함에 적정한 여지를 남겨둘 수는 없으며, 그 반대로도 할 수 없다. 이 두 가치를 단일한 삶에서 한데 모으려고 하면 그 결과는 끔찍한 혼돈이 될 것이다. 자발성의 시간이 되었다고 알려주도록 손목시계를 설정해놓는 사람을 상상해보라. 그런 방법은 작동하지 않을 것이다. 그리고 이것은 단순히 역사적 우연의 문제가 아니다. 그 두 가치는 결합될 수 없다. 왜냐하면 사태의 본성상, 그 두 가치는 서로 전쟁 상태에 있기 때문이다.

우리는 자신의 삶에서 크게 공명하는 다른 사례들을 쉽게 찾을 수 있다. 많은 사람들이 어떤 일이나 프로젝트에 완전히 몰입할 필요와, 가정의 책임과 즐거움에 대한 헌신의 필요를 모두 느낄 것이다. 그런데 이 두 가치는 정반대의 방향으로 삶을 잡아당기며, 사람들은 그 충돌이 때때로 얼마나 고통스러운지를 경험으로 안다. 그러한 입장에 있는 누군가가 하는 어떠한 선택도, 적어도 그에게는, 좋은 삶을 위해 본질적인 무언가를 박탈한다고 생각될 것이다.

그 마지막 관념 — 중요한 가치들의 상충은 어떤 진정하고 중요한 손상을 포함한다 — 이 벌린의 이념에 핵심적이다. 벌린은 단지 우리가 원하는 모든 것을 가질 수 없다는 이야기, 즉 우리가 있기를 바라는 모든 모험과 특별한 것들을 단일한 삶에 채워 넣을 수 없다는 이야기를 하고 있는 것이 아니다. 그것은, 그가 말했듯, 뻔한 소리다. 벌린은 그것이 없으면 삶이 결함이 있는 것이 되게 한다고 생각되는 모든 것을 단일한 삶에 담을 수 없다고 이야기하고 있는 것이다. 정치에서는 그런 종류의 실패가 어떤 것이 되겠는가? 물론 정치 공동체가 시민들이 꿈꾸는 모든 경제적 또는 문화적 성공을 다 달성할 수는 없다. 그리고 물론 정치 공동체의 정책은 때때로 다른 시민들에게 이득을 주는 정책을 통해 일부 시민들을 실망시킬 수밖에 없다. 그러나 정치적 가치는 어떤 공동체가 그 구성원인 시민들에 대하여 갖는 독특한 책임을 가리킨다. 그 책임을 무시하거나 위반하면 단순히 실망스러운 것에 그치지 않고 그른 일이 된다.

만일 우리가 평등을 하나의 가치로 받아들인다면, 그리고 평등이 모든 시민들은 적정한 의료에 접근할 수 있어야 함을 의미한다고 생각한다면, 우리는 몇몇 시민들이 그러한 의료를 받지 못해서 사망하도록 내버려두는 공동체는 심대한 잘못을 저지른다고 생각하게 된다. 만일 우리가 자유를 하나의 가치로 받아들인다면, 그리고 부자들이 가난한 사람들에게 더 많은 돈을 제공하기 위해 자신들에게 과세될 때 자유가 침해된다고 생각한다면, 우리는 그러한 과세가 부자들을 불편하게 하는 데 그치지 않고 그들에게 잘못을 저지르는 것이라고 생각하게 된다. 우리가 평등과 자유 모두를 받아들인다면, 그리고 그 가치들이 위와 같은 함의를 갖는다고 생각한다면, 정치 공동체는 무엇을 하건 그 책임을 저버린다고 생각할 수밖에 없다. 즉, 정치 공동체는 잘못을 저지를까를 선택해야 하는 것이 아니라, 어느 집단에게 잘못을 저지를까를 선택해야 한다고 생각할 수밖에 없다. 그것이 벌린이 염두에 두고 있었던 종류의, 정치적 가치들의 충돌, 즉 실망이 아니라 구제할 길 없는 도덕적 오점의 불가피성이다.

그의 주장은 적극적인 것이다. 즉, 상이한 종류의 가치들은 비극적인 방식으로 실제로 충돌한다는 것이다. 그리고 우리는 그 적극적 견해를, 때때로 우리는 우리의 가치가 요구하는 바가 무엇인지 확신을 가지지 않는다는, 이와는 상이하고 덜 문제가 되는 관찰과 주의 깊게 구별해야만 한다. 사려 깊은 사람들은 곧잘 중요한 정치적 쟁점에 관하여 확신을 갖지 않곤 한다. 그리고 때때로 반대되는 입장 사이를 왔다 갔다 한다. 우리는 예를 들어, 혐오 표현이라는 고민을 안겨주는 쟁점에 관하여, 정부가 누구에게라도 그가 말하는 것이 그저 옳지 않다고 생각해서 표현의 자유를 박탈하거나, 그가 말하는 것이 그 공동체의 다른 사람에게 불쾌하기 때문에 표현의 자유를 박탈하는 것은, 정당성 없는 일이라는 주장에 설득되어 논의에 들어설 수 있다. 그러고 나서 우리는 몇몇 사람들이 실제로 이야기하는 것을 조금 듣게 된다. 우리는 흑인 여성을 깜둥이라고 부르거나, 어떤 유대인 소년에게 히틀러가 옳았으며 유대인은 가스실로 보내져야 한다고 말하는 것을 들을지도 모른다. 그러고 나서 우리는 두 번째 생각을 갖게 된다. 우리는 표현의 자유가 우리가 진정 생각했던 만큼 중요한 것인지 의문을 갖게 될지 모른다. 국가는 가장 취약한 시민들을 그러한 종류의 공격으로부터 보호할 때 자신의 정당성을 훼손하는가? 우리는 처음에는 어떤 판단을 내렸다가 다음에는 다른 판단을 내린다. 우리는 비틀고 몸을 돌리고 앞뒤로 왔다 갔다 하기도 한다. 또는 우리는 결정 내릴 수 없는 상태에 빠져, 일단 질문의 두 측면의 호소력을 이해하게 되면, 확신을 가지고서는, 우리가 생각하는 바가 무엇인지를 말할 수는 없게 된다는 점을 알아차리게 될지도 모른다.

벌린의 주장은, 그러나 불확실성과는 아무런 상관이 없다. 그는, 우리가 무엇이 옳은 결정일지 모르는 경우가 자주 있다는 것이 아니라, 어떠한 결정도 옳지 않다는 점을 진정으로 아는 경우가 자주 있다는 주장을 하고 있다. 이 둘은 서로 매우 다른 문제다. 그러므로 우리는 다음과 같은 질문에 집중해야 한다. 무엇이 옳은 일인지를 우리가 모른다는 단지 소극적인 주장이 아니라, 우리가 무엇을 하든 무언가 잘못을 저지르게 되기 때문에 우리가 하는 어떠한 것도 옳지 않음을 안다는 적극적인 주장을 할 자격이 있을 때는 언제인가? 후자는 극단적으로 야심 찬 주장이다. 그 주장은 딜레마의 바닥을 보고서는 거기에 탈출구가 없다고 하는 것이다. 우리는 그토록 야심 찬 주장을 언제 할 자격이 있게 되는 것인가? 그것은 우리가 우리의 책임의 원천을 어떻게 인식하느냐에 달려 있다. 당신이 아들인 이삭의 가슴에 칼을 대고 있는 아브라함의 입장에 있다고 상상해보라. 당신은 어떠한 일이 있더라도 당신의 신에게 복종할 절대적인 종교적 의무가 있다고 믿는다. 그리고 또한 당신의 아이에게 어떠한 일이 있어도 해를 입혀서는 안 된다는 절대적 도덕적 의무가 있다고 믿는다. 그리고 당신은 이 의무들이 그 원천에서 독립적인 것이라 생각한다고 가정해보자. 당신의 신학은 신의 권위가 어떠한 방식으로든 그의 명령의 도덕성에서 나오는 것이 아니며, 도덕의 권위는 어떠한 방식으로든 신의 명령에서 나오는 것이 아니라고 주장한다. 당신이 이러한 확신들을 견지하는 한, 당신이 그른 일을 피할 수 없다는 것은 확실하다. 당신은 말하자면 두 주권 ─ 신과 도덕 ─ 에 복종하게 되어 있는 것이다. 그리고 적어도 당신이 그 상황을 이해하는 한, 각 주권의 명령은 다른 주권의 눈에는 아무런 비중을 갖지 않는다는 비극적 난점에 처해 있다. 당신은 선택해야만 하고, 어떤 선택을 하더라도 최종적이고 끔찍한 불충을 저지르게 된다.

그러나 그것이 정말로 정치에서 우리가 처한 상황인가? 나는 방금, 정부가 인종차별적 표현을 금지할 때 정부가 잘못을 저지르는지 아니면 그러한 표현을 허용할 때 잘못을 저지르는지 확신을 가지지 못할 수 있다고 말했다. 이러한 망설임 상태를 둘 중 하나의 경우에 정부가 잘못을 저지르는 것이라는 적극적 확신으로 대체할 수 있는 추가적인 논변이나 반성은 무엇인가? 우리의 상황은 아브라함의 상황과 매우 다르다. 우리는 두 독립적인 주권 권력에 복종해야 하는데 한쪽 주권은 표현의 자유를 명령하고 다른 쪽 주권은 인종적 모욕의 기소를 명령하는 상황에 처해 있는 것이 아니다. 이와는 반대로, 우리는, 만일 우리가 그 논변을 권위 있는 것으로 최종적으로 받아들인다면, 우리를 다른 입장의 호소력으로부터 놓아줄 논변을 통하여 경쟁하는 입장 중 어느 것에 끌리게 된다. 만일 우리가, 어떤 다른 시민들에게 불쾌감을 주는 방식으로 말할지라도 시민들은 공개적으로 말할 권리가 있다고 믿는다면, 시민들이 다른 시민들이 말하는 것에 의해 불쾌해지지 않을 권리가 있다고 믿는 것은 기이한 일이 될 것이다. 즉, 우리는 이와 같은 사안에서, 쉽게 심층적으로 충돌할 수 있는 어떤 신성이나 권위 있는 존재의 명령을 발견함으로써가 아니라, 작동하고 있는 필요와 가치에 대한 우리 자신의 감각을 반성하고 정련함으로써 정치적 확신에 이른다. 그리고 그러한 반성과 정련의 과정이 벌린이 주장한 것과 같은 종류의 충돌을 어떻게 산출할 수 있을지는 알기 힘들다. 우리가 시민들이 인종적 모욕이 발언되지 않도록 할 권리가 있다고 설득되면서 그와 동시에 인종적 모욕을 말할 권리가 있다고 설득되는 것이 어떻게 가능한지는 수수께끼다. 그러나 이 두 주장 모두를 최종적으로 동시에 받아들이지 않는다면, 우리가 인종차별적 표현에 관하여 무엇을 하든지 간에 시민들의 권리를 침해하는 것이라는 적극적 견해를 우리는 주장할 수 없게 된다.

내가 생각하기에 벌린은 다음과 같이 답할 것이다. 우리가 인종차별적 표현에 관하여 확신을 가지지 못하게 되는 사태에 관한 나의 설명은, 중요하고 유관한 사실, 즉 우리는 이미 두 추상적인 정치적 가치에 헌신하고 있는 상태에서 그와 같은 특정한 정치적 논쟁에 직면하여, 이러한 가치들은 그 명령이 충돌할 수 있는 독립적이고 경쟁하는 주권들과 같은 방식으로 정말로 작용할 수 있다는 사실을 놓치고 있다고 말이다. 실제로, 당신도 알다시피, 벌린은 자유와 평등 사이의 충돌이 가치 충돌의 패러다임이라고 생각했다. 그리고 내가 앞서 시사했듯이, 그것은 또한 현대 정치에서 가장 문제가 되고 위험한 것으로 보이는 충돌이다.

그렇다면 왜 정치 공동체가 단지 무엇을 할 것인지에 관하여 불확실한 것이 아니라, 무엇을 하든지 간에 잘못을 저지를 수밖에 없다고 확신하게 되는지를 설명하는 어떤 방식으로, 추상적인 가치로 여겨진 자유와 평등은 서로 충돌하는가? 그것은 우리가 자유와 평등으로 무엇을 의미하는가에 달려 있다. 이것은 우리가 이 추상적인 가치들을 어떻게 인식하는지에 달려 있다. 벌린은, 자유에 관한 유명한 에세이에서, 그리고 다른 몇몇 글에서도, 자신이 자유를 어떻게 이해하는지를 분명히 했다. 자유는, 당신이 하기를 바랄 수도 있는 것이 무엇이건 그것을 하는 것에 있어 다른 사람들의 간섭이 없는 것이라고 그는 말한다. 이제, 만일 그것이 우리가 자유를 이해하는 방식이라면, 늑대의 자유는, 그가 말하듯이 양에게 죽음을 의미한다는 것이, 즉각 분명해지지 않는가? 만일 그것이 우리가 자유로 의미하는 바라면, 그리고 우리가 그렇게 이해된 자유에 헌신하고 있다면, 이러한 헌신은, 심지어 최소한의 평등주의적인 헌신을 비롯한, 우리의 다른 헌신과 자주 충돌할 것이라고 보는 것이 매우 그럴 법하지 않은가?

그러나 우리가 그런 방식으로 이해된 자유에 헌신하고 있는가? 여기서 나는 자유에 대한 우리의 헌신이 자동적으로 벌린이 이해한 대로의 자유에 대한 헌신이 되는 것이 아니라는 점을 단지 보여주기 위해서 경쟁하는 자유관을 제시하겠다. 우리는 다음과 같이 이야기할 수 있다. 자유는 무엇이든 당신이 하기를 바랄 수도 있는 것을 할 자유가 아니다. 그것은 다른 이들의 적절하게 이해된 도덕적 권리를 존중하는 한도에서 당신이 바라는 것은 무엇이든지 할 자유다. 자유는 그것이 어떤 방식이건 당신에게 최선으로 보이는 방식으로 당신에게 정당하게 속하는 자원을 소비하거나, 당신에게 정당하게 속하는 재산을 사용하거나 할 자유다. 그러나 그렇게 이해된 당신의 자유는 다른 사람의 자원을 탈취하거나, 당신이 그렇게 할 아무런 권리가 없는 방식으로 다른 이에게 피해를 입히는 것을 포함하지 않는다.

양은 그러한 자유에 대한 설명으로 더 행복해할 것이다. 비록 늑대는 그렇지 않을지 몰라도. 어쨌든, 이 상이한 방식으로 이해된 자유가 평등과 불가피한 충돌을 산출하리라는 것은 전혀 명백하지 않다. 오히려 그와는 반대로, 평등과 충돌할 법하지 않은 것으로 보인다. 만일 더 고율의 과세가 가난한 시민들에게, 평등이 그들에게 가질 자격을 부여하는 바를 제공하는 데 필수적이라면, 그 목적을 위한 과세는 부자의 자유를 침해하는 것으로 여겨질 수 없다. 왜냐하면 세금으로 그들로부터 취해진 재산은 정당하게 부자들에게 속하는 것이 아니기 때문이다. 당신은 다음과 같이 반론할지 모른다. 나는 독자들 중 많은 이들이 다음과 같이 반론하리라 예상한다. 즉, 내가 벌린에 반대하여, 자유가 처음부터 평등과 상충하지 않도록 자유를 정의함으로써, 선결 문제 요구의 오류를 범하고 있지 않느냐고. 그러나 그 반론은, 자유에 관한 유일한 성공적인 설명이 자유를 다른 가치들에 독립적으로 만드는 것이라고 가정하고 있지 않은가? 자유가 요구하는 바가 무엇인지 그리고 자유가 언제 희생되는지를 다른 사람들이 가진 권리들 ─ 평등에 대한 권리나 다른 권리들 ─ 을 고려함이 없이 결정하게끔 하는 설명을 가정하고 있는 것이 아닌가? 그러한 가정은 반대 방향으로 선결 문제 요구의 오류를 범한다. 그것은 가치의 모습을, 상충을 필연적인 것으로 만드는 경쟁적이고 독립적인 주권을 가진 것으로 가정한다. 사실 가치다원주의의 광범위한 문제와 벌린이 소개한 정치에서의 충돌의 문제는, 바로 정치적 가치가 그가 자유를 정의한 방식에서 주장하듯이 서로 독립적인 것이냐, 아니면 내가 개관한 경쟁적 자유관이 시사하듯이 서로 의존적인 것이냐 여부이다. 그리고 그 질문은, 내가 논할 바와 같이, 사전적 정의나 경험적 발견의 문제가 아니라 실질적인 도덕철학과 정치철학의 문제다.

벌린은, 내가 서두에서 인용한 구절에서, 그런 식의 경쟁하는 자유관을 경고했다. 사람들이 충돌을 산출하지 않는 자유의 이념을 들고 나온다면, 우리는 그들이 제시하는 가치가 우리의 가치가 아니라고 말해야 한다는 것이다. 그러나 그것은 무엇을 의미하는가? 우리는 충돌을 낳는 자유에 대한 벌린의 정의가 우리의 자유에 대한 관념이고, 자유에 관한 경쟁하는 설명들은 우리에게 속하지 않는 관념이라고 어떻게 결정하는가? 물론 그는 여기서 의미론적 논지를 말하고 있는 것이 아니다. 그는 사전이 그의 설명을 찬성하는 결정적인 근거라고 이야기하지 않는다. 실제로 그는 사람들이 정치적 개념들을 명명하는 단어들을 매우 상이한 방식으로 사용한다는 점을 인정한다. 게다가 우리는, 사자가 진정 무엇으로 만들어졌느냐를 판단하는 테스트를 실시하는 것과 같은 방식으로, 무엇이 진정한 자유인지를 알기 위해 실험실에서 실험을 하거나 조사를 할 수도 없다. 그러므로 우리는 어떤 자유관이 우리의 것인지 그리고 우리의 것이 아닌지에 관한 벌린의 주장을 어떻게 테스트할 것인가? 역사를 살펴보면 될 것인가?

아마 일부 독자들은 이미 내가 역사에 적절한 몫을 부여하지 않고 있다고 생각할 것이다. 나는 이념의 역사가 때때로 중대하고, 물론 벌린에게는 가장 중요하였다는 점에도 동의한다. 그러나 우리는 역사가 중대하다고 진술하는 것을 넘어서 왜 그리고 어떻게 그것이 중대한지를 이해하려고 해야 한다. 나는 우리의 논의의 이 논점에서 역사가 어떻게 결정적일 수 있는지 제대로 이해하지 못하겠다. 물론 역사는 그 지배 이데올로기가 중요한 가치들 사이의 그 어떤 충돌도 부인하였던 많은 사회들이 일종의 재앙으로 끝을 맺었다는 것을 우리에게 가르쳐줄 수 있으며, 그러한 가르침은 의문의 여지 없이 우리가 대비를 하도록 만든다. 그러나 역사는, 그 이상으로는 우리에게 도움을 줄 수 없는 것으로 보인다. 우리는 자유라는 가치를 어떻게 하면 더 잘 이해할지를 결정하려고 하고 있는 것이다. 즉, 우리가 헌신하고 있는 그 가치를 이해하려는 것이다. 우리가 예를 들어, 가난한 이에게 재분배를 하기 위해 잘사는 이에게 과세를 할 때 잘못을 저지르는 것인지를 이해하기 위해서 말이다. 그러한 질문을, 적어도 주된 측면에서는 역사의 쟁점이 아니라 도덕의 쟁점으로 다루는 것 외에 다른 길이 있어 보이지 않는다.

어떻게 진행할 것인가? 기억하겠지만, 벌린에게 근본적 가치 충돌은, 개인적이건 정치적이건, 단순히 불편이나 실망의 문제가 아니라 일종의 비극이라고 나는 말했다. 그의 견해에 의하면, 그러한 충돌에 직면할 때, 우리는 불가피하게 어떤 손상을 겪거나 타인에게 손상을 주게 된다. 우리는 삶이 그것을 갖지 않으면 삶을 손상시킨다고 생각하는 무언가를 삶에서 박탈하며, 보유하도록 하지 않으면 잘못을 저지르게 되는 그런 것을 누군가에게 부인함으로써 잘못을 저지른다. 우리는 우리의 중요한 가치 각각의 경우에서 그것이 사실인지를 보여줄, 정치적 가치에 관한 설명을 필요로 한다. 우리의 주요한 정치적 가치 —자유, 평등, 민주주의, 정의 등등 —는 우리가 추상적인 형태로는 지지하는 데 동의하는 일반적 이념들이다. 그 추상적인 동의는 중요하다. 우리는 시민들이 정부에 의해 공격적인 방식으로 강제되지 않는 것, 경제구조가 사람들을 평등한 배려로 대우하는 것, 인민이 스스로를 통치하는 것 등등이 핵심적이라는 데 동의한다. 우리가 어떤 강제가 공격적인가, 자원의 어떤 배분이 사람들을 평등한 배려로 대우하는가, 어떠한 자기 통치의 형태가 가능한가 등등을 판단함으로써 이러한 추상적인 가치들을 더 구체화할 때, 우리는 그 제1의 이해를 존중하고 보존해야만 한다. 우리는 우리의 가치에 관한 더 정확한 관념을 정식화해서, 우리가 추상적으로 파악한 가치가 진정으로 무엇인지를 더 정확하게 보일 수 있도록 해야 한다. 우리는 자유나 평등 또는 민주주의가 무엇이 좋은지를 보여주어서, 왜 이러한 가치들의 어떠한 훼손도 단순히 불편한 것이 아니라 나쁜 것인지를 이해할 수 있도록 해주는 설명을 필요로 한다. 물론 우리는 이 지점에서 의견이 갈라질 것이다. 우리는 다소간 서로 다른, 아마도 매우 상이한, 자유, 평등, 그리고 나머지 가치에 대한 관념을 각자 옹호할 것이다. 그러나 우리 각자가, 그 추상적인 가치를 논쟁적인 관념으로 옮겨서, 근본적인 가치의 훼손이라고 우리가 여기는 것이 그 자체로 어떤 큰 잘못이거나 적어도 나쁜 것임을 분명하게 보여줄 수 있도록 각자 그 관념들을 옹호하는 것이 중요하다.

그러므로 우리는 어떤 자유관 —또는 다른 어떤 가치에 대한 관념 —이 제안되면 그것을 다음과 같은 방식으로 테스트할 수 있다. 우리는 제안된 관념이 자유의 침해라고 정의한 여러 행위들이 진정으로 나쁘거나 잘못인지를 물어야 한다. 즉, 진정으로 그러한 행위들이, 그러한 침범이 어떤 다른 가치들을 침해하지 않기 위해서 필요한 일이었을 경우조차, 국가가 후회를 느껴야 하는 특별한 책임의 진정한 위반인가를 물어야 한다. 만일 그렇지 않다면, 즉 제안된 정의(定義)에 따라서 국가가 시민의 자유를 침해했을 때 어느 시민에게도 국가가 잘못을 가하지 않았다면, 그 제안된 자유관은 적절치 못한 것이다. 그것은 그 침해가 아무런 잘못이 아닐 때에도 침해를 선언한다. 그러므로 그것은 우리에게 자유의 특별한 중요성이 무엇인가를 보여주지 못한다.

　자유에 관한 벌린의 설명은 그 테스트를 통과하는가? 내가 나를 비판한 사람을 살해하기를 원한다고 해보자. 법은 내가 살해하는 것을 멈출 것이다. 그리고 벌린의 설명에 따르면, 그 법은 나의 자유를 훼손한 것이 될 터이다. 물론 모든 사람들은 나의 행위를 막아야 한다는 데 동의할 것이다. 벌린의 정의를 옹호하는 사람들은, 비록 내 자유가 침해되기는 하였지만 그 침해가 이 경우에는, 나에게 가해진 잘못은 다른 사람에게 가해질 더 큰 잘못을 막기 위해 필요한 것이었기 때문에, 정당화된다고 논할 것이다. 이 경우에 자유는 다른 가치와 충돌하며 그 다른 가치들이 우선시되어야 한다고 그들은 말한다. 그러나 지금 나는 그렇게 이야기되는 충돌을 낳는 자유에 관한 설명이 성공적인가를 묻고 있다. 만일 내가 나를 비판하는 사람을 살해하는 것이 저지되었을 때 아무런 잘못도 행해지지 않은 것이라면, 우리는 그 사건을 자유가 희생된 것으로 기술하는 자유관을 재택할 아무런 이유가 없는 것이다. 반복해서 말하자면, 우리에게는 '자유'라는 단어가 의미하는 바가 무엇인지에 의거하여 그것을 그러한 방식으로 기술하도록 요구되지 않는다. 또는 자유의 구성에 관한 어떠한 과학적 발견에 의거해서 그 사건을 그러한 방식으로 기술할 것도 요구되지 않는다. 자유관은 해석적 이론이다. 그 해석적 이론은 자유가 박탈당했을 때 왜 그러한 박탈이 나쁜지를 보여주는 것을 목표로 한다. 그러므로 어떤 자유관이 아무런 나쁜 일이 발생하지 않았을 때 어떤 사건을 자유의 침해로 기술하도록 강제한다면 그 자유관은 성공적이지 못한 자유관이다.

그러므로 나는 다시 묻겠다. 내가 나를 비판한 사람을 죽이는 것을 금지하는 것에 그 정도까지 잘못된 것이 어느 하나라도 있는가? 물론 어느 누구도 다른 사람을 다치게 하거나 다른 사람의 재산을 침해하기를 원하지 않으면 더 나을 것이다. 형법이 불필요하다면 사정은 더 나았을 것이다. 그러나 그것은 지금 던지고 있는 질문이 아니다. 사람들이 어떤 경우에는 다른 사람을 죽이기를 원한다는 사실을 전제로 한다면, 그들로 하여금 그렇게 하지 못하게 막는다고 해서 그들에게 무슨 잘못이 가해진 것인가? 우리는 양의 다리를 먹지 못하게 된 늑대에게 사과할 이유가 있는가? 어떤 철학자들은 그 질문에 '예'라고 답할 것이다. 이례적인 정신이나 야망을 가진 사람들이 도덕적 소인배들의 법에 의해 위축될 때마다 어떤 중요한 것이 상실되었다고 그들은 말한다. 나는 누군가 그런 식으로 사고할 수 있을 것이냐고 묻고 있는 것이 아니다. 나는 당신이 어떻게 생각하는지를 묻고 있는 것이다. 만일 당신이, 그러한 법에 의해 아무런 잘못도 행해진 것이 아니라고 생각한다면, 당신은 자유에 관한 벌린의 설명을 거부할 이유를 가진 것이다. 만일 자유와 평등 사이의 충돌이 불가피하다는 그의 견해가 자유에 관한 그러한 설명에 의존하고 있다면, 그 견해 역시 거부할 이유를 가지게 되는 것이다.

물론 나는 자유와 평등 사이의 충돌이 불가피하지 않다는 점을 보인 것은 아니다. 아마도 벌린의 것보다 더 정교한 자유에 관한 설명이 있을지도 모른다. 그리고 그 설명은 내가 제기한 공박을 받지 않을지 모른다. 그러면서도 여전히 자유와 평등 사이의 충돌이 꼭 일어난다고 보일지 모른다. 나의 논지는 한정된 것이다. 나는, 첫째로, 가치다원주의에 관한 벌린의 중요한 논제를 명료하게 밝히려고 하였다. 그 독창성, 이해 관심, 그리고 야망을 보이려고 하였다. 둘째로, 그 논제를 유지하는 것이 얼마나 어려운지를 보이려고 했다. 벌린은 자신이 기술한 가치 충돌이 모두 우리에 관한 것이며, 미성숙한 사람들을 제외하고는 분명한 것이라고 하였다. 나는 그가 그렇게 매우 넓은 주장을 지탱했다고 생각하지 않는다. 실제로는, 내가 논했듯이, 그가 패러다임이라고 여긴 사례, 자유와 평등 사이에 상정된 충돌의 사례에서조차 그 주장을 견지하지 않았다고 생각된다.

그렇다고 해서 그것이 가치다원주의의 패퇴를 의미하지는 않는다. 그러나 그것이 다원주의를 옹호하는 데 필요한 논변이 매우 길고 복잡한 것이어야 함은 정말로 시사했다고 나는 믿는다. 가치다원주의 논변은, 가치 각각이 다른 가치와 모종의 개념적인 충돌을 겪는다고 상정하는 경우에, 그러한 충돌을 산출하는 가치에 대한 이해가 왜 가장 적합한 것인지를 보여주어야 한다. 서로 충돌하는 자유, 평등, 민주주의, 공동체, 그리고 정의(正義)의 정의(定義)를 구성하는 것만큼 쉬운 일은 없다. 그러나 철학에서는, 왜 이것들이 우리가 받아들여야 하는 정의(定義)인지를 보여주는 것보다 더 어려운 것은 별로 없다. 그러한 입증에서는 지름길이 없다. 아마도, 결국에는, 주요 자유주의적 가치들에 관한 가장 매력적인 관념은 올바른 방식으로 서로 정말로 어울릴 것이다. 우리는 그 희망을 포기해야 하는 이유를 아직 들은 적이 없다.

제5장

원본주의와 충실

조지 W. 부시 대통령은 자신의 두 번째 임기의 첫 연두교서에서, 연방법원과 연방대법원에 그들 자신의 개인적 확신이 아니라 헌법 입안자들의 의도를 충실히 지키는 판사들을 꼭 임명하겠다고 약속하였다. 그러면서 그는 1857년의 드레드 스콧(Dred Scott) 판결, 즉 노예제를 합헌으로 본 연방대법원 판결을 인용하면서, 자신이 임명할 판사가 피하게 될 결정의 예로 들었다. 부시는 헌법학자가 아니며 그의 실수는 분명하다. 드레드 스콧은 헌법 입안자들의 의도를 무시한 것이 아니라 관철한 사례다. 왜냐하면 원래 헌법은 노예제를 예상했기 때문이다. 그러나 그의 말의 의미는 충분히 명료하였다. 그는 '로 대 웨이드'(Roe v. Wade) 사건, 즉 1973년에 미 연방대법원이 주정부는 임신 초기 낙태를 범죄로 만들어서는 안 된다고 한 판결에서 다수의견에 표를 던진 그러한 종류의 판사들을 임명하시 않겠다는 것이었다. 실제로 많은 논평가들은, 연방대법원이 남북전쟁 이후에 드레드 스콧 판결을 폐기하였듯이 그 결정을 폐기할 판사를 임명하겠다는 의도를 드러낸 것으로 보았다. 그는 자신의 청중으로 하여금, 헌법을 충실히 지킨다는 것이 무엇인지 가정하도록 유도하였다. 충실이라는 이념에 대한 그 호소는, 훨씬 더 심대한 오류다. 부시 대통령이 좋은 판사로 염두에 두고 있는 그런 판사들은 실제로는 헌법에 대한 충실이라는 것을 거의 조금도 중요시하지 않은 판사들이다. 그리고 그가 나쁜 판사들이라고 여기는 이들이, 나의 견해로는 충실의 진정한 영웅들이다. 어쨌든 그것이 이 장의 논변이다.

나는 그러나 하나의 구분에서부터 시작해야겠다. 헌법 문언에 대한 충실과 과거 헌법 실무에 대한 충실을 구분하는 것이 그것이다. 과거 헌법 실무에는 헌법을 해석하고 적용한 과거 사법부의 판결이 포함된다. 적절한 헌법 해석은 문언에 대한 충실과 과거 실무에 대한 충실을 모두 그 대상으로 삼는다. 현대의 헌법 쟁점에 직면하는 변호사들과 판사들은 정합적이며, 원리에 기반을 둔, 그리고 설득력 있는 헌법의 특정 조항 및 헌법 전체의 구조와 그 헌법 하에서의 우리의 역사에 대한 해석을 구성하려고 노력하여야 한다. 그 해석은 이 구별되는 원천을 가능한 한도까지 통일시키고, 장래의 판결을 향도한다. 그들은 즉, 헌법적 **통합성**을 추구해야 한다. 헌법 문언에 대한 충실로 헌법 해석이 전부 끝나는 것이 아니다. 그리고 때로는, 전반적인 헌법적 통합성은, 헌법 문언의 시행의 역사와 별도로 고려된 헌법 문언에 대한 최선의 해석으로는 정당화될 수 없는, 그리고 심지어 상충하기도 하는 그러한 결론을 요청할지도 모른다. 그러나 문언 해석은 그럼에도 불구하고 헌법 해석이라는 어떤 더 폭넓은 프로그램의 본질적인 부분이다. 왜냐하면 헌법을 제정한 이들이 실제로 말한 것은 적어도 그 어떤 진지한 해석적 헌법 논변에서도 중요한 요소가 되어야 하기 때문이다.

따라서 나는 여기서 문언 해석에 집중하겠다. 이렇게 집중하는 것은 적절한 것으로 보이는데, 왜냐하면 헌법 법률가들은 종종 헌법에 대한 충실이 헌법 문언에 대한 충실을 의미한다고 생각하기 때문이다. 이것이 부시 대통령이 명백히 염두에 두고 있었던 종류의 충실이다. 그것은 자칭 헌법 '원본주의자(originalist)들'이라고 하는 이들에 의해 요구되는 종류의 충실이다. 여기에는 연방대법원의 앤터닌 스캘리어(Antonin Scalia) 대법관이 포함된다. 그리고 이러한 종류의 충실은 로렌스 트라이브(Laurence Tribe) 같은 원본주의를 비판하는 이들에 의해 거부되었던 종류의 충실이다. 나는 우리가 문언적 충실에만 배타적으로 초점을 맞춘다고 하여도, 부시, 스캘리어, 그리고 다른 '원본주의자들'이 기대하는 그러한 결론과는 래디컬하게 다른 결론에 이르게 된다는 점을 논하려고 한다.[1]

정말로, 문언에 대한 충실은 입법이 도덕적 규준을 지시하게끔 유지하는 사법부의 넓은 책임에 그토록 강력하게 친화적이기 때문에, 많은 위대한 헌법학자들, '원본주의'를 가장 소리 내어 요청하는 이들을 비롯한 헌법학자들은, 실제로 헌법적 규준으로서 문언적 충실에 반하여 주장한다. 그들은 충실에 대한 대체물로서 다른 규준과 가치에 의존한다. 그러나 그들이 이런 식으로 표현하는 경우는 드물다. 그러나 주의 깊게 듣는다면, 충실에 대한 대체가 숨겨진 언외(言外)의 의미(subtext)임을 알게 될 것이다. 일부 학자들은 우리가 헌법을 쓰고 수정한 자들이 말하려고 한 바를 발견할 것이 아니라, 그들이 말한 바가 가져오게 될 결과로 기대하거나 희망한 바를 발견하려고 노력해야 한다고 주장한다. 이 둘은 매우 다른 것이다. 다른 이들은 우리 역사 대부분의 시기에 걸쳐 그것이 가지는 잘 보이지 않는 의미를 대부분의 사람들이 어떻게 이해했는가에 의거하여 해석해야 하고 문언 그 자체는 무시해야 한다고 주장할 것이다. 그들은 예를 들어, 많은 주들이 남성 동성애를 범죄화했다는 사실은 헌법이 그러한 부정의를 금지하지 않았다는 점을 보여준다고 논한다. 이 두 주장 모두 헌법의 문언을 무시하는 방식이다. 왜 뛰어난 학자들이 그토록 긴경하게 헌법을 회피하려고 노력하는가? 나는 그 질문에 대한 답을, 자신들이 헌법적 충실을 무시해도 되는 근거라고 사람들이 생각하는 다양한 근거들을 규명함으로써, 이 장의 후반부에서 제시하려고 한다.

---

1 존 로버츠(John Roberts) 대법원장은 상원 인준 청문에서 바로 그 논점을 개진했다. 내 논문 "Judge Roberts on Trial", in *New York Review of Books*, October 20, 2005.

그러나 그러한 근거가 전혀 없으리라 추정하는 것은 아니라는 점을 지적해두어야겠다. 대부분의 시민들이 헌법을 인용하여 그 헌법적 판결을 정당화하기를 연방대법원에 기대한다는 건 진실이다. 그러나 우리 정부의 상이한 부처들은 어떤 문언이나 전통에 대한 충실 논변이 전혀 요구되지 않는 매우 중요하고 결과주의적인 결정을 한다. 우리는 사람들을 전쟁에 보내고, 외교정책과 통화정책을 채택하며, 화성에 미사일을 쏘고, 이러한 결정들을 그것들이 장래에 좋은 결과를 가져올 것이라는 근거에서 정당화한다. 즉, 우리가 우리의 우주에서 더 안전해지거나 더 번영하거나 더 편해질 것이라는 근거에서 말이다. 우리는 시작부터, 그러한 미래 전망적인 정당화가 문언적 충실이라는 과거를 돌아보는 논변보다 헌법 판결에서 더 적합할 가능성을 배제하여서는 안 된다. 특히 리처드 포스너처럼 뛰어난 판사들이 그러한 미래 전망적 정당화가 더 적합하다고 주장해왔기 때문이다. 우리는 내가 언급했던 학자들 중 몇몇이 지지하는 상이한 종류의 과거 회고적인 정당화, 헌법 문언과는 별개로 역사에 호소하는 그러한 정당화가, 더 적합하지 않을 것이라고 미리 가정하여서도 안 된다. 아마 적어도 어떤 여건에서는 충실을 무시하는 것이 정당화될 수 있을지도 모른다.

그 질문을 살펴보기 전에, 그러나 나는 먼저 우리의 헌법 문언에 대한 충실이 무엇을 의미하는지에 관한 나의 최초 주장을 정당화해야만 하겠다. 나는 내 주장이 답하는 질문을 그것과 자주 혼동되는 다른 질문들과 조심스럽게 구별해야겠다. 그 다른 질문이란 어떤 기구 ─법원, 입법부, 또는 국민투표를 통해 행동하는 인민─가 특정한 사건에서 충실이 요구하는 바가 무엇인지를 결정할 최종적인 책임을 할당받아야 하는가라는 질문이다. 성문헌법이 입법부의 권력을 제한하여 헌법을 해석할 최종 책임을 법원이 아닌 다른 기구만 갖도록 제한하는 국가는 완전히 가능하다. 이 다른 기구는 입법부가 될 수도 있다. 나의 질문은 그 제도 설계에 선행하는 쟁점이다. 그 최종적인 해석 책임이 누구에게 주어지건 간에, 헌법이 진정으로 의미하는 바는 무엇인가?

우리는 헌법 문서를 가지고 있다. 우리는 그 문서를 구성하는 글이 무엇인가에 관하여 의견이 나뉘지 않는다. 누구도 그 문서를 구성하는 일련의 글자와 여백이 무엇인지에 관하여 논쟁하려 들지 않는다. 물론 일련의 글자와 여백을 사전적으로 파악하는 일은 해석의 출발에 불과하다. 왜냐하면 그 일련의 문자와 여백이 무엇을 의미하는가의 문제가 남아 있기 때문이다. 햄릿은 한때 친구였던 사람에게 말하였다. "나는 호크(hawk)와 핸드소(handsaw)의 차이를 알고 있다." 여기서 햄릿이 새의 한 종을 가리키는 '매'라는 단어를 사용하고 있는지, 목공 도구를 지칭하는 상이한 단어(흙받기: '호크'는 그때그때 사용하기 좋게 회반죽을 올려놓는 판을 의미하기도 한다 ─옮긴이)를 사용하고 있는지에 관하여 질문이 제기된다.* 밀턴은『실낙원』에서 사탄의 '게이 무리들'(gay hordes)에 관하여 이야기하였다. 밀턴은 사탄의 사도들이 화려하게 차려입었다고 말하는 것이었을까 그들이 동성애자였다고 말하는 것이었을까? 헌법은 대통령은 적어도 "35살이 되어야 한다"고 말한다. 그것은 연령을 말하는 것일까, (여러 명의 현대 정치가들을 움찔하게 만들겠지만) 정서적 나이를 말하는 것일까?

수정헌법 제8조는 잔인하고 비정상적인 형벌을 금지한다. 그것은 헌법의 작성자가 잔인하다고 생각한 형벌이나 (아마도 같은 것을 의미하겠지만) 그들의 시대에 대중적인 의견에 비추어 잔인하다고 판단되는 형벌

---

* 즉, 이 두 쌍의 단어는 매와 왜가리로 읽힐 수도 있고 흙받기와 작은 톱으로 읽힐 수도 있다. 이 대사는 햄릿이 진짜로 미친 것이 아니라 계획적으로 미친 척한다는 것을 암시하는 부분에서 나온다. handsaw는 heronshaw(왜가리)의 방언으로도 읽힐 수 있기 때문에 해석의 문제가 제기된다. 셰익스피어의 의도는 매와 왜가리의 차이를 언급하는 것이 아니라 흙받기와 작은 톱의 차이를 언급하는 것이었다는 것이 드워킨의 주장이다.

을 의미한 것이었을까? 아니면 실제로—그러한 사안을 결정하는 올바른 규준에 따라서 판단한—잔인한 형벌을 의미한 것일까? 수정헌법 제14조는 어떠한 사람에게도 '법의 평등한 보호'를 부인해서는 안 된다고 말한다. 그것은 어떠한 주도 대부분의 주가 우리의 역사에서 부여해온 그러한 평등한 대우를 부인할 수 없다는 것을 의미할까? 아니면 미국인들이 그 상충을 이전에 이해했건 이해하지 않았건 상관없이, 어떠한 주도 진정한 평등한 시민권과 상충하는 그 어떤 구분도 영속화할 수 없다는 것을 의미할까?

우리는—최선의 활용 가능한 증거에 근거하여—그 문제의 작성자가 무엇을 말하려고 의도하였는지를 물음으로써 시작해야 한다. 그것은 내가 구성적 해석이라고 부른 것에 속하는 활동이다.[2] 그것은 수세기 전에 죽은 사람들의 해골 속을 훔쳐보는 것을 의미하지 않는다. 그것은 우리가 역사적 사건—누군가가 특정한 방식으로 특정한 경우에 말하고 쓴 것—을 최선으로 이해하려고 시도함을 의미한다. 만일 우리가 그 규준을 햄릿에게 적용한다면, 우리는 그의 주장이 새를 언급하고 있는 것이 아니라—만일 그렇게 해석한다면 햄릿의 말을 극도로 바보 같은 것으로 만들어버릴 것이다—목공 도구를 언급하고 있는 것으로 독해해야 한다. 햄릿은 소중한 동반자에게 자신이 그 도구들의 종류의 차이를 분간할 줄 알며 그 도구를 가지고 어떤 종류의 것들을 다루고 있는지를 안다고 확인시켜주었다. 사탄의 게이 무리에 관하여 말하자면, 밀턴이 그들을 동성애자가 아니라 화려하게 차려입은 인물들로 묘사하려 했다고 생각할 결정적인 이유가 있다. 그것은 바로 밀턴이 그 문장을 쓴 지 한 세기 뒤에야 비로소 게이가 동성애자를 가리키는 말이 되었다는 사실이다. 나의 견해로는, 우리는 대통령이 최소한 35살이 되어야 한다고 쓴 사람들이 무엇을 말하려고 했는가라는 질문에 답하는 일은 쉽다. 그

---

2 *Law's Empire*, Chapter 9.

들이 대통령 후보 자격을 정서적 나이와 같은 본질적으로 모호하고 논쟁적인 속성으로 요건화하려고 하였다고 생각하는 것은 바보 같은 일이며, 그러한 의도였다는 아무런 증거도 없다. 우리들은 그들이 연령을 그 말로 의미하게 하려고 하였다고 생각함으로써만 그들의 말을 그들이 말한 대로 이해할 수 있게 된다.

수정헌법 제8조의 '잔인한'이라는 단어, 그리고 수정헌법 제14조의 평등한 보호라는 표현, 수정헌법 제1조의 언론의 자유라는 표현, 제5조와 제14조의 적정 절차라는 표현에 이르게 되면, 우리는 더 난해한 번역의 문제에 부딪히게 된다. 우리는 헌법의 작성자들이 실제로 이상한 형벌과 잔인한 형벌을 금지한다는 의미로 말했으며, 어떤 차별이건 평등한 시민권과 실제로 상충하는 차별을 금지한다는 의미로 말했다는 추상적이고 원리에 기반을 둔 도덕적 독법을 한편에, 그리고 그들이 말한 그 시대에 이상할 뿐만 아니라 잔인하다고 널리 생각되던 그러한 형벌만을 금지한다는 의미로, 그리고 불공정한 구분을 반영한다고 일반적으로 당시에 이해되던 그러한 차별만이 금지된다는 의미로 말했다는 구체적이고 시대 고정적인 독법을 다른 한편에 두고 선택해야만 한다.[3] 만일 올바른 해석이 추상적인 해석이라면(전자의 원리에 기반을 둔 해석이라면 ─ 옮

---

3 오리 심천(Ori Simchen)이 나에게 지적해준 또 다른 가능성이 있다. 즉, 우리는 잔인성에 대한 수정헌법 제8조의 언급을 주관적이지만 시대 고정적인 것은 아닌 뜻으로 읽어야 하며, 그리하여 그러한 처벌이 부과되는 그 시대에 잔인하다고 널리 여겨지는 처벌을 금지해야 하는 것으로 읽는 것이다. 우리가 살펴볼 바와 같이, 스캘리어 대법관은 시대 고정적인 주관적 독법을 거부하는 사람은 누구나 시대 고정적이지 않은 주관적 독법을 받아들임이 틀림없다고 가정한다. 이러한 가정이 바로, 자신의 반대자들은 그때그때의 대중적 의견에 헌법의 힘을 의존시킨다는 생각으로 이어지는 것이다. 그러나 시대 고정적인 주관적 독법의 설득력 있는 대안은 시기가 고정되지 않은 주관적 독법이 아니라, 원리에 기반을 둔 독법이다. 그리고 원리에 기반을 둔 독법은 수정헌법 제8조를 진정으로 잔인한 처벌을 지칭하는 것으로 번역한다.

긴이), 오늘날 헌법 문언을 충실히 지키려고 하는 판사는 때때로 헌법 입안자들 자신은 잔인하다고 여기지 않았던 형벌 ─ 예를 들어 사형 ─ 이 그럼에도 불구하고 잔인한 것인지, 그리고 헌법 입안자들 스스로는 평등한 시민권과 일관된다고 생각하였던 차별 ─ 예를 들어 인종별 학교 분리 ─ 이 그럼에도 불구하고 법의 평등한 보호를 부인하는 것인지를 자문해보아야 한다. 만일 올바른 해석이 시대 고정적 해석이라면, 이 질문들은 적어도 문언에의 충실한 활동의 일부로서는 적절하지 않은 것이다. 왜냐하면 시대 고정적 이해가 설정하는 유일한 질문은 헌법 입안자들이나 그 청중들이 무엇을 생각하였느냐이기 때문이다.

입안자들이 말하고 있었던 맥락에서 그들이 말하였던 것을 최선으로 이해하려면, 우리는 그들이 추상적인, 시대에 고정되어 있지 않은 명령과 금지들을 규정하는 것을 의도하였다고 결론 내려야 한다. 입안자들은 신중한 정치가들이었다. 그들은 자신들이 말하는 언어를 어떻게 사용하는지 알고 있었다. 그들은 아마도 자신들이 사용하는 말을 사용하는 사람들이 통상적으로 그 말로 의미하려는 바를 말하려고 한 것이다. 그들은 추상적인 원리들을 진술하려고 하였기 때문에 추상적인 언어들을 사용하였다. 그들은 추상적인 도덕원리로 헌법을 구성하고자 하였지, 그 원리들을 적용하는 최선의 방법에 관한 자신들의 의견(또는 그 시대 사람들의 의견)에 대한 암호화된 참조로 헌법을 만들려고 하지 않았다.*

그러나 명백히 추상적인 권리를 담고 있는 헌법의 규정들이 어떻게 이해되어야 하는가에 대한 답은, 구체적이고 시대 고정적인 이해가 올바를 때보다, 현대 헌법 논쟁을 결정하는 과업을 훨씬 더 어려운 것으로 만든다. 만일 우리 ─ 시민들, 입법자들, 판사들 ─ 가 추상적인 규정들의 문서에 충실하게 적용하려는 그 규준들이 추상적인 도덕 규준이라면, 우리

---

* 추상적 규정이라는 암호를 거쳐 자신들의 구체적 견해에 도달하게 만들려고 하지는 않았다는 의미이다.

가 물어야 하는 질문과 우리가 내려야 하는 결정은 도덕적인 결정일 수밖에 없다. 우리는 물어야 한다. 무엇이 진정으로 잔인한 것인가? 평등한 시민권이 진정으로 요청하는 바는 무엇인가? 법적 통합성이 법의 절차의 정수이며 통합성은 폭넓은 원리들에서 우리 문화가 인정하는 자유들 ── 예를 들어 양심의 자유 ── 이 예를 들어 죽음을 선택을 할 자유에 관한 개별 입법 결정에서 존중되어야 함을 요청한다는 점에 비추어, 어떤 입법이 법의 적정 절차와 일관되는가?[4]

이것들은 어려운 질문들이다. 시민들, 변호사들, 그리고 판사들은 다른 이들, 특히 판사들이 그 질문들에 대하여 과거에 내렸던 답을 무시하면서, 깨끗한 서판 위에서 답하려고 해서는 안 된다. 내가 말했듯이, 전반적인 헌법적 통합성을 목표로 하는 어떠한 헌법 논변의 전략도 우리의 관행과 전통에 충분히 잘 맞물려서 ── 즉, 헌법 문언에서뿐만 아니라 우리의 계속되는 역사에서도 충분한 발판을 발견할 수 있어서 ── 그 답들이 하나의 국민으로서 우리의 헌신들을 기술하는 것으로 설득력 있게 여겨질 수 있도록 해야 한다. 예를 들어, 내가 평등한 시민권이 무엇을 의미하는가에 관하여 철학적 연습으로 답하려고 할 때, 나는 공동체가 주거, 음식, 그리고 의료의 최소 기준을 적어도 보장해주지 않는다면 시민들은 자신들의 정치 공동체에 의해 동등한 존재로 대우받고 있지 않은 것이라고 주장할 것이다. 그러나 연방대법원이 그 견해를 갑자기 채택하여 보편적 의료보험을 제공할 의무가 주에 있다고 공표하면, 그것은 법적 오류를 저지른 것이 된다. 왜냐하면 우리의 헌법 체계에 (나의 견해로는) 선혀 부합하지 않는 무언가를 접붙이려고 시도하는 것이 되기 때

---

4 '실질적 적정 절차'(substantive due process)는 실질과 절차가 서로 반대되는 것이므로 모순어법의 문구에 불과하다고 말하는 사람들은 중대한 사실을 간과한다. 즉, 원리의 정합성을 향한 요청은, 분명한 실질적인 결과를 가지고 있는 것으로서, 어떤 의사 결정 절차를 법적 절차로 만드는 것의 일부라는 점을 간과한다. 『법의 제국』에서 고유한 법적 이상으로서 통합성에 대한 나의 논증을 참조하라.

문이다.

그러나 참신한 것처럼 보이는 헌법적 판결들이 매우 자주, 그러한 부합의 심사(test of fit)를 실제로 충족한다. 연방대법원이 공식적인 인종 분리를, 그렇게 해온 수세대에 걸친 관행에도 불구하고, 1954년에 불법이라고 했을 때, 그것은 학술적인 정치적 진리를 그냥 공표한 것이 아니었다. 연방대법원은 우리의 역사에 확고하게 고정되어 있었지만 선별적으로 우리의 관행에서 무시되어왔던 평등의 일반적인 규준, 즉 어떠한 정당성 있는 통치의 목적에도 기여하지 않는 자의적인 차별을 비난하는 규준에 주의를 촉구하였다. 연방대법원은, 인종 분리의 관행은 원리의 폭넓은 독해와 상반된다고 납득이 가게 논할 수 있었다. 나는 연방대법원의 낙태 판결인 '로 대 웨이드' 사건에 관하여도 동일한 이야기가 적용될 수 있다고 생각한다. 그 사건에서 법원은 특정한 기본적 자유가 원칙적으로 정부의 규제로부터 면제된다는 이념, 수정헌법 제14조에 관한 선례에서 배태되어 있던 이념이 임신 초기의 낙태에 대한 더 구체적인 권리를 보장해주는지 자문하였다.

나는 이 예들을 다음과 같은 점을 분명히 하기 위해 제시하였다. 즉, 헌법의 추상적인 도덕원리들을 적용하기 위하여 요구되는 도덕 판단은 역사와 선례에 의해 제약되기는 하지만 선취되는 것은 명백히 아니다. 도덕원리에 관한 새로운 질문들 — 예를 들어 낙태에 대한 권리는 법의 적정 절차를 규정하는 기본적 자유 내에 속할 정도로 충분히 근본적인 것인가? — 은 필연적으로 남게 된다. 그러한 질문들을 현대의 판사들에게 맡기지 않고, 우리가 그들이 제시했을 답을 발견하고 추측할 수 있는 한도까지 그 헌법 문서를 만들고 수정한 자들에게 맡겨두는 것이 왜 헌법에 더 충실한 것이 되지 않는가? 나는 그 헌법 조항이 무엇을 의미하는지를 발견하기 위해 우리가 헌법 작성자들의 의미론적 의도를 보아야 한다고 이미 주장하였다. 그것으로부터, 우리가 그들의 정치적 의도 — 그 조항들이 어떻게 적용될 것인지에 관한 그들 자신의 추정과 기대들—를 좇아야 한다는 결론이 왜 도출되지 않는가? 평등 보호 조항의 작성자가 인종 분리 학교가 평등한 시민권을 부인하는 것이 아니라고 생각했다면, 왜 그 사실이 그 조항에 대한 충실이 요청하는 바가 무엇인가의 질문을 종결시키지 않는가?

그러나 그 추가적인 발걸음을 내딛는 것은 심각한 지성적 혼동을 범하는 것이며 헌법적 오류를 범하는 것이다. 역사 속 정치가들의 의미론적 의도가 필연적으로 그들이 제정한 문서가 말하는 바를 고정시킨다는 사실로부터, 그들이 말한 것이 의미하는 바를 충실히 지키는 것은 그들이 그렇게 실행되리라고 희망하거나 기대하거나 추정한 대로 그 문서를 실행하는 것을 뜻한다는 결론을 도출하는 것은 오류다. 당신이 대기업의 소유주이고, 그 대기업의 한 부서에 공석이 생겼다고 가정해보자. 당신은 경영자를 불러 그녀에게 말한다. "이 공석을 활용 가능한 최선의 인물로 채우시오." 그러고 나서 당신은 윙크하거나 고개를 끄덕이지도 않은 채 덧붙인다. "내 아들이 이 직위에 지원하는 후보 중 하나라는 것을 알고 있겠지." 당신의 아들이 자격을 갖춘 최선의 후보라고 당신이 정직하게 확신한다고 가정해보자. 더욱이, 당신은 당신의 아들이 최선의 후보라는 점이 그녀를 포함해서 모두에게 명백하다고 확신하지 않았다면 경영자에게 그러한 지시를 내리지도 않았을 것이라고 가정해보자. 그리고 마지막으로, 당신의 경영자는 이러한 사실들을 모두 알고 있다고 가정해보자. 즉, 그녀는 당신 스스로가 그 직위를 채우는 선택을 한다면 당신이 양심적으로 당신의 아들을 최고의 자격을 갖춘 후보라고 생각하여 채용하였을 것이라는 점을 안다.

그럼에도 불구하고 당신은 그녀에게 당신의 아들을 고용하라고 말한 것이 아니다. 당신은 그녀에게 최선의 후보를 고용하라고 말하였다. 그리고 만일 그녀의 판단으로, 당신의 아들이 최선의 후보가 아니라 다른 누군가가 최선의 후보라면, 그녀는 그 다른 후보를 고용함으로써 당신의 지시를 따른 것이며, 당신이 그 일자리를 잡으리라고 의도하고 기대하였던 그 후보를 고용하면 당신의 지시를 어긴 셈이 된다. 당신은 — 나는 그러지 않기를 희망하지만 — 그녀가 당신의 지시를 그런 방식으로 따를 경우 그녀를 해고할지도 모르겠다. 그러나 당신은 그녀가 당신의 지시에 충실하였다는 점, 그리고 그녀가 최선의 후보에 관한 그녀 자신의 견해가 아니라 당신의 견해를 좇았다면 당신의 지시에 충실하지 못했을 것이라는 점을 부인할 수는 없을 것이다. 대리인은, 그 지시가 적절히 해석되었을 때, 명령하는 바를 하는 것을 목적으로 삼지 않는다면, 지시에 충실하지 않은 것이다. 만일 그 지시가 추상적인 규준으로 나와 있다면, 그것은 물론 특정 인물 — 어떤 인물이라도 — 이 그 규준에 맞는지를 따지는 문제와는 다른 문제가 된다. 현대의 입법자들과 판사들은 동일하게 엄격한 요구에 구속된다.

충실에 관한 질문이 몇 년 전 프린스턴 대학의 학술대회를 지배했다. 그 학회에서 스캘리어 대법관은 두 번의 태너(Tanner) 재단 강연을 하였고, 네 명의 논평자가 그 강연들에 답하였으며, 스캘리어는 그 답변들에 재답변하였다. 그 과정이 (몇몇 참여자들이 자신의 원래 논평을 수정하고 확장한 뒤에) 『해석의 문제』(A Matter of Interpretation)라는 책으로 출간되다.[5] 그 참여자들 중 두 명인 스캘리어와 트라이브의 논평은, 내가 방금 강조한 그 구분 — 의미론적 의도(입안자들이 무엇을 말하려고 하였는가)와 정치적 또는 기대 의도(그들이 자신들이 말한 것의 결과로 무엇을 기대하였는가)의 구분 — 의 어려움과 중요성을 모두 보여준다.

그 대회에서 나는 스캘리어가 '원본주의'(originalism)라고 부른 것의 두 형태를 대조시키기 위해 그 구분을 활용하였다고 논평했다. 하나는 의미론적 원본주의로, 입법자들이 집단적으로 말하려고 한 바를, 그 의

---

5 Antonin Scalia, *A Matter of Interpretation*, Princeton, N. J.: Princeton University Press, 1977.

미를 구성함에 있어 결정적인 것으로 본다. 그리고 다른 하나는 기대원본주의인데, 이 이론은 그들이 말을 하면서 성취하려고 기대한 것이 결정적인 것이라고 본다. 나는 자신의 첫 태너 강연에서 스캘리어가 원본주의 중 전자의 판본을 지지하였다고 말하였다. 그러나 두 번째 강연 중에 있었던 헌법 해석에 관한 논급에서, 그는 이와는 반대로 기대 의도에 의지하였다. 그리고 내가 말했듯이, 실제로 그는 연방대법원에서 대법관직을 수행하면서 기대 의도에 의지하였다.

　나의 논평에 대한 출간된 답변에서, 스캘리어는 그 구분을 받아들였으며 자신이 기대원본주의자가 아니라 의미론적 원본주의자라고 선언하였다. 그는 내가 압박한 그 비일관성이 자신에게 있다는 점을 부인하였으며, 어느 면에서는 자신의 헌법 실무가 자신이 설교하고 다니는 그 충실을 내던진 것이라는 나의 의심을 확인시켜주었다. 나는 의미론적 원본주의와 기대원본주의의 차이를 설명하기 위하여 내가 여기서 사용한 한 사례 — 수정헌법 제8조의 '잔인한'의 해석 — 만을 활용했을 뿐이다. 스캘리어는 강연에서 그 수정헌법의 입안자들이 권리장전의 다른 곳에서 사형의 가능성을 예상하였다 — 예를 들어 법의 적정 절차 없이는 '생명'을 박탈할 수 없다고 수정헌법 제4조에서 선언함으로써 — 는 사실은 그들이 수정헌법 제8조에서 사형을 금지하지 않는 것을 의도하였다는 명백한 증거라고 하였다. 나는 스캘리어가 진정으로 의미론적 원본주의자라면, 그는 그 논변에서, 매우 이상하게 보이는 것을 추정하고 있음에 분명하다는 점을 지적하였다. 그 이상하게 보이는 것이란, '잔인하고 비정상적인'이라는 문구를 사용함으로써, 입안자들은 자신들이 말하고 있던 그 시기에 잔인하다고 일반적으로 생각되던 형벌이 금지되어야 한다는 것을 의도하였다고 한 것이다. 즉, 그들은 실제로 사용한 오도하는 언어 대신 그들이 만일 '이 헌법의 제정 시점에 잔인하고 이상하다고 널리 여겨지고 있는 형벌'이라는 문구를 사용했더라면 더 명료하게 표현했을 그러한 것을 말했다고 의도한 것이라고 하였다.

스캘리어는 사형에 대한 자신의 논변이 그러한 것은 전혀 전제하지 않는다고 답하면서, 나의 비판을 자신의 견해에 대한 '희화화'라고 불렀다. 그러나 몇 문장 지나지 않아 그는 그 자신의 견해를 진술하였다. 즉, 수정헌법 제8조가 명하는 것은 "무엇이 잔인한가에 관한 현재 있는 사회의 평가이다. 그것은 (…) 우리가 [말하자면 입안자들과 그 시대 사람들이] 지금 잔인하다고 여기는 것을 의미한다." 그러고 나서 그는 적절한 결론을 이끌어낸다. "이 분석에 따르면, 1791년에 광범위하게 시행되었던 사형이, 수정헌법 제8조의 추상적 도덕원리를 위배하지 않는다는 점은 전적으로 명백하다."[6] 이 마지막 구절들이 내가 헤아릴 수 없는 깊은 의미를 가지고 있지 않다면, 그 구절들은 스캘리어가 몇 문장 전에 희화화된 것이라고 거부하였던 정확히 그 견해를 지지하는 것이다.

그러므로 스캘리어는, 본인이 의미론적 원본주의자라면 자신의 헌법적 입장이 전제하는 것은 무엇이냐고 설명을 직접 요구받았을 때는 그 설명을 터무니없는 것으로 거부한다. 그러나 그 직후 곧바로 헌법 문언에 충실하면서 자신의 태도에도 일관된 견해를 진술하려고 하다 보니, 스캘리어는 자신이 방금 전에 거부한 바로 그 견해를 진술할 수밖에 없게 된다. 그의 이론적 입장은 따라서 모순적이다. 그러한 모순적 입장은 그의 헌법적 판단에 제약을 가하지 못하며, 그의 실제 헌법적 판단은 사실상 헌법을 충실하게 따르는 것과는 거의 아무런 상관이 없다. 헌법 법률가가 스캘리어의 방식으로 일할 때 맞이하게 되는 어려움을 이보다 더 극적으로 묘사하는 것이 있을까? 그들은 어쩔 수 없이 충실을 지킨다고 고백하지만 실무에서는 그것과 절연해야 한다고 느낀다.

트라이브가 널리 알려진 헌법 실무가 중에서 가장 저명하며 주눅 들지 않고 타협하지 않는 자유주의자이기는 하지만, 그의 논급은 그가 스캘리어가 맞닥뜨린 것과 놀랍도록 유사한 딜레마에 직면함을 보여준다.

---

6 같은 책, p. 145.

트라이브는 자신의 원래 논평을 확장하여 출간한 글에서, 자신은 스캘리어와 나 양자 모두와 의견이 다르다고 선언함으로써 시작한다. 그는 말한다. "과거 특정 시점에 일련의 한정된 행위자들이 말하려고 한 바가 무엇인지에 관한 경험적 사실을 (…) '알아낼' 수 있는가 여부에 관해" "나는 드워킨 교수와 스캘리어 대법관 누구와도 의견이 같지 않다." 그는 헌법 해석이 그러한 경험적 사실을 찾아서 묻는 것에 의존한다고 생각하는 점에서 특히 나를 비판하고, 또한 참신한 헌법 해석은 "전혀 새로운 것을 표현하지 않으며, 헌법의 작성자들이나 수정자들이 실제로 오래전에 우리에게 제시했던 원리에 관한 질문들에 대한 옳은 답을 찾는 우리의 추론 과정을 직접적으로 적용함으로써 나타나는 참조들에 지나지 않는 것"이라고 생각한다는 점을 비판한다. (나는 그런 견해와 유사한 어떤 것도 견지하거나 옹호한 적이 없다.)

나는 이 논급을, 상이한 헌법 문언의 해석이 가능한 경우에는, 헌법 문언에 대한 어떠한 충실 요구도 트라이브가 거부한다는 뜻으로 받아들인다. 그의 논급이 훨씬 더 악의 없는 방식으로 독해될 수 있다는 것은 사실이다. 그러나 만일 그렇게 읽힌다면, 그가 선언하는 의견 불일치, 즉 그와 스캘리어 및 나 사이에 존재한다고 보는 의견 불일치는 사라질 것이다. 예를 들어 우리는 그의 글을, 의미론적 의도에 대하여 우리가 내리는 특정한 판단에서 우리가 보여주는 듯한 확신에 대해서만 반대하는 것으로 이해할 수 있다. 그는 자신이 스캘리어와 나에게 귀속시키는 견해들에 대한 인식론적 강조어(epistemic intensifier)를 간간이 섞는다. 그는 예를 들어, 자신은 헌법 해석에 관하여 많은 견해들을 견지하고 있으나, "나[트라이브]는 그 견해들을 엄밀하게 논증될 수 있는 결론으로 주장하지 않으며, 그것을 보편적으로 견지되는 견해들로 혼동하지도 않는다." 그는 다른 곳에서 수정헌법 제1조에 대한 "드워킨주의적 독법"이 "자명하게 폭넓은 도덕원리를 시행하고자 의도된 것"이라고 하면서, 그 자명성의 주장이 "논증될 수 있다는 점도" 부인한다고 썼다. 그는 자신이 스캘리어와 나의 "의문의 여지 없이 진지한 (그러나 그럼에도 불구하고 오도된) 확신"이라고 인정하는 것을 일축한다.[7] 물론 스캘리어와 나 중 누구도 우리의 의견에 대한 이러한 기술을 받아들이지 않을 것이다. 논적의 견해를 그러한 문구로 치장하는 것은 논쟁술로서는 유용할지 모르나, 어느 누구도 그렇게 치장된 견해를 옹호하지 않을 것이기 때문에 논쟁의 급을 떨어뜨린다. 헌법 해석은 수학이 아니며, 바보가 아니고서야 자신의 헌법적 판단이 어떠한 인식 가능한 도전으로부터도 벗어나 있다고 생각하지 않을 것이다. 우리는 우리가 다른 경쟁하는 해석에 비해 우위를 주장할 수 있는 최선의 그리고 힘들게 노력하여 얻은 논거를 제시함으로써 우리의 헌법 해석을 지지하는 논변을 펼친다. 그러면서 우리는 다른 이들이 필연적으로 우리의 논변을 거부할 것이며, 우리가 옳다는 점을 논증하기 위해 정치적 도덕이나 헌법적 방법에 대한 공유된 원리에 호소할 수 없으리라는 점을 안다.[8]

우리는 트라이브의 논평을, 그가 스캘리어와 나의 견해에서 거부하려고 한 것은 단지 해석의 나쁜 형이상학뿐이라고 생각함으로써 무해한 것으로 읽을 수도 있다. 사람들이 과거에 의도했던 바에 관한 '경험적인' 사실들을 알아낼 수 있다는 점을 부인할 때, 그는 아마도 죽은 사람이나 사람의 정신 상태에 직접적으로 정신적 연결이 되는 것은 가능하지 않다는 점을 말하는 것이었는지도 모른다. 그러나 물론 그것은 스캘리어도 나도 염두에 두고 있는 과업이 아니다. 내가 앞서 이야기했듯이 사람들은 —저녁 식사 테이블에서도 그렇고 수세기 전에 말한 것을 읽을 때도 그렇고 —두개골 안을 엿보는 것을 목적으로 하는 것이 아니라 그들의 말과 행동을 가능한 한 가장 잘 이해하는 것을 목적으로 하는 구성적 해석의 과정을 통해 다른 사람들이 말한 것을 번역한다.[9] 그것은

---

7 트라이브의 언급, in Scalia, *Interpretation*, pp. 75, 78, 70, 강조는 인용자.
8 이는 내 책 『법의 제국』과 『자유의 법』의 주된 논제이다.

'경험적'인 과정이 아니라 규범적인 과정이다. 그것은 해석의 대상이 정치 행위이며 우리가 정치적 원리나 목적을, 정치적으로 분열되었을 수도 있는 구성원들로 이루어진 집단에게 귀속시키지 않고서는 번역을 완수할 수 없을 때, 특히 복잡한 과정이 된다. 그러나 구성적 해석의 본질은 그 복잡한 경우에도 개인적인 경우와 마찬가지로 동일한 것이다. 우리는 다른 어떠한 경쟁 번역이 할 수 있는 것보다 그 발언이라는 사건을 더 잘 설명해주는―그리고 정치적인 경우에는 더 잘 정당화해주는―번역을 찾아야만 한다. 그것이 우리가 위대한 추상적 헌법 조항들을, 위대한 추상적 원리들을 진술하고 있는 것으로 봄으로써 훨씬 더 잘 이해할 수 있다고 논했을 때의 나의 여망이었다. 또한 자신이 말한 반대되는 견해에도 불구하고, 스캘리어가 그에 유리하게 말한 모든 것을 논함에 있어서 드러낸 여망이기도 하다.

그 적절한 질문은 따라서 우리가 입안자들이 무엇을 말하려고 의도하였느냐에 관하여 '논증할 수 있느냐', 또는 '확신'을 확립할 수 있느냐, 또는 '자명한' 명제를 세울 수 있느냐, 또는 역사로부터 정신 상태를 뽑아내어 그것들을 단순히 '경험적' 검토만 거치게 할 수 있느냐의 문제가 아니다. 그 질문은, 우리가 위에서 언급한 일들 중 어느 것도 할 수 없다는 사실에도 불구하고, 입안자들이 말한 것이 무엇인가에 관하여 어느 견해를 취할지를 결정해야 하며, 형량을 통해서, 설사 그것이 논쟁의 여지가 있다 하더라도, 더 나은 견해를 택해야 한다는 것이다. 만일 트라이브가 스캘리어나 나와 정말로 견해를 달리한다면, 그는 입안자들이 의도한 것은 기껏해야 불확실하므로, 우리는 적어도 위대한 추상적인 조항의 경우에서 그 문제에 관하여 어떠한 결론도 내리지 않아야 하며, 그러한 결론을 포함하지 않는 어떤 방법으로 헌법 해석을 수행해야 한다고 생각하고 있음에 틀림없다. 아마도 우리 자신의 정치적 도덕에 직접 호

---

9 *Law's Empire*, Chapter 9.

소하거나, 우리 시대에 지배적인 정치적 도덕이라고 여겨지는 것에 직접 호소함으로써 말이다.

그러나 그것이 정합성 있는 입장이기는 하고 또한 많은 논평자들에게, 내가 말했듯이, 호소력이 있기는 하지만, 트라이브가 그에 뒤지지 않는 열정을 갖고 개진하는 다른 주장과 정면으로 모순된다. 예를 들어 다른 곳에서, 그는 스캘리어의 태너 강연에 관하여 논평하면서, 문언 충실의 매우 강력한 형태를 지지하였다. "나는 그럼에도 불구하고, 성문의 헌법 문서가 우선성을 갖고 있고, 궁극적 출발점이 되어야만 하며, 그 문서와 조화되지 않는 어떠한 것도 헌법의 일부로 적절하게 고려될 수 없다는 점, 그리고 헌법의 일부는 실질적으로 상이한 해석에 열려 있다고 설득력 있게 생각될 수 없다는 점에 있어서, 스캘리어의 신념을 공유한다."[10] 그것은 문언에의 충실에 관한 매우 강한 진술이다. 나 자신이 지지하는 것보다 더 강하다. 왜냐하면 내가 말했듯이, 문언과 관행을 전반적인 구성적 해석에서 조화시키는 어떠한 방법도 발견할 수 없을 때, 시간이 흐름에 따라 선례와 관행은 원칙적으로, 다른 것으로 대체될 수 있기 때문이다. 나는 그러나, 문언이 매우 중요한 역할을 해야 한다는 점에서는 트라이브에게 동의한다. 우리는 문언 자체가 말하고 있는 바와 일관된 것으로 가장 설득력 있게 해석할 수 있는 그러한 일련의 헌법 원리를 목표로 하여야 하며, 그 밖의 다른 어떤 것에 만족하려는 것을 매우 꺼려야 한다.

그러나 그 문서는 단순히 일련의 글자와 여백의 조합이 아니다. 그것은 명제들로 구성되어 있으며, 의미론, 즉, 그 글자와 여백들이 (의미하는 바가 있다면) 의미하는 바를 구체화하는 해석 없이는 '우선성'—또는 어떠한 지위조차—을 부여할 수 없다. 우리가 그 글자와 여백들을 그러한 방식으로 해석하지 않는다면, 우리는 무엇이 그 문서와 '조화 불가능한

---

10 Scalia, *Interpretation*, p. 77.

지' 또는 조화 불가능하지 않은지를 전혀 알 수 없으며, 또한 그 문언이 모호하거나 애매한지, 아니면 그것이 "실질적으로 상이한 해석에 열려 있다고 설득력 있게 생각할 수 있"는지도 알 수 없다. 그렇기 때문에 문언의 우선성에 대한 트라이브의 언급은 의미론적 전략을 전제하는 것이다. 그것은 어떤 전략인가?

자연스러운 전략은 내가 방금 기술한 것이다. 우리는 그 문서를 만든 사람들에게 의미론적 의도를 귀속시킴으로써 그 문서가 담고 있는 명제가 무엇인지를 결정하며, 우리는 이 일을 그들이 그것을 작성하면서 어떤 문서를 만들었는지를 최선으로 이해하고자 시도함으로써 수행한다. 그러나 만일 트라이브가 정말로 스캘리어나 나와 의견이 다르다고 말하고자 했다면 그는 그 전략을 거부하는 것이다. 다른 대안은 무엇인가? 어떤 이들은 헌법과 같은 오래된 문서는 그것을 작성한 사람들이 말한 바를 이해하려고 함으로써가 아니라, 과거에 그것이 말한다고 여겨진 바를 의미한다고 추정함으로써 해석해야 한다고 말할지도 모른다. 그 전략에는 퇴행의 문제가 있지만 그 문제를 탐구할 필요는 없다. 왜냐하면 그 전략은 어쨌거나 트라이브가 의도하는 독립적인 우선성을 헌법 문서에 부여하는 방식이 아니기 때문이다. 그와는 반대로, 그 전략은 그 문서가 현대의 해석에서 어떠한 독립적 역할도 갖지 않는다고 본다.

그러므로 이 다른 가능성을 살펴보자. (아마도 트라이브의 '설득력 있는' 대안에 관한 논급에서 시사된 것이기도 할 것이다.) 문언의 우선성은, 이런저런 여건에서 그 해석이 활용하는 명제를 표현하기 위하여, 그 문서를 구성하는 글자와 여백들이 활용되지 않으면 어떠한 헌법 해석도 받아들여져서는 안 된다는 점만 요구한다고 어떤 이는 이야기할지도 모르겠다. 그 극도로 약한 제약은, 수정헌법 제1조에서 추상적인 도덕 원칙을 규정하려고 의도했는지 그렇지 않은지와 상관없이 판사들이 언론의 자유에 관한 폭넓은 '도덕적인' 헌법상 권리를 선언할 수 있게 허용할 것이다. 왜냐하면 그들이 사용한 글자와 여백의 연쇄들은 하나의 폭넓은 원리를 선언하는 데 사용될 수도 있었기 때문이다. (시의 영역에서 문서의 우선성에 관한 유사한 견해에 따르면, 우리는 『실낙원』을 동성애 혐오적인 시로 해석할 수 있다. 왜냐하면 '게이'라는 단어를 구성하는 글자들은 현재 동성애자들을 언급하는 단어로 사용되고 있기 때문이다.) 그러나 그 기이한 해석 전략은 자의적이며, 법 원리나 정치 원리에서 채용할 정당한 이유가 없는 것이다. 우리가 어떤 특정한 명제가 헌법에 적힌 글을 사용하여 진술하려고 했던 그 명제라고 생각하지 않는다면 헌법에 적힌 문언이 그 특정한 명제를 진술하는 데 사용될 수 있었다거나 사용될 수 없었다는 점이 왜 문제가 되어야 하는가? 그 글자들이 재배열되어 금지할 수도 있었던 것은 무엇이나 금지할 수 있다고 이해될 수 있다는, 철자 순서 바꾸기의 의미에서도 똑같이 말이 되지 않겠는가?

따라서 문언에의 충실에 대한 트라이브의 인정을 자연스러운 해석 전략을 제외하고 어떠한 해석 전략과도 조화시키는 것은 극도로 어렵다. 그러나 그 자연스러운 전략은 만일 그가 스캘리어나 나와 정말로 견해를 달리한다면 그가 거부해야만 하는 것이다. 골치 아픈 문제는 여기서 그치지 않는다. 트라이브가 자연스러운 전략이 맞는 전략이며 입안자들이 사용한 말들이 양쪽 모두에 다 활용될 수 있는 경우 다른 의미가 아니라 어떤 하나의 의미를 말하려고 의도하였다고 생각하는 것이 이치에 닿는다고 추정하는 다른 많은 구절들이 있다. 그는 추후에 논의를 추가·보강한 글에서, 예를 들어 내가 학술대회에서 개진하고 여기서 반복한 주장을 덧붙였다. 즉, 스캘리어가 권리장전의 다른 부분을, 수정헌법 제8조가 사형을 금지시키지 않았다는 증거로 드는 것은 그가 견지한다고 말한 의미론적 원본주의와 모순된다고 하는 논변 말이다.[11] 그러나 비일관성에 대한 나의 고발은, 입안자들이 수정헌법 제8조에서 말하려고 의도한 바에 관한 하나의 주장에 절대적으로 의존한다. 만일 그들이, 스캘

---

11 같은 책, p. 64.

리어가 그랬다고 내가 말한 그 명제를 규정하려고 한 것이었다면, 즉 그 시대의 일반적인 의견에 따라 이상하고 잔인한 형벌이 금지된다는 명제를 규정하려고 한 것이었다면, 스캘리어의 문언에 관한 논변은 비일관적이지 않다. 그와는 반대로 그것은 설득력이 있는 것이 될 것이다. 우리는 트라이브가 이 맥락에서 분명히 그러는 것처럼, 입안자들이 시대 고정적인 조항을 규정하려고 의도한 것이 아니라 그 대신에 추상적인 것을 규정하려고 의도했다고 확신할 수 있을 경우에만 그러한 해석을 비일관된 것으로 선언할 수 있다. 그 논변을 받아들임에 있어, 그는 스캘리어와 내가 내렸던 바로 그런 종류의 판단에 의존한다.

이 구절들조차 미스터리의 다가 아니다. 트라이브는 숙련된 소송 전문가이며, 자신의 입장에 유리한 논변을 가볍게 제쳐놓지 않는다. 그는 수정헌법 제1조가 정치적 도덕의 원리를 진술하고 있다는 점에는 동의한다고 말한다. 그렇다면 그가, 최선의 해석에 의하면 그것이 그러한 원리를 표현하려고 의도된 것이라는 논변을 거부하는 이유가 무엇인가? 왜 그는 스캘리어나 나와의 의견 불일치를 주장하여, 그 의견 불일치를 진짜인 것으로 만들려고 애쓰는 것일까? 그것이 진짜 의견 불일치라면 자신이 말한 나머지 것들 중 많은 것이 정합성이 없어지며, 자신의 헌법적 확신의 많은 것들을 뒷받침하는 명백히 강력한 논변을 박탈당하는 데 말이다. 그에 대한 답은 다른 구절의 서두에 강력하게 시사되어 있다. 그는 헌법 해석을 "헌법 해석의 위장을 친 후 어떤 이의 개인적 선호나 가치를 부과하는 일로 타락시키는" 것을 방지하고 싶어한다고 말한다.[12] 비록 1내기 말했듯이, 추상적인 도덕적 헌법을 해석하는 사람들은 도덕적 쟁점을 자신들의 양식에 직접적으로 비추어 판단하지는 않지만, 그들이 자신의 양심을 사용하여 판단을 내려야 하는 부분이 분명히 있기는 하다. 트라이브는 입안자들의 제정 의도에 대한 어떠한 의존도 부인할 수

---

12 같은 책, p. 69.

있기를 바란다. 왜냐하면 그는 나와 마찬가지로, 가장 설득력 있는 견해에 따르면, 입안자들은 충실한 판사와 변호사들이 그가 정당성이 없다고 염려하는 바로 그러한 판단을 제외하고는 어떤 선택지도 남겨놓지 않는 헌법을 제정하고자 한 것이 된다고 생각하기 때문이다.

그러나 그는 그 난제에서 빠져나올 길이 없다. 그가 내가 방금 서두를 인용한 그 문장을 어떻게 끝내는지를 주목하라. "그것이 얼마나 어려운 과업인가를 인정해야 한다. 그것이 해석을 구성하는 것이 아니라 발견하는 수동적인 과정으로 환원될 수 있다는 모든 가장들을 피하고, 그러한 가장을 솔직한 설명으로 대체하는 것, 그 설명이 비록 불완전하고 비결정적이라고 하여도, 전체로서의 헌법과 그 해석의 역사에 비추어 그 문언에 대한 그 또는 그녀의 제안된 구성이 왜 수용할 가치가 있게 되는가에 관한 설명으로 대체하는 것 말이다."[13] 그 문장의 말미는, 다른 말로 하자면, 결코 문장 서두의 우려를 불식시키지 못하고 단지 그것을 확인시켜주고 있을 뿐이다. 통합성이 그들에게 명하는 대로 "전체로서의 헌법과 해석의 역사"를 보는 판사들조차, 그럼에도 불구하고 자신들의 해석이 그 테스트를 통과하는 다른 구성에 비해 왜 더 "수용할 가치가 있는지"를 논증해야 한다. 그리고 "솔직한" 허심탄회함은 물론 미덕이기는 하지만 무엇에 관하여 솔직한가를 변경해주는 것은 아니다.

트라이브가 겪는 어려움은, 스캘리어가 겪는 어려움과 병행하는 것이기는 하나, 반대 방향으로 작용하는 것이다. 스캘리어는 충실을 받아들이기를 바라는 것처럼 보이나, 결국 그것을 거부하게 된다. 트라이브는 충실을 거부하나, 결국 충실을 수용하는 것으로 끝난다. 누구의 결말이 옳은 것인가? 그것이 내가 미뤄뒀지만 이제 답해야 하는 질문이다. 적절히 이해된 헌법적 충실은, 정치적 덕인가 정치적 악덕인가?

---

13 같은 곳.

통합성에 의해 규율되는, 추상적인 헌법에 대한 충실조차 판사와 변호사, 입법자들 및 헌법을 해석하는 다른 이들에게, 낙태, 조력 자살, 그리고 인종에 관한 정의같이 시민들을 깊이 갈라놓는 쟁점에 관한 참신한 도덕 판단을 내릴 것을 요구한다. 이 쟁점들에 대한 어떠한 공직자들의 견해도 논쟁의 대상이 될 뿐만 아니라 많은 이들에게 미움을 받게 될 것이다. 아마도 우리의 판사들은 충실을 제쳐두는 것이 나을지도 모른다. 아마도 그들은 우리가 가진 헌법을 시행하지 않는 것을 목표로 하고 더 나은 또는 어쨌건 다른 문서를 만들어냄으로써 국민들에게 더 잘 봉사할지도 모른다. 아마도 부시가 진정으로 의도한 바는 그가 말한 것과 정반대되는 것이었고, 그가 옳았는지도 모른다.

그러나 우리가 충실을 제쳐놓기 위해 제시할 수 있는 근거는 무엇인가? 무엇이 충실을 압도하는 으뜸 패인가? 나는 헌법적 맥락에서 더 중요한 것으로 생각될 수 있는 세 가지 덕을 떠올릴 수 있다. 첫째로, 어떤 여건에서 충실은 정의(正義)에 의해 압도될 수 있다. 정치사회는 그 구성원들 중 많은 수가 매우 부정의하다고 보는 헌법적 해결에 갇혀 있음을 발견하고, 어떤 여건에서 그 공동체의 판사들은 그 헌법을 단순히 무시하는 것이 적절하게 행동하는 것인지도 모른다. 그들은 자신들의 판결이 충실에 의해 명해진 것이라고 공적으로는 주장하겠지만, 그 반대가 진실이라는 점을 알고 있으며, 사석에서는 그 점에 동의할지도 모른다. 또는 그들은 (만일 자신들의 상황이 허락한다면) 낡은 헌법, 또는 적어도 그중 일부가 더 이상 구속력이 없는 것으로 여긴다고 선언할 수 있을지도 모른다. 많은 사람들은 예를 들어, 도망노예법(Fugitive Slave Act)이 위헌이라고 선언할 것을 요구받았던 남북전쟁 이전의 판사들이, (이 비판가들의 견해에 따르면) 충실이 그 반대의 결론을 요구했음에도 불구하고 그 법을 위헌으로 했어야 한다고 현재 생각한다. 우리는 그러한 판사가 비록 헌법이 시민들에게 도망 노예를 노예주에게 돌려주도록 요구하는 법을 비난하지는 않지만, 그 법은 시행하기에는 지나치게 괴물 같은 것이라고 스스로에게 말하는 경우를 쉽게 생각해볼 수 있다.

　나는 정의를 충실의 요구에 대한 가능한 으뜸 패로 언급하기는 하였지만, 그것을 제쳐놓는 으뜸 패로서만 언급한 것이다. 왜냐하면 우리가 파악했던 상정된 문제점은 판사들이 비도덕적이라고 생각하는 법들을 합헌이라고 판결할 것을 충실이 요구한다는 것이 아니었기 때문이다. 오히려 그 정반대에 가깝다. 헌법이 추상적 도덕원리들을 담고 있기 때문에, 충실은 적절히 선출된 입법부에 의해 지지되어왔음에도 불구하고 판사들에게 부정의하다고 보이는 법들을 비난할 수 있는 지나치게 많은 재량을 준다는 것 말이다.

　충실을 압도할 수 있는 두 번째 가능한 으뜸 패는 현재의 논점에 더 부합하는 것이다. 그것은 민주주의 그 자체다. 도덕적 헌법에 대한 충실은 판사들이 헌법이 구체적인 논쟁 상황에서 요청하는 바가 무엇인지에 관한 최종 결정자가 되어야 한다는 결론을 수반하지 않는다. 그래도 우리의 정치 질서에서는, 연방 판사들이 헌법에 대한 최종적인 권위를 갖고 있으며, 많은 학자들, 판사들 그리고 시민들은 진정한 충실이 무엇을 요청하는가와 같은 종류의 도덕 판단을 판사들이 내리는 것은 비민주적이라고 생각한다. 왜냐하면 진정한 민주주의에서 인민은 정치적 도덕의 근본적인 쟁점을 스스로 결정해야만 하기 때문이다. 만일 우리가 민주주의를 신경 쓴다면, 이 반론에 따라서, 적어도 헌법의 위대한 추상적 조항들의 경우에 우리는 충실에는 눈을 감고, 우리의 법원에 좀 더 겸손한 역할만을 할 것을 주장해야 할 것이다.

　이 논변은 건전한가? 이것은 당신이 민주주의로 무엇을 염두에 두고 있는지에 오롯이 달려 있다. 왜냐하면 민주주의의 두 개념을 구별할 수 있기 때문이다. 그중 하나는 이 불평을 확실히 정당화해주지만, 다른 하나는 그렇지 않다. 첫째 개념은 다수결주의다. 민주주의의 정수는, 이 견해에 따르면 원리에 관한 모든 쟁점이 다수결 투표에 의해 결정되어야 한다는 것이다. 다시 말해 민주주의는 처음부터 끝까지 다수결 규칙이라

는 것이다. 만일 그것이 민주주의가 의미하는 바라면, 판사들에게 다수
가 승인하는 정치적 도덕에 관한 판단을 제쳐놓을 권한을 부여하는 사
법 심사 제도는 반민주적인 것이다. 그러나 민주주의를 다르게 정의한
다고 해보자. 즉, 민주주의는 동등한 지위에서 협동적인 공동 사업의 구
성원으로 함께 행동하는 인민들 모두에 의한 통치를 의미한다고 말이다.
나의 견해로는 그것이 다수결주의의 주장보다 민주주의의 핵심을 훨씬
더 매력적으로 이해하고 있는 것이다. 다수결 규칙은 특정한 선행조건이
충족되었을 때에만 민주적이다. 그 조건이란 동등한 구성원-됨이라는
민주주의적 조건이다.

  그 조건들은 어떤 것들인가? 나는『자유의 법: 헌법의 도덕적 독법』
(*Freedom's Law: The Moral Reading of the Constitution*)이라는 책에서 어느 정
도 상세하게 그것을 규정하려고 하였다.[14] 첫째로, 모든 시민들이 정치
적 삶에서 동등한 역할을 할 기회를 갖지 못한다면, 그리고 그것은 평등
한 보통선거권뿐만 아니라 공적 숙고와 공적이지 않은 도덕적 견해 교
환에서도 동등한 목소리를 내는 것을 의미하는데 그런 조건이 충족되지
않는다면, 자치로 이루어지는 공동 사업으로 인식된 민주주의는 존재할
수 없다. 그것이 바로 수정헌법 제1조에 의하여 원리적으로 보장된 권리
들이다. 둘째로, 인민이, 개인으로서, 통치에 동등한 주장을 할 권리가 없
다면 그와 같이 인식된 민주주의는 존재하지 않는다. 집단적 이익이 어
디에 놓여 있는지를 결정함에 있어 모든 이들의 이해 관심이 동일한 방
식으로 고려되어야 한다는 점이 중요하다. 나는 평등 보호 조항에 깔려
있는 요청이, 적절하게 이해되었을 때 바로 그 요구라고 생각한다. 셋째,
개인들이 다수의 판단이 아니라 자신의 양심과 판단에 답하여 자유롭
게 자신들 스스로 가장 종교적이고 윤리적인 결정을 내릴 수 있는 사적
인 영역이 인정되지 않는다면, 공동의 사업으로서의 민주주의는 존재할

---

14 Cambridge, Mass.: Harvard University Press, 1996.

수 없다. 그 누구도 스스로를, 자존이 자신 스스로 결정할 것을 요구한다고 생각하는 문제들을 권위 있는 기구가 그를 위해 결정해야 한다고 주장하는 그러한 조직된 사업의 온전하고 동등한 구성원이라고 여길 수는 없다. 그것은 종교의 자유를 보장하는 수정헌법 제1조의 기초이기도 하며, 각 개인이 자신의 삶이 왜 가치 있으며 삶을 성공적으로 산다는 것이 무엇을 의미하는가에 대한 각 개인의 이해를 규정하는 근본적인 윤리적 선택에서의 독립성에 대한 — 아직까지는 불완전하게 실현된 — 적정 절차 조항의 보장의 기초이기도 하다.

민주주의에 대한 그 대안적 견해에 따르면 — 당신은 그것을 동반자 민주주의라고 부를 수도 있다 — 다수결 규칙은 이 조건들이 적어도 상당한 정도로 충족되지 않은 것, 민주주의라고 부를 수 있기는커녕 정당성도 없는 것이 된다. 따라서 당신이 민주주의에 대한 동반자 견해를 채택한다면 사법 심사가 그 본성상 민주주의와 상반된다는 논변은 실패한다. 내가 이미 말했듯이, 입헌민주주의가 미국과 같은 통치 구조, 민주주의의 조건이 기본 문서에 성문화되어 있으며 이 조건들이 충족되었는지 여부를 결정할 최종적인 해석적 권위를 법원에 부여하는 구조를 적극적으로 요청한다고 이야기하는 것은 아니다. 그 책임을 다른 선출된 특수 기구에 맡기는 것이 더 나았을지도 모른다고 생각하는 것도 무리가 아니다. 즉, 우리가 선출되지 않은 판사들에게 그 해석적 책임을 부여한 19세기에 만들었거나 수정하였던 그 결정은 현명하지 못한 것이었다고 생각할 수도 있다. 그러나 당신은 다수가 자동적으로 그리고 기본 설정(default)으로서, 이 해석적 결정을 할 권한이 있다고는, 선결문제 요구의 오류를 범하지 않고서 주장할 수는 없다. 왜냐하면 물론 다수는 그 조건들이 충족되지 않으면 통치할 아무런 자격도 없기 때문이다. 민주주의의 다수결 개념이 어느 기관에 그 최종 해석적 권위가 주어져야 하는지 주어지지 않아야 하는지를 결정할 수 있다고 생각하는 것은 선결문제 요구의 오류를 범하는 것이다. 그 결정은, 내가 『자유의 법』에서 논했듯이,

다른 근거에서 내려져야 한다.

이제 충실을 압도할 수 있는 두 가지 잠정적인 으뜸 패를 살펴보았다. 우리는 첫 번째 으뜸 패—충실을 포기하게 만들 정도로 헌법이 너무나 부정의할 수도 있다—를 현재의 논변에 밀접한 관련이 없는 것으로 제쳐놓았다. 그리고 두 번째 으뜸 패—즉, 판사들에게 최종 해석적 권위를 부여하는 우리의 통치 구조 하에서, 헌법의 추상적 도덕 조항에 대한 충실은 그 공직자들에게 비민주적인 권한을 부여하는 것이라는 주장—를 살펴보았다. 나는 이제, 짧지만 법실용주의(legal pragmatism)라고 부를 수 있는 충실을 압도할 수 있는 세 번째 근거를 논하고 싶다.[15] 실용주의는 미국의 법 이론에 수십 년 동안 어느 정도 영향력을 행사해왔으며, 현재 일종의 르네상스를, 특히 헌법 이론에서 향유하고 있다.

법실용주의—적어도 그것의 저명한 한 흐름—는, 사법부의 판결은 작고, 신중하고, 실험적인 것이 되어야 한다고 주장한다. 법실용주의는, 민주주의에 대한 관심에서 그러한 주장을 하는 것이 아니라, 법률가와 판사들은 헌법 문언에 대한 충실이 요구하는 종류의 원리의 거대하고 폭넓고 추상적인 진술에서 구체적인 판결을 연역하려고 하는 대신 실제로 효과가 있는 것이 무엇이냐를 발견하려고 함으로써 사회를 위해 더 나은 일을 하는 것이라고 주장한다. 실용주의자들은 주장하기를, 판사들은 특정한 사건의 실제적이고 제한된 환경에 집중하여, 그 제한된 틀 내에서 쟁점과 이익들에 부응하는 성공적인 조정점을 파악하려고 해야 한다. 무엇보다도 판사들은 그들이 한번에 결정하여야 하는 것보다 더 많이 결정하는 일을 경계해야 한다. 헌법을 포함하여 법은, 거대 원리에 의해서가 아니라 유비에 의해서, 하나씩 그 단계를 시험해보고 그 법을 더

---

15 이 경우 나는 이 명칭을 단순히 편의상 고른 것이다. 나는 법실용주의와, 철학에서 더 일반적인 운동이나 학파로서의 실용주의 사이의 연결 관계에 관하여 어떠한 주장도 지지하고자 하지 않았다.

잘 작동하게 만드는 것을 조금씩 시도함으로써 느리게 점진적으로 성장하는 것이 더 낫다. 우리의 추상적인 헌법에 대한 충실은 그 반대를 명한다. 충실은 판사에게 거대 도덕원리들의 대규모의 해석을 구성할 것을 명한다. 그런 명령은, 실용주의적 견해에서는, 정확히도 틀린 방향을 가리키는 것이다.

법실용주의는 놀랍도록 현명한 것 같다. 그렇지 않은가? 그것은 매우 미국적이고, 경험적이며, 실리적인 것 같다. 특히 당신이 그 견해의 주된 주창자들, 바로 시카고(Chicago)를 고려할 때 그렇다. 어깨가 떡 벌어진 세계의 돼지 푸주한 등등.* 그러나 그 목소리의 어휘와 뉘앙스를 적절히 바꾸면, 올리버 웬델 홈즈의 목소리가 된다. 그는 그 접근의 후원자였으며, 법의 생명은 논리가 아니라 경험이라고 하였다. 그것은 이른바 미국 법현실주의자로 불리게 된 이들, 법은 더 실용적이고, 더 사실에 흠뻑 젖은, 덜 이론적이고 추상적인 것이 되어야 한다고 주장함으로써 1930년대부터 미국의 법학 교육을 변모시켰던 이들의 목소리다.

실용주의자의 목소리는 (놀라운 내용을 담은 것이 아니라면) 어느 정도는 건전한 조언으로 들린다. 그것은 우리에게 무언가를 하거나 결정할 때 가능한 한 정보를 숙지하고 그것이 불러올 결과에 주의하여야 좋다는 점을 상기시켜준다. 그러나 그것이 정말로 헌법에의 충실을 압도하고 충실의 정신에 따른 헌법 판결이 요구하는 추상적인 정치적 원리들의 큰 질문들을 무시할 논변을 제공하는가?

---

* 여기서 드워킨은 칼 샌드버그(Carl Sandburg)의 「시카고」(Chicago)라는 시에서 샌드버그가 시카고라는 도시를 '세계의 돼지 푸주한'(Hot Butchers for the world)이자 '어깨가 떡 벌어진 자들의 도시'(City of the Big Shoulders)라고 비유한 것을 들어 시카고 학파를 지칭하고 있다. 초기 시카고는 돼지고기 가공업으로 유명했다. 샌드버그의 시는 시카고라는 도시를 하나의 인격으로 의인화한 것이다. 드워킨은 샌드버그의 시에서 묘사된 시카고의 인격화된 모습이 시카고 학파의 실용주의의 목소리와 닮았다는 비유를 하고 있는 것이다.

우리는 정치 공동체가 처하는 두 상황을 구별해야 한다. 첫 번째 상황에서, 정치 공동체는 헌법과 다른 법을 통해 어떤 목표를 추구하기를 원하는지에 관하여 꽤나 잘 알고 있다. 어떤 결과를 원하는지에 관하여 양식을 갖고 있다고 말할 수 있을 것이다. 예를 들어 정치 공동체는 인플레이션은 낮게 유지하지만 성장은 유지하기를 바란다. 정치 공동체는 활력 있는 정치적 논증 대화, 낮은 범죄율, 종교적 긴장의 완화를 바란다. 그 목표를 달성하는 경우 달성했다는 점은 알게 되겠지만, 현재로서는 그 목표들을 어떻게 추구해야 하는가에 관하여 불확실하다. 몇몇 그러한 경우에는 정치 공동체가 거대 경제원리나 도덕원리를 먼저 구성하고 난 뒤 그 기준에 비추어 진행해 나감으로써 그 문제를 풀지 말고 그저 무엇이 효과가 있는지를 알기 위해 차례대로 시도를 하는 실험적인 방법에 의해 문제를 해결하라고 말하는 것이 정말로 도움이 될 수도 있을 것이다.

그러나 두 번째 상황에서, 공동체의 문제는 파악된 목적들을 달성하기 위해 어떤 수단이 최선의 것인가를 알지 못한다는 것이 아니다. 그렇기보다, 공동체가 추구해야 하는 목적들이 무엇인지, 존중해야 하는 원리들이 무엇인지 알지 못한다는 것이다. 정치 공동체는 공정한 사회, 정의로운 사회가 되기를 원하지만 그것이 과연 예를 들어 스스로 사적인 성적 결정을 할 자유를 증대시키는 것을 의미하는지, 소수에게 고용과 교육에서 우선권을 주는 것을 의미하는지 알지 못한다. 정치 공동체의 난점은, 성적 자유의 증대를 인정하거나 적극적 차별 철폐 조치를 채택했을 때 나올 결과를 예측할 사실적 기초가 없다는 것이 아니다. 또는 적어도 그것이 유일한 문제는 아니다. 그보다 더 심층적인 문제는, 이 결과들이 정치 공동체의 구조의 정의와 공정성에서 전반적인 개선이 될 것인지 아니면 추가적인 결함이 될 것인지를 알지 못한다는 점에 있다. 이런 상황에서, 실용주의자들의 성실한 조언, 실용적이고 경험적인 것에 주의하고 이론적인 것은 자제하라는 그들의 조언이 쓸모없다는 점은 분명하지 않은가?

우리가 두 번째 상황에 처해 있을 때, 우리는 어떤 특정한 단계가 '작동'하는가(또는 효과가 있는가―옮긴이) 여부를 스스로에게 묻는 방식으로는, 일반적인 원리를 피할 수 없다. 우리가 그렇게 할 수 없는 이유는 그 단계가 후퇴가 아닌 전진이라고 파악하는 일반적 원리를 매우 잠정적으로라도 지지하고 있지 않은 한, 무엇이 효과가 있는지에 관하여 어떠한 견해도 가질 수 없기 때문이다. 성적 자유의 증대와 적극적 차별 철폐 조치가 사회를 더 정의롭게 만드는가는, 어떤 자유의 부인과 어떤 대우의 차등이 부정의하고 왜 부정의한지를 결정하지 않고서는 답할 수 없는 문제다.

우리가 대체 심사를 스스로에게 제시할 수 있다는 것은 사실이다. 우리는 사회적·법적 프로그램이 사회적 긴장을 완화시킨다면, 덜 두드러지게 반목하면서 함께 살아가는 데 도움이 된다면, 효과가 있다고 이야기할 수는 있다. 아마도 우리가 수십 년간 해왔던 것처럼 소수집단의 사회적 열망과 직업적 열망을 계속하여 더 억제한다면 지금 또는 나중에 아무런 분쟁이 없을 것이다. 짐 크로우(Jim Crow) 법이 제2차 세계대전 이후에 더 이상 작동하지 않게 되었을 때, 미국이 그것을 실용주의의 이름으로 버렸다고 이야기될 수도 있기는 하다. 그러나 침묵의 그 긴 수십 년간은 부정의의 수십 년이었으며 우리는 그 사이의 성격상 헌법적 영역에서 일반적인 원리가 되어야 하는 평등한 시민권에 관한 설명을 구성하지 않고서는 왜 그런지를 설명할 수 없다.

헌법 사건은 원리가 아니라 유비에 의해 판결되어야 한다고 제안하는 것도 도움이 되지 않는다. 왜냐하면 (칸트의 어구를 사용하자면) 원리 없는 유비는 맹목적이기 때문이다. 여성이 임신 초기 낙태에 대한 권리를 가지고 있는지의 문제에 직면했을 때 연방대법원이 채택해야 하는 유비는 무엇인가? 낙태는 어떤 면에서는 유아 살해와 비슷하고, 다른 면에서는 맹장수술과 비슷하며, 또 다른 면에서는 예술 작품을 파괴하는 것과 유사하다. 만일 비교가 적용된다면, 이 비교들 중 어느 것이 실제로 적합한

지는 광대한 논변의 네트워크에 달려 있다. 여기에는 그저 '알' 수 있는 것이 아무것도 없다. 우리는 원리를 통해서 도달된 결론을 진술할 때 유비를 사용하는 것이지, 이 결론에 이르는 상이한 경로로서 유비를 활용하는 것이 아니다.

판사는 재판하고 있는 사건에서 요구되고 있는 것 이상의 헌법 원리를 결코 발전시키려고 해서는 안 된다는, 즉 자신들 바로 앞에 있는 것 이외의 원리의 쟁점에 대해서는 '손을 뻗어' 결정하려고 해서는 안 된다는, 전통적인 법적 지혜의 오래된 주요 산물은 어떤가? 내가 권고한 대로, 원리의 장전으로서 헌법을 읽는다면, 그리고 판사의 책임은 이 원리들을 명명하고 그 척도와 범위를 규정하는 것이라고 주장한다면, 우리는 그 오래된 조언을 어겨야 하지 않겠는가?

꼭 그렇지는 않다. 왜냐하면 판사들은, 자신들이 당면한 사건에서, 자신들의 숙고한 의견에서 헌법적 도덕의 추상적 원칙에 대한 최선의 해석으로부터 따라 나오는 결론을 내리려고 함으로써 헌법을 충실히 지키는 의무를 훌륭하게 수행하는 것이기 때문이다. 충실은 그 자체로는 판사들에게 제한된 목적에 필요한 것 이상 더 넓게 원리를 진술할 것을 요구하지 않는다. 그러나 우리는 왜 그것이 당면한 질문에 **정말로** 적용되는지를 보여주기에 충분한 정도로 넓게 원리를 진술하는 것이 흔히 다른 사건에 대한 결론을 정당화하기에 충분한 정도로 넓게 진술하는 것을 의미한다는 것을 주목해야 한다. 그리고 적어도 때때로는 판사들이 그 사실에 주의를 기울이기를 거부하여서는 아무것도 분명하게 얻는 비기 없고 얼마간의 분명한 비용만이 있을 뿐이라는 사실을 주목하여야 할 것이다. 예를 들어 1996년의 '로머 대 에번스'(Romer v. Evans) 사건을 살펴보자. 이 사건에서 연방대법원은 주 내의 시와 관할구역이 차별로부터 보호받는 동성애자의 민권을 인정하지 못하게 하는 콜로라도 주의 주 헌법을 위헌으로 선언하였다.

그 판결은 그때로부터 10년 전에 내려진 수치스러운 연방대법원 자신의 판결인 '보워스 대 하드윅'(Bowers v. Hardwick) 사건은 언급조차 하지 않았다. 그 사건에서 연방대법원은 상호 동의 아래 이루어지는 성인들 사이의 동성애적 소도미(Sodomy)를 범죄로 규정한 조지아 주의 법률을 합헌으로 선언하였다. 많은 사람들은, '에번스' 사건에서 의존한 원리가 그보다 앞선 '보워스' 판결과 명백히 상반됨에도 불구하고 연방대법원이 그 판결을 명시적으로 폐기하기를 거부한 과묵함을 칭찬하였다.[16] 그들은 비록 동일한 원리가 두 사건 모두에 적용될 수 있기는 하지만, 조지아 주 사건의 쟁점은 기술적으로 독립적인 것이라고 말하였다.

연방대법원은 그보다 나중인 2003년에 '로렌스 대 텍사스 주'(Lawrence v. Texas) 사건에서 '보워스' 판결을 폐기하였다. 아마도 연방대법원이 7년을 기다린 이유가 뭔가 있을지도 모르겠다. 그러나 헌법적 권리가 작용하고 있을 때에는, 원리에 관한 그들의 결정의 온전한 함의를 인정하는 것을 미루는 것에 어떤 이유가 있다고 하더라도, 그러한 일을 반대할 만한 지속적이고 거대한 위험이 존재한다. 그 위험이란 성숙의 날이 올 때까지 엄청나게 많은 사람들에게 가해질 부정의의 위험이다. 헌법상의 타이밍은 단지 법리에만 영향을 미치지 않고 사람들이 어떻게 살아가고 죽는가에 영향을 미친다. 그 7년을 기다린다는 것은 동성애 시민들이 2등 시민으로서 자신들의 삶의 또 다른, 회복 불가능한 부분을 살아가도록 강제된다는 것을 의미하였다. 삶은 그 수동적이고 실용적인 덕목이 그들을 법학 학술지의 경구와 몸치장 속에서 꾸밀 동안 멈추지 않는다.

한 나라로서 우리의 위대한 실험, 정치적 도덕에 대한 우리나라의 가장 근본적인 기여는, 다음과 같은 세 가지 점으로 이루어진 위대한 이념이다. 첫째, 민주주의는 단순한 다수결 규칙이 아니며 자치에서의 동반

---

16 나의 논문 "Sex and Death in the Courts", *New York Review of Books*, August 8, 1996, p. 44.

자 관계이다. 둘째, 그 동반자 관계는 개인들 각자에게 온전한 성원권의 전제 조건을 보장하는 도덕적 헌법에 의해 구조화되고 가능해진다. 셋째, 우리는 우리의 역사를 통해 판사들 — 법에 숙련된 사람들 — 에게 평등한 시민권에 대한 그러한 보장을 관철할 것을 요구하는 제도적인 전략을 지지해왔다. 물론 그 위대한 정치적 모험에는, 어떤 위대한 정치적 야망에도 그러하듯이 많은 위험들이 존재한다. 그러나 그 위험에도 불구하고 우리는 우리의 모험 덕택에 부러움을 받아왔다. 그리고 우리의 모험을 스트라스부르에서 케이프타운에 이르기까지, 부다페스트에서 델리에 이르기까지, 전 세계의 더 많은 곳에서 따라하고 있다. 전 세계의 다른 인민들이 우리의 사례를 따르며 용기를 얻어가고 있는 이때, 용기를 잃지 말자.

제6장

하트의 후기와 정치철학의 목적

아르키메데스주의자

하트의 기획

하트 교수가 사망했을 때, 그가 남긴 글 뭉치에는 법 이론에서 나의 작업에 관한 긴 논평을 담은 초고가 포함되어 있었다. 그 초고는 분명히 출간하려는 의도로 쓰인 것이다. 그의 가장 잘 알려진 책인 『법의 개념』의 개정판의 후기(epilogue)로 말이다. 나는 그가 이 초안에 얼마나 만족했는지는 모르겠다. 그 초고는 그가 온전히 만족하지 않았으리라고 보이는 것들을 많이 담고 있다. 그러나 그 초고는 그 책의 새 판에 정말로 후기로서 출간되었다. 나는 이 장에서 그 후기(Postscript)의 중심된 그리고 가장 중요한 비판을 논의하겠다. 『법의 개념』에서 하트는 법이란 무엇이며 유효한 법은 어떻게 식별되어야 하는지를 논한다. 그리고 그는 그 기획을 위하여 두 가지 중요한 특징을 주장한다. 첫째, 그는 그 기획이 도덕적으로나 윤리적으로 평가적인 기획이 아니라 기술적인 기획이라고 말하였다. 그 기획은 만연해 있고 복잡한 법이라는 사회적 관행을 평가하는 것이 아니라 이해하는 것을 목적으로 한다. 둘째, 그 기획은 법적 기획이라기보다 철학적 기획이다. 특정한 주제에 관하여 무엇이 법인가를 발견하는 것은 법률가들의 일이다. 예를 들어 피카딜리 서커스 광장에서 사자를 행진시키는 것이 영국 법에 어긋나는지를 발견하는 것은 법률가들의 일이라는 것이다. 그러나 법 일반이 무엇인지를 파악하는 것은 그저 특정한 야심 찬 법적 연습이 아니라 철학적 연습이며, 이 연습은 법률가가 일상의 실무에서 쓰는 방법과는 전적으로 다른 방법을 요청한다.

나는 이 두 주장 모두를 비판하였다. 나는 효력 있는 법이 어떻게 파악되어야 하는가에 관한 일반 이론, 이를테면 하트 자신의 이론과 같은 것은, 법의 실무에 관한 중립적인 기술이 아니라, 그것을 단지 기술하는 데 그치지 않고 정당화하려고 하는 해석이라고, 즉 왜 그 실무가 가치 있으며 그 가치를 보호하고 증진하기 위해서 어떻게 수행되어야 하는가를 보여주는 해석이라고 하였다.[1] 만일 그렇다면, 법 이론 자체는 도덕적·윤리적 판단과 확신에 의존하는 것이 된다. 나는 또한 일상적인 법 논변 역시 같은 성격을 갖고 있다고 논하였다. 어떤 복잡한 이슈에 관하여 무엇이 법인가를 판단하여야 하는 판사와 시민은 어떤 원리가 그것을 가장 잘 정당화하는지를 이해하기 위하여 과거의 법을 해석해야만 하며, 그러한 원리들이 새 사안에서 요구하는 바를 판단해야만 한다. 그러므로 법철학자의 법 이론은, 비록 그것이 일상적인 법적 주장과 사안에 따라 법률가들이 개진하는 일상적인 법적 주장보다 물론 더 추상적인 것이기는 하지만, 그 성격에서 다르지 않은 것이다.

하트는 후기에서, 내가 이 두 논점 모두에서 틀렸다고 논한다. 나는 그의 프로젝트가 그가 주장한 특별한 철학적이고 기술적인 성격을 갖고 있다는 점을 부인할 아무런 권리가 없다고 하였다. 판사들이 난해한 법적 사건을 어떻게 판단해야 하는가에 관한 나 자신의 심사숙고는 도덕적이고 참여적인 것이라고 그는 말한다. 왜냐하면 나는 판사들의 활동을 비판하고 평가하고 있기 때문이라는 것이다. 그러나 이와는 반대로 그는

---

1 *Law's Empire*를 보라.

그들의 활동을 단순히 기술하고 있을 뿐이라고 한다. 일반적이고 철학적인 방식으로, 그리고 바깥에서 그것들을 기술한다는 것이다. 법적 전쟁에서 능동적인 참여자로서가 아니라, 그 전쟁에 연루되지 않은 학자로서 바깥에서 기술한다는 것이다. 법학에는 이 두 기획 모두를 위한 여지가 있으며, 이 둘은 상이한 기획이라고 그는 말한다.

그 자신의 방법론에 관한 하트의 견해는 현대의 많은 철학에 전형적인 견해이다. 메타윤리나 법철학과 같은 철학의 전문화된 분야들 각각은 사회적 실천의 특정한 유형이나 부문에 관한 것이기는 하지만 거기에 아마도 참여하지는 않으면서 번성한다. 철학자들은 밖에서 그리고 위에서, 도덕, 정치, 법 과학, 그리고 예술을 내려다본다. 그들은 자신들이 연구하는 실천의 일차적 담론 ─무엇이 옳고 그른가, 합법이고 불법인가, 참인가 거짓인가, 아름다운가 천박한가를 숙고하고 논하는 비철학자들의 담론─과, 자신들의 '메타' 담론의 이차적 플랫폼에서 이루어지는, 첫 번째 담론의 개념들이 정의되고 탐구되며, 첫 번째 담론의 주장들이 분류되고 철학적 범주에 할당되는 그러한 담론을 구별한다. 나는 이러한 철학의 견해를 '아르키메데스적'인 것이라고 부른 바 있으며, 현재는 아르키메데스주의의 황금시대이다.

이 전문가 철학의 가장 익숙한 형태는 '메타윤리학'이다. 메타윤리학은 보통 사람들이 예를 들어 낙태는 도덕적으로 그르다거나 인종차별은 악하다거나 친구를 배신하는 것보다는 나라를 배신하는 것이 낫다고 말할 때 그들이 내리는 '가치판단'의 논리적 지위를 논한다. 일부 메타윤리철학자들은 이러한 가치판단들이 참이나 거짓이라고 말한다. 그리고 만일 그 판단들이 참이나 거짓이라면 그 진술들은 어떤 마음-독립적인 도덕적 사실을 정확하게 보고하는 것이라고 한다. 다른 철학자들은 이러한 주장을 부인한다. 그들은 도덕 판단은 독립적인 실재에 대한 보고가 아니며, 그렇기보다는 정서나 개인적 취향, 또는 행위의 권고, 또는 그러한 성격의 주관적인 무언가를 표현하는 것이라고 한다. 그러나 이 두 그

룹의 철학자들 모두 자신의 이론 자체는 가치판단이 아니라고 한다. 즉, 가치판단은 객관적으로 참이라는 이론이나, 도덕 판단은 정서만을 표현한다는 이론 등은 도덕 판단이 아니라는 것이다. 철학자들은, 가치판단에 대한 이차적인 철학 이론은 중립적이고, 철학적이며, 아무 데도 헌신하고 있는 것이 아니라고 한다. 그들은 낙태의 도덕성이나 차별이나 우정이나 애국에 대해서 아무런 입장을 취하지 않는다. 그러한 이론들은 개념적이고 기술적인 것이지 실질적이고 참여적인 것이 아니라고 한다.

　나는 이전의 연구에서 메타윤리에 대한 이 견해에 반대했다. 나는 도덕적 견해의 객관성이나 주관성에 관한 철학적 이론은, 그것들 자신의 매우 일반적이고 추상적인 가치판단으로서만 오직 이해될 수 있는 것이라고 하였다.[2] 자신의 방법에 관한 하트의 주장은, 아르키메데스주의와는 비록 연관되어 있기는 하지만 다소 다른 형태를 보여준다. 하트의 방법은, 도덕철학에서보다는 법철학을 포함하는 정치철학에서 더 두드러지는 것이다. 여기서 핵심 구분은, 다시금 논의의 차원에 관한 것이다. 자유, 평등, 민주주의, 정의, 합법성, 그 밖의 다른 정치적 이상에 관하여 보통 사람들이 하는 일차적이고 실질적인 도덕 판단의 차원과, 정치철학자들이 이 이상들을 이차적, 중립적, 철학적으로 분석하는 것 사이에는 차이가 있다는 것이다. 보통 사람들 ―정치가들, 언론인들, 시민들, 그리고 대통령들 ― 은 이 이상들의 상대적 중요성에 대해 논한다. 그들은 합법성이 때때로 정의를 확보하기 위해 타협되어야 하는지를 놓고 논쟁한다. 또는 자유가 평등을 달성하거나 공동체 보존을 위하여 때때로 제한되어야 하는지를 논한다. 이와는 반대로 철학자들은 합법성이나 자유, 평등, 민주주의, 정의, 또는 공동체가 진정으로 무엇인지에 관한 해명을 제공하려고 하며, 보통 사람들이 무엇을 논하고 무엇에 대하여 의견이 나뉘는지에 관한 해명을 제시하려고 한다. 다시금 철학자들의 작업은,

---

2　내 논문 "Objectivity and Truth: You'd Better Believe It", 25 *Phil. & Pub. Aff.* (1996).

그들의 견해에 의하면, 논쟁들 사이에서 중립적이다. 그것은 무엇이 자유이고 평등이며, 왜 이것들 사이의 충돌이 불가피한지와 같은 기술적이고 개념적인 질문이며, 이런 이차적인 질문에 답하는 어떤 철학적 이론도 이 가치들 중 어느 것이 다른 것보다 더 중요하며, 어떤 여건에서 어떤 가치가 더 선호되고 어떤 가치가 희생되어야 하는지에 관하여 중립적이라고 한다.

이런 아르키메데스주의 판본은 잘못된 것이다. 평등, 자유, 법, 그리고 다른 가치들의 개념의 정의나 분석은, 그러한 이상들에 대하여 소란이 일어나는 정치적 분쟁에서의 경쟁하는 견해들 중 어느 것만큼이나 실질적이고 규범적이며 참여적이다. 법철학의 핵심 문제에 대한 순수하게 기술적인 해결책을 마련하려는 하트의 야심은 잘못 인식된 것이며, 많은 선도적인 정치철학자들의 그에 비견될 야심이 잘못 인식된 것과 마찬가지의 운명에 처해 있다.

소렌슨 사건

나는 하트의 아르키메데스주의적 판본을 더 자세히 묘사하겠다. 그리고 이렇게 묘사하는 것은 복잡한 법적 문제의 한 사례를 제공한다는 목적에 유용할 것이다.[3] 소렌슨 여사는 수년 동안 류머티즘성 관절염으로 고생해왔으며, 고통을 덜기 위해 약종명 '인벤텀'(inventum)을 복용해왔다. 그 기간 동안 '인벤텀'은 11개의 서로 다른 제약업체들에 의해 서로 다른 약명 하에 제조되고 판매되어왔다. 사실 그 약은 심각한 숨겨진 부

---

3 이 사례는 가상의 것이다. 시장점유율에 따른 손해배상책임과 관련된 실제 사건으로는 예를 들어 Sindell v. Abbott Labs., 607 P.2d 924 (1980), pp. 935~38, 그리고 그 사건에서 인용된 판례들을 보라.

작용을 가지고 있었으며, 이러한 부작용은 제약업체들이 알고 있었어야
만 하는 것이었다. 소렌슨 여사는 그 약을 복용했기 때문에 심장에 항구
적인 손상을 입었다. 그녀는 어느 제약업체의 약을 언제 실제로 복용했
는지를 입증할 수 없었다. 또한 물론 언제, 그리고 어느 제약업체의 약이
실제로 그녀에게 손상을 입혔는지를 입증할 수 없다. 그녀는 '인벤텀'을
제조했던 모든 제약업체를 공동 피고로 하여 소를 제기하였다. 그리고
그녀의 변호사는 그들 모두가 그녀가 그 약을 복용했던 기간 동안 그 약
의 시장점유율에 따라 그녀에게 손해배상책임을 진다고 주장하였다. 제
약업체는 원고의 요구는 전적으로 유례없던 것이며, 어느 누구도 그 결
과를 야기했다는 점이 입증되지 않으면 손상에 대하여 책임을 지지 않
는다는 불법행위법의 오랫동안 확립된 전제와 모순된다고 지적하였다.
제약업체는 소렌슨 여사가 특정 피고가 그녀에게 손상을 가했다는 것을
입증할 수 없으며, 또한 그녀가 복용했던 '인벤텀'이 어떤 제약업체의
것인지조차 입증할 수 없으므로, 그들 중 어느 누구에게서도 손해배상
구제를 받을 수 없다고 하였다.

변호사와 판사들은 법이 실제로 요구하는 바에 관하여 그 주장 중 어
느 것 ─소렌슨 여사 또는 제약업체─이 옳다고 어떻게 판단해야 하
는가? 나 자신의 견해에 의하면, 내가 앞서 말했듯이, 그들은 그 사안에
깔려 있는 일반적인 원리를 파악하고, 제조물 배상 책임에 관하여 확립
된 법을 정당화해야 하며, 이 사안에 그 원리들을 적용해야 한다. 그들은
손상을 야기하였다고 책임을 져야 하는 사람이 특정되거나 특정 당사자
가 책임 있다고 입증되지 않으면 어느 누구도 책임을 지지 않는다는 법
리가 너무도 확고히 뿌리내려 있어서, 제약업체가 주장한 것처럼, 소렌
슨 여사의 청구는 기각되어야 한다고 판단할 수도 있다. 이와는 반대로
이와 경쟁하는 원리 ─예를 들어 어떤 사업을 통해 이익을 얻은 자는 그
사업의 비용 역시 감수해야 한다는 원리─를 뒷받침하는 상당한 논거
를 발견하여, 그것이 시장점유율에 따른 손해배상책임을 정당화해줄지

모른다고 생각하게 될 수도 있다.[4] 그러므로 이 견해에 의거해서 나는 소렌슨 여사가 법에서 반드시 필연적이지는 않지만 최선의 논거를 갖고 있다고 찬성하는 바이다. 모든 것은 어떤 일련의 원리들이 이 분야 전체로 보았을 때 법에 최선의 정당화를 제공하여주는가라는 어려운 문제에 대한 최선의 답에 달려 있다.

소렌슨 여사의 사건과 같은 사건에 대한 하트의 답은 꽤나 다르다. 하트는 내가 위에서 설명한 바에 대한 자신의 답을 다음과 같이 요약한다.

> 나의 이론에 따르면, 법의 존재와 내용은 도덕을 참조함 없이 법의 사회적 원천(예를 들어 입법, 사법 판례, 사회적 관습)에 의거하여 식별된다. 법 자체가 법의 식별에 도덕적 기준을 포함시키지 않았다면 말이다.[5]

나는 이 견해를 소렌슨 사건과 같은 난해한 사건에서 법이 어떻게 파악되어야 하는가에 관한 견해로서 하트의 '원천 테제'라고 부르겠다. 그러므로 변호사와 판사들이 특정한 사건에서 법을 파악하기 위하여 자신들의 '가치판단'을 어디까지 그리고 어떤 방식으로 내려야 하는지에 관하여 하트와 나는 의견이 불일치하는 것이다. 나의 견해에 의하면, 법적 논변은 특징적으로 그리고 지배적으로 도덕적 논변이다. 법률가들은 전체로서의 법 실무의 최선의 —도덕적으로 가장 설득력 있는— 정당화를 제공하는 일련의 경쟁하는 원리들 중에서 판단해야만 한다. 하트의 원천 테제에 따르면, 이와는 반대로, 실질적인 법적 논변은, 사회적 원천이 법의 일부로 도덕적 규준을 포함했을 때에만 규범적인 것이 된다. 어떤 의회도 그리고 과거의 사법부도 소렌슨 사건에서 도덕을 관련된 것으로 만들어놓지 않았으므로, 하트의 견해에 따르면, 어떤 도덕적 판단

---

4 Ira S. Bushey & Sons Inc. v. United States, 398 F 2nd 167 (1968).

5 Hart, *The Concept of Law*, p. 269.

이나 숙고도, 그녀가 청구하는 바를 얻을 자격이 있는지의 문제에 개입되지 않는다. 법이 관련되는 한, 그녀는 패소할 수밖에 없다고 그는 결론 짓는다.

하트와 내가 동일한 쟁점 ─ 소렌슨 여사가 법에서 유효한 권리 주장을 갖고 있는지를 어떻게 판단해야 하는지라는 쟁점 ─ 에 관하여 반대되는 견해를 갖고 있으므로 우리가 진정으로 의견을 달리하고 있지 않는다거나 동일한 질문에 답하고 있지 않다는 그의 주장을 신뢰하기는 어렵다. 그러나 우리가 공유하는 그 기획이 어떻게 특징지어져야 하는지의 쟁점은 남는다. 후기에서 선언하기를 그는 자신의 설명이, "법에 대한 나의 일반적 설명에서 드러나는 형태와 구조를 도덕적인 근거 등으로 정당화하거나 추천하는 것을 추구하지 않는다는 점에서 기술적인 것"[6]이라고 한다. 아마도 변호사와 법률가가 난해한 사건에서 법을 발견하기 위하여 가치판단을 해야만 한다는 점에서 내가 옳을지 모른다. 그러나 내가 그 점에 관하여 옳다고 하더라도, 그것은 일차적 법 실무에 관한 나의 설명이 그 실무에 대한 이차적 기술로서의 그의 설명보다 더 낫기 때문일 뿐이라고 그는 주장한다. 그러므로 우리는 법이 어떻게 식별되어야 하는지에 관해서 의견이 불일치할 뿐만 아니라, 그 질문에 대하여 어떤 종류의 이론이 일반적인 답을 주어야 하는가에 관하여도 의견이 불일치하는 것이다. 그는 그러한 이론은 오직 법의 실무에 관한 순수한 기술이라고 믿는다. 나는 그러한 이론은, 도덕적 그리고 윤리적 주장을 개진하고 그것에 의존하는 법 실무의 해석이라고 믿는다.

그러나 어떤 측면에서 우리는 같은 배를 타고 있다. 우리는 둘 다, 어떤 특정한 측면에서 드러난 것으로서의 법, 이를테면 스코틀랜드의 제조물책임법과 같은 것을 연구함으로써가 아니라, 법의 개념 자체를 연구함으로써 법 실무와 현상을 더 잘 이해할 수 있을 것이라고 믿는다. 개념적

---

6 같은 책, p. 240.

연구의 성격과 적절한 방법에 관한 상이한 주장은, 그러나 각각 상이한 이유로 이해하기 힘든 것으로 생각될 수 있다. 개념적 탐구는 일반적으로 경험적 탐구와 대비된다. 하트는 자신의 개념적 연구가 어떻게 '기술적'이라고 생각할 수 있는가? '기술적'이라고 할 때 그가 염두에 두고 있는 의미는 무엇인가? 개념적 탐구는 또한 통상적으로 평가적 탐구와 대비된다. 나는 내 탐구가 어떻게 개념적이면서도 평가적이라고 생각할 수 있는가? 법이란 어떤 것이어야 하는지를 판단하는 것이 어떤 방식으로, 법이 그 자체로 실제로 어떠한 것인지를 이해하는 데 도움을 줄 수 있다는 말인가? 이것들은 몇 페이지에 걸쳐 주제를 바꾸는 것을 정당화할 만큼 충분히 중요한 질문들이다.

정치적 개념

정치철학자들은 정의, 자유, 평등, 민주주의 등 주요 정치적 개념의 정의와 분석을 구성한다. 존 스튜어트 밀과 이사야 벌린은 둘 다 예를 들어, 자유를 (대체로) 하고자 원할 수도 있는 것을 다른 이의 제약이나 강제로부터 자유롭게 행할 수 있는 능력으로 정의하였다. 그리고 그 정의는 다른 철학자들 사이에서도 인기가 있어왔다. 그 설명에 따르면, 폭력 범죄를 금지하는 법률은 각자의 자유에 대한 침해이다. 이 명제를 받아들이는 거의 모든 철학자들은, 그러한 법이 자유를 정말로 침해하기는 하지만 그것은 명백히 정당화된다고 재빨리 덧붙인다. 그들은, 자유가 다른 가치에 때때로 굴복해야 한다고 주장하는 것이다. 이 추가적인 판단이 가치판단이다. 그것은 자유와 안전의 상대적 중요성에 관하여 한쪽 편을 든다. 그리고 몇몇 극단적인 자유지상주의자들은 실제로 그러한 상대적 중요성에 대한 판단을 거부한다. 그러나 벌린은, 폭력을 금지하는 법률이 자유를 훼손한다고 보게끔 하는 자유에 대한 정의 자체는 가치

판단이 아니라고 한다. 그것은 자유의 중요성에 대한 지지도 비판도 조건 부가도 아니며, 단지 적절하게 이해되었을 때 자유가 무엇인가에 관한 정치적으로 중립적인 진술이다. 몇몇 매우 중요한 결론이 그 추정상 중립적인 진술로부터 따라 나온다. 특히 자유와 평등이라는 두 정치적 가치는 실제에서 불가피하게 충돌한다. 이 둘이 실제로 충돌할 때 이들 사이의 선택은, 사람들마다 달리 생각할 수 있는 가치의 문제라고 벌린은 말했다. 그러나 그것들은 충돌할 수밖에 없고, 그래서 그러한 선택은 필연적이라는 것이, 그에게는 그 자체로 도덕적·정치적 판단이 아니라 일종의 개념적 사실이었다.

그러므로 벌린은 정치철학에서 아르키메데스주의자였다. 자유의 의미가 진정으로 무엇인지를 분석하는 기획은, 규범적 판단, 가정, 추론을 포함하지 않는 어떤 형태의 개념적 분석에 의해 추구되어야만 한다고 그는 생각했다. 다른 철학자들은, 자유란, 다른 무엇보다도, 돈의 함수라고 생각했다. 그래서 부자들에 대한 과세는 그들의 자유를 감소시킨다고 생각하였다. 그러한 정의는 과세가 원칙적으로 자유에 대한 충격에도 불구하고 정당화되느냐의 문제를 전적으로 열어둔다고 주장했다. 그것은 과세가 사악하다는 가치판단을 허용하기도 하지만, 또한 과세가, 폭력을 범죄화하는 것처럼 자유에 대한 정당화가 될 수 있는 타협이 된다는 반대의 가치판단도 허용한다고 생각하였다. 다른 정치철학자들은 다른 정치적 가치들을 유사한 방식으로 다루어왔다. 예를 들어 민주주의가 다수결을 의미한다는 것은 매우 인기 있는 아이디어다. 그 정의는, 실질적인 판단과 논변을 위하여, 민주주의가 좋은가 나쁜가, 그리고 민주주의는 예를 들어, 다수에 대항하여 사법 심사에 의해 관철되는 개인의 권리에 관한 헌법의 체계 등과 같은 다수결에 대한 제약에 의해 타협되어야 하는가와 같은 질문들을 열어둔다. 후자의 질문은, 아르키메데스적 관점에서는 실질적이고 규범적이다. 그러나 그 문턱이 되는 질문인, 무엇이 민주주의인가는 개념적이고 기술적인 것이다. 자유와 민주주의에 관한 이 설명들은 아르키메데스적이다. 왜냐하면 비록 그 이론들이 규범적인 사회적 실천에 관한 것이기는 하지만―즉, 자유와 민주주의에 관해 논하는 일상의 정치적 실천에 관한 것이기는 하지만―그것들은 스스로를 규범적인 이론이라고 주장하지 않기 때문이다. 그렇기보다 그 이론들은 사회적 실천을 오로지 기술하기만 하는, 그래서 그 실천을 구성하는 논쟁들 사이에서 중립적인 철학적이고 개념적인 이론이라고 주장한다.

그러나 그 주장은 두 가지 연결된 난점 때문에 곤혹에 빠지게 된다. 첫째, 일상의 정치적 논변은 흔히, 실질적인 논쟁으로 가는 그저 중립적인 문턱으로서가 아니라 그 논쟁의 중심적 요소로서 철학자들이 연구하는 바로 그 개념적인 쟁점에 관한 논변을 포함한다. 둘째, '기술적'이라는 용어는 모호하다. 사회적 실천이 '기술될' 많은 방식과 차원이 있다. 그러므로 아르키메데스주의자는 자신들의 입장을 옹호될 수 있게 만들기 위해서는 기술의 더 정확한 의미를 선택해야만 한다. 그러나 그들은 그런 선택을 할 수 없다. '기술'의 각 의미는, 차례대로 살펴보았을 때, 명백히 적용될 수 없는 것으로 드러난다. 우리는 이 독립적으로 치명적인 반론들을 차례로 검토해보아야 한다.

개념들에 대한 논쟁

철학자들의 논쟁은 흔히 정치적 논쟁이기도 하다. 미국에서뿐만 아니라 전 세계에 걸쳐, 사법 심사가 민주주의와 상반되는지를 두고 생생한 논쟁이 지금 벌어지고 있다. 이를 논하는 법률가와 정치가들은, 민주주의가 다수결을 의미한다고 간단히 가정하여 사법 심사가 그 정의상 비민주적이며, 남은 유일한 문제는 그럼에도 불구하고 그것이 정당화되는지 여부라고 생각하는 것이 아니다. 이와는 반대로, 법률가들과 정치가들은 민주주의가 진정으로 무엇인가를 두고 논쟁한다. 그들 중 일부는 사법 심사가 민주주의와 상반되는 것이 아니라고 한다. 왜냐하면 민주주의는 단지 다수결 규칙을 의미하는 것이 아니라, 다수결 규칙을 공정하게 만드는 조건들에 복종하는 다수결 규칙을 의미하기 때문이라고 한다.[7] 사법 심사를 반대하는 대부분의 사람들은 이 더 복합적인 민주주의에 대한 정의를 거부하며, 민주주의는 단지 다수결 규칙을 의미할 뿐이라고 하거나, 현재 한 국가 단위의 헌법이나 국제적 헌법에 의해 전형적으로 보호되는 온전한 권리 체계에 의해서가 아니라, 아마도 몇 가지 좁은 절차적 권리, 예를 들어 표현의 자유를 포함하는 절차적 권리에 의해서만 제한되는 다수결 규칙이라고 한다. 과세를 옹호하는 정치가들은 과세가 자유를 침해한다는 데 동의하지 않는다. 이와는 반대로, 그들은 이 점을 부인하며, 과세는 그 자체로 어떠한 자유에도 충격을 주지 않는다고 한다. 일부 정치가들과 논객들은 과세가 자유를 배신한다고 주장한다. 적어도 미국에서 이렇게 주장하는 이들은 모두 과세를 혐오하며 끝내기를 바란다. 만일 민주주의나 자유에 대한 정의가 진정으로 중립적인 — 임계의 — 쟁점이라면, 그리하여 아무런 실질적인 토론과 판단에 함의를 갖지 않는다면, 왜 정치가들과 시민들은 그것에 관하여 논쟁하면서 시간을 낭비하는가? 왜 보통 사람들은 상식에 따라 이 개념들에 대한 표준적인 정의 — 예를 들어 민주주의는 다수결을 의미한다는 개념 — 에 수렴되어 자신들의 에너지를 실질적인 쟁점, 예를 들어 민주주의가 다른 가치를 위하여 때때로 타협될 수 있는지와 같은 쟁점에 쏟지 않는가? 이에 대하여 사람들은 자신의 실질적인 입장을 가장 자연스럽게 뒷받침하는 것으로 보이는 정의에 이끌린다는 답이 제시될 수도 있겠다. 그러나 그 답은 반론에 동의하는 것이다. 만일 정의가 정말로 중립적이라면, 왜 특정한 정의가 논증상의 이점을 가진다고 생각되는가?

아르키메데스적 이야기는, 정치적 개념들이 실제로 정치적 논증에서 기능하는 방식을 무시한다. 그 개념들은 합의의 추상적인 안정 지대로 작용한다. 거의 모든 사람들은, 문제되는 가치들이 적어도 일정한 중요

---

7 *Freedom's Law*, 특히 서문을 보라.

성, 아마도 매우 큰 중요성을 갖고 있다는 데 동의한다. 그러나 그 동의는 이 가치들이 더 정확히 무엇을 의미하는지에 관한 중대한 실질적인 쟁점을 열어둔 채로 남겨둔다. 우리는 이 점을 모든 정치적 개념들 중 가장 추상적인 정치적 개념에서 극적으로 보게 된다. 정의가 그것이다. 사람들은 정의의 중요성에 대해서는 별로 논란을 벌이지 않는다. 어떤 정치적 결정이 부정의하다고 하는 것은 규범적으로 결정적인 반론이다. 정의에 관한 논쟁은 항상 정의가 무엇인가에 관한 논증의 형태를 취하지, 정의가 얼마나 중요한지, 정의가 다른 가치를 위해 언제 희생되어야 하는지에 관한 논증의 형태를 취하지 않는다. 그것은 그 행위가 어디에 자리하는가에 관한 논쟁이라 할 수 있을 것이다. 그러므로 그 개념에 대한 철학적 이론을 아르키메데스적으로 다루는 것은 가장 설득력이 없는 것이 된다. 즉, 정의의 성격에 관하여 알려주는 이론이 실질적인 정치적 논변들의 쟁점들에 관하여 중립적일 수 있다고 가정하는 것은 설득력이 없을 것이다. 정의에 관하여 회의적인 철학자들, 정의가 바라보는 사람의 생각에만 달려 있을 뿐이라고 주장하거나 오직 정서의 투사일 뿐이라고 주장하는 사람들이, 자신의 이론이 중립적이라고 흔히 주장하는 것은 사실이다. 그러나 자신의 이론이 그 자체로 규범적 이론이 아니라고 믿는 사람이 적극적인 정의관을 옹호하는 것 — 예를 들어 공동체의 부를 최대화하는 질서로 정치적 정의가 구성된다고 옹호하는 것 — 을 발견하는 일은 놀라운 일일 것이다. 정의에 관한 철학자들은 자신들이 어느 한 편을 들고 있다는 것을 이해한다. 즉, 자신들의 이론들이 정치가, 지도자, 작가, 시민들이 하는 정의와 부정의에 관한 주장들만큼이나 규범적인 것임을 알고 있다. 자유, 평등, 민주주의에 대한 더 두터운 정치적 개념들은 정치적 논증에서 동일한 역할을 한다. 그리고 그러한 개념들의 본성에 관한 이론들 역시 규범적이다. 우리는 민주주의가 매우 중요하다는 데 동의하지만, 어떤 민주주의관이 그 중요성을 가장 잘 표현하고 설명하는지에 대하여는 의견이 나뉜다. 사법 심사가 민주주의와 상반되는지 여부에 관하여 논하는 어느 누구도, 민주주의가 적절히 이해되었을 때 진정으로 무엇인가라는 질문이, 예를 들어 대부분의 사람들이 '민주주의'라는 용어를 어떻게 사용하는지 탐구함으로써 해결되어야 할 기술적인 문제라고 받아들이지 않는다.[8]

나는 내가 지금 옹호하는 입장과, 여러 철학자들의 더 익숙한 견해 사이의 차이를 강조해야겠다. 그 더 익숙한 의견은 선도적인 정치적 개념들은 기술적인 성격과 규범적인 성격이 '혼재된' 개념들이라는 것이다. 이 익숙한 개념에 의하면, 민주주의, 자유 등의 정치적 개념들은 정서적인 구성 부분과 기술적인 구성 부분 둘 다를 가지며, 철학자들은 이 둘을 서로로부터 떼어낼 수 있다. 정서적인 의미는 사회적 실천과 기대다. 우리 정치 문화에서 어떤 실천이 비민주적이라는 것은 필연적으로 비판을 의미하게 되며 비판으로 받아들여진다. 그 점을 이해하지 못하는 외부자는 그 개념에 대하여 무언가 중대한 것을 놓치고 있는 것이다. 그러나 이 견해에 의하면, 그럼에도 불구하고 민주주의는 전적으로 분리 가능한 기술적이고 중립적인 의미를 가진다. 그것은 (어떤 설명에 따르면) 다수의 의지에 따른 정부를 의미한다. 미국은 민주주의이며 그것 때문에 더 나빠졌다고 말할 때 발생하는 놀라움에도 불구하고 말이다. 주요 정치적 가치에 관한 자신들의 이론이 정치적으로 중립적이라고 주장하는 아르키메데스적 정치철학자들은, 이 견해에 의하면, 아무런 오류도 저지르고 있지 않다. 그들은 물론 그 개념들이 수반하는 정치적 힘과 비판의 힘을 잘 알고 있지만, 그 비판의 힘이 그 저변에 깔린 그 자체로 중립적인 기술적인 의미에 놓여 있다는 사실은 무시한다.

---

8 어떤 이는 명확한 사례, 이를테면 중국과 같은 나라를 가리키며 이렇게 말할지도 모르겠다. "그걸 민주주의라고는 부르지 않겠지요?" 그러나 그것은 전술적인 움직임이며, 그에 대한 답으로 "나는 중국을 민주주의로 부를 것이며 대부분의 사람도 그럴 것입니다"라고 말한다면 설사 그렇게 부른다는 점에서는 참이라고 할지라도 그것은 실망스러운 것이며 그 자체로 논박이라고는 할 수 없다.

내가 주장하고 있는 진리는 그것과는 다르다. 자유, 민주주의를 비롯한 개념들은 일상 사고와 표현에서 해석적인 가치 개념으로 기능한다. 그것의 기술적인 의미는 다투어지며, 그러한 다툼은 어떤 기술적인 의미를 할당하는 것이 그 가치를 가장 잘 포착하거나 실현하는가에 달려 있다. 기술적인 의미는 평가적인 힘으로부터 벗겨낼 수 없다. 왜냐하면 기술적인 의미가 평가적인 힘에, 그렇게 따로 벗겨낼 수 없는 방식으로 의존하고 있기 때문이다. 물론 철학자나 시민이 민주주의, 자유, 평등, 합법성과 같은 것에는 아무런 가치가 없다고 주장하는 것은 가능하다. 그러나 그는 그 입장을 단순히, 예를 들어 자유에 관하여 다툼이 있는 많은 설명 중 하나를 골라내고는 그렇게 이해된 자유가 아무런 가치도 없다고 옹호할 수는 없다. 그는 일정한 관념의 자유가 가치 없다는 점만을 주장하면 되는 것이 아니라, 최선의 옹호 가능한 관념에서 자유가 가치 없는 것이라는 점을 주장해야만 한다. 그리고 이러한 주장은, 기술적인 의미와 평가적인 의미를 분리하지 않고 그것들 사이의 연관 관계를 활용하는 훨씬 더 야심 찬 과업이다.

어떤 의미에서 기술적인가

내가 언급한 두 번째 어려움은, 정치적 가치를 파악하는 이른바 2차적인 철학적 기획이 규범적인 기획이라기보다 기술적인 과제라고 할 때 '기술적'이라는 것의 의미가 무엇인지 물을 때 두드러진다. 그 상정된 기획은 보통 사람들이 이를테면 무언가를 자유의 침해나 불평등저이거나 비민주적이거나 비합법적이라고 묘사할 때 실제로 사용하는 기준을 드러내려고 하는 의미론적인 분석인가? 아니면 그것은, 호랑이의 진정한 본성을 그 유전적 구조에서 파악하거나 황금의 진정한 본성을 그 원자적 구조에서 파악하려는 과학적 기획과 같은 것으로, 사람들이 그런 방식으로 묘사할 때 진정한 본질이 무엇인가를 발견하려고 하는 구조적인 기획인가? 아니면 그것은 어떤 종류의 인상적인 통계상의 일반화를 위한 탐구인가? 이를테면 사람들로 하여금 동일한 행위를 예를 들어 비자유주의적이라고 비난하도록 만드는 인간 본성이나 인간 행동에 관한 어떤 법칙을 발견하려는 기획인가, 아니면 그보다 덜 야심 찬 종류의 일반화인, 단지 사실의 문제로서, 대부분의 사람들이 비자유주의적이라는 것을 특정한 종류의 정치적 결정으로 여긴다는 것을 발견하려는 기획인가?

우리는 이 여러 가능성들의 간략한 목록을 처음부터 끝까지 살펴보아야 한다. 의미론적 제안은, 일정한 사실적 배경을 가정한다. 그것은 '자유', '민주주의' 등의 정치적 개념들의 이름을 — 우리의 언어에서 — 사용하는 어떤 용법이 맞다거나 틀리다거나, 그 둘 사이의 어떤 경계선상에 있다거나 하는 점을 판정하는 공유된 기준에 의해 규율된다고 가정한다. 처음에는 그 기준이 무엇인지가 명백하지 않을 수도 있다. 실제로 만일 그 철학적 기획이 수행할 가치가 있는 것이라면, 그 기준은 명백하지 않을 것이다. 그러나 특정한 상황 하에서 어떻게 말하는 것이 옳은지를 사고실험의 도움을 받아 주의 깊게 살펴보면, 그 숨겨진 구조를 표면 위로 드러내줄 것이라고 한다. 이러한 의미론적 가정은 일부 사안에서는 그럴듯하다. 우리가 예를 들어 인공물이라는 개념을 탐구하고 있다고 가정해보자. 내가 프린트된 한 장의 종이를 책이라고 표현한다면, 나는 책이라는 개념의 적용을 위한 공유된 기준이 있고 이 기준이 한 장의 종이는 배제하기 때문에, 오류를 범하고 있는 셈이 될 것이다. 내가 '책'을 올바르게 썼는지 그렇지 않은지는, 그 단어가 통상 어떻게 사용되느냐에 달려 있고, 내가 한 장의 텍스트를 탁월한 책이라고 말한다면 나는 거짓인 무언가를 말한 것이다.

내가 생각하기에 몇몇 철학자들은, 모든 개념들이 그러한 방식으로 공유된 기준에 의해 규율된다고 가정하는 오류를 범했다. 또는 적어도 그들이 탐구하는 개념들이 그렇게 규율된다고 무비판적으로 가정하는 오류를 범했다.[9] 그러나 정치철학자들에게 가장 중요한 개념들을 비롯한 많은 개념들은 명백히 그런 식으로 규율되지 않는다. 공유된 기준이라는 배경은—가장 쉬운 사례로 돌아와보자면—정의의 개념에는 성립하지 않는다. 확실히 우리는, 의미론적 근거에서 배제되는 정의나 부정의에 관한 주장을 상상할 수는 있다. 만일 내가 7은 소수(素數) 중에서 가장 부정의하다고 주장했다면, 그리고 문자 그대로의 의미로 그랬다면, 나는 개념적 오류를 범하는 것이 될 것이다.[10] 그러나 우리는 조금이라도 중요성을 가졌거나 논쟁의 대상이 되는 정의에 관한 주장이 그런 방식으로 기각된다고 상상할 수는 없다.

우리가 이미 살펴보았듯이, 평등, 자유, 민주주의, 애국주의, 공동체 등등의 더 두꺼운 개념에 관하여도 이는 동일하게 성립하는 진리다. 다시금 우리는 이러한 개념들을 포함하는 언어적 실수들의 바보 같은 예들을 구성할 수 있다. 예를 들어, 연간 강우량이 증가할 때 어떤 나라가 자동적으로 비민주적으로 된다는 주장이 그러할 것이다. 그러나 사법 심사가 민주주의를 위협하는지, 모든 형법이 사람들의 자유를 침해하는지, 과세가 자유를 훼손하는지에 관하여는 한쪽으로 판정할 수 있는 용법의 공유된 기준이 존재하지 않는다. 어느 누구도 그러한 용법상의 기준이 그러한 논쟁을 해결하리라고 생각하지 않는다. 사법 심사와 민주주의가 상반되는지의 문제는 대부분의 사람들이 어떻게 생각하고 어떻게 말하는지에 달려 있지 않다. 그리고 사람들은 민주주의, 자유, 평등 같은 정치적 가치에 관하여 다소 상이한 관념들을 각자 사용하고 있음에도 불구하고, 진정한 의견 불일치를 갖고 있다. 실제로 사람들이 정치적 의견 불일치는, 민주주의나 자유나 평등이 진정으로 무엇인가에 관하여 그럴 때 특히 심대한 것이다.

---

9 『법의 제국』에서 '의미론적 독침'에 관한 논의를 보라.

10 나는 여기에서, 만일 4월이 가장 잔인한 달이라면, 7은 어떤 적절한 맥락에서 부정의한 숫자라고 불릴 수도 있을 것이다 같은 시적인 주장을 배제하고자 하는 것은 아니다.

우리는 그러므로 우리의 목록의 두 번째 가능성을 살펴보아야 한다. 우리의 개념들 중 몇몇은 내가 방금 기술한 공유된 기준에 관한 배경 가정에 의해 규율되지 않고 전적으로 상이한 일련의 배경 가정들의 집합에 의해 규율된다. 그것은 대상의 올바른 귀속은 문제되는 대상에 관한 특정한 종류의 사실들, 매우 널리 오류가 범해지고 있을 수도 있는 사실들에 의해 고정된다는 가정이다. 철학자들이 '자연 종(種)'이라고 부르는 것이 명료한 예를 제공한다. 사람들은 '호랑이'라는 단어를 특정한 종류의 동물을 기술하기 위하여 사용한다. 그러나 동물학자는, 적절한 유전적 분석을 통해서, 사람들이 호랑이라고 부르는 동물들 중 오직 일부만이 진짜로 호랑이라는 것을 발견할 수도 있다. 그 동물들 중 일부는 다른 동물, 매우 상이한 유전적 구성을 가졌지만 호랑이와 똑같이 생긴 그런 다른 동물일 수 있다. 이런 방식으로 고유한 호랑이 DNA를 파악함으로써, 과학자들은 호랑이의 본성이나 본질에 대한 우리의 이해를 개선할 수 있다. 우리는 예를 들어 황금 등의 자연 종에 관해서도 유사한 이야기를 할 수 있다. 사람들은 아마도 한목소리로 황금이라고 부르는 것에 관하여 전적으로 틀렸을 수도 있다. 정교한 화학적 분석은, 현재 대부분의 사람들이 황금이라고 부르고 있는 것 중 일부 혹은 정말로 전부가 결코 황금이 아니며 가짜 황금에 불과하다는 것을 보여줄 수 있다.

민주주의, 자유, 평등 등의 정치적 개념들도 그와 같은가? 이러한 개념들은, 자연 종이 아니라 해도, 적어도 자연 종과 같은, 기본적으로 새겨진 물리적 구조나 본질을 갖는 것으로 생각될 수 있는 그러한 정치적 종을 기술하고 있는가? 아니면 적어도 일부 구조는 전적으로 과학적이고, 기술적이며, 비규범적인 과정을 통한 발견에 열려 있는가? 철학자들은 평등이나 합법성이 진정으로 무엇인가를 DNA 분석이나 화학적 분석과 같은 것에 의해 발견해낼 희망이 있는가? 우리는 그러한 발상을 가지는 척할 수는 있다. 우리는 정치적 권력의 과거와 현재의 모든 질서 중에서 우리가 민주주의 질서라고 동의할 것들의 목록을 집적해서, 그러한 모든 경우를 민주주의라고 여기기에 본질적인 특성이 어느 것이며 어느 것은 단지 우연적이거나 없어도 되는 특성이라고 볼 수 있는지를 물을 수도 있다. 그러나 우리의 질문을 그러한 유사과학적인 질문으로 다시 던지는 것은 우리에게 도움이 되지 않는다. 왜냐하면 우리는 그 특성들 중 어느 것을 민주주의에 본질적인 사회적·정치적 성격을 가지는 것으로 만들어주고 다른 특성은 단지 우연적인 성격을 갖는 것으로 만들어주는지에 관한 설명을 필요로 하기 때문이다. 일단 우리가 '민주주의'라는 단어의 의미에 관한 성찰이 그러한 구분을 제공해줄 것이라는 발상을 거부하고 나면, 다른 어느 것도 그러한 구분을 제공해줄 수 없다.

그것은 단지 정치적 개념에만 참이 아니라, 상이한 종류의 사회질서나 제도에 관한 모든 개념에서도 참이다. 어떤 과제 팀이 결집하여, 그 매우 큰 제도적 상이점이나 다른 차이점에도 불구하고 우리가 결혼의 사례라고 모두 현재 기술할 수 있는, 수세기에 걸친 법적·사회적 질서의 상이한 종류의 긴 목록을 집적하였다고 가정해보자. 우리의 엄청나게 긴 목록에서 어떤 연대를 추정할 수 있는 의식이 포함되어 있고 이러한 의식에서 어떠한 경우에도 동성(同性)의 두 사람을 결합해주기 위해 수행된 사례가 없음을 발견했다고 가정해보자. 이제 — 처음으로 — 보통법상의 결혼은 진정으로 결혼인지, 또는 동성 간의 결혼은, 개념적으로 진정으로 결혼인지의 문제가 제기된다. 결혼의 본성 자체에 관한 이러한 질문들이, 아무리 길다 하더라도, 우리가 집적한 목록을 뚫어지게 바라봄으로써 해결될 수 있다고 생각하는 것은 미친 짓이다. 그렇지 않은가?

그러므로 성지적 개념에 대한 철학적 분석은, 기술적인 분석으로도, 자연 종에 대한 과학적 탐구 모델로도 보일 수 없다. 자유는 아무런 DNA를 가지고 있지 않다. 이제 우리의 목록에서 세 번째 가능성으로 눈을 돌려보자. 우리는 이제 아르키메데스적인 정치철학이 더 비형식적인 의미에서 과학적이라고 가정한다. 아르키메데스적 정치철학은 오직 역사적 일반화만을 목적으로 한다. 그래서 동성 결혼이 과거에 어느 곳에서도 인정된 바 없다는 것을 사실의 문제로서 말할 수 있는 것과 마찬가지로, 만일 우리의 증거가 이 명제를 뒷받침한다면, 과거 사람들은 항상 사법 심사를 민주주의와 비일관된 것으로 여겨왔다고 할 수도 있을 것이다. 그러나 이는 정치철학이 하기에는 그냥 약한 주장일 뿐만 아니라, 정치철학을 사회사나 정치인류학과 구분하기에도 지나치게 약한 주장으로 보인다. 이사야 벌린은 단지 자유와 평등이 충돌하는 것으로 매우 자주 생각되어왔다고 말한 것이 아니라, 그 둘은, 그 본성상 충돌한다고 말한 것이다. 그리고 그는 그 야심 찬 주장을, 거의 어느 누구도 그 점을 의심한 적이 없다는 점만 간단히 지적함으로써 뒷받침할 수는 없었을 것이다. (설사 그 명제가 참이라고 해도 말이다.) 확실히 우리는 그러한 사회학적인 일반화의 이해 관심을 생물학적·문화적·경제적 법칙이나 이론에서 그것들을 설명하려는 시도로 강화할 수 있을지는 모른다. 그러나 그것은 별로 도움이 되지 않는다. 동성 결혼이 왜 모든 곳에서 거부되었는지에 관한 훌륭한 다원주의적 또는 경제적 설명이 있다고 주장한다고 해서 그것이 왜 결혼은 그 본성상 또는 그 본질에서 이성 커플에게만 제한되어야 하는지를 뒷받침하는 효과적인 논증이 되지 못한다.

개념적이고 규범적인?

소렌슨 여사가 자신의 소송에서 이겨야 하는지 여부에 관한 법률가의 논변과 법이 무엇인지를 두고 철학자의 논변 사이에 명백히 무언가 다른 것이 있듯이, 정치가들이 자유나 민주주의나 평등에 호소하는 방식과 철학자들이 이러한 이상에 관하여 탐구한 관념들 사이에는 무언가 다른 것이 있기는 하다. 만일 우리가 철학자들의 과업이 기술적이고, 중립적이며, 비(非)관여적이라고 가정함으로써 둘을 구분할 수 없다면, 우리는 그 차이를 어떻게 파악하는가? 우리는 철학자들의 그 개념에 관한 활동은 개념적인 것이고 정치가들의 그 개념에 관한 활동은 그렇지 않다고 할 수 있는가? 규범적 논변이 어떻게 또한 개념적 논변이 될 수 있는가?

만일 그렇게 될 수 있다면, 정치가들의 논변 역시 개념적인 것이 되지 않을 이유가 있는가?

내가 자연 종에 관하여 개진한 논변으로 잠시 돌아가보자. 사실상 그 논변에서 내가 무시했던, 자연 종 개념과 정치적 개념 사이에는 시사적인 유사성이 있다. 자연 종 개념들은 실재하는(real) 것이다. 그것들의 존재나 그것들의 특성은 누구의 발명이나 신념, 결정에 달려 있는 것이 아니다. 그것들은 심층 구조 ─ 그것들의 유전적인 프로필이나 분자적인 특성 ─ 를 갖고 있고 그 심층 구조는 그것들의 나머지 특성들, 우리가 그 심층 구조를 알고 있건 알지 못하건 그것들을 인식하게 되는 표면적 특성을 비롯한 특성들을 설명해준다. 우리는 예를 들어 물을, 부분적으로는 그것이 투명하고 상온에서 액체이기 때문에 인식한다. 그리고 물의 심층 구조 ─ 그것의 분자적 구성 ─ 는 왜 물이 그러한 특성들을 가지는지를 설명해준다. 정치적 가치를 비롯한 가치들은 그러한 모든 점에서 거의 자연 종과 같다. 첫째, 정치적 가치들 또한 실재하는 것이다. 가치로서 자유의 존재와 성격은 누군가의 발명이나 신념 또는 결정에 달려 있지 않다. 그것이 논란의 여지가 있는 주장이라는 점을 나는 알고 있다. 많은 철학자들은 그 주장을 논박한다. 그러나 나는 그것이 참이라고 가정하겠다.[11] 둘째, 정치적 가치들은 그것들의 구체적인 현현을 설명해주는 심층 구조를 갖고 있다. 누진세가 부정의하다면, 그것은 누진세가 결여하고 있는 정의로운 제도의 더 일반적이고 근본적인 어떤 속성에 의거하여 부정의한 것이다. 그것 역시 논란의 여지가 있는 주장이다. 구체직인 노녁적 사실들은 그 자체로, 참이라고 자신들의 견해에서는 이해되기 때문에 그냥 참이라고 믿는 '직관주의자들'에 의해 거부될 것이다. 그러나 다시금 나는 그것을 참이라고 가정할 것이다.

내가 강조한 자연 종과 정치적 가치 사이의 차이는 물론 우리가 이 유

---

11 "Objectivity and Truth"를 보라.

사성을 주목한 뒤에도 남는다. 자연 종 개념의 심층 구조는 물리적인 것이다. 정치적 가치들의 심층 구조는 물리적이지 않다. 그것은 규범적이다. 그러나 과학자들이, 고유한 기획의 일종으로서, 이러한 존재자들의 기본적인 물리 구조를 드러냄으로써 호랑이나 황금의 본성 자체를 드러내는 것을 목표로 할 수 있듯이, 정치철학자도 그것의 규범적 핵심을 드러냄으로써 자유의 본성 자체를 드러내는 것을 목표로 할 수 있다. 각각의 경우에, 만일 그렇게 표현하기를 원한다면, 그 과업을 개념적인 것으로 기술할 수 있다. 물리학자는 우리가 물의 본질을 이해하는 것을 도와준다. 철학자는 우리가 자유의 본질을 이해하는 것을 도와준다. 이렇게 웅대하게 기술된 이 과업들과 더 일상적인 기획들 사이의 차이 — 물의 본성을 발견하는 것과 물이 어는 온도를 발견하는 것 사이의 차이, 또는 자유의 본성을 파악하는 것과 과세가 자유를 훼손하는지를 판단하는 것 사이의 차이 — 는 결국 오직 정도의 차이일 뿐이다. 그러나 더 야심 찬 탐구의 포괄성과 그 근본적인 성격, 즉 그것이 해명 방식으로 근본적인 무언가를 발견하는 것을 의식적으로 목표로 한다는 점은, 그 탐구에 개념적이라는 명목을 부여하는 것을 정당화한다. 우리는 어떤 가치에 대한 철학적 분석이 개념적이고, 중립적이며, 비관여적인 것이라고 이치에 닿게 주장할 수 없다. 그러나 우리는 그 분석이 규범적, 관여적이고 개념적이라고는 이치에 닿게 주장할 수 있다.

그것에 관하여 무엇이 좋은가(1)

정치적 가치에 대한 개념적 주장은, 내가 말했듯이, 그 개념 안에 있는 가치를 보여주려고 한다. 그 주장은 그 가치에 대한 어떤 주장, 금속의 분자구조에 비견될 만큼 근본적인 어떤 설명을 제시하는 것을 목표로 한다. 그러므로 정의에 관한 어떤 일반 이론은, 적절하게 근본적인 수준에서의, 정의의 가치를 포착하려고 하는 것이다. 그것은 최선의 것으로 정의를 보여주려는 시도라고 우리가 말할 수 있는 것을 하려고 한다.

그러나 우리는 선결문제 요구의 오류를 범하지 않고 어떻게 그럴 수 있는가? 빨간색임(redness)을 언급하지 않고 빨간색을 설명하려고 시도하는 것과 같지 않겠는가? 우리는 오직 정의가 부정의를 피하기 때문에 정의는 필수 불가결하다거나, 민주주의는 그것이 사람들에게 자기 통치를 할 수 있게 하기 때문에 가치 있다거나, 자유(liberty)는 사람들을 자유롭게(free) 만들어주기 때문에 가치를 가진다거나, 평등은 그것이 사람들을 동등한 중요성을 가진 존재로 대우하기 때문에 좋다고 말할 수는 있다. 그러나 이 명제들은 도움이 되지 않는다. 왜냐하면 그 명제들은 그것들이 설명하고자 하는 바로 그 이념들을 사용하고 있기 때문이다. 우리는 그것보다 어떻게 더 잘할 수 있는가? 우리는 도구적인 정당화를 시도해볼지도 모른다. 정의는 부정의가 사람들을 비참하게 만들기 때문에 좋다거나, 민주주의는 그것이 일반적으로 번영을 증진하기 때문에 좋다고 말하는 식이다. 그러나 이 도구적인 주장들은 답변을 제공해주지 않는다. 우리는 정의나 민주주의가 어떤 종류의 다른 선을 제공하는지를 알고 싶어하는 것이 아니라 정의와 민주주의에 고유하게 좋은 것이 무엇인지를 알고 싶어하는 것이다. 내가 앞서 언급하였던 정치적 가치들에 대한 '혼합된' 설명은 그 난점을 피하려고 한다. 그것은 철학자들이 민주주의의 의미의 '가치' 부분을, 일종의 날것 그대로의 사실로 인정하는 것을 허용하면서 순수하게 '기술적인 부분'을 풀어내는 데 집중한다. 그러나 내가 말했듯이 그러한 시도 역시 성공적이지 못하다. 만일 자유, 민주주의, 법, 정의가 진정으로 무엇인지를 이해하려면, 우리는 가치들의 가치를 어떻게 파악할 것인가라는 어려운 질문을 다루어야 한다, 우리는 그 가치의 자리를 확신들의 더 폭넓은 그물망 속에 위치시킴으로써 그러기를 희망할 수 있을 뿐이라고 나는 주장할 것이다. 나는 그러나 그 논변을 중요한 구분을 도입하지 않고서는 시작할 수 없다.

독립된 가치들과 통합된 가치들

우리는 우리 모두가, 만일 정의, 민주주의, 자유를 이해하고 이러한 가치들에 동의한다면 더 잘 살 수 있다고 생각하기 때문에, 이러한 가치들이 무엇인지를 더 잘 이해하기를 원한다. 그러나 가치를 이해하는 것과 그 결과로 더 잘 살게 되는 것 사이의 연관 관계에 관하여 우리가 취할 수 있는 두 가지 견해가 있다. 첫째로, 우리는 그 가치들을 잘 살려는 우리의 관심과는 독립된, 그리고 독립적으로 고정된 것으로 다룰 수 있다. 우리는 우리가 그것을 인정하지 않는 것이 그릇되거나 나쁜 일이 되는 그 자체로 가치 있는 무언가라는 이유만으로 그것을 존중해야 한다는 것이다. 또는 둘째로, 우리는 가치들을 잘 사는 것에 대한 우리의 이해 관심과 통합된 것으로 다룰 수 있다. 우리는 그것을 그러한 성격을 가진 가치로 받아들이는 것이 우리의 삶을 어떤 다른 방식으로 고양시키기 때문에, 그것이 가치이며, 바로 그런 성격을 갖고 있다고 가정할 수 있다.

정통 종교는 자신들의 신앙의 중심적 가치에 관하여 첫 번째 견해를 취한다. 그들은 이 가치들을 다른 가치들과 독립되고 초연한 것으로 다룬다. 그들은 잘 사는 것은 유일신 또는 여러 신에게의 헌신을 요한다고 주장하나, 이러한 신들의 본성 또는 그 신들을 신이게끔 하는 것이 어떤 방식으로건, 좋은 삶이란 그 신들을 존중하는 것으로 구성된다는 사실에서 파생되는 것으로 보지 않는다. 또는 우리가 어떻게 하면 그 신들을 우리에게 좋은 것 혹은 더 나은 것으로 더 정확히 여길 수 있도록 그 신들이 성립될 수 있느냐를 물음으로써 그 신들의 본성에 대한 우리의 이해를 증진할 수 있다고 보지 않는다. 우리는 과학적 지식의 중요성에 관하여도 같은 입장을 취한다. 우리는 우주의 근본적 구조를 이해하는 것이 우리에게 더 낫다고는 생각하지만 —우리가 조잡한 실용주의자이거나 미치지 않았다면— 그 우주의 구조가 그것이 어떤 식으로 되어 있으면 우리에게 어떤 방식으로 더 좋게 될 것인가에 의존하고 있다고 생각하지 않는다. 우리는, 우리가 도달했을 때 지금 우주가 가지고 있는 근본적인 구조가 무엇이건 상관없이, 그 근본적인 구조를 이미 독립적으로 가지고 있는 물리적 세계에, 덧붙여진 존재(add-on)라고 할 수 있을 것이다. 그러므로 비록 우리의 실제적인 이해 관심이 우리 과학에서의 자극과 신호이기는 하지만 ― 그것들은 무엇을 탐구해야 할지 결정하는 일과 어떤 주장이나 정당화에 기초할지 결정하는 일에 도움을 준다 ― 그것들이 주장의 진리치나 정당화의 타당성에 기여하지는 않는다.

많은 사람들은 예술에 대하여도 같은 견해를 취한다. 그들은 예술이 지니는 가치의 세계에서 우리는 덧붙여진 존재라고 말한다. 우리는 예술에서 무엇이 놀라운가를 발견할 책임이 있고, 그 탁월함을 존중할 책임이 있지만, 어떤 것을 음미하는 것이 우리의 삶을 더 낫게 만들기 때문에 그것이 아름답다고 생각하는 오류를 범하지 않도록 주의해야 한다고, 또는 우리가 예술에 경탄하는 방식으로 경탄하는 것이 우리에게 어떤 다른 선을 가져다줄 것인지를 고려함으로써 아름다움을 식별하고 분석할 수 있다고 생각하는 오류를 범하지 않도록 주의해야 한다고 말한다. 무어(G. E. Moore)는 예술의 가치가 독립된 것이라고 보는 매우 강한 형태의 견해를 취했다. 그는 예술은 설사 그것을 음미할 수 있는 모든 생명체들이 사라져 다시는 생겨나지 않는다고 하여도 그 온전한 가치를 계속 보유한다고 말하였다. 그러나 우리는 예술의 가치가 독립된 것이라고 생각하기 위해 그렇게까지 멀리 나아갈 필요는 없다. 그 가치가 그것이 실제로 깆는 엉향에 의존한다고 가정하지 않으면서도 또는 어떤 생명체에 미치는 영향과 독립적인 가치를 상정하면서도, 우리는 어떠한 감각에 아무런 의미가 없거나 아무런 영향을 가질 수 없는 경우에는 그림이 아무런 가치를 가질 수 없다고도 말할 수 있다.

이와는 달리, 찬탄할 만한 삶을 구성하는 개인적인 덕목이나 성취를, 오직 독립된 가치만을 가지는 것으로 다루는 것은 두드러지게 설득력 없는 일이 될 것이다. 즐거움을 주거나 흥미롭다는 것이 가꾸고 찬탄할 덕목이기는 하지만, 그것들은 우리 자신과 다른 사람들의 삶의 향유에 보태는 기여 때문에만 그런 것이다. 이를테면 감수성이나 상상력같이 더 복합적인 덕목의 기여를 식별하기는 더 어렵다. 그러나 이러한 것들이 아무런 독립적인 기여를 하지 않는다는 일반적인 이해가 존재한다 해도 이러한 덕목을 우리가 계속해서 인정할 것이라고 하는 것은 똑같이 설득력 없는 것이다. 대부분의 사람들은 우정을 소중히 여기고, 다른 이들과의 긴밀한 관계가 없는 삶을 궁핍한 것이라고 여긴다. 그러나 우리는 행성이 그저 행성이듯이 우정이 그저 우정이라고 생각하지 않으며 그 삶이 어떤 것으로 드러나든 간에 우정을 인정하는 삶이 바람직한 삶이라는 그런 관계만이 우정과 바람직한 삶의 유일한 관계라고 생각하지 않는다. 나는 물론 우정과 같은 관계가 친구들에게 우정이 가져오는 좁은 혜택, 이를테면 목표를 달성하는 협동 같은 것 때문에만 가치 있다는 말을 하려는 것이 아니다. 그러나 우정의 가치는 다른 식으로 삶을 고양시키는 방식들에 독립적인 것이 아니다. 우리는 이러한 것들이 정확히 어떤 방식인지에 관하여 의견을 달리할 수는 있지만—우정은 하나의 해석적 개념이다[12]—어느 누구도, 만일 우정을 나누는 사람들의 삶이 친구가 있다는 것 자체만 제외하고는 아무것도 달라지는 바가 없다고 할 때에도 중요한 무언가가 남아 있다고 생각하지는 않을 것이다.

그러나 비록 어떤 개인적 특질이나 성취가 오직 독립된 가치만 가지고 있다고 가정하는 것이 설득력 없기는 하지만, 이러한 사례들 중 몇몇이 보여주듯이, 그러한 덕목이나 성취가 좋은 삶에 관한 더 포괄적인 관념과 결합되어 있는 방식을 파악하기 어려운 경우가 자주 있다. 우리는 통합성, 스타일, 독립성, 책임, 겸손, 겸양, 그리고 감수성을 이를테면 덕목으로 여기고, 우정, 이론적 지식 그리고 자존감을 중요한 성취로 여긴

---

12 *Law's Empire*를 보라.

다. 어떤 혁신적인 사회다원주의자는 어느 날 이러한 특질들과 여망들이 원시시대 사바나에서 생존 가치가 있었다는 점을 보여줄지도 모른다. 그러나 그것은 그 특질과 덕목들이 우리에게 드러나는 방식이 아니다. 우리는 감수성이나 개인적 통합성이나 당대 과학에 대한 얼마간의 이해를 달성하는 것이, 그런 덕목과 성취가 없으면 공동체가 덜 번성할 것이라거나, 아니면 시민들이 그것을 덕목이나 목표로 여기지 않으면 적의 침입에 더 취약해질 것이라는 이유에서, 중요하다고 생각하지 않는다. 그보다 우리는 이러한 가치들을, 매력적이고 온전히 성공적인 삶을 향한 도구적인 수단이 아니라, 그런 삶의 측면들이자 구성 부분들로 여긴다.

우리가 논의해오던 정의, 자유, 합법성, 그리고 민주주의 같은 정치적 가치들을 독립된 가치로 다루는 것은 마찬가지로 거의 이치에 닿지 않을 것이다. 정의는 신이나 아이콘이 아니다. 우리가 만일 정의를 소중하게 생각한다면, 우리는 개인으로서 그리고 함께 사는 삶에 그것이 가져오는 결과 때문에 가치 있게 여기는 것이다. 아르키메데스적 전통은 때때로 예를 들어 자유를, 위대한 예술이 그런 것처럼, 그냥 존재하는 것으로 상정하고, 비록 우리가 자유가 얼마나 중요한지를 판단함에 있어 우리 자신의 필요와 이해 관심을 참조할 수는 있겠지만 그러한 필요와 이해 관심은 자유가 무엇인지, 또는 민주주의나 평등이나 합법성이 진정으로 무엇을 의미하는지를 판단하는 데는 관련이 없다고 상정하는 것처럼 보이는 것은 사실이다. 예를 들어, 그러한 가정 외에는 벌린의 확신에 찬 선언, 즉 자유와 평등은 본질적으로 충돌하는 가치들이라는 선언이나 적절히 이해되었을 때의 자유는 심지어 공정한 과세에 의해서도 훼손되었다는 다른 철학자들의 주장을 설명할 수 있는 것이 없다. 그러나 그럼에도 불구하고, 중요한 정치적 가치들, 거의 모두가 때때로 그것을 보호하기 위해 희생해야만 하는 중요한 정치적 가치들이 오직 독립된 가치만을 가지고 있다고 하는 것은 심히 직관에 반한다. 정치적 아르키메데스주의자들 중, 내가 아는 한에서는, 그 주장을 실제로 한 사람은 아무도 없다.

그것에 관하여 무엇이 좋은가(2)

이 외관상 저항할 수 없는 사실, 즉 정치적 가치들은 독립된 가치라기보다 통합된 가치라는 사실은 우리를 다시금 이전에 맞닥뜨렸던 난점으로 곧장 되돌려놓는다. 우리는 이러한 가치들이 무엇이 좋은가를 선결문제 요구의 오류를 범하지 않으면서 어떻게 설명할 수 있는가? 그 요구는, 통합된 가치들에 비해서 독립된 가치들의 경우에 덜 위협적이다. 예를 들어서 위대한 예술이 왜 가치를 가지고 있는가라는 질문이 선결문제 요구의 오류를 범하지 않으면서 답해질 수 있다고 상상하는 것조차도 미친 짓이라고 생각할 만도 하다.* 만일 예술의 가치가 그 자체의 분리된 가치들에 놓여 있다면, 빨강의 색을 다른 용어로 기술해보라고 주문하는 것처럼, 예술의 가치를 다른 조건에 의해 설명하라고 요구하는 것은 마찬가지로 정말 이상한 일이 될 것이다. 물론 우리는 어쨌거나 예술이 실제로 가치를 가지고 있는가를 물을 수는 있다. 그러나 우리는, 그렇지 않다는 점을 증거가 보여주는 바와 같이, 어떤 비순환적인 방식으로 그 가치를 명시하는 것이 불가능하다고 이치에 닿게 주장할 수는 없다. 그러나 우리는 그 난점을 통합된 가치들의 경우에는 그렇게 쉽게 없애버릴 수 없다. 왜냐하면 우리는 통합된 가치들의 존재는 그것이, 독립적으로 명시 가능한 어떤 다른 종류의 가치, 이를테면 사람들이 살아가는 삶의 선함 같은 가치에 보태는 기여에 의존하고 있다고 생각할 뿐만 아니라, 통합된 가치에 대한 더 정확한 성격 서술에 달려 있다고 보기 때문이다. 예를 들어 자유가 진정으로 무엇인지에 대한 더 정확한 설명은, 그 기여를 파악하는 데 달려 있다고 생각하기 때문이다. 어떤 덕목에 대한 토론을 상상해보라. 예를 들어 겸손이라는 덕목을 토론한다고 생각해보라. 우리는 겸손이 결국 하나의 덕목인지 묻고, 만일 그렇다면 자기 가

---

* 예술이 독립된 가치를 가지고 있다면, '왜 가치 있는가'의 질문은, 다른 가치에 의거해서 예술의 가치를 설명할 것을 요구하는 것이 되므로 부당한 질문이 된다.

치 부인이라는 악덕과 겸손이라는 덕목 사이의 구분선은 무엇인지 묻는다. 그러한 성찰 과정에서, 겸손의 혜택에 대한 어떤 설명을 기대하는 것은 완전히 적합할 것이다. 그리고 겸손을 가졌다는 것 자체 이외의 그러한 혜택이 아무것도 제시될 수 없다면, 그것은 그 덕목의 주장에 치명적인 사실로 여겨질 것이다.

그러므로 우리는, 정치적 가치들을 비롯한 통합된 가치들의 가치가 어떻게 식별될 수 있는가라는 질문을 피할 수 없고, 이제 그 질문에 대면해야만 한다. 매력처럼 몇몇 통합된 가치들은 전적으로 도구적인 것으로 생각될 수 있을지 모른다. 그러나 우정, 겸손, 그리고 정치적 가치들처럼 더 흥미로운 가치들은 그 어떤 노골적인 방식으로 도구적이지 않다. 우리는 우정을 그것이 가져다주는 협소한 이득을 이유로만 가치 있게 여기지 않는다. 또 민주주의를 그것이 상업에 좋기 때문에만 가치 있게 여기지도 않는다. 이러한 다양한 통합된 가치들을 하나의 위계 구조에 배열할 수 있다면, 우리는 위계에서 낮은 위치에 있는 가치들의 기여를, 그것이 더 높은 위치에 있는 가치들에 어떻게 기여하는지 또는 어떻게 더 높은 위치의 가치를 증강하는지를 보임으로써 설명할 수 있을지 모른다. 우리는 예를 들어, 겸손이 사랑이나 우정의 능력에 어떤 방식으로 기여하기 때문에 그것이 하나의 덕목이라는 점을 보일 수 있을지도 모른다. 그러나 이 기획은 가망이 없는 것 같다. 왜냐하면 비록 몇몇 윤리적 가치들이 어떤 방식으로 다른 가치들을 뒷받침하는 것처럼 이해하는 것이 가능하기는 하나, 그 뒷받침은 위계적이라기보다 상호적인 것에 가깝기 때문이다. 겸손한 사람은 그 덕목을 보유한 덕택에 사랑이나 우정을 향유할 더 큰 능력을 가질 수도 있다. 그러나 깊은 사랑이나 우정 역시 사람을 적정하게 만드는 데 기여한다. 우리가 매력적이고 성공적이라고 여기는 삶의 어떠한 한 측면도, 우리가 인정하는 다른 모든 덕목과 목표들에 복무하는 수단으로 놓는 것이 그럴듯할 만큼 충분히 지배적이지는 않다. 나는 우리가 좋은 삶의 일반적 성격에 관하여 사변할 수 있다고 생각한다. 나는 다른 곳에서, 예를 들어, 우리가 윤리에 관하여 도전 모델을 받아들여야만 한다고 논한 바 있다. 즉, 잘 사는 것은, 잘 응전되지 않으면 인간사에 영향을 미칠, 잘 응전될 수 있는 도전에 대응하여 잘 수행하는 것을 의미한다고 한 바 있다. 인간 역사를 얼마나 많이 개선했느냐를 물음으로써 삶의 성공을 측정하는 모델이 아니라 말이다.[13] 그러나 윤리에 대한 어떠한 일반 모델도, 종속되는 덕목이나 목표에 대한 최종적이거나 궁극적인 테스트로 기능할 수는 없다. 우리는 잘 사는 것이 다른 것과 구별되는 도전에 잘 응전하는 것이라는 점을 받아들이면서도 재주를 부리며 사는 것이 잘 대응하는 것인지 아니면 오직 우쭐해하고 치장하는 것일 뿐인지, 또는 겸손함이 일정한 여건에서는 진정으로는 노예근성일 뿐인지, 또는 고결함이 상업적 이익을 얻음으로써 더럽혀지는지, 또는 민주주의가 단지 다수결 규칙일 뿐인지를 그렇게 받아들인 모델에 의거해 결정하지 않을 수 있다.

윤리의 비(非)도구적인 통합된 가치들을 더 잘 이해하기 위해서, 우리는 그 가치들을 전체론적으로 그리고 해석적으로, 각 가치를 다른 가치들에 비추어서, 위계가 아니라 측지선(최단곡선)으로 이어진 돔과 같은 방식으로 조직된 것으로, 이해하려고 해야만 한다. 우리는 우정, 통합성, 스타일이 무엇인지를, 그리고 이러한 가치들이 얼마나 중요한지를, 각각에 대한 관념을 이해하고 그것들에 어느 정도의 중요성을 할당하는 것이, 삶을 사는 것의 도전에 성공적으로 대응하는 것인가라는, 잘 사는 것의 다른 차원들에 대한 우리의 이해에 가장 잘 부합하는지를 이해함으로써 결정해야 한다. 윤리는 상이한 목표, 성취, 덕목들의 복합적인 구조이다. 그리고 이것들 각각이 그 복합 구조에서 수행하는 역할은, 오직 다른 가치들에 의해 고정된 전반적인 구도 내에서 그 역할을 정교하게 해

---

13 내 책 *Sovereign Virtue*, Cambridge, Mass: Harvard University Press, 2001, Chapter 6
    을 보라.

명함으로써만 이해될 수 있다. 우리의 윤리적 가치들이 그런 방식으로 어떻게 함께 걸려 있는지를 이해하여, 각 가치들이 다른 가치들에 대한 우리의 잠정적 설명을 배경으로 테스트될 수 있도록 이해하기 전까지, 우리는 그것들 중 어느 것도 이해하지 못하는 것이다. 철학적 이미지 중에 가장 많이 활용된 두 이미지가 여기서 아주 적절하다. 과학에서 그러듯이 가치에서도 우리는 바다 위에서 배를 한 번에 한 판자씩 수리한다. 또는 다음과 같이 말하는 것을 선호할 수도 있겠다. 빛은 서서히 전체를 밝힌다고.

정치적 가치들을 더 잘 이해하는 것을 목적으로 삼는 정치철학은 자신의 작업을 바로 그 거대한 구조 속에서 전개해야 한다. 정치철학은 무엇보다 다른 가치들을 강화하는 이 가치들 각각에 대한 관념이나 해석을 구성하는 것을 목적으로 해야 한다. 예를 들어 평등과 자유에 기여하는 민주주의에 대한 관념을 구성하고, 이 다른 가치들 각각에 대한 관념은 그렇게 이해된 민주주의에 기여하도록 구성되어야 한다. 정치철학은 더 나아가, 정치 구조를 도덕뿐만 아니라 더 일반적으로 윤리에도 연결시키는 가치들의 훨씬 더 포괄적인 일부로서 이러한 정치적 관념들을 구성하는 것을 목적으로 해야 한다. 이 모든 것들은, 물론 불가능할 정도로 그리고 아마도 매력이 없을 정도로 전체론적인 것으로 들릴 것이다. 그러나 나는 철학자가 이 광대한 인도주의적 구조의 전부는 고사하고 일부에 대해서라도, 가능한 한 중대한 이해를 도모할 수 있는 다른 접근 방법을 알지 못한다. 만일 우리가 그것이 철학자들의 집단적 책임이라고 이해한다면, 시간이 흐르면서, 우리는 각각 우리의 경계를 조금씩 넓혀가는 역할에 대하여 더 나은 이해를 가지게 될 것이다.

나는 정치철학에 대한 이 관념이, 그 분야에서의 가장 주목받는 현대의 연구 사례들 중 두 가지와 대척점에 서 있다는 점을 인정해야만 하겠다. 존 롤즈의 '정치적' 자유주의와, 이사야 벌린과 연관되는 정치적 다원주의가 그것이다. 나의 권고는 롤즈의 반성적 평형(reflective equilibrium) 방법론과 유사하다. 반성적 평형은 정의에 관한 우리의 직관과 이론을 나란히 줄 맞추는 것을 목적으로 한다. 롤즈의 방법론과의 차이는, 그러나 그 유사성보다 더 두드러진다. 왜냐하면 철학이 추구해야 한다고 내가 믿는 평형은 롤즈의 것처럼 정치의 입헌적 기본 사항에 한정되는 것이 아니라, 개인적 도덕과 윤리 역시 포함시키는, 롤즈가 '포괄적' 이론이라고 부른 것을 수용하기 때문이다. 만일 정치철학이 그 여망에서 포괄적이지 않으면, 그것은 정치적 가치들이 독립된 것이 아니라 통합된 것이라는 중대한 통찰을 구제하는 데 실패하게 된다.

나는 그렇게 인식된 정치철학을 여기서 더 자세히 기술하지는 않겠다. 그러나 나는 내 책 『자유주의적 평등』(Sovereign Virtue)을 적어도 그런 정신을 자각하면서 쓰인 작업의 사례로 제시하겠다.[14] 나는 이 포괄적 기획이 정치철학에서의 진리 또는 더 일반적으로 가치 이론에서의 진리가 정합성의 문제라는 터무니없는 전제에 기반하고 있지 않다는 점을 강조해야만 하겠다. 우아하고 아주 절묘하게 정합적인, 정치적 도덕에 관한 이론들도 거짓일 수 있으며 심지어 혐오스러운 것일 수도 있다. 우리는, 정합성 자체를 목적으로 하는 것이 아니라, 우리가 달성할 수 있는 최대한의 정합성뿐만 아니라 확신도 목적으로 한다. 이 두 쌍둥이 목적은 서로를 강화한다. 그리고 나는 그것들이 실제로 자주 그럴 수밖에 없다고 생각한다. 옳음에 대한 심층적인 이해를 가치들의 통일된, 통합된 세트에서 발견하는 것이, 쇼핑 목록에서 그것을 발견하는 것보다 더 쉽다. 그러나 이 두 목적은, 서로에게 문제를 야기할 수 있다는 점을 우리는 또한 기억해야 할 것이다. 예를 들어 이 두 목적은, 두 가치의 성격에 대한 우리의 최초의 이해 ─ 포스터(E. M. Foster)의 잘 알려진 사례나, 벌린이 그

---

14 『자유주의적 평등』의 서문에서 내가 언급한 "Justice for Hedgehogs"(미출간된 컬럼비아 대학에서의 듀이 강의)는 이 종류의 철학을 설명하려고 하는 더 명시적인 시도다.

것들을 설명하는 대로의 자유나 평등의 사례에서의 이해—가, 이 가치들이 서로 충돌한다고 할 때, 서로 문제를 야기할 수 있다. 우리는 그러한 충돌을 제거하는 애국과 우정, 또는 자유와 평등에 대한 관념을 구성할 수 있다. 그러나 이러한 관념들은 우리의 영혼을 붙잡지 못할 수 있다. 그렇게 충돌이 제거된 관념들은 인위적이거나 낯설거나 그저 옳지 않아 보일 수 있다. 우리는 더 나아가 성찰해야 한다. 만일 우리가 충분한 세계와 공간을 갖고 있고, 또 충분한 상상력과 능력이 있다면, 우리는 예를 들어, 서로 충돌하지 않음을 보여주는, 우정과 애국 양자 모두에 대한 어떤 설득력 있는 관념을 발견하려고 해야 한다. 그러나 우리는 이것에 성공하지 못할 수도 있다.[15] 그럴 경우 우리는, 그것이 무엇이건, 다음과 같이 믿지 않을 수 없다. 즉, 애국과 우정은 둘 다 필수적이지만, 우리는 이 둘 모두를 온전히 또는 심지어 적절한 정도로도 아마 가질 수 없다는 것을. 그러나 우리는 그 경우 우리의 성찰은 성공적이었다고, 그래서 이제 그만 성찰을 멈춰도 될 자격을 얻게 되었다고 말할 수는 없을 것이다. 우리는 단지 궁지에 몰린 것뿐이며, 이것은 성찰을 멈출 자격을 얻는 것과는 다른 것이다.

법

하트의 방어

법은 정치적 개념이다. 사람들은 그 개념을, 법에 관한 주장을 형성하는 데 사용한다. 즉, 어떤 장소의 법이나 다른 장소의 법이, 일정한 행위를 허용하거나 명하거나, 일정한 자격을 부여하거나, 다른 결과를 낳는다는 주장을 형성하는 데 사용한다. 엄청나게 많은 사회적 실천이, 그러

---

15 이 책의 제4장을 보라.

한 주장을 하고, 다투고, 방어하고, 그것에 기초하여 판결하는 일을 둘러싸고 구축된다. 그러나 그러한 주장들의 성격은 정의하기 어렵다. '법'이 무언가를 명한다는 주장이 진정으로 의미하는 바는 무엇인가? 도대체 그 주장이 참일 때 그 주장을 참이게끔 하는 것은 무엇이며, 거짓일 때 거짓이게끔 하는 것은 무엇인가? 영국 법은 세금을 정기적으로 납부할 것을 명한다. 그리고 만일 계약을 위반했다면, 일정한 여건의 경우를 제외하고는, 손해배상을 지불할 것을 명한다. 이러한 명제들은 참이라고, 영국 법률가들은 말할 것이다. 왜냐하면 그것이 의회가 제정한 것이며 영국 판사들이 과거에 판결한 것이기 때문이라고. 그러나 왜 이러한 특정한 기관들(예를 들어, 주요 대학 총장들의 회의가 아니라)이 법 명제를 참으로 만들 수 있는 권한을 갖는가? 더군다나 법률가들은, 의회나 과거의 판사들이 그렇게 선언하거나 판결한 적이 없는 어떤 법 명제가 참이라고 주장하는 일이 자주 있다. 예를 들어 소렌슨 여사가 제약회사들 각각으로부터 손해배상의 일정 몫을 받아낼 법적 자격이 있다는 주장처럼 말이다. 이러한 제도적 원천 말고, 법에 관한 주장을 참으로 만들 수 있는 것은 무엇이 있는가? 법률가들은, 설사 그들이 과거에 어떤 기관이 무엇을 결정했는지에 관한 모든 사실들을 알고 있을 때조차, 소렌슨 여사에 관한 저 주장을 포함해서 법에 관한 어떤 주장이 참인가에 관하여 의견이 자주 불일치한다. 그 경우 도대체 그들은 무엇에 관하여 의견이 불일치하고 있는 것인가? 더군다나 우리는 영국 법과 같은 특정한 법체계에 관해서만 이러한 질문에 답하고 싶은 것이 아니라, 앨러배마든 아프가니스탄이든 어디든 상관없이, 법 일반에 관하여 이러한 질문에 답하고 싶은 것이다. 우리는 일반적으로, 어디든 어떤 법에 관한 주장이 참일 때 무엇이 그것을 참으로 만들어주는가에 관하여 무언가를 말할 수 있는가? 우리가 가진 것과 매우 다른 종류의 정치제도들을 가진 곳들에서, 아니면 인식 가능한 아무런 정치제도가 없는 곳에서도, 법에 관한 참인 주장이 있을 수 있는가? 영국 법이나 다른 곳의 법에서, 법이 자신이 서명한 계약을 수행할 것을 누군가에게 명한다는 주장과, 만일 그가 수행하지 않으면 공직자가 그에게 제재를 가할 것이라는 주장 사이에 차이가 있는가? 또는 그 주장과, 그 서명한 사람이 자신의 계약을 수행할 도덕적 의무가 있다는 외관상 다른 주장 사이에 차이가 있는가? 만일 법에 관한 주장이 결과에 대한 예측이나 도덕적 의무에 대한 진술 양자 모두와 다르다면, 그것은 정확히 어떻게 다른가?

하트는 『법의 개념』에서 이 고래의 질문에 답하려고 한다. 나는 앞서 그의 답변 — 원천 논제 — 에 대한 그의 요약을 인용하였다. 그 논제의 세부 사항은 법철학자들 사이에서 잘 알려져 있다. 하트는, 법에 관한 주장이 개진되는 모든 공동체에서, 그 공동체의 대단히 많은 수의 공직자들이 모두, 일종의 관행으로서, 어떤 승인의 규칙을 받아들인다고 한다. 이 규칙은 법에 관한 주장을 참으로 만드는 역사적 사실이나 다른 사실, 또는 사건들을 식별한다. 이러한 관행들은 법체계에 따라 서로 매우 다를 수 있다. 한 곳의 으뜸 관행은 의회와 과거 사법부의 판결들을 참된 법 주장의 원천으로 식별할 수도 있는 반면에, 다른 곳의 으뜸 관행은 관습이나 도덕적 건전함을 원천으로서 식별할 수도 있다는 것이다. 어떤 특정한 공동체에서 그 관습이 어떤 형태를 취하고 있는가는 사회적 사실의 문제다. 모든 것은, 그 공동체의 대단히 많은 공직자들이 으뜸 테스트로서 우연히 동의하게 된 바에 달려 있다. 그러나 각각의 공동체에서 어떤 으뜸 관행이 존재하고 그 으뜸 관행이 그 공동체를 위해 법으로서 여겨지는 것을 골라낸다는 것은 법이라는 개념 자체의 일부다.

하트의 원천 논제는 논란의 여지가 많다. 법에 관한 주장이 참일 때 그것을 참으로 만드는 것에 대한 나의 견해는, 내가 말했듯이 매우 다르다. 그러나 지금 중요한 것은 하트 이론의 적정성이 아니라 그 성격이다. 보통의, 일차적인 법 실무는 경쟁하는 가치판단으로 구성될 수 있다. 만일 그 공동체의 으뜸 규칙이 법에 관한 유효한 주장의 테스트의 일부로서 도덕적 규준들을 사용한다면, 그렇게 될 것이라고, 하트는 그의 후기

(Postscript)에서 말한다. 그러나 자신의 이론은, 보통의 법적 논변을 기술하는 것으로서, 규범적 이론도 평가적 이론도 아니라고 그는 주장한다. 그것은 어떤 종류의 가치판단도 아니라는 것이다. 그렇기보다 자신의 이론은, 보통의 법적 논변이 활용하는 개념들을 명료하게 해명하는 경험적 이론이나 기술적 이론이라는 것이다. 하트의 입장은, 정치적 개념에 대한 보통의 사용과 그것에 대한 철학적 해명 사이에 논리적 구분선이 있다는 아르키메데스적 표준 견해의 특수한 사례다.

그의 입장은 그러므로, 우리가 아르키메데스주의에 대하여 일반적인 반론으로 살펴보았던 동일한 반론에 부딪힌다. 첫째로, 두 종류의 주장을, 그 두 주장에 상이한 논리적 범주들을 부여하기에 충분할 정도로 구분하는 것 — 법 실무에서 법률가들의 일차적인 주장과 그 일차적인 주장들이 어떻게 식별되고 테스트되어야 하는가에 관한 철학자의 이차적인 주장을 구별하는 것 — 은 불가능하다. 하트의 원천 논제는, 예를 들어 소렌슨 여사의 사건에서 당사자들 사이에 중립적인 것과는 매우 거리가 멀다. 하트가 염두에 두고 있던 종류의 어떠한 '원천'도 소렌슨 여사의 입장에 있는 사람들이 제약업체의 시장점유율에 기초하여 손해배상을 받을 자격이 있다는 내용이 아니며, 그러한 결론이나 결과를 갖도록 도덕적 규준을 규정하지도 않았다. 그러므로 하트가 옳다면 소렌슨 여사는 법이 자신의 편에 있다고 주장할 수 없게 된다. 실제로 제약회사의 변호사들은, 하트가 그의 책에서 개진한 바로 그 논변을 똑같이 법정에서 개진하였다. 그들은, 주의 명시적인 법, 즉 확립된 법적 관행으로 식별된 주의 명시적인 법의 어느 것도, 그러한 주장을 제공하지 않기 때문에, 그녀의 주장은 실패한다고 한다. 소렌슨 여사의 변호사들은 그 반대로 주장했다. 그들은 원천 논제를 부인하였다. 그들은 법에 내재한 일반 원리가 자신들의 의뢰인이 승소할 자격을 준다고 말했다. 그러므로 하트의 견해는 그 논변에서 중립적이지 않다. 그것은 한쪽 편을 든다. 그 견해는, 모든 어려운 법적 분쟁에서 당사자의 법적 권리가 전적으로 법의 전통적 원천만을 참조하여 결정되어야 한다고 주장하는 사람들의 편을 드는 것이다.

그러므로 정치적 아르키메데스주의의 첫 번째 난점은 하트의 법적 판본에도 여전히 동일하게 적용된다. 그러므로 이제 두 번째 난점을 살펴보자. 하트의 사회적 원천 논제는 어떤 방식으로 '기술적'이라고 생각될 수 있는가? 물론 그와 그의 옹호자들은, 기술은 항상 그 자체가 어떤 의미에서는 규범적 과업이라는 것을 인정한다. 모든 기술적 이론은 어떤 현상에 대한 어떤 설명을, 더 잘 드러내주거나 현저하거나 유용하거나 그런 어떤 특질이 있다고 골라낸다. 하트는 법에 대한 자신의 분석이, 어떤 것에 대한 그 어떤 설명도 규범적이라는 그 의미에서, 규범적이라고 동의했다. 그는 자신의 이론이 도덕적으로 평가적이거나 윤리적으로 평가적이지 않다는 의미에서 기술적이라고 이야기한 것이다. 그러나 우리가 자유, 평등과 같은 개념들의 경우에서 보았듯이, 기술의 양식에는 여러 가지가 있으며, 우리는 하트의 말이 자신의 이론이 이 중 어느 양식으로 기술적이라는 의미인지를 물어야만 한다. 비록 그와 그의 지지자들이 자신들의 작업에 대한 나의 비판이 자신들의 방법과 야망에 대한 오해에 기반하고 있다고 열정적으로 저항하기는 하였지만, 이러한 방법과 야망이 무엇인지에 관한 도움이 되는 적극적 진술을 하나라도 발견하기는 어렵다. 『법의 개념』 초판의 널리 알려진 당황스러운 어느 구절에서, 그는 자신의 책이 '기술사회학에서의 한 활동'으로 이해되어야 한다고 말했다. 그러나 그는 그 날것 그대로의 주장을 정교화하지 않았으며, 그 말이 무엇을 의미했을 수 있는지는, 우리가 살펴볼 것처럼 전혀 분명하지 않다.

우리는 다시금, 우리의 상상력을 사용해야 한다. 나는 앞서, 정치적 개념에 대한 개념적 분석이 기술적 과업이라고 생각할 수 있는 세 가지 방식을 구분하였다. 이제 우리는 그 각각을 이 맥락에서 다시금 살펴보아야 한다. 원천 테제는 의미론적 주장인가? 원천 테제는, 모든 곳의 법률가들이, 또는 적어도 그들 중 대다수가, 법에 관한 주장을 개진하고 판단할 때 실제로 따르는 언어적 기준을 표면으로 드러내는 것을 목적으로 하는가? 물론 하트는, 어떤 특정한 단어나 문구에 대한 단순한 사전적 정의나 동의어의 집합을 제시하려고 한 것은 아니다. 그러나 나에게는 그가 더 야심 찬 철학적 주장을 의도한 것으로 보인다. 그 철학적 주장은, 그가 그것들을 지적하고 난 뒤, 법률가나 다른 이들이 법은 무엇을 명하고 허용하는가에 관하여 이야기할 때 실제로 따른다고 인정할 수 있는 규칙으로서, 적용의 기준을 해명하는 주장이다. 나는 『법의 제국』에서 그의 과업에 대한 그런 이해를 제안했다. 나는 만일 내 이해가 정확하다면, 그의 과업은 패착에 이를 수밖에 없다고 했다. 왜냐하면 모든 곳은 차치하고 특정한 관할권 내의 법률가들 사이에서조차, 법의 명제를 승인하거나 거부하는, 아무런 공유된 기준이, 심지어 숨겨진 기준도 없기 때문이다. 자신의 후기에서, 하트는 자신이 그러한 것을 조금이라도 의도했다는 점을 강력하게 부인한다. 그는 내가 그의 기획을 깊이 오해했다고 한다. 나는 공박은 받았지만 납득하지는 못하겠다. 나는 여전히 『법의 개념』의 과업에 대한 나의 이해가 활용 가능한 최선의 것이라고 생각한다.[16] 그래도 하트가 자신의 후기에서 자신의 기획에 대한 이 이해를 조롱하였으므로, 우리는 다른 곳을 살펴보아야 한다.

법의 명제들이 호랑이나 황금처럼 일종의 자연 종을 형성한다고, 그리하여 대부분의 사람들이 그것들의 참과 거짓에 관하여 생각하는 것과 모순될 수 있는 그 명제들에 대한 발견이 이루어질 수 있다고, 그가 생각했던 것일까? 동물원에서 '호랑이'라고 이름이 붙여진 많은 동물들이 실제로는 호랑이가 아니라는 발견을 우리가 할 수도 있듯이, 이 견해에서는, 사람들이 무엇이라고 생각하건, 원천 테제를 준수하지 않는 것은 전

---

16 다른 이들도 여기에 동의한다. 예를 들어 N. Stavropoulos, "Hart's Semantics", in J. Coleman, ed., *Hart's Postscript*, Oxford: Oxford University Press, 2001, p. 59를 보라.

부 법이 아니라는 점을 발견할 수도 있다. 자연 종에 관한 심층적인 발견은 정말로, 일견 개념적인 것 — 호랑이 DNA는 호랑이-됨의 본질이라고 그럴듯하게 불릴 수 있다 — 이고 기술적인 것으로 보인다. 그러므로 이 가설은, 만일 우리가 받아들인다면, 법에 대한 개념적 탐구가 의미론적인 것이 아니라 기술적인 것이 될 수 있다는 하트의 외관상의 신념을 설명해줄 것이다. 그러나 이것을 파고들어갈 필요는 없다. 왜냐하면 하트는 법에 관한 진리 주장이 하나의 자연 종을 형성한다고 생각했을 리 없기 때문이다. 자유가 DNA를 갖지 않는다면, 법도 DNA를 갖지 않는다.

우리는 세 번째 구별되는 가능성을 남겨두게 된다. 즉, 하트의 원천 테제는 어떤 종류의 경험적 일반화의 방식으로 기술적이고자 했다는 것이다. 일군의 법인류학자들은, 사람들이 우리가 법에 관한 주장으로 여기는 것을 개진하고, 받아들이거나 거부했던 다양한 경우들에 관하여 역사가 제시할 수 있는 모든 자료를 아마도 상당히 수집할 수도 있다. 방 크기만 한 컴퓨터와 엄청난 예산을 쓰는 일부 사회학자는 그 많은 양의 데이터를 분석하여 법의 본질이나 본성을 발견하는 것이 아니라, 광대한 이야기에서 나타나는 패턴과 반복을 단지 발견하려고 희망할 수 있다. 그는, 더 야심 차게, 인간 본성의 법을 발견하는 것을 목적으로 삼을 수 있다. 만일 그가, 사람들이 예를 들어 오직 원천 테제가 법 명제들을 승인할 때에만 그 명제들을 받아들인다는 것을 발견한다면, 그는 다원주의적 원리를 통해서, 또는 아마도 경제 공식이나 그와 같은 종류의 것을 통해서, 그 놀라운 사실을 설명하기를 희망할 수도 있을 것이다. 또는 그는 덜 야심 차게, 확실히 그 자체로 충분히 흥미로운 규칙성을 지적하는 것만을 목표로 삼고 그것을 설명하려고 하지 않을 수도 있다.

우리는 하트의 아르키메데스주의를 이러한 의미들에서 더 또는 덜 야심 차게 경험적인 것으로 이해해야 할까? 여기에는 넘어설 수 없는 문턱을 형성하는 반론이 있다. 하트도 그의 후계자들도, 전 생애를 다 바칠 것이 요구되는 그러한 경험적 연구를 시작조차 한 적이 없다는 것이다. 그들은 에베레스트 산만큼 높게는커녕 개미탑만큼도 자료를 쌓지 않았다. 또한 적어도 하트 자신의 경우에는 추가적인 문턱을 형성하는 반론이 또 있다. 그러한 경험적 연구나 일반화가 법의 개념이나 본성이나 관념 자체를 발견하는 것을 목적으로 한다고 언급하는 것은 아주 기이한 일이 될 것이며, 그러한 발견을 아마도 보고하는 책 이름을 '법의 개념'(The Concept of Law)이라고 짓는 일은 너무나 기이할 것이다. 예를 들어 리카도의 법칙이 임금이나 이윤의 개념 그 자체를 밝혀낸다고 말하는 경제학자를 상상해보라.

이 문턱 난점들 뒤에는, 세 번째의 훨씬 더 큰 당황스러운 난점이 있다. 만일 우리가 하트의 이론들 — 또는 그의 후계자들의 이론들 — 을 경험적 일반화로 인식한다면, 우리는 그 이론들이 또한 어마어마한 실패라는 점을 인정해야만 한다. 원천 논제를 하나의 경험적 일반화로 뒷받침하는 데는 산만큼의 자료를 쌓아올려야 하겠지만, 그것을 논박하는 데는 몇 개의 반례만 있으면 되고, 이 반례들은 어디에나 있다. 사형이 합헌이냐 하는 것은 오늘날 미국에서 생생한 토론 주제가 되고 있다. 그 논쟁은 '잔인하고 비정상적인 처벌'을 금지하는 수정헌법 제8조가, 사형은 충족하지 못한다고 생각될 수 있는, 적합한 처벌의 어떤 도덕적 규준을 포함하는 것인가, 아니면 그것은 아무런 도덕적 규준도 포함하고 있지 않으며 그 수정조항을 제정한 정치 지도자와 정치가들 — 또는 당시 그 수정헌법의 공포 대상이 된 일반 공중 — 이 잔인하다고 생각한 처벌만 금지한다고 보느냐를 쟁점으로 한다. 만일 우리가 사형이 실제로 받아들일 수 없을 만큼 잔인하다고 생각하지만, 18세기 당시에는 거의 어느 누구도 그렇게 생각하지 않았다고 추정한다면, 이러한 해석들 중 첫 번째 것을 받아들이는 법률가들은 헌법이 사형을 금지한다고 생각할 것이고, 두 번째 해석을 받아들이는 사람들은 헌법이 사형을 허용한다고 생각할 것이다. 첫 번째 독법, 또는 도덕적 독법에 찬성하는 사람들은 명백히 사회적 원천 테제와 모순된다. 왜냐하면 어떠한 사회적 원천도, 수정헌법 제8조가 도덕을 통합하도록 읽혀야 한다고 지시한 적이 없기 때문이다. 그러나 도덕이 무관하다고 결정한 사회적 원천도 없으므로, 도덕적 독법에 반대하는 사람들 역시 사회적 원천 테제와 모순된다.

하트는 어떤 '원천'이 도덕으로 하여금 그러한 역할을 가져야 한다고 명한 때에만 법을 식별하는 데 도덕이 유관하게 된다고 말하면서, 미국 헌법의 추상적 조항들을 그 예로 들었다. 그러나 그는 미국 헌법의 상태를 오해하였다. 헌법의 도덕적 독법을 찬성하거나 반대하는 어느 쪽으로도 합의가 존재하지 않는다. 오히려 그것은 격렬한 의견 불일치의 대상이다. 나는, 여러 사람들과 더불어, 하트가 명백히 염두에 두고 있는 도덕적 독법을 지지한다.[17] 그러나 미 연방대법원의 앤터닌 스캘리어(Antonin Scalia) 대법관, 그리고 악명 높은 전직 판사 로버트 보크(Robert Bork) 등 다른 이들은, 도덕적 독법을 심대하게 잘못 판단된 것으로 비난한다.[18] 도덕적 독법에 찬성하거나 반대하는 어떠한 관행도 없으며, 어느 한쪽이 이러한 관행의 부재에도 불구하고 참이라고 주장하는 헌법 명제를 뒷받침하기를 희망할 수 있는 어떠한 기본적인 승인의 규칙도 없다.

합법성의 가치

합법성

논의를 새롭게 시작해볼까? 나는 앞서 정치적 개념들은 가치의 개념

---

17 *Freedom's Law*.

18 Antonin Scalia, *A Matter of Interpretation: Federal Courts and the Law*, Princeton, N. J.: Princeton University Press, 1997. 스캘리어 대법관과 나 사이의 논쟁을 보라. 내 논문 "The Arduous Virtue of Fidelity: Originalism, Scalia, Tribe, and Nerve", 65 Fordham L Rev 1249 (1997)를 보라.

들이며, 정치철학자들은 그 개념들 각각에 대하여, 그 가치가 어디에 놓여 있는가를 더 정확하게 보여주는 것을 목적으로 삼아야 한다고 말했다. 나는, 정치적 가치들은 독립된 가치라기보다 통합된 가치이기 때문에, 이 기획은 더 크고 서로를 지지하는 확신들의 그물망 속에서 각 가치의 자리를 찾아야만 한다고 말했다. 이 가치의 그물망은 도덕적 가치들과 정치적 가치들이 서로를 뒷받침하는 연관 관계를 보여주며, 이러한 연관 관계들을 그보다 훨씬 더 넓은 윤리의 맥락에 위치짓는다. 정치철학에 대한 이 그림은 대단히 야심 찬 것일 뿐 아니라 — 그것을 상상하는 것조차 오직 협동적인 방식으로만 이루어질 수 있을 뿐이다 — 내가 인정했듯이, 현대의 유형에 상당히 반하는 것이기도 하다. 그것은 겸손한 가치다원주의의 정신에 맞지 않는다. 그것은 대신에 유토피아주의, 한 번도 실현되지 않은 목표 — 플라톤의 가치의 통일성 — 를 목적으로 삼는다.

우리는 법의 오래된 퍼즐을 그 방식으로 접근하려고 해야 한다. 그러나 우리는 그 퍼즐들에 연결된 정치적 가치를 올바른 방식으로 찾을 필요가 있다. 그것은 자유, 민주주의 등과 같은 진정한 가치여야만 하며, 그것은 진정한 가치로서 널리 받아들여지고 있어야만 한다. 우리의 기획이 조금이라도 영향을 미칠 기회를 가지려면 말이다. 그 가치는 그럼에도 불구하고, 우리 공동체 내에서, 해석적 가치로서 기능하여야만 한다. 그것을 가치로서 받아들이는 사람들은 그럼에도 불구하고, 그 가치가 정확히 무엇인지에 관하여 의견이 일치하며, 결과적으로 적어도 일정 정도로는 어떤 정치 질서가 그 가치를 충족하는지 또는 어떤 정치 질서가 그 가치를 더 잘 또는 못 충족하는지에 관하여 의견이 불일치해야만 한다. 그것은 다른 것과 구별되는, 법 실무에 대하여 근본적인 법적인 가치여야 한다. 그래서 그 가치를 이해하는 것이 우리로 하여금 법에 관한 주장이 무엇을 의미하며 그 주장들을 무엇이 참 또는 거짓으로 만드는지를 더 잘 이해할 수 있게 해주어야만 한다. 예를 들어 우리는, 그 가치에 대한 특정한 관념이 어떻게 원천 논제를 낳게 되는지, 그리고 이와 다른 관념들이 법철학 문헌의 일부를 또한 이루는 매우 상이한 법 이론들을 어떻게 낳게 되는지를 이해할 수 있어야만 한다. 우리는 그 가치에 대한 다른 관념이 아니라 어떤 특정한 관념을 받아들이는 일이 어떻게, 소렌슨 여사의 사건에서 다른 판단이 아니라 어떤 특정한 판단에 도달케 하는지를 이해할 수 있어야만 한다. 그 가치가 무엇인지는 이제 명백해졌으리라. 그것은 합법성(legality)이라는 가치다. 또는 때때로 더 거창하게 불리기로는, 법의 지배다. 합법성은 진정한 가치이다. 그리고 그것은 다른 것과 구별되는 법적 가치이다. 많은 사람들은, 예를 들어 나치 지도자들이 제2차 세계대전 이후에 재판을 받고 선고를 받았던 뉘른베르크 법정이 합법성을 위반했다고 생각한다. 비록 그 법정이 다른 정치적 가치들, 예를 들어 정의나 편의에 의해 정당화되었다고 하더라도 말이다. 더군다나 합법성은 매우 인기 있는 가치이다. 그것은 내가 앞서 논의했던 다른 가치들보다 훨씬 더 널리 받아들여져왔으며 그렇게 된 것도 수세기가 넘는다. 그리고 그것은 실제로 갖는 중요성보다 훨씬 더 근본적인 중요성을 갖는 가치로 매우 널리 여겨지고 있다. 다른 철학자들이 평등은 차치하고서라도 자유를 찬양하기 훨씬 전에, 고대 철학자들과 중세 철학자들은 합법성을 분석하고 그것을 찬양하였다.

더군다나 합법성은 처음부터 해석적 이상이었으며, 여전히 해석적 이상으로 우리에게 남아 있다. 그 가치를 추상적으로 진술하는 다양한 방식들이 있다. 이를테면 우리는, 정치 공직자들이 국가의 강제 권력을 특정한 개인들이나 기관들 또는 집단들에 대하여 직접 사용할 때 합법성이 관련된다고 이야기할 수 있다. 예를 들어 사람들을 체포하거나 처벌하거나, 벌금을 물리거나 손해배상을 지불케 강제할 때 말이다. 합법성은 그러한 권력이 행사되기 전에 올바른 방식으로 확립된 규준에 따라서만 행사되어야 한다고 주장한다. 그러나 그 추상적인 공식은 그 자체로, 거의 알려주는 바가 없다. 어떤 종류의 규준이 합법성의 요구를 만족시키는지, 그리고 무엇이 사전에 올바른 방식으로 규준이 확립된 것으로 여겨지는지가 세부적으로 명시되어야 하기 때문이다. 사람들은 이러한 쟁점들에 관하여 서로 크게 의견이 불일치한다. 어떤 이들은, 내가 방금 지적했듯이 뉘른베르크 재판이, 다른 어떤 가치에 의해 종국적으로 정당화되건 그렇지 않건, 합법성을 위반한다고 생각한다. 그러나 다른 이들은 그 재판은 합법성의 진정한 이상을 보호했으며 또한 증진했다고 말한다. 사람들은 오늘날, 동일한 쟁점의 선을 따라서, 행위 당시에는 그 지역의 법에 의해 처벌되는 것으로 규정되지 않았던 비인도적 행위를 자행한 뒤 끌어내려진 독재자에 대한 재판, 그리고 발칸 반도의 악당들을 국제형사재판소에서 재판하는 것에 관하여 의견이 나뉘고 있다. 이러한 상이한 견해들은 사람들이 합법성이라는 가치를 공통으로 고수하고 있지만, 합법성이 무엇인지에 대하여는 상이한 관념을 갖고 있음을 드러내준다.

합법성의 가치와, 법에 관한 참된 또는 유효한 주장을 식별하는 문제, 둘 사이의 연관 관계에 관하여도 많은 의문이 있을 수 없다. 합법성에 대한 관념들은, 내가 말했듯이, 합법성을 충족하기에 어떤 종류의 규준이 충분한가, 그리고 이 규준들은 사전에 어떠한 방식으로 확립되어야만 하는가에 관하여 서로 상이한 견해를 내놓는다. 법에 관한 주장은 올바른 방식으로 실제로 확립된 올바른 종류의 규준에 관한 주장이다. 합법성에 대한 관념은 그러므로, 법에 관한 특정한 주장이 참인지를 어떻게 판단해야 하는지에 대한 하나의 일반적인 설명이다. 하트의 원천 논제는 합법성에 대한 하나의 관념이다. 만일 합법성의 관념들과 법에 관한 참 주장의 식별 사이의 이 긴밀한 관계를 거부한다면 우리는 합법성도 법도 거의 이해하지 못하게 된다. 우리는 비록 법이 소렌슨 여사가 제약업체의 시장점유율에 따른 배상을 청구하는 주장을 거부하지만, 정의는 그 주장을 지지한다고 이치에 닿게 생각할 수 있다. 또는 (덜 그럴듯하지만) 그 반대로 생각할 수도 있다. 즉, 비록 법은 그녀의 주장을 인정하지만,

정의는 그것을 비난한다고 말이다. 그러나 적절하게 이해된 법이 손해배상에 대한 그녀의 권리를 인정하기는 하지만, 합법성의 가치가 그것에 대한 반대 주장을 한다고 상정하는 것은 헛소리가 될 것이다. 또는 비록 적절하게 이해된 법은 손해배상에 대한 그녀의 권리를 부인하지만, 그럼에도 불구하고 합법성은 제약회사들로 하여금 그 배상금을 지불하게끔 만듦으로써 충족된다고 말하는 것 역시 헛소리가 될 것이다.

우리는 아르키메데스주의를 이 다른 방식으로 공박함으로써, 아르키메데스적 몽매함으로부터 법철학의 중요한 질문을 구출해낼 수 있다. 명시적으로 규범적이고 정치적인 과업을 추구함으로써, 그리고 합법성 관념을 옹호하고 그렇게 동의된 관념들로부터 법에 관한 구체적인 주장을 판단하는 테스트를 끌어냄으로써, 우리는 법 실무를 더 잘 이해하고 법 명제를 지성적으로 더 잘 이해하게 된다. 단지 '기술적이기만' 한 방식으로 구성되는 법 이론들을 취급하는 질문은 존재하지 않는다. 법 이론들은 개념적이지만, 오직 규범적이고 해석적인 의미에서 개념적이다. 그것은 바로 민주주의, 자유, 그리고 평등뿐만 아니라 정의에 관한 이론들이 개념적인 것과 같은 의미에서 규범적이고 해석적인 의미에서 개념적이다. 법 이론들은, 그러한 이론들처럼, 더 야심 찰 수도 있고 덜 야심 찰 수도 있다. 더 야심 찬 법 이론들은 다른 정치적 가치들에서 합법성에 관한 자신들의 관념의 뒷받침을 찾아내려고 한다. 그 과정이 한 방향이 아니기 때문에, 더 정확하게 표현하자면 다른 관련된 정치적 가치들의 세트 안에서 합법성의 관념의 뒷받침을 찾아내려고 한다. 이 세트 안에서 정치적 가치들 각각은 합법성의 바로 그 관념을 반영하고 합법성의 그 관념에 의해 뒷받침되는 방식으로 다시금 이해된다.

나는 내 책『법의 제국』을, 적어도 그런 시도에서는, 내가 염두에 두고 있는 법 이론의 더 정교화된 사례로서 제시한다. 나는 '합법성'이라는 말을 거기서 강조하지는 않았지만, 그 가치에 분명히 호소하였다. 나는 법에 대한 철학적 이론들은 전체로서의 법 실무의 목적에 대한 어떤 이해에서 시작되어야만 한다고 말했다. 나는 당시에는 법의 목적에 관한 어떤 설득력 있는 설명이 관련시키게 되는 다른 가치들을 고립시키거나 세련화하는 일에 관심을 두지는 않았다. 그러나 내가 지금 기술했던 법철학에 대한 더 야심 찬 기술은, 그 책에서 충분히 발전시키지 못했거나 무시했던 쟁점들을 더 잘 이해하고, 아마도 더 잘 추구할 수 있게 해준다고 본다. 나는 그 책에서, 예를 들어 참인 법 명제들을 식별하는 것은 법 자료들을 구성적으로 해석하는 문제이며 그 구성적 해석은 법 자료에의 부합과 정당화 모두를 목적으로 한다고 말했다. 나는 '부합'과 '정당화'가 해석의 오직 두 대략적인 차원을 지칭하는 이름일 뿐이라는 점을 경고하였다. 그리고 더 나아간 세련화는 그 차원들을 더 철저하게 이해하게끔 해주는 구별되는 다른 정치적 가치들에 대한 더 주의 깊은 분석을 요한다. 그러므로 예를 들어 우리는 그 차원들이 반대 방향으로 결론을 잡아끌 때에 해석적 우월성의 종합적인 판단에서 그것들을 어떻게 통합해야 하는가를 이해할 수 있게 된다. 그러한 방식으로 탐구되어야만 하는 핵심적인 정치적 개념들은, 지금 나에게는, 부합의 차원의 핵심에 놓여 있는 절차적 공정성의 개념들, 그리고 정치적 정당화의 핵심에 놓여 있는 실질적 정의의 개념들인 것 같다. 즉, 합법성 개념을 더 잘 이해하는 것은, 판결에 관한 논의를 이 다른 가치들에 대한 탐구를 포함하도록 확장하는 것을 의미한다. 그리고 비록 이 더 나아간 탐구자가 법에 대한 우리의 이해를 어떠한 방식으로 변경하지 않는다면 놀라운 일이겠지만, 우리의 법에 대한 이해가 적어도 공정성과 정의에 관한 다소 상이한 견해를 낳지 않아도 역시 놀라운 일이 될 것이다. 정치적 가치들에 대한 폭넓은 범위에서 이루어지는 재해석은 아무것도 전적으로 예전 그대로 놓아두지는 않는다.

법철학 재론(再論)

우리는 법철학의 선도적인 전통이나 학파들을, 상이한 합법성의 관념들을 반영하는 것으로 (그리하여 상이한 합법성 관념에 따라 서로 달라진 것으로) 이해할 수 있을까? 합법성이라는 가치는, 정치 공동체의 강제 권력은 오직 그러한 권력의 사용 이전에 확립된 규준들에 따라서만 그 시민들에게 행사되어야 한다고 주장한다. 어떤 방식으로 확립된 것을 말하는가? 우리는 이 질문들을 합법성의 가치에 대한 어떤 독법을 제안함으로써 공략해 들어갈 수 있다. 그런 방식으로 정치권력의 사용을 제약함으로써 충족된다고 추정되는 어떤 목적을 제안함으로써 말이다. 그리고 이 독법은 내가 지금까지 여러 번 말한 바와 같이, 우리가 인정하는 다른 가치들을 관련지어야만 한다. 만일 그 독법이 충분히 야심 차다면, 그것은 내가 앞서 확신들의 그물망이라고 부른 것들 안에서 매우 많은 수의 정치적 가치들을 관련짓게 될 것이다. 그럼에도 불구하고 상이한 관념들은, 그 혼합에서 상이하게 연관된 가치들을 더 중요한 것으로 선별해 낼 것이다. 관념들은, 합법성이 자리하게 되는 지역적인 자장을 창출하는 데에서 상이한 가치들에 각각 상이한 중요성을 부여하게 될 것이라고 말할 수도 있겠다.

법철학 학파들이나 전통들은, 그러한 선택의 성격상 큰 차이점에 의해 형성된다. 세 가지 중요한 전통이 실제로, 지역적으로 영향력 있는 가치들로서, 정확성(accuracy), 효율성(efficiency), 그리고 통합성(integrity)이라는 정치적 가치들의 경쟁하는 선택들에 의해 형성되어왔다. 나는 이 세 전통을 그러한 측면에서 각각 살펴보겠다. 그러나 나는 그러기 전에, 내가 기술하는 전통들 중 어느 것도 이 세 가치 중 하나만 합법성에 대한 배타적인 열쇠로 선택하고는 나머지 모든 가치들을 격하하거나 소홀히 했다고 주장하는 것이 아님을, 특별히 강조하기를 원한다. 예를 들어 나는 법실증주의 전통이 합법성과 효율성 사이의 관계를 강조한다고 주장하기는 하지만, 실증주의자들이 좋은 정부나 공정한 정부에 무감했다고 말하려는 것은 아니다. 실증주의자들은 정치적 효율성이 무엇을 의미하며 왜 가치 있는지에 관하여 다소 상이한 견해를 갖고 있기 때문만이 아니라, 자신들의 입장의 세부 사항에 반영된, 다른 많은 정치적 이상들의 성격과 힘에 관하여 상이한 견해를 갖고 있기 때문에도 서로 입장 차이가 나게 된다. 그리고 나는, 실증주의자들이 효율성이라는 가치에 대한 주된 의존을 형성하고 강화하기 위해 호소하였던, 그러한 다른 가치들 중 일부를 언급하겠다. 나의 3분법적 구분은 상이한 이론 집단이나 학파들의 중력의 핵심에 있는 것들을 구별한다. 그것은 어떤 이론의 복합성을 모두 다 설명해내거나 세부 사항을 해명하기 위하여 제시되는 것은 아니다.

정확성. 정확성은, 정치 공직자들이 국가의 강제 권력을 실질적으로 정의롭고 현명한 방식으로 행사하는 권한을 의미한다. 만일 공적 행위가, 무엇이 정의롭고 현명한지에 관한 어떤 공직자의 당시 판단을 그저 반영하기보다, 확립된 규준에 의해 통치되는 경우 현명하거나 정의로울 가능성이 더 높다면, 합법성은 정확성을 증진한다. 그렇게 될 가능성이 항상 또는 심지어 통상 더 높으리라는 점이 즉각 명백한 것은 아니다. 플라톤은, 합법성이 제약하는 권한을 가진 공직자들이 위대한 앎, 통찰, 그리고 성품을 갖추고 있는 사람들이라면, 합법성은 정확성을 저해할 것이라고 했다. 왜냐하면 그 공직자들은 과거에 법을 만든 사람들보다 당면한 사안에 대하여 더 많은 것을 알고 있을 것이며, 어떤 상이한 대우를 요구하거나 정당화할 그 사안의 다른 사안과 구별되는 측면들에 민감할 것이기 때문이다. 그러나 그럼에도 불구하고 합법성이 정확성을 정말로 개선할 것이라고 생각할 두 가지 가능한 이유들이 있다. 첫 번째 이유는, 과거 법 제정자들의 판단이, 어떤 당면한 문제들이나 쟁점들과 그들 사이의 거리에도 불구하고, 현재 공직자들의 직감이나 판단보다 더 나을 가능성이 높다고 볼 제도적이고 역사적인 이유들이나 다른 우연적 이유들에 호소한다. 플라톤은 내가 방금 언급한 유보에도 불구하고, 합법성을 바로 그러한 이유에서 지지하였다. 철학자 왕이 권력을 잡는 경우는 드물며, 특히 민주주의에서는 드물다고 그는 말한다. 실제로 권한을 가진 이들은 정보를 제대로 알지 못하거나, 무능하거나, 타락했거나, 자신의 이익에 복무하거나, 아니면 이 모두에 해당된다고 한다. 이러한 불운한 여건에서는, 공직자들이 과거에 규정된 것을 따르도록 제약되는 것이 더 낫다고 그는 말했다. 왜냐하면 공직자들은 그들 스스로 훌륭하게 현재의 결정을 내리리라고 신뢰받을 수 없기 때문이다. 에드먼드 버크(Edmund Burke)와 윌리엄 블랙스톤(William Blackstone) 같은 정치적 보수주의자들이, 합법성을 거의 같은 방식으로 옹호했다. 그들은 확립된 법을 축적된 지혜와 명료한 사고의 보고라고 생각했으며, 따라서 법이 제한된 성품, 지식, 그리고 숙련을 가진 개인들이, 특히 문제를 막 당면한 시점의 열기 속에서 내린 판단보다 더 신뢰받아야 한다고 생각했다.

  합법성이 정확성을 개선한다고 생각할 두 번째 이유는 매우 다르다. 그것은, 확립된 규준들이 더 현명하다거나 사안별 참신한 결정보다 더 정의롭다고 생각할 어떠한 우연적인 이유에도 의존하지 않는다. 그런 대신에 그것은, 확립된 규준을 위한 테스트가 그 결과를 증진하거나 심지어 보장하도록 하는, 합법성에 관한 어떤 관념에 의존한다. 중세의 자연법 법률가들은, 좋은 정부는 신의 의지에 따라 통치하는 정부를 의미한다고 생각했다. 그 신의 의지는 자연의 도덕법에 표현되어 있는데, 신성한 정신으로 고취된 사제들과 지배자들을 그 법으로 안내하는 신뢰할 만한 안내자들이라고 보았다. 그들은 그리하여, 합법성과 정치적 덕목 사이의 이러한 운 좋은 연관 관계를 강조하였고, 따라서 두덕적 가치나 도덕적 수용 가능성이라는 요건을 포함하는 법 테스트에 이끌렸다. 그러한 연관 관계를 배제하는 어떠한 것도, 합법성의 추상적 개념 속에는 없다. 그리고 합법성의 참된 가치가 오직 그것을 정식화하는 어떤 관념을 통해서만 식별될 수 있다면 그 관념은, 그것이 부합하는 이해의 세트를 수용하는 이들에게는, 저항할 수 없는 것이 될 터이다. 자연법 전통은, 그 다양한 형태와 표현에서, 왜 합법성이 합법성의 가치를 갖고 있는지에 대한 바로 그러한 방식의 이해를 전제하고 있다.

효율성. 법실증주의의 적어도 영국 버전이라 볼 수 있는 것을 정초한 제레미 벤담(Jeremy Bentham)은 그러나, 이 두 가정들 중 어느 것에도 끌리지 않았다. 그는 과거의 규준이 좋은 규준이라고 보지 않았다. 오히려 반대로 그는 지칠 줄 모르는, 심지어 래디컬하기까지 한 혁신가였다. 그는 도덕법이 신의 본성 안에 자명한 것이라고 믿지 않았다. 그와는 반대로, 그는 자연법이라는 이념 자체가 터무니없는 헛소리(nonsense on stilts)라고 보았다. 합법성의 덕목에 대한 그의 관념은 정확성에 놓여 있는 것이 아니라 효율성에 놓여 있다. 정치적 도덕은, 최대 다수의 최대 선에 놓여 있다고 그는 생각했다. 그리고 최대 다수의 최대 선은, 상이한 공직자들이 그들 자신의 즉각적이고 분열적인 판단에 의해 취하는 강제적이거나 정책적인 상이한 결정들에 의해서가 아니라, 그 복합적 결과들이 사전에 주의 깊게 고려될 수 있으며, 정교한 법 규정에 의해 상세히 규정되어 문자 그대로 집행될 수 있는 상세한 정책 구조에 의해 가장 잘 보장될 수 있다고 보았다. 그러한 방식으로만, 복잡한 사회의 정부가 직면하는 광대한 조정 문제들이 해결될 수 있다고 본 것이다. 법실증주의는 합법성의 진정한 목적과 가치에 대한 바로 그런 이해의 자연스러운 결과이다. 효율성은 도덕적 테스트가 법을 판단하는 테스트에 포함될 경우 부분적으로 또는 전적으로 훼손된다고 그는 생각했다. 왜냐하면 도덕적 테스트는 종종 의견을 달리하는 시민들이나 공직자들이, 규준이 확립했던 바가 무엇인가에 대한 판단을 도덕이 무엇을 명하는가에 관한 판단으로, 열정적으로 대체하는 일을 허용한다고 보았기 때문이다. 그에 뒤따라 생기는 체계 없음은 공리(功利)가 아니라 혼돈을 낳을 것이다. 따라서 벤담과 그 후계자들은, 주권적 통치자나 의회가 포고한 것은 무엇이든, 그리고 오직 그것만이 법이라고 주장하였다. 법은 포고된 법률이 끝나는 곳에서 멈춘다. 오직 그런 이해만이 법의 효율성을 보호할 수 있다.

이후의 실증주의자들은 그 신념에 충실해왔다. 그들 모두가 관습적이거나 도덕적인 비난과 기원에 담긴 불확실성을 또렷한 명령으로 대체하는 법의 역할을 강조했다. 하트는, 초창기 실증주의자의 한 사람인 토머스 홉스(Thomas Hobbes)의 정신을 많이 받아안으면서, 합법성은 자연 상태나 관습의 신화적인 법 이전(以前) 상태의 비효율성을 치유해준다고 썼다. 조셉 라즈(Joseph Raz)는 합법성의 핵심은 권위라고 주장한다. 그리고 권위가 명령을 발하기 전 시민들의 행동의 이유가 되었던 것에 의존하지 않고는 그 권위의 명령이 식별될 수 없다면, 권위는 손상되고 훼손된다고 하였다. 권위는 그것의 명령이 사람들이 이미 가지고 있는 이유들에 추가적인 이유를 더하기만 해서는 목적에 복무할 수 없고, 사람들이 이미 가지고 있는 이유들을 대체해야만 그 목적에 복무할 수 있다고 라즈는 주장한다.

내가 말했듯이, 효율성이 실증주의자들이 합법성에 대한 자신들의 관념을 형성할 때 고려하는 유일한 가치는 아니다. 그리고 다른 가치들 몇몇을 주목할 필요가 있다. 예를 들어 벤담은, 공중이 자신들의 법이 도덕적으로 존재할 만하다는 점에 대하여 건강한 의심의 감각, 심지어 건강한 회의주의를 계속 보유하는 것이 중요하다고 생각했다. 공중은 존재하는 법과 존재해야 하는 법 사이의 차이를 이해해야만 한다는 것이다. 그는 판사들이 법이 무엇인지를 결정할 때 도덕에 호소하는 일이 적합한 일이 되어버리면, 이 중대한 구분선이 희미해지리라 우려했다. 사람들은 판사가 법이라고 선언하는 것은 도덕적 테스트를 통과했기 때문에 매우 나쁜 깃일 수 없다고 추정하게 될 것이다. 현대의 법실증주의자 중 한 사람인 리엄 머피(Liam Murphy)는, 합법성의 가치에 대한 자신의 실증주의적 이해를 옹호하면서 공중의 경계심의 중요성에 호소했다.[19] 하트는

---

19 Murphy, "The Political Question of the Concept of Law", in Coleman, (ed.), *Hart's Postscript*.

효율성에만 관심을 둔 것은 아니며, 정치적 공정성의 독립적인 측면에도 관심을 두었다. 만일 공동체의 법이 유관한 사회적 원천 — 예를 들어 의회 — 이 무엇인가를 발견함으로써 간단히 결정될 수 있다면, 시민들은 국가가 자신들을 도우려고 자신들의 삶에 개입하거나 자신들의 행위를 방해하거나 자신들을 처벌하려고 할 때 공정한 경고를 받게 된다. 이와는 달리, 그러한 원천들의 판단이 도덕적 고려 사항과 도덕적 원리들에 의해 보충될 수 있거나 조건이 붙을 수 있다면, 시민들은 자신들이 어디에 서 있는지 쉽게 알지 못하거나 동일한 확신을 갖지 못하게 된다. 미국에서는, 몇몇 헌법 법률가들은 전적으로 다른 이유에서 실증주의의 한 판본에 끌렸다. 만일 도덕이 법이 무엇인가의 테스트 중 하나로 인정된다면, 자신의 도덕적 견해가 헌법 사안에서 결정적이 되는 판사들은, 도덕이 자신들의 공직과 무관한 것으로 이해될 때보다, 보통의 시민들에 대해 훨씬 더 큰 권력을 갖게 된다는 것이다. 특히 판사들이 선출되지 않고 임명될 때, 그리고 대중의 의사로 해임될 수 없을 때, 이러한 권력의 비대화는 비민주적이다.

그러므로 법실증주의는 합법성에 대한 자신의 관념, 도덕은 법의 식별과 관련이 없다고 주장하는 자신의 관념을, 그런 식으로 이해된 합법성이 효율성에, 그리고 다른 가치들에도 얼마나 잘 복무하는지를 보임으로써 옹호할 수 있다. 물론 그 옹호는, 이러한 다른 가치들에 대한 특정한 관념들을 취하는 것이며, 이러한 관념들은 도전받을 수 있고 도전받아왔다. 다음과 같은 논증이 가능하다. 정치적 효율성은 그저 아무것이나 목표로 삼고 행위를 조정하는 것이 아니라, 좋은 목표를 향한 구성원들의 행위를 조정하는 것을 의미한다. 그리고 공정한 경고는, 적어도 일부 맥락에서는, 도덕적 규준이 특정한 행위를 판단하는 데 적용될 것이라는 약속 또는 위협에 의해서, 충분히 주어질 수 있다. 시민들의 비판적 판단은 법에 대한 '프로테스탄트적' 이해에 의해 감소되는 것이 아니라 예리하게 날카로워진다. 법에 대한 프로테스탄트적 이해는, 시민들의 판단이, 부분적으로는 도덕적 근거들에 의해, 법이 명하는 바가 무엇인지에 관하여 공식적인 선언과는 견해를 달리할 수 있도록 허용한다. 그리고 민주주의는 단지 다수결 규칙이 아니라, 일정한 조건을 충족하는 다수결 규칙이다. 그리고 이 조건은 바로 그 다수결 규칙을 공정하게 만드는 도덕적 조건들이다. 실증주의는 이러한 이해나 다른 대안이 되는 이해들을 거부한다. 즉, 실증주의는 합법성에 대한 설명을 구성할 때 강조할 정치적 가치를 고를 뿐만 아니라, 이 다른 가치들을 실증주의자 자신의 합법성에 대한 관념에 비추어 논란의 여지가 있는 방식으로 해석하기도 하는 것이다. 이 복합적인 개념의 상호작용에 위협이 되는 순환의 문제는 아무것도 없다. 이와는 반대로, 그것이 바로, 합법성과 같은 정치적 가치를 가치의 더 폭넓은 그물망에 위치짓는 철학적 기획이 요구하는 바다.

통합성. 정부의 효율성은, 그것이 의미하는 바에 관한 그럴 법한 관념 중 어느 것에 의하더라도, 명백히 합법성의 중요한 산물이다. 그리고 합법성의 가치에 대한 그 어떤 설명도 그 사실을 강조해야만 한다. 어떠한 지배자도, 심지어 독재자조차, 자기 마음대로 변덕을 부리고 테러를 일삼기 위해 합법성을 전적으로 내던진다면, 오래 살아남지 못하거나 자신의 목표들을, 심지어 나쁜 목표조차 달성하지 못하게 된다. 그러나 합법성이 또한 복무하게 된다고 볼 수 있는 다른 중요한 가치가 있다. 이 가치는 효율성과 경쟁 관계에 있지는 않지만, 충분히 독립적이어서, 그것을 대단히 중요하게 여기는 사람들에게는, 합법성이 무엇인지에 대한 구별되는 관념을 제공해준다. 이것이 정치적 통합성이다. 정치적 통합성이란 법 앞의 평등을 의미한다. 단지 법이 쓰인 대로 집행된다는 의미에서만이 아니라, 정부는 모두에게 원칙적으로 적용 가능한 원리들의 집합에 의거하여 통치해야만 한다는 더 결과적인 의미에서의 법 앞의 평등이다. 자의적인 강압이나 처벌은 설사 때때로, 그렇게 자의적으로 행동하는 것이 정부를 더 효율적으로 만들어준다 할지라도, 정치적 평등의 그 중대한 차원을 위배한다.

통합성은 수세기 동안 정치철학자들 사이에서 인기 있는 이상이었으며, 통합성과 합법성의 연관 관계는 자주 주목받았다. 그 연관 관계는 법의 지배라는 제명(題名) 하에 어느 누구도 법 위에 있지 않다고 표현된다. 그러나 그 주장의 힘은, 통합성에 대한 다양한 논의가 명백히 보여주듯이, 각각의 법이 그 조건에 따라서 모든 사람 각자에 대하여 집행되어야 한다는 이념으로 소진되지 않는다. 그러한 이념이 요하는 바는 가난한 사람들에게만 적용되거나 특권층에게는 면제되는 내용을 갖는 법률에 의해서도 충족될 것이다. 그리고 이런 방식으로 합법성을 기술한 철학자들은 법 앞의 형식적 평등이 아니라 내용적 평등을 염두에 두고 있었다. 예를 들어 다이시(A. V. Dicey)는 영국 헌법에 대한 고전적인 연구에서 다음과 같은 구분을 끌어낸다.

> 다음으로, 우리가 법의 지배를 이야기할 때 그것은 (…) 우리 중 어느 누구도 법 위에 있지 않다는 것만 의미하는 것이 아니라, 여기서 모든 사람은 각각, 자신의 계급이나 조건이 어떠하건 상관없이, 공동체의 통상적인 법에 복종한다는 것까지(이것은 다른 것이다) 의미한다.[20]

그리고 후에 그는 이것을 "합법적 평등이라는 이념"이라고 지칭한다.[21] 하이에크(F. A. Hayek)도 거의 같은 주장을 한다. 비록 놀랍지 않게도, 그는 그 주장을 평등이 아니라 자유와 연관짓지만 말이다. 그는 고전이 된 연구에서 다음과 같이 썼다.

---

20 A. V. Dicey, *Introduction to the Study of the Law of the Constitution*, 8th ed., London: Macmillan, 1915, p. 114.
21 나는 『자유의 법』에서 민주주의에서 출발하여 실증주의에 이르는 이 논변을 상세하게 설명하고 비판한다.

이 책의 주된 관심사인 법 아래의 자유라는 관념은 다음과 같은 주장에 근거하고 있다. 우리가 우리에게 그것이 적용되는지와 상관없이 규정된 일반적인 추상적 규칙이라는 의미에서 법에 복종할 때, 우리는 다른 사람의 의지에 복종하는 것이 아니며 따라서 자유롭다. (…) 이것은, 그러나 오직 그 '법'이라는 말로 모든 사람에게 각각 평등하게 적용되는 일반적 규칙을 의미했을 때에만 참이다. 이 일반성(generality)은 아마도 우리가 그것의 '추상성'(abstractness)이라고 부른 법의 속성 중 가장 중요한 측면일 것이다. 진정한 법은 특수자(particulars)를 언급해서는 안 되므로, 진정한 법은 그 어떤 특정한 사람이나 사람들의 집단을 특별히 골라내서도 안 된다.[22]

합법성을 이런 방식으로 통합성과 연관시키면, 우리는 그러한 연관을 반영하고 증강하는 합법성에 대한 관념을 찬성하게 될 것이다. 우리는 법이란 무엇이며 그것이 어떻게 식별되어야 하는지에 대한 설명 중에서, 우리가 그 타당성과 중요성을 인정하는 가치 —통합성이라는 가치—를 포함하는 것을 선호할 것이다. 소렌슨 여사의 사건을 판결하는 한 가지 방식이, 통합성이 상정하는 의미에서 그녀를 법 앞에 평등한 존재로서 다루는 반면에, 다른 판결 방식은 그러지 않는다면, 우리는 첫 번째 방식의 판결을 북돋우고 두 번째 방식의 판결은 억제하는 합법성에 대한 관념을 선호할 것이다. 나는 법에 대한 그러한 관념을 『법의 제국』에서 구성하려고 하였다. 나는 이 에세이의 앞 부분에서 그것을 간략히 기술하였으며, 그 기술을 지금 확장하지는 않겠다. 그 대신에 나는 『법의 제국』은 통합성과 합법성이 서로의 조건에 의거하여 이해될 수 있는 한 가지 방식만 보고하고 있을 뿐이며, 나의 구성에 만족하지 못하는 독자들은 그 이유 때문에 그 일반적 기획을 거부해서는 안 될 것이라는 점을

---

22 F. A. Hayek, *The Constitution of Liberty*, London: Routledge, 1960, p. 153.

강조하고 싶다.

그러나 나는, 이 지점에서 누군가 상이한 반론을 제기할 법하다고 생각한다. 그 사람은 소렌슨 여사 사건에서 올바른 판결은, 법이 실제로 무엇이냐에 달려 있지, 우리가 통합성과 같은 어떤 다른 이상에 끌리기 때문에 법이 무엇이었으면 좋겠다고 생각하는지에 달려 있어서는 안 된다고 반론할지 모른다. 그러나 내가 많은 페이지를 소모해가며 논하려고 했던 바처럼, 우리는 법이 진정으로 무엇이냐를 판단하는 올바른 테스트를, 합법성에 관한 어떤 관념을 활용하고 옹호하지 않고서는 파악할 수 없다. 그리고 우리는 만일 합법성에 관하여 좋은 것이 있다면, 정말로 무엇이 좋은지에 관하여 판단하지 않고서는 법이 진정으로 무엇인지를 식별할 수 없다. 법철학은 실질적인 정치적 도덕 안에서의 활동이다. 물론 우리는 법 실무와 아무런 관계도 갖지 않는 합법성에 대한 분석을 성공적으로 제안할 수는 없다. 어떤 가치에 대한 성공적인 해명도, 우리가 공유한 가치들의 구도 내에서 존재하고 기능하는 것으로서의 그 가치에 관한 해명으로 이해될 수 있어야만 한다. 소렌슨 여사의 법적 권리에 관한 어떤 주장이, 그 사건이 발생한 관할권 내의 법 실무에 부합해야 하는 것과 마찬가지로, 합법성에 관한 어떠한 주장도 더 일반적으로 법 실무에 부합해야만 한다. 그러나 합법성에 관한 하나 이상의 관념이 충분히 잘 부합할 것이다. 이것이 우리가 같은 법대에 앉아 있으면서도 판결에 관한 상이한 철학을 갖게 되는 이유이다. 법철학적 논변의 최첨단은 그 도덕적 부분에 달려 있다.

해석적 실증주의

법 이론들은 기술적이며 중립적이라는, 하트 스스로 공언한 방법론에서 발견되는, 내가 기술한 난점들은 내가 제안해온 해석적 양식 내에 그의 논변을 다시 자리매김함으로써 모두 치유될 수 있다. 우리는 합법성을, 그 합법성이 도대체 무슨 독특한 중요성과 가치를 가지고 있는가를 이해함으로써 이해하려고 노력해야 한다. 그리고 우리는 처음에는, 합법성은 그것이 권위가 필요한 여건에서 권위를 제공해주기 때문에 중요하다는 이념에 끌리게 된다. 그러나 그 주장은 추가적인 개념적 질문을 초래한다. 권위 역시 논쟁의 대상이 되는 개념이다. 우리는 권위 안에 있는 가치가 무엇인지를 보여주는, 권위에 대한 설명을 필요로 한다. 그 더 나아간 질문에 답하는 열쇠는, 법실증주의자들이 전통적으로 찬양해왔던 다른 가치들의 혼합, 특히 권위가 가져다주는 효율성과 같은 가치들의 혼합에 놓여 있다. 홉스부터 하트에 이르는 실증주의자들이 지적했듯이, 그리고 역사가 광범위하게 확인해주었듯이, 권위는 정책과 조정을 가능케 하며, 비록 정책과 조정이 모든 사람 각자에게 이익은 되지 못한다고 하여도 그것들은, 흔히, 그리고 아마도 대개는 모두에게 이익이 된다. 우리는 그것이 관련짓는 다른 것과 구별되는 개념들, 즉 합법성, 효율성 그리고 권위 같은 개념에 대한 관념들을 토대로 문제를 풀 때, 이념들의 이 더 폭넓은 매트릭스에 의해 인도된다. 우리는, 각각의 개념들이 이 더 폭넓은 이야기 속에서 그 역할을 수행하도록 해주는 관념들을 토대로 문제에 대한 답을 정해야만 한다.

그래서 우리는 도덕이 법에 관한 참된 주장을 식별하는 일에 아무런 역할도 하지 않는다고 주장하는 '배제적' 법실증주의관을 채택하고, 라즈가 권위에 관한 '서비스' 관념이라고 부른 것도 채택하게 된다. 서비스적 권위관은, 그 명령이 해결하고 대체하고자 하는 이유들에 의존하지 않고 무엇이 명령되었는가가 식별될 수 없을 때에는 권위의 행사기 존재하시 않는다고 주장하는 것이다.[23] 우리는 이러한 관념들이, 그 개념을 온전히 파악하는 사람이면 누구나 또는 언어에 대하여 온전한 앎을 지니고 있는 사람이라면 누구나 인정할, 개념에 묻혀 있는 규칙들을 캐

---

23 J. Raz, *Ethics in the Public Domain: Essays in the Morality of Law and Politics*, Oxford: Oxford University Press, 1994.

내는 중립적인 아르키메데스적 발굴이라고는 더 이상 생각하지 않는다. 우리는, 실증주의자가 그랬듯이, 우리 자신이나 우리의 실무나 우리의 세계를 가장 잘 이해하도록 돕는 우리의 개념들의 두드러진 측면들을 파악했다고는 여전히 말할 수 있다. 그러나 이제 우리는, 그 도움이 되지 않는 주장들에서는 불분명하게 처리되었던 것을 명시적으로 만든다. 우리는 우리 자신과 우리의 실무를 하나의 특정한 방식으로 더 잘 이해한다. 곰곰이 생각해봤을 때 그 가치들 각각으로든 전체로든 우리가 가장 가치 있다고 성찰한 바를 보여주는 가치들에 대한 관념들을 고안함으로써 말이다. 우리는 우리의 결론이 논란의 여지가 없다거나 구체적인 정치적 결정과는 관련이 없다는 식으로 짐짓 가장하지 않게 된다. 만일 우리의 구성이 대부분의 사람들이 법에 대하여 생각하는 것이 오류라는 점을 보여준다면, 즉 우리의 관념들이, 소렌슨 사건의 양측이 하는 법에 관한 주장들 모두가, 원천 논제를 존중하지 않기 때문에 틀렸다는 점을 보여준다면, 그것은 우리에게 당황스러운 일은 아닐 것이다. 그것은 평등에 관한 우리의 결론이, 대부분의 사람들이 평등이 진정으로 무엇인지에 관하여 꾸준히 오해하고 있었다는 점을 보여준다 해도 당황스러운 일이 아님과 마찬가지이다.

그것이 법실증주의의 핵심 주장을 찬성하며 할 수 있는 최선이라고 나는 생각한다. 이것이 사소하고 인위적인 것처럼 들릴 수도 있다는 것을 나는 안다. 왜냐하면 우리의 판사들이 갑자기 법실증주의자로 전향해서 강건하게 원천 논제를 집행한다고 해서 그것이 우리의 법을 더 확실하거나 예측 가능하게 만들어주지 못할 것이고, 우리의 정부를 더 효율적이거나 효과적으로 만들지 못할 것이기 때문이다. 오히려 이와는 반대로 판사들은 지금 의존하고 있는 것보다 법에 관한 주장들에 훨씬 덜 의존하게 될 것이다. 내가 맞다면, 미국 판사들은, 미국에는 헌법의 해석되지 않은 날것 그대로의 문구들 말고는 아무런 법도 없다고 선언하도록 강제될 것이다.[24] 설사 판사들이 그 끔찍한 결론을 어떻게 피한다고 해도,

그들은 합법성에 복무하기보다 합법성을 뒤엎을 수밖에 없을 것이다. 심지어 합법성이라는 덕목에 관한 실증주의자의 관념에서 보아도 그럴 것이다. 왜냐하면 판사들은 논쟁이 되고 있는 사안에 관하여 법이 말한 바는 아무것도 없다고, 또는 법이 집행하기에 너무나 부정의하거나 현명하지 못하거나 비효율적이라고 너무나 자주 선언해야만 할 것이기 때문이다. 예를 들어, 소렌슨이 아무런 배상도 받지 못하게 되어야 한다는 것이 참을 수 없는 일이라고 생각한 판사들은, 법이 피고의 손을 들어준다는 사실에도 불구하고, 법을 무시하고서, 따라서 합법성을 무시하고서 소렌슨에게 배상금을 지불하라고 선언할 수밖에 없을 것이다. 그들은, 합법성이 무엇을 명하는지에 대한 가장 기본적인 이해에 모순되는, 참신한 입법적 권한에 의거하여, 자신들에게 법을 바꿀 '재량'이 있다고 공언할 것이다. (또는 발견한 법에 있는 구멍을 메울 재량이 자신들에게 있다고, 같은 의미가 되는 공언을 할 것이다)

그러므로 나에게는 실증주의자에게 자기 입장에 그토록 자멸적인 논변을 귀속시키는 일은 변태적이거나 적어도 관대하지 못한 일처럼 보인다. 그러나 우리는 실증주의가 처음 제안되었을 때, 그리고 그것이 학계의 입장에만 머물러 있지 않고 실제로 변호사들과 판사들 사이에서 실질적 세력이 되었을 때, 정치적 상황은 매우 달랐다는 점을 먼저 주목해야 한다. 예를 들어 벤담은, 더 단순하고 더 안정적인 상업 활동이 존재하며 더 동질적인 도덕적 문화를 가진 시대에 글을 썼다. 그는 법률에 의한 법전화는 드물게만 구멍을 남길 것이라거나 논란의 여지가 있는 해서을 요하지 않을 것이라고 그럴 법하게 희망할 수 있었고, 또 희망했다. 그러한 여건에서는, 법을 판단하는 도덕 테스트를 사용하는 판사들은, 자신들에게는 그럴 권한이 전혀 없다고 가장 단순하게 부인함으로써 피

---

24 이 책의 제7장을 보라. 그 에세이는, 여기 실린 강의가 있고 얼마 지나지 않아 쓰인 것으로, 이 텍스트의 다음 몇 문단에 들어 있는 내용 중 일부를 간략하게 요약한다.

할 수 있었던, 공리주의적 효율성에 대한 위협을 제기한다. 20세기 초에도, 진보적인 법률가들은 벤담의 견해를 공유했다. 그들은 진보란, 의회의 폭넓은 위임 하에서 행동하며, 전문 기술 관료에 의해 적용되고 집행되는 상세한 규제를 발하는 행정부를 통해 가능한 것이라고 보았다. 또는 미국에서는, 학계의 법률가들에 의해 훈련된 법률 기관에 의해 집적되고 몇몇 주에서 채택된, 전국 단위의 통일된 상세한 법전을 통해서 가능하다고 보았다. 다시금 이러한 분위기에서, 오래되고 적절하지 않은 보통법에서 도덕적 원리들을 뽑아낼 권한을 주장하는 판사들은, 폐물이 되도록 낡고 보수적이며 혼란에 빠진 것으로 보였다. 도덕적 원리를 뽑아낸다는 주장의 위험은, 1904년 '로크너'(Lochner) 판결에서 두드러지는 예를 보여주었다. '로크너' 판결은, 수정헌법 제4조에 배태된 자유관은 제빵 노동자들의 하루 노동시간을 제한한 진보적인 입법을 위헌으로 만든다고 판시하였다.[25] 진보적 사상인 법실증주의는, 법을 그러한 반동적인 도덕으로부터 구해냈다.

올리버 웬델 홈즈의 실증주의는 효과가 있는 법 교설이었다. 그는 연방대법원에서 내린 한 판결의 소수의견에서 실증주의를 인용하였다. 그 판결은, 홈즈의 견해에 의하면, 대법관들이 전체로서의 법에 배태된 원리들을 발견한다고 가정함으로써 그들 자신의 법을 만드는 정당성 없는 권한을 행사한 결과다. "보통법은 세상 어디에나 편재하는 것이 아니며" "식별될 수 있는 어떤 주권 또는 준(準)주권의 명확하게 표명된 목소리다. 비록 내가 동의하지 않은 일부 판결들은 그 사실을 잊어버린 것처럼 보이지만 말이다"[26]라고 그는 어느 유명한 반대의견에서 썼다. 실증주의와 더 오래된 법 이론들 사이의 법철학적 논쟁은, 사건 당사자들이 서로 다른 주에 속해 있을 때에만 관할권을 가지는 연방 판사들에게, 그중

---

25 Lochner v. New York, 198 U.S. 45 (1905).

26 Southern Pacific Co. v. Jensen, 244 U.S. 205, 222, 홈즈의 반대의견.

하나의 주 법원에 의해 선언된 적 있는, 그 주의 보통법을 집행할 의무가 있는지, 아니면 어떤 주법에도 인정되지 않은 '일반적인' 법 원리를 찾아내고 적용하여 달리 판결하는 것이 허용되는지 하는 논쟁의 중핵에 있었다. '이리 철도회사 대 톰킨스'(Erie Railroad v. Tompkins) 사건에서 연방대법원은 마침내 '일반적인'(general) 법 같은 것은 없다고 판결했다. 특정한 구체적인 주에 의해 선언된 법만 있다는 것이었다.[27] 브랜다이스(Louis Brandeis) 대법관은 법정의견에서, 홈즈의 다른 유명한 구절을 인용하였다.

> 법원이 오늘날 이야기하는 의미에서의 법은, 그 법 배후에 어떤 한정된 권위를 지닌 존재 없이는 존재하지 않는다. (…) 그리고 그 권위이자 유일한 권위는 주(州)이다. 그리고 만일 그렇다면, 주 자신에 의해 채택된 목소리(그것이 그 주의 의회건 아니면 그 주의 대법원이건)가 최종 결정권을 가져야 한다.

브랜다이스는 법에 관한 이 견해의 실제적 중요성을 분명히 했다. 연방법원들이 오랫동안 따른, 그와 반대되는 견해는, 주와 연방법원에서 동일한 쟁점에 관하여 상이한 결론을 산출하기 때문에 법의 통일성을 파괴하여, 주 밖의 원고들이 사건을 그들의 이익이 될 때면 연방법원에 가져오는 것을 부추겼다는 것이다. 물론 연방대법원은 그러한 실제적 이유들을 근거로 해서, 실증주의를 받아들이지 않고서도 동일한 결론에 도달할 수 있었을 것이다. 그러나 그 법 원칙의 힘찬 수사는, 홈즈, 브랜다이스, 러니드 핸드[28]를 비롯한 '진보주의자들'이, 자신들에게 반대하는 더 보수적인 법률가들을 정합성이 없는 형이상학에 빠진 이들로 그림으

---

27 304 U.S. 64 (1938).
28 *Freedom's Law*, Chapter 17을 보라.

로써 커다란 호소력을 가졌다. 그러나 법과 판사들에 대한 사회 기대의 변화는 심지어 그들이 글을 썼던 1930년대에도 착착 진행되고 있었고, 그 뒤의 수십 년 동안에는 더욱더 가속화되어, 합법성에 대한 실증주의의 일반적인 관념을 꾸준히 더 설득력 없고 자멸적인 것으로 만들었다. 정교한 법률 구조는 법의 원천으로 점점 더 중요해졌지만, 이 구조는 상세화된 법전이 아니었으며, 상세화된 법전이 될 수도 없었다. 그것들은 점점 더 구성되어갔던 구체적인 행정부의 결정과 사법부의 결정에서 정교화될 필요가 있었던 원리들과 정책에 대한 일반적 진술들이었다. 만일 판사들이 법은 명시적인 주권의 명령이 끝나는 곳에서 멈춘다고 계속 이야기했다면, 그들은 내가 말한 대로, 합법성은 그들의 판단과는 무관하거나 아니면 타협적으로 훼손된다고 계속해서 선언할 수밖에 없었을 것이다.

더군다나 1950년대에는, 여러 명의 연방대법원 대법관들이, 법철학을 나라 전체의 엄청난 관심의 대상이 된 정치 쟁점으로 만들었던, 미국 헌법에서의 새로운 전회를 시작했다. 그들은 적정 절차와 평등 보호 조항을 비롯한 헌법의 추상적인 조항을, 개별 시민들에게 연방정부와 주법원에 대한 중요한 권리, 명시적으로 의도된 입법에 한정되지 않는 법을 그 존재의 전제로 삼으며 그 경계가 오직 실질적인 도덕적·정치적 판단을 통해서만 파악될 수 있는 그런 권리를 부여하는 일반적인 도덕적 원리를 진술하는 것으로, 해석하기 시작했다. 그러한 움직임은 법철학적 논증이 정치적 입장과 결합되는 성향을 갑자기 뒤집어놓았다. 보수주의자들은, 예를 들어 법원이 인종 간 평등 및 재생산 결정에의 자유에 대한 새로운 헌법적 권리를 만들어내고 있으며 그리하여 합법성을 전복하고 있다고 주장하는 실증주의자들이 되었다. 자유주의자들 중 일부는 법원의 재량을 승인하였으며, 그리하여 실증주의에서 벗어나서, 미국의 헌법 질서에서 원리적인 통합성을 강조하는 합법성에 대한 상이한 관념을 향해 움직였다. 지난 수십 년 동안, 가장 보수적인 연방대법원 대법관들은 논증의 정치적 결합 성향에서 추가적인 변화를 만들어냈다. 그들이 주도한 운동은 연방대법원 선례의 많은 부분을 점점 더 많이 무시하도록 요구하였으며, 그래서 그들은 정통적인 법실증주의 판본보다는 보수주의적인 정치 원리에서 더 나은 정당화를 찾게 되었다.

하트가『법의 개념』을 썼을 때, 그는 벤담이나 홉즈가 그럴 수 있었던 것과는 달리, 더 이상 합법성에 대한 실증주의적 관념이 당대에 갖는 호소력에 기댈 수 없었다. 실증주의의 효율성에 대한 하트의 설명은, 상상된 오랜 과거를 이야기하는, 입증되거나 반증될 수 없는 설명을 위해 만들어낸 이야기를 제시하는 것이다. 원시 부족의 기초적인 규칙의 혼돈 상태의 비효율성에서 해방적이고 거의 통일적인 합의의 폭발 속에서 수용된 이차적 규칙의 또렷한 권위로 이행했다는 이야기 말이다. 그의 이야기를 따른 사람들은 계속해서 권위, 효율성, 그리고 조정에 관하여 썼다. 그러나 그들은 실제의 정치 실천에서 자신들의 주장을 확언하지는 못했다. 그리고 그것은 하트가 그랬듯이, 왜 그들이 자신들의 이론을 그러한 실무로부터 고립시키는 것처럼 보이는 자기 묘사로 후퇴하는지를 설명해주는지도 모른다. 그들은 자신들이 법의 개념 자체나 본성을 캐고 있다고 말한다. 그리고 그 개념 자체나 본성은 정치적 실천이나 구조의 변화하는 특성에도 불구하고 같은 것으로 남는다고 한다. 또는 어쨌거나 그들은 무엇이 있어야 하는가나 무엇이 되어야 하는가에 대한 어떤 판단도 내리지 않고서, 그 실천이 무엇인가에 대한 오직 기술적인 설명만 제시한다고 말한다. 내가 이 에세이에서 도전을 제기한 것이 바로 그 방법론적 위장이다. 만일, 내가 주장했듯이, 그 자기 묘사가 지성적으로 이해 가능하면서도 옹호될 수 있다면, 우리는 내가 대체하려고 한 더 포괄적인 정당화에 집중해야만 한다. 즉, 내가 방금 기술한 합법성의 가치에 대한 내용적인 실증주의적 설명에 집중해야 한다. 내가 생각하기에, 합법성에 대한 실증주의적 관념이 오늘날 그런 것보다 더 그럴 법해 보였던 과거 시대에, 실증주의자들이 변호사들과 판사들, 학자들에게 가졌던 호소력을, 법의 실질적인 장에서 표면 위로 드러내주는 것이 바로 이러한 기술이다.

결론적 생각들

나는 ─ 법철학의 토대로서의 ─ 합법성 개념과 다른 정치적 개념들 사이의 유사성을 강조해왔다. 이제 나는 중요한 차이점을 지적하면서 글을 맺고자 한다. 합법성은 그 적용에서 자유, 평등, 민주주의가 그런 것보다 훨씬 더, 합법성이라는 그 가치를 존중하는 것을 목적으로 삼는 역사와 공동체의 지속적인 실천들에 민감하다. 왜냐하면 정치 공동체는, 다른 요건들 중에서도, 과거에 일정한 방식으로 충실함으로써 합법성을 보여주기 때문이다. 정부의 행정적 결정이, 사후적으로 만들어진 새로운 규준이 아니라, 이미 자리를 잡고 있는 규준들에 의해 지도되고 정당화된다는 것, 그리고 이러한 규준들이 실질적인 법률들뿐만 아니라 다양한 공직자들에게 미래를 위한 그러한 규준들을 창설하고 집행하고 판결할 권위를 부여하는 제도적인 규준들도 포함해야 한다는 것은 합법성에 중심적이다. 혁명이 자유, 평등, 그리고 민주주의와는 일관될 수 있다. 그러한 가치들의 적정한 수준을 달성하기 위해서는, 자주 그랬듯이, 혁명이 필수적일 수도 있다. 그러나 혁명은, 설사 그것이 장래에 합법성을 개선하는 것을 약속하는 때조차, 항상 합법성에 대한 즉각적인 공격을 포함하게 된다.

그러므로 특정한 관할권 내에서 합법성이 구체적인 조건에서 무엇을 요구하는가에 대한 심지어 적당히 상세한 설명조차, 그 관할권의 특수한 제도적 실천들 및 역사에 매우 주의를 기울여야 한다. 그리고 한 곳에서 합법성이 요구하는 바에 대한 심지어 적당히 상세화된 설명도, 다른 곳에서 합법성이 요구하는 바에 대한 동일한 종류의 설명과는 상이할 것이며 아마도 매우 상이할 것이다. 특정한 공동체 내에서 이러한 구체적인 요건에 관하여 논쟁하고 판단하는 것은 어떤 수준에서는 그 공동체 내에서 실무를 맡은 법률가들의 나날의 과업이며, 다른 어떤 수준에서는 학계의 법률가들의 나날의 과업이다. 그것은 다른 정치적 가치들에도, 약간 더 제한된 정도로는, 또한 참이다. 하나의 정치적 인구구성과 역사를 가진 어떤 국가에서 민주주의의 개선이나 평등의 증진 또는 자유에 대한 더 나은 보호로 간주되는 구체적인 제도 질서는, 다른 정치적 인구구성이나 역사를 가진 나라에서 그렇게 여겨지는 구체적인 제도 질서와는 다를 만하다.

그러나 비록 합법성이, 그 세부 사항에서는, 이 다른 덕목들에 비해 정치적 실천과 역사의 특수한 특징에 훨씬 더 민감하다 하더라도, 그 사실로부터, 그 장소의 가장 세부적인 사항을 초월하는 철학적인 수준에서 합법성을 탐구하기 위해서 어떤 중요한 것도 행해질 수 없다거나 행해져서는 안 된다는 결론이 도출될 수 없다는 것은, 다른 가치에 관하여 그런 것과 마찬가지로 합법성에 관하여도 참이다. 우리가 민주주의 개념에 대한 매력적인 추상적 관념을 발전시킴으로써 민주주의의 일반개념을 탐구할 수 있는 것과 꼭 마찬가지로, 우리는 유사한 추상성을 가진 합법성에 대한 관념을 목적으로 하여, 더 지역적으로, 구체적인 법 명제의 방식으로 무엇이 따라 나오는지 살펴보는 시도를 할 수 있다. 그렇게 인식된 법철학과 내가 방금 언급한 더 일상적인, 나날의, 법률가 및 법학자들의 관심사 사이에 아르키메데스주의자들이 원하는 종류의 선명한 개념적 또는 논리적 차이는 존재하지 않는다. 그러나 그럼에도 불구하고 왜 그 철학적 쟁점들이 다르게 보이는지, 그리고 통상적으로는 다소 상이한 훈련, 즉 더 구체적인 훈련을 받은 사람들의 손에 있는지 설명할 정도의, 추상성 수준과 유관한 숙련 기술 사이의 충분한 차이는 존재한다.

합법성에 대한 보편적인 관념을 겨냥하는 어떠한 시도도 두 방향에서 가해지는 압력에 직면한다. 그 시도는 지성적 사고의 결여를 피할 만큼 충분한 내용을 가지는 것을 목표로 해야 하지만, 또한 지방근성*을 피하기 위해 충분한 정도의 추상성도 목표로 해야 한다.[29] 나는 『법의 제국』

에서 이 위험을 피하기 위한 사잇길로 조타하려고 시도하였다. 나는 합법성은 그 선을 따라 구성적 해석의 과정을 거침으로써, 그리고 위에서 언급된 그 두 차원에 반응함으로써, 가장 잘 충족된다고 말했다. 나의 견해는 나 스스로가 공허함을 피했다고 시사할 정도로는 충분히 논쟁적이었지만, 얼마나 멀리까지 지방근성을 피했는지는 불명확하다. 영국의 비판가들 사이에는, 나의 기획이 그 정신에서 지방근성적이거나 —즉, 그것이 미국이라는 나의 국가의 법 실무를 설명하는 것 이상을 목적으로 하지 않는다는 것이라거나 —, 별로 생각하고 연구하지 않아도 어쨌든 그것이 오직 하나의 법 실무에 부합한다는 점을 볼 수 있기 때문에 명백히 그 결과에서 지방근성적이라는 반론이 빈번히 제기된다.[30] 사실상 나의 설명은 매우 큰 일반성을 목적으로 하며 그것이 그 목적에서 얼마나

---

* 제한된 지역에만 초점을 맞추어 결론을 내리고서는 만족하는 사고방식을 일컫는다.

29 추가적인 성공 조건이 있다. 합법성에 대한 어떠한 성공적인 관념도, 합법성 개념이, 절차적 공정성과 실질적 정의 등의 정치적 가치와 구별된다는 점을 보존해야 한다. 우리의 이론이 이 다양한 가치 개념들이 합법성 개념과 매우 긴밀하게 연관되어 있으며 상호 의존적이라고 선언한다 하더라도 말이다. 우리 대부분이 그러듯이, 만일 상당히 부정의한 정치 질서라 할지라도, 합법성이라는 덕목을 보여줄 수 있다고 생각한다면, 합법성에 대한 우리의 설명은 그 판단을 허용하고 설명해야만 한다. 이 일이 어떻게 이루어지는가는 법철학의 오래된 이야기에서 중추에 속하는 문제이다. 아주 사악한 곳에서도 법이 존재할 수 있는가? 나는, 다시금 『법의 제국』에서, 우리는 이 질문을 상이한 방식들로 답할 수 있다고 주장하였다. 우리가 우리의 답변을, 합법성에 관한 설명 이외의 방식으로, 필요한 구분과 차별을 포착하기에 충분한 정도로 둘러싼다고 가정한다면 말이다. 하트는 자신의 후기에서, 이 문제에 관한 나의 논급은 법실증주의의 모든 쟁점에서 모든 것을 인정하는 셈이라고 말했다. 그러나 그는 내 논의를 오해했다.

30 그 비판은 영국의 비판가들에게만 한정되지 않는다. 그것은 옥스퍼드의 클래런든 (Clarendon) 강의를 하던 리처드 포스너 판사에게도 호소력을 가졌다. 포스너가 하트의 법철학 역시 동등한 정도로 지역적인 것이라고 덧붙였기 때문에, 비록 아마도 비판이라기보다 관찰에 더 가까웠지만 말이다. Posner, *Law and Legal Theory in England and America*, Oxford: Clarendon Press, 1997을 보라.

멀리까지 성공하는가는, 이 비판가들이 수행한 것보다 훨씬 더 수고스러운 비교법적 해석 활동을 수행함으로써만 평가될 수 있다. 나는 앞서 다른 정치적 가치들을 논하면서, 우리가 이 정치적 가치들에 대한, 흔히 선언되는 것처럼 서로 충돌되는 것이 아니라 서로 조화되는 것으로 만드는 설득력 있는 관념들을 발견하는 일에 어느 정도나 성공할지 미리 알 방도는 없다고 하였다. 우리는 최선을 다해야만 하고, 그러고 나서 우리가 어느 정도나 성공했는지 살펴보아야 한다. 우리는 합법성에 대한 유용한 정보를 제공하는 설명이 추상성을 어느 정도나 달성할 수 있는가라는 상이한 질문에도 동일한 견해를 취해야 한다. 우리는 기다리고 살펴보아야 한다.

그것은 마지막 이야기로 이끈다. 얼마 전에, 옥스퍼드 대학의 존 가드너(John Gardner) 교수와 이야기하면서, 나는 법철학이 흥미로운 것이 되어야 한다고 생각했다고 말했다. 그는 펄쩍 뛰면서 답했다. "모르겠어요? 그게 바로 당신의 문제예요." 법철학을 흥미롭게 만들려고 한다는 죄목에 대하여 나는 유죄다. 그러나 내가 '흥미롭다'(interesting)라는 말로 표현하려 했던 바를 설명해보자. 나는 법철학이 법철학보다 더 추상적이거나 덜 추상적인 분과 양쪽 모두로부터 흥미로운 관심을 받을 수 있어야 한다고 생각한다. 그것은 철학의 다른 부문들에도 ─물론 정치철학에 흥미로워야 하고, 또한 다른 부문에도─ 흥미로워야 하며, 변호사들과 판사들에게서도 흥미로운 관심이 되어야 한다. 많은 법철학들이 실제로 변호사들과 판사들에게 큰 흥미를 주는 관심사였음이 입증되었다. 바로 지금, 미국뿐만 아니라 예를 들어 유럽, 남아프리카공화국, 중국에서도 법철학에 대한 관심이 폭발하고 있다. 그러나 이 폭발은 내가 다소간 따분한 상태로 남아 있다고 우려하는 '법철학'(jurisprudence)이라고 이름 붙여진 강좌들 내에서 발생하는 것이 아니라, 법의 실질적인 분야들 내에서 발생하고 있다. 이 분야들에는 물론 오랫동안 이론에 의해 움직여온 헌법이 포함됨은 당연하고, 불법행위법, 계약법, 국제사법

(conflicts of law), 연방관할권(federal jurisdiction) 그리고 더 최근에는 세법이 포함된다. 나는 이러한 강좌들이 실제적인 쟁점들뿐만 아니라 이론적 쟁점들에도 몰두한다는 점만 지적하려는 것이 아니다. 그 분야들은 내가 논의해온 바로 그 쟁점에 몰두한다. 즉, 합법성의 내용과 그것이 법의 내용에 대하여 갖는 함의를 탐구한다. 그러나 그들의 작업을 규범적인 것과는 구별되는, 기술적이거나 개념적인 것으로 여겨온 법철학자들은, 내 견해로는, 이들 논의와 토론에 참여할 기회를 잃었다. 그리고 몇몇 대학들에서는 법철학의 지배 영역이 그 결과 쪼그라들었다.

이와 같은 일이 벌어지는 경우에는, 아직 어느 특정한 학파에 속하지 않은 젊은 학자들에게 입바른 소리를 하지 않기란 어렵다. 그래서 나는 법철학을 연구하려고 하는 여러분들에게 다음과 같이 호소하면서 이 글을 맺고자 한다. 법철학을 연구할 때에는, 철학의 응당한 과업을 짊어지고, 중립성의 망토를 던져버려라. 소렌슨 여사를 비롯하여 그 운명이, 법이 이미 무엇인지에 관한 참신한 주장에 달려 있는 사람들을 위해 말하라. 또는 만약 그들을 위해 말할 수 없다면, 적어도 그들에게 말하라. 그리고 왜 그들이 자신들이 요구하는 권리를 갖고 있지 않은지 설명하라. 새로운 인권법을 가지고 무엇을 해야 할지 씨름하고 있는 변호사들과 판사들에게 말하라. 판사들에게, 자신이 최선이라고 생각하는 대로 자신의 재량을 행사해야 한다고는 말하지 말라. 그들은 법으로서의 인권법을 어떻게 이해하여야 할지, 어떻게 판결을 내려야 할지, 어떤 기록을 근거로 해야 할지, 어떻게 자유와 평등이 단지 정치적 이상이 되었을 뿐 아니라 법적 권리도 되었는지를 알고 싶어한다. 여러분이 그들을 돕기를 원한다면, 즉 이런 방식으로 세계에 대고 이야기하기를 원한다면, 여러분은 분석적 법철학의 성격과 한계에 관한 허버트 하트(Herbert Hart)의 협소한 발상들을 따를 때보다 그의 천재성과 열정에 더 충실하게 남게 된다. 그러나 여러분이 이러한 방식으로 일에 착수한다면, 아, 흥미로워질 위험에 처하게 된다고 경고하고자 하는 바이다.

제7장

30년 내내

서론

『원리의 실천』(*The Practice of Principle*)에서, 예일 로스쿨의 줄스 콜먼(Jules Coleman) 교수는 자신이 법실증주의의 한 판본이라고 부른 것을 옹호한다.[1] 그 법 이론의 고전적 형태는, 공동체의 법은, 법 제정 공직자들이 법이라고 선언한 것으로만 구성되기 때문에, 법 제정 공직자들이 법이라고 선언하지 않는 한, 비실정적인 힘이나 행위 기관 — 객관적인 도덕적 진리나 신, 또는 시대정신, 또는 인민의 보편적 의지, 또는 시대에 걸친 역사의 발걸음 — 을 법의 원천이라고 상정하는 것은 오류라고 주장한다.

콜먼은 자신의 논의를 좁은 역사적 맥락에다 놓는다. 30년도 전에, 나는 실증주의에 대한 비판 한 편을 출간하였다.[2] 나는 실증주의는, 복합

---

1 Jules Coleman, *The Practice of Principle: In Defense of a Pragmatist Approach to Legal Theory*, Oxford: Oxford University Press, 2001. 달리 나타내지 않는다면, 콜먼의 저작을 인용한 것은 모두 이 저서로부터 나온 것이다.

2 Ronald Dworkin, "The Model of Rules", 35 U. Chi. L. Rev. 14 (1967), reprinted as Ronald Dworkin, "The Model of Rules I", in *Taking Rights Seriously*, p. 14.

적인 정치 공동체의 시민들, 변호사들, 그리고 판사들의 실제 실천에 충실하지 않다고 논했다. 실천에서, 법의 내용에 관하여 논하는 사람들은 실증주의는 설명할 수 없는 방식으로 도덕적 고려 사항들에 의지한다. 콜먼은 나의 논문을 내가 비판한 실증주의의 입장을 더 발전시킬 중요한 촉매로 여긴다. 그는 비록 나의 도전이 "많은 측면에서, 오도된" 것이기는 하지만(67쪽), 그리고 비록 "오늘날 어느 누구도 이 논변을 납득이 가는 것으로 여기지는 않지만"(105쪽), 그럼에도 불구하고 나의 도전은 "두 개의 상이하고 양립 불가능한 대응 전략이 표명되었기 때문에" (67쪽) 최근의 법철학을 지배해왔다고 한다. 그리고 이 전략들은 실증주의의 두 판본과, 그 두 판본 사이의 흥미롭고 밝혀주는 바가 많은 다툼을 낳았다고 한다.

이 둘 중 첫 번째 판본은 '배제적'(exclusive) 실증주의다. 배제적 실증주의는 전통적인 실증주의 논제를 고수한다. 그 논제는 법이 명하거나 금지하는 것은 결코 어떠한 도덕적 테스트에도 의존할 수 없다고 주장한다. 콜먼은 배제적 실증주의의 선도적인 현대 지지자로, 옥스퍼드 대학의 조셉 라즈(Joseph Raz) 교수를 언급하며, 라즈의 견해를 어느 정도 길게 논의한다. 실증주의의 두 번째 형태는 '포용적'(inclusive) 실증주의이다. 포용적 실증주의는 유효한 법을 식별하는 테스트에 도덕적 기준이 등장하는 것을 허용하지만, 오직 법 공동체가 그렇게 규정하는 관행을 채택하였을 경우에만 허용한다. 콜먼은 두 번째 형태를 지지하며, 자신의 책의 많은 부분을 자신의 포용적 실증주의 판본이 다른 어떤 형태의 배제적 실증주의보다 우월하며, 또한 대안이 되는 나의 법에 대한 비실증주의 해석보다 크게 우월하다고 논하는 데 할애한다.

콜먼의 책은 명료하고, 철학적으로 야심 차며, 촘촘하게 논증되어 있다. 그러므로 그가 촉매(catalystic)라고 지칭한 그 도전 후 30년 동안의 법실증주의의 상태를 조사해보기에 유용한 사례를 제공한다. 그 도전 이후에 나온 법실증주의의 정식화 중 어느 것 하나라도 그 이론을 실제 법 실

무와 조화시키는 데 성공하였는가? 만일 성공하였다면, 어떤 정식화가
가장 성공적이었는가? 나는 콜먼이 개진하는 논변, 그리고 그가 다른 실
증주의자의 것이라고 하는 논변들이, 성공적이지 못하다고 논할 것이다.
적어도 라즈 판본의 배제적 법실증주의는, 프톨레마이오스적인 독단이
다. 그것은 법과 권위에 대한 인위적인 관념을 활용한다. 그 인위적인 관
념의 유일한 목적은 어떤 희생을 치러서라도 실증주의를 유지하는 것인
듯 보인다. 포용적 실증주의는 더 나쁜 상태에 있다. 그것은 실증주의가
아니며, 단지 실증주의에 전적으로 낯선 법에 대한 관념과 법 실무에 '실
증주의'라는 이름을 계속 유지하기 위한 시도이다. 만일 이러한 가혹한
판정이 옳다면, 추가적인 질문이 제기된다. 왜 법실증주의자들은 그것을
찬성하는 성공적인 논변이 없다는 것을 알 수 있음에도 실증주의를 그
토록 옹호하려고 안달인가? 나는 그에 대한 답의 적어도 일부분이라고
믿는 바를 이후에 제시할 것이다. 실증주의자들은 법에 대한 자신들의
관념에 그 자체의 내재적 호소력 때문에 끌리는 것이 아니라, 그것이 그
들로 하여금 법철학을 자율적이고 분석적이며 자족적인 분야로 다루는
것을 허용하기 때문에 끌리는 것이다.

소박하고 너그러운 실증주의*

콜먼은 자신의 포용적 법실증주의 판본이, 내 이론보다 법에 대한 더
나은 이해를 제공해준다고 주장한다. 그래서 그의 실제 설명이 그렇게
놀랍도록 나의 설명과 유사한 것은 수수께끼 같은 일이다. 사실 그 둘 사
이에 어떠한 진정한 차이도 보기 어렵다.[3] 나는 법의 내용은 변호사들과

---

* Pickwickian Positivism. 픽웍(Pickwick)은 찰스 디킨스의 소설에 나오는 인물로, 순
  진하고 너그러운 인물이다.

판사들의 그 어떤 통일된 행위나 확신에 의해서도 정해지지 않으며 그들 사이에 논란의 여지가 있는 것으로 흔히 이해된다고 하였다. 그리고 법률가들이 법에 관하여 의견이 불일치할 때, 그들은 때때로 자신들의 상이한 입장을 옹호하면서 자신들의 의견 불일치를 도덕적 고려 사항에 호소함으로써 해결한다고 하였다. 또한 그 의견 불일치가 특히 깊을 때, 이 도덕적 고려 사항들은, 전체로서의 법 실무의 근본적인 논지나 목적에 대한 최선의 이해에 관한 주장들을 포함할 수 있다고 하였다.[4]

콜먼의 정식화를 비교해보라. 그는 말한다. 법 실무의 틀은,

> 참여자들의 행위에 의해 창설되고 유지된다. 그러나 그 실무를 구성하는 규칙의 내용은 그렇지 않다. 그 규칙들은 계속되는 협상의 결과이다. 그러므로 그 규칙들의 내용에 관하여는 의견 불일치가 있을 수 있다. 더군다나 그 의견 불일치는 실질적이고 중요하며, 주어진 틀에 비추어볼 때 어떻게 진행해야 하는가에 대한 실질적인 도덕 논증에 호소함으로써 해결될 수 있다. 그리고 그러한 해결은 그 실무의 목적에 대한 토론을 불러올 수 있다.(99쪽)

그러므로 "그러한 논쟁을 해결할 때, 당사자들이 자신들이 함께 참여하는 실무에 대하여 상충하는 관념들, 그 실무의 목적이나 기능에 관하여 서로 다른 이념들에 호소하는 관념들을 제시하는 것은 놀라운 일이 아니다. 그렇게 상이한 이념들을 제시함으로써 그들은 실질적인 도덕 논증을 하고 있는 것이다."(157~58쪽)

이것은 실증주의처럼 들리지 않는다. 이것은 작업 중인 헤라클레스와

---

3 콜먼은 이 난점에 민감하다. 두 개의 긴 각주에서(p.4, n.3; p.10, n.13) 그는 자신의 방법과 결론이 나의 것과 매우 유사하다고 한, 이름이 언급되지는 않은 독자의 견해를 소개하고는 이를 논박한다.
4 나는 법 실무에 관한 이 설명을 『법의 제국』에서 옹호하고자 했다.

그의 동료들이 하는 말처럼 들린다.[5] 그러나 콜먼은 그럼에도 불구하고 자신의 법 이론은 나의 법 이론과 매우 다르며, 자신의 법 이론은 법실증주의의 일종이라고 한다. 그리고 그러한 자신의 전체 주장의 기반으로 그는 단 하나의 이유를 든다. 실증주의의 중핵은, 법을 판정하는 기준은 관행의 문제"이며" 관행의 문제"여야 한다"는 논제에 있다고 그는 말한다. 그리고 그의 견해와 내 견해 사이의 차이는, 그의 견해에서는 우리가 그토록 유사한 방식으로 기술하는 법 실무가 전적으로 관행적인 실천인 반면에, 나의 견해에서는 그렇지 않다는 것이다.(100쪽) 물론, 콜먼이 변호사와 판사들 사이에 널리 퍼져 있고 도전받지 않는 이해가, 유사한 법 체계에서 어떤 중요한 역할을 한다고만 주장했다면, 예를 들어 미국 법 체계는 미국 법률가들이 헌법의 명령이 미국 법의 일부라는 데 동의하지 않았을 경우 지금 작동하는 것만큼 효과적으로 작동하지 않을 것이라는 식의 주장만 했다면, 그의 주장은 논란의 여지가 없는 것이 되었을 것이다. 나를 비롯하여 어떤 법 이론가들도 거기에 의견을 달리하지 않을 것이다. 그가 만일 이 널리 퍼진 이해가 관행을 구성하였다고만 덧붙였다면, 그의 주장은 더 논란의 여지가 있는 것이 되기는 하였겠지만, 그렇다고 해서 별로 놀라운 일은 아니었을 것이다. 반면 그의 주장은 강한 것이다.* 왜냐하면 그것은 법을 판정하는 기준이 관행에 의해 소진된다는 더 강한 논제를 주장하기 때문이다. 즉, 유효한 법 추론은, 특정한 사실적 여건에 대한 특수한 법 관행의 적용으로만, 오직 그것으로만 구성된다는 논제를 주장하고 있는 것이다. 만일 그가 이 더 강한 주장을 지탱할

---

5 『법의 제국』에서, 나는 내가 헤라클레스라고 부른 이상적인 판사를 상상했다. 헤라클레스는 전체로서의 법 실무의 목적 및 자신이 속한 공동체의 안착된 법을 위한 최선의 도덕적 정당화에 관한 전반적인 설명을 발전시키고는, 자신의 결론을 그 앞에 놓인 참신한 사건을 판결하기 위한 기초로 사용한다.(239~40쪽)

* 여기서 주장이 강하다는 것은 설득력이 있다는 의미가 아니라 더 많은 근거와 논증을 필요로 하는 대담한 주장이라는 것이다.

수 있다면, 그는 정말로 우리 입장들 사이의 중요한 차이를 보여준 셈이 될 것이며, 그는 자신의 설명을 실증주의적인 것이라고 기술할 자격을 가지게 될 것이다.

콜먼은 하트의 영향력 있는 실증주의 판본을 주로 따른다. 하트는 모든 법체계는 필연적으로 으뜸 규칙, 또는 '승인 규칙'에 의존한다고 한다. 이 승인 규칙은 예외없이 모든 유효한 법 명제를 식별하는 규칙이다. 이 규칙은 그것이 관행의 문제로서 (적어도 공직자들 사이에) 받아들여졌기 때문에, 오직 그 때문에 존재한다.[6] 만일 이 논제가 맞다면, 실증주의의 정당성은 입증된다. 왜냐하면 법 관행들은 공직자 및 법 실무의 다른 참여자들의 복합적인 행위와 태도에 의해 형성되기 때문이다. 그러나 바로 그 이유에서 법이 관행에 의존한다는 콜먼의 주장은, 변호사와 판사들이 법이 무엇인가에 관하여 도덕적 의견 불일치, 법 제도의 목적 자체에 대한 의견 불일치를 포함하는 도덕적 의견 불일치를 반영하는 방식으로 의견이 자주 불일치한다는 자신의 인정과 서로 맞지 않게 된다. 관행은 의견 불일치가 아니라 합의를 기초로 하여 구축된다. 철학자들은, 관행의 한 사례로서, 사람들은 왕복 2차선에서 오른쪽으로 주행해야만 한다는 이해를 흔히 사용한다. 그 관행은 다음과 같은 이유에서 존재한다. 거의 모든 사람들이 오른쪽 차선으로 주행한다. 그리고 누구라도 왼쪽 차선으로 주행하면 이의를 제기한다. 그리고 오른쪽 차선으로 주행하면서 누군가 왼쪽 차선으로 주행하면 이의를 제기하는 이유의 본질적인 부분은, 거의 모든 사람들이 오른쪽 차선으로 주행하고 누가 왼쪽 차선으로 주행하면 이의를 제기한다는 바로 그 점에 있다고 가정한다. 사람들이 오른쪽으로 주행하는 공동체에서, 운전자들이 추월을 위해 왼쪽 차선을 사용할 수 있는지에 대하여 아무런 합의도 없는 경우를 생각해보라. 몇몇 운전자들이 그렇게 한다. 그러나 몇몇 운전자들은 그러지 않는

---

6 Hart, *The Concept of Law*, p. 94를 보라.

다. 그들은 세 번째 차선이 추월을 위하여 나타날 때까지 기다리며, 왼쪽 차선을 사용하는 사람들이 부적절하게 운전하고 있다고 비판한다. 그러한 공동체에서는, 적어도 일반적으로 받아들여진 견해에 의하면 추월 에티켓에 대하여 아무런 관행도 존재하지 않는다. 그러나 콜먼은, 판사들이 법이 명하는 바가 무엇인지를 어떻게 식별하는지에 관하여, 설사 그들이 법이 명하는 바에 관하여 의견이 불일치할 때조차, 하나의 관행을 따르고 있다고 주장한다. 그러므로 그는 어떻게 그런 일이 가능한지 설명해야 하는 도전에 직면하게 된다.

그는 그 도전을 극복하기 위해, 내가 생각하기에는 두 개의 구별되는 전략을 사용한다. (비록 그는 그 둘 사이의 차이를 강조하지도 않거니와, 심지어 인식하지도 못하는 것처럼 보이지만 말이다.) 첫 번째 전략은 당사자들이 관행이라고 이야기되는 것에 대하여 그들 사이에 있다고 발견하게 되는 두 종류의 의견 불일치를 구분하는 것에 의존한다. 당사자들은 가정된 관행의 내용에 관하여, 즉 그 관행의 규칙이 실제로 무엇이냐에 관하여 의견이 불일치하고 있다는 점을 발견하게 될 수도 있다. 또는 그들은 그 규칙이 무엇이냐에 관하여는 비록 의견이 일치하지만, 특정한 규칙이 어떤 특정한 사안에 적용되는지에 관하여, 즉 그 관행의 적용에 관하여 의견이 불일치하고 있다는 점을 발견하게 될 수도 있다. 이 전략을 따를 때, 판사들이 법을 식별하기 위하여 따라야 하는 규칙의 내용에 관하여 체계적으로 의견이 불일치한다면, 법이 필연적으로 관행에 의존한다는 자신의 주장은 실패할 수밖에 없다는 점을 콜먼은 인정한다. 왜냐하면 그런 종류의 의견 불일치는 그러한 관행이 존재하지 않는다는 점을 보여주기 때문이다. 그는 법을 어떻게 식별하여야 하는가에 관한 심층적인 법적 의견 불일치를, 내용에 관한 의견 불일치로 해석한다면, "우리는 승인의 규칙은 '규범적'이어야 하며, 사회적 규칙이 아니라는 드워킨의 결론을 확실히 인정해야만 한다"고 말한다.(118쪽) 그러나 그 사법적(司法的) 의견 불일치는, 그것이 도덕적 차원을 갖고 있을 때조차, 내용의 문제가 아니라 적용의 문제일 뿐이라고 주장한다.

일부 사안에서는 내용과 적용 사이의 구분이 충분히 명료해서, 우리는 확신을 갖고서 어떤 의견 불일치를 적용에 관한 의견 불일치로 기술할 수 있다. 만일 합의부 판사들이 매일 오후 7시 이전에 자신들의 심의를 마쳐야 한다는 점에는 의견이 일치하지만, 지금이 몇 시인지에 관하여 의견이 불일치한다면, 그들은 관행의 내용이 아니라 적용에 관하여 의견이 불일치하고 있는 것이다. 그러나 콜먼이 염두에 두고 있는 법적 의견 불일치는 이와 매우 다르며, 이것들 중 가장 중요한 것들을 그저 적용에 관한 의견 불일치로 기술하는 것은 기이하게 보일 수 있다. 특정 법정의 판사들이 관행의 문제로서, 상급심의 과거 판례들을 따라야 한다는 점에 의견이 일치하지만, 자신들의 법정의 과거 판례를 따라야만 하는지에 관하여는 의견이 불일치한다고 가정해보자. 그들 자신의 예전 판결을 자신들이 존중해야 하는지에 관하여는 아무런 관행을 공유하고 있지 않다고 말하는 것이 자연스러운 일로 보인다. 그러나 우리는 그들의 결론을, 그 대신에, 내가 추상화 전략(abstraction strategy)이라고 부를 바를 통해, 관행의 올바른 적용에 관한 의견 불일치로 분류하여 그 결론을 피할 수 있다. 우리는 그들의 관행을 추상적인 도덕적 용어로 재기술할 수 있다. 우리는 예를 들어 그들은 모든 것을 고려했을 때 그렇게 하는 것이 '올바르거나' '적절하거나' '바람직한 것'이 되는 여건에서는 자신들에게 선례를 따르도록 명하는 관행을 공유하고 있다고 말할 수 있을지 모른다. 그리고 나서 우리는, 그들이 그 더 추상적인 관행의 올바른 적용에 관하여만 의견이 불일치한다고 말할 수 있을지도 모른다. 즉, 그들은 그들 자신의 선례를 항상 따르도록 하는 것이 실제로 옳거나 바람직할지에 관하여만 의견이 불일치한다고 말이다. 우리는 이 전략을 사용하여, 그들의 행동을 지도하는 규준에 관하여 어떤 집단이 가질지도 모르는 어떠한 의견 불일치도, 그들이 공유하는 어떤 더 추상적인 도덕적 관행의 적용에 대하여 상정된 의견 불일치로 항상 변환할 수 있다. 예를 들어 내

316

가 논한 운전자들, 추월할 때 반대 차선을 사용해도 되는가에 관하여 의견이 불일치하는 운전자들은, 운전자들이 '적절하게' 운전해야 한다는 관행에 대하여는 의문의 여지 없이 의견이 일치하고 있다. 그러므로 우리는 반대 차선을 통한 추월에 관한 그들의 의견 불일치가 어떤 관행의 올바른 적용에 관한 의견 불일치에 불과하다고 말할 수 있게 된다. 즉, 적절한 운전을 명하는 관행을, 반대 차선으로 추월하는 특수한 쟁점에 관하여 적용하는 문제에 관한 의견 불일치에 불과하다고 말할 수 있게 된다.

콜먼은 이 추상화 전략을 모든 법은 관행에 기반하고 있다는 자신의 주장을 방어하기 위하여 사용한다. 그는, 내가 말했듯이, 변호사와 판사들은, 자신들이 모든 유관한 사실들에 관하여 동의할 때조차 법에 관하여 의견이 자주 불일치한다는 점에는 동의한다. 예를 들어 그들은 동성애자를 차별하는 특정 법률들이 유효한지에 관하여 의견이 불일치한다. 그러나 그는 이것이 오직 그들 모두가 공유하는 법을 인정하는 더 추상적인 규칙, 도덕적 용어로 틀지어진 승인의 규칙의 적용에 관한 의견 불일치에 불과하다고 말한다. 그는 그러한 추상적 규칙을 다음과 같은 방식으로 설명한다.

> 어떤 규범도, 도덕을 합법성의 필요조건으로 다루는 것이 공정해 보이지 않고서는 법이 될 수 없다고 주장한다. 특정한 규범들이 정의와 공정의 차원을 표현하기 때문에 법이라고 주장하는 승인의 규칙은, 도덕을 합법성의 충분조건으로 다룬다.
> 미국 수정헌법 제14조의 평등 보호 조항이나 캐나다 권리장전의 유사한 조항 등은, 규범의 도덕성의 일정한 특성을 그 합법성의 필요조건으로 다루는 승인 규칙의 예들이다. 다른 한편으로, "어떤 사람도 자신의 잘못으로부터 이득을 얻어서는 안 된다"는 원리는, 그것이 정의나 공정성을 표현하기 때문에 법으로 생각될 수 있다. 그렇게 하는 것이 합법성의 충분

조건으로 보이는 사건에서는 말이다.(126쪽)

그렇다면 콜먼의 견해에서는, 평등 보호 조항의 올바른 적용에 관한 논쟁은 특정한 사안들에 추상적 도덕 관행 — 즉, 공정하지 않은 법률은 유효한 법이 아니라는 관습 — 을 적용하는 것에 관한 논쟁이다. 콜먼은 연방대법원 대법관 모두가 그 관행을 받아들이며, 동성애를 범죄로 처벌하는 법률이 유효한가에 관하여 대법관들의 의견이 불일치할 때, 그들은 단지 그 관행을 그러한 법률들에 적용하는 것에 관하여 의견이 불일치하고 있을 뿐이라고 한다. 그러므로 도덕적 의견 불일치를 가장 많이 불러일으키는 미국 헌법의 부분들조차 실제로는 관행에 의존하고 있다.

콜먼의 추상화 전략은 그러나 실증주의를 적어도 세 가지 방식으로 사소한 것으로 만든다. 첫째, 법률가들에게 귀속시킬 수 있는 관행을 추상화하는 방법에 한계가 없기 때문에, 우리는 법 실무가 실증주의의 전통적인 요건을 얼마나 많이 무시하는 것처럼 보이건 간에, 어떠한 법 실무도 관행으로 여기도록 그 전략을 쓸 수 있다. 판사들이 자신들이 사안을 '적절하거나' '바람직하거나' '공정한' 방식으로 판결해야 한다는 점에만 동의하고, 적절하거나 공정하거나 바람직한 것이 무엇인가에 관하여 래디컬하게 의견이 불일치하기 때문에, 적절하거나 공정하거나 바람직한 판결을 결과하는 법을 파악하는 방법에 관하여는 래디컬하게 의견이 서로 다른 공동체를 생각해보라. 추상화 전략에 따르면, 그들의 실무는 법체계를 판정하는 실증주의의 테스트를 충족한다. 왜냐하면 그들은 관행적인 승인의 규칙을 공유하기 때문이다. 즉, 적절하거나 공정하거나 바람직한 것은 무엇이든 법이라는 추상적인 도덕 규칙을 공유하기 때문이다. 그리고 특정한 사안들에 그 관행적 규칙이라는 것을 적용하는 문제에 대하여만 의견이 불일치하기 때문이다.

둘째, 이런 방식으로 구출된 실증주의는, 법과 법 추론이 다른 것과 어떤 점에서 구별되는가를 더 이상 보여주지 못한다. 왜냐하면 그 전략을 받아들이면, 우리는 쉽사리 어떤 공동체의 도덕적 실천들도 동일한 방식으로 관행에 의존하고 있는 것으로 여길 수 있기 때문이다. 비록 미국인들은 도덕적 쟁점의 넓은 범위에 관하여 의견이 불일치하지만, 그들 대부분은 사람들이 '옳거나' '적절하거나' '정의로운' 방식으로 행동해야 한다는 점에는 동의하므로, 그들의 덜 추상적인 의견 불일치는 모두 그들의 더 추상적인 공유된 관행의 올바른 적용에 관한 의견 불일치가 되어버린다.

셋째, 그 전략은 관행이라는 관념 자체에서 골자를 빼버린다. 관행은 각각의 사람들이 다른 사람들 역시 그 방식으로 행동할 것이기 때문에 일정한 방식으로 행동할 때에만 존재한다. 관행은 행위의 적절성을 다른 사람들의 수렴하는 행위에 의존하도록 만든다. 이것이 바로 모든 법이 종국적으로는 관행에 의존한다는 주장이 실증주의적인 주장이 되는 이유다. 그러나 사건을 '적절한' 방식으로 판결해야 한다고 하는 판사들의 모든 확신이 다른 판사들의 수렴하는 행위에 의존한다고 생각하는 것은 설득력이 없다. 어떤 판사는 다른 판사들이 어떻게 판결하고 생각하건 간에, 적절한 방식으로 판결해야 한다고 생각할 것이다. 그렇게 하지 않는 대안이 무엇인가? 적절하지 않은 방식으로 판결하기?

아마도 콜먼은 자신의 추상화 전략이, 내가 방금 상상한 것과 같은 정도로 추상적인 관행을 변호사들과 판사들에게 귀속시키는 것을 요한다는 점에 반대할 것이다. 그러나 일단 그가 추상화 사다리의 첫 칸을 올라가게 되면, 즉 일단 그가 법을 식별하는 적절한 규준에 관한 어떠한 구체적인 분쟁도 실제로는 더 추상적인 관행의 올바른 적용에 관한 분쟁일 뿐이라고 선언하고 나면, 그에게는 그 전략이 사용될 수 있는 추상의 정도를 제한할 아무런 방도도 없다. 어쨌거나 그는 미국 법체계를 비롯한 가장 익숙한 법체계가 실제로 관행에만 오로지 의존한다는 점을 보이기 위해서라도, 자신이 인정하는 듯 보이는 것보다 훨씬 더 높은 수준의 추상화를 받아들여야 한다. 내가 방금 인용한 그의 진술은 관행의 문제로서, 평등 보호 조항 및 헌법의 다른 조항들이 특정한 법률의 유효성을 도덕적 테스트에 달려 있도록 만든다는 점에 미국 판사들이 동의하며, 단지 그 도덕적 테스트가 실제로 무엇을 요구하는지에 관하여만 의견을 달리한다고 주장한다. 그러나 이는 확실히 사실이 아니다. 오히려 그와는 반대로, 평등 보호 조항이 법을 도덕에 의존하게끔 만든다는 명제 자체가 아주 논란이 된다. 연방대법원의 몇몇 대법관들을 비롯한 많은 법률가들은 그것이 참이라고 하지만, 연방대법원의 다른 대법관들을 비롯한 또 다른 법률가들은 격렬하게 그 명제를 거부한다. 후자 집단에 속한 많은 사람들은 그 조항이, 법으로 하여금 입안자들이 무엇을 불공정하다고 생각했는가 또는 미국인들이 무엇을 일반적으로 불공정하게 생각하느냐 등등의 역사적 사실에 의존하게끔 한다고 주장한다. 만일 콜먼이 사실상 모든 미국 변호사와 판사들이, 헌법의 추상적인 도덕적 조항들이 어떻게 해석되어야 하는지에 관하여 갖는 견해들에 부합하는 으뜸의 법 관행을 산출하려고 한다면, 그는 판사는 헌법을 '적절한' 방식으로 해석해야만 한다는, 즉 최선의 정치 이론이 정당화하는 방식으로 해석해야만 한다는, 내가 앞서 상상한 '관행'처럼 조잡한 것에 훨씬 미치지 못하는 추상 수준에서 멈출 수 없다. 그러나 그렇게 상정된 관행도 모든 미국 법 실무를 포착하기에는 충분히 추상적이지 않을 것이다. 왜냐하면 유효한 미국 법을 어떻게 식별할 것인가에 관한 정치적 도덕의 많은 논쟁은, 헌법 텍스트에는 어떠한 방식으로도 의존하고 있지 않기 때문이다.[7]

내가 이해하는 콜먼의 두 번째 전략은, 관행의 내용과 적용 사이의 어떤 구분에도 의존하지 않는다. 그래서 추상화 전략을 요하지 않는다. 그는 그 대신에, 법이라는 것을 가지고 있는 어떠한 공동체에서도, 사법부의 과업은 그 자체로 일종의 관행이라고 주장한다. 즉, 공직자들 모두가

---

7 Benjamin C. Zipursky, "The Model of Social Facts", in Jules Coleman, ed., *Hart's Postscript*, Oxford: Oxford University Press, 2001, p. 219, pp. 251~53을 보라.

어떤 근본적인 승인 규칙을 받아들이기 때문이 아니라, 공직자들이 모두 자신들의 과업이 뚜렷하게 협동적인 과업임을 받아들이기 때문에, 법은 관행에 의존한다. 그는 마이클 브랫먼(Michael Bratman) 교수로부터 취한 '공유된 협동 활동'(shared cooperative activity)이라는 개념을 사용한다.[8] 콜먼은 공유된 협동 활동을 "우리가 함께하는 무언가이며, 산책을 함께하는 것, 집을 함께 짓는 것, 듀엣 곡을 함께 노래하는 것이 모두 공유된 협동 활동의 사례"라고 기술한다.(96쪽) 그러한 합동 활동은 세 가지 특징적인 속성을 보여준다. 상호 반응성(각 참여자들은 "다른 사람들의 의도와 행위에 반응적이다"), 합동 활동에 대한 헌신("참여자들은 [비록 아마도 다른 이유에서이기는 할 테지만] 합동 활동에 적합한 헌신을 한다"), 그리고 상호 지지에 대한 헌신(각자는 "합동 활동에서 자신의 역할을 수행하기 위해 다른 이들의 노력을 지지하는 데 헌신한다")이 그것이다.(96쪽) 콜먼은 모든 법체계에서, 공직자들의 활동은 그러한 특징들을 갖는 공유된 협동 활동을 구성하는 것으로 이해될 수 있다고 주장한다. 그는 말한다. "공직자들은" "합법성 기준의 내용에 관하여는 의견이 불일치할 수 있고 실제로 의견이 불일치한다. (⋯) 그리고 그러한 논쟁이 실질적인 도덕 논변에 의해 해결될 수 있다고 믿는다."(158쪽)[9] 그럼에도 불구하고 이러한 의견 불일치는 "관행적인 사회적 실천을 규율하는 승인 규칙과 완전히 양립 가능한 것이다. 그리하여 승인의 규칙이 관행적인 규칙이라는 점과도 양립 가능하다." 왜냐하면 "공유된 협동 활동이 관행적이라는 의미는 명백하기" 때문이다. "관행의 존재는 그 관행을 대변하여 제시된 논변에 의존하지 않고, 그것이 실천되고 있음에 의존한다. 즉, 개인들이 공유된 의도를 구성하는 태도를 보여준다는 사실에 의존하는 것이다."(158쪽)

콜먼은 이 두 주장—즉, 공유된 협동 활동은 관행에 필연적으로 뿌리

---

8 Michael E. Bratman, "Shared Cooperative Activity", 101 Phil. Rev. 327 (1992).

9 강조는 인용자.

박고 있다는 주장과 법 실무는 필연적으로 공유된 협동 활동을 구성한다는 주장 — 이, 자신이 수년 이상 포용적 실증주의를 찬성하며 개진한 상이한 논변들을, 우아한 방식으로, 모두 한데 묶는다고 생각한다.(99쪽) 그러나 이 주장들 각각은 놀라울 정도로 성공적이지 못하다. 첫째, 콜먼이 공유된 협동 활동에 속하는 특징들을 보여주는 활동들로 인용한 사례들, 예를 들어 산책을 함께하거나 집을 함께 짓는 것은, 어떤 방식으로도 관행을 구성하거나 포함할 필요가 없다. 함께 걷는 사람들이 — 예를 들어 숲길에 난 좁은 길을 누가 먼저 걸어서 지나가느냐에 관한 — 관행을 받아들이거나 준수하는 것이 유용하다는 점을 알아챌지는 모른다. 그러나 그들은 그 관행을 채택하거나 준수할 필요는 없다. 그리고 그들이 채택하거나 준수하지 않는다고 해서 그들이 그 활동에 참여하고 있지 않다는 결론이 따라 나오는 것도 아니다. 또는 그들이 서로 다른 각자의 의도에 민감함을 보여주고 있지 않다거나, 그 기획에 헌신하고 있지 않다거나, 필요하다면 서로를 지지하지 않는다거나 하는 결론이 따라 나오는 것도 아니다. 그들은 정말로 서로 소통할 필요가 있다. 그리고 그들의 행위를 다른 사람들의 행위에 비추어 계속 조정한다. 그러나 이러한 과정에서 관행이 무슨 역할을 할 필요는 없다. 어쨌거나 합동 활동은, 이를테면 집을 함께 짓는 활동에 관한 관행주의자의 설명을 지지하는 데 필수적인 종류의 어떤 근본적이고 지배적인 관행에 토대를 두지 않으면서도 확실히 진행될 수 있다. 공유된 협동 활동에 참여하는 각 당사자는, 각 시점에, 다른 사람들의 행위에 비추어, 그리고 다른 사람들의 과거의 행위나 기대 행위에 의해 구성되는 어떠한 관행의 지도를 받지 않아도 자신이 하기에 적합한 것이 무엇인지 스스로 판단할 수 있다.

둘째, 어떤 나라의 법 절차에서도, 행위자가 콜먼이 공유된 협동 활동을 정의하는 것으로 목록화한 태도의 혼합을 보여주는 것이, 개념적인 필수적 요소라고 하기는 매우 어렵다. 그는 "공직자들이 다른 사람들의 의도와 행위에 반응적인 여러 방식으로 자신들의 행위를 서로 조정해야만 한다는 것은 법에 관한 개념적 진리다"라고 말한다.(98쪽) 그러나 그 지나치게 추상적인 기술은 거의 모든 사회적 삶의 형태에도 부합한다. 스스로를 도덕적 존재로 여기는 사람들 역시 자신들의 행위를 '여러 방식으로' 다른 사람들과 조정해야 한다는 점을 받아들일 것이다. 설사 그들이 그 추상적인 헌신이 실제로 무엇을 요하느냐에 관하여는 의견이 불일치한다고 하더라도. 브랫먼이 든 요건은, 그의 논문이 분명하게 보여주듯이, 그것보다 구체적인 협동의 방식 면에서 훨씬 많은 것을 요하며, 어떤 공동체의 법 공직자들이 이 더 정확한 요건을 충족하는가는 경험적인 질문이다. 예를 들어 판사들이 더 구체적인 여망을 공유하느냐, 그리고 개별 판사들이 다른 판사들의 노력을 훼손하기보다 지지하려는데 어느 정도나 헌신하고 있느냐 하는 것은 경험적 질문이다. 일부 미국 판사들은, 연방정부에 대하여 주정부의 권한을 증가시킴으로써 헌법의 시대를 뒤집기를 희망하는 반면에, 다른 판사들은 그러한 변화를 반대하는 데 온힘을 다해 헌신한다. 일부 판사들은 법을 전국적인 부의 융성을 확보하는 더 효율적인 도구로 변모시키기를 바라는 반면에, 다른 판사들은 그 여망을 전적으로 거부하며, 그 대신에 법이 거대한 빈곤을 완화하는 데 사용되기를 희망한다. 미국 판사들은 이러한 여망들에 기초해서 볼 때 통일되어 있다기보다 분열되어 있다. 그들은 홀로 또는 집단을 이루어 산책을 가고 집을 짓지, 모두 다 통일되어 함께 산책을 가고 집을 짓고 있지 않다.

　법체계가, 개념적인 필요성의 문제로서, 조직화하는 어떤 근본적인 관행에 의존함에 틀림없다는 점을 보이려고 하는 콜먼의 각고의 노력은 모두 실패한다. 그러나 적어도 그가 관행과 관행이 '고정하는' 규칙 사이의 관계에 관하여 개진하는 추가적인 철학적 논변은 언급해두어야겠다. 이 추가적인 논변은 그의 관행 논제를 지지하는 것으로 생각될지 모르나 실제로는 그 논제를 위협한다. 그는 내가 "[관행을 구성하는] 행위의 수렴이" 그 관행이 고정하는 "규칙의 내용을 온전히 결정한다"는 "그릇된" 이념을 갖고 있다면서 비난한다.(79쪽 주 10) 그러나 그는 상이한 두 주장을 구분하지 못하고 있다. 그 상이한 두 주장 중 하나가 내 주장이고 다른 하나는 그릇된 것이다. 내가 그러듯이 우리는 그 공동체의 대부분의 사람들이 그 행위를 보여주지 않는다면 공동체가 특정 행위를 요하는 관행적 규칙을 갖고 있지 않다고 생각할 수 있다. 예를 들어 절반의 인구가 두 개의 차선만 있을 때 반대 차선으로 추월하는 것에는 아무런 잘못이 없다고 생각하며, 그래서 아무런 거리낌도 없이 공개적으로 흔쾌히 그렇게 할 때에는, 두 차선에서 왼쪽 차선으로 추월하는 것을 금지하는 규칙을 고정하는 관행은 존재하지 않는 것이다. 이것은 만일 판사들이 유효한 법을 식별하는 기준에 관하여 의견이 근본적으로 불일치한다면 그들은 그 유효한 법을 식별하는 기준을 규정하는 관행을 공유하고 있지 않다는 나의 주장을 뒷받침하기 위해 내가 필요로 하는 주장이다. 또는 나는 그렇게 생각하지 않지만, 이와는 다르게 생각할 수도 있다. 즉, 관행이 특정한 규칙을 고정하기 위해서는 그 규칙과 일관되게 수렴하는 행위만 있으면 충분하다고 생각할 수도 있다.

콜먼이, 나의 오류를 입증하기 위해 제시한, 비트겐슈타인으로부터 취한 논변은, 이러한 주장 중 두 번째 주장만이 그릇됐다는 것만 보여준다. 어떤 특정한 공동체의 판사들이 모든 민사 사건에서 그 사건의 가장 나이 든 사람에게 승소 판결을 하기로 결정했으며, 그들의 판결의 정당화 근거로 항상, 승소자가 가장 나이 든 사람이라는 사실을 원용했다고 가정해보자. 우리는 이러한 판사들이 가장 나이 든 당사자에게 항상 승소 판결을 명하는 규칙을 따른다고 결론 내릴 수는 없다. 아마도 (비트겐슈타인의 제안을 취하여) 그들 중 반은 그 규칙을 따르는 반면에 나머지 반은 그들로 하여금 2004년 12월 31일 이전에 사건이 심리되었다는 전제하에 가장 나이 든 당사자에게 승소 판결을 하고 그 날짜 이후로 사건이 심리된 경우에는 가장 나이 어린 당사자에게 승소 판결을 할 것을 명하는 규칙을 따르고 있는지도 모른다. 그러므로 법을 어떻게 식별해야 하는지에 관한 관행적인 규칙을 판사들의 어떤 집단이 공유한다고 생각하기 위해서는, "어떤 미래의 행위가 그 규칙에 부합하고 부합하지 않는지에 관하여 (…) 그들은 의견이 일치하는 경향이 있어야만 한다."(80쪽)[10] 콜먼은, "특히 판사들이 아주 상세하게 그것을 명시하도록 요구받거나, 일련의 난해한 가상의 사건들을 모두 포괄하도록 그것을 기획할 것을 요구받는다면"(81쪽) 판사들이 따르고 있는 규칙을 어떻게 정확하게 정식화할 것인지에 관하여 어느 정도 의견이 불일치할 수 있다고 덧붙인다. 중요한 것은, 난해한 가상의 사건이 실제로 발생하였을 때에는, 규칙의 정식화에 차이가 있음에도 불구하고, 실제로 동일한 판단에 이르는 것이라고 한다. "만일 동일한 규칙이 준수된다면, 참석자들은 행위의 수렴에서 (…) 반영되는 규칙에 대한 파악이나 이해를 공유해야만 한다." (81쪽) "그들은, 다른 말로 하면, 어떤 장래의 행위가 그 규칙과 부합할지 부합하지 않을지에 대하여 의견이 일치하는 경향이 있어야만 한다." (80쪽) 이 논급들은 콜먼이 이후에 거부하려고 애쓰는 바를 인정하는 것

---

10 Ludwig Wittgenstein, *Philosophical Investigations*, trans. G. E. M. Anscombe, Oxford: Blackwell, 1953, p. 202를 보라. 비트겐슈타인은 콜먼이 받아들이는 것으로 보이는 것보다 더 래디컬한 결론에 찬성한다. 미래의 모든 사건들을 어떻게 판결할지에 관한 판사들 사이의 명시적인 합의조차, 판사들이 동일한 규칙을 따르고 있다는 점을 보여주지 않을 것이다. 그 합의는 명제로 표현되어야 하는데, 어떠한 명제도 발생할 수 있는 무한한 수의 사건들을 담을 수는 없기 때문이다. 몇몇 논평가들은 비트겐슈타인의 논증을, 규칙 따르기(following a rule) 같은 것은 없다는 회의적 결론을 갖는 것으로 읽는다. 예를 들어 Saul Kripke, *Wittgenstein on Rules and Private Language: An Elementary Exposition*, Oxford: Blackwell, 1982, p. 55. (철학 문헌에서 이보다 더 오해를 유발하는 제목은 아마 없을 것이다. 크립키의 논증은 '기초적'[elementary]인 것과는 매우 거리가 멀다.) 콜먼은 크립키를 인용하지만 (81쪽) 비트겐슈타인 논증의 결론이 회의주의적이라는 크립키의 주장은 받아들일 수 없다. 왜냐하면 콜먼은 법을 위한 관행적인 규칙이 없다는 결론을 확립하고 싶은 것이 아니라, 법은 전적으로 관행적인 규칙의 문제라는 결론을 확립하고 싶은 것이기 때문이다.

처럼 보인다. 즉, 규칙을 공유하는 것은, 최소한, 온전히 특정되고 명시된 사실적 상황에서 그 규칙이 실제로 그리고 구체적으로 명하는 바에 대한 이해를 공유할 것을 요한다는 명제 말이다.

요약하자면 다음과 같다. 콜먼의 법실증주의 판본은, 반(反)실증주의라고 가장 잘 기술될 수 있다. 그는 자신이 옹호하려고 한 철학적 유산으로부터 전적으로 물러나 멀어졌다. 그는 이와 같은 후퇴를, 여전히 자신이 실증주의의 가장 기본적인 신조에는 충실하게 남아 있다고 주장함으로써 변호한다. 그 가장 기본적인 신조란, 법이란 항상 관행의 문제라는 것이다. 그러나 그의 관행 활용은 항복을 통해 승리를 추구하는 것이다. 그의 첫 번째 전략은 관행이라는 이념을 사소한 것으로 만들고 관행을 실제적으로 그리고 이론적으로 쓸모없는 것으로 만든다. 그의 두 번째 전략은, 협동을 관행으로 변환하려고 하는 것인데, 협동이 관행에 의존할 필요가 없기 때문에, 그리고 법체계는 개념적 필연성의 문제로서 온전한 협동에 의존할 필요가 없기 때문에, 실패한다. 우리는 실증주의를 추종하는 사람들이 계속해서 나오는 사태를 이해하는 일에는 아무런 진전을 보지 못했다. 예를 들어 왜 콜먼이, 실증주의의 신조의 각 부분을 기꺼이 던져버리려 하면서도 실증주의라는 깃발을 그토록 휘두르고 싶어하는지를 이해하는 데 별 진전을 보지 못했다.

프톨레마이오스적 실증주의

이 에세이에서 나의 목적은, 법실증주의자들이 지난 30년간 자신들의 입장을 옹호하기 위해 개진했던 논변을 평가하는 것이다. 나는 그러므로 콜먼이 자신의 전략에 대한 원리상의 경쟁자라고 파악한 옹호 전략을 논해야만 하겠다. 그는 그 전략을 '배제적' 실증주의라고 부른다. 그리고 그는 조셉 라즈를 그 아바타로 언급한다. 배제적 실증주의는 도덕 테스트와 도덕적 고려 사항이, 참인 법 명제를 식별하는 기준에서 등장할 수 없다고 주장한다. 그 대담한 명제를 찬성하는 라즈의 논변은 복잡하다. 나는 그 논변을 얼마간 상세히 설명하려 할 테지만, 미리 그 논변을 요약하는 것이 도움이 될 것이다. 라즈는 첫째로, 법이 일정한 집단에 대해 정당성 있는 권위를 주장하는 것이 법의 개념 그 자체의 일부라고 선언한다. 둘째, 그 주장은 법적 명령은 권위를 가질 수 있어야만 한다고 전제한다. 그리고 셋째, 그 명령의 내용 ─ 그것이 사람들에게 하도록 명하는 것 ─ 이 아무런 도덕적 판단 없이 확언될 수 없다면, 어떠한 명령도 권위를 가질 수 없다고 주장한다. 그 논변은, 그 뼈대에서조차, 기이한 것으로 보일지도 모른다. 판사들이 법을 집행할 자신들의 책임을 행사하면서 무엇을 할 수 있으며 무엇을 해야 하는지 결정하는 일은 실제적으로나 정치적으로 중요하다. 그리고 그 일을, 상이하고 더 논란의 여지가 있는 종류의 정당화에 의존해야만 하는 사법부의 다른 행위 및 결정과 구별하는 일도 실제적으로나 정치적으로 중요하다. 그러한 중대한 구분을, 권위 개념에 대한 추상적인 분석에 의존시키는 것은 기이한 일이 될 것이다.

실제로, 내가 요약한 그 논변의 각 단계 모두는 대단히 문제가 많다. 문제는 최초의 인격화에서 시작한다. "나는 다음을 가정할 것이다"라고 라즈는 말한다. "법, 그리고 어떤 곳에서도 실효력이 있는 모든 법체계는, 필연적으로 사실상의 권위를 가지고 있다. 이는 그 법이, 정당성 있는 권위를 보유한다거나 보유한다고 여겨진다거나, 그 둘 모두를 주장함을 수반한다."[11] '법'이 정당성 있는 권위를 주장한다는 것은 무엇을 의미할 수 있는가? 이런 유형의 인격화는 철학에서 흔히 명제들이 어떤 집합의 의미나 내용을 진술하는 축약적인 방식으로 사용된다. 철학자는, 예를 들어 도덕은 정언명령을 부과하기를 주장한다거나, 물리학은 물리적 우주의 심층 구조를 드러내기를 주장한다고 이야기할 수도 있다. 이

---

11 Joseph Raz, *Ethics in the Public Domain: Essays in the Morality of Law and Politics*, Oxford: Clarendon Press, 1994, p. 199.

때 그 철학자는, 어떠한 도덕에 관한 명제도 (가언명령이 아니라) 정언명령을 정확하게 보고하지 않으면 참이 아니라는 것을 이야기하거나, 물리적 구조를 올바르게 보고하지 않으면 어떤 명제도 물리에 관한 참된 명제가 아니라는 것을 이야기하는 것이다. 라즈의 인격화를 이 익숙한 방식으로 읽으면, 우리는 그가 정당성 있는 권위의 행사를 성공적으로 보고하지 않으면 어떠한 법 명제도 참이 아니라는 것을 이야기한다고 여기게 된다. 그러나 그것은 라즈가 주장하듯이 도덕이 법을 판정하는 테스트가 될 수 없다는 것이 아니라, 오히려 법을 판정하는 하나의 테스트임에 틀림없다는 것을 함의하게 된다. 왜냐하면 그가 인정하듯이, 권위의 어떠한 행사도, "어떤 명령이 권위를 가지기 위한 도덕적 또는 규범적 요건이 결여되어 있다면" 정당성이 없기 때문이다.[12]

　라즈의 인격화를 이해하는, 이치에 닿는 다른 대안을 발견하기는 어렵다. 그는 때때로 '법'이 정당성 있는 권위를 주장한다고 말할 때 그것이 법 공직자들이 그 권위를 주장한다는 의미라고 시사한다. 법 공직자들은 자신들이 시민들에게 의무를 부과할 '권리'를 가지고 있다고 주장할 때, 그리고 이 시민들이 "공직자들에게 충성할 의무가 있고" "법에 복종해야 한다"고 말할 때, 정당성 있는 권위를 주장한다고 한다.[13] 법 공직자들이 그런 주장을 흔히 한다고 생각하는 것과, 그들이 그러한 주장을 하지 않으면 필연적으로 아무 법도 존재하지 않는다고 생각하는 것은 매우 다른 것이다. 사실 많은 공직자들은 그런 주장을 하지 않는다. 예를 들어 올리버 웬델 홈즈는, 도덕적 의무라는 관념 자체가 혼동이라고 보았다. 그는 법 제정이 보통 사람들이 갖는 행위의 통상적 이유들을 어떤 압도적인 의무를 부과하는 명령으로 대체한다고 생각하지 않았다. 그렇기보다 홈즈는 이러한 법 제정은 통상적인 이유들에 새 이유를 덧붙인

12　같은 책, pp. 199~200.
13　같은 책, p. 201.

다고 보았다. 일정한 방식으로 행동하는 비용을 더 높임으로써 말이다. 어떤 공동체가 법을 가지고 있느냐 여부는, 그 공동체의 얼마나 많은 법 공직자들이 홈즈의 견해를 공유하느냐에 달려 있는 것이 아니다. 그러므로 라즈의 중대한 인격화를, 그것이 공직자의 실제 신념이나 태도를 지칭한다고 생각함으로써 이치에 닿게 이해할 수는 없다. 그가 하나의 대안을 제시하는 것은 사실이다. 그는 내가 앞서 인용한 구절에서, 법이 정당성 있는 권위를 "보유한다고 여겨진다"는 것으로 충분하다는 이야기 말이다. 이는 아마도, 만일 거의 모든 시민들이 자신들의 법이 그 권위를 보유한다고 생각한다면 그것으로 충분하다는 것을 의미했을 것이다. 그러나 그것 역시 필연적인 것으로 보이지 않는다. 공직자들과 마찬가지로, 시민들이 홈즈의 견해를 취한다고 가정해보자. 그렇게 되면 법은 갑자기 존재하기를 멈췄다가, 이와는 다른 더 나은 법철학이 장악력을 갖게 되면 다시 퐁 하고 존재하게 되는가? 홈즈가 틀렸으며, 만일 그가 모든 사람들을 자신의 견해로 돌려놓았다면 모두가 틀리게 되리라고 말하는 것이 더 이치에 닿지 않는가? 또한 일반적으로 시민들이 미국 법이 자신들에게 복종할 도덕적 의무를 부과한다고 생각하건 말건, 미국 법이 그들에게 복종 의무를 부과한다고 말하는 것이 더 이치에 닿지 않는가?

그러므로 우리가 라즈의 언설의 외관을 어떻게 해체해야 하는지는 신비스러운 일로 남아 있게 된다. 그러나 논의의 목적을 위해, 그의 언설이 모든 법 공직자들은 자신이 제정하는 법률이 도덕적 의무를 창설한다고 믿는다는 경험적 주장을 의미했다고 가정해보자. 그리고 더 나아가 이러한 경험적 주장이 참이라고 가정해보자. 이제 라즈의 두 번째 단계를 살펴보자. 그는 공직자들의 주장은, 그들이 창설한 법이 정당성 있는 권위를 보유할 능력이 없다면 이치에 닿지 않을 것이라고 지적한다. 그리고 그는 어떤 것도 그것이 정당성 있는 권위를 보유할 능력이 없다면 법이 아니라고 결론을 내린다. 그 결론에는 적어도 두 가지 결함이 있다. 첫째, 몇몇 법률이 정당성 있는 권위를 보유한다는 사실로부터 ─그것이 우리가 공직자들의 주장이 이치에 닿는다고 생각하기 위해서 취해야 할 가정의 전부다 ──, 그러한 권위를 보유할 능력이 없으면 어떠한 것도 법이 아니라는 결론이 따라 나오지 않는다. 자신들이 제정하는 법률 모두가 도덕적 의무를 부과한다고 주장하는 입법자들은, 모든 법률이 그렇게 한다는 것, 또는 모든 곳의 모든 법률이 그렇게 할 능력이 있다는 것을 믿지 않을 수도 있다. 그들은, 개념적 차원에서는, 조수가 밀물과 썰물이 되기를 그만두라고 선언하는 법률을 제정한다면, 비록 그것이 아무런 도덕적 의무도 창설할 수 없는 어리석은 법이기는 해도 어쨌든, 법을 제정한 것이 된다고 생각할 수도 있다.

둘째, 설사 모든 공직자들이 법은 필연적으로, 도덕적 의무를 부과할 능력이 있어야 하고 정당성 있는 권위를 보유할 능력이 있어야 한다고 믿는다고 할지라도, 이 의견은 그들이 활용하는 개념에 관하여 그들이 오류를 범하고 있다는 점을 보여주는 것에 지나지 않을지도 모른다. 사람들은 개념적인 오해에 기반한 진지한 주장을 종종 하곤 한다. 예를 들어 많은 사람들은, 정당화되는 과세조차 필연적으로 납세자의 자유를 훼손한다고 믿는다. 나의 견해에 의하면, 그런 사람들은 개념적인 오류를 저지르고 있는 것이다. 그들은 자유를 오해하고 있기 때문에 자신들의 주장의 성격을 이해하지 못한다.[14] 사실상 모든 사람이 그 주장을 한

---

14 내 견해로는, 자유(liberty)는 다른 사람들의 권리를 존중한다는 전제에서 원하는 대로 자신에게 적절하게 또는 도덕적으로 속하는 재산을 사용할 자유(freedom)를 의미한다. 그러므로 자유는 정의로운 과세에 의해 침해되지 않는다. Ronald Dworkin, *Sovereign Virtue*, Cambridge, Mass.: Harvard University Press, 2000, pp. 120~83을 보라. 그러나 물론 다른 사람들은, 나야말로 자유의 개념을 오해했다고 생각한다. 현 논의에서 내가 목표로 하고 있는 것은, 우리가 공유하는 일정한 개념에 대한 정확한 이해는 흔히 논란의 여지가 많다는 것이다. 우리는 그 개념에 대한 정확한 이해나 관념이라는 것이 있다는 점에는 동의하지만, 그 정확한 이해나 관념이 무엇인지에 대해서는 의견이 일치하지 않는다. *Law's Empire*, pp. 45~86을 보라. 따라서 설사 어떤 공동체의 공직자들 모두가 법의 개념에 대한 하나의

다고 해서, 과세가 필연적으로 또는 내재적으로 자유를 훼손한다는 결론은 따라 나오지 않는다. 라즈는 낙관적으로, 공직자들은 권위의 개념에 관하여 '체계적으로' 혼동에 빠질 수는 없다고 한다. 왜냐하면 "우리의 권위 구조 내에서 법 제도의 중심성에 비추어, 법의 주장과 관념들은 우리의 권위 개념에 의해 형성되고 우리의 권위 개념에 기여하기 때문"이라는 것이다.[15] 그러나 '우리의' 관념으로 여겨질 어떤 권위관이 없을 수도 있다. 단일한 하나의 공동체 내에서 사는 서로 다른 사람들이 서로 다른 자유관을 가질 수 있듯이, 사람들은 서로 다른 권위관을 가질 수도 있다. 그들 중 다수의 사람들이 잘못된 관념을 가질 수도 있는 것이다.[16] 우리가 곧 살펴볼 바와 같이, 라즈 자신의 권위관은 특이하다. 설사 그것이 최선의 권위관이라는 점에서 그가 옳다고 하더라도, 또는 그것이 법률가들이 채택해야 할 권위관이라는 점에서 옳다고 하더라도, 그것이 모든 법률가들이 이미 채택한 그 권위관이라는 결론은 따라 나오지 않는다. (그리고 그것은 명백히 사실이 아니다.)

그러나 우리가 다시금 논의의 목적을 위하여, 법은 필연적으로, 정당성 있는 권위를 구성할 '능력이 있어야' 한다는 점에서 옳다고 인정해보자. 적어도 언뜻 보기에는 정당성 있는 권위의 필요조건 모두를 충족하지 않으면 법은 존재하지 않는다는 의미로 보인다. 라즈는 그러한 조건이 몇 개 있다고 믿는다. 그것들 중 일부는 도덕적 조건들이다. 만일 법체계가 "정당성 있는 권위를 법체계에 부여하는 데 요구되는 도덕적 속성을 결여하고 있다면, 그것은 법을 갖고 있지 않은 것이다."[17] 그렇다면 라즈는 아마노, 법이라고 일컬어지는 어떤 것이 도덕적으로 사악한 것을

이해를 받아들인다고 하여도, 그 사실이 그들의 이해가 정확하다는 점을 보여주지는 않는다.

15 Raz, *Ethics in the Public Domain*, p. 201.

16 Dworkin, *Sovereign Virtue*.

17 Raz, *Ethics in the Public Domain*, p. 199.

명령하거나, 정권을 찬탈한 독재자와 같이 정당성 없는 권력으로부터 발해진 것이라면, 아무런 정당성이 없다는 점에 동의할 것이다. 정당성 있는 권위의 다른 조건은 비도덕적인 조건이다. 어떤 것도, 나무처럼 다른 이들과 소통할 수 없다면 권위를 행사할 수 없다고 라즈는 우리에게 상기시킨다. 라즈는, 법의 내용이 도덕적 추론이나 도덕적 판단 없이 식별될 수 있어야 한다는 것이, 법이 정당성 있는 권위를 달성하기 위한 또다른 도덕 외(外) 조건(non-moral condition)이라고 한다. (이것은 내가 앞서 요약했던 논변의 중대한 세 번째 단계이다. 그리고 곧 이를 살펴볼 것이다.) 라즈가 인정하는 도덕적 조건들은 그에게 심각한 문제를 제기한다. 만일 그가 자신의 이전 가정을 따르는 것처럼 보이는 바를 받아들인다면—즉, 진정한 법은 도덕적 조건을 비롯하여, 정당성 있는 권위의 모든 필요조건을 충족해야 한다는 가정을 받아들인다면—그는 배제적 실증주의자가 될 수 없다. 법이 너무나 사악해서 정당성을 가질 수 없는가 하는 점은 도덕적 질문이고, 배제적 법실증주의자는 법의 존재가 어떤 도덕적 질문에 대한 옳은 답에 달려 있도록 놔둘 수 없다.

라즈는 이 난점을 이해한다. 왜냐하면 그는 주의를 기울여서, 정당성 있는 권위를 '가질 능력'이 있음은 그 상태의 도덕 외 조건들 모두를 충족시킬 것은 요구하지만, 도덕적 조건은 어느 것도 충족할 것을 요하지 않는다고 선언하기 때문이다. 그는 이 구분이 '자연스럽다'고 한다. 왜 그런지 설명은 하지 않지만 말이다.[18] 그 구분은 그의 논변이 자연법으로 붕괴되는 것을 막아줄 것이다. 그러나 그것 말고는 아무런 독립적인 장점을 갖고 있는 것 같지 않다. 어떤 법이 정당성 있는 권위의 필요조건 중 하나라도 결여하고 있을 때, 어떻게 그 법이 정당성 있는 권위를 달성할 '능력이 있다'고 이야기할 수 있는가. 다른 조건들이 아무리 다 충족되었더라도, 그리고 다른 여건들이 아무리 성립하더라도 그것이 정당성

---

18 같은 책, p. 202를 보라.

있는 권위를 가지는 것이 가능하지 않다면 말이다. 도덕 외 조건들이 어떤 방식으로 개념적인 반면에, 도덕적 조건들은 개념적이지 않다고 말하는 것은 아무 도움이 되지 못한다. 그 구분은 오류를 범한 것이면서도 무관한 것이다. 우선 그것은 오류를 범한 것이다. 왜냐하면 관련된 도덕적 질문에 대한 답을 개념적인 주장으로 틀짓는 것은 완전히 이치에 닿기 때문이다. 우리는, 정당성 있는 권위의 개념 자체로부터 사악한 법은 정당성 있는 권위를 가질 수 없다는 결론이 도출된다고 이치에 닿게 말할 수 있다. 그 구분은 어쨌거나 무관하다. 왜냐하면 자신의 논변의 이 단계에서 라즈의 결정적인 주장은 개념에 관한 것이 아니라 능력에 관한 것이기 때문이다. 그는 법이 정당성 있는 권위를 가질 능력이 있어야만 한다는 것이 개념적 진리라고 상정한다. 그리고 그 질문은 이제 그 능력에 필수적인 것이 무엇인가에 관한 것일 뿐이다. 우리는 이를 두 질문으로 나눌 수 있다. 무엇이 권위에 필수적인가? 무엇이 정당성에 필수적인가? 라즈는 우리가 권위에 대한 우리 자신의 개념을 사용하여, 권위의 필수 조건을 결정하여야 한다고 주장한다.[19] 그러나 그럴 경우, 정당성의 필수 조건이 무엇인가를 결정하기 위하여 정당성에 대한 우리 자신의 이념을 써서는 안 될 이유가 무엇이 있겠는가? 만일 우리가, 법은 정당성 있는 권위를 가질 능력이 필연적으로 있어야 한다는 라즈의 주장을 받아들이고, 또한 법은 그것이 본질적으로 사악하다면 결코 정당성 있는 권위를 달성할 수 없다고 믿는다면, 그럴 경우 우리는 법은 본질적으로 사악할 수 없다고 결론 내려야만 한다. 그리고 이는 실증주의가 거짓임을 의미한다.

이제 우리는, 내가 라즈의 논변을 처음에 요약했을 때 식별한 세 번째 단계 — 가장 중요한 단계 — 를 살펴보아야 한다. 다시금 우리는 이 세 번째 단계를 독립적으로 테스트하기 위해, 그의 이전 주장을 인정하여,

---

19 같은 책, p. 204.

법은 정당성 있는 권위를 주장하며 정당성 있는 권위를 가질 능력이 있어야 한다는 것, 그리고 이것은 오직 법이 정당성 있는 권위의 도덕 외 조건을 충족해야 한다는 것만 의미한다는 것을 가정하기로 하자. 라즈는 그가 이 도덕 외 조건 중 가장 중요한 두 가지라고 여기는 것을 다음과 같은 진술에서 요약한다.

> 첫째, 명령은 오직 그 명령이, 그 구성원이 어떻게 행동해야 하는가에 관한 누군가의 견해일 때 또는 적어도 누군가의 견해로 제시되었을 때에만 권위적으로 구속력이 있을 수 있다. 둘째, 명령이 그것에 기하여 판정하고자 하는 이유들이나 고려 사항에의 의존 없이, 권위로 생각되는 바에 의해 발령된 것으로 식별되는 것이 가능해야만 한다.[20]

이 두 조건 중 첫 번째는 영문 모를 이야기다. 우리가 그것을 문자 그대로 취한다면, 그것은 미국의 제정법이나 보통법의 극소수만이 권위를 가질 수 있다는 것을 의미하게 된다. 통상적인 법률은, 많은 서로 다른 입법자들, 그리고 정치 과정에 영향을 미치는 다른 행위자들, 이를테면 산업계, 로비스트, 시민단체와 같은 많은 행위자들의 견해의 타협이다. 그것은 시민들이 어떻게 '행동해야 하는지'에 관한 그 어떤 단일한 입법자의 견해를 표현하지 않으며, 그렇게 표현한다고 제시되지도 않는다. 보통법 원칙은 많은 선례들이 서서히 집적되어 만들어진 것이다. 그것은 시민들이 어떻게 해야 하는가에 대한 어떤 단일한 판사의 견해를 표현하지도 않으며, 그렇게 표현한다고 제시되는 일도 거의 없다. 라즈의 말은 개인들의 집합으로서가 아니라 제도로서 입법기관이나 보통법의 견해로 제시될 수 있지 않으면, 어떤 제정법이나 보통법도 구속력을 가질 수 없음을 의미했을 수밖에 없다. 그러나 의회도 보통법도 정신이나 견

---

20 같은 책, p. 202.

해를 갖지 않는다. 그러므로 우리는 또 다른 말썽 많은 인격화를 손에 쥐게 된다. 우리는 이 인격화를 어떤 무해한 것으로 만드는 방식으로 풀어 이해하려고 시도할 수도 있다. 그 인격화를, 다음과 같은 형태의 언어로 어떤 특정한 의회의 제정법이나 보통법 원칙의 내용을 요약할 수 있어야만 함을 의미하는 것으로 여김으로써 말이다. "사람들이 다음과 같은 방식으로 행동해야만 한다는 것이 의회의 견해(또는 보통법의 견해)이다(…)." 그 어떤 것도 이보다 쉬울 수는 없을 것이다. 우리는 제정법에 대해 우리가 선호하는 해석이나 보통법에 대해 선호하는 독법 앞에 그 도입부의 말만 간단히 끼워 넣으면 된다. 그러나 라즈의 인격화에 대한 그 무해한 독법은 그가 의미한 바를 포착하지 못할 것이다. 그는 법에 대한 나의 설명이 자신의 첫 번째 조건을 위배한다고 역설한다.[21] 나의 견해에 의하면 법을 식별하는 것이, 과거 입법적 결정에 대한 최선의 정당화를 발견하는 문제가 되는 경우가 흔해지며, "그 최선의 정당화 또는 최선의 정당화의 일부 측면들은, 어느 누구에 의해서 지지되는 것은 차치하고라도, 생각된 적도 없었을 것"이라고 그는 덧붙인다.[22] 그러나 나는 분명히 다음과 같이 주장했다. 법률은, 만일 우리가 법률 자체에 이치에 닿게 그 원리를 정당화의 방식으로 귀속시킬 수만 있다면, 어떤 개별 입법자도 떠올린 적 없는 원리를 지지한다고 말이다. 그러므로 라즈는 그의 첫 번째 도덕 외 조건을 제시할 때 무언가 덜 사소한 것을 염두에 두고 있었음이 틀림없다. 그러나 그렇게 염두에 두고 있는 바가 무엇이 될 수 있는지는 여전히 신비스러운 것으로 남는다. 법률가들은 때때로, 하나의 기관으로서의 의회가, 실제 입법자들의 정신 상태로 구성된, 결코 명시되지는 않은 방식으로 결합된 집합적 정신을 갖고 있는 것처럼 말하기는 한다. 그러나 라즈가 그렇게 순진한 견해를 갖고 있지는 않다. 물론

---

21 같은 책, p. 208.
22 같은 곳.

배제적 실증주의가 옳다면, 법률이 진정으로 말하는 바나 보통법의 '견해'가 진정으로 무엇인지 판단하는 데서 도덕적 판단이 때때로 관련이 있다고 가정하는 나는 틀린 것이 될 것이다.[23] 그러나 라즈는 정당성 있는 권위의 첫 번째 도덕 외 조건을, 배제적 실증주의를 찬성하는 자신의 논변의 일부로서 제시하고 있는 것이지, 그 실증주의의 진리성을 전제하는 칙령을 제시하고 있는 것이 아니다.

라즈의, 권위의 두 번째 도덕 외 조건—즉, 권위 있는 명령은 도덕적 판단을 참조함이 없이 식별될 수 있어야만 한다는 주장—은 물론, 그의 배제적 실증주의의 핵심에 있다. 그 조건은 권위의 목적에 관한 그의 독특한 견해를 집약한다. 그가 말하기를, 권위는 "도덕의 격률과 사람들이 행위에서 그 격률을 적용하는 것을 중개하는 역할"을 한다.[24] 어떤 권위가 권위를 행사하기 전에, 사람들은 이를테면, 자신들이 고려할 수 있는 행위에 찬성하고 반대하는 여러 가지 도덕적인 이유 및 다른 이유들에 직접 접촉한다. 권위는 사람들과 그 이유들 사이에 끼어들어, 그 이유들 자체의 비중을 가늠하고 형량하여 자리를 차지하고, 그러고 나서는 그 무수히 많은 도덕적 이유 등을 단일한 배제적인 지시로 대체하는 새롭고 공고화된 명령을 발한다. 그 권위를 받아들이는 이들은 그 후부터는 그 권위가 이미 비중을 가늠한 이유들을, 그들 자신의 고려에서 행위의 이유로서 배제하게 되고, 이제는 새로운, 권위 있는 명령에만 의존하게 될 것이다.[25] 예를 들어 어떤 법률이 그 사안을 규제하는 것으로 채택되

---

23 어느 구절에서 라즈는 공동체가, 배제적 실증주의와 일관되는 법의 문제로서, 어떤 사안에 대한 의회의 '견해'를 확인하는 순수하게 사실적인 테스트를 채택할 수 있다고 쓴다. 같은 책, p. 217. 그러나 사실 법률 해석이나 헌법 해석의 어떠한 규준도, 배제적 실증주의자가 이것들을 법으로 여기게끔 요구하는, 미국에서의 일반적 수용을 명하지 않는다. 라즈에게서는, 이로부터 분명히도, 미국의 의회는 시민들이 어떻게 행동해야 하는지에 관하여 어떠한 '견해'도 갖고 있지 않다는 결론이 따라 나올 수밖에 없게 된다.

24 같은 책, pp. 209~10.

기 전에는, 사람들은 피카딜리 광장에서 사자를 행진시키는 것에 찬성하고 반대하는 다양한 이유를 가질 수 있다. 권위가 그 실천을 금지하는 법률을 제정하면, 그 권위는 그 실천에 반대하는 이유들이, 전체적으로 보았을 때, 찬성하는 이유들보다 더 강하다고 결정한 것이다. 그 결정을 권위 있는 것으로 받아들이는 것은, 이 다양한 이유들을 재평가하거나 권위 있는 명령을 그러한 이유들과 형량하는 것을 의미하지 않고, 단지 그 권위를 피카딜리 광장에서 사자를 행진시키지 않을 유일한 이유로 받아들이는 것이다. 그 결정은, 사자를 행진시키는 일에 대하여 이미 가지고 있었던 찬성과 반대 이유들의 비중을, 그 법률이 무엇을 말했는지 또는 의미했는지 판단하기 위하여 여전히 가늠해야만 한다면 권위가 있지 않을 것이다. 그 법률은 그러한 이유들을 대체한 것이 아니라, 그것들을 생생하고 활기 있는 것으로 남겨둔 것이 된다.

권위의 본성과 목적에 대한 이 설명은, 권위에 대한 일정한 태도를 주장한다. 사람들은 자신들이 특정한 제도를 권위 있는 것으로 받아들일지를 결정해야 한다. 사람들은 그 결정을, 일반적으로, 자신들 스스로 그러한 이유들의 비중을 가늠하는 것보다 그 제도가 자신들을 대신해서 비중을 가늠할 더 나은 입지에 있는지에 관하여 스스로 판단을 내릴 수 있다. 만일 그 제도가 더 나은 입지에 있다고 생각한다면, 그들은 그 제도를 배제적인 권위로 받아들여야 한다. 물론 그들은 특정한 사안에서 그 권위의 실제 결정이 그들이 내릴 그 결정에 찬성하고 반대하는 이유들의 비중을 가늠하는 데 더 나은가를 물음으로써, 사안별로 그 질문을 하고 권위를 따르는 결정을 할 수는 없다. 그렇게 하는 것은 권위의 목적을 전적으로 전복하는 것이 될 터이다. 왜냐하면 사람들은 동일한 배경 이유들에 대한 대체로서 특정한 결정을 받아들여야 하는지를 결정하기 위하여 배경이 되는 도덕적 이유들을 살펴보고 그 비중을 가늠해야 할 것

25 같은 책, pp. 196~97.

이기 때문이다. 사람들은 일반적으로 그리고 사전에 권위의 수용을 결정해야 한다. 그러므로 어떤 제도의 명령을 권위 있는 것으로 받아들인다는 선택지는, 만일 그 제도가 자신의 두 번째 도덕 외 조건—권위 있는 명령의 내용은 도덕 판단을 참조하지 않고서 식별될 수 있어야 한다는 조건—을 받아들이지 않는다면 열려 있지도 않게 된다고 라즈는 상정한다.

이것은 권위의 목적에 대한 하나의 정합성 있는 설명이다. 그러나 그 설명은, 현대 민주주의 사회에서 거의 아무도 보여주지 않는, 법적 권위를 향한 존중의 정도를 보여준다. 우리는 우리가 완전히 유효하고 정당성 있다고 여기는 법률들조차, 그 법의 입안자들이 그 법률을 채택하면서 올바르게 고려했던 배경적 이유들을 배제하고 대체하는 것으로 다루지 않는다. 그러기보다 우리는 그 법률들이 통상적으로 다른 이유들을 능가하는 권리와 의무들을 창설하는 것으로 여긴다. 그 다른 이유들은 여전히 남는다. 그리고 우리는 때때로, 특정한 여건들에서, 그것들이 법의 으뜸 패가 이기지 못할 만큼 이례적으로 강력하거나 중요한지 판단하기 위해 그것들을 참조할 필요가 있다. 미국 헌법(적어도 대부분의 학자들의 견해에서는)은, 인신보호 영장제도를 대통령 혼자서는 중지시킬 수 없고 오직 의회만이 중지시키는 것을 허용한다. 그리고 그 조항의 입안자들은, 대통령 자신이 인신보호 영장제도를 중지시킬 수 있게 할 이유들을 명백히 고려했다. 우리 대부분은 그 헌법을 정당성도 있고 권위도 있는 것으로 다룬다. 그러나 그럼에도 불구하고 많은 논평가들은, 에이브러햄 링컨이 남북전쟁 동안 인신보호 영장제도를 중지시켰던 것이 도덕적으로는 옳았고 동시에 그가 불법적으로 행동했다고도 생각한다. 라즈는 권위를 받아들이는 사람들이 그럼에도 불구하고 "예상하지 않았던 큰 중요성을 갖는 새 증거가 나타난다면" 권위를 무시할 수 있다고 말한다.[26] 그러나 전쟁 상태의 긴절한 요구를 새로운 증거라고는 거의 보기 힘들다. 입안자들은 어쨌거나 몸소 전쟁을 치러낸 사람들이다. 링컨은 자신의 결정을 내리면서 헌법의 권위를 부인하지 않았다. 그는 단지 헌법의 권위를, 입안자들 역시 고려했던 종류의 이유들이자 그 생명력을 계속 유지한 경쟁하는 이유들과 비교하여 형량했던 것이다. 링컨은 후자의 이유들이, 그 여건에서는, 권위를 능가하기에 충분히 강하다고 생각했다.

그러나 우리는 이제 권위에 대한 라즈의 설명을 다른 방식으로 검사해 보아야 한다. 왜냐하면 그는 그 설명을, 사람들이 자유롭게 받아들이거나 거부하는 구성된 권위에 대한 존중의 권고로서가 아니라, 개념적 진리로 제시하고 있기 때문이다. 권위에 복종해야 한다고 추정되는 이들이 그 권위에 복종해야 할지 또는 권위가 말한 것에 복종해야 할지에 관한 도덕적 반성을 해야만 한다면 어떤 것도 그들의 권위로 여겨질 수 없다는 것이, 권위의 개념 자체이자 본질의 일부라고 주장한다. 그 개념적 진리로부터, 라즈의 논변의 이전 단계의 결론에 비추어, 시민들이 그 내용을 식별하기 위해 도덕적 판단을 사용해야만 한다면 어떤 것도 법이라고 여겨질 수 없다는 결론이 나온다. 다음과 같은 극단적인 사례를 생각해보라. 한 국가의 의회가 이후로는, 구성원들은 자신의 삶의 어떠한 측면에서 결코 비도덕적으로 행동하여서는 안 되며 이를 위반하면 엄중한 형벌을 내리겠다고 선언하는 법을 채택한다고 가정해보자. 이것은 이례적일 정도로 어리석은 법률이며, 그 국가에서의 삶은 그 후로 위험할 뿐만 아니라 억압적인 것이 될 것이다. 그러나 라즈에 따르면, 그 법률을 법이라고 기술하는 것 자체가 개념적 오류가 된다. 이 극단적인 사례에서도, 그의 주장은 지나치게 강한 것으로 보인다. 그 법률은 어쨌거나 그 권위를 받아들이는 성향이 있는 사람들에게 규범적인 결과를 가져온다. 그들은 이제 자신들이 하는 모든 것의 도덕적 질에 관하여 주의 깊게 성찰하고 또 꼼꼼하게 행동할 추가적인 이유를 가진다. 이는 그들이 공적

---

26 같은 책, p. 197.

인 제재를 이제 받게 되기 때문만이 아니라 또한 자신의 공동체가 그 형법을 통해서 도덕적 성실의 가장 기본적인 중요성을 선언했기 때문이기도 하다. 그들이 새로운 법의 권위를 존중하여 이제는 다르게 행동하게 되었다고 말한다고 해서 그들이 개념적인 오류를 범하게 되는 것은 아닐 터이다. 그러나 그들은, 그 법률이 단지 공직자들 자신의 도덕적 규준에 따라 공직자들이 구성원의 행위를 판단할 권한을 그냥 부여하였다고는 말하지 않을 것이다. 만일 그들이 양심상으로 도덕적이라고 생각했던 행위 때문에 감옥에 갇힌다면, 그는 그들이 법에 반하여 투옥되었다고 주장할 것이다.

콜먼이 인정하듯이 ─이것은 그의 '포용적' 실증주의의 핵심에 있다─권위의 통상적 개념에 속하는 어떠한 것도, 도덕적 규준을 일부분으로 포함하는 규칙이나 원리를 권위를 가진 것으로 다루지 못하도록 하지 않는다. '매수자 위험부담 원칙'이 만연하는 곳에서의 거래에서 어떤 사업가가 그 신성한 경전이 그 신봉자에게 상업에서 '정직하고 공정하게' 거래할 것을 명하는 종교로 개종했다고 가정해보자. 그는 다르게 행동할 것이며, 그렇게 다르게 행동하면서, 자신의 새 종교의 권위를 존중하고 있다고 당연하게 말할 것이다. 설사 그가 그 권위가 명한 바를 판단하기 위하여 항상 동일한 이유들을 숙고해보아야만 하더라도 말이다. 그가 하루는, 명백한 결함을 알아채지 못한 구매자에게 그 결함을 밝히지 않는 것이 불공정한 일인가를 질문하게 되었다고 치자. 만일 그가 그것이 불공정하다고 판단하고 그 결함을 공개하였다면, 그는 종교적 권위를 존중했다고 이치에 닿게 말할 수 있다. 신성한 경전은 불공정한 것을 금지한다, 결함 비공개는 불공정하다, 따라서 신성한 경전은 공개를 명한다. 신성한 경전이 그에게 공개를 명하지 않았으며 단지 비공개가 불공정한지를 고려해보라고만 했다고 말하는 것은 부정확한 것이 된다. 그의 종교는 그에게 불공정한 것을 피하도록 말한 것이지, 그가 불공정하다고 판단한 것을 피하라고 말한 것이 아니다. 만일 그가 주의 깊은 반성 뒤에, 비공개가 완전히 공정하다고 판단했지만, 수년 후에 마음을 바꾸게 되었다면, 그 수년 후에 그는 자신이 종교적 명령을 한 번 불복종했었다고 생각하게 될 것이다.

그러나 우리는 어떤 명령이 단순히 어떤 얇은 도덕적 개념들을 준거로 수용하는 이러한 사안들을 지나치게 오래 곱씹지는 않아야 하겠다. 왜냐하면 현대 법 실무가 실제로 도덕을 사용하는 방법은 훨씬 더 복합적이고 선별적이기 때문이다. 예를 들어 어떤 법률이 '부당하게' 거래를 제한하는 계약은 집행할 수 없다고 규정할 수 있다. 또한 어떤 헌법은 '적정' 절차를 부인하는 형법의 어떠한 절차를 기각한다고 규정할 수 있다. 실무에서 이러한 규정들이 명하는 바를 결정하는 시민들, 법률가들, 그리고 공직자들은, 자신들이 도덕적으로 행동하는 것에만 관심이 있었을 경우 살펴보려고 할 동일한 쟁점들 중 일부를 진정으로 반성해야 한다 ─ 다만 그중 일부만을 그리고 상이한 방식으로 반성해야 한다. 그들은 쟁점이 되는 법규의 맥락에서 다른 법률과 법규들의 일반적 배경에 비추어서 이 도덕적 고려 사항들에 어떤 힘이 할당되어야 하는가를 물어야 한다. 그들은, 간단히 말해서 그 다른 것과 구별되는 맥락에서 그 고유한 법규들의 구성적인 해석이라고 내가 부른 것을 취해야 한다. 비록 (실증주의의 비판자들이 오랫동안 주장해왔듯이) 구성적 해석은 정말로 도덕적 차원을 가지지만, 문제되는 법규와 그것의 법적 맥락이 아니라면 요구되지 않을 그 어떤 추론도 개괄하지 않는다.[27]

도덕은 보통법 판결에서도 동일하게 복합적이고 미묘한 역할을 수행한다. 부주의하게 제조된 약을 복용함으로써 손상을 입었지만 여러 제약업체들 중 어느 제약업체가 자신이 복용한 약을 만들었는지는 입증할 수 없는 환자가, 모든 제약업체에 대하여 문제되는 기간의 시장점유율에 비례하여 배상을 청구할 권리가 있는지를 처음 보고 판단해야만 하는

---

27 법에서의 구성적 해석에 대한 설명으로는 *Law's Empire*, pp. 62~86.

판사를 생각해보라.[28] 그 판사는 자연스럽게 공정함에 관한 두 질문을 살펴보고 형량할 것이다. 그 입장에 있는 환자에게 손해배상권을 전적으로 부인하는 것이 공정한가, 그리고 제조업체들에게 그들이 야기했다고 입증되지 않은 피해에 대하여 배상 책임을 지게 하는 것이 공정한가. 그럼에도 불구하고 판사는 확립된 법의 권위를 자신의 전반적인 판단에서 여러 가지 방식으로 존중할 것이다. 그리고 그의 판단은 그가 입법자로서, 그 쟁점에 대하여 이쪽 또는 저쪽으로 결정하는 법에 투표하게 되었을 때 내릴 결정과는 다를 것이다. 그는 예를 들어, 여러 선례들과 법적 배경의 다른 측면을 고려할 때, 시장점유율에 따른 책임 부과가 제약 산업의 경제적 강건성이나 의료 연구에 미치는 영향을 고려해서는 안 된다고 생각할 수 있다. 나는 그가 법이 명하는 바를 판단할 때 그러한 고려 사항을 배제하는 것이 필연적으로 옳다거나, 깨끗한 백지에 법안을 쓰는 입법자들은 그런 고려 사항을 포함시키는 것이 필연적으로 옳다거나 하는 말을 하는 것이 아니다. 나는 단지, 그 사례는 정확히 그 법이 권위로서 명하는 바와 허용하는 바가 무엇인가를 판단하는 데에서 도덕이 수행하는 역할에도 불구하고 사법 판결에 대하여 법이 권위를 가짐을 확인해준다고 말하고자 할 뿐이다.

라즈는 그러므로 법이 명하는 바를 고정할 경우 도덕적 쟁점이 이런 분산된 방식으로 진입하더라도 법은 아무런 권위를 가질 수 없다고 주장할 때, 권위에 대하여 매우 특수하고 특이한 관념을 염두에 두고 있었음에 틀림없다. 그는 자신의 권위관을 '서비스' 권위관이라고 부른다. 그러면서 다른, 아마도 더 친숙한 관념은 그러한 함의를 전혀 가지고 있지 않다는 점을 인정한다.[29] 그렇다면 왜 자신의 '서비스' 관념만이 법의 본성이나 개념을 해명할 수 있다고 그는 주장하는가? 물론 다른 어떤 법

---

28 예를 들어 Sindell v. Abbott Labs., 607 P.2d 924, 936-38 (Cal. 1980).

29 Raz, *Ethics in the Public Domain*, p. 204.

이론에 비해서도 배제적 실증주의를 선호할 다른 어떤 강력한 이유가 있다면, 사태는 전혀 다를 것이다. 그러나 그 논변은 다른 방향으로 진행되는 것으로 상정된다. 우리는 서비스 권위관을 이미 받아들이기 때문에 배제적 실증주의에 설득되는 것으로 상정된다. 우리는 서비스 권위관을 지지할 독립적인 논거를 필요로 하는데, 라즈의 논변에서 그런 논거는 하나도 찾을 수 없다.

권위에 관한 라즈의 견해의 영웅적인 인위성은, 더군다나, 우리가 그것이 얼마나 상식에 반하는지 알아챌 때 두드러지게 드러난다. 우리는 앞서 콜먼의 포용적 실증주의를 논의하면서, 미국 헌법의 추상적인 규정들, 평등 보호 조항이나 적정 절차 조항 및 자유로운 표현과 종교의 자유를 보호하는 규정들은, 어떠한 형태의 실증주의에 대하여도 분명한 문제를 제기한다는 점을 보았다. 콜먼은, 우리가 본 바와 같이, 이러한 조항들이 도덕적 규정을 그 일부로 포함하며 따라서 어떤 다른 법의 유효성도 도덕적 질문에 대한 올바른 답에 의존하게 만든다고 생각한다. 그러나 라즈는 도덕적 판단이 법의 식별에 조금이라도 유관하다는 점조차 부인하는 배제적 실증주의자이기 때문에 그 견해를 취할 수 없다. 그가 이 추상적인 헌법 조항들의 법적 힘에 관하여 취할 수 있는 견해는 그렇다면 무엇이 있을 수 있는가? 콜먼은, 이러한 조항들이 그 자체로 어떤 다른 법률들을 무효화하는 것이 아니라, 그 법률들이 완전히 유효하다는 사실에도 불구하고 특정한 법률들이 집행되어서는 안 되는가만을 결정하도록 판사들에게 명한다는 것이 라즈의 견해라고 한다.(110쪽) 그 논제는 통상적인 의견을 뒤집어놓는다. 대부분의 법률가와 일반인들은, 인종 분리 학교 법률이, 연방대법원이 법률이 집행되어서는 안 된다고 판결하기 전에는 완전히 유효하였다고 생각하지 않는다. 오히려 연방대법원은 그 법률들이 헌법적으로 무효라는 점을 올바르게 파악했기 때문에 이 법률들을 무효로 선언했다고 생각한다. 더군다나 연방대법원이 헌법적 근거에서 어떤 법률을 실제로 무효로 선언할 때, 연방대법원은 거의 항상 그 법률을 이미 무효인 것처럼 다룬다. 연방대법원은 법원이 행동하기 전에 어떤 법적 효력을 갖고 있었음을 부인한다. 그러므로 콜먼이 추상적 헌법 조항에 대한 라즈의 설명을 정확하게 표현한 것이라면, 라즈의 설명은 정말로 반(反)직관적인 것이 될 것이다.

그러나 콜먼이 라즈에게 귀속시킨 견해를 라즈가 일관되게 견지할 수 있을지는 명확하지 않다. 라즈는 헌법 조항에 대한 어떠한 독법도, 그 독법이 그 자체로 배제적인 실증주의적 근거에서 유효한 해석의 법적 규칙에 의해 권위를 인정받지 않으면 ― 즉, 해석 자체가 어떤 거의 통일된 법 실무에 의해 안착되지 않았으면 ―, 법의 문제로서 유효하지 않다고 말한다.[30] 그러나 우리가 앞서 살펴보았듯이, 헌법 해석에 관한 어떠한 관련 규칙도 이런 방식으로 미국에서 안착된 바 없다. 일부 법률가들은 추상적인 조항들을, 일정한 도덕원리들과 모순되는 입법을 불법화하는 것으로 읽는다. 다른 법률가들은 그러한 조항들을 입안자들이 그 원리들이 금지한다고 이해한 바와 모순되는 입법을 불법화하는 것으로 읽는다. 라즈는 그러한 의견 불일치를 고려할 때, 추상적 조항의 법적 힘은 '안착되지 않은 것'으로 여겨져야만 한다고 말한다.[31] 아마도 그는 예를 들어 평등 보호 조항의 문언들이, 모든 이들이 법의 일부라고 동의하기 때문에 우리 법의 일부라고 생각하는 것 같다. 그러나 이러한 문언들이 연방대법원에 어떤 특정한 법률을 무효로 선언할 권위를 부여하였다고 상정하는 것은, 그 조항에 대한 하나의 논란의 여지가 있는 독법은 받아들이고 다른 독법을 거부할 것을 요한다. 그러므로 라즈는, 연방대법원이 어떤 법적 권위도 부여한 바 없는 권한을 거의 두 세기 동안 행사해왔다고 말하는 가장 투박한 비판가들과 같은 편에 서 있는 것 같다.

그 결론은 골치 아픈 것처럼 보인다. 그러나 그에게는 그보다 덜 골치

---

30 같은 책, pp. 214~17을 보라.
31 같은 책, p. 217.

아픈 선택지가 열려 있지 않다. 예를 들어 그가, 설사 연방대법원의 사법 심사권 행사는, 헌법 해석에 대한 어떠한 안착된 규칙도 헌법을 그러한 권한을 수여하는 것으로 읽는 것을 정당화해주지 않았기 때문에, 법에 의해 권위가 부여되지 않았지만, 선례를 통해 법을 제정하는 연방대법원 자신의 얼마 안 되는 첫 권한 행사가 이제 연방대법원이 주장하고 있는 법적 권위를 부여하였다고 주장한다고 가정해보자. 그러나 그렇게 되면 그 권위의 한계는 어디에 있는가? 연방대법원이 어떤 법률을 위헌으로 선고할 때 법적 오류를 범하는 때는 언제인가? 연방대법원이 어떤 주의 도로교통법을 그것이 유효하지 않은 법률로 다루는 것이 현명하다고 생각해서 유효하지 않는 법률로 다룰 권위를 어떤 이유에서 법은 연방대법원에 부여하는가? 적어도 다음과 같이 말하는 것이 자연스러워 보인다. 적정 절차 조항과 평등 보호 조항은 연방대법원에, 합당한 사람이라면 결코 심각하게 부정의하다고 생각하지 않을 법률을 위헌무효로 선고할 아무런 권한도 부여하지 않았다. 그러나 라즈는 일단 그 권위를 인정하고 나면, 연방대법원이 법률을 무효로 선언할 권위에 대한 그러한 제한조차 받아들이지 못한다. 왜냐하면 도로교통법이 근본적 자유에 대한 침해라고 생각하는 아나키스트가 합당한가라는 것은, 설사 그것에 대한 답이 명확해 보이더라도, 도덕적 질문이기 때문이다. 라즈는 그러므로 헌법이 법임을 실효적으로 부인하는 것과 헌법 이외에는 아무것도 법이 아니라고 하는 선택지 사이에서 골라야만 한다. 그는 왜 그렇게 골칫거리가 되는 결과를 낳는 법 이론을 고수하는가?

실증주의와 지방근성

법실증주의의 체계적인 판본을 제시한 첫 철학자인 제레미 벤담은, 정치를 매우 강하게 염두에 두고 있다.[32] 그는, 사람들의 회의체인 의회가

명시적으로 선언한 것을 벗어나 자연권이나 고래의 전통에서 법을 발견
했다고 주장한 판사들의 정치적 권한을 축소시키기를 희망했다. 당시에
실증주의는 민주주의의 풍미를 갖고 있었다. 그리고 민주주의가 아마도
더 진보적이 되면서, 실증주의는 그 진보에 저해가 되는 성가(聖歌)의 일
부가 되었다. 올리버 웬델 홈즈와 러니드 핸드(Learned Hand) 판사는 진
보적인 경제·사회 입법을 지지하고, 그러한 입법을 위헌적인 것으로 판
시하는 일을 정당화하기 위하여 확립된 재산을 보호한다는 상정된 자연
권을 근거로 들었던 보수적인 연방대법관들에게 반대하면서, 실증주의
에 호소했다. 1938년에 실증주의는 실제적 중요성의 절정에 달했다. 연
방대법원은 그 역사에서 가장 결과주의적인 판결들 중 하나를 정당화하
는 것을 돕기 위하여 실증주의를 받아들였다.[33] 연방대법원은, 당사자들
이 다른 주 소속이라는 이유에 의해서만 연방대법원이 사안에 관하여
관할권을 가지고 있을 때에는, 어떤 독립적인, 중심이 되는 법 전통의 집
합에 호소할 수는 없고, 관련된 주 중 하나의 권위에 의해 선언된 법을
집행해야 한다고 설시하였다. 브랜다이스 대법관은 실증주의적 신조에
대한 홈즈의 초기 진술 중 하나를 인용하였다.

오늘날 법정에서 논해지는 의미에서의 법은 그 배후에 어떠한 확정적
인 권위 없이는 존재하지 않는다. (…) 그 권위는, 그리고 그 유일한 권위
는 주다. 그리고 만일 주만이 그런 권위라면, 주 자신에 의해 자신의 것으
로 채택된 목소리가 [주 대법원의 목소리이건 의회의 목소리이건] 최종
적인 발언권을 가져야 한다.[34]

---

32 Jeremy Bentham, *An Introduction to the Principles of Morals and Legislation*, New
     York: Hafner, 1948 [1823].
33 Erie R. R. Co. v. Tompkins, 304 U.S. 64 (1938).
34 같은 판결, 79 (원안의 세 번째 변경), Black & White Taxicab & Transfer Co. v.
     Brown & Yellow Taxicab & Transfer Co., 276 U.S. 518, 533, 535 [1928], 홈즈 대

그러나 법실증주의의 정치적 영향력은 지난 몇십 년 동안 뚜렷하게 쇠퇴하였고, 그것은 더 이상 법 실무나 법 교육에서 중요한 힘이 아니다. 정부는 너무나 복잡해져서 실증주의의 엄격함에는 맞지 않게 되었다. 공동체의 법은 오직 입법 기구의 명시적인 명령으로만 구성된다는 논제는, 명시적인 법전이 그 공동체가 필요로 하는 모든 법을 제공하는 것을 목적으로 할 수 있을 때에는 자연스럽고 편리한 것으로 보인다. 기술 변화와 상업적 혁신이 그러나 실정법의 공급보다 훨씬 앞서 나갈 때—제2차 세계대전에 뒤이은 몇 년간 점점 더 그랬던 것처럼—판사들과 다른 법 공직자들은, 그에 대응하여 법을 받아들이고 발전시키기 위해서, 더 일반적인 원리의 전략과 공정성에 의지해야 했다. 그때에는 이러한 원리들이, 법이 명하는 바를 결정하는 데에서 등장하는 것을 부인하는 것도 인위적이고 무의미한 것으로 보이게 되었다. 더군다나 전쟁 이후에는, 입법기관들에 대하여 사람들이 갖는 도덕적 권리들이 법적 힘을 갖기 때문에, 의회가 시민들의 한 집단을 2등 시민의 지위로 판정한다면 의회의 행위는 단지 그른 것일 뿐 아니라 무효이기도 하다는 이념이 대중과 헌법 실무에서 꾸준히 득세하게 되었다. 다시금 정부에 부과되는 도덕적 제약이 그 자체로는 공동체의 법의 일부가 아니라고 선언하는 것은 점점 더 무의미한 것으로 보이게 되었다. 실증주의의 정치적 호소력은 이에 상응하여 줄어들어 사라졌다. 실증주의는 더 이상 민주주의와 연관되지 않고, 보수적인 다수결주의와 연결되었다. 개인의 권리에 대한 더 큰 보호를 정당화하면서 도덕에 호소한 이들은 자유주의적 판사들이었다. 대부분의 학계 법률가들은, 법의 본성에 관한 일반 이론이 필요하다면, 그것은 법실증주의보다 더 섬세한 것이 되어야 한다고 생각했다.

콜먼이나 라즈와 같은 법실증주의에 대한 학계의 옹호자들은 여전히 남아 있다. 그러나 그들의 논변은, 내가 보여주려고 한 것처럼, 신성한

법관의 반대의견에서 인용.

신앙의 옹호자들이 당혹스러운 증거를 눈앞에 두고 구성한 이론같이 인위성과 부담감을 갖고 있다. 무엇이 그 신성한 신앙인가? 남아 있는 실증주의자들은, 다수결주의적인 법 관념을 주장하여 개인의 권리와 소수 권리의 확산에 저항하기를 희망하는 정치적 보수주의자는 아니다. 그와는 반대로, 그들은 법실증주의가 판사들과 법 공직자들이 실제로 하고 있는 바에 아무런 제약도 부과하지 않는다고 주장한다. 그들은 벤담과 이리(Erie) 판결*로부터 멀리 떨어진 지점까지 여행해왔다. 그들은 실증주의를 법의 개념 자체에 대한 정확한 기술이라고, 혹은 오랜 시간에 걸친 법 현상에 대하여 가장 많은 것을 조명해주는 이론적 기술이라고 찬양한다. 때때로 그들은 이러한 기술들을 거의 완전히 동일한 것으로 취급한다. 그러나 그들은 자신들이 염두에 두고 있는 종류의 개념적 분석에 대한 어떠한 진지한 설명도 제시하고 있지 않으며, 법 제도의 형태와 역사에 대한 거대한 일반화를 뒷받침하는 어떠한 경험적 증거도 제시하고 있지 않다. 그들은 법에 대한 자신들의 철학을 정치철학 일반이나 실질적인 법 실무, 법학 또는 이론과 연결시키려는 시도를 거의 하지 않는다. 그들은 '법철학'이나 분석적 법철학(analytic jurisprudence)에 한정된 강좌들을 가르친다. 그 강좌에서 그들은 현대 실증주의의 판본들을 구분·비교하고, 그러한 주제에 바쳐진 학술대회에 참여하며, 자신들의 이론에 바쳐진 학술지에 가장 세세한 부분을 두고 서로의 정통 교리와 이단에 관하여 논평한다.

왜? 그에 대한 답의 일부는, 내가 생각하기에, 오래전에 실증주의에 대한 영향력 있는 설명을 출간하였던 두 명의 재능 있는 철학자들의 계속되는 영향력에 놓여 있다. 앵글로-색슨에서는 하트(H. L. A. Hart)가, 그

---

* 이리 판결은 '이리 철도회사 대 톰킨스'(Erie Railroad Co. v. Tompkins) 판결을 이야기하는 것으로, 둘 이상의 주에 속한 당사자들이 연방법원에 제기한 소송 사건에서 연방법원은 그중 한 주의 법에 따라서만 판결해야 한다는 법리를 설시한, 앞서 드워킨이 언급했던 판결이다.

리고 나머지 세계에서는 한스 켈젠(Hans Kelsen)이 바로 그들이다. 그러나 그 부분적인 답변은 수수께끼를 가중시킬 뿐이다. 왜 이 철학자들—미네르바의 올빼미처럼 자신들의 전통의 황혼에서 날아오른 철학자들—이 여전히 숭배를 명하고 지성적 편협함을 부추겨야만 하는가?

나는 그 답을 알지 못한다. 그러나 나는 지금 적어도 그 설명 중 일부는, 법 이론으로서 실증주의의 호소력이 아니라, 독립적인, 자족적인 주제와 전문직으로서의 법철학에서 찾아야 하지 않을까 생각한다. 하트 이래로 실증주의자들은 (그의 사후에 출간된 그의 책 『법의 개념』[35]에 쓴 후기에 드러난 하트를 비롯하여) 큰 열정을 갖고 법철학자라는 직업집단적 주장을 옹호해왔다. 즉, 법철학자들의 작업은, 다른 여러 기술이나 전문직과는 구분되는 방식으로 개념적이고 기술적이라는 것이다. 그들의 이해에 의하면, 법철학은 실제의 법 실무와 구분될 뿐만 아니라, 법의 내용적이고 절차적인 분야에 대한 학적 탐구와도 구분된다. 왜냐하면 법 실무와 법에 대한 학계의 탐구는 특정한 관할권에 대한 것인 반면에, 법철학은 법 일반에 관한 것이기 때문이라고 한다. 법철학은 실질적이고 규범적이기보다 개념적이고 기술적이기 때문에, 규범적인 정치철학과도 구분되며 그것에 독립적이라고 한다. 그것은 법사회학이나 법인류학과도 다르다. 왜냐하면 그러한 분과는 경험적 분과인 반면에, 법철학은 개념적 분과이기 때문이라고 한다. 법철학은, 간단히 말해서, 자신의 좁은 세계와 몇 안 되는 사도들을 넘어서는 어떠한 학적 문헌 및 연구에 배경적인 경험도 갖고 있지 않으며 훈련도 되어 있지 않고 심지어 익숙지도 않은 이들이 그 자체로 추구하는 분과라는 것이다. 이쯤 되면 스콜라적 신학을 비슷한 것으로 들고 싶어진다.

자신들의 직업집단으로서의 특이성을 추구하면서 실증주의자들은 여러 전선에서 전쟁을 해야 했다. 어떤 의미에서 법철학은 개념적인가? 그

---

35 Hart, *The Concept of Law*.

것이 개념적이라면 어떤 의미에서, 그것은 또한 기술적일 수 있는가? 실증주의에 대한 19세기 존 오스틴의 옹호는 구닥다리이지만 쉽게 이해될 수 있는 의미에서 개념적이면서 기술적이 되는 것을 목적으로 하였다. 그는 법적 논증과 담화에서 등장하는 '법'이라는 단어에 대한 하나의 정의를 제시하였다.[36] 15년 전 나는 하트가 『법의 개념』에서 취했던 목표가 동일한 야망의 더 정교화된 형태라고 여겼다. 그는, 법률가와 일반인들이, 흔히 자각하지 못한 채로, 법 명제를 평가할 때 따르는 공유된 기준을 표면 위로 드러냄으로써 법의 개념을 해명하는 것을 목적으로 했다.[37] 하트 자신은 그의 사후에 출간된 후기[38]에서 자신의 방법에 대한 이 이해를 부인하였고, 그를 따르는 몇몇 학자들도 그렇게 부인했다.(200쪽)[39] 그러나 나는 그 자신이나 그 추종자들이 제시한 그의 목표에 대한 어떤 기술보다, 내가 말한 것이 그의 작업을 더 잘 이해하는 것이라는 생각에 변함이 없다. 하트가 자신의 책을 '기술사회학'의 활동으로 여겼다고 말했다는 것은 사실이다.[40] 그러나 그 언급은 명료하게 해주기보다 더 애매하게 만든다. 어떤 종류의 사회학이 개념적인가? 어떤 종류의 사회학이 경험적 증거를 전혀 사용하지 않는가? 어떤 종류의 사회학이 그냥 여기저기의 법 실무와 제도들을 연구한다고 하지 않고, 모든 곳의 법의 개념 자체를 연구하는 것으로 스스로를 정의하는가?

실증주의자들은, 적어도 일시적으로는, 이러한 도전에 대하여 법철학

---

36 John Austin, *The Province of Jurisprudence Determined*, ed. Wilfrid E. Rumble, Cambridge: Cambridge University Press, 1995 [1832], pp. 18~37.

37 *Law's Empire*, pp. 34~35.

38 Hart, *The Concept of Law*, p. 246.

39 특징적인 확고한 어조로, 콜먼은 내 이해가 틀리다는 점에는 "아무런 의문도 없다"고 말한다.(200쪽 주 25) 그러나 다른 저자들은 이와 의견을 달리한다. 예를 들어 Nicos Stravropoulos, "Hart's Semantics", in Coleman, ed., *Hart's Postscript*, p. 59, p. 98을 보라.

40 Hart, *The Concept of Law*, p. v.

이 어떻게 동시에 개념적이고 기술적이고 보편적일 수 있는지 보여준다고 자신들이 말하는 답변에 안착한 것으로 명백히 보인다. 콜먼은 이러한 해결책을 예상대로 보고한다.(10쪽 주 13) 법의 사례들은, 그것이 어디서 등장하고 어떤 형태를 취하건, 법의 본질 그 자체에 속하는 공통 '구조'(10쪽 주 13)를 공유한다. 그리고 그 공통 구조를 드러내는 것이 개념적이고 기술적인 법철학의 역할이다. 그러므로 법철학은 어떤 의미에서는 규범적이다. 그것은, 우아하면서도 드러내 보여주는 방식으로, 법의 구조에 관하여 단지 우연적이거나 주변적인 것이 아니라 진정으로 중요하고 근본적인 것을 포착하는 것을 목표로 한다. 그러나 실질적인 정치철학의 방식에서는 규범적이지 않다. 왜냐하면 그것은 그 자신이 드러내는 구조를 평가하지 않으며, 법 실무를 개선하기 위한 그러한 방식으로 구조들 가운데에서 선택을 하지 않기 때문이다. "드워킨주의적 해석이 그 '최선의 상태'로 법을 보여주는 것에 헌신하고 있는 반면에", "여기서 활용된 방법은 그렇지 않다. 여기서 활용된 방법은, 그런 원리들이 있다면, 어떤 원리들이 법에 있는 실제의 구조와 실제적 추론의 내용을 드러내는가를 식별하는 데에만 헌신하고 있다"고 콜먼은 말한다. (10쪽 주 13) 법철학은 어떤 의미에서는 개념적이다 — 그것은 우리에게 법의 근본 구조의 본질 자체에 무엇이 속하는지를 가르쳐준다. 그러나 그것은 선험적이지 않다. 그리고 '법'이라는 단어의 적절한 용법이나 부적절한 용법에 관하여는 아무것도 말하지 않는다. 법철학은 어떤 의미에서는 경험적이다 — 그것은 법의 구조를 판단하기 위한 원자료를 제공해주는 법에 대한 경험적 연구와 연속적이다. 그러나 법철학은, 통상 이해되는 경험적인 연구를 넘어서 나아간다. 왜냐하면 법철학은 또한 그 원자료를, 법의 본질을 체계적으로 드러내는 설명으로 조직하기 때문이다. 콜먼은 말한다. "기술사회학"은 "개념에 대한 이론을 제공하는 단계에서 들어오는 것이 아니라, 이론화하려고 하는 원자료들을 제공하는 예비 단계에서 들어온다.(200쪽)

그러나 이 주장들 각각은 다른 주장들에 문제를 발생시킨다. 콜먼은 사회과학이 법철학에 할 수 있는 기여를 찬양한다. "철학 바깥의 이러한 연구들에 주의를 기울임으로써, 우리는 서로 다른 시간과 장소에서 그리고 서로 매우 다른 여건 하에서 법을 구성하는 것으로 특징지어져왔던 통치 및 조직 형태에 관한 풍부하고 가치 있는 그림을 얻을 수 있다." (201쪽) 그러나 그의 논변은 예를 들어 법인류학의 풍부하고 가치 있는 자료 중 어느 하나도 사용하지 않고 언급조차 하지 않는다. 게다가 하트의 작업이나 콜먼이 논의하는 다른 실증주의자들 누구의 작업도 그러지 않는다. 그리고 그가 그런 자료들을 어떻게 사용할 수 있을 것인가도 이해하기 어렵다. 법 제도의 수많은 상이한 사례들로부터, 그리고 상이한 시간과 장소의 수많은 행위자들의 다양한 동기와 가정들로부터 한 귀납이 어떻게 하여, 법의 구조의 '본질'이나 '본성 그 자체'를 드러내줄 수 있는가? 그런 식이라면 우리는 결혼이 항상 이성 간에 이루어지는 것이었기 때문에 (그것이 실제로 참이라면), 이성 결합은 결혼의 '본질'이므로 동성 결혼은 '개념적 근거'에서 배제된다고 같은 식으로 선언해버릴 수 있게 된다.

그러나 여기에는 훨씬 더 깊은 문제가 있다. 비록 실증주의자들이, 콜먼이 그러듯이, 세월이 흘러도 법이라는 제도에 항상적인 것을 보임으로써 법의 본질적 구조를 드러내 보여주는 것에 관하여 쓰기는 하지만, 그들은 이러한 주장 모두가 전제로 삼고 있는 신비스러운 이념을 방어하기 위해 필요한 것은 전혀 말하지 않았다. 그 전제란, 법은 순수하게 기술을 통해 드러날 수 있는 하나의 본질적 구조를 갖고 있다는 가정이다. 원자와 동물 DNA는 내재적인 물리적 구조를 갖고 있다. 그리고 이 구조들이 수소나 사자의 '본질'을 드러낸다고 가정하는 것은 이치에 닿는다. 그러나 복잡한 사회적 실천에 관하여는 이에 비견될 만한 것이 아무것도 없다. 우리는 그것의 '본질'이나 본성을 어디서 찾아야 하는가? 법의 '구조'나 '본질'이나 '본성'의 일부가 예를 들어 콜먼이 주장하듯이 관행적임에 틀림없다는 점, 또는 라즈의 '서비스' 권위관이 규정하듯이 권위 있음에 틀림없다는 점을 입증하는 물리적 사실이나 역사적 사실이나 사회적 사실이란 도대체 어떤 것인가? 어떤 물리적 세계나 역사적 세계나 사회적 세계에서 무엇이 이 개념적 '진리'를, 우리의 정치적 목적이나 도덕적 목적과는 상당히 독립적으로, 우리에게 어김없이 부과하는가? 실증주의자들은 이 질문들에 답하거나 아니면 자신들이 어떤 심층적인 역사적, 사회적, 인류학적 또는 심리적 실재를 탐사하고 있다는 자신들 사이에서 갑자기 인기를 끈 주장을 포기하거나 둘 중 하나를 해야 한다. 어떤 사람이 나타나서, 법의 '본성'이나 '본질'에 관한 지성적으로 이해될 수 있는 설명을 통해서 그 주장을 구제해주지 않는 한, 그것은 오직 위로의 주문으로만 남게 될 것이다. 실증주의의 플로지스톤(phlogiston, 산소를 발견하기 전까지 가연물 속에 존재한다고 믿어졌지만 실제로는 존재하지 않는 성분 — 옮긴이)으로 말이다.

나는 마지막으로, 콜먼이 자신의 책 부제에서 그리고 여기저기에서 법에 대한 자신의 설명이 '실용주의자'의 것이라고 주장함으로써, 자기 스스로 만든 이 상처에 소금을 문지르고 있다는 점을 덧붙이겠다. 그러나 실용주의에 대한 그의 설명은, 일련의 의미론적인 가정과 방법론적인 가정으로 구성된다.(3~12쪽) 그것들 중 극소수만이 그의 논변에서 실질적인 역할을 하며, 그것들은 모두 실용주의 전통과 대단히 멀리 떨어진 철학자들에 의해서도 받아들여질 것이다. 사실상 정치적 실천에 대한 어떤 이해가 우리의 실제적인 도덕적, 정치적 목표들을 최선으로 증진할 것인가를 고려하지 않고도 그 실천에 대한 '개념적' 진리를 발견할 수 있다는 그의 확신보다 진정한 미국적 실용주의 정신과 동떨어진 것은 없을 것이다.

부록: 개인 특권의 목적

나는 콜먼의 책이 나의 책을 논의하고 있다는 점을 이미 언급했다. 나는 콜먼의 책이 너무도 광범위하게, 그리고 특히 말썽 많은 방식으로 내 책을 다루고 있다는 점을 덧붙여야겠다. 그는 나의 "철학적 혼동"(155쪽), "깊이 뿌리박은" 오류들(181쪽), 그리고 "디즈니 같은" 논변들(185쪽)에 관하여 많은, 그러나 방어되지 않은 주장을 쏟아낸다. 그는 내가 기억하는 한, 내가 결코 견지한 적도 표현한 적도 없는 중대한 견해를 나에게 귀속시킨다. 몇몇 사례(나는 그것들 중 몇몇을 이미 언급했다)에서 그는 나의 논변을 나에게 불리한 근거로 쓴다. 이러한 오류들은 인용의 거의 완전한 실패에 의해 가중된다. 내가 견지하고 있다고 말해지는 신념과 혼동들은, 그것이 어디서 진술되었거나 지지되었는지에 관하여 자주 아무런 참고 문헌 표시도 없이 보고된다. 나도 인용을 잘못한 적이 있음은 의문의 여지가 없지만, 내 생각으로는 결코 이런 규모로 잘못을 저지른 적이 없다. 나는 그의 작업에 대한 나의 불평을 별도의 절로 떼어놓았다. 왜냐하면 그것들은 별로 흥밋거리가 되지 못하기 때문이다. 그러나 나는 과거에, 고쳐지지 않은 잘못된 보고와 답변되지 않은 비판은 법철학 문헌에서 스스로의 생명력을 얻어 살아간다는 것을 발견했다. 나는 그러므로 콜먼이 나의 견해로 잘못 귀속시킨 것과 콜먼이 비판한 오류 중 가장 심각한 것이라고 생각하는 것을 바로잡아보겠다.[41]

1. 내가 법실증주의를 요약한 것에 대한 그의 기술에서부터 시작하겠다. 이에 관한 그의 오류가 특히 그의 논변에 중요하기 때문이 아니라, 실증주의자들이 항상 아무런 문헌상의 근거를 제시하지 않은 채, 내가 그들을 잘못 표현했으며 그들을 공격하기 위해 허수아비를 세웠다는

---

41 여기서 콜먼이 나의 견해로 귀속시킨 이것들 이외의 사항들을 받아들인다는 것은 아니다. 그러한 귀속이나 그의 다른 비판 중 더 많은 것이 부정확하다.

식으로 공통된 불평을 하기 때문이다. 예를 들어 콜먼은 나의 논변들 중 하나를 "실증주의를 궁극적으로 불신하기 위한 노력에서 나온, [실증주의] 기획에 대한 드워킨의 잘못된 특성 서술의 또 다른 사례"라고 지칭한다.(155쪽) 이것은 심각한 비판이다. 그러나 그의 책 여기저기에서 산발적으로 뿌려진 것을 합해도 그가 제시하는 사례는 거의 없어, 그 심각한 비판을 뒷받침하는 데 두드러질 정도로 실패하고 있다. 그는 내가 실증주의자들에게 "'법'이라는 범주 내에 속하는 모든 규범은 규칙이어야 한다는 주장을 귀속시켰다"고 말하고는(104쪽) "법실증주의자 중 누구도 실제로 모든 법 규준들이 규칙이라는 주장을 견지한 바 없다"고 덧붙이면서, 하트는 "그 견해를 드워킨이 자신에게 귀속시키기 훨씬 전에 그 주장을 부인하였다"고 말한다.(107쪽) 그러나 나는 '규칙'을 특유의 의미를 갖는 용어로 정의하였다. 그리고 하트가 내가 그 주장을 하기 '훨씬 전'에 규칙에 관하여 내가 한 어느 주장이라도 부인할 수 있었을 가능성은 거의 없다. 나의 의견은, 실증주의자들이 모든 법 규준들은 내가 규정한 정의에서 규칙들이라고 주장한다는 것이 아니라─나는 그들 중 얼마나 많은 수가 그 정의를 받아들일지 모르겠다─내가 기술한 실증주의 신조의 핵심은 오직 그렇게 정의된 규칙들에만 부합하게 된다는 것이다.[42] 그는 내가 실증주의에 "이 두 가지, 어느 것도 실증주의자가 견지하지도 않고 견지해야 하지도 않는" 견해를 귀속시킨다고 말한다.(155쪽) 그중 첫째는, 하트가 의미론적 분석이라는 기획에 몰두했다는 나의 주장이다. 내가 앞서 말했듯이, 하트가 자신의 사후에 출간된 후기에서 이러한 묘사를 부인했다는 것은 사실이다. 그러나 또한 내가 말했듯이, 다른 저자들은 나의 해석을 지지하였다. 그것이 하트가 실제로『법의 개념』에서 쓴 바에 대한 최선의 해석을 제시한다는 점에 동의하면서 말이다. 콜먼은 그들의 논변이나 나의 논변에 답하려고 전혀 시도하지 않는다. 그

---

42 Dworkin, "The Model of Rules I", pp. 7∼13.

리고 나의 잘못된 특성 서술이라고 그가 고발하는 두 번째 주장은 "실증
주의자들이 받아들이는 의미론은 '기준적'"이라는 것이다.(155쪽) 사실
콜먼이 인용부호를 사용함에도 불구하고, 나는 그 단어를 실증주의의 오
류를 기술하면서 사용하지 않았다. 나는 사람들이 어떤 개념을 공유한다
고 이야기될 수 있는 조건에 관하여 일부 실증주의자들이 견지하는 일
정한 가정을 기술한 적은 있다. 그러나 나는 실증주의가 그러한 가정들
을 신봉하고 있다고 말하지는 않았다. 그와는 반대로 나는 실증주의를
더 강한 형태로 재진술하도록 해주는 일련의 상이한 가정들을 기술하였
다.[43] 더군다나 콜먼이 나의 잘못된 특성 서술이라고 고발한 것을 더 상
세히 설명할 때, 콜먼은 일부 실증주의자들이 내가 그들에게 귀속시킨,
개념 공유 가정들을 견지했다는 점을 부인하지 않는다. 그는 단지 나를
똑같이 따라 말하면서, 이러한 가정들이 실증주의에 필수적인 것은 아니
라고만 말하고는, 우리가 곧 살펴볼 바와 같이 내가 그들에게 추천한 바
로 그 기반인, 대안적인 의미론적 기반을 기술한다.(156~57쪽) 그는 내
가 자신들의 입장을 왜곡했다는 법실증주의자들 사이에서는 익숙한 주
장을 명료화하거나 방어하기 위해 아무런 일도 하지 않는다. 나는 이의
제기를 할 다음 번 실증주의자는 좀 더 진보되어 있기를 바란다.

　2. 콜먼은 내가 두 가지 매우 상이한 종류의 주장에 대해 초보적인 혼
동을 범하고 있다고 주장한다. 즉, 도덕은 필연적으로 법의 한 조건이 되
는 것은 아니라는 주장과, 도덕은 법의 조건이 필연적으로 아니라는 주
장이 그것이다.(151~52쪽) 그러나 그는 나의 잘못을 증명할 아무런 인
용도 제시하지 않는다. 그리고 나는 실제로는 그렇게 구분해야 한다고
주장하였다. 나는 이 두 주장 중 첫 번째 것을 받아들였으며, 두 번째 주
장을 옹호하는 철학자들에게만 반대하여 논하였다.[44]

43 　*Law's Empire*, pp. 130~50.
44 　『법의 제국』에서 나는 그 구별을 처음부터 끝까지 가정하였다. 예를 들어 35~36

3. 그는 나의 논변들 중 하나를 '의미론적 독침' 논변이라고 지칭하면서, "철학적 혼동으로 가득 차 있다"고 한다. 그러나 그는 자신이 혼동이라고 부른 것을 오직 하나만 적시한다. "의미론적 독침 논변의 문제는, 그것이 개인들이 동일한 개념을 공유하기 위해서 공유해야만 하는 것을 잘못 묘사한다는 것이다."(156~57쪽) 콜먼에 의하면, 나는 사람들이 오직 자신들이 그 적용 기준에 동의할 때에만 어떤 개념을 공유할 수 있다고 주장했다는 것이다. 반면에 자신은 "개인들은 만일 자신들이, 적용 기준에 의견이 일치하지 않더라도, 개념의 패러다임 사안들이나 사례들의 어떤 집합에 대하여 의견이 일치하는 경우에는 동일한 개념을 공유할 수 있다. 이 패러다임 사안들은, 다시금 각각 원칙적으로 수정 가능하다고 한다. 비록 그것들 전부 또는 거의 전부가 동시에 수정될 수는 없지만 말이다"라고 주장한다는 것이다.(157쪽) 이 '패러다임'적 방식으로 어떤 개념을 공유하는 사람들은, 왜 그 패러다임이 진정으로 패러다임인지에 대한 최선의 이해에 관하여 근본적으로 의견이 불일치할 수 있으며, 따라서 그 개념이 참신하거나 논란의 여지가 있는 사안에 적용되느냐에 관하여 의견이 불일치할 수 있다고 그는 이어서 말한다. 나의 '의미론적 독침' 논변의 목적은 정확히 그 논지를 지적하는 것이었다. 개념을 공유하는 것은 그 적용을 판정할 기준을 공유하는 것을 필연적으로 의미하지 않으며, 그 대신에 해석적 주장들의 기초로서 패러다임을 공유하는 것을 의미할 수 있다는 것 말이다.[45] 패러다임을 통한 개념 공유에 대한 콜먼의 설명은, 사실 나의 설명과 거의 똑같고, '패러다임'이라는 말을 비롯해서 많은 동일한 용어를 사용한다.[46] 그는 개념 공유에 대한 이 설

쪽의 자연법 이론에 대한 논의, 96~98쪽의 법과 도덕의 관계에 대한 논의를 보라. 또한 *Taking Rights Seriously*, pp. 118~30의 법적 '오류'에 대한 논의도 보라.

45 *Law's Empire*, pp. 55~73을 보라.

46 티모시 엔디콧(Timothy Endicott)은 모든 패러다임은 원칙적으로 수정 가능하다는 주장 — 콜먼이 받아들이는 주장 — 이 법에 대한 나의 해석적 접근의 중추에

명이 "표준적인 실용주의자의 견해"라고 덧붙인다.(157쪽) 그러나 다시
금 개념 공유에 대한 이 '표준' 견해가 실제로 기술된 어떠한 저술도 인
용하지 않는다. 나는 나의 설명에 대해 내가 원조라고 주장하고자 하는
것은 물론 아니고, 패러다임이라는 아이디어가 철학자들 사이에서는 널
리 사용되고 있다. 그러나 패러다임을 통한 개념 공유에 대한 그 어떤 해
명들 중에서도 콜먼의 것만큼 나의 것에 가까운 해명은 보지 못했다. 그
렇다면 하나의 인용이라도 해주었으면 고마웠을 것이다.

4. 그는 내가 법을 오직 소송 당사자와 판사의 관점에서만 이해하며,
그 결과 내가 사람들 일반에게 봉사하는 법의 중요한 '지도' 기능을 무
시한다고 한다.(166쪽) 사실상 나는 사람들 일반에 대한 일상적인 지침
으로서 법의 중요성을 강조하였으며, 내가 그 이유에서 내가 법에 대한
'프로테스탄트적' 이해라고 부른 것을 찬성하여 논했다.[47] 법은 복잡하
고 변화하는 공동체에서는, 대부분의 실증주의자들의 가정에 의거하여
참신하고 논란의 여지가 있는 쟁점이 제기되었을 때에는 법이란 없고
소송에서만 행사될 수 있는 사법 재량의 사례가 있을 뿐이라는 이해보
다는, 그 프로테스탄트적 이해에 의해 그 지도 기능을 훨씬 더 잘 충족할
수 있다. 그러나 콜먼은 내가, 그가 '파괴적'이라고 부른 더 정교한 논변
을 통해 법의 지도에 관하여 설명하지 않는다는 자신의 기이한 생각을
발전시킨다.(167쪽 주 23)

> 어떤 사람이, 그것이 행동을 지도할 수 있는 능력이 있을 때에만 그 무
> 언가는 법이라는 것, 그리고 규범, 결정 또는 규칙은 오직 법이 발해지는
> 사람들이 사전에 법이 그들에게 무엇을 명하는지를 알 수 있을 때에만 지

놓여 있다고 주장한다. 그러면서 그는 나의 '의미론적 독침' 논변을 다룸으로써
실증주의를 옹호하려고 한다. Endicott, "Herbert Hart and the Semantic Sting"을
보라.

47 *Law's Empire*, p. 413.

도를 할 수 있다는 것이 개념적 진리라고 주장한다고 가정해보자.(167쪽)

그는 말하기를, 나의 견해에 의하면 그 어떠한 법 명제도 ─ 그 법 명제가 얼마나 널리 받아들여지고 도전받지 않든 간에 ─, 누군가가 그 안착된 법에 대한 더 나은 해석을 통해서 그 명제가 거짓임을 보이는 것이 항상 가능하기 때문에, 논변 이전에 절대적 확실성을 갖고 참이라는 것이 확립될 수 없다고 한다. 그래서 나의 견해에 의하면, 법은 행위를 지도할 능력이 없게 된다. 그러나 인용된 가정은 모호하다. 그것은 어떤 법 명제도, 사람들이 그들에게 활용 가능한 논변을 기반으로 그 법 명제가 참이라는 의견을 형성하는 것이 가능치 않다면, 참일 수 없음을 의미할 수도 있다. 그 명제는 충분히 무해하다. 또는 나는 그 명제에 반대할 아무런 이유가 없다. (비록 나는 그것을 '개념적' 진리라고 기술하는 것에는 트집을 잡을 테지만 말이다.) 또는 그 인용된 내용은, 다른 모든 이들에게 확정적으로 입증할 수 있다는 강한 의미에서, 모순의 두려움 없이 어떤 법 명제가 참이라는 것을 아는 것이 가능하지 않으면, 그 법 명제는 참이 아니라는 것을 의미할 수도 있다. 그토록 어리석은 소리를 사람들이 왜 받아들여야 하는가? 참인 법 명제가 논란의 여지가 있을 수 있다는 점을 나만큼이나 강하게 믿고 있는 콜먼이 그런 것을 어떻게 받아들일 수 있는가?

5. 콜먼이 나의 견해로 잘못 귀속시킨 것 중 가장 당황스러운 것들은 여러 페이지에 흩어져 있으며 그의 가장 옹졸한 고발에 해당되는 몇몇 단정들이다.(185쪽) 문제는 나의 '법 내용에 대한 이론'(theory of legal content)의 '요소'를 그가 다음과 같이 설명하면서 시작한다.(163쪽)

그러한 한 요소가, 법의 내용을 결정하는 것이 자신들의 과업인 공직자들이, 자신들이 행사하는 권위가 정당성이 있다고 주장한다는 드워킨의 견해이다. 이것은, 국가의 강제적 권위 행사가 정당화된다는 주장에 해당

한다. 그 설명의 두 번째 보조적인 요소는, 자비의 원리(principle of charity)
가 이러한 정당성에 대한 주장 대부분을 참인 것으로 다룰 것을 요구한다
는 드워킨의 견해이다.(163쪽)

다시금 이러한 놀라운 '요소'들 중 어느 것에도 문헌 인용은 붙어 있
지 않다. 첫 번째 요소는 심각한 것은 아니지만 부정확하다. 나는 자신의
정당성에 관한 공직자들의 신념에 관하여 어떠한 주장도 한 기억이 없
다. 나는 예를 들어 아파르트헤이트 시절에, 비록 남아프리카공화국 판
사들 중 몇몇은 정당성이 없다고 생각했음은 알고 있지만, 그 시절 그곳
판사들 중 얼마나 많은 수가, 자신들이 행사한 권한이 정당성이 있는 것
이었다고 생각했는지 알지 못한다. 두 번째 '요소'는 심지어 더 곤혹스
럽다. 나는, 대부분의 공직자들의 행위가 정당성이 있다고 추정토록 요
구하는 어떠한 자비의 원리에 대하여도 언급한 적이 없다. 그 이해할 수
없는 말은 몇 페이지 뒤에 가면 더 심해진다. 거기서 콜먼은 "자비의 원
리 — 드워킨이 도널드 데이비슨(Donald Davidson)으로부터 가져온 —
가 권위를 가진 법적 공언의 범위 전반에 적용된다고 생각되는 방식"에
관하여 언급한다.(168쪽) 데이비슨의 의미론과 진리론에서 중심적인 역
할을 하는 그의 자비의 원리는, 법에 대한 나의 설명과는 아무런 상관이
없다. 데이비슨이 실제로 나의 『법의 제국』에서의 논변에 등장하는 것은
오직 한 번뿐이다. 자비의 원리와는 아무런 관련이 없는 어떤 사례의 원
천으로서 말이다.[48] 콜먼은 내 논변이 자비의 원리에 의존한다고 지어내
고는, 그렇게 의존한다는 이유로 여러 번 반복해서 질책한다. 아마도 그
는 통합성이라는 정치적 덕에 대한 나의 호소[49]나, 구성적 해석에 대한
나의 설명[50]을, 진리에 관한 데이비슨적 자비의 원리에 대한 호소와 혼

---

48 같은 책, p. 202.
49 같은 책, pp. 95~96의 여러 곳.

동했는지 모른다. 만일 그랬다면 그는 나의 논변이나 데이비슨의 논변을, 아니면 둘 다를 심각하게 잘못 이해한 것이다. 다시금 내가 데이비슨을 근거로 들었다거나 그의 원리가 나의 논변에 엄청나게 도움이 되었다는 주장을 뒷받침하는 어떠한 문헌 인용도 없다.

6. 그의 다음 일련의 비판은 다시 '의미론적 독침' 논변으로 돌아간다. 그의 소개는 다시금 가혹하다. "우리는 [드워킨의] 논변의 핵심에 있는 근본적인 혼동에 먼저 주의를 기울여야 한다. (…) 이것은 법 개념의 내용과 특정한 공동체의 법 내용 사이의 혼동이다."(108쪽) 사실 이 두 관념 사이에는 분명하고도 중요한 연관 관계가 있다. 예를 들어 법률가가, 자신의 관할권에서는 가격을 고정하는 계약은 불법적이라는 것이 "법이라고" 선언한다면, 그는 어느 특정한 공동체의 법 내용을 진술하면서 법 개념을 사용하고 있는 것이다. 나는 다음 질문을 제기하면서 그 연관 관계에 기대었다. 만일 두 명의 법률가가 법의 내용에 관해 상당한 정도로 의견이 불일치할 때, 그때 그들은 상이한 법 개념을 갖는 것인가 ─ 그래서 그 경우 의견 불일치는 환상에 불과한 것인가? 나는 만일 우리가 콜먼이 개념 공유에 대한 '기준적' 견해라고 부른 것을 받아들인다면, 그 두 법률가는 동일한 법 개념을 공유하는 것일 수 없다고 지적했다. 개념 공유에 대한 기준적 견해는, 사람들이 특정한 사안에 그 개념이 성공적으로 적용되었음을 판정할 기준에 관하여, 적어도 상당히 의견이 일치할 때에만 동일한 개념을 공유한다는 견해이다. 나는, 법률가들이 자신들의 관할권의 법의 내용에 관하여 진정으로 의견이 불일치하는 것이 분명하기 때문에, 그래서 법의 개념을 진정으로 공유하기 때문에, 그 개념을 그들이 어떻게 공유하는가에 관한 기준적 견해는 틀렸음이 틀림없다고 결론내렸다. 나는, 내가 위에서 언급한 다른 견해를 제안했다. 법률가들은 내가 해석적 개념(또는 본질적으로 다투어지는 개념)이라고 부른 것으로서의

---

50 같은 책, p. 52.

법의 개념을 공유한다. 그들은 "이러이러한 것이 법이다"라는 주장의 타당성 판정을 위하여 적용할 기준에 대하여 의견이 일치하는 것이 아니라, 그들 모두가 받아들이는 형태의 패러다임 명제들에 대한 경쟁하는 해석들을 제시하고 나서는, 이러한 패러다임 명제들로부터, 자신들의 의견이 불일치할 수 있는 참신한 사안을 두고 "이러저러한 것이 법이다"라는 판단에 적용할 상이한 기준들을 추출해낸다. 콜먼 역시, 내가 바로 위 문단에서 이야기했듯이, 법률가들이 법 개념을 어떻게 활용하는가에 관한 이 견해를 지지한다. 그렇다면 나의 "근본적인" — 또는 그가 또한 지칭하기를 "깊이 뿌리박혀 있는"(181쪽) — 혼동이란 무엇인가? 그의 설명은 다음과 같은 꼴을 취하게 된다. 법률가들이 해석적 개념으로서의 법 개념을 공유한다는 점에서 내가 옳다면, 그렇다면 내가 말한 것과는 정반대로, 그들은 실제로는 그 개념을 적용하는 기준에 관하여 의견이 일치한다. 그들은 내가 기술한 해석적 방식에서 그 개념이 어떻게 적용되어야 하는지에 관하여 의견이 일치한다.(182쪽)[51] 그러나 이 설명은 법률가들이 기준을 공유하지 않는다는 내 말의 의미를 오해한 것이다. 그것은 그들이 어느 법 명제가 참인가를 판단할 하나의 동일한 테스트 집합에 동의하지 않는다는 점을 명확히 의미했다. 콜먼이 이 점에 동의하기 때문에, 그가 내가 혼동에 빠졌다고 생각하는 이유는 이해하기 힘든

---

51 적절하게 관련 있는 문장을 인용하겠다. "예를 들어 우리가 법이란 다툼이 있는 개념이라는 견해를 공유한다고 가정해보자. 즉, 법이 존재하는 곳에서 법이 무엇인가는 항상 잠재적인 논쟁의 문제가 되며, 해석적 실천을 요한다는 의미에서 다툼이 있는 개념이라는 뜻으로 다툼 있는 개념이라는 견해를 공유한다고 가정해보자. (…) 그러한 의견 불일치는 우리가 법이라고 여기는 바의 일부다. 즉, 법이란 어떤 종류의 대상인가에 대한 우리의 공유된 이해의 일부를 이루는 것이다. 그러므로 우리의 공동체에서 합법성의 기준에 관한 의견 불일치는 법 개념을 적용하는 동일한 기준을 우리가 공유한다는 사실과 양립 가능할 뿐만 아니라, 이 경우 우리의 공동체에서 합법성 기준에 관한 우리의 의견 불일치는, 우리가 바로 그 개념을 적용하는 동일한 기준을 공유하기 때문에 우리에게 이해 가능한 것이다."(182쪽)

것으로 남게 된다.

7. 콜먼은 나의 저술에 대한 자신의 논의를, 법철학의 성격에 관한 일련의 언급으로 끝맺는다. 그는 내 견해를 따르자면, 법률가들이 안착된 법의 측면들의 구성적 해석 —— 그것은 자주 도덕적 차원을 갖게 될 터인데 —— 에 참여해야 하는 것과 마찬가지로, 법철학자와 정치철학자들 역시 전체로서의 법 실무에 대한 구성적 해석을 활용하여 —— 그것 역시 도덕적 차원을 가질 터인데 —— 법 개념 자체에 대한 특정한 관념을 옹호해야 한다고 말한다. 그러고는 그것을 '허황된' 제안이라고 부른다.(185쪽) "이것은 규범적 법철학을 위한 하나의 논변이기는 하다"라면서 그는 덧붙인다. "그러나 그걸 얼마나 진지하게 받아들일 수 있는가? 각각의 중대한 지점에서 추론은 무에서 갑자기 튀어나오는 것 같다."(184쪽) 그는 내가 실제로 그 견해를 위해 개진한 긴 논변,『법의 제국』전체에 걸쳐 전개되며 해석·통합성·공동체·평등 이론으로부터 근거를 끌어오는 논변을 무시해버린다. 그는 나의 논변이 데이비슨의 자비의 원리에 대한 오해에 의존하고 있다는 황당한 주장을 반복한다. 그러니 나는 그런 원리를 사용한 적이 없다는 말을 반복해야겠다. 그러나 그는 나의 논변 중 어느 것에도 대처하지 않는다. 그의 책의 독자들은 나의 논변이 그가 지어낸, 허공에서 추론을 뽑아내는 속임수라는 인상을 받을지도 모른다. 그러므로 그들이 실제로 주의 깊게 검토해본다면, 내가 실제로 말한 것이 확실하게 꾸준하고 현세적인 성격을 지니고 있음을 알고 실망하게 될 것이다.

제8장

법의 개념

의미론적 독침

이 책을 위해 새로 쓰인 이 장에서, 나는 앞서 제기된 일정한 철학적 쟁점들을 훨씬 더 자세히 탐색하려 한다. 나는 책 전반에 걸쳐, 사람들이 법에 관하여 이야기할 때 사용하는 상이한 개념들을 서로 구별하는 일의 중요성을 강조해왔다. 법리적 개념은, 우리가 어떤 관할권에 속하는 법이 명하거나 금지하거나 허용하는 바가 무엇인지를 진술하는 데 사용된다("무지는 법에서 보호받지 못한다"). 사회학적 개념은, 특정한 형태의 정치조직을 기술하기 위해 사용된다("로마는 복잡하고 정교한 형태의 법을 발전시켰다"). 분류적 개념은 어떤 다른 종류의 원리가 아니라 법 원리로서의 특정한 규칙이나 원리로 분류할 때에 사용된다("7 더하기 5가 12라는 규칙이 비록 일부 법적 논변에서 등장하지만, 그 자체는 법의 규칙이 아니다"). 그리고 여망적 개념은 독특하게 구별되는 정치적 가치를 기술할 때 사용되는 것이다("뉘른베르크 법정은 합법성의 본질이라는 문제에 집중하고 있었다"). 이들 각 개념은 하나의 법 개념이라고 이야기될 수 있다. 그리고 그것들은 명백히 여러 방식으로 서로 연관되어 있다. 그러나 그럼에도 불구하고 그것들은 서로 상이한 개념들이다. 그리고 비록 그것들이 모두 법과 정의의 관계에 관한 질문을 낳기는 하지만, 그것들이 낳는 질문은 서로 매우 다른 것들이다.

나는 서론에서, 개념들은 그 개념들을 공유하고 사용하는 사람들의 사상과 담화에서 상이한 종류의 기능을 한다는 점을 주목한 바 있다. 몇몇 개념들은, 총각이라는 개념처럼, 특징적으로 기준으로서 기능한다. 다른 개념들은 호랑이라는 개념처럼 자연 종 개념으로 기능한다. 정의나 민주주의 같은 또 다른 개념들은 해석적 개념으로 기능한다. 이 기능들 사이의 차이는, 어떤 개념을 조명해주는 분석의 형태가 무엇인가 또는 그 개념이 수용하는 대상이나 현상이 취하는 본성이 무엇인가를 고려하는 데 결정적이다. 우리가 총각임(bachelorhood)과 같은 특정한 개념을 기준적 기능을 하는 것으로 취급한다면, 우리의 분석은 그 개념의 사용에 대한 올바른 기준을, 고전적인 정의의 형태나 그 개념을 공유하는 사람들이 아마도 무의식적으로 그것을 적용할 때 따르는 규칙을 정식화하는 형태로 진술하는 것으로 이루어진다. 만일 그 개념이 부정확하다면 그 분석을, 예를 들어 18세 소년은 총각이 될 수 없다고 주장함으로써 부정확성의 영역으로 밀어붙이는 것은 오류를 범하는 것이 될 것이다. 우리의 분석은, 단순히 그 개념의 공유된 기준이 18세 소년이 총각이 될 수 있는가라는 질문을 확정적으로 결정하지 못한다고 보고해야 한다. 내가 말했듯이, 나의 견해에서 법에 대한 사회학적 개념은 부정확한 기준적 개념이다. 그리고 한때 법철학자들에게 많은 사랑을 받았던 논변, 나치가 법체계를 가지고 있는가의 논변은 그런 이유에서 무익한 것이다. 그러나 만일 우리가 어떤 개념을 자연 종 개념으로 다룬다면, 그 개념에 대한 상이한 종류의 분석이 활용 가능하다. 우리는 그 개념이 집합 내에 포함시키는 대상들이 내재적인 본성, 즉 그것 없이는 그것들이 속하는 종류의 대상이 될 수 없는 본질적 구조를 갖고 있다고 가정할 수 있다. 설사 우리가 그 구조가 무엇인지 모른다고 할지라도 말이다. 그러므로 그 개념에 대한 도움이 되는 분석은, 사람들이 사례를 식별하기 위해 사용하는 기준에 대한 진술로 구성되는 것이 아니라 그 본질적 속성에 대한 물리적이거나 생물학적인 설명으로 구성된다.

해석적으로 기능하는 개념들은 기준적 개념과 역시 다르지만, 다른 방식으로 그러하다. 나는 해석적 개념을 서론과 제6장에서 기술하였다. 해석적 개념을 공유하는 것은, 기준이나 사례의 경우에 대하여 저변에 깔린 어떠한 의견 일치나 수렴을 요하지 않는다. 자유주의자들과 보수주의자들은 정의의 개념을 공유하지만, 정의에 관한 판단에서나 어떤 제도가 정의롭고 어떤 제도가 부정의한지의 판단에서나 기준을 공유하고 있지 않다. 행위와 제도를 정의롭다 정의롭지 못하다고 판단하는 사회적 실천에 참여하고 있기 때문에 그들은 그 개념을 공유하는 것이다. 또한 각자가 그 실천의 가장 기본적인 가정, 그 논지와 목적을 무엇으로 보아야 할지에 관하여 정교하건 정교하지 않건 의견을 갖고 있기 때문에 그 개념을 공유하는 것이다. 그들은 이러한 가정들로부터 구체적인 경우들에서 그 실천을 지속시키는 올바른 방식에 관하여 더 구체적인 의견들을 도출해낸다. 정의에 관하여 이해를 돕는 분석은 바로 그러한 종류의 해석적 이론임에 틀림없다. 분석가는 그 실천이 복무한다고 여겨지는 가치들에 대한 자신의 이해와, 그러한 가치들에 가장 잘 복무하는 작동하고 있는 개념에 관한 관념들에 대한 자신의 이해를 활용하여야만 한다. 기준적 개념이나 자연 종 개념에 대한 분석은, 그 개념이 등장하는 다양한 규범적 논쟁 사이에서 중립적이어야 한다. 총각이 결혼을 하도록 독려받아야 하는지, 호랑이가 멸종이 위협받는 종으로서 보호되어야 하는지 등등의 논쟁으로부터 말이다. 그러나 해석적 개념에 대한 유용한 분석 ─ 그것이 해석적이며 그것이 등장하는 실천에 대한 매우 일반적인 설명이라는 단순한 진술을 넘어서는 분석 ─ 은 중립적일 수 없다. 그것은 그것이 조명하고자 하는 논쟁에서의 쟁점에 참여하여야만 한다.

나는 여러 해 동안 많은 여건에서 도덕적 사실들이 법 명제의 기본적인 진리 조건에서 등장한다고 논해왔다. 제6장과 제7장에서 나는 이와 경쟁하는 하나의 주장을 다루었다. 그것은 분석적 법리적 실증주의이다. 이 실증주의는 개념적 문제로서 도덕적 사실은 법 명제의 기본적 진리 조건에 등장할 수 없다고 주장한다. 초기의 저서 『법과 권리』(*Taking Rights Seriously*)[1]에서 나는, 분석적 실증주의는 당대의 법체계에서 변호사와 판사들의 실제의 실무를 왜곡하며, 그래서 그러한 실무에 대한 부적합한 이해를 제공한다고 주장하였다. 『법의 제국』[2]에서 나는 왜 분석적 실증주의가 그러한 오류를 범하는가에 관한 설명을 제시하였다. 나는 분석적 실증주의자들이, 법에 대한 법리적 개념을 비롯하여 모든 개념들이 기준적 개념이며, 법리적 개념에 대한 적합한 분석은 그러므로 법률가들이, 경계선상의 사례를 제외하고는, 법 명제가 참인지를 판단할 때 공유하는 테스트를 해명하는 일로 구성된다고 가정하고 있다는 가설을 세웠다. 나는 그 가정 —즉, 모든 개념들이 기준적이라는 가정 —을 '의미론적 독침'(The Semantic Sting)이라고 불렀다. 그러고 나서 나는, 기준적 개념이 아니라 해석적 개념으로서의 법의 분석을, 법률가들의 의견 불일치가, 설사 그들이 참인 법 명제를 식별하는 기준에 대하여 의견이 일치하지 않는 경우에도, 진정한 불일치일 수 있는지를 보여주기 위하여 제시하였다.

1986년에 나는 의미론적 독침에 관한 설명을, 당시의 법실증주의를 찬성하는 논변에 맞추어 재단하였다. 그러나 법철학자들의 새로운 세대는 언어철학에서 더 정교해졌으며, 실증주의 자체가 내가 그 책들을 쓴 이래로 이동해왔다. 그래서 나의 기술은 지나치게 협소한 것으로 드러나게 되었다.[3] 나는 그 독침의 특성을 이제 더 폭넓게 서술하고자 한다.

---

1 Cambridge, Mass.: Harvard University Press, 1977.

2 Cambridge, Mass.: Harvard University Press, 1986.

3 언어철학과 법 이론의 관련성에 대한 섬세하고 많은 것을 조명해주는 설명으로는 Nicos Stavropoulos, *Objectivity in Law*, Oxford: Clarendon Press, 1996을 보라. 나는 스타브로풀로스가 이 책의 서문과 이 장의 초안에 매우 도움이 되는 논평을 해준

그 독침은, 모든 개념들이 내가 서론에서 기술한 종류의 수렴하는 언어적 관행에 의존한다는 가정에 놓여 있다. 적용의 공유된 기준을 통해서 혹은 고유한 자연 종에 그 개념을 결부시킴으로써 그 개념의 확장을 특징짓는 관행 말이다. 의미론적 독침에의 감염은, 법리적 개념을 비롯하여 법에 대한 모든 개념이 이 둘 중 하나의 방식으로 수렴하는 관행에 의존한다는 가정이라고 이제 나는 말하는 것이다. 의미론적 독침의 병리적 측면은 그대로 남는다. 독침에 찔린 법률가는, 법의 개념에 대한 분석은 무엇이 법인가에 관하여 법률가들이 주되게 동의하는 바에 부합하여야 하고 오직 그것에만 부합할 뿐이라고 생각한다.

드워킨의 오류

「드워킨의 오류 또는 언어철학이 우리에게 법에 대하여 가르쳐줄 수 없는 것」(Dworkin's Fallacy, or What the Philosophy of Language Can't Teach Us about the Law)에서 마이클 스티븐 그린(Michael Stephen Green)은, 내 이름을 붙인 오류를 정의한다. 그는 다음과 같이 썼다. "드워킨의 오류는" "의미에 대한 해석적 이론을 법에 대한 해석적 이론을 정당화하는 데 사용하는 것이다."[4] 내가 범한 그 오류의 판본은, 법에 대한 법리적 개념이 해석적 개념이기 때문에 법의 진리 조건에 대한 최선의 설명 자체가 해석적이어야 한다고 가정한 부분에, 즉 법 명제는 그것이 유관한 효력 있는 법의 집합에 대한 최선의 해석으로부터 도출될 때 참이라고 가정한 부분에 있다고 그는 생각한다.

물론 그것은 오류다. 그러나 그것은 새로운 이름을 필요로 한다. 왜냐

데 대하여 고마움을 전한다.

4 89 Va. L. Rev. 1897 (2003), 인용은 p. 1918.

하면 나는 그 오류를 범하지 않았고, 사실은 그 오류를 범하지 않도록 특별히 수고를 기울여 경고했기 때문이다. 나는 법에 대한 법리적 개념이 해석적 개념이라고 생각하며, 또한 법 명제의 진리 조건도 그런 방식으로 해석적이라고 생각한다. 그러나 나는 이러한 두 번째 신념이 첫 번째 신념으로부터 도출된다고 생각하지는 않는다. 이와는 반대로 나는 법리적 개념을 해석적 개념으로 다루는 입장과 또한 일관된다고 말한, 법 명제의 진리 조건에 대한 매우 상이한 다른 이론을 살펴보는 데 내 책『법의 제국』의 세 장(章)을 할애했다. 이 중 하나는 법실용주의의 한 형태이다. 나는 그 이론을 이 책의 앞부분에서 상당히 길게 논의하였다. 다른 이론은 내가 관행주의(conventionalism)라고 부른 것이다. 이것은 내가 제5장에서 기술한 정신에서 제시된 법실증주의의 한 판본이다. 즉, 그것은 그 자체가 당대의 실무에 대한 하나의 해석이라고 내세우는 판본이다. 나는 법 이론의 법리적 단계에서 제기된 질문에 대한 나 자신의 해석적 답변이 최선이라고, 내 답이 그러한 최선의 해석을 제공하기 때문에 논증한 것이지, 법리적 개념 자체가 해석적 개념이기 때문에 그렇게 논증한 것은 아니다.

그린의 놀라운 오독은, 지속되는 의미론적 독침에 의한 감염의 증후로 가장 잘 설명될 수 있다. 그린은 황금, 물, 호랑이에 관하여 '전통주의'와 '현실주의'라고 자신이 부르는 견해들 사이의 철학적 논쟁을 얼마간 논의한다. 전통주의 견해는 이 개념들을 기준적인 것으로 다루고, 현실주의 견해는 그러한 개념들이 기준적이 아니고 오히려 자연 종 개념으로서 기능한다고 주장한다. 그린은 명백히 이것이 모든 개념들이 이해되어야 하는가에 대한 논쟁의 전부라고 가정한다. 그는 그래서 내가 "의미에 관한 현실주의자들의 논변과 유사한 논변을 개진하여, 법이 동의 하의 관행에 의해 소진된다는 법철학적 입장을 공격한다"고 말한다.[5] 그것

---

5 같은 글, p. 1908. 그린은 다른 곳에서, 아마도 해석적 개념에 대한 나의 설명은 결

은 맞지 않다. 그리고 그 오해는 중요하다. 내가 법에 대한 법리적 개념에 관한 기준적 설명을 거부한 것은 사실이다. 그러나 나는 그 개념에 대한 자연 종 의미론을 채택하지 않았다. 이 책 제6장에서 나는 법에 대한 그 어떤 개념에 대하여도 자연 종 해석을 명시적으로 거부하였다. 그 대신에 나는 법리적 개념은, 다른 중요한 정치적 개념들처럼 해석적이라고 말하였다.

법의 개념에 대한 라즈의 견해

제7장에서 나는 조셉 라즈를 현대 분석적 · 법리적 실증주의의 선두 주자로 파악했으며, 실증주의를 옹호하려는 그의 시도에서 내가 오류라고 생각하는 바를 설명하였다. 내가 그 에세이를 쓴 이래로, 라즈는 '법

국 실재론적 설명이 아니라, 넬슨 굿먼(Nelson Goodman)의 두드러지게 유명론적인 논리 이론과 '유사한 것'일지 모른다고 시사한다. 굿먼은 연역 추론의 일정한 규칙의 타당성에 대한 우리의 공유된 감각은, 타당한 추론의 플라톤적 형태를 우리가 지각한 결과가 아니라, 우리가 수용할 마음이 생기는 추론과 우리가 수용할 마음이 생기는 추론 규칙 사이의 균형을 함께 달성한 결과라고 주장한다. 굿먼의 설명은 우리가 비판적 조정의 (신비스러운) 과정 후에 달성하게 되는 균형이 전적으로 우연적이고 — '우리'는 매우 상이한 균형을 정할 수도 있었고, 그래서 매우 상이한 논리를 가졌을 수도 있다 — 사회적인 구성물이라고 본다. 논리의 규칙은 우리가 모두 의문의 여지 없이 현재, 만일 A이고, 그리고 A이면 B라고 한다면, 그렇다면 B라는 점을 받아들이지 않는다면 그 힘을 가질 수 없다는 것이다. 그러한 방식으로 연역 논리나 귀납 논리에 대한 굿먼의 유명론은, 그린이 전통주의라고 부르는 것과 유사한 것이 된다. 용어의 의미는 의미론적 협상 기간을 얼마간 거친 후에 달성되는 통일된 실천에 의해 정해진다. 이러한 극단적인 유명론보다 해석적 개념에 대한 나의 설명과 더 동떨어진 것은 없을 것이다. 내 설명의 중추는, 해석적 개념은 실천에 의해 정해지는 것이 아니라 다투어지는 것이라는 점이다. 그리고 나는 그러한 개념들의 사용에 의해 제기되는 가치의 질문은, 적어도 그 원리상으로는, 정답을 갖고 있다고 주장하였다.

이론이 존재할 수 있는가?'(Can There Be a Theory of Law?)라는 흥미를 돋우는 제목을 단 자신의 철학적 방법론에 대한 복합적인 탐색을 출간하였다. 이 논문에서 그는 일군의 흥미로운 개념적 질문들을 제기한다. 그는 법 이론이 '법의 본성에 대한 탐색'이라고 한다. 이 탐색은 법의 개념을 설명하는 형태를 취하며, 따라서 일련의 조건을 만족시켜야 한다고 한다. 이 조건 중 하나는 "그 개념의 완전한 숙달에 관련된 앎의 조건을 설정하는 것이다. 그 앎은 대상의 모든 본질적 특성에 대한 앎이다. 말하자면 그것은 법의 본질적 특성에 대한 개념이다."[6]

라즈는, 자신의 기획의 이러한 기술에서나 그 기획의 실행에서나 법에 대한 사회학적 개념과 법리적 개념을 구별하지 않는다. 이와는 반대로, 비록 그 구별을 인식함에도 불구하고 그는 개념 설명에 대한 자신의 해명이 두 개념 모두에 성립한다고 가정함으로써 그 두 개념의 중핵을 명시적으로 같은 것으로 취급한다. "여기서 그리고 그로부터 도출되는 것에서" "나는 '법'이라는 말을, 그것이 흔히 사용되듯이, 때때로 법체계를, 때로는 법의 규칙, 또는 구체적인 논지에서 법이 어떠한가를 지칭하는 데 사용할 것이다. 때로 나는 그 단어를 이들 중 하나 또는 다른 것을 지칭하기 위해 애매하게 사용할 것이다. 왜냐하면 그것이 어떤 방식으로 이해되는가는 이 장의 논의의 목적에서 문제되지 않기 때문이다."[7] 라즈는 두 개념 모두가 동일한 종류이며, 그래서 동일한 방식으로 철학적으로 탐구되어야 한다고 생각한다. 결과적으로 그의 방법론은 두 개념 모두에 대하여 실패한다.

그의 방법론은 사회학적 개념에 대하여 실패한다. 왜냐하면 그 개념은 철학적으로 흥미로운 '본질적인 특성'을 산출하기에 충분히 정확하지

---

6 Joseph Raz, *The Blackwell Guide to the Philosophy of Law and Legal Theory*, Malden, Mass.: Blackwell, 2005, p. 324, p. 326.
7 같은 책, pp. 241~46.

않기 때문이다. 내가 말했듯이, 사회학적 개념은 결혼, 능력주의, 권투, 그리고 우리가 사회질서를 기술하는 데 사용하는 다른 기준 개념들처럼, 그러한 목적을 위해서는 지나치게 많은 여지를 남겨두고 있다. 그것의 경계들은 너무나 물러서 본질적 특성을 찾는 철학적 탐구를 지지할 수 없다. 어느 인류학자가, 개별 분쟁에서 더 나은 도덕적 논거라고 공직자들이 기술하는 것을 누가 가지고 있는가를 일단의 공직자들이 결정하고, 다른 공직자들은 그 결정에 복종하기를 꺼리는 어떠한 당사자도 강제적으로 복종시키는 사회구조를 보고한다고 가정해보자. 우리의 공유된 언어적 실천들은, 우리로 하여금 그 체계가 법체계를 구성한다고 말하는 것을 요구하지도, 또는 그 체계가 법체계를 구성하지 않는다고 말하는 것을 요구하지도 않는다. 아마도 사회과학자들에게는 예측이나 설명이라는 자신들의 목적을 위해, 그 쟁점을 결정하는 법체계에 대한 더 정확한 정의를 규정하는 것이 현명한 일이 될 것이다. 그러나 우리 법률가나 일반 시민들이 그럴 이유는 전혀 없다. 그 분류를 어떻게 하는가에 따라 우리에게 달라지는 것은 아무것도 없다.

라즈의 방법론은 이와는 다른 이유에서 법리적 개념에 부적합하다. 공직자가 소렌슨 여사가 제약업체의 시장점유율에 따른 배상에 대한 법적 권리를 갖고 있다고 결정하는가 결정하지 않는가가 아무 상관이 없기 때문이 아니라 — 명백히 그것은 매우 중요한 것이다 —, 법리적 개념이 해석적이기 때문이다. 여러 여건에서 법이 명하는 바가 무엇인가에 관하여 예리하게 의견이 나뉘는 두 법률가는, 그럼에도 불구하고 법의 개념에 동등한 성도로 잘 숙달되었을 수 있다. 그들 중 하나는 적어도 법에 관하여 틀렸을 수 있다. 그러나 그가 틀린 것은 그의 법적 논변이 실패하였기 때문이지, 그가 경쟁자보다 "법이 구체적인 논지에서 어떠한가"의 개념을 덜 이해하고 있었기 때문이 아니다. 그러므로 법 이론이, 법률가들이 자신들의 숙달을 보여주면서 법으로서 식별하는 것에 수렴하는 바의 본질적 특성을 식별해야 한다고 할 수는 없다. 분석적 법리적 실증주의는, 법률가들의 의견들은 통상 상당한 정도로 중첩된다고 지적한다. 상당한 기간 동안 그들 사이에 논쟁이 되지 않는 원천에 기반한 법의 거대한 영역이 일반적으로 있다고 한다. 그러고 나서 그것은 그 중첩의 영역을 법에 대한 법리적 개념의 확장을 모두 소진하는 것으로 못 박는다. 그러고는 그렇게 파악된 법의 본질적 특성은 원천 기반적(source-based)이라고 한다. 그것은 억지로 꾸며낸 순환적인 발명이지, 본질적 특성에 대한 발견이 아니다.

라즈는 명백히, 법에 대한 사회학적 개념과 법리적 개념이 우리의 사고에서 자연 종 개념의 본성에 있는 무언가로 기능한다고 가정한다. 이 가정은, 왜 그가 법에 대한 그 두 개념을 자신의 분석에서 구분하는 일이 중요하지 않다고 생각했는지를 설명해준다. 그리고 왜 개념 이론들에 대한 자신의 일반적인 논의에서, 자연 종 개념 ― 특히 자연 종 개념을 연구하는 철학자들이 표준적인 사례로 사용한 물의 개념 ―을 자신의 사례로 택하였는지를 설명해준다. 그것은 폭넓은 의미에서의 의미론적 독침의 증후다. 라즈는 개념적 분석이 중요하다고 생각한다. 그 이유는 그가 표현한 바에 따르면, "대체로 우리가 법의 본성에 대해 탐구할 때 우리가 탐구하는 것은 우리 자신의 자기 이해의 본성이다. (…) 그 의식은 우리가 법의 본성을 조사해 들어갈 때 우리가 탐구하는 것의 부분이기" 때문이다.[8] 나는 분석적 법철학을 찬성하는 (내가 과열되었다고 생각하는) 그 주장에 회의적이다. 만일 우리가 우리 자신의 자의식을 탐구하고자 원한다면, 우리는 소설, 정치, 전기, 심층심리학, 사회과학에 주의를 돌리는 것이 현명한 일이 될 수 있다. 우리는 법의 성격을 우리가 무엇을 해야 하는가를 알기 위해서 심사숙고하지, 우리가 누구인가를 알기 위해서 심사숙고하지 않는다. 그러나 법철학이 우리의 정신으로 향하는 렌즈라고 생각한 점에서 라즈가 옳은 만큼, 의미론적 독침은 추한 왜곡을 낳는다.

---

8 같은 책, p. 331.

라즈는 자신의 방법론적 에세이에서 법 개념에 관한 다른 흥미로운 몇 가지 쟁점을 제기한다. 그는 예를 들어 법에 대한 '우리'의 개념에 관하여 이야기하며, 이것은 법에 대한 다른 개념들과는 다르다고 가정한다. 예를 들어 중세의 개념 또는 어떤 외계의 현대 문화의 개념과는 다르다는 것이다. 이는 우리가 법에 대한 다른 태도나 기대를 갖고 있다든지 그것의 중요성이나 가치나 기원에 대하여 상이한 일반적 신념을 갖고 있다는 것을 그저 의미하는 것은 아니다. 이 중요한 차이는, 그가 말하기를, 문화사회학자나 지성사가들이 탐구할 일이지 법철학자가 탐구할 일은 아니라고 한다. 그러나 다시금 법에 대한 사회학적 개념을 다른 개념과 구분하지 못해서 자신의 논의를 망친다. 사회학적 개념은 부정확한 기준적 개념이기 때문에, 중세의 사회학적 개념이 우리의 개념과는 어떻게 다소 다른 것이었는가 하는 점은 충분히 분명하다. 사람들은 그러고 나서 우리 대부분 — 또는 아마도 우리 사회과학자들 대부분 — 이 그러는 방식과는 다소 다른 방식으로 사회조직의 유형들 사이에 자의적인 선을 그었을 것이다. 아마도 그들은 특정한 마을 시장에서의 관습적 상업 관행을 정치 국가의 법률과 동일한 범주에 속하는 것으로 여겼을 것이다. 우리 대부분은 이러한 것들을 다른 범주에 넣고 국가의 법률은 '법'이라고 부르는 것에 반해 말이다. 그러한 사실에 역사적 흥미와 관심은 많이 가지지만 철학적 관심은 거의 가지지 않게 된다.

　그러나 법에 대한 우리의 법리적 개념이 중세의 개념과 다르다고 말하는 것은 무엇을 의미할 수 있는가? 만일 우리의 법리적 개념이, 라즈가 때때로 시사하듯이 자연 종 개념처럼 기능한다면, 그 말이 의미하는 바를 이해하기란 어려울 것이다. 만일 그 역사적 시기의 영어 사용자가 '물'의 동음이의어를 물과 보드카 등 마시기에 적합한 모든 투명한 액체를 지칭하는 데 사용하였다면, 그리고 물만 따로 구별해서 지칭하는 아무런 단어도 사용하지 않았다면, 그는 우리와는 다른 물 개념을 가지고 있었다고 할 수는 없는 것이다. 그들은 아무런 물 개념을 갖고 있지 않았던 것이다. 만일 그들이 '물'이라는 말을 물을 지칭하는 데 사용하였지만, (지금 우리 대부분이 모르듯이) 물의 화학적 구성 성분을 몰랐다면, 그렇더라도 그들은 여전히 '우리'의 물 개념(즉, 그 개념)을 가졌던 것일 터이다. 비록 그들이 물에 대하여 우리들 중 일부가 알고 있는 것보다 덜 알았다고 하더라도 말이다. 내가 그렇게 믿듯이 만일 법리적 개념이 해석적이라면, 중세에 상이한 법 개념을 갖고 있었다고 말하는 것은 또한 오해의 소지가 있는 일이 될 것이다. 아마도 그들은 법이 명하는 바에 대한 최선의 해석에서 어떤 종류의 자료가 등장하는가에 관하여 매우 상이한 관념을 갖고 있었을 것이다. 그들이 정의가 요구하는 바를 판단함에 있어 무엇이 중요한가에 관하여 매우 상이한 관념을 갖고 있었을 것이 확실한 것과 마찬가지로 말이다. 그러나 그들은 상이한 정의의 개념을 갖고 있었던 것이 아닌 것처럼, 상이한 법의 개념을 갖고 있었던 것은 아니다.

라즈는 법에 대한 법리적 이론 — 법 명제의 진리 조건에 관한 설명 — 이 지역적일 수밖에 없는가라는 추가적인 질문, 즉 하나의 법체계나 서로 매우 유사한 그러한 체계들의 집합에만 적용되도록 법리적 이론이 재단되는가 아니면 보편적일 수 있는가라는 질문을 논의한다. 만일 법리적 이론이 법 실무에 대하여 해석적이라면, 법리적 이론이 보편적일 수 있는가라는 질문에 대하여는 아무런 간단한 답도 있을 수 없다. 우리는 우리 자신의 실무에 대하여 매우 상세한 해석적 해명을 할 수 있다. 이때 그 해명은 우리에게 특유한 우리 자신의 실무의 특성, 예를 들어 우리의 규칙, 선례의 실무 등에 민감해지게 될 것이다. 또는 우리는 더 추상적인 해명을 할 수도 있다. 이때 그것은 훨씬 더 폭넓은 적용 범위를 갖게 될 것이다. 라즈는 "드워킨의 법 이론은 시작부터 지방근성적(parochial)이었다"[9]고 말한다. 그는 우리를 위한 법 이론은 우리의 법에

9 같은 책, p. 332.

관한 이론이라는 『법의 제국』에서의 나의 주장을 염두에 둔 것이다. 나는 그 책의 세세한 부분까지 파고들어간 이론은 우리의 지역적 실무에 맞게 재단되어 있어서 다른 정치 공동체에는 부합하지 않을지도 모른다고 말한 것이다.[10] 그러므로 나의 견해의 특성에 대한 라즈의 설명이 맞느냐 여부는 그가 무엇을 법에 대한 '나의' 이론으로 이해하느냐에 달려 있다. 그가 내 이론을 더 추상적인 것으로 여길수록, 그의 관찰은 덜 정확해진다.

법리에 대한 해석적 이론은 얼마나 보편적일 수 있는가? 우리가 법에 대한 우리의 사회학적 개념에 속한다고 여기는 모든 것에 부합하는 법 실무에 대한 어떤 해석을 구성하기로 한다고 가정해보자. 그 고도로 추상적인 해석은 얼마나 많은 세부 사항을 담을 수 있는가? 아마 거의 담을 수 없을 것이다. 일단 우리가 해석적 단계에 돌입하는 과정을 시작하게 되면 우리는 우리의 해석적 설명을 더 지역적인 것으로 만들게 되는 것일 수도 있다. 우리는, 예를 들어 우리가 어떤 멀리 떨어진 장소에서의 법 실무라고 여기는 것에 부합하는 유일한 정당화는, 법리적 단계에서, 법의 진정한 기능에 대한 실증주의적 설명을 산출한다는 점을 발견할지도 모른다. 나는 『법의 제국』에서 그 가능성을 언급한 바 있다. 실제로 나는 우리 자신의 법 실무에 대한 최선의 해석조차 내가 '관행주의'라고 부른 것을 낳을지도 모르는 경우를 상상한 바 있다.[11] 법에 대한 법리적 개념 중 그 무엇도, 물론 그것을 배제하지 않고, 또한 보장하지도 않는다. 그러므로 나는 나의 법 이론이 보편적인 것으로 의도되었느냐 아니면 지역적인 것으로 의도되었느냐는 질문에 대한 최선의 답은 '둘 다'라

---

10 라즈는 내가 법 이론은 지방근성적인 것일 수밖에 없다고 생각한다고 시사한다. 그런데 그는, 그 결론을 찬성하는 나의 가정된 논변으로 내가 인정하지 않는 나쁜 논변을 제시한다. 그러나 그는, 내가 명료하게 밝히지 않은 논점이 있다고 덧붙인다. 나는 이것들이 의미론적 독침의 추가적인 증후라고 생각한다.

11 *Law's Empire*, p. 114.

고 생각한다.

라즈는 또 다른 흥미로운 질문을 던진다. 그는 법의 개념을 결여하고 있는 곳에서 사회학적 의미의 법이 있을 수 있는가라고 묻는다. 사회학적 개념이 알려지지 않은 곳에서도 확실히 법은 있을 수 있다. 그 공동체가 법체계를 가지기 위하여 공동체의 어느 누구라도, 법체계가 사회조직의 독특한 형태라는 점을 이해하는 것이 꼭 필요한 것은 아니다. 그것을 다른 형태와 구분해준다고 생각하는 특성이 무엇인가에 관한 어떠한 관념을 가질 필요가 없음은 말할 필요도 없이 말이다. 그러나 법리적 개념을 아무도 갖고 있지 않은 곳, 무언가가 어떤 실천에 의거하여 명해지거나 금지되거나 허용되는 효과를 가진다는 관념을 아무도 이해하고 있지 않은 곳에 법이 있을 수 있는가? 그것은 사회학적 개념의 경계에 관한 질문이다. 만일 (상상할 수 있다면) 검은 법복을 입은 사람들이 독점적 강제력을 행사하고, 공중에 의해 선출된 다른 사람들은 그들이 제시하는 바를 공중이 따르기에 현명한 조언이라고 선언한다고 가정해보자. 그리고 검은 법복을 입은 사람들은, 효율성에 대한 관심 때문에, 그 선언된 현명한 조언들을 자신들의 평결에서 따르는 것을 관행으로 만들었다고 가정해보자. 그러나 어느 누구도 검은 법복을 입은 사람들이 그렇게 하는 것이 명해진다고는 생각하지 않을 것이다. 그들은 그냥 그렇게 할 뿐이고, 사람들은 거기에 맞춰 계획을 세울 뿐이다. 그리고 비록 때때로 검은 법복을 입은 사람들이 시민들을 놀래기는 하겠지만, 이러한 사건들은 허리케인과 같은 불운이 강타한 것으로 취급된다. 이 공동체의 구성원들은 법에 대한 법리적 개념을 결여하고 있다. 우리는 그들에 관해서, 내가 『법의 제국』에서 우리에 관하여 이야기했듯이, 그들의 실무가 그들과 그들의 공직자에게 요구하는 바에 관한 질문에 대하여 해석적 태도를 취하고 있다고 말할 수 없다.

그러나 우리는 법리적 개념을 갖고 있으며, 그 개념을 그들의 여건에서 분별 있게 작동하게 할 수 있다. 나는, 서론에서, 비록 법에 대한 우리의 사회학적 개념이 기준적이고 부정확하지만 그래도 그것은 경계를 가지고 있으며, 그 경계들 중 하나는, 권리, 의무 그리고 다른 규범적 관계가 우리가 법체계라고 부르는 것에 귀속되는 것이라고 가정하는 것이 이치에 닿아야만 할 것을 요한다고 하였다. 내가 상상한 그 공동체의 사람들은 그러한 일을 스스로 할 수 없지만, 우리는 그러한 일을 그들을 위해 해줄 수 있다. 우리는 그들이 실제로 정말로 법적 권리와 의무를 갖고 있으며, 공직자들이 현명한 평의회가 공식적으로 공언한 현명한 조언들을 집행하는 것을 갑자기 그만둔다면, 그들의 공직자들은 사람들을 놀라게 할 뿐만 아니라 사람들이 갖고 있었던 법적 권리와 의무를 부인한 것이라고 말할 수 있다. 우리는 그들 자신도 모르게, 그들은 법체계를 갖고 있다고 말할 수 있으며, 그들의 법이 특정한 여건에서 명하는 바가 이러저러하다고 우리 자신의 선언을 할 수 있다. 이 모든 주장들은 물론 학술적인 것이고, 그 철학적 관심사를 제외한다면, 목적이 없는 것이다. 그것들은 그들의 행위에는 아무런 영향을 끼칠 수 없을 것이다. 그럼에도 그 주장이 무의미한 것은 아니다.

그러한 주장들은 또한 옳을 수 있는가? 이것은 도덕 이론의 어려운 질문이다. 그것은 우리로 하여금 태도와 자격 사이의 복합적인 관계를, 예를 들어 다음과 같은 것들을 고려할 때 우리가 당면하게 되는 질문들을 탐구할 것을 요구한다. 여성을 비롯해서 어떤 사람들도 그러한 권리를 숙고해본 적이 없는 어떤 공동체에서 여성이 평등한 대우를 받을 권리를 가질 수 있는가, 또는 권리 그 자체가 알려지지 않은 훨씬 더 원시적인 공동체에서 그러한 권리를 가질 수 있는가. 나는 이 복잡한 쟁점을 지금 논하려는 것이 아니라, 우리가 서로 구별되는 법 개념들을 주의 깊게 분리할 때 드러나는 법철학적 쟁점의 복합성을 드러내고자 할 뿐이다.

법의 법리적 개념과 분류적 개념

나는 이제, 법철학자들이 법에 대한 법리적 개념과 분류적 개념을 충분히 구별하지 않을 때 발생하는 다른 문제를 살펴보고자 한다. 다양한 학자들이 최근에, 내가 분석적 법실증주의를 비판하면서 두 가지 래디컬하게 상이한 논변을 구성했다고 시사하였다. 첫 번째 논변은 내 1997년 책『법과 권리』를 구성했던 일련의 논문들이고, 두 번째 논변은 나의 1986년 책『법의 제국』을 구성했던 것이라고 한다. 최근의 한 논문에서, 분석적 실증주의에 끌린 스콧 샤피로(Scott Shapiro)는, 자신이 보기에 법실증주의는 내 이전 논변의 "힘을 무디게 하는 데는 성공했지만" 어느 누구도 아직 나의 후기 논변에 대하여는 효과적인 답변을 제시하지 못해서, 실증주의에 대한 나의 전반적인 비판은 답변되지 않은 채로 남아 있다고 말한다.[12] 줄스 콜먼(Jules Coleman)은 공개 강연에서, 자신이 보기는 하였지만 당시에는 아직 출간되지 않았던, 내가 이 책의 제7장에서 개진한 종류의 논변은, 법에 대한 자신의 관행주의적 설명이 나의 후기 논변에 대한 만족스러운 응답이 아님을 보여주었다는 점에 동의하였다. 그러나 그는 제7장이 그럼에도 불구하고 "당황스러운 것"이라고 하였는데, 그 이유는 자신이나 다른 사람들이 나의 전기 논변에 대해서는 효과적으로 답변했다는 점을 인정하기를 내가 거부했기 때문이라고 한다.[13] 니콜라 레이시(Nicola Lacey)는 하트에 대한 최근 전기에서, 하트 역시 1986년 내 책에서 내가 그와 했던 논쟁에 대하여 내가 "답변의 요구 수준을 높였다"고 생각했으나, 내가 거기서 개진한 새 논변에 어떻게 답해

---

12 Scott Shapiro, "The 'Hart-Dworkin' Debate: A Short Guide for the Perplexed", forthcoming in Arthur Ripstein, ed., *The Cambridge Companion to Dworkin*, Cambridge: Cambridge University Press. 샤피로는 이 논문에서, 실증주의자가 내 '후기' 논변에 대하여 제시할 수 있는 유형의 답변을 시사한다.
13 콜먼은 관대하게도, 자신의 견해를 이런 방식으로 기술하는 것을 허락해줬다.

야 할지 죽기 직전까지 확신하지 못했다고 한다.[14] 레이시의 전기에 대한 서평에서, 또 다른 법실증주의자인 존 가드너(John Gardner)는, 하트가 나의 전기 논변에 대하여 자신 있는 답변을 하였으나, 하트가 지성적으로 다루기에 준비가 되지 않은 "제1철학"의 논변을 내가 『법의 제국』에서 도입함으로써 그를 "잘못된 길로 들어서게 했다"고 한다.[15]

14　Lacey, *A Life of H. L. A. Hart*, Oxford: Oxford University Press, 2004.

15　가드너의 서평은 *Law Quarterly Review* 329 (2005)의 121쪽에 있다. 그는 내가 법철학에 낯선 쟁점들을 도입함으로써 하트를 곤란하게 했다고 말한다. "드워킨은 법철학에서 고전적인 논쟁이, 제1철학 또는 형이상학 수준에서 해결되어야 한다고 논하고 있었다. 그것들은 단순히 법의 본성, 법 규칙 등등에 관한 논쟁이 아니라, 법이나 법 규칙과 같은 것에 대한 인간의 이해의 본성에 관한 논쟁들이었다. 하트를 이러한 제1철학의 높은 차원으로 몰고 감으로써, 드워킨은 하트로부터, 법철학자로서의 하트 자신의 작업에 대한 타인을 의식하지 않는 (그러나 온전히 정당화되는) 확신을 박탈했고, 드워킨에 대한 하트의 마지막 답변을 부서지기 쉽고 방어적인 것으로 만들었다. 다른 은유로 표현하자면, 드워킨은 하트로 하여금 똑바로 서 있는지 걱정하도록 유혹했고, 그래서 하트는 극적으로 흔들려버렸다. 많은 이들은, 하트가 그렇게 주의를 흩뜨리는 것들을 무시하고서 자신의 시선을 원래의 목표에 확고하게 고정했더라면 법철학을 위해서 더 좋았을 것이라고 생각한다." 다른 곳에서 가드너는 그 은유를 확장하여 말한다. "하트의 작업 대부분은 철학적으로 타인을 의식하지 않는 것이다. 그는 자신이 풀고자 하는 문제들을 풀고 있었지, 이 문제들이 어떻게 풀려야 하는지 그리고 그 문제들이란 어떤 종류의 문제들인지라는, 더 나아간 문제들을 풀고 있었던 것이 아니다. 하트는 형이상학적으로 외발자전거에 타고 있었고, 그래서 자신이 똑바로 서 있는지 의심하자마자, 흔들려서 떨어질 위험에 처하게 된 것이다. 자신의 철학적 관점을 탐구하려 했던 하트의 시도는, 아마도 자신의 취임 강연에서 보였던 주잡한 사전 편찬식 집근에 대한 서부라는 가능한 예외를 제외하고는, 주목할 만큼 성공적이지 못했다." 하트의 철학적 능력을 이렇게 천재 백치(idiot-savant)로 판단하는 것은 온당치 못한 일이다. 하트가 어려움을 겪었던 것은 그가 '제1철학'을 파악하는 것에 동요를 겪고 있었기 때문이 아니라, 그의 분석적 실증주의의 후계자들 중 일부가 보지 못했던 문제를 볼 만큼 충분히 철학적인 이해를 갖추고 있었기 때문이다. 내가 도입했다고 가드너가 혐의를 제기하는 그 쟁점에 관한 그의 설명은 어쨌거나 두드러지게 그릇된 것이다. 나는 『법의 제국』이나 다른 어떤 저술에서도 "법이나 법 규칙과 같은 것에 대한 인간 이해의 본성"에 관해서는 아무것도 쓰지 않았다. 나의 관심

그들의 입장에 대한 근본적인 비판이 아직 답변되지 않았다는, 이 저명한 실증주의 철학자들의 인정은, 환영할 만한 일이며 논의를 개선할 것이다. 그러나 나는 나의 후기 논변이 그 어떤 중요한 측면에서도 나의 전기 논변과 다르지 않다고 생각한다. 샤피로는 다음과 같은 방식으로 두 논변의 집합을 구분한다. 나의 후기 논변은 실증주의자들에게 법적 의견 불일치를 설명해보라고 도전한다. 그들은 법률가들이 어떤 사안을 놓고 법이 무엇인가에 관하여 흔히 의견이 불일치한다는 점을 지적한다. 비록 그 법률가들이 실증주의자들이 법 명제의 진리 조건을 소진하는 것으로 인용하는 모든 역사적 사실에 동의하더라도 말이다. 나의 전기 논변은, 이와는 대조적으로, 본질적으로 분류학적인 논점을 개진한다. 판사들이 자신들의 법적 결정을 정당화하기 위하여 흔히 인용하는 (이를테면 내가 『법과 권리』에서 논의하였던 '릭스 대 팔머'[Riggs v. Palmer] 사건에서 등장하였던, 그 자신의 잘못으로부터 어느 누구도 이익을 얻어서는 안 된다는 원리와 같은) 도덕적 원리들 역시 법적 원리들이며, 분류학적 실증주의자들은 따라서 법 원리들을 도덕원리들로부터 그들이 그러는 방식으로 분리하는 잘못을 저질렀다는 것이 요점이라고 한다. 샤피로는 그렇게 이해된 나의 전기 논변은, 내가 제7장에서 기술한 두 방식으로 답변되었다고 한다. 먼저 콜먼과 같은 '포용적' 실증주의자가 답변했다고 한다. 그들은 도덕원리들은, 그것들을 포함하지 않는 더 기본적인 법 원리들이 그것들을 법적인 것으로 지칭할 때에만, 오직 그때에만 법 원리가 된다고 주장한다. 그리고 다음으로 라즈 같은 '배제적' 실증주의자들이 답변했다고 한다. 그들은 법 논변에서 역할을 수행하는 어떤 원리도 바로 그 이유에서 법적 원리라는 점을 부인한다.

사는 인식론적인 것이 아니라 개념적인 것이었다. 하트가 비록 법에 대한 법리적 개념을 해명하는 것을 목적으로 삼기는 했지만 그는 그 개념의 성격을 오해하였고, 법의 본성에 관한 그의 주장은 바로 그 이유로 인해 오류에 빠질 수밖에 없었다고 말했다.

만일 샤피로가 『법의 제국』 이전의 나의 논변을 그런 방식으로 분류적인 것으로 구성한 것이 옳았다면, 이것들은 진정으로 적절한 답변이 되었을 것이다. 어쨌거나 내가 서론에서 그리고 이 장의 앞부분에서 말한 바와 같이, 판사들은 사람들이 가진 법적 의무를 판단함에 있어 흔히 산수를 쓴다. 설사 적어도 우리 대부분이 말하는 방식으로는, 산수의 규칙은 법 규칙이 아님에도 불구하고 말이다. 나는 1967년에 출간한 논문에서 내가 말한 것의 많은 부분이 나의 논변에 대한 샤피로의 그러한 이해를 부추긴 것은 아닌가 우려한다.[16] 그러나 그의 이해는 그럼에도 불구하고, 내가 1972년 발표한 논문에서 지적했듯이, 부정확하다. 내 1967년 논문을 언급하면서 나는 "나의 논지는 '법'이 일부는 규칙이고 일부는 원리들인 고정된 수의 규준들을 담고 있다는 것이 아니었다. 실제로 나는 '법'이 어떤 종류의 고정된 규준 세트라는 이념에 반대하기를 원한다. 나의 논지는 그런 이념이 아니라 법률가들이 법적 권리와 의무의 구체적인 쟁점을 결정할 때에, 고려해야만 하는 사항들의 정확한 요약이 원리들의 형태와 힘을 가지는 명제들을 포함하리라는 것, 그리고 판사와 변호사들 자신은 자신들의 결론을 정당화할 때, 이런 방식으로 이해되어야만 하는 명제들을 사용하리라는 것이다."[17]

다른 말로 하자면, 나의 과녁은 법리적인 실증주의이지, 분류적인 실증주의가 아니다. 나는 우리가 법 명제의 진리 조건이 도덕적 고려 사항을 포함한다는 가정을 하지 않고서는 법적 논변과 법적 논쟁을 이해할 수 없다는 법리적 논변을 개진하였다. 진리 조건들 중에 등장하는 모든 것이 법적이라고 불리는 고유한 규칙과 원리의 세트에 속하는 것으로 여겨져야만 한다는 오류를 범하는 분류적 논변을 하고자 한 것은 아니었다고 나는 말했다. 나는 그 시기 이래로 실증주의에 관한 나의 저술에

---

16 *Taking Rights Seriously*, Chapter 2를 보라.
17 같은 책, p. 76.

서 과녁을 명확히 해왔다고 생각한다. 그러므로 나는, 내가 분류적 주장을 했다고 여기는 그 답변들이 실제로 내가 개진한 논변에 대하여 전혀 답변을 제시하지 않았다고 생각한다. 엄청나게 많은 시간이 낭비된 것이라 할 수 있다.

법에 대한 분류적 개념과 법리적 개념을 구별하지 못하는 것은, 최근 몇십 년간 법 이론에 훨씬 더 큰 손상을 야기하여왔다. 라즈는, 내가 제7장을 쓰고 있을 때에는 아직 출간되지 않았던 자신의 또 다른 중요한 논문에서 자신의 입장을 명료하게 밝혔다.[18] 그는 판사들은 인간이기 때문에 모든 인간이 하는 모든 것에서 그렇듯이 도덕의 요구에 항상 복종해야 하고 이는 사건을 판결하는 일에서도 그렇다고 한다. 통상적인 여건에서 판사의 책임 중 하나는, 권한 있는 권위가 제정한 법을 집행하는 것이며, 그 책임은 유관한 법이 없었을 경우 판사가 가지게 될 다른 도덕적 책임을 통상 일식(日蝕)처럼 가린다고 한다. 그러나 그 일식의 가림은 부분적인 것일 수 있다. 도덕의 빛은, 이 권위들이 제정한 법을 투과하여 또는 그 주위를 돌아 계속해서 빛날 수도 있다.

라즈는 법의 일식이 오직 부분적일 수 있는 한 가지 방식을 미국 헌법을 들어 설명한다. 수정헌법 제1조는, 표현의 자유라는 도덕적 권리를 배제하려는 목적으로 제정된 법률임에도 불구하고, 표현의 자유에 대한 도덕적 권리에 의해 산출된 도덕적 명령이 판사에게 구속력을 계속 가지도록 하는 것을 허용한다고 그는 말한다. 그는, 수정헌법 제1조가 표현의 자유를 보호하는 도덕적 원리를 헌법의 일부로 포함시켜 그 원리를 법적 원리로 만들었다고 말하여서는 안 된다고 주장한다. 오히려 그 수정 조항은 판사로 하여금 그 특정한 도덕적 권리를 침해하기 때문에 특정한 법률을 집행하는 것을 거부해야 하는가라는 질문에 관하여 도덕적으로 추론할 것을 명한다고 말해야 한다는 것이다. 그는 이 논지를 하

---

18 Joseph Raz, "Incorporation by Law", 10 *Legal Theory* (2004), pp. 1~17.

나의 구분과 하나의 유비에서 요약한다. 우리는 법에 대한 추론과 법에 따른 추론을 구분해야 한다고 그는 말한다. 판사들이 수정헌법 제1조가 그들로 하여금 표현의 자유에 관한 도덕적 질문들을 판단하기를 명한다고 결론지을 때, 그들은 법에 대하여 추론하고 있는 것이다. 이 도덕적 질문들을 다룰 때 그들은 법이 무엇인가에 대하여 더 이상 추론하고 있지 않고, 단지 법이 그들로 하여금 추론하도록 지시한 바에 따라서 추론하고 있는 것이다. 만일 어떤 사고가 그리스에서 발생하고 폴란드에서 소가 제기되었다면 폴란드 법률은 폴란드 판사가 그들의 판결을 내릴 때 그리스 법에 대하여 추론하도록 명할지 모른다. 그러나 그렇다고 해서 그리스 법이 폴란드 법의 일부가 되었다고 말하는 것은 오도하는 것이라고 한다.

라즈의 전략은 하나의 두드러진 면에서 콜먼의 전략과 다르다. 콜먼에게 판사들은 법이 도덕을 그 일부로 포함하는 한에서만 도덕에 의해 구속된다. 반면에 라즈에게 판사들은 법이 도덕을 배제하지 않는 한 도덕에 구속된다. 그러나 만일 우리가 라즈가 법리적 실증주의를 옹호하고 있는 것으로 여긴다면, 그의 전략은 그럼에도 불구하고 콜먼을 당황시킨 동일한 사실에 의해 실패한다. 그는 판사들의 도덕적 의무에 법이 미치는 충격 — 법이 달성하는 일식(日蝕)의 정도 — 이 도덕과 무관하게 그 자체로 결정될 수 있다고 가정함으로써만 법리적 실증주의를 보호할 수 있다. 그것이 아마도 그가 수정헌법 제1조가 "표현의 자유에 대한 하나의 도덕적 권리"를 지칭하는 것으로 "일반적으로 생각된다"고 말하는 이유일 것이나.[19] 그는 이 해석이, 실질적으로 모든 미국 법률가가 받아들이는 헌법 해석의 정전(正典)에 의해 확립된 것이라고 가정하며, 따라서 우리는 그 해석이 옳음을 확립하는 데 그 어떤 도덕원리에도 호소할 필요가 없다고 한다. 그러나 그 반대가 참이다. 나를 비롯한 많은 법률가

---

19 같은 글, p. 10.

들은, 수정헌법 제1조가 법률의 유효성을 도덕적 원리에 의존하게 만든다고 생각한다.[20] 그러나 아주 많은 수의 다른 법률가들은 그 견해를 거부한다. 그들은 수정헌법 제1조가 판사들로 하여금 표현의 자유를 도덕적 원리로서가 아니라 역사적 사실로 집행하기를 명한다고 생각한다. 즉, 판사들은 표현의 자유에 관하여, 수정헌법 제1조가 제정될 당시에 인정되었던 관념을 집행하는 것에 법적으로 그리고 도덕적으로 구속된다고 한다.[21] 그러므로 수정헌법 제1조의 도전에 당면한 판사는, 그 수정 조항의 힘에 대한 경쟁하는 이 이해들 사이에서 하나를 골라야 한다. 그리고 내가 제6장에서 설명했듯이, 판사는 정치적 도덕에 근거하여 그 선택을 해야 한다. 민주주의의 본성과 덕목에 관하여 상이한 견해를 취하는 판사들은, 민주주의 사회에서 헌법의 역할을 다소 상이하게 이야기할 것이고, 그 도덕적 질문에 관한 그들의 견해는, 그들이 수정헌법 제1조를 이런 방식으로 또는 저런 방식으로 해석할 것인가를 결정하게 될 것이다. 헌법 조항을 어떻게 해석해야 하는가에 관한 논변은, 어떤 원천 기반(source-based) 규칙에서 끝나버리지 않는다. 그것은 처음부터 끝까지 정치적 도덕의 논변인 것이다.

그러므로 라즈의 전략은, 콜먼의 전략처럼, 법리적 실증주의를, 두 사람 다 동의하는 사실이 제기하는 실패로부터 구해내는 데 실패한다. 즉, 판사들은 자신들의 판단을 내림에 있어 도덕에 관하여 흔히 추론한다는 사실 말이다. 그러나 라즈가 법리적 실증주의를 구하기를 원하는지 여부 자체가 명백하지 않다. 그가 애호하는 유비는 왜 그런지를 보여준다. 그리스의 불법행위법이 폴란드 법의 일부라고 말하는 것은 정말로 기이한 일처럼 보일 것이다. 그러나 그리스 법은 확실히, 폴란드 법 하에서, 폴

---

20 *Freedom's Law*.

21 Antonin Scalia, *A Matter of Interpretation*, Princeton, N.J.: Princeton University Press, 1997.

란드 피고가 특정한 그리스 원고에 대하여, 피라에우스(Piraeus, 그리스 동남부의 항구 도시로 아테네의 외항外港이다 — 옮긴이)에서 발생한 어떤 사고로부터 발생한 손해에 대하여 법적으로 배상 책임을 진다라는 명제의 진리 조건에서 등장한다. 폴란드 판사는, 그리스 법을 고려하지 않고서는 그 고유한 배상 책임의 질문에 대한 폴란드 법의 상태에 관하여 올바른 결론에 도달할 수 없을 것이다.

그것은 도덕에서도 마찬가지다. 실제 그러한 바와는 반대로, 라즈가 옳다고 가정해보자. 즉, 법률가들은 모두 수정헌법 제1조가 법률의 유효성을 표현의 자유에 대한 도덕적 권리에 관한 최선의 이해에 의존하도록 만든다는 점에 동의한다고 가정해보자. 이에 더하여, 선출직 연방 공직의 후보가 선거운동에 규정된 합계 총액 이상을 쓰는 것을 금지하는 법률을 의회가 제정했다고 가정해보자. 이제 존 케리가 대통령 선거운동에서 규정된 총액 이상을 지출하는 것이 법적으로 금지된다는 법 명제를 살펴보자.[22] 그 명제의 참과 거짓에 관한 라즈의 설명은, 의회가 그 규제를 입법했을 때 표현의 자유를 침해하였는가라는 도덕적 판단의 건전성에 의존하게 된다고 한다. 우리가 그 논지를 어떻게 표현하는가는 상관이 없다. 우리가 수정헌법 제1조에 의거하여 그 법률은 도덕이 그러한 충격을 갖는 것을 막지 않는다고 말하건, 아니면 수정헌법 제1조는 도덕이 그러한 충격을 갖도록 명한다고 말하건, 라즈의 입장의 소극적 정식화나 적극적 정식화 모두 그 법 명제의 진리치가 — 그리고 물론 다른 수많은 법 명제들의 진리치가 — 도덕적 쟁점의 올바른 해결에 의존시키는 결과를 갖는다.

우리는 라즈의 입장이 법리적 실증주의와 일관된다는 논변을 상상할 수 있지만, 이러한 논변들 중 어느 것도 성공적이지 못하다. 수정헌법

---

22 연방대법원은 그 명제가 거짓이라고 얼마 전에 판시하였다. 내 책 *Sovereign Virtue*, Cambridge, Mass.: Harvard University Press, 2000, Chapter 10.

제1조가, 판사들로 하여금 도덕에 관하여 이런저런 일정한 방식으로 추론하는 것은 명하지만, 잘 추론하는 것은 명하지 않는다고 말하는 것, 즉 서투르고 거짓된 도덕 분석이 정교하고 올바른 분석만큼이나 판사들이 의무를 이행하게 되는 것이라는 듯이 말하는 것은 도움이 되지 않는다. 그것은 그 어떤 해석에서도, 수정헌법 제1조가 말하는 바가 아니다. 또한 최선의 도덕적 독법에 대한 소송 당사자의 권리와, 그 독법이 최선의 것이기 때문에 생기는 그 독법에 대한 그의 권리 사이에 구별선을 그을 여지도 전혀 없다. 우리는 그가 추상적으로 최선의 독법에 대하여 법적인 자격을 가지기는 하지만, 무엇이 최선의 독법인가 확인하는 일은 도덕 추론을 요하기 때문에 그는 어떠한 특정한 구체적인 독법에 대하여도 법적인 자격을 갖고 있지는 않다는 식으로 말할 수 없다. 권리와 의무는, 명제 태도와는 달리, 대치에 투명한 맥락을 제공한다.* 만일 어떤 정치가가 표현의 자유에 관한 최선의 해석에 대한 자격을 법적으로 갖고 있다면, 그리고 그 최선의 해석이 선거운동 비용 지출 상한 법률을 비난한다면, 그는 무제한의 지출에 대한 법적인 자격을 갖는 것이다.[23] 존 케

---

* 대치에 투명하다는 것은 명제에서 사용된 개념과 외연이 같은 개념으로 바꾸어 그 명제를 표현하더라도 명제의 참, 거짓은 그대로 유지된다는 뜻이다. 반면에 대치에 불투명한 진술의 경우, 예를 들어 명제 태도를 표현하는 진술은 외연이 같은 개념으로 바꿀 때 참, 거짓이 달라질 수 있다. 대표적인 예가 "나는 존스가 필립의 아들임을 알고 있다"를 "나는 존스가 산드라의 아들임을 알고 있다"로 바꿀 경우다. 존스가 필립과 산드라의 아들이라고 할지라도 전자는 참이고 후자는 거짓일 수 있다는 것이다.

23 이 오류는 몇몇 법 이론가들이 중독되어 있으며 내가 7장에서 비판한, 규율 없는 인격화에 의해 부추겨졌을 것이다. 명제 태도는 대치에 불투명하다. 예프타 (Jephta)가 승리 이후에 처음 보게 되는 사람을 감사의 뜻으로 신에게 제물로 바쳐야 한다는 명령을 한 사실, 그리고 그가 처음으로 본 사람이 그의 딸이었다는 사실로부터, 예프타가 자신의 딸이 제물로 바쳐지도록 명령했다는 결론이 따라 나오지 않는다. 그는 승리 이후에 처음으로 보게 될 사람이 그의 딸이 될 것이라는 사실을 몰랐다. 그래서 예를 들어 법이나 헌법이 표현의 자유를 침해하는 어떠한 법

리의 무제한의 선거운동 비용 지출에 대한 자격의 결여와 관련하여 내가 인용했던 명제가, 법리적 실증주의자가 염두에 두고 있는 종류의 진정한 법 명제는 아니라고 말하는 것도 도움이 되지 않을 것이다. 즉, 그것은 단지 단일 사건 명제일 뿐이며 법의 지배의 본성에 관한 명제는 아니라고 말하는 것은 도움이 되지 않는다. 우리는 내가 인용했던 명제를, 그것이 익숙한 법 규칙의 모든 일반성을 가질 때까지 — 예를 들어 미국 법 아래에서 정치 후보자들은 무제한적인 선거운동 비용 지출에 대한 자격을 갖는다는 식의 — 더 추상적이고 일반적인 명제로 만들 수 있다.

그러므로 라즈의 '배제적' 실증주의는 결국 법리적 실증주의가 아닐 수 있다. 그는, 개념적 문제로서 법적 권리와 의무가 그저 '원천'들만 참조함으로써 도덕적 반성 없이 항상 확인될 수 있다는 논제를 옹호하기를 원하지 않는 것일 수 있다. 그는 오히려 분류적 실증주의자일지 모른다. 법의 특정한 결론에 이르게 되는 하나의 논변은 전형적으로, 입법기관이 무엇을 하였는가, 다른 관할 사건의 유사한 입법기관에 관한 정보의 보고, 경제적·사회적·역사적 사실들이나 개인적 여건에 관한 주장들, 산수의 추론들, 도덕적 원리와 주장들 등등 매우 많은 명제들을 포함한다. 분류적 실증주의자는, 이 모든 명제들을 구분할 것을 주장한다. 문

도 채택되지 않아야 한다고 '지시'하거나 '명령'했다고 말하는 습관에 빠져든다면, 우리는 선거운동 비용 제한이 헌법이 지시하거나 명한 자유로운 표현을 침해한다는 추가적인 (도덕적) 사실로부터는, 어떠한 선거운동 비용 제한도 채택되지 않아야 한다는 결론이 따라 나오지 않는다고 생각하도록 유혹을 받을기도 모른다. 우리는 헌법이 선거비용 제한이 표현의 자유를 침해하는지 알지 못할 수도 있다고 생각할 수도 있다. 그러나 그렇게 생각하는 것은 심각한 오류를 범하는 셈이 된다. 그러한 오류는 이제는 버려진, 존 오스틴(John Austin)의 분석적 실증주의의 '명령' 판본이 범하는 오류다. '법은 다음과 같은 것을 명한다'는 법적 권리, 의무, 권한 등등에 관한 명제를 진술하는 약기(略記)로만 분별 있게 이해될 수 있다. 의회가 무언가를 '지시'했다는 사실은, 의회가 사람들이 가지도록 지시한 그러한 법적 권리, 의무, 권한을 갖고 있다는 결론이 그 지시로부터 따라 나오지 않는 한, 법의 어떠한 명제와도 관련성을 갖지 않는다.

제되는 관할권 내에서 '법'을 기술하는 명제들과 그렇지 않은 명제들 사이의 구분을 주장하는 것이다. '포용적' 분류적 실증주의자는 때때로 — 그것들이 적절히 통합되었을 때 — 상이한 종류의 도덕적 원리들은 '법'의 일부로 여겨진다고 말한다. 그리고 '배제적' 분류적 실증주의자는 이것을 거부한다.

　이러한 논쟁은 할 가치가 있는가? 물론 사람들과 공직자들의 법적 권리 및 의무를 결정하는 것과 무엇을 유관하다고 여기는지는 중요하다. 그러나 우리가 유관한 어떤 것의 어느 부분을 '법'으로 기술하느냐에는 아무런 중요한 것도 걸려 있지 않다. 우리는 언어적 선택을 함에 있어 상당한 재량을 갖고 있어서, '포용적' 실증주의의 어휘 선택과 '배제적' 실증주의의 어휘 선택이 모두 수용 가능하다고 말하지 못할 이유가 어디 있는가? 산수의 원리가 매사추세츠 법의 일부라고 말하는 것은 정말로 기이할 것이다. 5 더하기 7은 11이라고 가정하면서 손해배상액을 계산하는 판사는, 법적 오류를 범하고 있는 것이 아니라 수학적 오류를 범하고 있다고 우리는 말하고 싶어한다. 우리는 이 언어적 선호를 여러 방식으로 설명할 수 있다. 산수는 어떤 면에서도 법에 특수한 것이 아니며 확실히 어느 특정한 관할권의 법에 특수한 것도 아니다. 그러니 설사 이해 불가능한 것은 아니라 할지라도, 그것이 매사추세츠 법에 속한다고 말하는 것은 대단히 오도하는 일이 될 것이다. 우리는 그리스에서 발생한 사고가 폴란드 법정에서 다루어질 때 그리스 법이 폴란드 법의 일부가 되었다고 말하기를 꺼리는 것도 설명할 수 있다. 우리는 우리의 어휘 선택이 그리스 법이 폴란드 법정 안에서, 오직 매우 제한된 여건에서만 자리를 차지한다고 인정하기를 원하며, 또한 불법행위 사건에서 폴란드 법이 아니라 그리스 법의 입법과 실무를 해석함으로써 관련 그리스 법의 내용이 확인되는 경우에도 그렇게 말하고 싶어한다. 그러나 몇몇 용어 선택은 이러한 사례에서보다 훨씬 더 잘 균형 잡힌 것으로 보인다. 어떤 관할권 내에서 법 실무가 상행위 관습의 전통적 관행과 기대에 법적 효과를 부여하여, 상인의 법적 권리가 그 관습이 무엇인가에 자주 의존한다고 가정해보자. 우리는 이 관습이 법의 일부라고 말할 것인가 그렇지 않다고 말할 것인가? 어느 쪽 선택도 옹호 가능하며, 우리가 어느 쪽을 선택하건 상관이 없을 것이다.

특정한 도덕원리들 — 어느 누구도 자신의 잘못으로부터 이득을 얻어서는 안 된다는 나의 초기 사례와 같은 원리들 — 은 흔히 특정한 법 관할권 내에서 인용되고 의지된 경우, 그리고 특히 그러한 원리들이 다른 관할권에서는 무시되고 덜 인용될 경우에는, 이러한 원리들이 그 관할권의 법의 일부가 되었다고 말하고 싶어진다. 그러나 그렇게 말하는 것은, 내가 앞서 인용한 1972년의 언급에서 내가 주의를 기울였던 오류를 범할 위험을 안는 것이다. 어떤 공동체의 '법'이 이론상으로 모두 목록화될 수 있고 세어질 수 있는 규칙, 원리들, 그리고 규준들의 한정된 집합으로 구성된다는 오류 말이다. 그러므로 나는 만일 선택을 해야 한다면, 비록 내 진의는 거기에 있지 않지만, 배제적인 분류적 실증주의를 택할 것이다. 어느 쪽 선택이건 우리는 각 선택이 부추기는 오류를 피하기 위해 조심한다면 상관없다.

라즈는 이에 동의하지 않으며, 그의 최근 에세이의 많은 부분은, 분류적 논쟁이 중요하다는 점을 보여주는 데 바쳐져 있다. 그는 '법의 일부'라는 문구가 자연 종을 기술한다고 주장하지는 않는다. 그렇게 보는 것은, 어떤 개들은 호랑이임의 일부라고 가정하는 것과 마찬가지로, 도덕원리들이 법의 일부라고 가정하는 바로 그 오류를 범하게 될 것이다. 이와는 반대로, 그는 법의 일부가 된 규준들과, 법의 일부가 아니지만 그럼에도 불구하고 법이 '따를' 것을 명하는 규준들 사이의 구분선이 있다는 점은 인정하지만, 그럼에도 불구하고 그 구분선은 "특히 모호하다"[24]고 이야기한다. 그는 그럼에도 불구하고, 법적 권리와 의무에 관한 주장의

---

24 Raz, "Incorpration by Law", p. 12.

진리 조건 중 도덕적 원리가 있는 경우에도, 그러한 도덕적 원리들은 법의 일부로 여겨져서는 안 된다고 주장하는 것이 필수적이라고 생각한다. 그는 그 이유를 다음 두 가지로 제시한다. 첫째, 법은 우연적이지만—그것은 존재하지 않을 수도 있다—도덕은 존재하지 않을 수 없다. 둘째, 법을 갖고 있는 공동체에는, 또한 법적 권리와 의무가 아닌 도덕적 권리와 의무가 있다(또는 적어도 있을 수 있다). 그러므로 법과 도덕 사이에는 경계가 있음에 틀림없다.

이러한 이유들 중 어느 것도 인상적이지 못하다. 사람들이 자신의 잘못으로부터 이득을 얻지 않아야 한다는 원리가 뉴욕 법의 일부라고 말하기로 우리가 결정했다 하더라도, 우리는 그 법이 우연적이라는 점도 도덕은 우연적이 아니라는 점도 부인하게 되는 것이 아니다. 여전히 우리는, 그 원리는 설사 그것이 뉴욕 법의 일부가 아니었다 하더라도 여전히 참이며, 정말로 설사 뉴욕 법이 없다 하더라도 참이라고 완벽히 일관되게 덧붙일 수 있다. 게다가 우리가 그렇게 말하기로 결정했다고 해서 우리가 뉴욕 법의 일부가 아닌 다른 도덕원리들이 존재한다는 점을 부인하는 것도 아니다. 또는 법과 도덕 사이에 차이가 있다는 점을 부인하는 것도 아니다. 우리는 존 돈(John Donne)이 특정한 단어들을 자신의 시의 일부로 만들었다고 말할 때, 우리는 그가 자신의 시의 일부로 만들지 않은 단어들이 있다는 점을 부인하는 것도, 돈의 시라는 개념과 단어의 개념 사이에 차이가 있다는 점을 부인하는 것도 아니다.

포용적 분류적 실증주의자로 자처하는 매튜 크래머(Matthew Kramer)는, 비록 포용적-배제적 논쟁이, 실증주의에 대한 나의 비판에 응답하는 최선의 방식에 관한 논쟁으로 시작하기는 했지만, 그것은 그 자체의 생명력을 얻었다고 말한다.[25] 그것은 어떤 의미에서 환영할 만한 발전이

25 Matthew H. Kramer, "On Morality as a Necessary or Sufficient Condition for Legality", 48 Am. J. Juris. 53 (2003). 크래머의 에세이는, 두 형태의 분류적 실증

다. 왜냐하면 분류적 실증주의의 어느 쪽 판본도, 나의 법리적 실증주의 비판에 대한 어떠한 답변도 제공해주지 않기 때문이다. 샤피로나 콜먼 등 다른 실증주의자들은, 설사 그 답변이 제시될 수 있다 해도 그것은 여전히 제시되지 않은 채로 남아 있다고 했다. 그러나 그 논쟁은 그 자체로 우리를 음울하게 만든다. 벤담, 오스틴, 홈즈, 그리고 하트의 중요한 법철학적 전통이 그토록 스콜라적인 무언가에 대한 논쟁으로 안착되었다는 것은 슬픈 일이다. 그러나 그 구름에도 흰 가장자리가 있기는 하다. 그것은 예를 들어 하트가 그토록 확립하고 싶어하던 명제를 옹호하는 데 더 이상 별다른 관심이 없다는 점을 보여주는 신호일 수 있다. 개념적 문제로서 법에 관한 주장의 유효성은 오직 사회적 사실들에만 의존하지 도덕적 사실들에는 의존하지 않는다는 명제 말이다. 법리적 실증주의는, 그 정치적 형태로 번성하는 것이지 그 분석적 형태로 번성하는 것은 아니다.

주의 사이의 구분을 심층적인 것이라거나 중요한 것으로 여기는 모든 시도의 위험을 보여준다. 그는 법은 판사에게 구속적인 규준은 물론이고 '유동적인' 규준도 모두 포함한다고 주장한다. 그리고 '유동적인' 규준이 의미하는 바는, 그 규준이 아직 어떠한 권위에 의해서도 채택되지 않았다는 것이다. 도덕적 원리들이 판사들에게 구속력을 가질 때, 그 도덕원리들은 어떤 권위에 의해서도 채택되지 않았기 때문에 그 테스트를 통과한다. 그러나 수학의 원리들 역시도 그 테스트를 통과한다.

제9장

롤즈와 법

법철학자로서의 롤즈

정치철학자로서의 롤즈의 위대함의 특징은, 나의 주제인 '롤즈와 법'이 매우 많은 방식으로 접근될 수 있다는 점에서 드러난다. 전 세계 정치학자들이 그의 생각을 인용하며, 미국을 비롯한 여러 나라 판사들이 그의 연구에 호소한다. 그러므로 우리는 그가 이미 여러 나라들에서 법에 미친 충격에 관하여 이야기할 수 있다. 또는 우리는 예를 들어 미국 세법이나 불법행위법의 어떤 변화를, 그의 유명한 차등 원칙이 권고했을지를 물을 수 있다. 정말로 그것들은 탐구되어온 쟁점들에 속한다. 우리는 우리의 정치 공동체가 그런 만큼이나 법에 의해 지배되고 어떤 중대한—말하자면 기본적 자유와 헌법의 본질적 기본 사항이라고 부를 수 있는—정치적 쟁점이 통상의 정치에서 제거되어 법원의 특별한 관심 사항이 되는 정치 공동체에서 살아왔고 연구해왔다는 점이 그의 정의론을 형성하는 데 얼마나 중요했을지를 사변해볼 수도 있다.

나는 '롤즈와 법'에 관하여 다른 방식으로 이야기하고자 한다. 법철학자 자체로서, 그리고 정말로 법률가로서의 롤즈에 대하여 이야기하려는 것이다. 그는 스스로를 법철학자로 생각하지 않았다. 그리고 그의 연구에는 법에 대한 몇몇 중요한 논의가 있고, 그중 일부를 내가 언급할 테지만, 그는 주로 자신의 정치철학을 통해서 법 이론에 기여하였다. 왜냐하면 법 이론은 정치철학의 한 분과이고, 롤즈는 그 정치철학 전체 분야에 관하여 추상적으로 썼기 때문이다. 여기서 나는 법철학의 전통적 쟁점에 대하여 직접 이야기하는 롤즈의 정의론의 그런 측면을 간략하게 규명하고 평가할 것이다.

나는 그 전통적 쟁점들의 짧은 목록에서부터 시작할 것이다. 일반적 법 이론이라면 어떤 것이든 무엇이 법인가라는 오래된 질문에 답하여야 한다. 그러나 그 오래된 질문은 사실 두 가지 상이한 쟁점을 설정한다. 하나는 방법론적인 것이다. 어떤 종류의 이론이 그 질문에 대한 답으로 여겨질 것인가? 일반적 법 이론은 기술적인 이론인가? 만일 그렇다면 그것들은 무엇을 기술하는가? 그것들은 개념적 분석의 일부인가? 만일 그렇다면, 법 개념의 어떤 분석을 다른 분석보다 더 낫게 만드는 것이란 무엇인가? 그것들은 규범적 법 이론인가? 만일 그렇다면 법이 무엇인가에 관한 이론은 법이 무엇이 되어야 하는가에 관한 이론과 어떻게 다른가? 법철학자들은 이런 방법론적인 주제들에 관하여 의견을 달리한다. 이러한 견해들 중 롤즈의 철학으로부터 하나라도 도출된다면 어떤 것이 도출되는가?

두 번째 질문은 그렇다면 명백하다. 일단 법 이론이 방법론적 쟁점에 관하여 입장을 취하면, 그것은 실질적인 질문에 답하려고 해야 한다. 법 이론이 무엇이어야 하는가에 비추어, 어떤 법 이론이 가장 성공적인가? 상당한 기간 동안 법 이론들은, 그 저자들과 논평가들에 의해 거칠게 두 집단으로 나뉘었다. 하나는 실증주의 법 이론이다. 이 법 이론에 따르면 어떠한 법리학의 법도 사회적 사실로서의 문제만 명하거나 허용한다고 한다. 그리고 다른 하나는 반(反)실증주의적 이론이다. 이 이론에 따르면 법이 무엇을 명하는가는, 때때로 사회적 사실에만 의존하는 것이 아니라

도덕적 쟁점을 포함하는 논쟁의 여지가 있는 규범적 쟁점에도 의존한다고 한다. 내가 아는 한, 롤즈는 이 일반적인 입장들 중 어느 하나를 명시적으로 자신의 것이라고 말한 바가 없다. 그러나 그의 이론은 정말로 이중 하나를 다른 것보다 지지하는가?

그 두 번째 질문은 불가피하게 세 번째 질문을 제기한다. 실증주의 이론에서나 반실증주의 이론에서나, 판사는 흔히 '난해한' 사건에 마주하게 될 것이다. 그러한 사건에서 법률가들은 안착된 법이 당면한 쟁점을 결정하지 않는다고 여긴다. 실증주의자들은 그러한 사건에서 판사는 새로운 법을 만들기 위하여 재량을 행사해야만 한다고 말한다. 반실증주의자들은 다른 방식으로 동일한 필요성을 기술한다. 내가 그러듯이, 판사가 자신의 판결에서 통합성을 목적으로 해야 한다고 생각하는 법률가는, 통합성이 무엇을 명하는지에 관한 판단이 아마도 대개 논쟁의 여지가 있어 새로운 참신한 판단이 필요해진다는 점에 동의할 것이다. 양측 모두, 또는 양측의 판본들 모두라고 말하는 것이 더 적절할 수도 있겠으나, 어쨌건 사법부의 책임에 어떤 종류의 논변이나 원천이 적합한가의 문제에 직면해야만 한다.

판사들이 자신들의 참신한 판단을 옹호하기 위하여 제시할 수 있는 새로운 종류의 이유란 무엇인가? 그들은 종교적 확신에 호소하여도 되는가? 자신들의 개인적인 도덕적 확신에 호소하여도 되는가? 도덕에 관한 철학적 체계나 종말론에 호소하여도 되는가? 거시경제적 현상에 호소하여도 되는가 ─ 즉, 판사가 자신이 어떤 특정한 판결을 내리면 국제통화 시깅에서 달러에 노움이 될 것이라고 생각하기 때문에 그렇게 판결한다고 하는 것은 좋은 논변인가? 이 중대한 질문은 법 이론에서 상대적으로 소홀히 다루어져왔다. 그러나 롤즈는, 공직자들이 자신들의 결정을 정당화하기 위해 적절하게 사용할 수 있는 논변에 관하여 스스로가 공적 이성(public reason)의 원칙이라고 불렀던 원칙을 발전시켰다. 그리고 그는 공적 이성의 원칙이 판사들에게 특히 엄격하게 적용된다고 강조했다. 우리는 이 원칙을 검토해보아야만 한다. 만일 우리가, 내가 그렇게 의심하듯이, 그 원칙을 만족스럽지 못한 것이라고 생각한다면, 우리는 롤즈의 일반 이론의 어떤 다른 부분이 적절한 법적 추론의 성격을 규명하는 데 더 도움이 될 수 있는지 물어야 한다.

네 번째 쟁점은 미국, 그리고 다른 성숙한 민주주의 국가와 같이 헌법 법원이, 인민에 의해 선출되고 책임을 지는 입법자들에 의해 채택된 법률을 무효화할 권한을 지닌 곳의 법 이론가들에게 특히 긴급한 것이다. 그 권한은 민주주의 원리와 일관되는가? 만일 일관되지 않다면 그 권한은 그 이유 때문에 부정의한 것인가? 롤즈는 다른 기회에 그 쟁점을 직접 다룬다. 그리고 우리는 그가 무엇이라고 말했는지 주목해야 한다. 그러나 그는 최근에 여러 측면에서 훨씬 더 활발하게 논의되는 더 중요한 쟁점에 관하여 이야기하였다. 이 쟁점은, 우리가 정당성의 문제라기보다 헌법적 전략의 문제라고 부를 만한 것이다. 헌법 법원은, 예를 들어 낙태나 조력 자살과 같은 특정한 쟁점을 결정하는 일을, 국가가 그 쟁점을 사법적으로 해결하기에 준비되지 않았다는 이유로, 거부해야 하는가? 법원은, 그 쟁점의 분열성을 감소시키기 위해서 통상의 정치를 허용하도록, 그리하여 아마도 전체 공동체에 더 받아들여지기 쉬운 타협에 도달하도록 하기 위해 자신의 손을 묶어두어야 하는가? 몇몇 저명한 법학자들이 그 제안을 지지했고, 롤즈는 그들의 논변이 '좋은' 것이라고 생각한다고 말했다. 우리는 왜 그가 그들의 논변이 좋은 것이라고 생각했는지를 살펴보아야 한다.

마지막으로 나는 훨씬 더 추상적인 쟁점으로 보일지도 모르는 것을 건드리고자 한다. 법이 명하는 바가 무엇인지에 관한 논쟁의 여지가 있는 주장이 단순히 주관적으로 참이 아니라 객관적으로 참일 수 있는가? 이것은 변호사나 판사를 매일의 실무에서 괴롭히는 쟁점은 아니다. 그럼에도 불구하고 그것은 상당한 실천적 중요성을 가지고 있는 질문이다. 왜냐하면 법 정책과 공공 정책의 많은 쟁점들이, 즉 법의 지배가 정말로 권한을 가진 사람들에 의한 지배와 다른 것인지의 문제나, 우리가 법에 복종해야 할 일반적인 도덕적 책무를 가지고 있다고 하는 것이 이치에 닿는지의 문제, 그리고 입법부의 입법에 대한 사법 심사가 정당성이 있는지의 문제 등 많은 쟁점들이 그것에 달려 있기 때문이다. 몇몇 법 이론들은 실제로 법 실무가 본질적으로 주관적이라는 가정 위에 구축되어 있다. 예를 들어 미국 법현실주의(legal realism)라고 불렸던, 비록 짧았지만 우리 시대에 비판법학 연구의 작열하는 불꽃으로 변화했던 영향력 있는 운동이 있다. 롤즈는 진리와 객관성에 관하여 상당히 많은 이야기를 하였다. 그리고 그것 중 일부는 결론이 불확정적이고 모호하기까지 하다. 그러나 그중 많은 부분은 이 더 명시적으로 철학적인 쟁점을 법률가들이 다룰 때에 도움이 된다.

법철학의 성격

당분간, 대부분의 법률가들이 그러듯이, 법적 권리와 의무에 관한 명제가 참이 될 수 있다고 가정해보자. 만일 그렇게 가정한다면, 법 이론은 우리에게 어떤 여건에서 그러한 명제가 참인지를 알려주어야 한다. 예를 들어 이 근방에서 제한속도는 시속 55마일이라거나, 마이크로소프트가 반(反)독점법을 위반하였다거나, 적극적 평등 실현 조치는 위헌이라는 명제들을 참으로 만들어주는 것이 도대체 무엇인가? 법철학자들은 그 질문에 답하려고 시도하는 법이 일빈 이론을 옹호한다. 법실증주의자들은 법 명제는 사회적 사실에 의거하여서만 참이 될 수 있다고 한다. 예를 들어 입법부가 무엇이라고 선언하였는가 또는 판사가 어떤 이전 사례에서 무엇이라고 판결하였는가에 관한 사실 말이다. 나는 그 견해의 장점에 관하여 간단히 다루겠지만, 우리는 우선 선행하는 질문을 먼저 살펴보아야만 한다. 실증주의자들이 하고 있는 주장은 어떤 종류의 주장인가? 법 명제의 진리 조건에 관한 그들의 주장 자체를 무엇이 참으로 만들 수 있을까?

많은 법철학자들은 자신들의 법 이론들을, 대부분의 법률가들이 법을 제정하고 변호하고 판단할 때 따르는 사회적 실천과 관행에 관한 기술적인 이론이라고 생각한다. 물론 법률가들은 어떤 법 명제가 참이고 어떤 법 명제가 거짓인지에 관하여 흔히 의견이 일치하지 않는다. 그들은 예를 들어, 자신의 어머니가 수년 전에 복용한 약물의 부작용으로 고통을 겪고 있지만, 그 약은 여러 회사에서 제조되는 것이었고 어느 약을 복용하고 있는지 자신의 어머니가 몰랐기 때문에 특정 시점에 복용했던 특정 약품의 제조업체는 파악할 수 없는 경우, 그녀가 처하는 법적 입장에 관하여 의견을 달리한다.[1] 그녀는 그 약을 제조하던 회사들 모두로부터 그 회사들의 시장점유율에 비례하여 손해배상을 받을 법적 자격이 있는 것인가? 그러나 이 법철학자들은, 만일 이런 종류의 의견 불일치가 진정한 것이라면, 법률가들이 더 기본적인 쟁점에는 의견이 일치하고 있음에 틀림없다고 가정한다. 그들은 법 명제가 참이 된다고 판단하는 데 사용되는 올바른 테스트에 관하여는 의견이 일치함에 틀림없다는 것이다. 그렇지 않다면, 즉 상이한 법률가들이 상이한 테스트를 사용한다면, 그들은 단지 서로의 말을 이해하지 못하면서 서로 말을 주고받는 것에 지나지 않을 것이다. 만일 그 가정이 옳다면, 그렇다면 법에 대한 철학적 이론은 그 배경적 의견 일치를 기술하는 것이 되어야 한다. 그것은 우리에게, 법률가들이 참인 또는 건전한 법 명제를 파악하는 데 실제로 사용하는 테스트가 무엇인지를 알려줌으로써 법이 무엇인지를 알려주어야 한다.

이 견해에 의하면, 법철학은 기술적인 활동으로 가장 잘 이해된다. 그것은 법사회학의 과업 중 하나다. 그러나 사실 우리가 법의 일반 이론이

---

1 Sindell v. Abbott Labs., 607 P.2d 924, 936~38 (Cal. 1980)을 보라.

그런 방식으로 기술적인 것이라고 여기게 되면, 그 어떤 법의 일반 이론에 대한 설명도 극단적으로 어려워진다. 하트가 발전시킨 판본의 법실증주의를 살펴보라.[2] 그는 자신이 '법 원천' 논제라고 부른 것을 찬성하여 논한다. 이 논제는 (그 내용에서) 법 명제는, 그 명제가 입법부처럼, 그러한 결정을 내리도록 관행에 의해 권위가 주어진 법적 기관에 의해 취해진 명시적인 결정으로부터 추론될 수 있을 때에만, 오직 그때에만 참이라고 주장한다.[3] 만일 법률가가 우리의 사례에서 그 여성이 시장점유율에 따른 손해배상을 받아낼 법적 자격이 있다고 관련된 적절한 입법부가 말했다는 점을 보인다면, 그녀는 그런 자격이 있음을 보인 것이다. 그러나 만일 그 명제가 그 어떤 권위 있는 제도가 말하거나 행한 바로부터 따라 나오지 않는다면, 그것은 참이 아니다.

그의 사후에 출간된 『법의 개념』 후기에서, 하트는 이 원천 논제가 순전히 기술적이라고 주장한다.[4] 그러나 그것이 어떤 의미에서 기술적인 것으로 생각될 수 있는지 신비스러운 일이다. 하트는 자신이, 법률가들이 어떻게 말하는가에 관한 기술로서 그것을 의도하지 않았다고, 즉 그들이 '법'이라는 단어를 어떻게 사용하는지에 관한 기술로서 의도한 것은 아니라고 주장한다. 왜냐하면 법이란 오직 실정적 입법에 의거해서만 유효해진다는 것이 '법'의 바로 그 의미의 일부라고는 명백히 말할 수 없기 때문이다. 그는 또한 그것을, 마치 우리가 결혼하지 않았다는 것이 총각이라는 개념에 귀속된다는 점을 받아들이듯이, 모든 법률가들이 법의 바로 그 개념에 귀속되는 것으로 받아들이는 바를 기술한 것으로 의도하지도 않았다. 우리의 사례에서 그 여성이 시장점유율에 따른 손해배상에 대한 법적 권리를 가진다고 생각하는 법률가는 그 원천 논제를 거

---

2 Hart, *The Concept of Law*, p. vii.
3 같은 곳을 보라.
4 같은 곳을 보라.

부한다. 왜냐하면 어떠한 기관도 상상력 넘치는 법률가[5]가 그것을 논증하기 전에는 그러한 책임을 선언한 바 없기 때문이다. 만일 이 법률가들이 틀렸다면, 그들의 잘못은 법적인 것이지 개념적인 것은 아니다. 또한 동일한 이유로, 하트는 자신의 원천 논제를, 모든 곳에서 법률가들이 실제로, 오직 원천 논제가 충족되었을 그때에만 법이 자신들의 편에 있다고 주장한다는 사회학적 가설로 생각했을 수는 없다. 그 가설 역시 명백히 거짓이다.

그렇다면 법 원천 논제와 같은 법 이론을 어떻게 이해해야 하는가? 롤즈는 그 쟁점을 사례를 들어 직접 다룬다. 자신의 정의 개념에 대한 분석을 통해서, 그는 정의의 개념을 공유하고 사용하는 모든 이들이, 무엇이 어떤 제도를 정의롭거나 부정의하게 만드는지에 대한 어떤 내용상의 배경적 이해를 공유하고 있다고 가정하지 않았다. 그와는 반대로, 그는 사람들이 대단히 상이한 정의관을 갖고 있다고 주장했다. 그러나 사람들은 모두, 이 모든 정의관들을 어떤 다른 미덕이 아니라 정의에 대한 관념으로 만들어주는 어떤 매우 추상적인 이해는 공유하고 있다고 롤즈는 보았다. 그러나 이 공유된 이해는 대단히 얇아서, 실질적인 내용을 결여한 빈 것이다. 정의에 관한 불일치를 가능하게 만드는 것은 사람들이 특정한 구체적인 경우나 사례에 관하여는 충분할 정도로 동의한다는 점이다. 모든 사람들이 노예제가 부정의하다는 것, 임금 착취는 부정의하다는 것 등등에 동의한다. 그리하여 롤즈는 정의의 철학자들이, 자신이 반성적 평형(reflective equilibrium)이라고 부른 해석적 과업에 참여할 것을 권고하였다. 우리는 어떤 일반적인 범위의 원칙들을 산출하고, 그 일반적 원칙들을, 우리가 갖고서 시작하게 되는 무엇이 정의롭고 부정의한지에 관

---

5 이 법률가들은 그 자신들이 *Fordham Law Review*에 발표된 학생의 논평을 보고, 시장점유율에 따른 손해배상책임이라는 아이디어를 떠올리게 되었다. Naomi Sheiner, Comment, "DES and a Proposed Theory of Enterprise Liability", 46 Fordham L. Rev. 963 (1978).

한 구체적인 판단에 맞춘다. 그러면서 해석적 들어맞음이 달성되는 데 필요해지면 원칙에 대한 견해나 구체적인 판단에 대한 견해, 또는 둘 다를 이동시킨다.

우리는 이 해석적 활동을 법철학의 방법으로 재진술할 수 있다. 우리는 더 말할 필요도 없이 속도제한, 세법, 일상의 재산법, 계약법 등등 어떤 것이 명백히 우리의 법의 일부인지 파악할 수 있다. 이 모든 것들은 우리에게 익숙한 것들이다. 이것들은, 법의 패러다임적 사례라고 말할 수 있을 것이다. 그리고 나서 우리는 해석적 평형의 다른 기둥을 구성할 수 있다. 왜냐하면 우리는, 정의의 개념이 롤즈에게 했던 역할과 동일한 역할을 법 이론에서 하는 추상적인 이상을 공유하고 있기 때문이다. 이 것이 법의 개념이다. 비록 때때로 그것의 정치적 성격을 강조할 때, 우리는 그것을 다른 방식으로, 이를테면 합법성의 개념이나 법의 지배라는 개념과 같은 것으로 기술하기는 하지만 말이다. 그리고 나서 우리는, 합법성에 대한 적합한 관념, 즉 우리의 구체적인 법 명제에 관한 분석 이전의 다양한 가정을, 합법성의 성격과 가치를 가장 잘 설명하는 것으로 보이는 정치적 도덕의 일반 원리와 평형을 이루도록 하는 합법성의 관념을 제시하려고 할 수 있다. 그러한 방식으로 우리는, 우리가 납득이 간다고 생각하는 더 넓은 가치의 관념 안에서 법 명제의 진리 조건에 관한 하나의 이론을 단단히 박아 넣는다. 법에 대한 실증주의 이론은 그러한 명제들의 진리 조건에 관하여, 법 원천 논제와 같은 논제를 제시할 것이다. 그러한 논제는 합법성에 대한 실증주의적 관념에 의해 뒷받침되는 것이다. 그리고 그 실증주의적 관념은 적합한 더 일반적인 정의론에 의해 뒷받침된다. 그 해석적 고안은 주요 법철학자들이 실제로 개진하였던 논변에 대한 최선의 이해 방식을 제공해준다. 그렇게 이해된 법철학은 어떤 측면에서는 기술적이다. 왜냐하면 그것은 그러한 논증이 개진되는 그 공동체 내에서 당연한 것으로 여겨지는 것에 대한 모종의 이해에서 출발하기 때문이다. 그러나 다른 측면에서는 실질적이고 규범적이다. 왜냐면 그 이론이 추구하는 평형은 독립적인 호소력에 의해서 판별된 정의의 원칙을 갖는 평형이기 때문이다. 그러므로 롤즈의 작업은, 그 출발부터 법철학의 자기 이해에 중대한 기여를 하는 것이다.

무엇이 법인가

이제 아주 오래된 질문의 내용적 측면에 주의를 돌려보자. 법에 대한 어떤 이해 — 실증주의적 이해 또는 다른 이해 — 가, 합법성에 대한 관념으로서 가장 성공적인가. 이 더 나아간 질문에 대한 롤즈의 이념이 갖는 함의를 끌어내기 위해서, 우리는 공정으로서의 정의라는 그의 상상적 구성에 그 질문을 끼워 넣어야 한다. 그가 묘사한 '원초적 입장'[6]의 대표들이, 일반적 정의의 원칙에 더하여 합법성의 관념 역시 채택할 것을 요구받는다고 가정해보자. 논지를 더 단순화하기 위해, 그들은 두 가지 선택지만 제시받는다고 가정해보자. 그들은 합법성에 관한 단순화된 실증주의적 해명을 선택할 수도 있다. 이 해명은, 판사가 법 명제의 진리 조건의 특정한 테스트를 사용한다고 명기한다. 또는 해석주의자의 단순화된 비실증주의적 설명을 택할 수도 있다.

위에서 상정된 단순한 실증주의적 해명에 의하면, 판사는 입법부에 의해 결정된 규칙을 집행한다. 이 규칙들이 애매하지 않은 한, 입법자나 입법부의 의도의 표준적인 원천이 되는 다른 기준들을 참조함으로써 애매해지지지 않을 수 있는 한 말이다. 그러나 흔히 그런 것처럼, 정해진, 그리고 오직 그러한 방식으로 해석된 규칙이 그 사안을 결정짓기에 불충분하다면, 판사는 법은 아무런 답도 제공하지 않는다고 선언하고, 판사

---

6 John Rawls, *A Theory of Justice*, rev. ed., Cambridge, Mass.: Harvard University Press, 1999, pp. 15~19.

들 스스로가 그 간극을 메우기 위하여 법을 창설해야만 한다. 그들은 그러나, 온건하게 조금씩 입법을 해야 한다. 그리고 현재 권한을 갖고 있는 입법부가 만일 그 쟁점을 검토했다면 입법을 했을 그러한 방식으로 판사는 입법을 해야 한다. 판사는, 즉 자신들이 생각하기에 관련 기관인 의회가 했으리라고 생각되는 방식으로 입법을 해야 한다. 이와 경쟁하는 단순한 해석주의 설명에 의하면 판사들은 의회가 정한, 동일한 방식으로 해석된 규칙을 집행해야 한다. 그러나 이른바 간극이라고 불리는 것에 직면하면, 판사들은 의회가 입법할 바와 같이 입법해서는 안 되며, 법 공동체 전체를 최선으로 정당화하는 공정으로서의 정의 원칙을 규명하고 그 원칙들을 새 사안에 적용하려고 해야 한다.

이제 롤즈의 가정과는 달리, 대표들이 일반적이고 모든 것을 포괄하는 공리주의적 정의관에 합의했다고 가정해보자. 그렇게 되면 그들은 단순화된 비실증주의적 관념보다 단순화된 실증주의적 관념을 선택할 강한 논거를 갖고 있다고 생각할 것이다. 공리주의적 정의관과 합법성에 대한 실증주의적 관념 사이에는 강한 친화성이 있기 때문이다. 근대 법실증주의의 두 정초자인 벤담과 오스틴이 전형적인 대표적 공리주의자였다는 것은 우연이 아니다. 벤담이 지적했듯이, 건전한 공리주의 입법은 단일한 원천으로부터 조직되고 이끌어져야 한다. 공리를 최대화하는 최선의 프로그램은, 상이한 법들과 정책들이 정확히 최대의 공리를 산출할 수 있도록 변경되고 조정될 수 있는 통합된 프로그램이다.[7] 의회는 그러한 정확한 최대 공리를 달성할 수 있는 최선의 기구이다. 왜냐하면 의회는 법과 정책의 진체 건축물을 조사할 수 있고, 의회의 구성과 선거 절차는 공동체의 선호의 혼합에 관한 정보를 제시하는 데 좋기 때문이다. 그리고 그러한 정보는 최대 총효용을 달성하는 데 필수적인 트레이드오프*

---

7 일반적으로는 Jeremy Bentham, *An Introduction to the Principles of Morals and Legislation*, New York: Hafner, 1948 [1823]을 보라.

에 대한 건전한 계산을 하는 데 필수 불가결하다. 판사들은 세월이 흐르면서 공리를 최대화하도록 고안된 규칙을 구체적 사건에서 집행하는 데 필수적인 존재이지만, 되도록이면 정책 설계자가 되어서는 안 된다. 왜냐하면 판사들이 정책 설계자가 되는 것은 비효율성을 증대시킬 것이기 때문이다. 그러므로 판사들은, 의회의 선언이 결정을 내려주지 못하고 소진되었을 때, 다른 어떤 원천으로부터도 자신들의 결정을 통제할 법률이 아무것도 없음을 선언해야 한다는 이야기를 듣는다. 판사들은 그 간극을 선언해야 하며, 그 간극은 그들이 가능한 한 겸손하게 채워야 한다. 주된 정치적 결정권자들의 부관으로서, 주된 정치적 결정권자들이 스스로 결정했다면 진행했을 정신으로, 대표적 실증주의자이자 대표적 공리주의자였던 올리버 웬델 홈즈가 표현하였듯이, 몰(the molar)**에서 분자(the molecular)로 채워야 한다.[8]

그것은 공리주의 관점에서 나온 실증주의를 지지하는 적극적 논거다. 해석주의에 반대하는 그 관점으로부터 나오는, 이에 상응하는 소극적 논거가 있다. 즉, 해석주의가 비합리적이라는 것이다. 공리주의자들에게 도덕적 원칙과 정치적 원칙은 장기적으로 최대 공리를 달성하는 어림짐작의 규칙에 불과하다. 그리고 원리의 정합성을 그것 자체를 위해 추구하는 것은 아무런 독립적인 가치 없이 피해만 클 뿐이다. 공리는, 그렇게 하는 것이 전략적으로 현명하지 않은 한에는, 과거에는 눈길을 주지 않고 미래에만 집중함으로써 훨씬 더 잘 충족된다.

---

* 트레이드오프는 두 개의 정책 목표 중 하나를 달성하면 다른 하나는 그만큼 달성을 못하게 될 때, 두 정책 목표 사이의 관계 또는 그 둘의 조정점을 찾는 활동을 말한다.
** 몰(mole)은 화학 용어로서, 분자나 원자 등이 아보가드로의 수만큼 존재하는 물질의 단위이다.
8 *So. Pac. Co. v. Jensen*, 244 U.S. 205, 221 (1917)에서 홈즈 판사의 반대의견: "나는 아무런 주저 없이 판사들은 실제로 입법을 하고 있으며 입법을 해야만 한다고 인정한다. 그러나 이러한 입법은 오직 틈새를 메우는 방식으로만 할 수 있다. 판사들의 입법은 몰에서 분자로의 운동에 한정된다."

그러나 이제 원초적 입장에 있는 대표자들이 롤즈가 생각했던 대로 선택한다고 가정해보자. 그들은 정의의 두 원칙에 찬성하여 공리주의를 거부한다. 정의의 두 원칙 중 하나는 일정한 기본적 자유에 우선성을 부여하며, 다른 하나는 사회의 최소 수혜자의 지위를 보호한다. 그렇게 되면, 그들 역시 실증주의가 아니라 해석주의를 택하리라는 것은 자연스러워 보인다. 왜냐하면 해석주의는, 장기적으로 전체적으로나 구체적으로나 정의를 달성하는 데 더 나은 베팅이 될 것이기 때문이다. 두 원칙은 구체성의 연속된 차원에서 실행될 것을 요한다. 그 두 원칙은, 첫째로, 제도들이 두 기본 원칙이 요구하는 결과를 가장 잘 산출할 법하게 고안되는 입헌 단계를 요한다. 그리고 나서 그 두 원칙은 그러한 제도들이, 롤즈가 입법 단계라고 부른 단계에서 기본 원칙에 봉사하는 더 구체적인 정의의 원칙들에 의해 지도되는 법률과 정책에 관한 더 구체적인 결정을 내릴 것을 요구한다. 평등한 자유에 축차적 우선성을 두면서, 최소 수혜자의 지위를 보호하는 데 그다음 우선성을 두는 사람들은, 입법 단계에서 이러한 우선성에서 이탈할 가능성에 특히 민감할 것이다. 그들은 다수에 의존하는 의회가 다른 집단의 희생 아래 일부 집단의 이익을 증진하라는 강한 압력 하에 놓이리라 우려할 것이다. 그러므로 그들은 독립된 권한과 책임을 가진 사법부라는 이념에 끌리게 될 것이다. 그들은 성문헌법으로 사법 심사를 규정하는 이념에 끌리게 될 것이다. 그리고 나는 그 점에 관한 롤즈 논변의 함의는 이후에 논할 것이다.[9] 하지만 그들은 또한 판사들이 덜 강력한, 그러나 여전히 중요한, 의회가 제정한 더 보통의 법률의 적용과 발견을 감독해야 한다는 이념에도 역시 끌릴 것이다. 그리고 판사들이, 법 앞에서 평등의 지도 아래에, 그리고 의회주권이라는 합당한 원칙이 허용하는 한, 의회가 일부 집단을 위해 활용 가능한 것으로 전제되는 원칙들은 모든 사람들에게 일반적으로 활용 가능해야 한다고

---

9 아래 '입헌주의' 절을 보라.

주장하는 방향으로, 그 권한을 행사해야 한다는 더 나아간 이념에 끌릴 것이다. 원초적 입장의 대표자들은, 사람들이 입법 기구로 하여금 구체적으로 지시한 것뿐만 아니라, 그 지시의 원리적 정교화에도 법적 권리를 갖게 하는, 법에 대한 해석주의적 관념을 찬성할 강한 이유를 갖게 될 것이다. 정합성은 차별로부터의 최선의 보호다. 정합성은 어쨌거나, 우리 헌법 수정조항 제14조의 평등 보호 조항의 전제이다.

롤즈는 해석주의를 찬성하는 이 논변을 개진하지는 않았다. 정말로 내가 아는 한, 롤즈는 법에 대한 어떠한 관념을 찬성하는 명시적인 논변을 펼친 바 없다. 그러나 그가, 내가 해석주의를 뒷받침한다고 말했던 그 원리들을 명시적으로 지지한 것은 사실이다. 그리고 그는 정말로, 합법성이나 법의 지배를 논의하는 와중에 그 원리를 지지하였다. 인용하자면 다음과 같다.

> 같은 사안에 대해서는 같은 판결이 내려져야 한다는 지침은, 판사들의 재량과 권위 있는 기구에 있는 공직자들의 재량에 중요한 한계를 부여한다. 그 지침은 그들로 하여금, 그들이 사람들 사이에 긋는 구별이 유관한 법적 규칙과 원리들에 의거해 정당화되도록 강제한다. 어떠한 구체적인 사건에서 규칙이 복잡하고 그래서 해석을 요한다면, 자의적인 판결을 정당화하기가 쉽다. 그러나 사안의 수가 증가하게 되면, 편향된 판단을 지지하는 그럴 법한 정당화는 구성하기가 더 어려워진다. 일관성의 요구는 물론 모든 규칙의 해석 및 모든 차원의 정당화에서 성립해야 한다.[10]

복잡성 자체를 제약으로 보는 롤즈의 강조, 그리고 그의 표현을 따르자면 "모든 규칙에 대하여 (…) 모든 차원에서" 일관성이 성립한다는 주장을 주목하라.[11] 시민들은 난해한 사건에서 법률을 해석하고 그 해석을

---

10 Rawls, *A Theory of Justice*, p. 209.

정교화하는 판사들이, 정합성에 대한 책임을 질 때에 자의성과 차별로부터 가장 잘 보호된다. 단순히 이 사건 저 사건마다 구체적인 법리들을 적용하는 것이 아니라, 그것이 달성될 수 있는 한 최선으로 법의 전체 구조와 원리적 정합성을 가질 때 말이다.

여기서 내가 인용하였던 역사적 친화성에도 불구하고, 실증주의자가 공리주의자가 될 필요는 없다는 반론이 제기될 수 있다. 그 대신에 우리는 공리주의자가 아닌 실증주의자이며, 자신이 재량을 갖고 있다고 생각하는 사건에서, 어떤 다른 이해(理解) 하의 정의와 가장 잘 합치한다고 자신이 믿는 규칙을 채택할 준비가 되어 있는 판사를 상정할 수 있다. 원초적 입장에서 롤즈의 정의의 두 원칙을 선택하였던 사람이, 판사의 역할에 관한 그러한 특성 서술을 또한 선택하지 않을 이유가 어디 있겠는가? 그것은 왜 롤즈가 불완전한 절차적 정의라 불렀던 것에 근거한 더 나은 선택이 되지 못한다는 말인가? 그러나 이 제안은, 판사들이 설사 정의만 목표로 할 때조차 무엇이 정의인가에 대하여 자주 견해를 달리한다는 사실, 그리고 판사들 자신이 사전에 갖고 있던 관념, 편견 또는 불편부당한 정의의 다른 적들에 영향을 받을지도 모른다는 사실을 소홀히 다루고 있다. 법의 관념을 선택하는 사람들은, 그들 자신의 사건에서의 어떤 결정이, 법에 대한 관념이 무엇이건 상관없이, 판사들이 원리적 정합성을 존중하도록 요청받았을 때보다 다른 공직자와 판사들이 행했던 바와 원리적 정합성을 이루는 것을 자유롭게 무시할 때에, 정의를 더 잘 반영할 것이라고 생각할 아무런 이유가 없다. 판사들이 이해하는 대로 정의를 행하도록 명하는 대신, 판사늘이 이해하는 대로의 원리적 일관성을 최선을 다해 존중해야 한다고 주장함으로써 판사들을 규율한다면 자의나 차별로부터 더 잘 방비책을 세워둔 것이라고 생각할 수 있는 것이다. 그것이, 내가 말했듯이 우리의 평등 보호 조항의 가정이다.[12]

---

11 같은 곳.

법적 추론의 제약

이제 나는 모든 법 관념이 직면해야 하는 더 구체적인 질문들을 살펴보겠다. 그런데 이 문제는 일부 법 관념에는 특히 까다로운 것이다. 판사들은 난해한 사건에서 어떻게 추론해야 하는가? 내가 설명한 실증주의와 공리주의의 단순 패키지에 의하면, 판사는 법의 간극을 메우기 위하여 참신한 판단을 내려야 한다. 그러나 그 패키지는 그 사법 추론의 성격을 지시한다. 그 패키지는 판사가, 의회라면 했을 바를 하여야 한다고 주장한다. 해석주의는, 다른 법 이론들과 마찬가지로, 판사들이 난해한 사건에서 정치적 도덕에 관한 참신한 판단을 내려야 한다고 또한 가정한다. 해석주의는 전체로서의 법 구조와, 그 구조를 정당화하는 것으로 가장 잘 이해되는 일반적 원리들 사이에 해석적 평형을 추구하도록 지시한다. 그러한 방식이 내가 다른 글에서 논하였듯이, 사실상 전통적인 보통법의 방법이다.[13] 그러나 판사들이 이 해석적 평형을 구성할 때, 즉 전체로서의 법의 기록을 정당화할 때 인용할 수 있는 원리들의 종류에는 어떠한 제약이 있는가?

---

12 나는 내가 롤즈로부터 끌어낸 해석주의를 찬성하는 논변이, 그러한 관념을 찬성하는 나의 논변과 일치한다고 말하는 것은 아니다. 나는 단지 법철학의 핵심 질문에 롤즈의 작업이 갖는 관련성만 보여주려고 하였다. 그러나 적어도, 롤즈의 원초적 입장에 근거한 논증의 기본 구조에 대한 하나의 해석에서는, 그의 논증은 나의 논증과 사실상 그렇게 거리가 멀지 않다. 나는 통합성은 평등한 시민권에 대한 올바른 견해를 표현한다고 생각한다. 한 사람에게 적용되는 원리들은 다른 사람에게도 적용되어야 한다. 경쟁하는 제도들에 의해 그와 다르게 명시적으로 지시되지 않는다면 말이다. 내 견해로는 그러한 종류의 평등에 대한 이념은 원초적 입장이라는 발견적인 장치(heuristic device)가 주형하고 관철하는 일련의 이념들의 적어도 일부를 제공한다. John Rawls, "Justice as Fairness: Political Not Metaphysical", in *Collected Papers*, ed. Samuel Freeman, Cambridge, Mass.: Harvard University Press, 1999, p. 388, p. 400 n. 19.

13 일반적으로는 *Law's Empire*, pp. 276~312를 보라.

판사들이 특정한 종류의 논변을 활용하는 것은 확실히 그른 일로 보인다. 그들은 자신들의 개인적 이익이나, 자신들이 연결된 어떤 집단의 이익에 호소해서는 안 된다. 이 명백한 제약은 정당화의 이념 자체의 일부분으로 보인다. 그러나 판사들은 자신들이 종교적 확신을 갖고 있다면 종교적 확신에 호소할 수 있는가? 또는 교회를 다닌다면 교회의 교리에 호소할 수 있는가? 어쨌거나 몇몇 판사들은, 자신들의 가장 깊은 확신의 문제로서, 종교가 정치적 도덕의 가장 강력하거나 아마도 유일하게 진리인 정당화를 제공한다고, 그리하여 과거의 법적 결정에 대한 가장 강력하거나 유일하게 진리인 정당화를 제공한다고 생각한다. 미국에서 종교적 논변은 수정헌법 제1조에 의해 사법 추론으로부터 배제되는 것으로 생각될 수 있다. 그러나 다른 나라에서는 어떤가? 예를 들어 국교가 있는 영국이나 이스라엘 같은 경우는 어떤가? 만일 종교가 그 나라들에서도 판결을 위한 근거로 허용 가능하지 않다면, 이러한 제약은 종교에 국한하여 특별히 덧붙여진 제약인가? 아니면 그것은 정치적 도덕의 어떤 더 일반적인 원리로부터 도출되는 하나의 사례인 것인가? 예를 들어 도덕철학의 논변은 어떤가? 판사는 자신의 견해를 이마누엘 칸트나 존 스튜어트 밀의 철학적 교설에 적절히 호소할 수 있는가? 그는, 다수의 미국 판사들이 실제로 그랬듯이, 존 롤즈의 철학적 저술에 호소할 수 있는가?[14] 철학자는 거시경제 정책에 호소할 수 있는가? 그는 그 원리를 따르는 것이 인플레이션을 통제하거나 저축을 증진시킬 것이라는 이유로, 그 원리가 전체로서의 법적 구조를 더 잘 정당화한다고 판단할 수 있는가?

---

14 예를 들어 Uhl v. Thoroughbred Tech. and Telecomms., Inc., 309 F.3d 978, 985 (7th Cir. 2002), 롤즈의 *A Theory of Justice*에 나온 veil of ignorance에 관한 언급; Goetz v. Crosson, 967 F.2d 29, 39 (2d Cir. 1992), *A Theory of Justice*에서의 인용; Memphis Dev. Found. v. Factors Etc., Inc., 616 F.2d 956, 959 (6th Cir. 1980), 같은 책에서의 인용; W. Addition Cmty. Org. v. NLRB, 485 F.2d 917, 938 (D.C. Cir. 1983), 같은 책에서의 인용을 보라.

롤즈의 공적 이성이라는 원칙은, 정치적 자유주의 공동체에서 공직자들에게 허용 가능한 종류의 논변을 규정하는 데 정확히도 바쳐져 있다. 그리고 롤즈는 공적 이성이라는 원칙이 판사들에게 특히 엄격하게 적용된다고 주장한다. 그러나 나는 공적 이성이라는 원칙이 방어하기 힘든 것이라고 생각한다. 나는 여기서 내가 생각하는 어려움을 논의할 것이다. 그 원칙이 요구하는 바를 진술하는 두 가지 방식이 있다. 첫째, 호혜성이라는 중요한 이념에 호소하는 더 기본적인 방식이 있다. 공적 이성 원칙은, 정치 공동체의 모든 합당한 구성원들이 합당하게 받아들일 수 있는 그러한 정당화만 허용한다. 두 번째 방식은, 아마도 더 기본적인 심사의 요체일 것이다. 공적 이성은 공직자들에게, 공동체의 정치적 가치에 기초한 정당화를 제시할 것을 요구하고, 포괄적인 종교적·도덕적·철학적 교설에 기초한 정당화는 제시하지 않을 것을 요구한다. 그 원칙은 그러므로 판사들에게, 논쟁의 여지가 있는 종교적·도덕적·철학적 교설들을 피하는, 법의 구조에 대한 정당화를 찾아볼 것을 요구한다.

그러나 나는 호혜성의 원칙이 배제하는 바를 이해하지 못하겠다. 만일 내가 논쟁의 여지가 있는 특정한 도덕적 입장이 명백히 옳다고 믿는다면 ─ 예를 들어 개인은 자신의 삶을 스스로 돌봐야 하며, 자신들 스스로가 내린 그 어떤 실수에 대해서도 금전적 책임을 져야 한다는 입장이 옳다고 믿는다면 ─ 내가 나의 공동체의 다른 사람들이 동일한 견해를 합당하게 받아들일 수 있을 것이라고, 또는 그들이 그것을 받아들일 가능성이 높다고 어찌 믿지 않을 수 있겠는가? 아마도 롤즈는 판사들이 일부 합당한 시민들이 특정한 종류의 자신들의 확신을 포기하지 않고서는 받아들일 수 없는 이념들, 즉 X 확신에 호소하여서는 안 된다는 것을 이야기하고 있는 것일 수도 있다. 그러나 우리는 이 X 확신들이 무엇인지를 규명할 아무런 기초를 갖고 있지 않은 것 같다. 나는 종교적 확신들이 여러 이유에서 특수한 것이라는 점은 받아들인다. 종교적 진리가 성스러운 은총을 통해서만, 또는 어떤 다른 사적인 접근 통로를 통해서만 얻을 수 있는 것이라고 믿는 이들은, 모든 합당한 시민들이 자신의 종교적 확신을 합당하게 수용하리라고 기대할 수 없다. 그러나 롤즈는 호혜성 심사가 종교적 확신이 아닌 다른 어떤 합당한 확신을 배제하리라고 생각할 이유를 전혀 제시하지 않는다.

나는 한편에는 정치적 가치를, 다른 한편에는 포괄적인 도덕적 확신을 놓는 구분에서도 동일한 난점을 발견한다. 롤즈 자신의 공정으로서의 정의관은 논쟁의 여지가 있는 도덕적 입장에 결정적으로 의존하고 있다. 차등의 원칙은, 예를 들어서, 노력이나 책임이 도덕적으로는 근본적으로 무관하다는 가정을 포함하는 일련의 가정들에 의해 이루어지는 반성적 평형에서 산출되고 옹호된다. 만일 최소 수혜자 집단의 지위를 가장 나은 처지로 만드는 질서가 나태한 자를 보상하는 것으로 드러난다 해도, 그것은 아무런 반론이 되지 못한다고 한다. 롤즈는 이 결론을 노력은 재능에 영향을 받는다고 가정함으로써 옹호한다.[15] 그러나 그렇다고 해도 노력이 재능에 의해 완전히 결정되지는 않는다면, 재능과 노력 사이의 상호작용은 개인적 책임에 관한 상이한 포괄적인 도덕적 견해를 나누는 바로 그러한 종류의 심리학과 도덕에 관한 혼합된 문제인 것으로 드러난다. 그리고 롤즈의 입장은 우리의 공동체에서 확실히 논쟁의 여지가 있으며, 일부 사람들은 개인적 책임에 더 많이 의존하는 분배적 정의의 원칙에 찬성하면서 롤즈의 입장을 거부할 것이다.

이러한 난점은, 롤즈가 작동하고 있는 공적 이성의 이념의 예로 든 것에 의해 확증된다고 나는 생각한다. 그는 몇몇 지점에서 낙태 논쟁을 논의한다. 그때마나 산락히 다루기는 하지만 말이다. 그의 논의는, 초기 태아가 생명권을 포함한 그 자신의 권리와 이해 관심을 갖고 있느냐라는 질문이 포괄적인 도덕적·종교적·철학적 입장이며, 자유주의 공동체의 어떠한 정치적 가치에 의해서도 해결될 수 없는 것이라고 가정한

---

15 Rawls, *A Theory of Justice*, p. 274.

다. 그러나 미국 여성들이 낙태에 대한 헌법적 권리를 갖고 있느냐의 질문에 대하여, 그 포괄적 쟁점에 관하여 어떤 입장을 취하지 않고서 어떻게 입장을 택할 수 있는가? 미 연방대법원은 어떻게 '로 대 웨이드'(Roe v. Wade) 사건[16]과 '남동 펜실베니아 가족계획연맹 대 케이시'(Planned Parenthood of Southeastern Pennsylvania v. Casey) 사건[17]을 판결할 수 있었겠는가? 여기에는 아무런 기본 설정(default) 입장이 없는 것으로 보인다. 태아가 자신의 이해 관심과 권리를 갖고 있지 않다는 견해는, 갖고 있다는 견해만큼이나 포괄적 입장으로부터 끌어온 것이다. 그리고 우리는 이 두 견해 중 어느 하나를 채택하지 않고서는 낙태에 관한 결정에 이를 수 없다. 평등 보호 조항은 모든 사람들에게 적용된다. 그리고 여성이 임신 3분기 중 제1기에 낙태에 대한 헌법적 권리를 갖고 있다는 어떠한 논변도, 태아가 그 조항이 의미하는 '사람'이라는 점을 부인해야만 한다.[18]

나는 따라서 롤즈의 공적 이성의 원칙이 합법성과 판결의 관념을 채워주는 데 많은 도움을 줄 수 있을 것이라는 데 회의적이다. 우리는 다른 곳을 찾아보아야 한다. 나의 견해로는, 롤즈의 일반적 논변이 시사한다고 내가 말했던 법에 대한 관념에서, 사법적 논변에 필수적으로 가해져야 하는 제약을 발견할 수 있다. 만일 우리가 해석주의적 관념을 받아들인다면, 우리는 공적 이성의 원칙과 같은 별도의 원칙을 필요로 하지 않

---

16 410 U.S. 113 (1973).

17 505 U.S. 833 (1992).

18 몇몇 철학자들은 낙태에 대한 도덕적 권리는 설사 태아가 사람이라고 해도 옹호될 수 있다고 생각한다. 왜냐하면 그 가정에 의하더라도 여성은 임신의 부담을 지속할 도덕적 책임이 없다는 것이다. 그 주장에 대한 논의로는 내 책 *Life's Dominion*, New York: Vintage Books, 1994 [1993], pp. 102~17을 보라. 그러나 설사 우리가 그 견해를 받아들인다고 하더라도, 낙태에 대한 헌법적 권리가 그런 방식으로 옹호될 수 있다는 결론이 따라 나오지 않는다. 만일 주(州)가 태아를 인간으로 다루는 일이 적절하다면, 태아의 모(母)가 선택적 낙태를 배제할 특별한 책임을 지게 하는 사람으로 대우하는 것도 합헌이 될 수 있다.

는다. 판사들은 자유주의 사회에서 종교적 확신이나 목표에 호소할 수 없다. 왜냐하면 그러한 확신들은 자유주의적이고 관용적인 다원주의 공동체의 법 구조의 전반적이고 포괄적인 정당화에서 등장할 수 없기 때문이다. 그러나 이 해석적인 제약이, 종교적인 확신과는 별개의 것인 도덕적 확신을 배제할 수는 없다. 일련의 불법행위 판례들을 해석하는 판사들은, 과거 판결들에 대한 공리주의적 해석을 거부하는 근거로서 롤즈의 정의 이론에 호소할 수 있으며, 평등관에 더 확고하게 근거를 두고 있는 해석에 찬성하는 교설들에 호소할 수 있다.[19]

하나의 논점을 더 짚자. 공적 이성에 관한 논의에서, 롤즈는 어떤 경우에서건 판사들은 자신들의 개인적인 도덕적 확신에 호소할 수 없다고 말한다. 만일 그것이 판사들이 과거의 법에 대한 하나의 정당화가, 판사 자신이 그렇게 우연히 생각했기 때문에 더 낫다고 주장할 수 없음을 의미한다면, 이것은 명백히 옳은 말이다. 판사의 자전적인 지성사는 법적 논변이 아니다. 그러나 그 말이, 판사가 자신의 판단에서 논쟁의 여지가 없는 도덕적 견해에 어떠한 자리도 내어줄 수 없다고, 왜냐하면 그가 그렇게 할 경우에는 자신은 옳다고 생각하지만 다른 이들은 옳다고 생각하지 않는 도덕적 견해를 원용하는 것이 되기 때문이라는 것을 의미한다면, 그것은 불가능한 요구를 진술하는 것이 된다. 어떠한 법의 관념에서도 — 실증주의적이건 해석주의적이건 — 복합적인 다원주의 공동체의 판사들은 자신들의 제도적 책임을, 논쟁의 여지가 있는 도덕적 견해에 의존하지 않고서는 수행할 수 없다.[20]

---

19 *Law's Empire*, pp. 276~312를 보라.

20 Dworkin, "The Secular Papacy", in Robert Badinter and Stephen Bereyer, eds., *Judges in Compemporary Democracy: An International Conversation*, New York: NYU Press, 2003, p. 67을 보라.

입헌주의

사법 심사 제도 하에서는 판사들이 의회의 입법과 다른 대의기관들의 행위를, 개인의 권리에 대한 헌법적 보장을 위반했다는 이유로 무효로 선언할 수 있다. 그래서 이 사법 심사 제도는 선출되지도 않고 사실상 파면될 수도 없는 법률가들이 선출된 대표자들의 숙고된 결정을 압도하는 것을 허용한다는 이유로 반민주적이라고 흔히 이야기된다. 롤즈는 그 고전적인 불평을 여러 곳에서 직접 다룬다. 그는, 자신이 지지하는 공정으로서의 정의라는 관념에 따르면, 자신이 입헌적 수준이라고 부르는 것에서 공동체가 구성하는 여러 제도는, 무지의 베일 뒤에서 선택된 정의의 원칙에 비추어, 순수 절차적 정의가 아니라 완전 절차적 정의의 정신에 의거하여 선택된다. 즉, 그 제도들은 결과를 고려하여 선택된다. 정의의 원칙들은 기본적 자유와 그 우선성을 확립하며, 입헌적 단계에서 결정되어야 할 문제는 도구적인 것이다. 어떤 제도가 그러한 자유들을 보호하는 데 가장 적합한 것인가?

물론 그것들을 보호하도록 제도가 고안되어야만 하는 평등한 자유들 중에 정치적 자유들이 있다. 이 자유들에는 투표할 권리와 정치에 참여할 권리가 포함된다. 그러나, 롤즈가 『공정으로서의 정의: 재진술』(*Justice as Fairness: A Restatement*)에서 말했듯이, 정치적 자유를 비롯한 기본적 자유들은 그 자체로 준(準)수단적이라고 이해되어야 한다.[21] 그 자유들은, 두 근본적인 도덕적 능력, 즉 정의감을 형성하고 그것에 근거하여 행동할 능력과, 선관(善觀)을 형성하고 그것에 근거하여 행동할 능력의 발전과 행사에 본질적인 것이다. 이것은, 내가 이해한 바에 의하면, 비록 투표하고 정치에 참여할 광범위한 권리가 명백히 그리고 필연적으로 이러

---

21 John Rawls, *Justice as Fairness: A Restatement*, ed. Erin Kelly, Cambridge, Mass.: Harvard University Press, 2001, p. 112.

한 도덕적 능력의 발전에 필요하기 때문에 사람들은 대강의 민주적 절차에 대한 기본권을 갖고 있지만, 반면에 민주주의의 어떤 특정한 형태에 대해서는 기본적 권리를 갖고 있지 않으며, 따라서 어떤 특정한 디자인을 따르거나 어떤 특정한 사법권을 갖고 있는 민주적 제도에 대한 기본권은 갖고 있지 않다. 그래서 그 질문은 오히려 어떠한 의회 구조와 사법 구조가 다른 명령된 또는 바람직한 결과를 확보하는 최선의 전망을 갖고 있느냐는 것이 된다.

그러므로 공정으로서의 정의에 관한 롤즈의 일반적 정의관 중 어느 것도, 그 가장 포괄적인 형태에서, 사법 심사에 대한 이른바 '다수결적' 반대를 뒷받침하지 않는다. 그러나 그의 이론은, 구성의 입헌적 수준에서, 미국의 입헌주의 구조 및 사법 심사가 도구적인 방식으로 정당화될 수 없다는 더 제한된 반론의 여지, 즉 정치적 자유들을 포함한 기본적 자유들은 어떤 다른 질서에 의해 더 잘 보장된다는 제한된 반론의 여지를 남기고 있다. 이를테면 그 다른 질서는 의회주권의 질서이거나 인권법 (Human Right Act) 입법 이후 영국의 질서와 같은 혼합된 질서일 수 있다. 이 혼합된 질서는 만일 의회가 인권법의 권리를 침해하겠다는 의도를 명확히 하면, 그 권리를 침해하는 입법을 허용한다. 비록 롤즈가 그러한 더 다수결주의적인 경쟁자에 비해 미국 모델을 찬성하는 결과 기반의 엄밀한 논거와 같은 것을 제시하려고 한 바는 없지만, 미국 모델을 대체로 뒷받침하는 몇 가지 논변을 개진한다. 예를 들어 그는 의회주권과 인민주권을 구별하고, 미국 모델은 인민주권과 일관된다고 말한다. 미국 모델은 사람들의 기본적인 도덕적 능력을 증진한다는 것이다. 왜냐하면 사람들이 일반적으로 원래의 헌법을 지지할 뿐만 아니라, 예를 들어 재건 시기와 뉴딜 시기 이래의 가장 중요한 발전을 촉진해왔고 감독해왔기 때문이라고 한다. (그러한 견해에서, 그는 스스로 언급하는 바와 같이, 브루스 애커먼[Bruce Ackerman]의 논변을 따른다.)[22] 둘째, 그는 입헌주의와 사법 심사가 두 도덕적 능력을 제약하기보다 조력할 수 있는 추가적인 방식을 지적한다. 그는 대법원이 원리의 포럼으로 행동한다는 사실은, 주요 도덕적 쟁점에 대한 공적·정치적 토론을 북돋우고 그것에 초점을 맞추도록 해준다고 말한다.[23]

이제 내가 앞서 언급했던 다른 쟁점을 살펴보겠다. 사법 심사의 정당성이 아니라 그 적합한 전략에 대해서 말이다. 연방대법원은 자주, 이전에는 인정하지 않았던, 그리고 그 권리로서의 입지가 국가 내의 사려 깊은 사람들 사이에서 매우 논쟁의 여지가 많은, 구체적인 헌법적 권리를 인정하라는 압력을 받는다. 연방대법원은 '브라운 대 교육위원회' (Brown v. Board of Education) 사건[24]과 1950년대의 다른 초기 인종차별 사건에서도 그러한 상황에 직면하였다. 연방대법원은 학교 기도 사건, '로 대 웨이드'(Roe v. Wade) 사건[25]으로부터 시작된 낙태 사건들에서, 그리고 불치병 말기 환자들을 위한 조력 자살에 관한 더 최근의 사건들에서 그러한 상황에 직면하였다.

그러한 상황에서 연방대법원이 새로운 권리를 인정하는 것을 거부해야 한다는 논의가 널리 퍼져 있다. 그렇게 해야 정치 과정이 더 시간을 갖고 그 쟁점의 장단점을 지역의 정치와 결정을 통해 고려할 수 있고, 지역의 정치와 결정은 주별로 다양할 수 있으며, 그래서 브랜다이스 대법관이 여러 주들의 실험실(the laboratories of the several states)이라고 부른 것 내에서 일종의 실험을 제공할 수 있을지 모른다는 것이다.[26] 연방대

---

22 Bruce Ackerman, *We the People*, Cambridge, Mass.: Harvard University Press, 1991.

23 John Rawls, *Political Liberalism*, New York: Columbia University Press, 1996.

24 347 U.S. 483 (1954).

25 410 U.S. 113 (1973).

26 "용기 있는 어떤 주가, 만일 그 주의 시민들이 선택한다면, 실험실로 기능할 수 있다는 것, 그리하여 국가의 나머지에 위험을 부담시키지 않고 참신한 사회적·경제적 실험을 시도해볼 수 있다는 것은 연방 체계의 행복한 결과 중 하나다." New State Ice Co. v. Liebmann, 285 U.S. 262, 311 (1932)에서 브랜다이스 대법관의 반대의견을 보라.

법원은 이송 명령(certiorari) 정책을 통해 몇몇 사건에서 그렇게 할 수도 있다. 연방대법원은 그러한 쟁점들이 정치에서 더 여과되도록 내버려두는 것이 더 현명하다고 생각한다는 이유로 개인의 권리에 관한 기본적 쟁점을 판결하기를 요구하는 사건을 기각할 수도 있다. 그러나 그러한 대부분의 사건들에서, 하나 이상의 하급심들이, 헌법이 그 주장된 권리를 인정하는지를 연방대법원이 판결하도록 요구하는 방식으로 그 쟁점에 대하여 판결을 내릴지 모른다. 그러한 경우에 내가 묘사했던 수동적이고 조심하는 전략은 연방대법원으로 하여금 논쟁의 여지가 있는 주장된 권리가 존재하지 않는다고 판결하기를 요구할 것이다. 연방대법원이 예를 들어 조력 자살 사건들에서 그렇게 했듯이 말이다.[27]

롤즈 자신은 연방대법원이 조력 자살에 대하여 제한된 권리를 인정해야 한다고 주장했다. 롤즈는 다른 사람들 몇몇과 함께, 법정 조언자(amicus curiae)로서 그 판결을 촉구하는 의견서에 서명하였다.[28] 그러나 롤즈는 이후에, 그 조심하는 논변은, 연방대법원이 자신의 조언에 반하여 내린 판결을 뒷받침하는 '좋은' 논변으로 칭한 것에 해당한다고 하였으며, 또한 그것을 '로 대 웨이드' 사건[29]에서의 제한된 낙태에 대한 권리를 인정한 연방대법원의 1973년 판결에 반대하는 '좋은' 논변이라고도 칭했다. 물론 그렇다고 해서 그가 그 논변을 최종적으로 설득력 있는 논변이라고 생각했음을 의미하지는 않는다.[30] 그러나 나에게는 조심하는 견해에 반대하는 직접적이고 강력한 — 심지어 결정적인 일격을 가

---

27 Vacco v. Quill, 521 U.S 793 (1997); Washington v. Glucksberg, 521 U.S. 702 (1997).

28 법정 조언서 Ronald Dworkin et al., *Glucksberg* (No. 95-1858, 96-110), available at 1996 WL 708956. 그 조언서에는 롤즈를 비롯해 토머스 네이글, 토머스 스캔런, 나, 로버트 노직, 주디스 자비스 톰슨이 서명했다.

29 410 U.S. 113 (1973).

30 John Rawls, *Commonweal* interview with John Rawls, in Rawls, *Collected Papers*, p. 616, p. 618을 보라.

하는—롤즈적 논변이 있는 것 같다. 이 논쟁의 여지가 많은 사건들에서, 원고나 원고 집단은 어떤 법이나 국가 행위가 자신들의 기본적 자유를 부인하며, 따라서 정의의 제1원칙에 위배된다고 주장하는데 공정으로서의 정의에서는 정의의 제1원칙에 아마도 국내적 평화와 평온을 비롯한 다른 모든 것보다 우선성이 부여된다. 물론 어떤 특정한 대법관은, 문제시되는 법률과 행위가 기본적 자유를 부인한다고 생각하지 않을 수도 있다. 그러나 우리는 롤즈가 대법관이라면 그 스스로가 개진한 논변, 예를 들어 철학자들의 의견서에서 개진한 논변에 납득될 것이라고 생각해야만 한다. 우리는 실용주의자라고 자처하는 공리주의자가 그 조심하는 논변에 어떻게 매력을 느끼게 될지를 쉽게 이해할 수 있다. 그러나 왜 롤즈가 그래야 하는가? 왜 롤즈가 그 조심하는 논변이 '좋은' 것이라는 정도의 평가라도 내려야 하는가?

이에 대한 하나의 답은 인식론적인 것이다. 아마도 롤즈는 연방대법원의 대법관이 무시무시한 이성의 부담을 인정하여, 자신의 판단이 결함이 있을 수도 있고, 정치적 과정은 매우 널리 받아들여지는 상이한 타협을 이루어낼지도 모르며, 이 타협은 대법관들 다수가 스스로 그 정치 과정 이전에 고안할 수 있는 당해 기본적 자유에 대한 설명보다 더 정확하고 더 합당한 해명이 될 것이라고 생각할 수도 있다. 그러나 이 답변에는 몇 가지 명백한 난점들이 있다. 그리고 우리는 다시 한 번 낙태 쟁점을 활용하면서 이 난점들을 드러내볼 수 있다.

첫째, 분열적이지 않은 타협에 이 나라의 정치가 곧 도달할 수 있으리라는 것은 일어날 법하지 않다. 유럽 사람들은, 표면적인 형식성을 갖고서, 여성의 요구에 따라 낙태를 허용하는 입장에 대체로 합의해왔다. 이것이 유럽에서는 계속되는 논쟁을 불러일으키지는 않았다. 그러나 이는 유럽이 근본주의적인 종교운동이나 어떤 심각한 근본주의적 감성의 전염병에 오염되어 있지 않았기 때문이다.[31] 그러나 우리는 오염되어 있다. 이른바 부분 분만(partial birth)이라고 불리는 행위에 대한 최근에 입법된 금지 규정이 시사하듯이 말이다.[32] 미국에서 근본주의자들로부터의 전투적인 반대를 수용할 유일한 해결책은 엄한 반(反)낙태 체제인데, 그것은 마찬가지로 전투적인 여성운동에는 참을 수 없는 것이 될 것이다. 둘째, 모든 이들에게 합당하게 받아들여질 수 있는 것으로 입증된 타협이 설사 정치적으로 이루어진다 해도, 이 타협이 문제되는 기본적 자유를 더 정확하거나 더 합당하게 규명한 것이리라고 생각할 이유는 전혀 없다. 그와는 반대로, 이러한 기본적 자유에 관하여 어떤 견해를 택하든 간에, 타협은 누군가에게 부정의를 의미하는 것으로 보일 가능성이 크다. 예를 들어 대부분의 사람들이 자신의 주에서 반낙태 법에 강하게 반대하기를 그치고, 단지 낙태를 원하는 여성만이 낙태가 합법인 근처의 주로 간편하게 여행할 수 있게 된다고 가정해보자. 이것은, 여행의 각종 비용을 감당하기에는 지나치게 가난한 사람들의 자유의 평등한 가치를 부인하게 된다.

롤즈가 낙태, 조력 자살, 기도 없는 학교에 대한 기본적 자유가 있는지는 불확정적이라고 생각했을 수 있는가? 만일 그렇게 생각했다면, 그러한 쟁점들을 정치에 맡겨둘 좋은 논거가 있다고 생각했을 것이다. 왜냐하면 정치는, 어쨌거나 제공될 수 있는 전부가 준(準)순수 절차적 정의뿐일 때는 판결보다는 우월하기 때문이다. 그러나 롤즈가 이와 같은 쟁점들이 불확정적인 문제라고 생각했다는 것은 극도로 설득력이 없다. 왜냐하면 그 자신이 이 쟁점들 중 몇몇에 대하여 입장을 취하였기 때문이다. 그가 주별로 이루어지는 정치가 판결보다는, 그가 인정한 다양한 공적 더목을 발견시기는 더 나은 노구라고 지속적으로 생각했을 리도 없다. (몇몇 학자들이 실제로 그렇게 가정한 것과는 달리 말이다.) 연방대법원의

---

31 유럽에서 낙태 관련 법의 현황에 관한 포괄적인 논의로는 Inter-Departmental Working Group on Abortion, Gov't of Ir., Green Paper on Abortion ¶3.02, 웹사이트 http://www.taoiseach.gov.ie/index.asp?docID=238 (최종 방문 Apr. 14, 2004).
32 Pub. L. No. 108-105, §3(a), 117 Stat. 1206 (2003)을 보라.

판결이 두 도덕적 능력의 발전을 촉진한다는 그의 논변은, 덜 극적인 사안들뿐만 아니라 분열적인 사안들에도 마찬가지로, 또는 그 이상으로 철저하게 적용되는 것으로 보인다.

그는 공민성의 덕목에 호소했을 수 있을까? 일부 시민들에게 심하게 불쾌한 것으로 보이는 결정들을 취하지 않는 것이 낫다고 하면서? 그러나 이러한 결정들은 법원이 부과하는 대신 의회가 부과하였다 하더라도 패배하는 쪽에는 똑같이 불쾌한 것이 될 것이다. 어느 경우든, 이런 종류의 시민성은 단순히 잠정 협약만을 겨냥할 뿐이다. 그리고 이것을 롤즈는 부적정한 것으로 거부하였다. 원칙으로서 옹호해야 할 무언가라고 보지 않고 말이다. 물론 만일 연방대법원의 권위나 헌법 질서 전체의 권위가 그 판결을 내리느냐 마느냐에 걸려 있다면, 사안은 달라질 것이다. 우리는 조심하는 조언의 지혜를 그런 경우에는 이해할 수 있을 것이다. 장기적으로 모든 이들의 권리를 보호하는 체계를 희생하는 것보다는 몇몇 사람들의 권리를 무시하는 것이 낫다. 그러나 물론 그것이 실제 상황은 아니다. 프랭크푸르터(Felix Frankfurter) 대법관의 우려와는 반대로, 연방대법원의 권위는 '브라운 대 교육위원회' 사건[33] 및 다른 인종 간 출산(miscegenation) 사건[34]들을 거치면서도 살아남았다. 연방대법원의 권위는 또한 '로 대 웨이드' 판결[35]과 학교 기도 판결[36]을 거치면서도 살아남았다. 그것은 조력 자살에 대한 제한된 권리를 인정하는 판결을 하였어도 살아남을 수 있었을 것이다. 실제로 나는 연방대법원의 권위는 '부시 대 고어' 판결[37]의 치욕에도 불구하고 분명히 살아남았으므로, 그것은

---

33 347 U.S. 483 (1954).

34 Loving v. Virginia, 388 U.S. 1 (1967); McLaughlin v. Florida, 379 U.S. 184 (1964).

35 410 U.S. 113 (1973).

36 Sch. Dist of Abington Township, Pa. v. Schempp, 374 U.S. 203 (1963); Engel v. Vitale, 370 U.S. 421 (1962).

사실상 어떤 일을 겪더라도 살아남을 수 있다고 생각하고픈 유혹을 느낀다.

진리와 객관성

나는 마지막으로, 비록 매우 간략하게 살펴야 하기는 하지만, 내가 법이론에서 특히 중요한 것이라 인용했던 롤즈의 견해의 마지막 측면을 주목하고 싶다. 법적 판단, 특히 난해한 사건에서의 법적 판단은, 그 어떠한 객관적인 진리의 보고도 될 수 없고, 단순히 발화자의 승인이나 불승인이라는 심리 상태를 표현하는 것에 불과하다는, 법의 지배를 찬양하는 것에 대하여 빈번하게 제기되는 반론이 있다. 이것은 도덕 및 다른 가치 분야에 관한 익숙한 회의적 견해이기는 하지만, 법에서는 특히 실천적인 중요성을 갖는다. 왜냐하면 그것은 여러 논쟁에서, 예를 들어 사람들이 법에 복종할 도덕적 의무가 있는가, 또는 다수결 입법에 대한 사법심사가 옹호될 수 있는가 등의 논쟁에서 실질적인 논변을 제공하는 것으로 생각되기 때문이다.

『정치적 자유주의』(Political Liberalism)에서 롤즈는 정치적 주장에 적합하다고 생각한 객관성의 관념을 규명한다. 그리고 그가 말한 것 중 많은 것이 법에 대한 논쟁의 여지가 있는 주장에도 그대로 적용된다. 그는 자신이 정의한 객관성은, 정치적 추론이나 법적 추론이 지각(知覺)의 한 예리는 가정에 진혀 의존하시 않는다고 수장한다. 즉, 정치적 주장이나 법적 주장이 참이라는 신념이, 그것이 보고하는 상황에 의해 야기되는 것일 때에만 객관적으로 참이라는 가정에 전혀 의존하지 않는다고 주장한 것이다. 법적 사실은 법률가들의 중추신경계와 아무런 인과관계를 맺

---

37 531 U.S. 98 (2000).

지 않는다. 그러나 왜 법에 대한 논쟁의 여지가 있는 명제 — 예를 들어 위험한 약의 제조자들은 그들의 시장점유율에 비례하여 약으로 인해 생긴 피해에 대하여 법적 책임을 져야 한다는 등의 명제 — 는 객관적으로 참이 될 수 없다는 결론이 따라 나와야 하는가? 명제가 객관적으로 참을 주장하느냐는 그 내용에 달려 있다. 명제는 만일 그 참이 어느 누구의 신념이나 선호로부터 독립적이라고 주장한다면 객관적 참을 주장하는 것이다. 즉, 설사 법률가들이 그렇게 생각하지 않더라도, 현재의 법의 상태에 의하면, 제조업체들은 책임을 져야 한다는 것과 같이 말이다. 그것이 객관성의 주장이 의미하는 것의 전부다. 그 주장이 성공적인가 여부는 우리가 그 명제를 위하여 제시할 수 있는 법적 논변에 달려 있다. 즉, 법률가들이 설사 그렇게 생각하지 않는다 하더라도 제조업체들이 여전히 책임이 있다고 생각할 우리의 이유에 달려 있다. 만일 그렇게 생각하는 우리의 이유들이 좋은 이유라고 생각한다면, 우리는 제조업체들에 책임이 있다는 명제가 객관적으로 참이라고도 생각함이 틀림없다.

이와 같이 이해된 객관성은, 이른바 도덕실재론자라 불리는 몇몇 이들에게 인기 있어 보이는 형이상학적 가정에 의존하지 않는다. 이 도덕실재론자들은 어떤 명제는 오직, 우리가 그 명제를 받아들이는 근거로 제시할 수 있는 실질적인 이유에 더하여, 그 명제가 이 이유들을 넘어서는 어떤 종류의 실재에 토대를 두고 있을 때에만 객관적으로 참이 될 수 있다고 생각한다. 도덕실재론자들은 틀렸다. 실질적인 이유들만으로 충분하다. 그러나 그 실질적인 이유들은 고립된 이유들이 아니어야 한다. 객관성을 지지하는 우리의 논변은, 그 논변들이 충분히 체계적이며 상호적이고 호혜적으로 검토될 때에만 충분하다. 롤즈는 그 중대한 논지를 다음과 같이 표현한다.

정치적 구성주의는, 노예제가 부정의하다는 진술의 합당성이 구성되는 무엇, 마치 그것의 합당성이 어떤 종류의 근거지음을 필요로 한다는 듯이

428

그 무엇을 찾지 않는다. 우리는 잠정적으로, 그러나 확신을 갖고서, 일정한 숙고된 판단들, 예를 들어 노예제는 부정의하다와 같은 판단들을 고정된 지점, 우리가 기본적 사실로 여기는 것으로 받아들일 수 있다. 그러나 우리는 그러한 사실들이 적정한 반성을 거쳐 우리에게 받아들여질 수 있는 개념들과 원칙들에 의하여 정합적으로 한데 연결될 때에만 온전히 철학적인 정치관을 갖게 된다.[38]

나는 객관성에 관한 롤즈의 논의 모두에 동의하는 것은 아니다. 실제로 나는 그것 중 일부는 불필요하고 나머지에 의해 정당화되지 않아 보인다고 생각한다. 이를테면 선결문제 요구의 오류를 범하지 않는 방식으로, 그 영역에서 오류라 여기는 바를 우리가 설명할 수 없다면, 그 영역에 대하여 객관성을 적절하게 주장할 수 없다는 그의 견해와 같은 것이 그렇다. 그러나 나는 객관성에 관한 그의 일반적인 논의를, 자신의 논변이 진정으로 무엇에 관한 것인가를 이해하기를 희망하는 법률가들에게 권한다.

고백

여러분들 중 몇몇은, 내가 롤즈의 논변이 뒷받침한다고 말하는 법 이론에서의 입장과 내 자신이 옹호하려고 했던 입장 사이의 어떤 일치점을 눈치챘을 것이다. 그리고 여러분은 그것이 우연이 아니라고 생각할지도 모른다. 그러니 나는 여러분에게 고백을 하겠지만, 사과를 곁들이지는 않겠다. 철학적 아이콘의 그 작업은 해석을 통해 전유를 허용할 정도로 충분히 풍부하다. 우리 각자는 자기 고유의 이마누엘 칸트를 갖고 있

---

38 Rawls, *Political Liberalism*, p. 124.

으며, 이제부터 우리 각자는 롤즈의 은총을 위해 투쟁할 것이다. 그리고 매우 좋은 이유를 가지고서 그렇게 할 것이다. 그 모든 책과 모든 각주와 모든 멋진 논의 뒤에, 우리는 그 사람으로부터 우리가 배워야 하는 것이 얼마나 많은가를 이제서야 파악하기 시작했을 뿐이다.

정의가 법복을 입는다면 어떤 모습이 되는가
로널드 드워킨의 유산

I. 들어가며

『법복을 입은 정의』(*Justice in Robes*)는 로널드 드워킨(Ronald Dworkin)이 본격적 법철학서로는 생애 마지막으로 출간한 책이다. 그리하여 무엇이 타당한 법 해석인가에 대한 매우 정치(精緻)하고 흥미로운 논의뿐만 아니라,『법의 제국』(*Law's Empire*)이 출간된 뒤에 벌어진 흥미로운 논쟁들을 바탕으로 전개된 이론적 발전도 담고 있다.

특히 드워킨이 개념의 종류를 세심하게 분류하고, '법'이 무엇인가에 대한 논의의 층위를 의미론적·법리적·법철학적 판결 단계로 구조화하여 설명하는 부분은 가히 백미(白眉)라고 할 수 있다. 이를 통해 여러 법 이론들의 위치와, 그 이론들이 서로 견해를 달리하는 지점이 어디인지를 체계적으로 가늠할 수 있게 된다. 따라서 법 해석에 관한 논쟁이 피상적인 수준에서 머무르거나 서로 맞지 않는 층위에서 중구난방으로 이루어지는 것을 피하고 훨씬 더 생산적일 수 있게 하는 기반을 제공하고 있다.

---

* 이 책에서의 인용은 본문에 쪽수만 밝힌다.

이렇게 해명된 의견 불일치의 구조도 위에서, 드워킨은 법실증주의, 실용주의, 원본주의를 설파하는 학자들의 논변들을 철저하면서도 재치 있게 뜯어보고 비판하고 있다.

더 나아가 자신의 '통합성(integrity)으로의 법 해석'을 합법성(legality) 개념을 중심으로 하여 재구성하는 신선한 해명을 제시하고 있다. 즉, 법의 개념이 해석적 개념이라는 것을 인정하게 되면, "타당한 법 해석은 합법성에 대한 타당한 관념에 의존하며 이 합법성의 관념은 정치적 도덕에 관한 규범들의 전체 망에서 정당화되어야 한다"는 점을 설득력 있게 보여주고 있다. 이로써 법철학이 분과 법학과 교류하는 중요한 다리를 드러내었다. 그 다리는 바로 '합법성'이라는 이상의 구상과 그 구상에 따른 법 명제 진리 조건의 구성이다.

마지막으로 이 책은 실무에서 법 해석의 문제에 직면하는 법률가들이 어디까지 법철학적 탐구를 진행해야 하는지에 관하여 '이론적 상승'(theoretical ascent)이라는 개념을 매개로 중요한 이론적 지침도 시사하고 있다.

II. 법철학의 해부도

1. 질문의 종류

이 책에서 드워킨은 '무엇이 법인가'라는 질문에 답하는 이론을 정교하게 제시하고자 한다. 이 질문에 제대로 답하기 위해, 드워킨은 자신이 답하고자 하는 질문의 종류를 먼저 확정한다. 이 질문부터 종류를 헷갈리는 사람들이 있어 논의가 혼란스러워질 수 있기 때문이다.

이 질문에서 '법'은 네 가지 상이한 의미로 사용될 수 있다.

첫째는 법리적인 개념이다. 법리적인 개념이란, 어떤 정치체제의 구성원이 참여자로서 법이 명하고 금하고 허용하고 창설하는 바에 관하여 논증을 통하여, '…이 무효이다', '…는 …의 권한을 갖는다', '…는 …에 대한 …의 손해배상책임을 진다'라는 특정한 효과를 도출할 때 활용되는 개념이다. 이 법리적인 개념이야말로 사람들의 법적 권리를 구제하고, 공직자의 권한의 한계를 그으며, 헌법을 동원하여 어떤 입법의 무효를 주장할 때 사용하는 개념이다. 법리적인 개념을 궁구한다 함은, 법 명제의 진리 조건을 탐구하는 것이다. 드워킨이 이 책에서 주되게 답하고자 하는 질문은, 바로 이런 법리적 개념에서의 '법'이다. 특히 도덕이 이러한 법리적 개념의 법에서 진리 조건으로 등장한다는 점을 논증하고 싶어한다.

둘째는 사회학적 개념이다. 사회학적 개념이란, '법'이라고 불릴 수 있는 특정한 유형의 제도적 사회구조를 명명하기 위하여 사용되는 개념이다. 이 개념은 다른 사회와 구분되거나 공통된 어떤 종류의 행위 조정의 패턴을 발견하고 언급하기 위하여 사용된다. 따라서 연구의 목적에 따라 그 개념에 속하는 패턴의 범위는 임의적으로 달라질 여지가 있고, 또 필요한 정확성의 정도도 달라질 여지가 있다. 사회학적 연구에서 어떤 사회에서 법이 있다고 할 때에는, 법리적 개념에서 요구되는 규범적인 진리 조건을 갖출 필요가 없다. 예를 들어 특정 테러 집단이 실효적으로 지배하는 지역에서 법이라는 이름으로 공표한 것은 사회학자의 연구 기준에 따라서 법의 범주에 들어가게 될 수도 있고 아닐 수도 있다. 그렇기 때문에 이것은 그 정치 공동체의 구성원이 법 논증의 참여자로서 관심 있어하는 법의 질문과는 관계가 없다.

셋째는 분류학적 개념이다. 분류학적 개념이란, 법을 보유하는 정치 공동체에서, 도덕이나 관습과 같이 법과 대비되는 행위 조정의 기제나 추론의 규칙과 법을 구분하기 위해서 사용하는 개념이다. 예를 들어 법에는 논리학과 산술학이 사용되지만 "논리의 규칙과 산수의 규칙이 법은 아니다"라고 언급할 때의 개념이다. 그러나 분류학적 질문은 어떤 것이 법 명제의 진리 조건에 들어가느냐 들어가지 않느냐를 따질 때에는 그렇게 중요한 질문이 아니다. 예를 들어 '산수의 규칙'은 분류학적 개념에 의할 때는 법이 아니다. 그러나 그것은 분명히 법적 손해배상액을 결정할 때 진리 조건의 하나가 된다. 그렇기 때문에 "법 명제의 진리 조건에 어떤 것들이 들어가야 하는가"를 따질 때 분류학적 개념은 중요치 않다. 예를 들어 법 명제의 진리 조건에 정치적 도덕원리의 충족 여부가 들어간다면, 그 도덕원리의 이름을 어떻게 붙일 것인가의 문제가 분류학적 개념의 질문이다.

넷째는 여망적 개념이다. 여망적 개념은 합법성의 이상이나 법의 지배로 일컬어지는 것이다. 그런데 어떻게 해야 합법성의 이상이 충족되느냐에 관해서도 여러 관념들이 있다. 합법성의 이상이 무엇이냐에 따라 법리적 개념의 내용은 달리 채워질 수 있다. 즉, 법 명제의 진리 조건이 다르게 구성될 수 있다. 다만 법리적 개념과 달리, 여망적 개념의 법에서는 정치적 도덕이 유관한가라는 질문을 던질 필요가 없다. 왜냐하면 여망적 개념의 질문 자체가 바로 정치적 도덕의 질문이기 때문이다.

결론적으로 법률가가 던지는 '법이란 무엇인가'의 질문에 유관한 것은 법리적 개념과 여망적 개념이라 할 수 있다.

2. 법 명제의 진리 조건에 도덕적 고려 사항이 포함될 수 있는 세 가지 방식

드워킨이 던지고자 하는 핵심적인 질문은, "법리적 개념의 법 명제에서 도덕적 고려 사항이 진리 조건으로 등장하는가, 그리고 만일 등장한다면 어떻게 등장하는가"이다.

그는 도덕적 고려 사항이 법 명제의 참·거짓을 결정하는 데 등장할 수 있는 여러 상이한 방식들을 먼저 지적한다.

첫째, 헌법의 해석에서 등장한다. 법률, 시행령과 같은 제정법이 어떻게 유효하게 제정될 수 있는가에 대하여 헌법이 한계를 설정할 때 '법의 평등한 보호'(equal protection of the laws)와 같은 도덕적 개념이 사용된다. 이러한 개념들을 최선으로 해석하기 위해서는 도덕적 질문들을 다루어야 할 수 있다.

둘째, 제정법의 해석에서 등장한다. 성문 제정법들의 문언들은 종종 추상적이고 모호하며 애매하다. 예를 들어 낙태가 오직 "모(母)의 건강을 보호하기 위해 필수적일 때"에만 허용된다고 규정된 경우, '정신적 건강'이 '모의 건강'에 포함되느냐의 문제가 생길 수 있다. 그리고 이를 논할 때 도덕적 고려 사항이 등장할 수 있다. 이러한 난해한 사건들에서는 상충하는 결정들에 각각 부합하는 과거의 정치적 결정들이 있을 때도 있고, 직접 논란의 여지 없이 인용할 수 있는 과거의 정치적 결정들이 아예 없을 때도 있다. 때로는 "피상속인이 사망하면 상속 순위대로 상속을 한다"라는 상속법처럼 문면상으로는 모호하지 않은 법률이 있을 때조차, 도덕의 문제는 등장할 수 있다. 즉, '1순위 상속인이 피상속인을 살해하였을 때에도 여전히 이 법 조항이 적용되는가'라는 질문이 나올 수 있는 것이다. 난해한 사건의 발생은 오로지 문언이 추상적이기 때문만은 아니고, 중대해 보이는 사정을 법과 무관한 것으로 무시하기가 힘들기 때문이기도 하다. 이때에는, 법조문에 명시적으로 표현되지 않은 것은 실행할 수 없다는 견해마저도, 입법부의 권한과 사법부의 권한의 적절한 분배에 대한 일정한 도덕적 관념을 필요로 하게 된다.

셋째, 판례의 해석에서 등장한다. 새로운 사건이 기존 판례의 사례에 정확하게 들어맞지 않을 때, 일련의 판례의 정확한 해석이 무엇인지가 불분명할 때가 때때로 있다. 예를 들어 기존 판례들은 부주의하게 행동한 사람이 자신의 행위로 야기된 모든 손해에 대하여 법적으로 책임을 진다는 원리와 일관되면서도, 그가 합리적으로 예견할 수 있었던 손해에 대해서만 책임을 진다는 더 제한된 원리들과도 또한 일관될 수 있다. 결국 이 둘 중 어느 것을 택해야 하는가는, 법이 둘 중 어떤 방식으로 손해를 제한하여야 하는가라는 도덕적 질문에 달려 있을 수 있다.

3. 법리적 개념에 관한 일반적 설명의 필요성

드워킨은 왜 법리적 개념에 관한 일반적 설명이 필요한지 설명하기 위해 하나의 가상 사례를 든다. 그 사건의 원고는 소렌슨 여사다. 그녀는 수년 동안 약종명(generic name)이 인벤텀(Inventum)인 약을 복용해왔다. 그런데 이 약은 여러 제약업체가 생산해왔다. 인벤텀은 심장에 심대한 손상을 입히는 심각한 부작용이 있었다. 그리고 모든 제약업체들은 이를 발견하지 못한 데 대하여 과실이 있었다. 심장에 손상을 입은 소렌슨 여사는 자신이 복용한 약을 어느 제약업체가 제조했는지 입증할 수는 없다.

소렌슨 여사의 변호사는 그녀가 그 약을 복용했던 기간에 인벤텀을 제조한 모든 제약업체를 대상으로 소를 제기하면서, "법은 각 회사에 관련된 몇 해 동안 인벤텀 판매 시장에서 차지하는 점유율에 비례하여 손해배상책임을 지운다"라고 주장한다. 반면에 제약회사들의 변호사들은, 각 회사가 그녀의 피해에 책임이 있다는 점이 입증될 수 없다면 어떤 손해에 대해서도 책임을 지지 않는다는 것이 법이라고 답한다.

여기서 드워킨은 "양측 모두 무엇이 법인지에 관한 주장을 하고 있는 것이지, 무엇이 법이어야 하는지에 관한 주장을 하고 있는 것이 아니"라는 점을 강조한다. 특히 과거 판례가 시장점유율에 비례하는 손해배상을 인정한 경우는 없다고 할지라도 그렇다고 한다. 제약회사 변호사들은 '법이 무엇이다'라는 주장을 하는 반면에, 소렌슨 여사의 변호사는 '법이 무엇이어야 한다'는 주장을 하는 것이 아니라는 말이다. 왜냐하면 그녀의 상황은 과거 사건들의 원고의 상황과는 다르기 때문에, 그녀 측에서는 "손해배상책임과 인과관계에 관하여 과거에 판사들이 인용한 일반적 원리들이 법에 대한 완전히 정확한 진술을 모두 다 차지하는 것이라고 가정할 수 없다"라고 주장할 수 있기 때문이다. 즉, 더 심층적이고 일반적인 법 원리는, '과실 있는 행위를 통해 이득을 본 자는, 구체적 사건의 피해자가 자신의 피해 원인이 된 행위자의 정체성을 입증할 수 없는 사정이 합당할 때는, 그 과실에 따른 책임을 이득에 비례하여 지는 것'이라고 주장할 수 있다는 것이다.

이와 같이 특정 사건에서 법에 관한 주장이 충돌할 때, 이를 해결하기 위해서는 논증이 점점 더 심층적이고 일반적인 수준까지 도달하여 법에 대한 일반 이론이 필요해진다. 즉, 구체적인 법적 사건의 해결은 결국 법의 법리적 개념에 대한 일반적 설명에까지 닿게 된다는 것이다.

4. 법 이론이 분기하는 네 단계

드워킨이 이 책에서 성취한 업적 중 하나는, 법의 해석·적용 단계를 네 가지로 구별한 것이다. 이로써 법 이론들이 서로 충돌하는 전장(戰場)을 체계적으로 정리할 수 있게 되었다. 이제 우리는 "여러 법 이론들이 법의 해석과 적용에 도덕을 고려하는가"라고 만연히 묻는 대신, "여러 법 이론들이 각 단계에서 어떤 입장을 취하고 있는가"라고 물을 수 있게 된다. 드워킨은 구체적 사건에서 동일한 결론에 이르더라도, 그 결론에 이르는 경로는 매우 다양할 수 있음을 체계적으로 밝혀냈다.

드워킨이 구별한 네 단계는 다음과 같다.

첫 번째 단계는, 의미론적 단계(Semantic Stage)이다. 의미론적 단계는 법리적 개념의 기능을 무엇으로 상정하느냐에 따라 답을 달리하게 될 수 있는 것으로, 그 단계에서 질문은 다음과 같다. "사람들이 법리적 개념에 관하여 이해할 수 있는 방식으로 의견이 일치하거나 나뉠 수 있도록 법리적 개념을 공유하고 있다고 말하는 것이 이치에 닿기 위해서, 사람들은 어떤 가정과 실천들을 공유해야 하는가?"

이 질문에 대한 입장은 대략 세 가지로 대별될 수 있다.

(1) 기준 개념(Criterial concept)은 사람들이 용어와 문구의 올바른 적용에 대한 기준을 제시하는 어떤 정의에 동의할 때에만 공유된다. 이에 따

르면 법은 '총각'의 개념과 유사하다. 이를 결혼하지 않은 남성에게만 쓰는 데 동의할 때에만 '총각' 개념을 공유한다. 마찬가지로 '법'의 법리적 개념도 사람들이 언어생활에서 '법'이라는 말의 올바른 적용 여부를 판별하는 기준을 밝혀냄으로써 파악된다고 본다면, 의미론적 단계에서 '기준 개념'을 답으로 채택한 것이다. 이 입장을 취하게 되면 법리적 개념을 공유하면서 법에 관한 의견이 불일치할 수는 없게 된다. 법외적(法外的) 의견 불일치를 법에 관한 의견 불일치로 가장하거나 법에 관한 의견 불일치로 잘못 믿고 있을 때에만 그럴 수 있을 뿐이다.

(2) 자연 종 개념(Natural kinds concept)은 사람들이 그 개념의 사례가 자연적인 물리적 또는 생물학적 구조를 공통으로 가진다는 것을 알 때 그 개념을 공유한다. 다만 무엇을 공통으로 가지는가에 관하여 의견이 일치하지 않더라도 물리적이거나 생물학적인 구조로 무언가를 공통으로 가진다는 점에서만 일치한다면 그 개념을 공유한다. 이 공통 구조의 예로는 호랑이의 DNA나 물의 분자구조가 있다. 그래서 자연 종 개념은 기준 개념과 달리, 대다수 사람들의 언어생활에서 발견되는 개념 활용이 잘못이라는 점을 지적할 수 있다. 예를 들어 호랑이라고 불리던 동물 종이 호랑이와는 다른 DNA를 가지고 있다는 것을 밝혀낼 수 있다. 즉, 자연 종 개념의 진정한 본질을 발견해서, 그 개념의 적용을 비판할 수 있게 된다. 마찬가지로 '법'의 법리적 개념도, 법이 가져야 하는 어떤 자연 종의 구조를 가지는 경우를 일컫는다고 본다면, 이는 의미론적 단계에서 '자연 종 개념'을 답으로 채택한 것이다. 이때의 법에 관한 의견 불일치는 그 법의 자연적 구조가 무엇이냐에 대한 사실적인 관찰과 파악에서의 의견 불일치가 된다.

(3) 해석적 개념(Interpretive concept)은 그 개념과 관련된 규칙, 관행, 기대, 주장들을 최선으로 고려하여 그 실천이 요구하는 바를 성찰하면서 다투어보도록 북돋우는 개념이다. 대표적으로 정의, 자유, 평등과 같은 것들이 해석적 개념으로 기능한다. 사람들은 정의의 개념을 공유하면서

도, 어떤 제도가 부정의한지에 대하여, 정의에 관한 전통을 최선으로 고려하여 답하려고 노력한다. 해석적 개념에서 의견 불일치는 '그 실천을 최선으로 보이게끔 하려면 그 실천에서 따라 나오는 요구가 무엇인가'에 관한 의견 불일치가 된다. 그렇기 때문에 이러한 의견 불일치에는 그 실천의 존재 이유와 가치에 관한 논쟁이 포함되게 된다.

기준 개념에서는 수렴하는 언어적 실천을 발견하는 것이 초미의 관심사다. 자연 종 개념에서는 공통된 물리적·생물학적 구조를 발견하는 것이 중차대한 문제다. 그러나 해석적 개념에서는 사정이 다르다. 사람들은, '정의'라는 개념을 대다수 사람들이 어떻게 사용하는가를 조사함으로써 정의의 내용을 파악할 결정적인 해답이 주어지리라고 생각하지 않는다. 또한 정의의 본성을 관찰하는 실험적 조사 방법이 있으리라고 생각하지도 않는다. 오히려 정의와 관련된 인간 사회의 실천들을 어떻게 최선으로 해석해낼지가 문제된다. 따라서 법을 이 셋 중 어떤 개념으로 보느냐에 따라, 이후의 이론적 방향이 달라지게 된다.

드워킨은 법에 대한 법리적 개념이 해석적 개념으로 기능한다고, 즉 법의 "실천에 가치와 목적을 할당함으로써 개념을 정교하게 표명하며, 우리가 할당하는 목적들과 가치들에 비추어 실천 내에서 사람들이 개진하는 특정한 주장의 진리 조건에 관한 견해들을 형성한다"(21~22쪽)고 보고 있다. 법을 해석적 개념으로 볼 때, 법이라는 개념을 공유하면서도 법리적 법 명제를 두고 다투는 것은 당연한 현상이 된다. 최선의 실천이 무엇이냐는, 주장하는 사람 각각이 법의 실천에 할당하는 목적과 가치들에 비추어 달라질 것이기 때문이다.

그러나 법을 기준 개념이나 자연 종 개념으로 보면, 이런 다툼은 실제로는 다툼이 아니다. 마치 소녀를 총각이라고 주장하거나, 물고기를 호랑이라고 주장하는 것처럼 한쪽은 아예 언어적 관례를 벗어나 개념을 잘못 사용하고 있거나, 대상의 자연적 구조에 대한 오류를 범한 사실 명제를 견지하고 있는 것일 뿐이다. 그래서 이런 개념에서는 진정한 '해석적 다툼'이 있을 수 없게 된다. 법 논증에서도 다툼이 있을 수 없다. 기준에 부합하는 주장과 그렇지 않은 주장, 공통 구조에 부합하는 주장과 그렇지 않은 주장이 있을 뿐이기 때문이다. 그럼에도 법의 법리적 개념을 자연 종이나 기준 개념으로 보는 이론가들이 있기 때문에, 이 의미론적 단계가 이론적 전장(戰場)의 하나로 자리매김하게 된다.

법 해석과 적용의 두 번째 단계는 **법철학적 단계**(Jurisprudential Stage)로서, 법의 여망적 개념, 즉 법의 지배란 무엇인가를 파악하는 단계다. 이것은 의미론적 단계 다음에 오기 때문에, 의미론적 단계에서 한 답변에 맞추어 적절한 법 이론을 구성하는 단계가 된다.

법의 법리적 개념이 해석적 개념이라고 보는 드워킨의 견해에 의하면, 이 단계에서는 '법의 지배' 또는 '합법성'이라는 이상이 도대체 어떤 가치의 혼합으로 이루어지는가를 살펴보게 된다. 법에 대한 여망적 가치가 어떻게 최선으로 이해될 것인가를 궁구하여, 법 해석을 인도하는 정치적 가치들을 규명하는 단계인 것이다.

드워킨은 이 단계에서 합법성을 구성하는 가치 중 '정치적 통합성'에 두드러진 자리를 주어야 한다고 주장한다. 그렇게 해야 강제력을 행사하는 국가의 권위에 정당성을 부여할 수 있기 때문이다.

물론 의미론적 단계에서 해석적 개념을 고르면서도, 법 실천의 일반적 가치로 매우 다른 것을 고를 수 있다. 예를 들어 개인과 집단이 명확한 규칙 아래에서 안정된 기대를 가지고 행위를 조정할 수 있게 해주는 '효율성'과 같은 가치를 고를 수 있는 것이다.

세 번째 단계는 **법리적 단계**(Doctrinal Stage)로서, "법철학적 단계에서 파악된 가치들에 비추어 법 명제의 진리 조건에 관한 설명을 구성"하는 단계다. 예를 들어 법철학적 단계에서, 법 실무의 일반적 가치가 '효율성'을 촉진하는 데 있다고 보면서, "특정한 법 명제의 진리 조건을 위임받은 법 공직자로 하여금 과거에 선언한 것에만 배타적으로 의존하게 만드는 법리적 이론"(24쪽)을 구성하게 될 수도 있다. 이런 이론을 구성하는 사람은 의미론적 단계에서는 해석적 개념을, 법철학적 단계에서는 효율성이라는 가치를 택하면서도, 법리적 단계에서는 도덕이 전혀 등장하지 않는 법 명제의 진리 조건을 선택하게 되는 셈이다.

반면에 드워킨은 법철학적 단계에서 정치적 통합성에 두드러진 자리를 준다. 그러므로 법리적 단계에서는 "당대의 법 실무에서 참인 것으로 일반적으로 다루어지는 다른 법 명제에 대한 최선의 해석을 제공하는 개인적 도덕과 정치적 도덕의 원리로부터 나온다면, 참이다"(같은 곳)라는 진리 조건을 설정하는 법 이론을 택하게 된다. 예를 들어 "소렌슨 여사에게 각 제약업체의 시장점유율에 비례하는 손해배상청구권이 있는가"라는 질문은, 과실법에 대한 종합적으로 최선의 정당화가 그러한 결론을 인정하는 원리를 포함하는가에 의하여 해결된다. 이때 정당화가 성공하느냐 여부는 두 차원에 의해 평가된다. 첫째, 정당화는 정당화하고자 하는 실천에 대체로 부합해야 한다(부합의 차원). 둘째, 그 실천이 복무하는 중요한 가치들을 기술해야 한다(가치의 차원). 그래서 그의 견해로는, 도덕은 법철학적 단계에서도, 법리적 단계에서도 정당화에 연루된다.

한편 여기서 고려되는 중요한 가치에는 입법권과 사법권을 제한하는 정치적 도덕원리도 있다. 그렇기 때문에 소렌슨 여사의 사례에서 손해배상을 받을 수 없다고 명시적으로 규정하는 법률을 입법부가 채택했다면, 이때 작동하게 되는 것은 입법부의 헌법적 역할에 대한 해석의 문제이나. 이것이 "법의 평등한 보호(equal protection)와 같은 조항에 어긋나는가 어긋나지 않는가" 역시 쟁점이 된다. 그래서 도덕적 판단은 공직자의 명시적인 언명이 있다고 해서 완전히 배제되는 것이 아니라, 공직자의 권한에 대한 배경 판단으로 계속 남아 있게 된다.

네 번째 단계는 판결 단계(Adjudicative Stage)다. 판결 단계의 이론은 판사의 행위 지침에 관한 이론으로서, "앞 단계의 이론에 의하면 법이 아무것도 말하지 않을 때 판사는 어떻게 판결해야 하는가"나 "법이 매우 부정의할 때 판사는 어떻게 판결해야 하는가"와 같은 질문에 이론이 답하는 단계다.

의미론적 단계에서 법의 법리적 개념이 기준 개념이라고 답하면, 판결 단계가 차지하는 자리가 아주 커진다. 기준이 정확하지 않으면, 법리적 법은 구멍이 크게 자주 뚫려 간극투성이가 되며, 이 틈을 메우는 일은 모두 판결 단계의 이론에 맡겨지게 되기 때문이다.

반면에 의미론적 단계에서 해석적 개념이라는 답을, 법철학적 단계에서 정치적 통합성이라는 가치를, 법리적 단계에서 정치적 도덕원리가 진리 조건의 중요한 부분을 구성한다는 이론을 취하게 되면, 사정은 달라진다. 복잡한 법체계를 가진 입헌민주주의 국가에서 대부분의 사건은 원리들을 최선으로 고려하는 정답을 갖게 된다. 그 뒤, 판결 단계에서 판사는 원칙적으로 법이 명하는 바를 따라야 한다는 기대를 받게 되며, 정의와 같은 다른 가치가 크게 침해받는 등 예외적인 경우에 법을 무시할 것을 요구받게 된다.

의미론적 단계에서 기준 개념이나 자연 종 개념을 답으로 택하게 되면, 법 실무에서 흔히 보이는 법적 논증의 실천은 전혀 다르게 이해된다. 많은 사건에서 법리적 단계에서 법이 없다는 결론에 이르게 된다. 즉, 많은 경우 변호사의 법 논증은, 판결 단계에서 법이 없는 곳에서 판사에게 정의나 효율성을 실현할 것을 촉구하는 행위를 법에 관한 주장으로 거짓 가장한 것으로 이해된다.

이론에 따라 이 네 단계 모두를 필요로 하는 것은 아니다. 예를 들어 의미론적 단계에서 법의 법리적 개념이 기준 개념이라고 하게 되면, 법철학적 단계는 필요 없어질 수 있다. 법리적 단계에서는 그 기준 개념에 따라 진리 조건을 설정하게 되고 그 진리 조건으로 해결하지 못하는 문제가 있으면, 판결 단계의 지침에 따라 해결하게 된다.

드워킨의 이 네 단계로 구성된 해부도는 여러 유형의 법 이론을 식별하고 구분하는 데 유용한 도식을 제공해준다.

5. 해부의 예: 법실용주의와 법실증주의

흔히 같은 이름으로 불리고 있는 이론들이라도 이 해부도 도식에 따르면 다른 구성을 취하고 있다는 것이 밝혀진다. 드워킨은 이를 법실용주의와 법실증주의를 예로 들어 설명한다.

법실용주의는 판사들이 그들 앞에 놓인 사건을, 공동체의 미래를 위해 최선인 대로 결정해야 한다는 이론이다. 실용주의의 첫 번째 판본은, 다음과 같은 경로를 따라갈 수 있다. 의미론적 단계에서 법은 해석적 개념이라는 것을 인정한다. 법철학적 단계에서는 당대의 법 실무를 최선의 것으로 간주해서 해석해야 한다는 통합성이라는 가치가 중심이 되어야 한다고 본다. 법리적 단계에서는 당대의 실무가 오로지 미래만 생각하는 결과주의적인 것으로 최선으로 해석될 수 있다고 이해한다. 여기서 중시되는 결과는 여러 가지로 생각될 수 있다. 예를 들어 경제적 효율성의 증진이 좋은 결과로 설정될 수 있다. 이렇게 선정된 결과의 기준에서 볼 때 어떻게 판결해야 결과가 더 좋아지는가가 법리적 단계에서 법 명제의 진리 조건의 질문으로 등장하게 된다.

실용주의의 두 번째 판본은, 훨씬 더 래디컬한 것이다. 리처드 로티(Richard Rorty)의 철학적 입장을 법 실무로 들여온다면 이러한 판본이 될 것이다. 이 판본은 의미론적 단계에서, 법의 법리적 개념은 실상 아무것도 이야기하지 않는 가짜 개념이라고 본다. 그냥 판사의 선호를 표현한 것일 뿐이라는 것이다. 그러니 법 명제의 진리 소선을 찾는 것은 의미 없는 일이 된다.

법실용주의의 세 번째 판본은, 포스너 판사에 의해 유명해진 것으로서, 아예 앞의 단계의 필요성을 부인한다. 그것은 판결 단계의 이론이다. 이 판본의 법실용주의는 정치적 권한을 가진 이는 사태가 더 나아지도록 그 권한을 사용해야 한다는 단 하나의 지침으로 구성된다. 그러니 그것은 법 명제의 진리 조건 자체에 관심을 기울이지 않는다. 정치적 권위가 과거에 내린 입법과 사법의 결정들은 진정으로 판사의 판결에 모종의 방식으로 구속력을 갖는 것들이 아니라, 규칙이 지나치게 자주 바뀌면 좋지 않다는 수단적인 이유 때문에 대체로 따라야 하는 참조 사항에 지나지 않기 때문이다.

법실용주의의 어느 판본이건 간에, 관건은 '사태가 더 나아진다'는 것이 무엇인가에 관한 설명을 제공해야만 한다는 점이다. 그런데 법실용주의자들은 이 설명을 회피하면서 이론의 필요성을 부인하는 경향이 있다. 드워킨은 법실용주의자들이 무엇이 더 나은 사태인가에 대한 설명을 제시하는 순간, 그 이론은 매력적인 것으로 더 이상 들리지 않으리라는 점을 지적한다.

법실증주의 역시 여러 가지 판본으로 구성될 수 있다. 우선 사회학적 법실증주의와 분류학적 법실증주의가 있을 수 있다. 그러나 이 두 실증주의는 '법리적 법 개념'을 다투고자 하는 것이 아니어서 관심사가 되기 어렵다. 사회학적 법 개념이나 분류학적 법 개념들을 더 정확히 하는 것은, 사회학 연구나 언어상의 분류라는 목적을 위해서만 의미를 가질 뿐, 법률가에게 고유한 철학적 중요성을 가지지 않는다. 그래서 중요한 것은 법리적 법실증주의가 된다.

법리적 법실증주의는 두 가지 판본으로 대별된다. 하나는 정치적 법실증주의다. 정치적 법실증주의는 법이 해석적 개념임을 인정한다. 그래서 그 진리 조건의 구성이 법 실천을 어떻게 최선으로 정당화하느냐에 달려 있다고 본다. 다만 법철학적 단계에서 효율성을 택함으로써, 또는 민주주의 다수결 원리를 택함으로써 명시적으로 정치적 권위가 결정한 것만이 법을 이룬다고 할 수도 있다. 하트(H. L. A. Hart)의 초기 저작에서는 법에 대한 도덕적 비판을 확실하게 촉진하는 장점이 있다는 점이 법실증주의의 한 근거로 사용되기도 하였다. 이것 역시 법철학적 단계의 분기다. 헌법 해석에서 원본주의자들은 법리적 단계에서는 지나간 역사

속 사람들의 신념, 소망, 기대에 관한 역사적 사실들만이 헌법 명제의 진리 조건을 제공한다고 본다. 그들이 이렇게 주장하는 이유는 그들이, 법철학적 단계에서 사법부의 몇 안 되는 법률가들에 의해 통치되는 것보다, 먼 과거의 인물들이더라도 대표에 의해 명시적으로 제정된 원리들에 의해 통치되는 것이 민주주의와 더 일관된다는 신념을 택하였기 때문일 수 있다.

다른 하나는 분석적 법실증주의다. 분석적 법실증주의는 의미론적 단계에서 기준 개념을 채택하고는 법리적 단계에서 법 명제의 진리 조건에는 도덕적 사실이 등장할 수 없다는 것이 개념적 진리라고 주장한다. 즉, 이들은 법의 법리적 개념이 해석적 개념이라는 것을 부정하고 기준 개념을 채택한다. 드워킨은 이렇게 기준 개념을 채택하여, "변호사들과 판사들이 법의 근거에 관한 사실적인 기준들을 공유하지 않는다면, 법이 무엇인가에 관한 의미 있는 성찰이나 논쟁은 불가능하다"고 보는 상태를 '의미론의 독침'(semantic sting)[1]에 찔린 상태라고 일컫는다. 분석적 법실증주의는 배제적 법실증주의와 포용적 법실증주의로 나뉜다. 배제적 법실증주의는 법 명제의 진리 조건에 도덕이 결코 등장할 수 없다고 본다. 포용적 법실증주의는 도덕은 승인의 규칙 테스트를 충족하는 법의 규칙이 도덕을 스스로 언급하여 포함시킬 때에만 법 명제의 진리 조건으로 등장한다고 본다.

보통 법실증주의라고 하면 정치적 법실증주의와 분석적 법실증주의가 섞여 있기 쉽다. 그러나 그 이론의 논거가 이와 같이 구분될 수 있음을 드워킨은 보여준 것이다.

---

1 로널드 드워킨, 『법의 제국』, 장영민 옮김, 아카넷, 2004, 73쪽.

III. 경쟁하는 법 이론과의 대결

1. 정답 논제에 대한 회의주의의 공격

드워킨은, 적어도 복잡한 정치 공동체에서는 정치적 통합성에 따라 법리적 단계에서 법 실무를 가장 잘 정당화하는 정답(right answer)이 있다고 주장한다.

정답 논제에 대한 공격 중 드워킨은 제1장에서 회의주의자의 공격을 살펴본다. 도덕원리가 법 명제의 진리 조건으로 등장하지 않는다는 견해는, 역사적 사실에 관한 조사는 객관적일 수 있지만 도덕에 관한 논증은 객관적일 수 없다는 선별적 회의주의 신념을 암묵적으로 바탕에 깔고 있다. 그렇기 때문에 드워킨에게는 회의주의자들을 논파하는 것이 중요해진다. 이 중 로티와 같은 신(新)실용주의자들은 우리가 가진 어휘들은 우리에게 유용한 것일 뿐이고 실재와는 상관없어서, 언제든지 다른 어휘를 가지고 어떻게 지내는지 살펴보기 위해 그것들을 바꿀 수 있다고 한다. "이 사건에서 법이 말하는 바는 이러저러하다"는 것은 단순히 그런 언어 게임 중 하나이고, 따라서 정답이라는 것은 존재하지 않는다는 것이다.

드워킨은 법률가들이 사용하는 "어떤 사법적 의견이 진정으로 그 법을 올바르게 제대로 포착하고 다른 의견들은 그렇지 못하다"(61쪽)는 구분 없이는 법 실무가 불가능하기 때문에, 그 구분을 없애라는 로티의 충고는 자멸적이라는 점을 지적한다.

게다가 로티와 같은 이들은 사람들이 생각하고 말하는 두 차원을 내적 차원과 외적 차원으로 구분하는데, 드워킨은 이 중 외적 차원이란 존재하지 않는다고 반박한다. 내적 차원은 법이나 도덕적 참여 같은 실제적 과업이 수행되는 차원이다. 외적 차원은 그러한 과업에 관하여 이야기하는 차원이다. 정답 없음 논제를 주장하는 이들은 외적 차원에서 이야기한다고 스스로 공표한다. 그러나 그들은 실제로 그 외적 차원에 관한 자신들의 진술을 이해할 수 있는 의미를 갖는 문장으로 바꾸어 표현해서, 그것이 내적 차원과는 다른 특별한 의미를 갖는다는 점을 보여줄 수 없다. 그렇기 때문에 '진정으로'와 같이 강조체를 사용하여 구분할 뿐이지, 의미 있는 말로 구분하지는 못한다는 것이다.

드워킨은 존엄사 사건을 예로 들면서, 한쪽의 논변이 더 낫다는 판단을 보통의 실무가처럼 한다면, 정답 없음 논제를 거부한 것과 마찬가지라고 지적한다. 그럼에도 불구하고 이 통상적인 견해를 거부하는 것은, '실천 내에서', '실천과 함께'와 같은 부풀려지고 장식된 수사를 보탬으로써 어떤 진술에 통상의 법 생활에서의 의미와 다른 의미를 부여할 수 있다고 착각하는 것에 불과하다.

회의주의를 반박하는 논변은, 드워킨 자신이 이 책에서 언급하고 있듯이, 그의 「객관성과 진리: 믿는 것이 낫다」[2]에서 가장 자세하게 전개되었다. 이 회의주의자 반박 논증은 이 책뿐만 아니라 드워킨의 다른 저서에서도 자주 등장하는 주제이므로, 이 논문의 일부 내용을 이 기회에 자세히 소개하는 것이 의미가 있을 것이다.

이 논문에서 논증의 얼개는 다음과 같다. 그는 '도덕'을 소재로 이야기하지만, 법 역시 해석적 개념이므로 아래 논의는 법에 대해서도 마찬가지로 성립한다.

(1) 외적 회의주의는 도덕의 실제 과업을 벗어나 그 전체를 굽어보는, 자신의 주장이 위치하는 별개의 의미 있는 논의 차원이 있다는 것을 보여주지 못하기 때문에 실패한다.

(2) 부분직 내적 회의주의는, 그것이 성립되지 않을 때 도덕 명제의 당부를 따질 수 없게 만드는 전제를 주장하는 적극적 판단을 포함하기 때문에 그 자체가 도덕적 판단이다. 다른 한편, 전면적 내적 회의주의는 양

---

2 Ronald Dworkin, "Objectivity and Truth: You'd Better Believe it", *Philosophy & Public Affairs*, Vol. 25, No. 2 (Spring, 1996), pp. 87~139.

| 옮긴이 해제 | 정의가 법복을 입는다면 어떤 모습이 되는가 • 447

쪽의 논증 중 어느 쪽도 더 낫지 않다는, 양측의 논거를 평가하는 적극적인 판단을 포함한다. 이것은 어느 쪽이 더 나은지 확신을 갖지 않겠다는 불확실성과는 다른 판단이다. 따라서 내적 회의주의는 논증 책임을 피하고 기본 설정(default)으로 취할 수 있는 입장이 아니다.

드워킨은 이 논문에서 도덕적 주장에서 "객관적 진리가 있는가? 아니면 (…) 정답은 없다고 해야 하는가?"의 질문에, 오직 주관적인 답만 있을 뿐이라는 회의주의를 주된 논박 대상으로 삼는다.[3]

먼저 드워킨은 내적 회의주의와 외적 회의주의를 구분한다. 내적 회의주의는, 어떤 적극적인 도덕적 주장을 지지하여, 문제가 되는 영역의 도덕적 주장을 부인하는 것이다. 예를 들어 "다른 사람에게 해악을 가하는가 가하지 않는가만이 도덕과 유관하다"라는 전제를 받아들이는 사람은, 전통적인 성도덕에 관하여 내적으로 회의적이다. 혼전 순결이나 동성애는 옳지도 그르지도 않은 것이다. 내적 회의주의는 범위가 넓어질 수도 있다. 신이 존재하지 않기 때문에 모든 도덕은 공허하다는 주장도 있을 수 있다. 그러나 이 주장은 "초자연적 존재의 의지만이 도덕의 유일한 설득력 있는 기초라는 실질적 견해를 전제하는 것이다."[4] 내적 회의주의가 실질적인 입장이기 때문에, 그것은 언제나 당면한 도덕 문제에 답을 내놓는다. 예를 들어 성도덕에 회의주의적이라면 동성애를 불법화하는 데 반대하게 된다.

외적 회의주의는 적극적인 도덕 판단에 의존하지도, 행위 판단에 직접적 함의도 갖지 않으려고 한다. 즉, 도덕 명제를 아무것도 사용하지 않고 도덕 신념의 전체 체계 바깥에 있는 전제로부터 도덕적 주장을 평가하여, 그 주장들은 더 낫지도 않고 못하지도 않다고 결론 내리고자 한다. 드워킨은 이 태도를 아르키메데스주의적이라고 부른다. 외적 회의주의

---

3 같은 글, pp. 87~88.
4 같은 글, p. 88.

448

자들은 자신들의 주장이 "실질적인 도덕적 확신을 겨냥한 것이 아니라, 그러한 확신에 대한 2차적인 견해를 겨냥한 것"이라고 한다. 그래서 그들은 "나는 낙태가 그르다고 생각한다" 같은 진술과, "내가 낙태에 관해서 이야기한 것은 단지 나의 정서를 표명하거나 나 자신이나 다른 누군가의 태도를 표현하는 것이 아니다. 나의 견해는 참이다. 그 견해는 도덕이, 그 어떠한 사람의 충동이나 정서와는 꽤나 별개로, 진정으로 요구하는 바를 기술한다. 그것들은 더 나아가, 진정으로 객관적으로 참이다. 설사 그것이 참이라고 생각하는 사람이 나 빼고는 아무도 없다고 하더라도, 심지어 나조차 그렇게 생각하지 않는다고 하더라도 여전히 참이다. 그것들은 보편적이며 절대적이다"와 같은 진술이 전적으로 다른 것이라고 보며, 후자의 진술들은 잘못된 형이상학적 신념이라고 공격한다. 즉, 외적 회의주의자들은 앞의 첫 진술을 나머지 진술들과 구분하여 "첫 번째 주장은 그저 적극적인 도덕 판단을 표현했을 뿐인 데 반해, 나머지 주장들은 적극적인 도덕 판단의 본성에 관한 형이상학적 또는 철학적 견해를 표현하는 것이라고 이야기한다."[5]

드워킨은 첫 번째 주장과 같은 것을 I-명제(내적 명제)라고 부르고, 그 뒤의 "추가적인 주장"들을 E-명제(외적 명제)라고 부른다. 외적 회의주의가 성립하려면, I-명제와 E-명제가 다른 내용을 가져야 한다. 그러나 그럴 수 없다.

첫째, 자연스럽게 E-명제들을 읽어보면, 그 명제들은 모두 I-명제로 읽기 때문이다. 둘째로, E-명제들을 I-명제들과 철학적으로 구분하는 득유한 해석이나 번역은 존재하지 않는다.

우선 드워킨은 첫째가 성립함을 보여준다. E-명제들은 "낙태는 그르다는 I-명제를 명료화하고 강조하고 은유적으로 재진술하고 정교화하는 데 불과하"다.[6] 우선 '객관적으로'와 '진정으로'는 견해 내용을 명료

---

5 같은 글, p. 92.

화하기 위해 사용되는 부사다. 즉, 그것은 축구나 초밥에 관한 취향처럼 주관적인 문제와 구분하려고 사용되는 부사다. 이는 그 명제의 참·거짓이 누군가의 태도에 의존하지 않는다는 주장과 동일하다. 그래서 "낙태가 객관적으로 그르다는 추가적인 주장은, 그 의미에서, 아무도 그렇게 생각하지 않더라도 낙태는 여전히 그를 것이라는 주장과 의밋값이 동일하다."[7] 낙태가 '보편적으로' 그르다는 주장은, 그 견해가 문화와 사회의 소속과 상관없이 모두 적용된다는, 적용 범위를 명료하게 밝히는 주장이다. 낙태가 '절대적으로' 그르다는 주장은, 다른 고려 사항 때문에 낙태가 그르지 않게 되는 경우가 없다는 뜻이다. 결국 "추가적인 주장을 I-명제를 반복하거나 명료화하거나 보충하는 주장으로 읽는 데 아무런 어려움이 없다."[8]

둘째로, E-명제를 I-명제가 아닌 다른 방식으로 읽는 설득력 있는 해석도 존재하지 않는다.

우선 그것을 '그름'이나 '옳음'이라는 속성과의 동일성을 주장하는 명제로 보더라도, 결국 그것들은 실질적인 논제로 번역되고 만다.

다음으로, 1차적 속성과 2차적 속성을 구별하여, 도덕적으로 그름이나 옳음은, 2차적 속성이라고 해도, E-명제에 고유한 의미를 부여할 수 없다. 여기서 2차적 속성은 역겨움을 유발하는 썩은 달걀의 속성 같은 것으로, "유정적 존재들에게 일정한 감각이나 반응을 유발할 수 있는 능력으로 정의"된다.[9] 이렇게 보면 모든 사람들이 제노사이드에 역겨워하거나 분개하는 반응을 멈춘다면 제노사이드는 더 이상 사악한 것이 되지 않는다는 식으로 주장하는 것이다. 그러나 이 주장은 실질적인 주장이다. 즉, 그것은 "오직 사람들의 전반적인 태도가 실질적인 도덕의 옳고

---

6 같은 글, p. 97.
7 같은 글, p. 98.
8 같은 글, p. 99.
9 같은 글, p. 101.

그름을 결정한다"라는 적극적인 도덕적 전제를 깔고 있는 주장이다. 그래서 이것은 결국 내적 회의주의에 다름없어진다. 사람들이 제노사이드를 통탄하면 제노사이드는 그르고, 제노사이드를 아무렇지 않게 생각하면 제노사이드는 나쁘지 않은 일이 된다는 실질적인 도덕적 주장이 되는 것이다.

그다음 드워킨은 E-명제는 실재와의 상응을 주장하는 것이라는 견해를 살핀다. 즉, E-명제를 어떤 자연적인 도덕적 속성이, 실질적인 도덕적 논증을 거치지 않고, 독립적이고 직접적인 경로로 인간 행위 및 제도의 도덕과 비도덕을 결정하게 된다는 견해로 보는 것이다.[10] 그러나 이것은 도덕입자(moron)라는 물리적 요소로 구성되는 도덕장(moral-field)을 주장하는 셈이다. 그러나 추가적인 주장을 하는 사람 그 누구도 도덕장이나 도덕입자 논제를 주장하지는 않으므로, 이것은 허수아비 때리기에 불과하다.[11] 그 밖에 추가적인 주장(E-명제)을 다른 방식으로 이해하고자 하는 것들 역시 모두 실패하기 때문에, E-명제를 I-명제 외의 방식으로 읽는 것은 가능하지 않다. 결론적으로 도덕적 전제에 빚지지 않으면서 회의주의를 표방할 수 있는 외적 차원이란 없다. 즉, 어떤 외적 회의주의자도, 실제로는 내적 회의주의자가 될 수밖에 없다.

다음으로 드워킨은 전면적 내적 회의주의자의 문제를 지적한다. 이들은 어느 쪽도 옳지 않다는 불확정성이 기본 설정(default) 입장이어서 아주 결정적인 논거가 어느 한쪽에 있지 않는 한, 정답이 없다는 것이 답이라고 한다.

그러나 논거들을 살펴보고서도 아직 어느 쪽에 확신을 가지지 않았다는 점은 불확실성(uncertainty)에 처한 것이지, 그 사안 자체가 답이 없다는 것을 보여주지 않는다. 즉, 기본 설정 입장은 불확실성이지, 불확정성

10 같은 글, p. 102.
11 같은 글, p. 104.

이 아니다.

게다가 불확실성과 달리 불확정성은 하나의 적극적 주장이다. 그래서 "그것을 뒷받침하기 위하여 적극적인 이유나 가정을 필요로 한다."[12] 낙태 쟁점에 관해서는 세 가지 입장이 가능하다. 첫째, 낙태는 그르다. 둘째, 낙태는 그르지 않다. 셋째, 낙태는 그르지도 않고 그르지 않지도 않다. 그리고 이 셋 중 맨 마지막 것을 취한다면, 앞의 두 입장을 취하는 만큼이나 실질적인 논거를 필요로 한다. 즉, "어느 쪽 견해에도 찬성하는 도덕적 이유가 없다고 생각하는 것이며, 그의 근거는 따라서 마찬가지로 도덕적인 것이 되어야만 한다."[13]

드워킨은 난해한 법 사건에서 전문가들의 견해가 갈릴 때 정답이 없다는 입장도 마찬가지라고 한다. 즉, 그것은 실질적인 법적 입장이며, 그 입장을 뒷받침하기 위해서는 실질적인 법 논증이 필요하다는 것이다. 원고와 피고의 주장이 똑같이 법적으로 설득력 있다는 주장을 성공시키기 위해 필요한 법적 논증은, 어느 한쪽의 주장이 더 설득력 있다는 주장보다 더 수월하지 않다.[14]

규범과 가치에 대한 회의주의의 공격이 성공적이지 못하다면, 과거의 명시적인 결정이라는 역사적 사실에 기초할 때에만 법에 관하여 의미 있게 이야기할 수 있다는 암묵적인 전제도 정당화되지 못한다.

2. 법 이론의 필요성

제2장에서 드워킨은 "법에 관한 주장의 참에 관하여 추론하거나 논증하는 적합한 방식은 무엇인가"라는 질문에 두 가지 일반적인 답변이 있다고 한다. 첫 번째 답은 '이론 배태적'(theory-embedded) 접근이다. 이것

---

12 같은 글, p. 133.
13 같은 곳.
14 같은 글, p. 137.

은 구체적인 법 문제를 법적 추론의 구조와 정치적 도덕원리의 광대한 망 안에서 다루는 방식이다. 따라서 이것은 이론을 필요로 한다. 두 번째 답은 '실용적' 접근이다. 이론들은 부적절한 것이며 법률가들이 물어야 할 유일한 질문은 "우리는 어떻게 사태를 더 낫게 만들 수 있는가"뿐이다.

드워킨은 이론을 배격하는 실용적 접근이 겉보기와는 달리 전적으로 비실용적이라고 논한다. 소렌슨 여사의 사건에 대하여 판단하기 위해서는, 불법행위법의 원리에 대한 논증이 필요하다. 이를테면 "그들이 야기하지 않은 위해에 대해서는 책임을 지지 않는다"라는 원리나, 반대로 "불운한 사고가, 어떤 가치 있는 상업적 활동의 거의 불가피한 결과로 발생하였을 때 (…) 그로 인해 생긴 손실은 (…) 그 활동으로부터 이득을 얻은 집단에 속하는 이들에게 분담되어야 한다는 원리"(91쪽)에 대한 논증이 필요하다. 그리고 어느 원리가 더 나은 원리인가 판단하기 위해서는 사고법, 불법행위법 일반, 더 나아가 헌법까지 아우르는 논증이 필요해질 수도 있다고 한다. 즉, "한 원리 또는 그와는 다른 원리가 법 실무의 어떤 일부에 대하여 더 나은 정당화를 제공한다는 주장"(92쪽)을 하려면 어떠한 법적 논변도 작은 범위의 판단에서부터 거대 이론까지 거슬러 올라가는 '정당화 상승'(justificatory ascent)을 맞이할 수밖에 없다. 왜냐하면 처음에 의도한 정당화가 법 실무 전체를 비원리적인 것으로 만든다는 주장을 무시할 수 없기 때문이다.

물론 이러한 정당화 상승이 매번 실제로 일어나는 것은 아니다. 왜냐하면 '국지적 우선성'(local priority)에 의거하여, 당면한 사안을 직접 다루는 법률이나 판례를 살펴보는 것 이상이 필요치 않은 경우가 흔하기 때문이다. 국지적 우선성은 '분야의 우위'라고도 표현할 수 있는 것으로서, 법 실무를 최선의 것으로 만들어주는 원리 중 하나이다. 그 이유는 두 가지다. 첫째, 법의 분야를 나누면 예측 가능성이 증대되어 구분을 없앴을 때 생기는 기습적 재해석이 방지된다. 둘째, 직관적으로 당연하게 여기는 실천적 경계 내에서 법을 해석하게 만들기 때문에 통합성이 옹호하는 해석적 태도가 더 증진된다.[15]

그렇지만 국지적 우선성을 활용하더라도, 정당화 상승을 선험적으로 배제할 수는 없다. 언제 전제로 삼은 법적 주장이 더 고차적 수준에서 공격받을 것인가를 미리 알 수는 없기 때문이다. 그래서 그 분야의 핵심 규칙이 더 일반적인 원리의 구현으로 볼 수 없고 동떨어진 것이 되어, 분야를 구분하는 전통적인 경계가 "기계적이고 자의적인 것"이 되면 그 경계를 넘어서는 더 큰 분야를 탐색하게 될 것이다.[16]

드워킨은 유한한 능력과 시간을 갖고서 작업하는 판사들이 헤라클레스와 같지 않다는 점은 문제되지 않는다고 한다. 헤라클레스는 무한한 능력과 시간을 갖고서 형이상학, 인식론, 윤리학, 그리고 정치적 도덕을 비롯한 도덕의 모든 두드러지는 쟁점들을 해결해주는 이론을 구비한 채 구체적인 법적 사건에 대하여 판단하는 가상의 판사다. 헤라클레스는 거대 규모의 이론에서부터 구체적인 사건으로, 밖으로부터 안으로 작업한다. 그러나 현실의 법률가들이 그럴 능력이 없다는 사실이, 이론이 부적절하다는 결론으로 이어지는 것은 아니다. 왜냐하면 우리는 안에서부터 시작해서 필요한 만큼 밖으로 나아가는 작업 방식을 취할 수 있기 때문이다. 즉, 법 실무에 대한 최선의 정당화로서 내린 판단에 대한 유력한 의문이 제기되었을 때, 그 의문을 해결하기 위해 필요한 만큼 정당화 상승을 밟아 나가면 되는 것이다. 마치 다리를 놓는 공학자가 의문에 대한 만족을 얻는 데에는 양자물리학에 들어갈 것까지 없이 건축물의 하중과 균형 등에 관한 과학 이론을 필요한 만큼 살펴보는 것으로 족한 것과 마찬가지다.

그렇다면 배태적 접근은 쓸데없이 이론으로 '탈선'하는 것이 아니라,

---

15 『법의 제국』, 356쪽.
16 같은 책, 357~59쪽.

실제로는 정확히도 법적 추론이 요구하는 바를, 필요로 하는 것을 명하는 것이다.

드워킨은 실용적 접근을 세 가지 종류로 대별하여 살펴본다. 하나는 형이상학적 주장을 근거로 한 것으로, 정답이란 없기 때문에 정답을 찾으려는 노력은 헛된 것이라는 회의주의적 주장이다. 그러나 앞서 살펴보았듯이, 정답을 부인하는 회의주의적 주장은 언제나 법 실무에 내재한 내적 회의주의적 주장이다. 그리고 그 내적 회의주의적 주장은 실질적인 법적 논거를 가지고 논증되어야 한다. 따라서 이론은 여전히 요구된다.

두 번째는 지혜롭고 현명한 태도로 실용적 접근을 권고하는 주장이다. 즉, 독단적이지 않고 미래를 바라보며 실험적이기 위해서 이론을 버려야 한다는 것이다. 그러나 독단은 이론과 동의어가 아니다. 만일 그렇다면 이론을 사용하는 모든 인간의 지식은 독단이 될 것이다. 그리고 미래를 바라보는 것이 결과를 잘 고려해야 한다는 것을 의미한다면, 결과로서 더 우월한 사태를 법질서로 확립하기를 원하는 이론이 충분히 미래를 바라보는 것이다. 만일 그 결과가 공리주의의 관점에서 판별해서 더 우월한 것이라는 뜻이라면, 그 접근은 공리주의를 뒷받침하는 독립적인 지지 논변을 제시해야 한다. 그런데 실제로 헌법을 비롯해서 많은 법들은 공리주의적이지 않은 평등이나 공정의 원리를 전제해야 정당화될 수 있다. 실험적이라는 것도 상상력을 발휘하여 참신한 새로운 해석을 제시한다는 것을 의미한다면 이론 배태적 접근은 충분히 실험적이다. 왜냐하면 그것은 구체적인 결정에 집착하지 않고, 전반적으로 실무를 더 잘 정당화해주는 원리에 의거해서 판결을 내릴 것을 권고하기 때문이다. 반면에 실험적이라는 것이 이론과 상관없이 무언가 잘 작동하는지 보기 위해 실험해보아야 한다는 것을 의미한다면, 그것은 목적을 잃은 실험이 된다. 왜냐하면 '효과가 있다'라는 것이 무슨 의미인지 이론에 의해 해명되지 않고서는, 애초에 실험을 해서 효과 있는지를 알 수 없기 때문이다. 무엇이 효과가 있는지 독립적인 기준을 찾는 일은 이론에 의존할 수밖에 없다. 그렇기 때문에 이론을 빼고 실험적이 되라는 조언은 공허하다. 예를 들어 낙태 판결의 이론적 근거를 찾는 대신 어떤 해결책이 효과가 있는지 보라는 조언은 공허하다.

세 번째는 전문직주의(Professionalism)라 불릴 수 있는 것이다. 전문직주의는, 법률가들은 철학자들과 다르게 작업하며, 도덕 이론이나 정치 이론의 쟁점들을 다루지 않고, 구체적 쟁점들을 세부적으로 제한된 방식으로 판단한다고 본다. 그리고 그 논변의 장치는 유비라고 한다. 캐스 선스틴(Cass Sunstein)이 이와 같은 주장을 정교하게 전개했다. 선스틴의 견해에 의하면, 우리는 판단의 책임, 행위 조정의 책임, 그리고 설명의 책임을 지는데, 이 책임들 모두는, 일부러 비완결적이고 타협적인 지점에서 멈추는 설명에 의해서 더 현명하게 수행될 수 있다고 한다. 그러나 드워킨은 다른 책임은 몰라도, 개인적으로 판단을 내리는 최초의 책임(첫 번째 책임)을 일부러 어느 지점에서 인위적으로 멈추는 것은 받아들이기 어렵다고 한다. 왜냐하면 법적 추론이 더 전개되어야 할 지점에서 봉합하는 것은, 법률가가 "통합성에 관한 문제들이 분명하게 드러났을 때에도 이를 직면하기를 거부해야 한다거나, 그런 문제에 마음을 닫아버려서 아예 그런 문제가 있는지조차 모르게 해야 한다고 말하는 것임에 틀림없"기(115쪽) 때문이다. 통합성을 일단 따르게 되면, 필요한 만큼 이론적 범위를 확대하여 탐구를 계속하라는 요구를 받는다. 이러한 요구를 받은 상황에서 선스틴의 조언은 아무런 도움이 되지 못한다. 그것은 통합성을 어기는 인위적인 거부가 될 것이기 때문이다. 선스틴은 유비를 추천하지만, 이론 없이 유비에 의해 살펴보는 일은 맹목적인 것이다. 왜냐하면 보통은 어느 유비를 택할 것인가에 직면하게 되기 때문이다. "낙태는 태아 살해와 더 유사한가 아니면 맹장수술과 더 유사한가? 우리는 이론으로의 깊은 여정을 떠나지 않고서는 그러한 질문들에 답하는 것을 시작조차 할 수 없다."(116쪽)

3. 정치적 도덕을 배제하고자 하는 의견에 대한 답변

제3장과 제4장에서 드워킨은, 법적 추론에서 도덕적 고려 사항을 배제하여야 한다는 주장의 논거로 활용될 수 있는 두 가지 이유를 살펴본다.

제3장에서 그는 포스너의 '도덕 이론'에 대한 공격에 답변한다. 포스너는 보통 사람과 판사가 도덕 이론 없이 잘 지낼 수 있다는 것을 보이려고 한다. 그러나 그의 그 논변 자체가 이미 도덕 이론에 의존하고 있다. 그런데도 포스너는 그 모순을 보지 못한다. 왜냐하면 포스너가 도덕사회학, 도덕인류학, 도덕심리학, 그리고 도덕철학의 중대한 차이를 인식하지 못하기 때문이다. 도덕사회학은 "전 세계의 사람들은 중요한 도덕적 확신에 관하여 의견이 일치하는가? 그렇지 않다면 의견의 다양성은 얼마나 큰가?"에 관한 질문에 답한다. 도덕인류학은 "인류가 도덕적 옳음과 그름에 관한 판단을 하는 성향을 어떻게 발전시켰는가는 무엇이 가장 잘 설명하는가?"와 같은 질문에 답하려고 한다. 도덕심리학은 "사람들이 일단 도덕적 의견을 형성하고 났을 때 그 의견을 바꾸게 하거나 새로운 도덕적 의견을 발전시키게끔 이끄는 것은 무엇인가?" 등의 질문에 답한다. 마지막으로 도덕철학은 "음핵절제술은 도덕적으로 그른가?"의 질문을 직접 다루는 영역이다. 네 영역은 서로 구별되며, 그렇기 때문에 문화마다 음핵절제술에 대한 의견이 다양한 것은 사실이지만, 그 사실을 인정하면서도 그 관행이 모든 곳에서 도덕적으로 그르다고 말하는 것은 선적으로 일관되는 일이다.(130~31쪽)

그러나 포스너는 이 차이를 인지하지 못하기 때문에 사람들의 도덕적 확신이 사회마다 다양하다거나, 인류가 진화적 성향을 통해 도덕적 능력을 발달시켜온 자연적 경과를 추적할 수 있다거나, 사람들은 도덕 논증에 의해 마음이 잘 바뀌지 않는다거나 하는 이유로, '도덕철학에 의해 인도되는 올바른 도덕 논증이란 없다'는 결론을 이끌어낸다.

또한 포스너는 도덕 '이론'만 과녁으로 삼기도 하는데, 이는 사람들의 도덕적 확신이 아무런 반성이나 논증을 거치지 않은 채 즉각적으로 고정된다는 잘못된 생각에 기초하고 있다. 그러면서 도덕 이론은 다른 사람들을 납득시키기 위한 도구로서만 사용되는 장식이라고 말한다. 그러나 사람들은 오히려 처음부터 자신의 의견이 올바른지 검토하기 위해 도덕 이론을 필요로 한다. 그래서 처음에는 구체적인 쟁점에 관한 의견 불일치에서부터 시작해서, 그 의견 불일치 배후에 있는 원리들의 불일치를 검토하고, 나아가서 그 원리들을 정합적으로 하나의 망에서 검토하는 이론들을 필요로 하게 된다. 그렇기 때문에 구체적인 도덕적 쟁점에 관한 반성 역시 정당화 상승의 과정을 겪을 수 있게 된다. 그러니 '추론'과 '이론' 사이에 인위적인 구분선을 그을 수 없다. "일상적인 도덕 반성 뒤에 흔들리거나 자의적으로 보이는 판단을, 더 넓은 원리들, 비전들, 또는 이상들과 그것이 갖는 연결 고리를 추적함으로써 뒷받침하는 것은, 도덕 추론에 덧대어진 무언가 다른 것이 아니라 도덕 추론의 일부"이기 (137쪽) 때문이다. 어떤 도덕 이론도 도덕 판단의 신뢰할 만한 기반을 제공해줄 수 없다는 강한 논제는, 도덕적 허무주의라는 실천적으로 채택할 수 없는 결론에 이른다.

다른 한편 도덕 이론이 일상의 삶이나 정치에서 힘을 갖고 있더라도 판사는 그것을 무시해야 한다는 약한 논제는, 법적 추론이 도덕 논증 없이도 완결적으로 진행될 수 있음을 전제한다. 그러나 실제로 사법부 판결에서는 도덕적인 성격의 논증이 흔히 보인다. 공정성이나 자율성은 헌법과 법률 해석의 중심 주제가 되곤 한다. 포스너는 헌법적인 사건조차 도덕적 쟁점을 제기하지 않는다는 것을 보여주겠다고 나름의 설명을 전개하지만, 그 설명 자체가 권력균형이나 민주주의의 가치와 같은 도덕 이론에 호소함으로써 이루어진다. 포스너는 그 이론에 단지 도덕이 아닌 다른 이름을 붙여 주장할 뿐이다.

이렇게 통합성을 버린 실용주의적 조언의 파산을 극명하게 보여주는 것이 '부시 대 고어'(Bush v. Gore) 사건에 대한 포스너의 분석이다. 이 사건에 대하여 포스너는 대법원이 차기 대통령이 누가 될 것인지의 문제에 관한 전국적인 다툼을 조기에 종결시킴으로써 큰 이득을 안겨준 실용적인 판결을 했다고 논평한다. 즉, 과거의 법리가 무엇이건 종합적으로 최선의 결과를 추구해야 하는데, 이 경우 "법리를 존중하는 장기적 편익과, 때때로 그것을 무시해서 얻는 장기적인 편익을 형량"한다는(165쪽) 것이다. 포스너는 당시 이루어지고 있던 재검표가 평등 원칙 위반이고 재검표를 재개해봤자 마감일까지 완료될 수 없으므로 재검표 재개를 명할 수 없다고 판단한 그 판결이, 미국에 많은 비용을 가져올 교착 상태를 미연에 방지하였다는 사변을 제시한다. 그러나 그 사변은 지나치게 복잡한 데다가 개연성에 무척 문제가 많다. 드워킨은, 그 사변이 실용주의자라면 가장 중요하게 고려해야 할 것, 즉 '부시가 대통령이 되는 것이 더 나은가 아니면 고어가 대통령이 되는 것이 더 나은가'의 질문을 회피한다는 점을 지적한다. 대법원이 정치적으로 편파적인 결정을 내렸다는 평판의 훼손이 어차피 이루어질 상태에서, 그 질문을 고려하지 않는 것은 실용주의자의 입장에서 자의적이다. 그렇다고 그 질문을 고려하게 되면, 관련된 모든 법적 논증은 무의미해지고, 사실상 법 없는 상태에서 순전히 누가 대통령이 되는 것이 나은가의 판단만 하게 되는 셈이 된다. 통합성에 의한 법 해석은 논리적이거나 형식적인 알고리즘을 따른다는 것이 아니다. 오히려 판결의 결과를 고려에 넣되, "법 전체에서 배태된 원리에 의해 방향이 지어진 대로의 결과만을 고려에 넣을 수 있"고(180쪽) 어떤 결과들이 유관한 결과인지, 어떻게 형량되어야 하는지를 원리에 따라 판단해야 한다는 것을 의미한다. 실용주의는 이렇게 고려해야 할 사항과 그렇지 않은 사항을 구분하는 법 해석의 고유한 논증 방법을 전혀 알지 못한다.

제4장은 통합성에 따라 정치적 도덕을 법리적 단계에서 고려하는 법이론에 잠재적 위협이 될 수 있는, 이사야 벌린(Isaiah Berlin)의 가치다원주의를 다룬다. 벌린의 가치다원주의는 객관적 가치를 인정하면서도 그

가치들이 충돌하며, 그리하여 가치 문제에 대한 원리적으로 조화로운 해결은 불가능할 수 있다고 이야기한다. 가치들이 서로를 지지하며 조화로운 전체 체계를 이루는 판단을 도출하려는 노력은, 오히려 '도덕적·정치적 미성숙의 증후'라는 것이다.

만일 벌린의 주장이 옳다면, 드워킨의 통합성으로서의 법 해석 기획은 심각한 난점에 부딪히게 될 것이다. 그것은 도덕적 가치의 충돌 문제에서 거의 필연적으로 정답이 없는 상황에 처하게 될 것이며, 그러한 상황에서는 오히려 정답을 추구하는 것이 가치에 대한 진지한 존중을 보이지 않는 일이 될 것이기 때문이다.

벌린의 논의는, 자유나 평등과 같은 가치를, 이데올로기에 맞추어 주조하려던 시대에 저항하여 나온 것이다. 예를 들어 "부르주아의 자유는 진정한 자유가 아니므로, 적정 절차에 의한 재판을 거치지 않더라도 자유는 침해된 바 없다", "게르만 정신에 따라 진정한 평등을 누리므로 다른 인종에 대한 억압은 당연한 것이다"라는 식의 논의 말이다. 드워킨은 이러한 가치의 게리맨더링(gerrymandering)은 당연히 경계해야 한다고 본다. 그러나 드워킨은 다른 쪽 극단의 가치 논의 남용도 있다고 본다. 가치가 필연적으로 충돌하게끔 되어 있다면, 어떤 선택을 하더라도 후회할 선택이 된다는 반박을 받을 수 있기 때문이다. 수백만의 사람들이 의료보험 없이 질병에 시달리는 때조차, 보편적 의료보험을 마련하면 자유를 침해하기 때문에 그렇게 하면 안 된다는 주장이 제기될 수 있는 것이다. 드워킨은 조화로운 가치의 세계를 상정하는 것이 꼭 '압제'가 되라는 법은 없다고 말한다.

드워킨은 1인칭 관점에서는 이상적인 삶이 가져야 하는 모든 가치를 그 안에 충돌 없이 담는 삶이 있을 수 없다는 점에는 동의한다. 이를테면 자발성으로 가득 찬 삶은 신중함이라는 지혜를 잘 발휘하는 삶과 충돌한다. 그러나 그는 정치적 가치 또한 이런 식으로 충돌한다는 점에는 동의하지 않는다. 즉, 정치적으로 중요한 가치들은 상충하게끔 되어 있으며, 그 상충에서의 어떠한 선택도 진정하고 중요한 손상을 포함한다는 주장에는 동의하지 않는다.

드워킨은 우리가 가치 문제를 놓고 반성을 통해 이쪽과 저쪽의 설득력 있는 논거에 끌리는 경우는 있을지라도, 그러한 쟁점에서 권리가 있으면서 동시에 없는 경우는 생각하기 어렵다는 점을 지적한다. 불확실성과 필연적 불확정성은 다르다는 것이다.

정치적 가치들은 각자가 고립된 주권적 힘을 가지고서 정의되며, 그렇기에 필연적으로 충돌할 수밖에 없게끔 파악되는 것이 아니다. 가치 문제에서 사람들은 어떤 권위 있는 존재의 명령을 발견하는 방식이 아니라, "작동하고 있는 필요와 가치에 대한 우리 자신의 감각을 반성하고 정련함으로써 정치적 확신에 이르"기(192쪽) 때문이다. 그리고 그러한 반성의 과정과 필연적 충돌은 어울리지 않는다. "우리가 시민들이 인종적 모욕이 발언되지 않도록 할 권리가 있다고 설득되면서 그와 동시에 인종적 모욕을 말할 권리가 있다고 설득되는 것이 어떻게 가능한지는 수수께끼"이기(같은 곳) 때문이다.

드워킨은 다른 정치적 가치들을 참조하지 않고 어떤 정치적 가치에만 고립적으로 헌신할 수는 없다고 한다. 그렇기 때문에 자유를 단순히 주체가 하기를 바랄 수도 있는 것은 무엇이든 다른 사람의 간섭 없이 하는 것이라고 정의해놓고, 그 정의에 따른 자유가 제한될 때마다 심각한 손상이라고 말하는 것은 그럴듯하지 않다는 것이다. 왜냐하면 그러한 의미의 자유에 우리는 진성으로 헌신하지 않고 있기 때문이다.

드워킨은 정치적 가치의 적정한 규정을 위한 테스트를 다음과 같이 제안한다. 즉, 제안된 관념이 그 가치의 침해라고 정의한 여러 행위들이 진정으로 잘못인지를 물어야 한다는 것이다. 살인을 금지하는 것은 진정한 손상을 가져오는 잘못을 저지르는 것이 아니다. 살인할 자유까지 포함하고서 그러한 자유를 축소하는 경우에는 언제나 진정한 손상이 있게 된다고 주장하는 것은 그러므로 설득력이 없다.

가치들에 대한 가장 적합한 설명은, 오히려 그 가치들을 존중함으로써 우리가 진정으로 잘못이라고 생각하는 것들을 피할 수 있게 하는 방식으로 구성되어야 한다. 벌린의 가치 충돌 논제는 가치에 대한 정의가 언제나 다른 가치의 참조 없이 이루어져야 한다는 전제에서 비롯되는데, 그 전제는 우리가 가치를 존중하고 싶어하는 이유와 어울리지 않는다.

이렇게 드워킨은 도덕적 고려 사항을 포함시키게 되면 자의적인 결정에 빠지거나 불필요한 쟁점을 다루는 셈이라는 논의들을 논박하였다.

4. 헌법 문언에 대한 충실

원본주의자들은 자신들이 헌법 문언에 충실하다고 하면서, 자신들과 의견을 달리하는 이들을 헌법을 발명하고 있다고 비난한다. 그러나 드워킨은 실제로는 이들이 문언적 충실에 반하여, 그 대체물로 다른 규준과 가치에 의존한다고 논한다. 왜냐하면 "헌법을 쓰고 수정한 이들이 말하려고 한 바"와, "그들이 말한 바가 가져오게 될 결과로 기대하거나 희망한 바" 또는 역사 대부분의 기간 동안 사람들이 그 결과로 생각한 바는, 전혀 다르기 때문이다.

드워킨은 헌법 해석이 그 문서에 적힌 일련의 문자와 여백이 무엇을 의미하는가의 문제임을 재확인하는 데서 시작한다. 그리고 그 의미는 문서 작성자의 의도를 파악해야 하는 것임도 확인한다. 예를 들어 밀턴이 『실낙원』에서 사탄의 '게이 무리들'(gay hordes)에 관하여 이야기한 경우, 그것은 사탄의 사도들이 화려하게 차려입었다는 뜻이지, 사탄의 사도들이 동성애자였다고 말하는 것은 아니다. 왜냐하면 밀턴이 그 책을 썼던 시기는 '게이'가 동성애자를 뜻하기 훨씬 전이었기 때문이다. 이와 마찬가지로 헌법이 그 헌법 문언을 작성한 이들의 의도를 무시할 수는 없다는 점은 명백하다. 그러나 문제는 그 '의도'를 준수하는 것이 무엇이냐를 두고 다툼이 생길 수 있다는 것이다.

수정헌법 제14조는 어떠한 사람에게도 '법의 평등한 보호'를 부인해서는 안 된다고 규정한다. 그것은 수정헌법 제14조의 입안자들이 그 문구의 결과라고 예상했던 바, 또는 대부분의 주(州)가 역사에서 부여해온 그러한 평등한 대우를 부인할 수 없다는 것을 의미하는가? 아니면 진정으로 평등한 시민권에 위배되는 구분도 할 수 없다는 것을 의미하는가? 이 두 선택지 중 어느 하나가 자동적으로 헌법에 대한 충실이 되고, 다른 것은 헌법에 대한 발명이 되는 것은 아니다. 왜냐하면 이러한 질문은 그들이 의도한 바를 최선으로 이해하려는 구성적 해석에 의해 답해져야 하기 때문이다.

드워킨의 답은 분명하다. 입안자들은 "추상적인, 시대에 고정되어 있지 않은 명령과 금지들을 규정하는 것을 의도하였다"(210쪽)라는 것이다. 그들이 그 시대에 고정된 구체적인 기대를 헌법으로 만들려고 했다면, 자신들의 구체적 기대를 따르라는 명령을 거기에 포함시켰을 것이다. 아니면 구체적인 기대를 명시했을 것이다. 굳이 추상적 규정이라는 암호를 거쳐 자신들의 구체적 견해에 도달하게 만들려는 간접적인 방식을 택하였다고는 볼 수 없다. 그들의 의도는 바로 헌법 문언에서 사용된 도덕적인 개념에 대한 최선의 관념에 따르라는 것이었다.

시대 고정적인 구체적인 기대에서 답을 끌어내지 않게 되면, 추상적인 도덕 규준들을 직접 해석하고 정교화하는 과업에 착수할 수밖에 없다. 그러나 그 작업은 헌법 문언과 헌법 실무의 역사에의 충실과 통합성을 갖는다. 인종 분리의 관행이 수세대에 걸쳐 내려왔다 하더라도, 그 관행에 의해 무시되어왔던 평등의 기준이 헌법 원리로 발견될 수 있다면 오히려 인종 분리를 금지하는 것이 평등 보호라는 조항에 충실한 것이다. 대기업 소유주가 경영자에게 어느 부서의 "이 빈자리를 활용 가능한 최선의 인물로 채우시오"라고 말했다고 가정해보자. 그런데 대기업 소유주는 자신의 아들이 최선의 후보라고 생각하고 경영자도 그 사실을 안다. 그러나 이때 대기업 소유주가 한 말은 "나의 아들을 그 자리에 채용하시오"가 아니다. 그 명령이 추상적인 규준으로 구성된 이상, 그 규준에 진정으로 부합하는가를 따질 때 그 명령에 충실한 것이다. 소유주가 과거의 헌법 입안자들이라면, 현대의 판사들은 경영자의 입장에 있는 것이다.

그렇기 때문에 원본주의가 법 해석이 원래의 의도에 충실할 것을 의미한다면, 원본주의는 두 형태가 있는 셈이다. 하나는 의미론적 원본주의로, 입안자들이 집단으로서 말하려고 한 바가 그 의미를 결정적으로 구성하는 것으로 본다. 다른 하나는 기대원본주의로, 그 말로 성취하려고 기대한 바가 그 의미를 결정적으로 구성하는 것을 본다. 드워킨은 기대의도에 의해 해석하는 것은, 추상적이고 도덕적인 문언을 사용한 헌법 입안자들의 의도에 충실하지 않은 것이라고 본다. 결국 해석이란 의미를 구성해내는 것이고, "언제나 정의를 따르라"라는 명령과 같은 추상적 도덕의 규정들을 "내가 정의라고 생각한 바를 따르라"라는 뜻으로 받아들이는 것은 애초에 문장의 의미를 잘못 읽고 있는 것이다.

이러한 문언에의 충실은 통합성의 이상을 존중하는 헌법 해석에서는 필수적이다. 로렌스 트라이브(Laurence Tribe)는 헌법의 추상적인 조항은 그와 관련된 문제에 관하여 어떠한 결론도 내리지 않으며, 따라서 그 조항에서 어떤 결론이 도출된다고 생각하는 것이 잘못이므로 그런 결론에 구애받지 말고 헌법적 문제를 해결해야 한다고 말하고는 있다. 그러나 헌법이 모든 해석의 가능성에 똑같이 열려 있지는 않다고 본다면, 문언에의 충실은 피할 수 없다. 즉, "문언 자체가 말하고 있는 바와 일관된 것으로 가장 설득력 있게 해석할 수 있는 그러한 일련의 헌법 원리"(220쪽)를 목표로 삼아 해석해야 한다는 것에 다다를 수밖에 없다. 그것이 바로 의미론적 의도를 문서 작성자들에게 귀속시키는 것이다.

여기서 드워킨은 문언에의 충실을 압도할 수 있는 몇 가지 가능한 근거들을 살펴본다.

우선 정의의 요구가 있다. 그러나 헌법이 추상적 도덕원리들을 담고 있는 이상, 문언에의 충실은 정의의 요구에 부응할 가능성이 더 크다.

그다음 흔히 이야기되는 근거는 민주주의다. 즉, 정치적 도덕의 근본적 쟁점은 인민이 스스로 결정해야지, 사법부의 몇몇 판사들이 결정해서는 안 된다는 것이다. 기대원본주의는 법철학적 단계에서 이러한 가치에 헌신함으로써 법리적 단계에서 기대 의도에만 의거해서 헌법을 해석할 것을 요구한다.

그러나 드워킨은 이것이 민주주의에 대한 정당화되지 않는 특수한 관념에 기인한 것이라고 본다. 즉, 그것은 다수결 민주주의관에 의한 것이다. 민주주의가 다수결 규칙이라면 사법 심사 제도는 필연적으로 반(反)민주적인 것이 될 수밖에 없다. 그러나 동반자 민주주의관을 택한다면, 그래서 민주주의를 동반자로서 협동하는 구성원들에 의한 통치로 본다면, 다수결의 의사에도 불구하고 그 구성원들의 기본적 지위들을 보장하는 헌법 원리들의 관철은 오히려 민주주의의 필수적인 구성 요소가 된다. 민주주의가 동반자의 공동통치가 되려면 몇 가지 조건이 필요하다. 첫째, 모든 시민들이 정치적 삶에서 동등한 역할을 할 기회를 가져야 한다. 둘째, 인민에게 개인으로서 통치에 관한 주장을 할 동등한 권리가 있어야 한다. 셋째, 개인들이 자신의 양심과 판단에 따라 자유롭게 가장 심층적인 윤리적 결정을 내릴 수 있는 사적인 영역이 인정되어야 한다. 이와 같은 조건이 성립되지 않으면 동반자 관계가 요구하는 성원권(membership)의 전제 조건이 부인되는 것이다.

충실을 압도할 수 있는 근거로서 마지막으로 드워킨은 실용성을 살펴본다. 즉, "헌법 문언에 대한 충신이 요구하는 종류의 원리의 거대하고 폭넓고 추상적인 진술에서 구체적인 판결을 연역하려고 하는 대신 실제로 효과가 있는 것이 무엇이냐를 발견"해야(229쪽) 한다는 견해에서 주장되는 '효과' 말이다. 그러나 목표가 정해진 상황에서는 무엇이 효과 있는지를 시험해본다는 것이 말이 되지만, 추구해야 하는 목표나 존중해야 하는 원리 자체가 논쟁 대상일 때에는 이런 의미의 실용성이 아무런 도움이 되지 못한다. 무엇이 작동하는가, 효과가 있는가 여부를 물을 때 일반적인 원리가 규준으로 등장하는 것은 피할 수 없기 때문이다. 그렇다고 유비에 의존할 수도 없는데, 원리 없는 유비는 맹목적으로 사용될 뿐이기 때문이다.

5. 합법성의 이상을 매개로 이해한 법실증주의

드워킨은 이 책에서 하트의 『법의 개념』(The Concept of Law) 후기를 소재로 삼아, 하트의 법실증주의에 대한 비판을 또 한 번 제기한다. 이 책에 실린 비판이 아마도 드워킨과 하트 사이의 논쟁의 마지막 말이 되었다고 해도 과언이 아닐 것이다. 이제는 두 탁월한 법철학자 모두 사망했기 때문이다.

하트는 『법의 개념』에서 유효한 법은 어떻게 식별되어야 하는지 논한다. 그리고 그 식별의 기획은 두 가지 특징을 갖는다고 주장한다. 첫째, 그 기획은 "도덕적으로나 윤리적으로 평가적인 기획이 아니라 기술적인 기획"이다(239쪽). 둘째, 그 기획은 특정한 사건들을 해결하는 법률가들이 수행하는 법적 기획이 아니라, 법 일반이 무엇으로 식별되는가를 살펴보는 철학적 기획이다.

드워킨은 이 두 가지 특징 모두 성립하지 않는다고 비판하였다. 하트의 이론은 실제로는 그 자신이 주장하는 것과 달리, 법 실무에 중립적인 기술이 아니고, 결국 그 실무를 어떤 방식으로 이끌고 정당화하는 해석에 귀착된다는 것이다.

하트는 법의 개념을 탐구한다면서도 참여자가 아니라 관찰자로서 기술한다고 자처한다. 그러나 개념의 탐구와 관찰자의 관점은 양립할 수 없다. 그것이 양립할 수 있다고 보는 것은 실질적인 법적 논증에는 빚지고 있지 않으면서도 법에 대하여 평가적인 판단을 내릴 수 있는 아르키메데스적 입장을 전제하는 것이다. 그러나 그러한 입장은 외적 회의주의가 실패하였듯이, 존재하지 않는 입장이다. 사실상 그것은 매우 일반적이고 추상적인 가치판단을 숨기고 있을 수밖에 없다.

실제로 앞서 언급한 소렌슨 사건에서, 하트의 법 이론은 참여자의 입장에서 일정한 결과를 함의하게 된다. 드워킨은 제조물 배상 책임에 관한 법 원리는, 어떤 위험을 과실로 창출하여 사업을 통해 이익을 얻은 자는 그 사업의 비용 역시 감수해야 한다는 원리를 포함하며, 그 원리와 일관되게 판시하는 것이 전체 과실법의 법 실무를 최선으로 만들어준다고 본다. 반면에 하트의 답은 그의 원천 논제, 즉 법의 존재와 내용은 입법, 판례, 사회적 관습과 같은 법의 사회적 원천에 의거하여서만 식별된다는 입장에서 따라 나온다. 즉, 어떤 의회도 그리고 과거의 사법부도 소렌슨 사건에서 구성되어야 할 위와 같은 법 원리를 명시적으로 천명한 바 없으므로, 이 경우 소렌슨 여사에게는 청구한 대로 판결을 받을 법적인 권리가 없다. 즉, 하트의 법 이론은 순수하게 관찰자의 관점에만 머무를 수 없고, 참여자로서 일정한 결론을 이끌어내게 되는 것이다. 따라서 그의 기획이 전적으로 메타적인 것이라는 주장은 신뢰하기 어렵다.

　드워킨은 하트의 개념적 연구가 기술적이라고 할 수 없는 이유를, 정치적 도덕의 개념의 예를 들어 설명한다. 정의, 자유, 평등, 민주주의와 같은 개념들은 그 정의로부터 중요한 함의를 갖는 결론들이 따라 나온다. 그렇기 때문에 이것들의 정의는 규범적 판단에 선재하여 독자적으로 규정될 수 없다. 그렇게 규정될 수 있다고 생각하는 것은, 그 개념들을 사용하는 논의의 차원 바깥에 또 다른 논의의 차원이 존재한다는 아르키메데스적 환상에 빠진 것이다. 이 개념들에 대한 논쟁은 무엇이 정당화되는지에 대한 논쟁과 필수 불가결하게 얽혀 있다. 민주주의나 자유에 대한 정의가 진정으로 중립적인 쟁점이라면, 이러한 실천적 함의나 논의의 얽힘은 발생하지 않을 것이다. 정치적 개념 자체는 합의의 추상적 안정 지대로 작용한다. 그것을 어떻게 규정하는가가 매우 중요하다는 점에는 동의하지만, 규범적 쟁점과 동떨어진 그 개념에 대한 기술을 사람들이 공유하고 있지는 않다. 예를 들어 사법 심사가 민주주의에 반하는지 여부는 민주주의를 어떻게 규범적 쟁점까지 망라하여 적절하게 이해하는가에 달려 있다. 이런 문제는 기술적 문제가 아니다. 따라서 이러한 개념들은 해석적인 가치 개념으로 기능한다. 그 개념에 어떤 의미를 부여하느냐는 무엇이 그 개념과 관련된 실천에 최선의 가치를 포착하고 할당하는가의 문제를 포함한다.

모든 개념 규정의 문제가 일상용어의 통상적인 사용에 활용되는 공유된 기준을 찾는 방식으로 해결되리라고 보는 것은 오류다. 한 장의 종이를 책이라고 할 것인가 말 것인가는 그 단어가 통상 어떻게 사용되는가에 달려 있기는 하다. 그러나 정치적 도덕의 개념들은 그런 방식으로 규율되지 않는다. 자유나 평등에 관한 의견 불일치는 누군가는 언어를 제대로 사용하고 있고 누군가는 전적으로 말을 잘못 사용하고 있다는 지적만으로 사라지거나 해소되지 않는다. 따라서 이런 개념에 대한 탐구가 그런 의미에서 기술적일 수는 없다.

그렇다고 이런 개념이 자연 종 개념이라고 가정해서 기술적 탐구를 할 수 없다. 호랑이는 DNA를 가지며, DNA를 탐구함으로써 호랑이의 본성이나 본질에 대한 이해를 개선할 수 있다. 그러나 정치적 개념들은 그런 식의 증거 조사에 의한 과학적 반성이나 탐구가 가능하지 않다. "자유는 아무런 DNA를 가지고 있지 않다."(257쪽) 따라서 이러한 의미에서 기술적일 수도 없다.

마지막으로 그 개념에 대한 탐구가 오로지 역사적 일반화만을 목표로 한다는 의미일 수 있는가? 그러나 그것 또한 별로 도움이 되지 못한다. 왜냐하면 일반화하기 위하여 집적된 모든 목록들을 살펴보아도, 그로부터 어떤 새로운 사안들을 판단할 공통된 본성을 뽑아낼 수 있는 기준은 다시 독립적으로 논구되어야 하기 때문이다.

자연 종 개념의 심층 구조는 물리적이지만, 정치적 개념들의 심층 구조는 규범적이다. 그렇기 때문에 과학자들이 물리적 구조를 밝힘으로써 호랑이의 본성을 드러내는 것을 목표로 하듯이, 정치철학자도 그 개념의 규범적 구조를 드러냄으로써 자유의 본성을 보여주는 것을 목표로 할 수 있다. 이러한 의미에서 그 과업은 개념적인 것이 되는데, 이때 그것은 기술적인 과업이 아니라 규범적인 과업이 될 수밖에 없다. 즉, 그 개념 안에 있는 가치를 근본적으로 설명하는 일이 될 수밖에 없다. 그리고 이 일이 선결문제 요구의 오류를 범하는, 즉 자유는 사람들을 자유롭게 해주기 때문에 좋다는 식의 설명이 되지 않기 위해서는, 그 개념 안에 있는 가치를 다른 가치들의 더 폭넓은 그물망 속에 정합적으로 자리매김해야만 한다.

그렇다면 정치적 개념들은 '독립된' 가치들로, 즉 우리의 삶을 더 낫게 만드는 것과 상관없이 그저 주어지거나 기술되는 것으로 다룰 수는 없다. 그 개념들을 어떻게 규정하는가는 우리의 삶이 어떻게 잘 진행되는가와 깊이 연관되어 있으며, 따라서 그 개념들 안에 있는 가치들은 '통합된' 가치로 다루어질 수밖에 없다. "정의는 신이나 아이콘이 아니다. 우리가 만일 정의를 소중하게 생각한다면, 우리는 개인으로서 그리고 함께 사는 삶에 그것이 가져오는 결과 때문에 가치 있게 여기는 것이다."(265쪽) 정치적 가치가 통합된 가치라면, 이 가치를 어떻게 식별할 것인가? 그 가치들에 대한 적정한 이해는, 어떤 궁극적인 가치를 위하여 도구적인 기여만 하는 것들로 그 가치들을 다루지 않을 것을 요구한다. 따라서 그 가치들은 해석적으로 다른 가치들에 비추어 돔(dome)과 같은 방식으로 조직된 것으로 이해해야 한다. 다시 말해 어떤 가치에 대한 관념은 다른 가치를 강화하는 방식으로 구성되어야 한다.

이러한 예비적 설명에 기초하여, 드워킨은 '하트의 법 개념이 기술적 이론이라고 할 수 있는가'를 묻는다. 그러한 주장은 두 지점에서 실패한다.

첫째로, 그것은 보통의 법적 논증에 중립적이지 않다. 이는 보통의 법 개념 사용과 그것에 대한 철학적 해명 주장이 차원을 달리하여 구별될 수 없기 때문이다. 예를 들어 원천 논제는 소렌슨 여사 사건에 비중립적인 결론을 함의한다.

둘째, 하트의 사회적 원천 논제가 적절한 의미에서 기술적이라고 이해할 수 있는 방도가 없다. 우선 그것은 법률가들이 법에 관한 주장을 할 때 실제로 따르는 언어적 기준을 드러내지 않는다. 그런 기준을 법률가들이 공유하고 있지 않기 때문이다. 다음으로 그것은 자연 종 개념처럼 어떤 물리적 구조를 기술하는 것일 수도 없다. 왜냐하면 자유와 마찬가지로 법도 DNA 같은 물리적 구조를 갖지 않기 때문이다. 마지막으로, 법에 대한 경험적 일반화라는 의미에서 기술적일 수도 없다. 하트의 연구는 그런 경험적 자료에 기초하고 있지 않다. 또한 이런 종류의 기술적 연구는 반례에 취약하다. 하트 자신은 포용적 실증주의를 주장하면서, 헌법이라는 원천이 도덕을 법 명제의 진리 조건에 포함시켰다고 주장하지만, 원본주의자들은 전혀 그렇게 생각하지 않는다. 이것만 봐도 헌법 명제에 대한 기본적인 승인의 규칙이 없다는 것이 드러난다.

법은 정치적 개념이다. 따라서 가치들이 서로를 뒷받침하는 연관 관계 속에서 법 개념에 자리잡은 가치를 보여주는 방식으로 그 개념의 근본적 구조를 해명해야 한다. 거기서 가장 결정적인 가치는 합법성(legality)이라는 가치다.

합법성은 해석적 이상이다. 합법성의 요구가 무엇인지에 관한 해석적 주장들이 법이 무엇인가를 결정한다. 결국 법 개념에 대한 탐구, 무엇이 법 명제의 진리 조건을 구성하는가에 대한 탐구는 합법성의 어떤 관념을 해명하는 일이 된다. 법 이론은 바로 합법성에 대한 상이한 관념들을 주장하고자 하는 것으로 이해될 수 있다.

그러므로 법철학의 상이한 전통들은 '합법성'을 둘러싼 논쟁으로 이해될 수 있다. 드워킨은 여러 전통들이 서로 다르게 강조했던 합법성의 대표적인 가치로 정확성(accuracy), 효율성(efficiency), 그리고 통합성(integrity)을 든다. 이것들 중 어느 것에 방점을 찍느냐에 따라 합법성 관념은 달리 구성된다.

첫째로 정확성은, 정치 공직자들이 국가의 강제력을 실질적으로 정의롭고 현명한 방식으로 행사하는 것을 의미한다. 정확성을 근거로 합법성을 지지하는 경로는 두 가지다. 우선, 확립된 법은 축적된 지혜 및 사건과 멀리 떨어진 사람의 판단을 담고 있으므로 이에 따를 때 오히려 더 정의롭고 현명한 것이 된다고 볼 수 있다. 다른 경로는 합법성에 도덕적 수용 가능성이라는 요건을 포함시키는 자연법 전통이다. 자연법이 이성적이고 정의롭고 현명한 것이기 때문에, 이러한 자연법의 최소한의 요구를 받아들였는지 판단하는 합법성 테스트를 거친 법이 정의롭고 현명한 것이 되기 때문이다.

둘째로 효율성은 구성원들의 최대 선을 효과적으로 확보함을 의미한다. 이러한 최대 선이 변덕스러운 그때그때의 결정이 아니라 사전에 고안된 정교한 법 규정에 의해 가장 잘 달성될 수 있다고 여겨질 수 있다. 효율성을 중시하게 되면 법을 판단하는 테스트에 도덕을 포함시키기를 꺼리게 된다. 왜냐하면 도덕 테스트를 포함시키면 도덕적 의견을 달리하는 사람들 사이에 법의 내용이 불명확해질 것이고, 통일된 체계가 없어 혼란스러워질 것이라고 생각하기 때문이다. 그래서 실증주의자들은 효율성을 근거로 자신들의 합법성의 이상을 구상한 후, 다시 이 합법성 관념을 반영한 법 명제의 진리 조건 테스트를 구성한다. 물론 실증주의자들은 합법성에서 다른 가치도 고려한다. 모든 법이 도덕적이지 않다는 점을 잘 아는 공중의 건강한 경계심, 그리고 국가가 개입하는 경우가 언제인가에 대하여 공정한 경고를 할 필요성, 판사들이 자신의 도덕적 견해를 개입시켜 보통 시민의 결정을 뒤엎어서는 안 된다는 특유한 해석 아래에서의 민주주의라는 가치가 그러한 예다. 따라서 법실증주의는 도덕이 법의 식별에 유관하지 않게 됨으로써 복무하는 합법성에 관한 가치의 주장을 하고 있는 것으로 이해될 수 있다.

셋째로 통합성이란, 정부가 원칙적으로 모두에게 적용될 수 있는 원리들의 집합에 의거하여 통치해야만 한다는 의미에서의 법 앞의 평등이다. 법이란 무엇인가의 판단에 합법성의 어떤 관념이 활용될 수밖에 없다면, 통합성이라는 이상이 법과는 무관한 도덕적 가치라고 이야기할 수는 없다.

　법실증주의가 하나의 합법성 관념을 취하여 법 명제의 진리 조건을 구성하는 이론으로 이해될 수 있다면, 이에 대한 반박 역시 합법성의 이상을 논의하는 차원에서 이루어질 수 있다. 이를테면 다음과 같은 반박이 가능하다. 효율성은 그저 아무것이나 목표로 삼고 행위를 조정하는 것이 아니라 좋은 목표를 겨냥해 행위를 조정하는 것이어야 하므로, 목표 자체에 대한 정당화가 법의 식별에 포함되어야 한다. 도덕적 규준이 어떤 행위의 적합성을 판단할 때 적용될 것이라는 약속은 공정한 경고가 될 수 있다. 시민들의 건강한 비판 의식도 법이 명하는 바가 무엇인가에 관하여 도덕적 근거들에 의해 공식적 선언과 견해를 달리할 수 있게 함으로써 살아 있을 수 있다. 민주주의가 다수결 규칙이 아니라 그 다수결 규칙을 공정하게 만드는 도덕적 조건이라면, 도덕적 조건들이 법 명제의 진리 조건에 등장하는 것은 민주주의에 오히려 기여한다. 특히 효율성을 추구한다는 법실증주의의 강점은 과장되었다. 법관들이 해석되지 않은 날것 그대로의 헌법 문구들 외에는 법이란 없다고 선언해야 한다면, 법관들의 재량 범위는 엄청나게 커질 것이어서 예측 가능성을 담보하기 힘들어지기 때문이다.

　아울러 드워킨은 제7장에서 줄스 콜먼(Jules Coleman)의 포용적 법실증주의와 조셉 라즈(Joseph Raz)의 배제적 법실증주의를 비판한다.

　포용적 법실증주의는 사회적 원천에 의해 식별되는 법이 명시적으로 도덕을 언급했을 때만, 도덕이 법 명제의 진리 조건이 된다고 한다. 반면에 배제적 법실증주의는 어떠한 경우에도 법이 명하거나 금지하는 것이 도덕적 테스트에 의존하지 않는다고 한다.

　콜먼은 드워킨의 주장에 답한다고 하면서, 법이 무엇인가에 관하여 도덕적 의견 불일치를 반영하는 방식으로 의견이 나뉘는 일이 흔하다는 사실을, 법실증주의 테제와 어떻게 조화시킬지 고민한다. 콜먼은 여기서 두 가지 전략을 쓴다. 첫째 전략은 관행에 참여하는 당사자들이 보이는 의견 불일치의 두 가지 종류를 구별하는 것이다. 관행의 규칙이 실제로 무엇이냐에 대한 의견 불일치가 그 하나요, 규칙 자체에 대해서는 의견이 일치하지만 특정 사안에 어떻게 적용되는가에 관해서는 의견을 달리하는 의견 불일치가 다른 하나다. 콜먼은 규칙의 내용에는 판사들의 의견이 불일치하지 않고 그 적용에서만 의견이 불일치한다고 본다. 그러나 이런 식의 구분은 추상화 수준을 어떻게 잡느냐에 따라 무엇이든 관행의 적용에 대한 불일치로 만들 수 있기 때문에 무의미하다. 소렌슨 사건에서 법이 무엇이냐에 관해 의견을 달리한다는 진술을, 예를 들어 '공정한 것을 적용하라'라는 관행은 공유하지만 그 공정한 것의 적용에 의견을 달리한다는 식으로 변환할 수 있는 것이다. 이것은 실증주의를 사소한 것으로 만든다. 그리고 이것은 법을 다른 규칙과 더 이상 구분해주지 못한다. 도덕적 실천도 이런 의미에서는 관행에 의존하고 있기 때문이다. 마지막으로 이 전략은 관행에서 그 골자를 빼버린다. 다른 이의 행위를 예측할 수 있어 같은 방향으로 행위가 수렴하도록 하는 것이 관행인데, 이런 추상적인 의미에서 행위가 수렴한다는 것은 설득력이 없기 때문이다.

콜먼의 두 번째 전략은, 사법부의 과업이 독특한 협동적인 과업이라고 공직자들이 받아들이기 때문에 법은 관행에 의존한다는 것이다. 콜먼은 이 협동 활동은 다른 사람들의 의도와 행위에 반응적이고, 참여자들은 그 활동에 적절히 헌신하며, 자신의 역할을 다른 이들의 노력을 지지하는 것으로 본다고 설명한다. 이러한 특징을 갖는 협동 활동은 관행에 필연적으로 뿌리박고 있다. 그리고 법 실무는 필연적으로 이러한 성격의 협동 활동을 구성한다. 그러니 법 실무는 관행에 필연적으로 뿌리박고 있다고 보는 것이다. 그러나 이 전략은 실패한다. 첫째, 협동 활동이 꼭 관행을 구성할 필요가 없다. 집을 짓거나 산책을 하는 사람들은 다른 사람과 의사소통을 해서 행위를 조정할 필요는 있지만 꼭 무슨 관행을 따를 필요는 없다. 둘째, 어떤 나라의 법 실무에서도 이런 협동 활동의 특징이 필요조건이 되지는 않는다. 개별 판사들이 다른 판사들의 노력을 훼손하기보다 지지하는 데 얼마나 헌신하느냐는 질문은 그저 경험적인 것에 불과하다. 예를 들어 경쟁하는 법리들에 근거하여 다른 판사가 이미 내린 결론을 뒤집으려 노력하는 판사들도 있다.

"판사들이 유효한 법을 식별하는 기준에 관하여 의견이 근본적으로 불일치한다면 그들은 그 유효한 법을 식별하는 기준을 규정하는 관행을 공유하고 있지 않"은 것이다(324쪽). 그리하여 법이란 항상 관행의 문제라는 콜먼의 전략은 관행이라는 이념을 사소하고 쓸모없는 것으로 만들거나, 아니면 실제로는 의존할 필요가 없는 협동 활동의 개념적 요소를 법 실무에 부여하기 때문에 실패한다.

조셉 라즈는 자신의 '권위' 개념을 중심으로 배제적 법실증주의를 주장한다. "첫째로, 법이 일정한 집단에 대해 정당성 있는 권위를 주장하는 것이 법의 개념 그 자체의 일부라고 선언한다. 둘째, 그 주장은 법적 명령은 권위를 가질 수 있어야만 한다고 전제한다. 그리고 셋째, 그 명령의 내용—그것이 사람들에게 하도록 명하는 것—이 아무런 도덕적 판단 없이 확언될 수 없다면, 어떠한 명령도 권위를 가질 수 없다."(327쪽)

이 논변의 각 단계가 문제된다. 첫 단계에서 법이 정당성 있는 권위를 보유한다는 점을 주장한다는 것은 무엇을 의미하는가? 사실 이 진술을 자연스럽게 읽으면, 정당성 있는 권위가 성공적으로 행사되지 않으면 법 명제도 참이 아니라는 뜻이 된다. 이것은 정당성에 관한 도덕적 논증을 법의 식별에 포함시키고 싶어하지 않는 라즈의 결론과 반대된다. 그렇다고 그 주장을 이해하는 다른 대안이 있는 것도 아니다. 공직자들이, 시민들은 공직자들의 명령에 복종할 의무가 있다고 생각한다는 뜻인가? 그러나 그렇게 생각하지 않는다고 해도 꼭 아무 법도 존재치 않는다고는 할 수 없다. 예를 들어 공직자들이, 법이란 그런 배제적 의무를 지우는 것이라기보다 법에 어긋나면 행위의 비용을 높이는 식으로 이유를 추가하는 것에 불과하다고 생각한다고 해서, 법이 사라지는 것이 아니다.

라즈의 논변의 두 번째 단계도 문제다. 여기서 그는 특정 권위관을 공직자들이 주장할 수 없다면 법이 아니라고 한다. 그러나 법이 필연적으로 도덕적 의무를 부과할 능력이 있어야 한다고 공직자들이 생각한다 하더라도, 그때 그저 공직자들이 개념적 오류를 저지르는 것일 수도 있다. 그럴 경우 공직자들이 채택하는 독특한 권위관(라즈의 서비스 권위관)이 꼭 법률가들이 채택해야 하는 권위관이 아닐 수도 있다. 라즈는 여기서 법이 정당성 있는 권위를 주장하는 데 도덕적 조건 및 도덕과 무관한 조건이 있는데, 법이 정당성 있는 권위를 '가질 수 있기' 위해서는 도덕과 무관한 조건만이 필요하다고 한다. 그리고 그 도덕과 무관한 조건 중에는 "법의 내용이 도덕적 추론이나 도덕적 판단 없이 식별될 수 있어야 한다는 것"(332쪽)이 들어간다고 한다. 그러나 실제로 법이 정당성 있는 권위를 주장하는 데 도덕적 조건 및 도덕과 무관한 조건 둘 다를 필요로 한다면, 하나를 아예 배제했는데 어찌하여 그러한 권위를 달성할 능력이 있는지 알 수 없다.

세 번째 단계에서 라즈는 권위의 필수 요건으로, 권위 있는 명령은 도덕적 판단을 참조하지 않고 식별될 수 있어야만 한다는 주장을 한다. 권위는 그 권위의 지시가 다른 모든 이유를 다 대체해야지만 권위라는 것, 즉 행위의 유일한 이유로 법을 받아들여야만 그 법이 권위를 가진다는 것이다. 이는 사안별로 도덕적 고려 사항을 들어 권위를 받아들일지 말지를 결정하면 권위의 목적을 전복하게 되기 때문이라고 한다.

그러나 이것은 사람들이 법적 권위에 보이는 존중을 훨씬 뛰어넘는다. 법률이 제정될 때 고려되었거나 고려될 수 있었던 이유들은 그대로 남아 있다고 보기 때문이다. 다만 민주적 과정을 거쳐 그 법률이 제정되었다는 사실이 그 법률을 통상적인 여건에서는 준수할 우선적인 이유가 된다고 여길 뿐이다. 그래서 그런 우선성이 성립하지 않는 특별한 상황에서는 이유들을 직접 고려하며 법에 복종할 것이냐 불복종할 것이냐를 결정하기도 한다.

물론 라즈는 그것을 사람들의 태도에 대한 설명이 아니라 개념적 진리로 제시하고 있기는 하다. 그러나 권위의 명령의 내용을 식별하기 위해 도덕적 판단을 사용하는 경우에는 권위가 개념적으로 불가능하다는 것은 참일 수 없다. '공정'과 같은 도덕적 판단을 포함한 명령은 여전히 권위를 가질 수 있다. 그래서 그러한 법률 하에서, 어떤 사람이 자신의 최선의 판단에 따라 진정한 공정이라 생각한 대로 행동했음에도 불구하고 처벌받는다면, 그는 법에 반하여 처벌된다고 생각할 것이다. 즉, 권위의 통상적 개념에 속하는 어떤 것도, 그 권위의 명령이 도덕적 규준을 포함하면 자동적으로 권위를 사라지게 하는 효과를 갖지 않는다. 소렌슨 여사 사건에서 입증되지 않은 피해에 책임을 지게 하는 것은 불공정하다는 판단과, 과실 있는 행위로 이득을 본 이가 손실에 대해서는 부담을 지지 않는 것은 불공정하다는 판단이 부딪치고 그에 관해 한쪽 판단을 내렸다고 하더라도 그 판결은 여전히 권위가 있을 것이다.

이런 식으로 도덕적 쟁점이 진입하면 법이 아무런 권위를 가질 수 없다는 라즈의 '서비스' 권위관은 배제적 실증주의를 도출하기 위해 인위적으로 도입된 것이지, 그 권위관을 채택할 독립적인 이유를 갖고 있지 않다. 그러한 권위관을 고집한다면, 특히나 도덕적 규준들을 포함하는 헌법 조항들의 법적 힘에 대해서 라즈는 아무런 할 말이 없게 된다.

제8장에서 드워킨은 법리적 개념에 관한 논쟁과 사회학적·분류적 개념에 관한 논쟁을 주의 깊게 분리해야 한다고 주장한다. "법리적 개념은, 우리가 어떤 관할권에 속하는 법이 명하거나 금지하거나 허용하는 바가 무엇인지를 진술하는 데 사용된다."(367쪽) 반면에 사회학적 개념은 특정한 형태의 정치조직을 기술하는 데 사용되고, 분류적 개념은 법 규칙

이나 원리를 다른 종류의 규칙이나 원리(예를 들어 산수 법칙)와 구분할 때 사용된다. 특히 법철학자들은 법리적 개념과 분류적 개념을 종종 혼동하는데, 이로 인해 그리 중요하지 않은 문제에 집착하곤 한다. 드워킨이 말하는 정치적 도덕의 쟁점에 관한 원리들이 법의 일부인가 아닌가의 문제가 그것이다. 드워킨의 주장을 분류적 개념에 대한 주장으로 보는 이들은 법이 일부는 규칙이고 일부는 원리들인 고정된 수의 규준들을 담고 있다는 주장으로 오해한다. 그러나 그의 주장은 그런 열거할 수 있는 규칙과 원리의 완결된 집합의 총체가 법이라는 것이 아니다. 실제로는, 법적 쟁점을 다룰 때 고려해야 할 사항들 중 일부가 원리의 형태를 띤다는 것, 그리고 그 원리들은 도덕적 쟁점에 관한 것을 포함한다는 것이다. 이러한 진술은 법리적 실증주의와는 상치되지만 분류적 실증주의와는 상치되지 않는다. 법률가들이 고려해야 할 원리들을 '법'이라고 부를지 '도덕'이라고 부를지는 법리적 차원에서는 중요한 문제가 아니다. 그것은 분류학적 개념을 어떻게 사용할 것인가에 관한 별도의 문제에 불과할 뿐이다. 수정헌법 제1조가 법률의 유무효 여부를 표현의 자유에 대한 도덕적 권리를 최선으로 이해하는 데 의존한다고 해서, 표현의 자유에 관한 모든 도덕적 논증들을 법으로 분류할 필요는 없다. 이는 법 실무가 상행위 관습에 법적 효과를 부여할 때 상인의 관습이 법의 일부라고 말하는지 그렇지 않다고 말하는지는, 법 명제의 참·거짓과 관련이 없음을 살펴봐도 알 수 있다.

조셉 라즈와 같은 이들은 분류적 논쟁이 중요하다고 본다. 배제적 법 실증주의에 의해 법으로 명시적으로 식별되는 것을 제외하고는 법이라는 이름을 붙여서는 안 된다는 것이다. 이유는 두 가지로 든다. 첫째로 법은 우연적이지만 도덕은 존재하지 않을 수 없다. 둘째, 법적 권리와 의무가 아닌 도덕적 권리와 의무가 있으니, 이 둘 사이에 경계를 그어야 한다. 그러나 이 두 가지 이유는 특별한 분류적 선택을 지지하지 않는다. "불법적인 잘못으로부터 이득을 얻어서는 안 된다"라는 도덕적 원리가 뉴욕 법의 일부라고 말한다고 해서, "그러한 내용의 법을 뉴욕 주가 가지게 된 것은 우연적이며 그 도덕원리 자체는 우연적이 아니다"라는 점을 부인하는 것도 아니다. 게다가 그렇게 말한다고 해서 뉴욕 주 법의 일부가 아닌 다른 도덕원리들이 존재한다는 사실을 부인하는 것도 아니다. 드워킨은 굳이 선택을 하자면, 분류적 배제적 실증주의를 택할 수도 있겠지만, 그것이 법리적인 개념에 대한 결론과 어떤 방식으로든 연결되는 것은 아니라는 점을 강조한다.

IV. 롤즈와 법 이론

제9장에서 드워킨은 롤즈의 사상이 법철학에 갖는 함의를 살펴본다. 그는 다음 다섯 가지 질문을 중심으로 롤즈의 사상을 살펴보고자 한다. 첫째, 방법론적으로 어떤 종류의 이론이 무엇이 법인가라는 질문에 대한 답으로 여겨질 것인가? 둘째, 어떤 법 이론이 가장 성공적인가? 셋째, 판사들이 난해한 사건에서 자신들의 참신한 판단을 옹호하기 위해 제시할 수 있는 종류의 이유는 무엇인가? 넷째, 사법 심사는 민주주의에 반하는가? 다섯째, 법이 명하는 바에 관한 논란의 여지가 있는 주장은 객관적으로 참일 수 있는가?

우선 첫째 질문에 대해서, 롤즈는 사람들이 배경적 이해를 통해 정의의 개념을 공유하지만 정의에 관한 관념은 달리한다고 보았다. 그래서 롤즈는 노예제는 그르다와 같은 잠정적 고정점이 되는 직관과 그 직관들을 설명하는 추상적 원리들의 양쪽 끝을 서로 들어 맞추는 반성적 과정을 통해 정의관을 탐구해야 한다고 보았다. 이러한 해석적 활동은 법철학의 방법으로도 진술될 수 있다. 한쪽 끝에는 교통법의 속도제한과 같이 명백히 우리 법의 일부라고 할 수 있는 구체적인 사례를 두고 합법성의 개념에 관한 원리들을 다른 쪽 끝에 둔 다음, 최선의 평형을 이루도록 합법성의 관념을 제시할 수 있는 것이다. 이러한 구조는, 법 명제의 진리 조건에 대한 특정한 이론들을, 합법성에 대한 여망적 개념에 관한 설명과 연결함으로써 법철학에서 제시된 논변을 더 잘 이해할 수 있는 틀을 제시한다.

둘째, 합법성에 대한 관념으로 가장 성공적인 것이 무엇인가? 롤즈의 원초적 입장에서 합법성의 관념을 당사자들이 채택한다고 가정해보자. 만일 원초적 입장에서 채택될 정의의 기본 원리가 공리주의라면, 실증주의를 선택할 가능성이 커진다. 왜냐하면 의회가 공동체 구성원의 선호의 혼합을 가장 잘 반영할 수 있고 따라서 의회의 계산에 따라 일단 구축된 법과 정책을 판사들은 그대로 집행하는 것이 낫다고 생각할 수 있기 때문이다. 반면에 원초적 입장의 당사자들이 가장 광범위하고 평등한 기본적 자유, 공정한 기회 균등, 그리고 차등 원칙을 선택한다고 상정해보자. 이때는 합법성에 관한 관념을 해석주의, 즉 통합성으로서의 법의 이상으로 택하는 것이 자연스럽다. 왜냐하면 우선순위의 기본적 자유를 비롯한 원리들이 입법 단계에서 일부 집단의 목소리 큰 이익을 증진하기 위하여 훼손될 경우에, 이 지위를 보호하기 위해서는 원리에 따라 판결하는 사법부를 필요로 하기 때문이다. 또한 정의로운 원리에 의한 구성원들의 지위 보장은, 구성원들에게 의회가 구체적으로 결정한 것뿐만 아니라 그 결정 배후에 있는 원리의 정교화에 대하여도 법적 권리를 부여할 때 더 잘 이루어지기 때문이다. 이뿐만 아니라 정의의 원칙 내에 담긴 평등의 이념은, 원리에서 함부로 이탈한 자의적인 판결이 나오지 못하도록 하는 정당화의 강력한 요구를 반영하게 된다.

셋째, "판사들이 (…) 전체로서의 법의 기록을 정당화할 때 인용할 수 있는 원리들의 종류에는 어떠한 제약이 있는가?"(414쪽) 개인적 이익, 집단의 이익은 확실히 호소될 수 없는 이유들이다. 롤즈는 공적 이성 (public reason)이라는 원칙을 통해 공직자들에게 허용될 수 있는 종류의 논변에 한계가 있다고 주장하였다. 이는 호혜성을 갖춘, 정치적 가치에 기초한 정당화만 허용한다. 포괄적이거나 종교적인 확신은 정당화로 허용되지 않는다고 한다.

드워킨은 이러한 구분에 의문을 제기한다. 예를 들어 여성들이 낙태에 대한 헌법적 권리를 갖고 있는가, 태아가 자신의 이해 관심과 권리를 갖고 있는가라는 쟁점에 관한 견해를 필요로 한다. 드워킨은 합법성의 이상에 대한 해석적 관념을 받아들인다면 공적 이성과 같은 별도의 이유 제약 원리는 필요치 않다고 말한다. 왜냐하면 판사들이 공적으로 천명되거나 전제된 원리를 비롯한 법 실무 전체를 정당화하기 위해서는, 종교적 확신이나 독단을 끌어들일 수 없기 때문이다. 그 대신에 이 제약은 일정한 평등관을 비롯한 도덕적 교설들을 근거로 들 수 있게 된다. 그렇기 때문에 판사의 우연한 개인적 이력에 의해 수용된 도덕은 정당화에 등장할 수 없지만, 논란의 여지가 있다 하더라도 최선이라고 논증할 수 있는 도덕은 등장할 수 있게 되는 것이다.

넷째, 의회의 입법을 사법부가 헌법적 보장 위반을 이유로 무효화하는 것은 민주주의에 반하는가? 롤즈에 따르면 입헌적 수준에서는 정의의 원칙이 구현된 결과를 가장 잘 보장할 규정들이 도입된다. 그의 공정으로서의 정의관에 따르면 기본적 자유와 권리들의 우선성을 보장할 수단들은 정치 질서에 있어야 한다. 그리고 선관(善觀)을 형성하고 그에 따라 살 능력과 정의감의 능력이 헌법에 의해 입법을 감독함으로써 더 증진될 수 있다면, 즉 법원이 원리의 포럼이 될 때 중심적·도덕적 쟁점에 대한 공적인 토론이 북돋워질 수 있다면, 그의 정의관은 사법 심사를 지지하는 근거가 될 수 있다.

다섯째, 객관성의 문제가 있다. 롤즈는 『정치적 자유주의』(*Political Liberalism*)에서 정치적 주장의 참은 그것이 보고하는 상황에 의해 인과적으로 야기될 때에만 객관적으로 참이라는 가정을 필요로 하지 않는다고 했다. 여기서의 객관적 참은 그것이 주장에 대한 누군가의 태도에 의존하지 않는다면 성립된다. 이렇게 이해된 객관성은 어떠한 형이상학적 가정에도 의존하지 않는다. 오히려 그러한 의미의 객관성은 숙고된 판단들이 적정한 반성을 통해 수용될 수 있는 개념과 원칙들에 의해 정합적으로 한데 연결될 때 확보된다. 마찬가지로 법 명제의 객관성 역시 해석적 반성을 통한 정합적인 법 논증에 의해 확보된다고 이해할 수 있다.

V. 판례로 살펴본 드워킨 이론의 해명

1. 불법 근로자 파견과 고용 간주 조항

'파견근로자보호 등에 관한 법률'(이하 '파견법'이라고 한다)은 제2조 제1호에서 파견 사업주가 근로자를 고용한 후 그 고용 관계를 유지하면서 근로자 파견 계약의 내용에 따라 사용 사업주의 지휘·명령을 받아 사용 사업주를 위한 근로에 종사하게 하는 것을 '근로자 파견'으로 정의하고 있다. 2006년 12월 21일 법률 제8076호로 개정되기 전의 옛 파견법(법률 제5512호)에는 2년을 초과하여 근로자 파견이 이루어진 경우에는 파견 근로자와 사용 사업주 사이에 고용 관계를 의제하는 고용 간주 규정[17]이 있었다.

그런데 파견법상의 제한을 받기 위해서 외관상 도급, 즉 일의 완성을 목적으로 하는 계약을 맺고서, 근로자를 제공받아 사업에 사용케 하는 경우들이 있다. 그러나 이렇게 외관을 꾸민 경우에도 그 실질이 파견으로 판단될 수 있다.[18]

---

17 당시 파견법 제6조(파견 기간) ③ 사용 사업주가 2년을 초과하여 계속적으로 파견 근로자를 사용하는 경우에는 2년의 기간이 만료된 날의 다음 날부터 파견 근로자를 고용한 것으로 본다. 다만, 당해 파견 근로자가 명시적인 반대 의사를 표시하는 경우를 제외한다.

18 대법원 2017. 1. 25. 선고 2014다211619 판결에서는 다음과 같은 판단 기준을 제시하였다. "그리고 원 고용주가 어느 근로자로 하여금 제3자를 위한 업무를 수행

한편 법률 개정으로 고용 간주 규정이 제6조의 2로 신설된 '직접고용 의무 규정'으로 대체되면서, 불법 파견[19]의 경우에도 사용 사업주에게 해당 파견 근로자의 직접고용 의무를 부과하게 되었다. 그러나 법 개정 이전에는 불법 파견의 경우 고용관계를 직접 규율하는 조항이 없었다. 그래서 사용 사업주와 파견 근로자 사이에 고용관계를 의제하는 조항이, 파견법상 허가를 받지 않거나 허가를 받을 수 없는 업무에 대한 파견인 불법 파견에도 적용되는지가 쟁점이 된 사건이 있었다.

옛 파견법 시행 당시 사건의 이 쟁점에 관하여 서울행정법원 2006. 12. 26. 선고 2006구합25728 판결은 다음과 같이 판시하였다.

근로 파견 역무의 제공을 원칙적으로 금지하되 파견 대상 업무, 파견 기간, 인적·물적 기준 등에 관한 엄격한 요건 하에 예외적으로만 근로자 파견을 허용하고 있는 파견법의 입법 취지에 비추어본다면(제5조, 제6조 제1항, 제2항, 제7조, 제9조, 제43조 제1호), 파견 근로자, 파견 사업주, 사용

하도록 하는 경우 그 법률관계가 파견법의 적용을 받는 근로자 파견에 해당하는지 여부는, 계약의 명칭이나 형식에 구애될 것이 아니라, 제3자가 해당 근로자에 대하여 업무 수행 자체에 관한 구속력 있는 지시를 하는 등 상당한 지휘·명령을 하는지, 해당 근로자가 제3자 소속 근로자와 하나의 작업 집단으로 구성되어 공동 작업을 하는 등 제3자의 사업에 실질적으로 편입되었다고 볼 수 있는지, 원 고용주가 작업에 투입될 근로자의 선발이나 근로자의 수, 교육과 훈련, 작업·휴게 시간, 휴가, 근무 태도 점검 등에 관한 결정 권한을 독자적으로 행사하는지, 계약의 목적이 구체적으로 범위가 한정된 업무의 이행으로 확정되고 해당 근로자의 업무가 제3자 소속 근로자의 업무와 구별되며 그러한 업무에 전문성·기술성이 필요한지, 원 고용주가 계약의 목적을 달성하기 위하여 필요한 독립적 기업 조직이나 설비를 갖추고 있는지 등의 요소를 바탕으로 근로관계의 실질에 따라 판단하여야 한다(대법원 2015. 2. 26. 선고 2010다106436 판결 등 참조)."

19 불법 파견이란 파견법 제7조(근로자 파견 사업의 허가)에 의한 허가를 받지 않은 파견이다. 파견법 제7조 제1항은 다음과 같다. ① 근로자 파견 사업을 하고자 하는 자는 노동부령이 정하는 바에 의하여 노동부장관의 허가를 받아야 한다. 허가받은 사항 중 노동부령이 정하는 중요 사항을 변경하는 경우에도 또한 같다.

사업주 사이의 관계에 관하여 정하고 있는 파견법의 제 규정들(제6조 제3항, 제34조, 제35조)은 '적법한 근로자 파견'의 경우에만 적용되는 것이지, 위법한 근로자 파견의 경우에는 적용되지 않는 것으로 보아야 할 것이다. (…) 따라서 (…) 원고들이 참가인 회사에서 2년 이상 같은 업무에 종사하였다고 하더라도 파견법 소정의 고용 의제 규정이 적용되지 아니하여, 원고들과 참가인과 사이에 파견법 제6조 제3항 소정의 직접고용 관계가 의제되었다고 보기도 어렵다.

그리고 2심인 서울고등법원 2007. 10. 5. 선고 2007누5105 판결 역시 1심의 결론을 유지하였다. 즉, 파견된 지 2년이 지난 후 사용 사업주와 파견 근로자 사이의 고용관계 의제는 법에서 정한 근로자 파견인 적법 파견에만 적용되지 불법 파견에는 적용되지 않는다는 것이었다. 그러나 대법원 2008. 9. 18. 선고 2007두22320 전원합의체 판결은 이와 의견을 달리하였다.

따라서 이와 달리 직접고용 간주 규정이 파견근로자보호법 제5조에 정한 파견의 사유가 있고 파견근로자보호법 제7조의 허가를 받은 파견 사업주가 행하는 이른바 '적법한 근로자 파견'의 경우에만 적용된다고 축소하여 해석하는 것은 (…) 합리적이라거나 타당하다고 볼 수 없다. (…) 직접고용 간주 규정이 적법한 근로자 파견에만 적용된다고 보면, 파견근로자보호법이 규정한 제한을 위반하여 근로자 파견의 역무를 제공받은 사용 사업주는 오히려 직접고용 성립 의제의 부담을 지지 않는 결과가 되어 법저 형평에 어긋나고, 특히 위 제5조 제1항에 정한 근로자 파견 대상 업무에 해당하거나 같은 조 제2항에 정한 근로자 파견 사유가 있기만 하면, 위 제7조에 의한 근로자 파견 사업의 허가를 받지 아니한 파견 사업주로부터 근로자 파견의 역무를 제공받은 사용 사업주는 형사처벌을 받지 아니하게 되는데(제44조 제1호), 이 경우 사용 사업주가 직접고용 간주 규정조차도 적용을 받지 아니한다면 사용 사업주로서는 당연히 근로자 파견 사업의 허가를 받지 아니한 파견 사업주로부터 근로자 파견을 받는 쪽을 더 선호하게 될 것이므로, 파견근로자보호법에 위반하는 행위를 조장하고 근로자 파견 사업 허가 제도의 근간을 무너뜨릴 염려가 있으므로 타당하지 않다.

2. 의견 불일치의 성격

먼저 이 쟁점에 관한 의견 불일치의 성격이 문제된다. 하급심과 대법원은 상이한 사회들을 비교·관찰하는 목적에서 어떤 패턴을 가진 규칙을 법으로 정의하고 거기에 부합하는 패턴이 존재하는가를 가려내는 작업을 한 것이 아니다. 그리고 법 명제의 진리 조건으로 등장하는 고려 사항들 중 무엇을 특별히 법이라고 이름 붙일까 고민한 것도 아니다. 문제된 것은 법리적 개념에서의 법이다. 즉, 그 관할권에 속하는 사건을 참여자로서 판단하는 입장에서, 법으로 정해진 요건을 갖춘 파견에 적용하는 조항들이 그런 요건을 갖추지 못한 파견에 그대로 적용되는 것이 법의 내용인가, 즉 법 명제의 진리 조건이 문제된 것이다.

법 명제란 법이 허용, 금지, 수권하는 것에 관하여 규정한 진술과 주장의 내용이다. 즉, 법 명제는 '…는 법적이다'라는 명제를 참이나 거짓이 되게 하는 '…' 부분의 내용이다. 그리고 진리 조건이란 어떤 명제가 참·거짓이 되기 위해 성립해야 하는 것이다. 법 명제는 법 문장과 다르다. 상이한 법 문장으로도 같은 법 명제가 표현될 수 있다. 예를 들어 "갑은 을에게 100만 원을 지급할 법적 의무가 있는 채무자이다"는 "을은 갑에게 100만 원을 지급받을 법적 권리가 있는 채권자이다"와 동일한 법 명제를 표현한다. 반면에 동일한 법 문장을 두고도 그것이 어떤 법 명제를 표현하는가가 논란이 될 수 있다. 그것이 바로 위 사례에서 벌어진 일이다. 즉, 하급심 법원이나 대법원이나 모두 공포된 법률이 담고 있는 문장들이 무엇인가를 놓고는 의견의 불일치가 없다. 대법원은 '축소 해석'이 근거가 없다고 했지만, 마찬가지로 하급심은 '확장 해석'이 근거가 없다고 말할 수 있다. 그러니 법 문장에 대한 동의는 있지만, 이 구체적인 사건에서 직접고용으로 간주된다는 법 명제가 참이기 위해 성립해야 할 사항이 무엇인가를 두고는 의견의 차이가 있는 것이다. 이것이 법리적 법 개념 차원의 논쟁이며, 상이한 법 이론은 상이한 답변을 하게 된다.

3. 드워킨의 해부도에 따른 법 이론의 적용

이 사건과 관련하여 여러 가지 법 이론들의 적용을 생각해보자.

첫 번째 입장으로 법실증주의를 생각해볼 수 있겠다. 이 입장은 두 경로로 구성될 수 있다. 첫째 경로를 따르게 되면 의미론적 단계에서 법리적 개념의 기능이 기준적인 것이라고 본다. 그래서 법이란 무엇인가는 개념 적용을 가름하는 공유된 기준에 의해 판명이 난다고 본다. 또는 자연 종 개념처럼 어떤 본질이 되는 구조를 갖추었느냐 그렇지 않으냐에 의해 판명된다고 본다. 이러한 경로를 택하면 법의 지배라는 여망적 개념을 정치적 가치들을 중심으로 구성해 나가는 법철학적 단계는 논리적으로 필요 없어진다. 그리고 법리적 단계에서 승인의 규칙을 그 기준 개념의 핵심으로 제시한다. 구성원들이 받아들이는 으뜸 규칙인 승인의 규칙에 따라 법과 관련된 공직자들, 즉 입법자와 판사들이 명시적으로 말한 바가 법의 내용이다.

두 번째 경로를 따르게 되면 의미론적 단계에서는 법리적 법 개념이 해석적 개념이라는 것을 인정한다. 그리고 나서 법철학적 단계에서 효율성이나 기대 보호를 가장 중요한 가치로 두어 합법성의 이상을 구성한다. 그리고 법리적 단계에서는 법적 관행으로 확립된 바만이 배타직으로 법의 내용을 구성한다고 한다. 그래서 마찬가지로 법문의 내용과 명시적인 판결들이 법의 내용을 이루게 된다.

첫 번째 경로는 분석적 법실증주의, 즉 의미론적 법실증주의의 경로다. 두 번째 경로는 정치적 법실증주의, 『법의 제국』에서 드워킨이 관행주의라 불렀던 입장의 경로다. 이론 구성은 상이하지만 법리적 단계에서의 진리 조건의 구성은 동일할 수 있다.

이 진리 조건에 따라 살펴보자면, 입법자는 법 개정 이후에야 명시적으로, 불법 파견에도 고용 간주 조항이 적용된다고 선언하였다. 그리고 이 사건은 법 개정 이전의 사건이다. 또한 이 사건은 전례가 없는 사건이기 때문에 이전에 같은 종류의 사안에서 판례가 그런 명시적 선언을 한 바도 찾을 수 없다. 따라서 이 사건은 '법이 없는 상태'에서 판결되어야 한다.

만일 일방주의[20]를 따른다고 해보자. 일방주의는 법이 없는 상태의 사건에서는 언제나 원고가 패소해야 한다는 입장이다. 이 입장을 따르면 원고는 패소한다. 즉, 옛 파견법에서 말하는 '근로자 파견'[21]은 실제 근로자 파견 계약을 맺고 허가까지 받은 근로자 파견을 의미하는 것이고, 이 사건에서 원고는 직접고용 간주를 주장할 수 없다. 그러나 일방주의는 우리 법 실무의 모습이라고 볼 수 없다. 일방주의가 타당하다면 난해한 사건에 대해서는 언제나 일률적으로 원고가 패소하게 되고, 그래서 아예 그런 소송 자체가 늘 제기되지 않게 된다.[22] 게다가 입법자가 그 문제에 관하여 명시적으로 규율하지 않았다는 것이, 입법자가 원고가 패소하게 만드는 규칙을 입법했다는 것을 논리적으로 함의하지도 않는다.

따라서 대부분의 법실증주의는 법관의 재량을 주장하는 쪽으로 진행한다. "사용 사업주가 2년을 초과하여 계속적으로 파견 근로자를 사용하는 경우에는"이라는 문구가 불법 파견에도 적용되는지는 '파견'이라

---

20 일방주의(일방적 관행주의)란 "원고에게 어떤 법적 관행의 명시적 외연 속에 확립된 승소의 권리가 있다면 원고는 승소하여야 하고 그렇지 않으면 피고가 승소하여야 한다"는 이론이다. 『법의 제국』, 210쪽.

21 제2조(정의) 이 법에서 사용하는 용어의 정의는 다음과 같다.
    1. "근로자 파견"이라 함은 파견 사업주가 근로자를 고용한 후 그 고용관계를 유지하면서 근로자 파견 계약의 내용에 따라 사용 사업주의 지휘·명령을 받아 사용 사업주를 위한 근로에 종사하게 하는 것을 말한다.

22 『법의 제국』, 212쪽.

는 개념의 주변부나 그림자 영역에 해당되는 모호한 문제여서, 입법자가 이런 경우에 대해 아무런 결정을 내린 바 없다고 보는 것이다. 그럴 경우 정답은 법 내에 존재하지 않는다. 따라서 판사의 재량에 달린 문제다. 이 재량을 어떻게 행사하느냐는 판결 단계의 이론에 따라 달라질 것이다. 만일 판결 단계의 이론이 공리주의라면, 어떻게 판결하는 것이 공리를 증진하는가의 판단에 따라 결론이 좌우될 것이다. 또는 판결 단계의 이론이, "판사가 정의롭게 보는 바에 따르라"라는 것이라면 판사 개개인의 정의관이 판결의 결과를 결정할 것이다. 아니면 "그 법률의 입법자라면 입법했을 바에 따르라"라고 한다면, 다시 '입법했을 바'를 어떻게 판단하는지에 관한 판결 단계 이론에 따라 결론이 나뉘게 된다.

4. 비판적 검토

이 각각에 대해서 비판적으로 검토해보자. 우선 분석적 법실증주의는 법의 법리적 개념이 기준 개념이라고 보는 데서 잘못을 저지른다. 인간 행위의 조정과 규율, 즉 사회적 실천에 참여하는 이들은 자연스럽게 해석적 태도를 취하게 되는데, 분석적 법실증주의자들은 이 태도를 완전히 놓치게 된다. 이를 설명하기 위해 다음과 같은 가상 사례를 생각해보자. 어떤 나라가 건국되고 헌법이 제정되었다. 그 나라의 헌법은 표현의 자유를 보장하는 조문을 담고 있다. 첫 정부는 압도적인 국민의 지지 하에 구성되었는데, 이 정부를 비판하는 표현이 문제된 첫 사건에서 법원은 다음과 같이 판시했다. "헌법상 보장되는 표현의 자유란 '진정한 표현의 자유'를 의미한다. 표현의 자유가 남용되면 그때의 표현의 자유는 그 내재적 한계를 넘어선 것이어서 보호되지 않는다. 표현의 자유의 '진정함'을 구성하는 요건에는 그것이 사회 통합을 해치지 않아야 한다는 조건이 포함된다. 즉, 사회 통합을 해치는 표현은 보호되는 표현이 아니다. 압도적 지지를 받고 있는 정부를 비난하는 표현은 사회적 통합을 해친다. 그러므로 이를 금지하여도 표현의 자유 침해가 아니다." 그러자 다수의 국민들이 법원 판결이 옳다고 지지하였다. 그러나 이 나라의 많은 양심적인 법률가들은, 처벌받은 표현의 내용에는 동의하지 않아도 그러한 표현을 하는 것 자체는 헌법이 보장한 자유에 속한다고 하였다. 그러면서 법원이 보호받는 표현을 가려내는 기준으로 사회 통합을 내세우고, 다시 사회 통합에 정부를 비판하지 않을 것이라는 요건을 내세운 것이 잘못된 법 논증이라고 주장한 것이다. 분석적 법실증주의는 이때 이 비판적 법률가들의 주장을 아예 법에 관한 주장이 아니며, 단지 현재 헌법이 도덕적으로 잘못되었을 뿐이라는 법외적(法外的) 비판에 불과하다고 본다. 그러나 이는 이 법률가들이 주장하는 바를 완전히 곡해한 것이다. 법률가들은 법 명제를 주장하고 있으며, 법 명제의 진리 조건을 구성하는 방법을 놓고 이견을 보이고 있는 것이다. 그런데 분석적 법실증주의는 단지 승인의 규칙에 의하여 헌법이 제정되고, 그 헌법을 적용할 권한을 부여받은 공직자들이 이미 그에 관하여 의견을 선언하였다는 이유로, 이것이 법의 전부를 이룬다고 본다. 그러나 이러한 이해는, 참여자 관점과 관찰자 관점의 차이를 완전히 지워버린다. 이 나라에 여행을 가려고 하는 이는, "이 나라에서 정부를 비판했다가는 공직자에 의해 유죄 선고를 받고 처벌을 받는다"라는 관찰자 관점으로 사회학적 의미의 법을 기술할 수는 있다. 그러나 이 관점에서는 '법 논증'이라는 중요한 실천이 아예 설 자리가 없어진다. 남는 것은 오직 공직자들의 행위 패턴과 그 패턴을 받아들이는 구성원들의 심리 상태에 대한 조사뿐이다. 반면에 참여자 관점에서는 법 명제가 참이 되려면 무엇이 성립해야 하는가를 치열하게 논하게 된다. "즉, 참여자 관점은 법체계에서 무엇이 명령, 금지, 허용, 수권되어 있는지에 관한 논증에 참여하는 사람이 취한다. 참여자 관점의 중심에는 법관이 서 있다. 다른 참여자들, 예를 들어 법학자, 변호사나 법체계에 관심을 갖는 시민들이 법체계의 특정한 내용에 찬성하거나 반대하는 논거를 주장하는 것은 결국 법관이 올바른 판결을 내리고자 할 때 어떻게 판결해야 하는지에 관하여 주장하는 것이 된다."[23] 위르

겐 하버마스(Jürgen Habermas)가 지적했듯이, 관찰자 입장에서는 물리적인 사태의 확인만이 가능하다. 어떤 행위를 특별한 행위 계획에 의거하여 서술할 수 있기 위해서는 "마땅한 행위 의도를 추리, 가설 설정, 확인하는 참여자 관점을 택할 수 있어야 한다."[24]

법 논증은 참여자 관점에서만 이치에 닿는 활동이 된다. 그리고 법 논증을 수행한다는 것은 법에 대하여 해석적 태도를 취하는 것이다. 해석적 태도는 두 가지 요소로 구성된다. 첫째는 해석의 대상이 되는 사회적 실천이 단순히 존재하는 데 그치는 것이 아니라 모종의 가치, 존재 이유를 가진다는 가정이다. 둘째는 그 사회적 실천의 요구 사항들은 필연적으로 이전에 취해왔던 그러한 내용을 배타적으로 갖는 것이 아니라, 그 존재 이유에 비추어 이해, 적용, 확장, 수정되거나 제한되어야 한다는 가정이다.[25] 이 두 요소를 전제로 한 법 해석은 법이라는 사회적 실천의 존재 이유에 비추어 적절히 이해할 때, 법이 지금 무엇이라고 하는가를 판단하게 된다.[26] 이것을 구성적 해석이라고 한다. 구성적 해석은 그 사회적 실천을 가능한 최선의 것으로 만들어주는 목적이나 원리의 체계를 기술하여 그 실천의 자료들에 의미를 부여하고 이후의 실천의 가닥을 이어 나가는 것이다.[27]

위 가상 사례에서 비판적 법률가들은 바로 이 구성적 해석을 하고 있는 것이며, 그 해석의 옳고 그름은 치열한 법 논증에 의해 다투어져야 한다. 그러지 않고 단지 권한 있는 기관들이 무엇이라고 과거에 말하였는

23 로버트 알렉시, 『법의 개념과 효력』[Robert Alexy, *Begriff und Geltung des Rechts*], 이준일 옮김, 고려대학교 출판부, 2007.
24 위르겐 하버마스, 『탈형이상학적 사유』[Jürgen Habermas, *Nachmetaphysisches Denken*], 이진우 옮김, 문예출판사, 2000, 75쪽.
25 『법의 제국』, 76쪽.
26 같은 책, 77쪽.
27 같은 책, 84쪽.

가 같은 역사적 사실만 조사하는 것은, 사람들의 행위를 정당화되는 방식으로 제도적으로 조정한다는 법의 존재 이유를 망각한 소치다.

이런 관점에서 볼 때, 분석적 법실증주의자는 법 논증을 기준적 개념의 경계를 확정하는 전혀 다른 과업으로 변질시키게 된다. 그래서 위 불법 파견 사건에서 직접고용으로 간주되는 '파견'에 불법 파견이 포함되는가의 문제는 '버킹엄 궁이 집인가 아닌가'의 문제와 비슷하게 임의로 개념의 경계를 긋는 사안으로 변해버린다. 그러나 그렇게 되면 이 문제를 두고 판사는 단지 어느 시점에서 개념의 경계를 이렇게 정의하기로 했다고 선언하면 될 뿐이지, 치열한 논증을 살펴볼 필요가 없어진다. 그러니 치열한 논증을 하는 법률가들은, 임의로 결정할 수 있는 간단한 해결책을 놔두고 바보같이 쓸데없는 짓에 골몰하는 셈이 된다.[28]

다음으로 정치적 법실증주의 또는 관행주의를 비판적으로 검토해보자. 이 입장은 효율성과 기대 보호라는 이념을 중심으로 합법성의 이상을 구성한다. 그런데 효율성이라는 것은 목적이 이론의 여지 없이 정당하게 정해졌을 때에야 우리가 추구할 것이 된다. 정부를 비판적 견해로부터 효율적으로 보호하는 것이 정당한 목적이 아닌 한, 이때의 효율성은 애초에 추구할 가치가 없는 것이다. 이렇게 법의 해석에는 단지 수단적인 쟁점만이 아니라 애초에 그 법이 무슨 가치와 원리에 봉사하는 것으로 여겨져야 하는가라는 목적에 관한 쟁점도 자주 등장한다. 게다가 기대 보호의 이념에서 보호되는 기대 역시 달리 구성될 수 있다. 자의적으로 분절화된 각각의 개별적인 결정이 그대로 지속될 것이라는 기대를 보호하게 되면, 타협적인 규칙의 체계를 영속화하는 데 가치를 부여하는 것이 된다. 반면에 법을 최선의 사회적 실천으로 만들어주는 정합적인 원리의 체계에 의해 사건이 판단될 것이라는 기대를 보호하게 되면, 그 기대를 보호할 때마다 사회는 원리의 공동체를 향해 한 걸음씩 다가가

---

28 같은 책, 68쪽.

게 되고, 이로써 '원리에 의거한 정확한 법 논증에 의한 결과'를 보장함으로써 공정한 경고라는 이념도 충족할 수 있게 된다.

게다가 관행을 따른다는 준칙 자체의 모호성을 파고들어보면 관행주의와 기대 보호의 이념 사이의 거리는 더 멀어진다. 관행에는 명시적 외연과 묵시적 외연이 있다. "명시적 외연이란 그 관행의 당사자인 (거의) 모든 사람들이 실제로 그 관행의 외연으로 받아들이는 일단의 명제이다. '묵시적 외연'은 이것이 명시적 외연에 해당하는가의 여부와 상관없이, 그 관행에 대한 최선의 해석에서 도출되는 일련의 명제이다."[29] 이에 따라 두 가지 관행주의가 가능하다. 엄격관행주의는 "사회에 존재하는 법을 법률이나 선례와 같은 법적 관행의 명시적 외연에 국한시킨다." 연성관행주의는 "사회의 법은 이러한 관행의 묵시적 외연 안에 들어 있는 것까지를 포함한다고 주장한다."[30] 그런데 실제의 소송에서 법리가 쟁점이 되면, 명시적 외연은 현실적으로 도움이 안 된다. 그래서 엄격관행주의에서 보호하는 기대의 영역은 매우 좁다. 그 외에는 모두 법관의 재량에 의해 결정된다. 그러니 기대 보호의 이념에 제대로 봉사한다고 할 수 없다. 반면에 연성관행주의는 실제로는 통합성으로서의 법 관념이 충분히 발달되지 못해 추상적인 모습을 띤 데 불과하다. 왜냐하면 연성관행주의는 모든 사람들이 받아들이는 추상적인 법 명제들을 먼저 설정한 다음, 그것을 토대로 최선이 되는 묵시적 관행들을 찾아낼 수 있기 때문이다.[31]

이제 이 사건을 실용주의에 의거해 판단한다고 가정해보자. 실용주의에 따르면, 오로지 판결 단계에서 어떻게 하던 선체 공동체를 더 낫게 만들, 효과가 있고 작동하는 결정을 내릴 수 있을 것인가만 고민하면 된다.

---

29 같은 책, 185쪽.
30 같은 책, 186쪽.
31 같은 책, 190~91쪽.

선(先)판례가 없는 사건이므로, 급격한 변화의 바람직하지 못한 면을 고려해야 한다는 제약은 생각할 필요가 없다. 그러나 "어떤 목적에 효과가 있는가"의 '목적'이 정해지지 않았기 때문에, 실용주의 이론 자체는 여기에 대해서 명료한 답을 줄 수 없다. 만일 기업 수익 극대화가 '좋은 결과'로 설정된다면, 불법 파견 사업주와 사용 사업주가 의도적으로 계약상 합의를 통해 피해가려고 한 법조문의 적용 범위를 확장하지 않는 것이 바람직하다는 결론에 이를 수 있다. 그리하여 원고는 패소하게 된다. 반면에 '정의의 구현'이 좋은 결과로 설정된다면 불법 파견 사업주가 파견 사업에 부과되는 제약을 피할 수 없게 만드는 것이 미래를 내다봤을 때 더 좋다는 결론이 나올 수 있다. 이로써 실용주의는 법리적 단계에서 아무런 이론을 갖지 않으며, 오로지 "개별 판사가 미래를 가장 좋게 만들도록 결정하라"라는 극히 추상적인 지침만 남겨두게 된다.

그 결과 매 사건의 판단에 활용되는 '좋은 결과'라는 기준 설정에서 일관되고 정합적인 원리를 준수할 수 없게 된다. 이 점은 중요한 함의를 갖는다. 판결 결과를 좌우하는 법관의 양심의 발휘는 지극히 개인적인 것이 된다. 법관의 판결에 대한 비판은 일반인의 판단에 대한 비판과 전혀 질적으로 차이가 없어진다. 즉, 결과를 판정하는 기준을 잘못 설정했다는 비판 외에는 아무것도 남지 않게 된다. 그것은 법 논증으로서 부정확하다는 비판이 아니라, 그저 결과주의에서 목적을 잘못 선별했거나 수단을 잘못 취하였다는 일반적인 비판이 된다.

이러한 함의는 실용주의가 법체계의 중요한 덕목을 놓쳤다는 것을 보여준다. 즉, 국가는 모든 시민에게 원리적이고 정합적인 방식으로 규범을 발해야 한다는 정치적 통합성이라는 덕성을 놓친 것이다.[32] 그러나 법관과 같은 공직자는 개인의 도덕적 책임과는 별개의, 질적으로 구분되는 책임을 진다. 즉, 법관은 개인적 도덕성에 대한 고민을 직접 자신의

---

32 같은 책, 241~42쪽.

직무 수행에 가져올 수는 없다. 개별 시민으로서 우리는 자신의 개인적 가치를 자유롭게 추구하지만, 공직자는 공적 권한을 행사할 때 모든 구성원들을 동등한 주체로 대우하여 불편부당하게 행동할 책임을 진다. 왜냐하면 애초에 공직자는 정치 공동체 전체를 대신해 이런 책임을 실행하는 대리인의 직위에 있기 때문이다.[33] 실용주의에서는 정치 공동체 전체의 이러한 책임이 지워져서 보이지 않게 된다. 남는 것은 개인적 책임이 그대로 우연히 공직에 있었던 자의 책임으로 투영되는 것뿐이다.

정치적 통합성은 홀수 해에 태어난 임산부가 낙태할 때는 처벌하고, 짝수 해에 태어난 임산부가 낙태할 때는 처벌하지 않는 장기판식 법을 허용하지 않는다.[34] 그런데 낙태가 합법화되어야 한다는 입장을 가지고 있으며 또한 결과만 중시하는 실용주의 관점에서 보면, 이러한 장기판식 해결책은 적어도 모든 낙태가 금지될 때보다는 더 나아진 것이다. 정치적 통합성이라는 별개의 덕목이 법관을 비롯한 공직자에게 그러한 통합성을 구현할 독특한 책임을 지운다는 점을 놓치게 되면 이런 결론에 이르게 되는 것이다. 즉, 국가가 원리상으로 일관성 있게 그 구성원을 대우하지 않게 되는 것이다.[35] 이것은 미국 헌법에서는 수정 제14조에서, 그리고 우리 헌법에서는 제11조에서 명하고 있는 법 앞의 평등 이념을 어기는 것이다. 법 앞의 평등은 법 내용상의 평등을 의미한다.[36] 그런데 법

---

33 같은 책, 254쪽.

34 같은 책, 259쪽.

35 같은 책, 267쪽.

36 "우리 헌법이 선언하고 있는 '인간의 존엄성'과 '법 앞의 평등'(헌법 제10조, 제11조 제1항)이란 행정부나 사법부에 의한 법 적용상의 평등을 뜻하는 것 외에도 입법권자에게 정의와 형평의 원칙에 합당하게 합헌적으로 법률을 제정하도록 하는 것을 명령하는 이른바 법 내용상의 평등을 의미하고 있기 때문에 (…) 그 입법 내용이 정의와 형평에 반하거나 자의적으로 이루어진 경우에는 평등권 등의 기본권을 본질적으로 침해한 입법권 행사로서 위헌성을 면하기 어렵다고 할 것이다."(헌재 1992. 4. 28. 90헌바24, 판례집 4, 225, 231-232, 1995. 10. 26. 92헌바45, 판례집

이 표면적으로는 요건에 해당하는 사람과 그렇지 않은 사람을 구분하여 취급할 수밖에 없다는 점을 감안하면, 법 내용상의 평등은 법 원리의 수준에서의 평등을 의미할 수밖에 없다. 법 논증의 문화는 이러한 법 원리의 평등을 구현하기 위해 수립된 것인데, 실용주의자는 법 논증의 고유성을 전혀 보지 못하게 된다. 그럼으로써 독점한 강제력을 행사할 도덕적 권위를 갖춘[37] 정치 공동체 형성의 책무에서 완전히 이탈하게 된다.

이 논점은 많은 사건들의 결정적인 판단을 판결 단계에 넘겨버리는 법실증주의에도 그대로 적용된다. 법실증주의가 '법이 없다'고 선언하는 직접고용 간주 사건의 결론은 법관의 재량이 좌우하게 된다. 법실증주의에 따르면 이 판결 단계에서 법관이 재량을 어떻게 행사하건 간에 그에 대한 비판은 법관이 '법을 잘못 해석했다'는 비판은 되지 않는다. 단지 법관이 재량을 이렇게 행사했더라면 좋았을 텐데 저렇게 행사하니 아쉽다는 비판으로만 성립할 뿐이다. 합의부에서 재판을 하게 된다면, 세 명의 판사는 회의를 하면서 "이제 이 사건에서 법은 다 소진되었다"라고 법적 토론의 한계 지점을 명시적으로 긋고 나서 "그러면 어떻게 재량을

7-2, 397, 408, 1995. 10. 26. 93헌마246, 판례집 7-2, 498, 505, 헌재 2009. 3. 26. 2007헌마1327등, 판례집 21-1상, 708, 717)

37 『법의 제국』, 304쪽. 이러한 권위의 측면에서 중요한 것이 '법치주의'라는 원리다. 오늘날의 법치주의는 국민의 권리·의무에 관한 사항을 법률로써 정해야 한다는 형식적 법치주의에 그치는 것이 아니라 그 법률의 목적과 내용 또한 기본권 보장의 헌법 이념에 부합되어야 한다는 실질적 법치주의를 의미한다(헌재 1992. 2. 25. 90헌가69등, 판례집 4, 114, 121 ; 1994. 6. 30. 93헌바9, 판례집 6-1, 631, 639; 1994. 7. 29. 92헌바49등, 판례집 6-2, 64, 116-117 ; 1995. 11. 30. 91헌바1등, 판례집 7-2, 562, 584). 따라서 정치적 타협에 의해 국민의 기본권을 제약하는 것은 적법 절차의 원칙에 반한다(헌재 1989. 9. 8. 88헌가6 결정). 적법 절차의 원칙은 합리성, 정당성 및 절차적 공평성을 갖추어야 충족된다(헌재 1997. 11. 27. 92헌바28 결정). 적법 절차의 원칙은 법률이 정한 형식적 절차와 실체적 내용이 모두 합리성과 정당성을 갖춘 적정한 것이어야 한다는 실질적 의미를 지니고 있는 것이다(헌재 2013. 12. 26. 2011헌바108 결정).

행사하는 것이 바람직할까"에 관하여 법과 무관한 차원에서 이후 논의를 하게 되는 셈이다. 재량 행사에 대한 비판이 법적 비판으로 성립될 수 없으므로, 패소한 원고를 대리하는 변호사에게는 상소할 법적 근거가 없게 된다. 단지 상급심 법원에 재량을 원고에 유리한 방향으로 행사해달라는 법외의 탄원을 하게 되는 셈이 된다. 결국 법원의 권한 행사와 관련된 커다란 영역을 법외의 영역으로 넘겨버리는 것이다. 법외의 영역에서는 법 앞의 평등이라는 이념에 법관들이 구속받지 않게 된다. 그러니 실제로는 법적인 효력을 갖는 결정에 직면하는 수많은 시민들은, 법과 무관한 이유로만 내려진 결정에 구속을 받게 된다.

5. 통합성으로서의 법 해석에 따른 해결

마지막으로 통합성으로서의 법 해석을 살펴보자. 이에 따르면 의미론적 단계에서 법은 해석적 개념임이 인정된다. 그리고 법철학적 단계에서 합법성의 이상은 정치적 통합성을 중심으로 구성된다. 정치적 통합성이란 "법적 실천의 가장 추상적이고 근본적인 존재 이유는, 정부의 힘을 다음과 같이 향도하고 제한하는 것이라고 전제한다. 즉, 아무리 그 목적에 비추어 유용하다 하더라도, 아무리 그 목적이 이득이 되고 소중한 것이라 하더라도, 집단적 힘의 행사가 정당화되는 것은 오로지 과거에 내린 정치적 결정에서 나오는 개인의 권리와 의무에 의하여 허용되거나 요구되는 경우뿐이며, 그 밖의 경우에 정부의 힘이 행사되거나 행사되지 않아서는 안 된다"[38]라는 이념이다. 그렇기 때문에 법리적 단계에서는 노동법 분야 및 법 분야 일반에서 내려진 과거의 견해들, 즉 법률과 판례들을 자료로 하여 그것들을 최선의 원리로 정합성 있게 구성하는 해석을 도출하는 것이 중요해진다.

우선 국지적 우선성 또는 분야 우위의 작업 방식에 따라 노동법 분야

---

38 『법의 제국』, 145쪽.

를 살펴보자. 이 분야에서는 "당사자의 의사에 의한 계약이 법의 기준에 미치지 못할 때에 법에 정한 기준에 따른다"라는 강행법규성이 중요한 원리로 제시된다. 이것은 근로기준법의 법조문[39] 그리고 그 분야의 판례에 의해 확립되어 있는 원리다. 그렇기 때문에 계약 당사자들의 의사에 따라 그 외관이 달라지는 형식은 중요하지 않게 되고 실질이 중요해진다.[40] 실질은 그대로임에도 불구하고 형식을 달리 꾸며 법 적용을 피해갈 수 있다면 강행법규성은 무너지기 때문이다. 즉, 각 법 조항들은 그

---

39 제3조(근로조건의 기준) 이 법에서 정하는 근로조건은 최저 기준이므로 근로관계 당사자는 이 기준을 이유로 근로조건을 낮출 수 없다.

40 애초에 어떤 사안이 근로기준법 등 노동법의 적용 대상이 되는지 여부를 판단하는 기준도 형식이 아니라 실질이다. 대표적으로 대법원은 2004. 3. 26. 선고 2003두 13939 판결에서 다음과 같이 판시했다. "근로기준법상의 근로자에 해당하는지 여부를 판단함에 있어서는 그 계약의 형식이 민법상의 고용계약인지 또는 도급계약인지에 관계없이 그 실질에 있어 근로자가 사업 또는 사업장에 임금을 목적으로 종속적인 관계에서 사용자에게 근로를 제공하였는지 여부에 따라 판단하여야 할 것이고, 위에서 말하는 종속적인 관계가 있는지 여부를 판단함에 있어서는, 업무의 내용이 사용자에 의하여 정하여지고 취업규칙 또는 복무(인사)규정 등의 적용을 받으며 업무 수행 과정에 있어서도 사용자로부터 구체적, 개별적인 지휘·감독을 받는지 여부, 사용자에 의하여 근무 시간과 근무 장소가 지정되고 이에 구속을 받는지 여부, 근로자 스스로가 제3자를 고용하여 업무를 대행케 하는 등 업무의 대체성 유무, 비품·원자재나 작업 도구 등의 소유 관계, 보수의 성격이 근로 자체의 대상적 성격이 있는지 여부와 기본급이나 고정급이 정하여져 있는지 여부 및 근로소득세의 원천징수 여부 등 보수에 관한 사항, 근로 제공 관계의 계속성과 사용자에의 전속성의 유무와 정도, 사회보장제도에 관한 법령 등 다른 법령에 의하여 근로자로서의 지위를 인정받는지 여부, 양 당사자의 경제·사회적 조건 등을 종합적으로 고려하여야 하고(대법원 1994. 12. 9. 선고 94다22859 판결 참조), 이러한 사용 종속성의 판단에 있어서는 노동관계법에 의한 보호 필요성도 고려하여야 하며(대법원 2001. 6. 26. 선고 99다5484 판결 참조), 전체적으로 보아 임금을 목적으로 종속적 관계에서 사용자에게 근로를 제공하였다고 인정되는 이상, 근로자에 관한 여러 징표 중 근로조건에 관한 일부의 사정이 결여되었다고 하여 그러한 사유만으로 근로기준법상의 근로자가 아니라고 할 수는 없다(대법원 2001. 2. 9. 선고 2000다57498 판결 참조)."

실질에 따라 적용된다. 그런데 "허가를 받았는가 받지 않았는가, 파견 근로계약을 명시적으로 맺었는가 맺지 않았는가"는 사용자의 의사에 좌우되어 형식적으로 정해지는 사항이므로 실질이라고 볼 수 없다. 이러한 형식에 따라 법 적용을 달리하게 되면 노동법의 강행법규성은 완전히 잠탈되고 만다. 따라서 불법 파견은 사용 사업주와 파견 사업주 사이의 계약의 형식이 어떻든 간에 그 실질이 근로자 파견이다. 따라서 근로자 파견에 대하여 성립하는 법적 효과들이 그대로 성립하게 된다.

다음으로 호소할 수 있는 법 일반의 원리로는 "법을 위반하는 자가 그러한 불법으로 인해 법을 위반하지 않는 자에 비해 이득을 얻는 것은 불공정한 것으로 허용되지 않는다"가 있다. 이것은 민법상 부당이득 제도[41]와 형법의 몰수 규정[42]에 깔려 있는 취지이자 피상속인을 살해한 자(예를 들어 친부모를 살해한 자식)에게는 상속 자격을 인정하지 않는 민법 조문[43] 등에 분명하게 표명되어 있는 원리이다. 만일 이러한 법 원리의 충족 여부가 진리 조건의 하나로 등장한다면, "파견근로자보호법이 규정한 제한을 위반하여 근로자 파견의 역무를 제공받은 사용 사업주는

---

41 "부당이득 제도는 이득자의 재산상 이득이 법률상 원인을 갖지 못한 경우에 공평·정의의 이념에 근거하여 이득자에게 그 반환 의무를 부담시키는 것인데, 이득자에게 실질적으로 이득이 귀속된 바 없다면 그 반환 의무를 부담시킬 수 없다(대법원 2011. 9. 8. 선고 2010다37325, 37332 판결 참조)." 대법원 2016. 12. 29. 선고 2016다242273 판결.

42 제48조(몰수의 대상과 추징) ① 범인 이외의 자의 소유에 속하지 아니하거나 범죄 후 범인 이외의 자가 정을 알면서 취득한 다음 기재의 물건은 전부 또는 일부를 몰수할 수 있다.
   (…)
   2. 범죄 행위로 인하여 생하였거나 이로 인하여 취득한 물건.

43 제1004조(상속인의 결격 사유) 다음 각 호의 어느 하나에 해당한 자는 상속인이 되지 못한다.
   1. 고의로 직계존속, 피상속인, 그 배우자 또는 상속의 선순위나 동순위에 있는 자를 살해하거나 살해하려 한 자.

오히려 직접고용 성립 의제의 부담을 지지 않는 결과"가 되어 "법적 형평에 어긋나"는 것으로 보기 때문에, 직접고용 간주를 부정하는 명제는 진리 조건을 충족하지 못한 법적으로 타당하지 못한 법 명제가 된다.

이러한 법 원리들은 노동법 분야의 모든 사건에서 작용하고 있는 것으로서, 더 심층적인 원리에 기초한 특별한 정당화 사유가 없다면 이 사건에서도 부인될 수 없다. 그럴 경우 법은 모든 시민들을 동등한 주체로, 즉 원리에 의거하여 평등하게 대우받는 주체로 보지 않는 셈이 되기 때문이다. 따라서 이 법 원리들의 충족 여부는 이 사건 법 명제의 진리 조건으로 등장하게 되고, 당연히 진리 조건이 성립하였는가는 법 논증의 내용에 포함된다.

결과적으로 이와 같이 처음 제기된 난해한 사건에서, 정치적 통합성을 달성하려는 노력은, 파견 허가를 받지 않고 역무를 제공받은 사용 사업주에게도 그 실질에 따라 직접고용 간주 규정을 적용해야 한다는 결론에 이르게 된다.

위와 같은 설명은 이론을 먼저 구성하고 그다음 적용하는 헤라클레스의 순서를 따르기는 했다. 그러나 실제 판사들이 구체적인 쟁점에 직면해서야 이론적 쟁점을 따져보게 되더라도, 결국에는 이 중 어느 한 법 이론을 채택해야 하는 문제에 직면한다.

6. 공지성과 안정성의 이념에 따른 법 실무의 이해

드워킨이 이 책에서 법 이론에 많은 시사점을 준다고 평한 롤즈의 정의론이 중요하게 다루었던 이념 중 '공지성'과 '안정성'이라는 것이 있다.

법의 차원에서 공지성(公知性)을 이해하자면, 법적 결론에 이른 공직자의 법적 추론에서 활용되는 근거들이 시민들에게 명시적으로 알려져 있고 공적 인정을 받고 있음을 의미할 것이다.[44] 즉, 법적 결론에 이르는

---

44 롤즈는 공지성을 "시민들이 일반적으로 이 원칙들을 승인하고" 사회의 질서가

추론의 과정이 모두 명시적으로 알려지고 인정된다는 것을 의미한다. 이러한 공지성을 갖추기 위해서는, 그 추론의 과정은 빠짐없이 언어적으로 명료하게, 상호 주관적으로 인식될 수 있게 공적 논의로 표현될 수 있어야 한다. 결론에 영향을 미치는 논의 과정 중 일부를 숨기는 것은 허용되지 않는다. 상이한 결론을 뽑아낼 수 있는 모호한 개념을 사용하고서는, 판단을 내리는 공직자 개인에게만 알려져 있는 독특한 내적·정신적 과정을 거쳐 고유한 결론에 이르는 것도 공지성을 위배한다. 법의 차원에서 공지성은, 그 사회의 법률이 바로 그러한 추론 과정에 의해 해석·적용되는 것이며, 다른 국민들 역시 바로 그런 추론 과정을 따른다는 점까지 아는 것을 의미하게 된다.[45] 그러므로 공지성은 잘못 주어진 단서로 인하여, 실제 법적 결론에 이르게 한 추론과 상이한 성격의 추론으로 법이 규율된다는 망상과 허위의식이 없을 때 충족된다.[46]

다른 한편 안정성(安定性)이란, 인간의 통상적인 심리와 여건에 비추어 공지된 법적 추론의 과정을 낱낱이 이해하였을 때 구성원들의 규범적 성향이 그 법질서를 준수하는 쪽으로 체계적으로 강화될 때 성립한다.[47] 즉, "바로 그러한 이유에서 이러한 법적 결론이 나왔구나"라는 점을 이해하면 이해할수록 그 법질서의 이탈을 진화(鎭火)할 가능성이 더 커지는 것이다.[48]

공지성과 안정성이 동시에 성립된다는 것은, 법적 결론을 낳은 추론이 빠짐없이 명료하게 표현되고 그 추론을 구성원들이 모두 따른다는 점이

"이 원칙들로 효과적으로 규제된다는 공적인 인정"이 이루어지는 것이라고 설명하고 있다. John Rawls, *Justice as Fairness, A Restatement*, Cambridge, Massachusetts: Belknap Press of Harvard University Press, 2001, sec. 35.1, p. 121.

45 같은 책, p. 191.
46 같은 책, sec. 35.2 참조.
47 같은 곳.
48 안정성에 관한 설명은 같은 책, p. 585 참조.

서로에게 인식되었을 때, 바로 그 추론을 곱씹어봄으로써 법질서가 "자기 강화적 효과를 낳는"[49] 제도로 산출됨을 의미한다.

앞서 든 직접고용 간주 사안에 대해서 1심 법원에서 불법 파견은 직접고용 간주 규정의 적용을 받지 않는다고 판결했고, 이제 2심 법원에서 소송이 진행된다고 가정해보자. 그리고 이때 공지성을 준수하면서 사건을 담당하는 법률가들이 문서를 작성한다고 상상해보자.

첫째로, 법실증주의가 공적 법 이론으로 받아들여진 사회를 생각해보자. 그러면 양측의 변호사 모두는, 이 사건에서 '법은 없다'는 점을 공적으로 인정하고 변론해야 한다. 법이 없는데도 법이 있다고 거짓으로 우기는 것은 공지성에 어긋나기 때문이다. 우선 원고 변호사는 다음과 같이 항소이유서를 작성할 것이다.

이 사건에서 원래 법이 없었습니다. '파견'이라는 문구가 '불법 파견'을 포함하는 것인지 그렇지 않은지는 개념 경계선상의 사례로서, 사회적 원천으로 명시적으로 인정된 과거 공직자들의 결정이 없는 사례입니다. 그래서 오로지 법관의 재량[50] 행사만이 문제됩니다. 그런데 1심 법원은 그 재량을 원고가 원치 않는 방향으로 행사하였습니다. 그렇다고 원고가 1심 법원이 법 해석을 그르쳐 잘못 판결했다고 말할 수는 없습니다. 왜냐하면 법은 없었고, 1심 법원은 법과 무관한 이유로 판결한 것이기 때문입니다. 그래서 1심 법원의 판결에 대한 법적 비판은 불가(不可)하다는 사실을 잘 알고 있습니다. 그리고 1심 법원이 명시적으로 결정을 내림으로써 이 사건을 규율하는 입법이 이미 새로이 형성되었습니다. 그래서 이제는 법이

---

49 같은 책, sec. 37.1, 125면.

50 여기서의 재량은 "우리가 염두에 두는 특정한 권위", 즉 법을 구성하는 과거의 정치적 결정들에 "의해 제공된 규준에 의해서는 통제되지 않는다"는 의미이다. 그렇기 때문에 법외적 이유에서는 비판될 수 있다. 로널드 드워킨, 『법과 권리』[Ronald Dworkin, *Taking Rights Seriously*], 염수균 옮김, 한길사, 2010, 104쪽 참조.

있는 사건이 되었습니다. 새로 입법된 법은 원고가 법적 권리가 없다고 합니다. 따라서 원고는 법적 권리에 근거하여 항소하는 것은 아닙니다. 다만 입법 내용이 이러저러한 법외의 근거에서 부당하다고 판단하는 바이니, 2심 법원이 새로 재량을 행사하여 원고에게 유리하게 입법해주기를 청원하는 바입니다. 물론 귀 법원 역시 원고에게 불리하게 입법하더라도 역시 아무런 법을 어긴 바도 없을 것입니다.

이런 내용의 항소이유서에 맞선 답변서는 다음과 같이 작성될 것이다.

원고 대리인 역시 원고가 피고와 직접고용 관계가 성립하였음을 간주할 아무런 법적 권리가 없음을 인정하고 있습니다. 채권이 없는 자가 채무 지급을 청구하면 기각 판결이 나옵니다. 즉, 법적 권리가 없는 자가 그 권리를 소구하는 경우 기각 판결을 하여야 할 것입니다. 다만 귀 법원에서 그렇게 생각하지 않으신다 할지라도, 즉 어느 쪽으로 결정을 내릴 법적 근거도 없다고 생각하신다 하더라도 이 사건의 재량은 피고에게 유리하게 행사되어야 함을 주장합니다. 그 이유는 1심 법원이 판결문에서 설시하였듯이 법외적 근거에서 이러저러하기 때문입니다.

이제 이러한 항소이유서와 답변서, 변론 준비서면들을 모두 읽어본 법관은 판결문을 다음과 같이 작성할 것이다.

원고와 피고의 변론을 모두 종합하여 다음과 같이 이유를 설시한다. 이러한 변론들은 모두 법과 무관한 변론들이었다. 따라서 이 사건의 법적 결론에는 그 어떤 영향도 미치지 않는다. 즉, 이러한 변론들을 펼친 원·피고 양측 대리인들은 모두 법의 관점에서는 아무런 의미 없는 논의를 펼친 것이다. 단지 재량을 자신들에게 유리하게 행사해달라고 법외적 의미에서 부탁하는 내용일 뿐이다. 이 사건은 알다시피 법이 없는 사건이다. 그리고

1심 법원은 새로이 입법을 하였다. 그러나 동일 사건에서 상소가 제기된 상급심 법원은 그 입법을 유지할 수도, 정반대로 수정할 수도 있는 권한을 갖는다. 수정하더라도 물론 법적인 근거에서 수정하는 것은 아니다. 왜냐하면 1심 법원은 재량을 행사한 것일 뿐이며, 법이 없는 사안에서 재량 행사는 법적 근거에서 비판할 수 없기 때문이다. 따라서 1심 법원은 법적으로 아무런 판단의 오류를 저지르지 않았다. 그러나 2심 법원으로서는 1심 법원의 결론을 법외적 근거에서 고칠 수 있다. 2심 법원은 재량을 달리 행사해야 한다고, 법외적 근거에서 판단한다. 따라서 원고는 애초에 아무런 법적 권리가 없었음에도 불구하고, 피고 회사와 직접고용 관계가 성립하는 근로자임을 법적으로 확인한다.

이러한 변론과 판결이 이루어지는 사회는 안정성을 가질 수 없다. 법리적 다툼이 있는 사건으로 인정되기만 하면, 변호사와 판사는 곧바로 법외적인 논의로 넘어가게 되고, 아무런 원리적 사유에 의거하지 않고서 그때그때 판사들이 채택한 판결 단계 이론에 따라 결론이 나게 된다는 점이 명명백백하게 드러나기 때문이다. 위 가상 사례에서 피고 회사는 "법적 권리가 없는데 법적 권리가 있는 것과 동일한 판결이 나왔다"라는 점을 알면서도 그 판결 집행을 받아들여야 한다. 이를테면 고용관계 성립이 간주되면 해고 기간 임금 상당액을 지급해야 하고 그 뒤에도 근로계약 관계를 계속 유지해야 한다. 이것은 사법적 재량으로 소급입법을 하여 재산권을 박탈한 것과 다름없는 것이다. 게다가 법률가로서 전문성이 가장 발휘되어야 할 난해한 사건에서 변호사들은 법외적인 논의 말고는 할 일이 전혀 없다는 것을 알게 된다. 따라서 법학 교육 내에서 이루어지는, 법 전문직에 고유한 법 논증 훈련은 이해하지 못할 것이 된다.

이제 피고 변호사는 대법원에 상고장을 쓰려고 한다. 그러나 피고 변호사는 상고장은 무조건 기각될 수밖에 없음을 알게 되었다. 왜냐하면 민사소송법 제423조는 "상고는 판결에 영향을 미친 헌법·법률·명령 또는 규칙의 위반이 있다는 것을 이유로 드는 때에만 할 수 있다"라고 규정하고 있기 때문이다. 그렇지만 원심은 아무런 법도 위반한 바 없다. 따라서 난해한 사건에서는 2심 법원이 최종심이 된다. 대법원은 원래 난해한 사건의 법리를 최종 판결해야 하는 심급인데, 난해한 사건은 법이 없는 사건이므로 어느 쪽으로 재량을 행사해도 법 위반이 있을 수 없으니 법 위반이 있다는 것을 이유로 들 수 있을 때에 해당하지 않는다.

문제는 이미 선례가 있을 경우에도 마찬가지로 발생한다. 법실증주의 사회에서 민사소송법 제423조와 같은 규정이 있을 때 대법원은 난해한 사건에서 선례를 남길 기회를 결코 갖지 못한다는 점은 잠시 넘어가자. 이제 위와 같은 종류의 사안에 이미 대법원 판례가 있고, 그 선례는 불법 파견에는 직접고용 간주 규정을 적용하지 않는 것이었다고 가정해보자. 이 대법원 판례는 다음과 같이 핵심적인 부분을 설시했다.

> 버킹엄 궁이 집이냐의 문제는 언어적 관례를 임의로 어느 방향으로 확립하느냐의 문제다. 마찬가지로 이 법의 직접고용 간주 조항상 '파견'에 불법 파견까지 포함되느냐도 그 개념의 경계를 어디까지 긋느냐의 문제이다. 법으로 그어지지 않았던 경계여서, 임의로 이쪽저쪽으로 선택하여 그을 수 있기에, 이 경계를 긋는 문제에서 본 법원은 전적인 재량을 갖는다. 물론 본 법원이 행사하는 재량을 탓할 수도 있겠지만 법적인 이유에서 탓할 수는 없다. 이에 불법 파견은 포함하지 않는 쪽으로 재량을 행사키로 한다. 이로써 새 입법이 이루어졌으므로, 이 사건의 원고를 비롯하여 앞으로 모든 같은 종류의 사건은 이 입법 내용에 따라 규율될 것을 본 법원의 입법 권한의 행사로서 포고하는 바이다.

이와 같은 선례가 있었지만 근로자 측인 원고는 소를 제기했다. 그리고 1, 2심 법원에서 패소하였다. 1, 2심 법원 판결의 핵심 이유는 다음과 같았다.

법은 승인의 규칙에 따라 배타적인 원천으로 확인되는 명시적인 과거의 사회적 사실로 소진된다. 그리고 대법원은 이와 같은 종류의 사건에 대하여 이미 입법을 한 바 있고, 이후로는 그것이 법이 되었다. 법이 직접고용 간주 조항의 적용을 불허한다. 원고에게 패소를 선고하는 바이다.

이제 원고 변호사는 대법원 판례 변경을 주장하면서 상고장을 쓰게 되었다. 그런데 상고장을 쓰려니 법률을 어기게 될 수밖에 없었다. 왜냐하면 민사소송법 제423조는 "상고는 판결에 영향을 미친 헌법·법률·명령 또는 규칙의 위반이 있다는 것을 이유로 드는 때에만 할 수 있다"라고 규정하고 있기 때문이다. 그런데 애초 처음 사건이 제기되었을 때에는 법이 없는 상태였지만, 선례가 있는 지금은 법이 있는 상태다. 따라서 대법원 판례 변경을 주장하는 상고는 법을 위반할 것을 촉구하는 상고가 된다. 원심이 법을 위반했기 때문에 상고하는 것이 아니라, 원심이 법을 지켰으니 대법원에서 위반해달라고 상고해야 되는 것이다.

이리하여 원고 변호사는 상고를 포기하려 했다. 그러다가 상고심절차에관한특례법 제4조 제1항을 읽게 되었다. 그 조항 제4호에는 심리를 하지 않고 대법원이 기각 판결을 내릴 수 없는 종류의 사건에 "법률·명령·규칙 또는 처분에 대한 해석에 관하여 대법원 판례가 없거나 대법원 판례를 변경할 필요가 있는 때"가 규정되어 있는 것이다. 즉, 상고 이유에 대법원 판례 변경을 주장하면, 심리를 하지 않고서는 대법원이 그 상고를 기각할 수 없게 되는 것이다. 그러나 애초에 이 사회에서 판례 변경을 구하는 상고는 법 위반을 촉구하는 것이어서 허용되지 않는다. 그러나 상고심절차에관한특례법에서는 오히려 판례 변경을 구하는 상고는 꼭 심리를 하게끔 규정하고 있다.

결국 법실증주의는 절차법의 기본적인 조항들조차 모순에 빠뜨려버린다. 법의 모순을 정면으로 이끌어내는 이론이 공적인 법 이론으로 인정받는 상태가 안정적일 수는 없다.

둘째, 실용주의가 공적인 법 이론으로 받아들여지는 사회를 생각해보자. 이 경우 처음으로 문제된 직접고용 간주 사건에서 원고 변호사는 다음과 같이 소장을 작성할 것이다.

원고가 이 문제를 상담하러 왔을 때, 저는 어떠한 문제도 진정으로 법적인 문제가 될 수 없음을 주지시켰습니다. 원고에게는 법적 권리가 없습니다. 왜냐하면 법적 권리라는 것은 애초에 없는 것이니까 말입니다. 그런 것이 있는 척하는 것은 유용한 환상이자 겉치레지만, 우리 사회에서는 공지성 때문에 그런 환상과 겉치레를 북돋우는 조작은 할 수 없습니다. 따라서 원고가 지금 법적 권리가 없는데도 이런 소를 제기한 것은 사실입니다. 다만 원고에게 유리하게 판결하게 될 경우 사회는 이러저러한 이득을 보게 될 것입니다. 여기서 본 원고 대리인이 주장하는 미래의 결과가 바람직하다는 점, 그리고 이 결과를 달성하려면 원고에게 유리한 결론이라는 수단이 적합하다는 점을 납득해주시기 바랍니다.

피고 대리인은 다음과 같이 답변서를 작성할 것이다.

피고 대리인 역시 피고가 승소해야 할 법적인 근거란 없다는 점에 동의합니다. 다만 피고에게 유리하게 판결할 경우 사회는 이러저러한 이득을 보게 될 것입니다. 물론 결과를 평가하는 기준과 수단에 대한 견해가 원고 대리인과는 다르지만 이러한 견해는 법에 관한 견해 차이는 아닙니다. 무엇이 우리 공동체를 전반적으로 더 낫게 하는가에 관한 개인적인 신념의 차이입니다. 이 신념 중 저희 것을 고르시기를 청원하는 바입니다.

이에 법원은 다음과 같이 판시한다.

본 법원은 오로지 미래를 내다본 판결을 내리며, 이러한 판단을 내릴 때에는 심지어 법률, 헌법에조차 아무런 구속을 받지 않는다. 다만 법률과 선례가 있을 때에 어느 정도 예측 가능성을 보장함으로써 산출되는 이득을 고려해야 하기 때문에 그 점에서 수단적으로 고려하기는 하지만, 이 사건에서는 선례도 없다. 본 법원의 판사는 개인적으로, 이러저러한 사회적 이득이 중요하게 평가해야 하는 결과라고 본다. 따라서 이와 같이 판결한다.

이런 사회에서는 "어떠한 판결이 법을 위반하였다, 법적 권리를 침해하였다"라는 판단 자체가 불가능해진다. 즉, 어떠한 경우에도 법적 권리나 지위가 침해되는 일은 없는 것이다. 결국 시민들은 자신들의 법적 지위란 허상으로, 판사가 바람직한 결과라고 생각하는 신념에 따라 언제든 자의적으로 변경되거나 확정될 취약한 지위에 항시적으로 놓여 있다고 생각할 수밖에 없다. 이러한 관념 아래에서 안정적으로 법규를 준수하면서 살아갈 수 있는 시민은 없다.

반면에 통합성으로서의 법 해석을 법 이론으로 받아들이는 사회에서는 소장, 답변서, 변론 준비서면, 항소이유서, 상고이유서, 판결문을 쓸 때에 아무런 숨길 것이 없다. 판결이 나오기까지 법적 추론 과정을 하나도 빠짐없이 낱낱이 밝힌다고 해도, 절차법과도 그리고 논증이라는 실천에서도 아무런 기괴한 모순이 생기지 않을 것이다. 정력과 시간이 허락한다면, 오히려 그렇게 낱낱이 밝힘으로써 시민들은 자신들이 원리의 공동체에서 살아가고 있다는 사실을 더욱 실감하게 될 것이다. 원고의 변호사는 앞서 밝힌 원리들을 활용하여, 앞의 법 조항을 최선으로 보이게 하는 구성적 해석을 통해 불법 파견도 그 실질에 따라 그리고 형평에 따라 고용 간주 조항을 적용받게 하는 결론을 주장하는 서면을 쓸 것이다. 그러면 피고의 변호사는, 이러한 경우에 특별히 실질이 아니라 형식을, 형평이 아니라 당사자의 합의에 의해 고정된 기대를 우선하는 법리가 있다는 점을, 관련 법률과 판례에서 끌어낼 수 있는 원리들을 통해 구성하려고 할 것이다. 물론 이 사건에서 피고의 변호사는 궁색한 처지에 빠진다. 왜냐하면 그런 원리들은 노동법 분야에서 발견되지 않으며, 노동법 분야에서 안착된 그러한 원리들을 대거 뒤집을 더 심층적인 일반적 법 원리를 발견하여 활용하는 성공적인 논증을 펼치는 것은 대단히 어렵기 때문이다. 그러나 피고 변호사가 궁색한 처지에 빠졌다는 것은 오히려 통합성으로서의 법 관념의 우월성을 보여준다. 그것은 판결의 결론이 완전히 동등한 논거들이 양측에 포진해 있는 가운데 판사의 직관에 의해서 내려지지 않는다는 점을 보여주기 때문이다. 오히려 구성적 해석은 논거의 우위를 드러낼 수 있다. 그렇기 때문에 통합성으로서의 법 해석은 법 논증의 문화를 완전히 이치에 닿는 것으로 만든다. 더 우월한 논거들을 더 적합한 방식으로 결합하여 논증을 최선을 다해 개진하려는 법률가들의 노력은, 사기꾼의 노력도 바보의 애씀도 아니라, 오히려 그 전문직 영역에 고유한 책임을 이행하는 일이 된다.

이러한 사고실험은, 법실증주의와 법실용주의가 현재의 법 실무를 완전히 잘못 그리고 있다는 점을 드러낸다. 그것은 하나의 기괴한 제안일 뿐이지, 현재의 법 실무라는 사회적 실천에 대한 적합한 해석이 아니다. 왜냐하면 공지성을 준수하면서 그 법 이론을 따르게 되면, 안정성을 지킬 수 없는 법질서가 되어버리기 때문이다.

법실증주의는 법률가들을 법 논증이 아닌 것을 법 논증으로 가장하는 사기꾼이나, 아니면 그것을 법 논증으로 착각하는 바보로 만든다. 법실용주의 역시 법률가를 도구적으로 마치 법적 권리와 의무가 있는 척 속이는 엘리트주의자로 만든다. 법률가가 실세로 수행하고 있는 일들을 이토록 음침하거나 멍청한 일로 생각해야만 이치에 닿게 만드는 이론이 타당한 이론이 되기란 어려울 것이다.

VI. 나가며

통합성으로서의 법 해석은 법원의 공적 권위가, 수범자들에게 모두 알려진 원리들에 기초하여 행사되도록 한다. 따라서 시민들의 법적 지위를 도출하는 해석 과정이 공개적인 논증적 검토라는 점에 비추어보았을 때 통합성은 법이 행위 조정의 규범으로서 정확성과 효율성을 가질 기반도 마련해준다. 우선 정확성에 관해 보자면, 법이 과거에 내려진 결정에 의해 확인된 규칙뿐만 아니라 원리에 기초해서도 확인된다면, 법이 실질적으로 정의롭고 현명한 것으로 파악될 가능성이 더 높을 것이다. 일정한 조건이 갖춰지면 효율성도 도모할 수 있다. 공지된 규칙과 원리에 기초한 법 논증이 체계화된다면 법이 어느 쪽으로도 결정을 내리게 하지 않는 불확정한 상태라고 선언될 위험이 줄어든다. 즉, 판사들의 재량에 결론이 달려 있다고 선언하는 사건이 자주 발생하게끔 하는 해석 이론보다, 더 안정적이고 예측 가능한 법적 해결을 꾀할 수도 있게 된다. 물론 효율성은 통합성으로서의 법 해석 자체만으로 담보되지 않고 그 해석의 틀 내에서 자리잡는 안정적인 논증 체계가 있어야 잘 확보될 수 있다. 특히 입법자는 발생 가능한 경우들은 최대한 모두 생각해보고 되도록 정교하고 상세하게 조문을 규정하는 노력을 할 필요가 있다.

물론 드워킨의 법 이론은 무결하지 않으며 개선되거나 수정되어야 할 지점들이 여럿 있을 것이다. 여기서는 내가 중점을 두고 연구하고 있는 법 논증 체계 수립의 측면에서만 간략히 살펴보고자 한다.

통합성으로서의 법 해석의, 규칙들과 함께 원리들까지 활용해서 최선의 법리를 구성한다는 추상적인 지침은 구성적 해석의 전체 틀만을 제시하였을 뿐이다. 특히 잘 발달된 복잡한 법체계를 갖고 있는 사회에서는, 어쨌거나 형식적으로는 많은 규칙 및 선례들을 기초로, 서로 상반되는 결론을 도출할 수 있는 상이한 원리들을 구성하는 것이 가능하기 때문이다. 실무를 하는 법률가들은, 그렇게 일견 그럴 법하게 법률과 판례에 기초를 두고 구성된 경쟁하는 논변 중에서 더 나은 논변을 판별할 수 있게 해주는 더 체계적인 해명을 필요로 한다.

그런데 드워킨의 이론은 가치와 규범을 엄밀하게 구별하지 않고 모든 것을 가치로 혼용하기 때문에 체계적 해명을 어렵게 만드는 측면이 있다. 그의 이론에서는 합법성도, 그리고 정확성, 효율성, 통합성도 모두 가치로 불린다. 그러므로 이런 가치를 구현하기 위해 설정된 시민들의 법적 권리도 가치의 형식을 갖는다. 그런데 그 권리를 제한하는 정책이 추구하는 집단적 이익 또한 하나의 가치이다. 따라서 권리 제한의 정당화 논증은 가치 충돌의 문제로 설정되어버린다. 그러나 이렇게 보면, 법적 권리가 집단적 이익으로도 제한할 수 없는 으뜸 패의 지위를 가진다는 드워킨의 선언은 대단히 까다로운 해명을 필요로 한다. 왜냐하면 당위에 관련된 모든 것이 가치라는 단일 형식으로 다루어져 저울의 양쪽에 놓인다면, 집단적 이익의 가치가 법적 권리의 가치보다 조금 더 무거울 때 곧바로 법적 권리보다 우선하지 않는 이유가 무엇인가라는 의문이 자연스럽게 생기기 때문이다. 물론 드워킨은 이 까다로운 해명을 시도한다. 그것은 문제되는 가치가 전체 가치들의 망에서 최선의 위치로 최선의 내용을 가지고서 들어맞도록 파악하는 것이다. 그러나 이런 식의 사고는 일단 논변으로 전개되면 그럴 법할 수는 있지만, 애초에 그런 논변을 전개하는 방법이 체계적일 수는 없다. 특히 이러한 사고는, 권리의 독특한 지위를 체계적으로 반영하지 않는다. 그래서 불가피하게 비중의 언어가 들어오게 된다. 원리들은 구체적 사안에 당면하여 늘 작용하기는 하지만 비중을 가지며, 비중이 작은 원리는 물러난다는 것이다. 이것은 관련된 가치들의 무게를 가늠하는 직감적인 사유로, 법률가들이 쉬이 빠지게 되는 은유이다.[51] 그리고 판사들의 마음속의 저울이 어느 방향으로 가느

---

51 이 은유는 특히 법익 균형을 따지는 법 논증에서 큰 문제를 일으키며, 결과적으로 법규범의 구조 전체를 무화하는 효과를 가질 수 있다. 이에 대한 비판 및 대안의

냐가 자신의 법적 지위를 좌우하는 결정적인 이유가 되지 않을까 시민들이 우려하는 것도 무리가 아니다. 따라서 이 점을 개선하지 않으면, 법실증주의가 설사 그 공약을 충실히 이행하지 못한다 하더라도, 사법부의 자의로부터 방벽을 쌓는다는 공약을 내세워서 그 상대적 이점을 역설하는 것은 계속될 것이다.

나는 규범과 가치를 구별하여, 규범 논증이 가치 논증에 우선한다는 속성에 주의를 기울임으로써 이 문제를 해결할 수 있다고 본다. 규범은 상이한 행위 계획을 가진 수범자들 사이에서, 서로의 정당한 지위 관계를 존중하는, 행위 조정의 이유이다. 따라서 규범은 그것을 승인할 복수의 존재들 사이의 관계를 항상 전제할 수밖에 없다. 그래서 어떤 제안된 규범 주장이 타당한가는 그것을 승인할 수범자들 사이의 상위 관계를 위배하였느냐를 포함할 수밖에 없어, 추론 방식이 의무론적이다. 반면에 가치는 추구하거나 보유할 만한 것으로 인정되거나 선호되는 선(善)을 추가로 가진다는 1인칭 관점의 행위의 이유이다. 가치가 다수의 행위의 이유가 되기 위해서는 상호 주관적으로 공유된 선호가 지향하는 선이 되면 된다. 가치판단은 이미 하나의 향유자 관점을 전제하기에, 그 향유자에게 그것이 좋은가만 따지면 되므로 관계 위반 검사는 내재해 있지 않다. 그래서 그 추론 방식은 목적론적이다. 이런 속성 차이로 정치적 권위 행사의 이유는 두 유형으로 나뉠 수 있는데, 이 유형 중에 규범이 가치에 우선한다.[52]

_____

제시로는, 이민열,『기본권 제한 심사의 법익 형량』, 경인문화사, 2016 참조.

52 이는 다섯 가지 이유에서다. 첫째, 법의 구속력은 그 사회에서 보편적이므로 그에 상응하는 정당화 논거의 보편성이 요청되는데, 가치는 기껏해야 확장된 1인칭 관점의 행위 이유가 될 뿐이기 때문이다. 둘째, 복수의 주체들을 한꺼번에 아우르는 가치판단을 하기 위해서는 그 사안에서 복수 주체를 1인칭으로 통합하는 것이 정당하다는 규범 논증을 필요로 한다. 셋째, 법적 권리 논증이 공적 완결성을 갖기 위해서는 입헌민주주의 사회 내에서 평화로운 공존이나 공정한 협동과 무관한 합당한 의견 불일치의 대상이 되는 논거를 사용해서는 안 된다. 넷째, 입헌민주주의

법규범도 규범의 일종이므로, 법규범 논증에서도 규범이 가치에 우선하게 된다. 즉, 법규범 논증의 주된 내용은, 복수의 자유롭고 평등한 의사소통 주체의 지위 관계를 가장 근본적인 것으로 하여, 제안된 법적 결론이 상위의 관계를 위배하는가를 살피는 검사이다. 만일 제안된 법적 결론이 상위 관계를 유지·강화·복구하기 위한 구체화라면 법규범 위반은 없게 된다. 물론 법 해석에도 가치 논의가 진입할 수 있다. 가치 논증은, 규범을 위반하지 않는다는 조건을 준수하면서, 다음 두 조건을 아울러 충족할 때 법 논증에 도입된다. 첫째, 어떤 법적 결론을 찬성하거나 반대하는 이유로 제시되는 가치들은 모든 사람들이 공유할 수 있음이 논증될 수 있는 가치들이다. 둘째, 제안된 법적 결론 중 어떤 것은 합리성 기준에 의거하여 다른 것들보다 가치를 더 많이 향유할 수 있게 해준다.

이렇게 정치적 권위 행사의 두 이유 유형을 구분하여 규범을 가치에 우선시키는 것은 드워킨의 이론에서 문제가 될 수 있는 뇌관을 제거하여 발전적으로 계승하는 것이 된다고 나는 생각한다. 게다가 이런 수정은 특히 포용적 법실증주의 이론과의 겉보기상의 차이를 좁히는 성과도 낳을 것이다. 포용적 법실증주의는 헌법 규범의 해석에 도덕적 논증이 포함된다는 점을 인정한다. 그런데 헌법 규범은 최상위 규범이므로, 하위 규범들의 해석은 헌법 규범이 설정하는 기본적 관계를 위반해서는 안 된다. 그러므로 도덕적 언어를 명시적으로 포함하지 않는 법률 조문의 해석에도, 결국 헌법 규범을 위배하지 않는가를 검토하는 논증을 통해서 도덕적 독법이 작용하게 된다. 예를 들어 사용자와 노동자가 퇴직 후 경업 금지나 전직 금지 계약이 유효한가, 종교계 사립학교에서 예배

사회의 안정성에 필수적인 권리 존중의 태도는 규범을 가치보다 우선시할 때에만 생성될 수 있다. 다섯째, 법은 무엇이 구성원들에게 이익이 되는지를 파악할 때 불편부당성의 요청을 만족시켜야 한다. 자세한 논의는 이민열, 「가치와 규범의 구별과 기본권 문제의 해결」, 『법철학연구』, 제20권 제3호, 2017 참조.

로 진행되는 수업을 이수하는 것을 학생의 졸업 요건으로 둔 것이 유효한가와 같은 사법(私法)의 해석도, 제안된 법적 결론이 확정하는 당사자들의 법적 관계가 상위 규범에서 설정한 지위 관계를 위배한다면 타당한 것이 될 수 없다는 점이 확인된다. 그리고 이 관계 위반 검사는, 당사자들이 약정한 것을 무효화하거나 일방의 행위를 금지하는 법원의 결정이 기본권을 침해하는가, 그리고 그러한 약정을 유효로 인정하거나 일방의 행위를 허용하는 법원의 결정이 기본적 인권 보호 의무를 위반하는가를 살피는 이중적 심사를 통해서 체계화될 수 있다.

체계적 법 논증과 관련하여 또 지적할 점으로는, 이사야 벌린의 다원주의에 대한 드워킨의 비판이 갖는 문제점이다. 드워킨은 자유를 제한한다고 이야기되는 정치적 권위의 결정이, 종국적으로 우리가 잘못된 결정이라고 여기지 않는다면, 실제로는 자유를 제한한 것이 아니라고 한다. 그러나 어떤 결정이 이유를 두루 살펴 종국적으로 정당화된다는 것과, 그 결정이 어떤 권리를 제한하지 않았다는 것은 전혀 다른 이야기다. 또한 가치들이 서로를 참조해서 그 내용이 파악된다는 것과, 가치들은 서로 결코 충돌하지 않는다는 것도 전혀 다른 이야기다.[53] 헌법 실무에서 권리의 제한과 침해는 다르게 취급된다. 정부의 결정으로 권리가 일단 제한되었다는 점이 확인되어야 비로소 그 정당화가 문제된다. 그때 정당화가 성공적이지 못하다면 그 결정은 권리 침해에 해당한다. 그러므로 권리 제한이 법적으로 정당한가의 논증이 시작되기 위해서는, 우선 권리 제한을 식별할 수 있어야 한다. 이렇게 제한을 식별할 때 이야기되는 권리의 내용을 잠정적 권리, 제한 정당화 논증을 거쳐서 그 사안에서 확정적으로 확립된 내용을 확정적 권리라고 한다. 그런데 드워킨은 확정

---

53 우리의 삶에서 가치 충돌 현상을, 개념들을 조정함으로써 간단히 부인할 수 없다는 점에 관해서는 Bernard Williams, "Conflict of Values" in *Moral Luck: Philosophica Papers 1973-1980*, Cambridge University Press, 1981, pp. 71~82 참조.

적 권리만을 권리로 부르는 용법을 채택한다. 이렇게 되면 권리 제한 정당화 논증을 체계화하지 못하는 난점을 발생시킨다. 드워킨이 무고한 자를 살해하는 예를 들어 자신의 주장을 뒷받침한 것은 우연이 아니다. 정당방위의 경우를 제외한 살인은, 헌법상 자유의 잠정적 영역에 포함되지도 않기 때문이다. 그러나 개발 제한이나 통행 제한, 거래의 제한으로 논의를 옮기면 그의 이론의 단점이 분명하게 드러난다. 녹지를 유지하기 위해서 개발 제한이 종국적으로 정당화된다 하여도, 개발을 할 수 있는 것에 비해 개발을 할 수 없는 것은 분명히 행위의 자유가 제한된 것이다. 일단 자유가 제한되었다는 점을 출발점으로 삼고, 그다음 그 제한이 자유라는 규범이 궁극적으로 전제하는 기본적 관계를 위배하였는가를 검토하는 논증이 본격적으로 전개되어야 하는 것이다. 따라서 제한의 식별과 제한의 정당화라는 이 분명한 논증 순서를 흐릿하게 하는 드워킨의 이론은 그 한도만큼 수정이 필요해 보인다.[54]

정치적 이상들을 가치라는 단일 형식으로 혼용하는 드워킨의 이론은, 롤즈의 공적 이성이 입헌정체에서 수행하는 중요한 역할도 간과하게 만든다. 물론 공적 이성과 비(非)공적 이성의 구분선이 롤즈가 몇몇 저술에서 암시하거나 언급한 것과 동일한 지점에서 그어지는 것은 아니다. 예

---

54 물론 벌린의 이론도 규범과 가치를 구분하지 못하였기 때문에 한계를 갖는다. 적어도 원리의 수준에서 규범들은 서로 들어맞으면서 지지하는 정합성을 가져야 한다. 왜냐하면 규범이 그런 정합성을 갖지 못한다면, 행위 조정이라는 규범의 목적은 좌초되어버리기 때문이나. 만면에 가치에서는 진정한 의미의 충돌이 있을 수 있다. 규범으로서의 자유와 가치로서의 자유는 다르다. 예를 들어 타인에게 간섭받지 않고 무슨 내용이든 표현할 수 있다는 사실적 가능성은 행위자에게 가치 있지만, 표현 내용이 다른 사람의 평등하고 자유로운 지위를 침해하게 된다면, 그 표현은 자유의 규범에서는 허용되지 않을 수도 있다. 그런데 평등은 규범으로서의 성격만 갖는다. 그래서 벌린이 가치 충돌의 범형으로 본 평등과 자유의 충돌은, 범주의 오류를 저지른 가짜 충돌이다. 이 점에서는 자유와 평등이 필연적으로 충돌하게끔 되어 있다는 벌린의 주장의 잘못을 지적한 드워킨의 비판이 적실하다.

를 들어 태아가 헌법상 사람인가의 문제는 롤즈 자신의 생각과는 달리, 드워킨이 올바르게 지적했듯이, 공적 이성이 다루어야 할 정치적 정의관의 쟁점에 속하는 것으로 보인다. 게다가 형이상학적 쟁점들이라고 해서 모두 정치적 정의관 영역 바깥에 있는 것도 아니다. 예를 들어 자유의지에 대한 자연주의적 이해가 타당하다면,[55] 형벌의 공정성에 대한 우리의 시각을 바꾸고, 그리하여 규범 준수 능력에 대한 자연주의적 이해를 근거로 들면서, 엄벌주의 정책에 대한 공적 변화의 논거가 될 수도 있다. 그러나 그렇다고 해서 공적 이성과 비공적 이성의 구분이 무의미해지는 것은 아니다. 드워킨은 때때로, 이 구분선이 '사실적으로 논란의 여지가 많은 문제'와 '사실적으로 논란의 여지가 거의 없는 문제' 사이에 그어진다는 암묵적인 전제에서만 나올 수 있는 비판을 한다. 그러나 롤즈는 설사 노예제의 정당성이 미국 남북전쟁 이전에 남부 백인들 사이에 논란의 여지가 많았던 것이 사실이라고 하더라도, 그것을 비공적 이성에 속하는 문제로 보지 않았다. 다투는 사람들이 충분히 많아지기만 하면 어떤 것이 공적 이성에서 비공적 이성으로 전환된다는 이야기를 롤즈가 했을 수는 없다. 그렇다면 타인의 기본권을 존중해야 한다는 근본적인 신념조차 충분히 많은 수의 사람들이 우겨서 다투기만 한다면 더 이상 공적이지 않은 것이 되기 때문이다. 공적 이성과 비공적 이성의 구분은 상충하는 세계관과 가치관을 가진 시민들이 운영하는 민주주의가 정당성을 갖기 위해 꼭 필요하다. 권리와 의무의 질서를 확정할 때, 시민들을 권리 주장의 자기 확증적 원천이 되는 존재로서 평등하게 대우하려면, 그들의 이의가 합당한 것인지 그렇지 않은지를 가려내는 기준이 필요하기 때문이다. 만일 정치적 권위 행사의 근거나 그에 대한 구성원들의 이

---

55 자유의지에 대한 자연주의적 이해가 도덕적 응분에 대하여 어떤 함의를 갖는지에 대한 논의로는 예를 들어, Bruce N. Waller, *Against Moral Responsibility*, MIT Press, 2011을 참조.

의가 ① 다른 구성원 개개인의 자유롭고 평등한 지위, ② 공존과 협동이라는 과제, ③ 논증 대화에 필요한 추론의 규칙과 이로부터 얻어진 공적지식 중 어느 하나를 부인한다면 이는 합당하지 않은 것으로, 이를 뒷받침하는 확신들은 비공적 이성에 속한다.[56] 예를 들어 인간은 전체 공동체라는 유기체의 세포와 같다는 확신은 그것이 비종교적인 것이라 하여도 비공적 이성에 속한다. 왜냐하면 그것은 다른 개별 시민들이 국가의 결정에 이의를 제기할 수 있는 지위를 가진다는 점 자체를 부인하기 때문이다. 규범의 정당성은 그것이 다른 시민들의 이의를 성공적으로 처리하였다는 점에서 나오는 것인데, 애초에 그 이의를 제기할 지위를 부인하는 것은 수행적 모순이 된다. 따라서 법규범 논증이, 평등하고 자유로운 구성원들 사이에 승인될 행위 조정의 원칙이 무엇인가를 발견하려고 하면서, 그 구성원들 중 일부가 불평등하고 부자유한 지위에 있다는 전제를 깔지 않으려면, 공적 이성과 비공적 이성의 구분은 꼭 필요한 것이다. 게다가 이를 통해 국가가 기본권을 제한할 수 있는 정당한 이유가 되는 공익도 소극적으로 파악해낼 수 있다.[57]

그러나 이러한 개선과 수정이 이루어질 수 있다는 점은, 오히려 드워킨이 이루어낸 이론적 성취의 풍부한 전망을 보여주는 것이다. 또한 드워킨의 법 이론에 동의하지 않는 사람들도 이 책이 탁월한 법 이론의 위치와 강점을 분명하게 드러내 보여주는 걸작이라는 점을 부인할 수는 없을 것이다.

---

56 이민열·이석민, 「중립성은 법적 원칙으로 옹호될 수 있는가 ─ 심사 기준 및 논증 대화적 해명」, 『법철학연구』, 제19권 제1호, 2016; 이민열, 「교육의 정치적 중립과 표현의 자유 ─ 헌재 2014. 8. 28. 2011헌바32 등 결정을 중심으로 ─」, 『헌법학연구』, 제22권 제1호, 2016 참조.

57 이민열, 「기본권 제한 심사에서 공익의 식별」, 『법철학연구』, 제18권 제2호, 2015; 이민열, 「목적의 정당성을 비례 원칙에 포함해야 하는 근거와 그 역할」, 『법조』, 통권 제715호, 2016 참조.

| 출전 |

제1장은 "Pragmatism, Right Answers, and True Banality", in *Pragmatism and Law and Society*, ed. Michael Brint and William Weaver, Boulder, Colo.: Westview Press, 1991의 일부로 출간되었던 것이다.

제2장은 29 *Ariznoa Law Review* (Summer 1997)에 실렸던 것이다.

제3장에서 부록을 뺀 내용은 111 *Harvard Law Review* (1998)에 실렸던 것이다. 부록은 *A Badly Flawed Election: Debating Bush v. Gore, the Suprem Court, and American Democracy*, ed. Ronald Dworkin, New York: New Press, 2002로 발표되었던 것이다.

제4장은 "Do Liberal Values Conflict?", in *The Legacy of Isaiah Berlin*, ed. Mark Lilla, Ronald Dworkin, and Robert Silvers, New York: New York Review Books, 2001로 발표되었던 것이다.

제5장은 내 논문 "The Arduous Virtue of Fidelity: Originalism, Scalia, Tribe and Nerve", 65 *Fordham L. Rev.* 1249 (1997)을 요약 편집한 것이다.

제6장은 "Hart's Postscript and the Character of Political Philosophy", in *Oxford Journal of Legal Studies*, vol. 24, no. 1 (2004)로 발표되었던 것이다.

제7장은 115 *Harvard Law Review* (2002)에서 발표되었던 것이다.

제9장은 72 *Fordham Law Reivew* (2004)에서 발표되었던 것이다.